效在多方 益在多处

公民职业经济学

齐经民　郑　涛　等著

XIAO ZAI DUOFANG
YI ZAI DUOCHU
Gongmin Zhiye Jingjixue

经济科学出版社
Economic Science Press

图书在版编目（CIP）数据

效在多方　益在多处：公民职业经济学/齐经民，郑涛等著.
—北京：经济科学出版社，2016.4
ISBN 978 – 7 – 5141 – 6816 – 7

Ⅰ.①效…　Ⅱ.①齐…②郑…　Ⅲ.①劳动经济学
Ⅳ.①F240

中国版本图书馆 CIP 数据核字（2016）第 074760 号

责任编辑：刘怡斐
责任校对：隗立娜
责任印制：邱　天

效在多方　益在多处

公民职业经济学

齐经民　郑　涛　等著

经济科学出版社出版、发行　新华书店经销
社址：北京市海淀区阜成路甲 28 号　邮编：100142
总编部电话：010 – 88191217　发行部电话：010 – 88191522
网址：www. esp. com. cn
电子邮件：esp@ esp. com. cn
天猫网店：经济科学出版社旗舰店
网址：http：//jjkxcbs. tmall. com
北京季蜂印刷有限公司印装
787×1092　16 开　29 印张　630000 字
2016 年 5 月第 1 版　2016 年 5 月第 1 次印刷
ISBN 978 – 7 – 5141 – 6816 – 7　定价：96.00 元
（图书出现印装问题，本社负责调换。电话：010 – 88191502）
（版权所有　侵权必究　举报电话：010 – 88191586
电子邮箱：dbts@ esp. com. cn）

前　　言

当前，中国社会进入了前所未有的全面发展进步的新时期，① 全面建成小康社会，国家强盛，人民生活富裕和美好幸福，这离不开公民的从业作为。公民应该合理从业，科学讲求提高职业效益，效在多方、益在多处，共同富强，共享美好幸福生活。恰逢此时，出版这本《效在多方、益在多处——公民职业经济学》，奉献给公民读者，愿与大家分享和探讨。

一、基本议题

《效在多方、益在多处——公民职业经济学》，是继 2004 年出版的《职业经济学》（第 2 版）、2006 年出版的《职业效益讲求及评价》之后②，就"职业效益"这个职业经济学的核心问题做进一步研究的新专著。多年来，公民从业增收求富中一直存在着损人利己、损公肥私、浪费资源、损害生态环境等不良现象，这不利于国家强盛、社会和谐发展进步与全面改善人民生活，与走和谐文明永续发展的富强之路背道而驰，违背了人与自然、人与社会的基本关系及其秩序，后果堪忧，值得深思，亟待调整，责无旁贷，从从业做起，讲求提高职业效益。

（一）人与自然的基本关系及其秩序

在自然界里，存在着大千万物，就地球来说，存在着山川、江河、树木、花草、动物、微生物等许多生命形态，人类是其中的一种高级动物，存在着特

· 1 ·

---

① 十八大以来，以习近平为核心的新的中央领导带领全国各族人民，深化改革开放，"厉治腐败"，实施"一带一路"、"亚洲基础设施投资银行"、"自贸区"、"共同发展"、"合作共赢"等发展战略和举措，开启了中国全球发展的大格局，是继"中国人民站起来了"之后，中华民族的大振兴大发展，中国人民高大强壮起来，为人类富裕祥和的美好幸福生活，做更大的贡献。

② 主要在《职业经济学》（第 2 版）的内容框架的基础上，突出《职业效益讲求及评价》的主题内容，做了新的研究探索。对职业效益进行深入研究，做了新的认识界定、对职业效益的评价指标与方法提出了新的观点等，丰富职业经济学内容。针对人们从业求富存在的不良现象，分析存在问题的原因，阐述合理从业，科学讲求提高职业效益，为人们追求实现"效在多方、益在多处"的最佳职业效益，提供支持与服务，促进走和谐文明永续发展的共同富强之路，实现中华民族的"伟大梦想"，环球同此凉热。

定的生存关系及其秩序规律。

1. 大自然是人类的母亲

从现在的人类生活现象来看，人类几乎成了地球的"主宰者"，可以随心所欲地利用各种资源谋取利益，事实上这只是人类发达的一种存在现象，但它并不能改变人类是大自然的产儿的事实。

大自然是人类的"母亲"。当自然环境出现适合人类生活的状态条件时，才出现了人类。当地球出现了阳光、土地、水、植物、动物、微生物等大量的天然物时，大自然就造就出了"人"这个宠儿，从此，地球便成了人类生活的家园。

2. 生态资源是人类的"乳汁"

在地球这个家园里，有着丰富的自然资源，如灿烂的阳光、浩瀚的海洋、奔流不息的河流、肥沃的土地、苍茫的草原、壮美的山川、广袤的森林等，生存着各种各样的动植物，如水中的鱼、虾、蟹、鳖、海带等水生动植物，陆地上的花草、树木、昆虫、飞禽、走兽等动植物，形成了完整而平衡的生态资源体系。

其中，人类是这个生态体系中的高级智能动物，是食物链的顶端，地球的所有自然资源似"乳汁"供养着人类，保障人类生生不息地繁衍生存。

3. 人的第一需求是生态环境体系

人的需求有很多，诸如衣、食、住、行、教育、医疗、治安和管理等，而且随着科学技术的发展进步，人的需要也发生了变化，日益多样化、高科技化、智能化等，人们的生活也丰富多彩，不断改善和提高。

然而，无论人的需求怎样变化，无论人们的生活怎样改善，改变的只是形式，改变不了人的需求与生活的本质，如吃的花样再多也改变不了绿色卫生的本质需求，穿的花样再多也改变不了护身舒适的本质需求，住的花样再多也改变不了安静和宽敞的本质需求等。

其中，特别需要强调，人的第一需求是生态环境体系。人们不应该不了解人的来源，人来源于大自然，是在地球的生态资源及其环境体系中衍生出来的，如果没有生态环境体系，就没有人类。即使已经有了人，如果生态环境体系出现了缺陷或遭受破坏，就会发生自然灾害，人就无法正常生活；如果生态环境体系崩溃或失去，人就会随之消亡。

4. 人与自然的基本关系及其秩序要点

人在自然界里生活，无不与自然发生关系，人与自然存在着特定的基本关系及其秩序，分为对应的两个方面，即是人对自然的依赖关系及其秩序与人对自然的作用关系及其秩序。

（1）人对自然的依赖关系及其秩序。

人对自然的依赖关系，就是人依赖于自然界的土地、阳光、空气、水、植物与动物等生态体系而存在的关系，这种自然界的生态体系是人生存的充分必要条件，也就是说，存在自然界的土地、阳光、空气、水、植物与动物等生态体系，就必然存在着人；反之，没有自然界的生态体系，就必然没有人。

人对自然依赖关系的秩序：是先有自然界的生态体系，后有人，自然界的生态体系决定人的生存，人依附于自然界的生态体系而存在。

（2）人对自然的作用关系及其秩序。

人对自然的作用关系，就是人利用自然资源满足生活需要发生的作用于自然的关系，人满足自己的生活需要，必须利用大自然中的自然资源，通过自己的智慧和能力实现，盖建房屋、驯养动物、开荒种地、植树种草、修建水库、筑路架桥、培育良种等，开发利用自然资源，并不断地改造自然界，使自然界发生一定的改变，这种关系伴随人的存在而永远存在，是主观性的人与自然存在的关系。

人对自然作用的秩序：是人开发利用自然资源，不超出自然资源再生的限度，也就是不超出自然界的生态体系的自然维系能力。

（二）人与社会的基本关系及其秩序

在人类社会里，生活着各种各样的人，有男人、女人，有黑种人、黄种人、白种人等，人的本质是一切社会关系的总和,[①] 人类社会就是这些人的相互关系的群体，是人与人和人为人的体系，无不关联生活，存在着特定的生活关系及其秩序。

1. 社会是人类的父亲

人降生后，就在一定的地域内，以一定的组织形式在一起生活，形成以家庭与职业单位为基本组织的人类生活共同体，这种人类生活共同体就是人类社会。在人类社会里，成年人或有劳动能力的人，是主要的社会成员，是社会的支柱，一般都是家庭主要成员、身为父亲或母亲与职业从业者或家务劳作者，不断从事生产劳作，生产食物、衣服、房屋、道路、桥梁、工具等各种东西，供给和满足人们的生活需要。

人类生活在社会中有两大内容：一是职业劳作，二是生活消费，职业劳作是指生产生活需要的各种东西，生活消费是指进行吃、穿、住、行等满足各种生活需要，其中，包括人类自身的繁衍。人类生活的进行与需要的满足，均以社会为保障来实现的。

有史以来，人类就以一定的社会形式生活，通过社会保障生活。在自然经

·3·

---

① 　马克思、恩格斯：《马克思恩格斯选集》（第1卷），人民出版社1995年版，第56页。

济社会，人类主要通过"男耕女织"的家庭组织，进行职业劳作，自给自足，保障生活。在市场经济社会，人类主要通过"三百六十行"的职业组织，进行职业劳作，通过交换，保障生活。

2. 社会是人与人和人为人的体系

考察人类社会生活实际不难发现，社会的实质就是人与人和人为人的体系。人与人和人为人的体系是社会的两种状态，人与人的体系是从静态上讲的，社会是由各种各样的人构成的，主要由血缘关系与劳作关系维系起来的；人为人的体系是从动态上讲的，社会的各种各样人们的生存发展，是通过人为人的活动，在人为人的活动中实现的，人为人的关系是人生存的最根本的关系，是人类最基本的社会关系。

人是在人与人的体系中和人为人的关系中生存发展的。就人的一生来说，从出生到从业前依靠父母生活，离职年迈后到离去依靠子女或他人抚养，从业劳作期间要养育子女赡养老人，代代相继，辈辈交替，形成了错综复杂的人为人的社会体系。不同的社会，人为人的体系形式有所不同，但本质都是一样的。

在自然经济社会，人们主要以家庭为基本组织单位生产和生活，即自给自足的生产生活方式，有的直接就是几代人在一起生产与生活，家庭主要成员上有老、下有小，对上抚养老人，对下养育子女，世代相继交替，存在以婚姻、血缘关系为纽带的人为人的体系。

在市场经济社会，人们主要以职业组织为基本生产单位进行劳作与以家庭为基本消费单位生活。①作为社会分工的三百六十行的职业组织单位，从业公民分工合作，以异己的姿态生产公民需要的产品或劳务，通过交换获得自己需要的物质产品，各得其所，存在着以从业公民分工合作为纽带的人为人的体系。②以家庭为基本消费单位生活，一般家庭规模较小，父母与子女两代人的家庭较多，也有上有老、下有小的三代人的家庭，也是对上抚养老人，对下养育子女，世代相继交替，存在着以婚姻与血缘关系为纽带的人为人的体系。显然，市场经济社会存在着以从业公民分工合作为纽带与以血缘关系为纽带的双重人为人的体系，关联度和相互依存度更高。

3. 人的第一活动是职业劳作

人类生活包括职业劳作与生活消费两大基本活动，其中，职业劳作是第一活动。人们知道，人需要衣、食、住、行等一系列满足其生存和发展的需求，为此人首先就要获取这些物质才能生存下去，如婴儿一降生，甚至眼睛还没有睁开，就知道寻找吸吮妈妈的乳汁，获取食物，这是一种人类的天性。正如马克思所说，为了生活，首先就需要衣、食、住以及其他东西，因此第一个历史活动，就是生产满足这些需要的资料。①

　　人类的职业活动，原始社会比较简单，随着生产劳作的认知与经验积累，特别是科学技术的发展进步而不断改观，从原始社会的采集、狩猎、驯养等简单职业活动，发展到现代社会信息时代的种植、养殖、畜牧、纺织、建筑、制造、商贸、金融、交通、通讯、医疗、教育、卫生、保险、治安、旅游、管理等"三百六十行"，职业细分多达成千上万种，共同满足和保障着现代人们的生活。

4. 人与社会的基本关系及其秩序要点

　　在人类社会中，人与社会存在着特定的基本关系及其秩序，分为对应的两个方面，即是人对社会的依赖关系及其秩序与人对社会的作用关系及其秩序。

　　（1）人对社会的依赖关系及其秩序。

　　①人对社会的依赖关系。人对社会的依赖关系，就是人依赖于他人而生存的关系，这种社会关系是人生存的充分必要条件。在当代社会，依赖于他人的主要有两个方面的人们。

　　依赖血缘、婚姻关系生成的亲人。主要是亲属，有父母、夫妻、子女、祖父母、外祖父母等亲属，年幼时主要依赖父母，家庭依赖夫妻，年老时主要依赖子女，有时也依赖兄弟姐妹等。

　　依赖社会劳作人员。主要是"三百六十行"的职业人员，有种植业、养殖业、畜牧业、林果业、纺织业、服装业、房产业、建筑业、制造业、商贸业、运输业、通信业、金融业、保险业、医疗业、教育业、演艺业、出版业、理发业、旅游业、治安业、环卫业、新闻业与管理业等，各种职业从业人员分工与合作，分别劳作供给人们生活所需要的各种东西，保障人们的需要。其中，管理业人员具有突出的保障作用，细分为企业管理人员、学校管理人员、医院管理人员等各个行业部门组织的管理人员，党政公共管理人员统辖和管控所属各行职业活动，保障人们生活。

　　另外，有时还依赖慈善人士。慈善人士主要是比较富有的有爱心的人，一般都是成功人士，家境好，事业成功，财富多，可以拿出部分资金帮助生活贫困、遭灾、重病、伤残等人员，改善他们的生活或帮助他们渡过难关。

　　②人对社会依赖关系的秩序。人对社会依赖关系的秩序：是先有他人、祖上，次有父母，再有自己，后有子女，子子孙孙，世世代代，永世循续。

　　（2）人对社会的作用关系及其秩序。

　　①人对社会作用的关系。就是人的生产生活作用于社会的关系，人们在社会中生活，进行各种职业劳作，生产各种产品或劳务，并进行吃、穿、住、行

---

① 马克思、恩格斯：《马克思恩格斯选集》（第1卷），社会科学出版社1972年版，第293页。

等消费活动，无不对社会发生作用，产生影响。

②人对社会作用关系的秩序：是人要尊重社会，尊重他人、尊重父母、爱护子孙，生产生活要符合社会进步要求，因势利导，科学生产，文明生活，推动社会发展进步。

（三）在自然界的人类社会里的求索

人们生活在自然界的人类社会里，它是一个庞大的以地球为载体的无限量的大千世界，人类社会与大自然交织在一起，错综复杂，存在看得见的现象，也存在看不见的东西①，都制约人的活动，人们生活面临诸多的挑战，求索、认识、实践，从容不迫，永无止境。

1. 敬畏自然作为

长期以来，人类在自然界的社会生活实践中，不断提高认识自然和改造自然的能力，能够运用多种形式来支配与利用各种资源满足生活需要，自喻"宇宙的精华、万物的灵长"，统治自然界。但是，肆意开发利用自然资源已导致了严重的后果，资源减少，环境恶化，灾害增多，影响到居民及其子孙后代的生活。

如我国 1998 年发生的特大水灾，② 人、牲畜、农作物、房屋等遭受巨大损失。威胁到了近 100 万平方公里的国土、2 亿多的人口、3 亿余亩耕地，造成直接经济损失在 1600 亿元以上。教训沉痛，其中，一个重要方面的原因是人为因素，③ 乱砍滥伐和毁林开荒，造成森林植被面积减少，生态环境恶化，水土流失严重；人工围垦，造成江河湖泊面积缩小，湖泊调蓄能力降低等。

恩格斯早就告诫人类，④ 我们不要过分陶醉于对自然界的胜利，对于每一次的胜利，自然界都对我们进行了报复，常常把最初的结果又消除了。并强调指出，我们每走一步都要记住：我们统治自然界，决不像征服者统治异民族那样，决不像站在自然界之外的人一样，相反地，连同我们的肉、血和头脑都是属于自然界和存在于自然界的，我们对自然界的整个统治，是在于我们比其他一切动物强，能够认识和正确运用自然规律。

人类在大自然面前，还很幼小，还有很多很多不懂的东西，认识到的还很有限，肆意妄为却不少，受到的警示已凸显，任性已经超过了极限。大自然这位

---

① 如"暗物质"，以及"客观秩序或规律"等。如"看不见的手"，就是供求关系的市场规则作用于商品生产，自动自觉地调节商品生产者的生产经营，商品供少于求时，价格上涨，增加生产；商品供多于求时，价格下降，减少生产。

② 陈远生、姚治君、何希吾：《从 1998 年大水看我国未来防洪减灾之路》，载《自然资源学报》1999年第 1 期，第 9 页。

③ 李茂松、李森、李育薇：《中国近 50 年洪涝灾害灾情分析》，载《中国农业气象》2004 年第 1 期，第 40 页。

④ 马克思、恩格斯：《马克思恩格斯选集》（第 3 卷），人民出版社 1972 年版，第 517、518 页。

人类伟大的"慈母"，她不仅孕育了人类，给予人类高智慧，还为人类敞开她的胸怀，让人类吸吮她的"乳汁"，舍不得割舍开，使人类永远伴随她存在。

人类对生养自己的大自然这位"伟大母亲"，要有敬畏之心，要有感恩之情，做她的孝子贤孙，不要伤害她，伤害她就是伤害自己，就是自毁。人类只能在科学解读认知的自然领域里，随着认识深入拓展而顺其秩序和规律，因势利导，在维系自然生态体系的基础上开发利用，有所作为，发挥有限性的能动作用，发展事业，实现最好的绿色的职业效益。

2. 尊重社会贡献

多年来，人们从业一直存在着为了个人或小团体利益，忽视、不顾、损害、掠夺、占有他人或国家等社会利益的不良现象，有悖于全面建成小康社会，影响社会和谐发展与进步文明。

现代社会是复杂的多维社会，主要是由血缘关系与职业关系维系的社会，是双重纽带交织维系起来的人类生活共同体，其实质是人为人的生活体系，每个人都是这个体系的成员，大家通力合作，各自做好为人，人人如此，才能实现包括个人在内的大家的美好幸福生活。

在人为人这个人类生活共同体的社会面前，人们都要尊重他人，尊重他人的最好方式就是做好为人。个人的价值就在于做好为人服务，谁为人做的事做得好、做得多，受到所为的人认可或好评，谁就做得对、做得好，所为的人越多，事业就越发达，贡献就越大，就越卓越，职业效益就越好，这是职业效益定律。

3. 公民职业作为

显然，在自然界的人类社会里，人们要生活得好，要有两个尊重：一是尊重自然，二是尊重社会，这要具体体现到人的活动行为中，集中到一点，就是人们获得生活来源的职业活动。

正如先前研究认为：① 广大职业劳作者是各行、各业、各部门的劳动主体，应从我做起，立足自己的职业，降低消耗，增加财富，大力讲求提高职业效益。①职业劳作者要讲究资源的利用和保护，要重视废旧资源的回收利用，精打细算，精简节约，低耗高效。②要合理开发利用新资源，对一次性资源利用要有长远计划，反对掠夺性利用。③对于再生性资源，要把利用和生产统一起来，反对破坏性利用。兢兢业业地用较少的耗费获得较多收益，合理地享用大自然的恩惠。

·7·

---

① 齐经民：《职业经济学》，兰州大学出版社1992年版，第120、121页。

其中，① 农业品、工业品生产的职业活动是主要的，运输、医疗、办公等所有使用消耗物品的其他行业的职业活动是不可忽视的，职业活动是人类利用消耗资源和影响环境的主要渠道，各行各业的职业劳作者要在自己的职业活动中处理好求富与可持续发展的关系，不能再走浪费资源、破坏环境而加剧矛盾的"断子孙路"，不能再采用破坏社会和谐发展的歪门邪道，通过科学的途径、方式、方法节约资源，用尽可能少的花费做好较多的事，低耗、高效、多收，以达到职业活动少花费多收益。

人的从业活动是在与自然和社会的多方面的关系中进行和完成的，职业效益是在多种关系中生成和实现的，职业效益交织包含着错综复杂的利益关系，直接关系涉及管理者、合作者、消费者和未来人的因素，他们在客观上都有自己的特定要求，赋予职业效益具有特定的内含规范，职业效益要"效在多方"、"益在多处"，职业劳作者在为别人提供劳动的服务中满足自己的生活需要。② 走和谐文明的永续发展的美好富裕生活的富强之路。

二、内容安排

早在职业经济学研究初期，就曾有个想法，将来出版一本能够面向所有考虑职业和从业活动的人民大众的"大众职业经济学"，通俗易懂，突出它的应用性，希望能对人们的职业活动有点帮助，这本书正是这一想法与持续努力的结果。

考虑时代要求，突出主题，便于理解掌握，经过反复推敲斟酌，书名定为《效在多方、益在多处——公民职业经济学》。同时，既要按照逻辑秩序构制内容，又要突出要点，围绕合理讲求"效在多方、益在多处"的职业效益，顺应人们从业活动的客观秩序，从相关影响因素分析做起，包括了解职业、职业资本积累、合理职业配置、完善职业保障、做好职业经营、职业收益消费等，按基本知识阐释、现状问题分析、职业作为事例，以及发展探索，展开内容。大体分三部分，分三篇内容：一是引论，二是合理从业，三是要点探讨。

（一）第一篇　引论

本篇有1章内容，第1章。这部分内容，主要对"效在多方、益在多处"这一公民职业经济学的主题基本内容做一阐述，对职业效益的根本要点做通俗概括和阐释，明确基本概念、基本公式、基本关系、效益要点、评价指标、偏

---

① 齐经民：《中国的求富与可持续发展的矛盾和出路》，载《经济研究资料》1999年第10期，第18页。
② 齐经民等：《职业效益讲求及评价》，经济科学出版社2006年版，第35页。

差矫正、公民作为与展望探索。

内容要点。（1）效在多方、益在多处的公民职业效益，细分为公民、公民职业效益及其关系、公民职业效益的来源与影响因素及其讲求提高路径、公民职业效益的评价。（2）公民职业效益不良现象及其分析，细分为公民职业效益不良现象、公民职业效益不良现象分析、公民职业效益不良现象矫正要点。（3）从业公民作为与事例，细分为实物生产作为、价值创造作为、生活改善作为与从业公民典范。（4）公民职业效益展望探索，细分为公民职业效益成为人生最基本的公共利益所在、形成基于公民职业效益为保障的人们生活共同体、合理评价与讲求提高公民职业效益行之有益。

（二）第二篇　合理从业

本篇有6章内容，第2~7章。这部分内容，主要研究阐述合理从业活动的主要环节内容，具体分了解职业、职业资本积累、合理职业配置、完善职业保障、做好职业经营、职业收益消费等，明确如何从事职业活动，应合理讲求提高职业效益。

内容要点。第2章，主要阐述了解职业，细分为职业是什么、职业存在形式、职业分类、职业生存发展变化。第3章，主要阐述职业资本积累，细分为职业资本知识、职业资本积累与问题分析、职业资本作为事例、"互联网＋"时代的职业资本探索。第4章，主要阐述合理职业配置，细分为职业配置知识、职业配置问题分析、职业配置作为事例、职业配置探索。第5章，主要阐述完善职业保障，细分为工伤保险与失业保险制度阐释、工伤保险与失业保险制度运行现状、工伤保障与失业保障存在的问题及分析、完善职业保障的建议。第6章，主要阐述做好职业经营，细分为职业经营知识、职业经营问题分析、职业经营作为事例、职业经营探索。第7章，主要阐述职业收入消费，细分为职业收入消费知识、职业收入消费特点与问题分析、职业收入消费规划与个案以及职业收入消费趋势。

（三）第三篇　要点探讨

本篇有8章内容，第8~15章。这部分内容，主要研究阐述讲求提高几种重点行业的职业效益，具体是讲求提高企业管理职业效益、教育职业效益、食品生产职业效益、医疗职业效益、房地产职业效益、导游职业效益、环保职业效益与公共管理职业效益，这些都直接关系全面建成小康社会，保障实现人民生活的全面改善和提高。

内容要点。第8章，讲求提高企业管理职业效益，细分为企业管理职业效益知识、企业管理职业效益问题分析、企业管理职业效益事例、讲求提高企管理职业效益探索。第9章，讲求提高教育职业效益，细分为教育职业效益知识、教育职业效益问题分析、教育职业效益事例、讲求提高教育职业效益探索。第10章，讲求提高食品生产职业效益，细分为食品生产职业效益知识、食品生产职业效益现状分析、食品生产职业效益事例、讲求提高食品生产职业效益探索。第11章，讲求提高医疗职业效益，细分为医疗职业效益知识、医疗职业效益现状分析、医疗职业效益事例、讲求提高医疗职业效益探索。第12章，讲求提高房地产职业效益，细分为房地产职业效益知识、讲求房地产职业效益存在偏差、房地产职业效益事例、讲求提高房地产职业效益探索。第13章，讲求提高导游职业效益，细分为导游职业基本知识、导游职业效益现状分析、导游职业效益事例、讲求提高导游职业效益探索。第14章，讲求提高环保职业效益，细分为环保职业效益知识、环保职业效益问题分析、环保职业效益事例、讲求提高环保职业效益探索。第15章，评价及其讲求提高公共管理职业效益，细分为基层公共管理职业效益评价的重要性、公共管理职业效益评价基本要点、基层公共管理职业效益评价实施、基层公共管理职业效益事例、讲求提高公共管理职业效益探索。

三、视 角 重 点

考虑读者面向公民大众，以及内容本身视角的"大"与"小"，着力从"大"与"小"两个视角，探究职业人生现象问题与阐述内容。

（一）大小视角

就"大"而言，职业效益是人类共有的生产与生活的全球性内容，需从全球社会视角进入，宏观宏大；就"小"而言，职业效益是千家万户公民个人为生的内容，需从个人视角进入，微观微小。

1. 宏观宏大

职业经济现象和问题是人类社会共存的，职业效益是职业经济的核心。在世界的各个国家、各个地区、各个民族，不论居住在什么地方，不论人的肤色、语言和姿态多么不一样，人们都要学习、就业、工作、生活，都要讲求职业效益，都要处理好职业经济关系，都要改善生活和提高生活质量，都要富裕起来等，这是人类共同关心和面临的问题。①

以职业效益为核心的职业经济学，正是在这种全球社会的大背景下提出和研究的，既从中国的国情出发，立足于中国的实际，又着眼于全球，面对世界

---

① 齐经民：《职业经济学》，兰州大学出版社1992年版，第15页。

的现实，研究探讨人类社会共同关心和要解决好的职业经济现象问题，为人类的可持续发展的富裕生活服务，造福于人类。①

对于中国社会来说，有 13 亿多人口，约占世界人口的 1/5，都要从业生活，都要生活得好，都要改善生活，都要提高生活水平，即使富裕起来，还要持续的保持富裕，这都取决于从业公民讲求提高职业效益，三百六十行各个领域部门的职业效益的讲求和提高，决定着整个国民经济和社会发展状况、成效或利益实现，属于人人涉及普遍存在的国计民生大事。

2. 微观微小

职业是人生的"饭碗"。人们生活需要的各种东西来源于职业劳作，职业是人的生计，人的职业劳作总是讲究少花费多收入，讲求提高职业效益，保障生活。每个人的人生一般都要端"职业"这个饭碗，人们祖祖辈辈世代从事各种职业，从早到晚，操持忙碌，供给和满足生活需要。

在现代人为人的社会体系中，职业已成为人们社会生活的一个焦点，牵涉人们的学习、就业、劳作、收入、消费等诸多方面，直接关系千家万户居民个人的生活，大家通过交换，职业劳作成果互易互利，各得其所，效在多方，益在多处。

从业公民是最小的职业劳作单位，作为三百六十行的基本的简单存在形式，或个体从业经营，或是农场、工厂、商场、医院、学校、宾馆等职业组织的基本构成单元，以集体组织形式分工合作劳作，各个公民的职业活动是整个社会各种事业运营与国民经济运行的根基，各个从业公民的职业效益是其整体效益的微观表现与实现途径，个人似乎微不足道，而对社会却关乎大业大道，各个从业公民的"职业效益"小而贵重。

（二）阅读职业人生

在人的一生中，从业的职业活动生活占较长的时间，人力资源的利用，人的作用，人生的价值，在这一时期都得到充分的显现，在人的一生中十分珍贵。

1. 职业人生是人生的辉煌时期

大体来说，人们长大完成学业，经过较长时间的学习积累，就开始了从业的职业生活，直到离职。职业人生一般历时数十年，经历成长成熟，有所向往，有所作为，有所贡献，多方为人，造福家庭老、幼、夫、妻与从业组织上、下、左、右分工合作人员，以及居民等公民，实现人生价值。

这里精选了经济、教育、科学、文化、医疗、体育、旅游、环境与公共管理等诸行业领域多方面的职业作为事例，有仍在为众人谋利益的大功告成者，

---

① 齐经民：《职业经济学》（第 2 版），经济科学出版社 2004 年版，第 24 页。

有为公民留下了丰功伟绩的逝去的奉献者,有已经入道的正在努力为人的追求者等,不分国内外,按年龄由大到小分列在篇章内容中,值得了解学习。

2. 职业人生是人力利用的黄金时期

一般人们的职业人生,经历"三十而立、四十不惑、五十知天命、六十耳顺"主要阶段,① 阅历丰富,认识深入,处事练达,特别是有的事业发展管控达到了炉火纯青的高度。

随着人民生活改善和水平提高,人的寿命增加,人的职业生活时间也延长了,现在中国人口平均寿命约 76 岁,如果按平均从业工作年龄为 20 岁,平均离职年龄为 60 岁,则平均职业生活时间为 40 年。人们的职业生活时间随着寿命增加而延长,60 岁后大有作为者在增多,如张瑞敏仍在引领指挥海尔全球运营;甚至 80 多岁的在业者也不稀罕,如李嘉诚仍在掌舵长江实业等。

从社会发展进步要求上说,60 岁以上的身体健康、精力充沛、认识入木三分,处事练达,管控能力超强者,应提倡、支持和鼓励他们持续从业,继续贡献他们的卓越智慧和才能,更多地为人民谋利益,创造更多的职业效益,更多地为人类造福。

四、三点建议

大家生活在自然界的人类社会里,它是个存在万物的大千世界,离开了大自然的生态环境体系与人类社会的人为人的生活共同体,就无法生存,要尊重、爱护生养自己的大自然母亲与人类社会父亲,了解自然社会,从业自我管控,合理科学作为。

(一) 了解自然社会

人栖居生活在自然界中的人类社会里,依附于自然,与自然共存,成为人类与自然共存形成的"自然社会"这种客观现象,是自然产物与社会产物的有机体,存在特定机制、秩序和规律。自然社会就是人们生活的家园,要在这个家园里生活得好,从容不迫,就需要了解这个家园,认识这个家园,既要做个好园丁,又要做个好管家。

1. 自然社会极其复杂

自然社会由自然产物与社会产物构成。自然产物,即是自然产生的各种东

---

① 这是在《论语》中,孔子讲述自己人生的一种感悟之言。他说道:吾十有五而有志于学,三十而立,四十而不惑,五十而知天命,六十而耳顺,七十而从心所欲,不逾矩。表达了他对"而立之年"等人生的不同年龄阶段的认识特点,具有普遍意义。后人常用三十而立、四十不惑、五十知天命、六十耳顺、七十从心所欲,作为认识判断人生成长成熟状态的一种标准,对人生自我认识、自我调整、自我管控、自我发展,很有启发和指导作用。

西，包括非生物与生物、看得见的东西与看不见的东西，具体有阳光、水、土、山、植物、动物、微生物与暗物质等。社会产物，即是人的作为产生的各种东西，亦包括非生物与生物、看得见的东西与看不见的东西，具体有谷物、牲畜、衣物、房屋、道路、器具、药品与"看不见的手"等。

其中，自然物先于社会物存在，社会物以自然物为基础存在，包括人的生成与繁衍发展。在人的作用下，自然物不断地生成或转化为社会物，社会物不断地改造和影响自然物，使自然物与社会物联系形成了极其复杂的综合性的世界体系。

2. 探索解读自然社会

至今人类对自然社会的认识还很有限，还有无数的未解的东西与现象，如地震发生、疾病顽症、经济危机等并不完全清楚。人类面临许多亟待认知解读的问题，诸如生物与无生物相互作用的共同存在的耦合关系及其秩序、动物与植物相互作用的共同存在的耦合关系及其秩序、人与自然物相互作用的共同存在的耦合关系及其秩序等。

从古至今，人们一直进行着不断的探索，古人已有了深刻认识，如春秋时期的道家先人提出了"天人合一"的精深思想，[1] 指出，人法地、地法天、天法道、道法自然，天与人不相胜。认为，人要效法天地，天地要效法道，道终究还要以"自然"为法，人与天就在"自然"的层面上达到了合一，天与人皆源于道、统一于自然、和谐统一，天人合一。再如北魏时期的农学家贾思勰在他的农书《齐民要术》中说，[2] 顺天时，量地利，则用力少而成功多，任情反道，劳而无获。这表明了古人在认识自然与利用自然已经达到很高的理性，今人应承前启后，继往开来，探索发现，追求更高理性上的"天人合一"，从事发展天人和谐两利的益人事业，职业效益将极大化。

·13·

（二）创新管理思想

按照人的管理意志来讲，管理的主旨与实质就是要人把事情做好，达到预期目的，但促使人把事情做好的因素很多，不仅有人为的因素，还有非人为的因素。管理不仅来源于人的主观能动性，也来源于外界因素的客观自然性。管理的来源非常深奥，管理的现象极其复杂，尚有很多管理问题值得探究。

1. 创新管理思维

人们应该开拓视野，打破固有思维，进一步探索和认识管理。[3] 长期以

① 关四平：《论道家的"天人合一"思想》，载《上海师范大学学报》1997 年第 4 期，第 24、25 页。
② 引自东西方文化发展中心主编：《文明的可持续发展之道》，人民出版社 1999 年版，第 336 页。
③ 齐经民、陈居华：《管理新视野与多重管理论》，载《开发研究》2009 年第 3 期，第 138 页。

来，人们对管理的认识还存在着局限性，主要是从人的主观视野和人的能动作用的角度认识管理。但在客观上，管理的施予者不仅有"看得见的手"，还有"看不见的手"。人们认识到了"看得见的手"的作用，却对客观存在的诸多并发挥着作用的"看不见的手"的管理认知不多，还有待于探索和充分利用自然力的管理作用。

传统认识反映的是人类在自然界里"至高无上"和"万物之灵"的尊位，忽视了大自然的要求，实践危害很大。特别是工业化时代以来，人类肆意开发利用自然资源，付出了资源损失浪费和环境严重污染的沉重代价。总结教训，令人深思，不得不重新审视自己的行为与管理缺陷，考察探寻存在于人类之外的并发挥着巨大作用的力量，追究和认识令人类改变行为的自然因素与管理现象。

2. 多重管理

人类从远古的大自然中走来，在自然界的人类社会里生活，不断地接受自然信息，利用自然资源与自己的人力，进行各种各样的生产活动。可以说，管理是自觉不自觉地在进行着。从管理施予者对管理对象作用的方式上，管理可分为"非人的管理"与"人的管理"，"非人的管理"也就是"看不见手的管理"，亦即自然的管理；"人的管理"也就是"看得见手的管理"，亦即社会的管理。

在自然界的人类社会里生活的人，具有两种角色，既是属于自然界体系的生物，又是属于人类社会体系的成员，每个人都是一个行为主体，既是管理的施予者，又是管理的对象，同时人的组合又分别以家庭、职业组织单位、行业部门、区域社会的国家、人类的全球社会的多种形式存在，并存在着对应的管理，存在着多方面、多层次的多重管理，包括个人管理、家庭管理、单位管理、行业管理、国家管理、全球管理与自然管理。[①]

所谓自然管理，[②] 就是自然物、自然机制、自然秩序与自然规律等自然因素对人类的警示、约束与教训，主要是以气温、季节变化、植物生长等自然信息，用光、风、雨、雹、灾等自然声音，告诫人类，指示人类的活动，对人进行管理。自然管理的内容是关于自然物的存在、运行与变化，包括人、动物、植物的生长与变化，以及自然生态的修复等，自然管理的实质是自然力的作为。

3. 管理契合

就人类的管理来说，是自然界作用于人的结果。自然界赋予人的智慧与能动性，使人类能够在认识世界和改造世界的过程中追求更好的生活。同时，管

---

① 齐经民、陈居华：《管理新视野与多重管理论》，载《开发研究》2009 年第 3 期，第 141 页。
② 齐经民、徐蕾、闫国兴：《自然管理论》，载《长春理工大学学报》2011 年第 2 期，第 59 页。

理的施予者并不只有社会中的人，还有自然界因素。作为管理对象的人，不仅是自我存在的人，还是以多种形式存在的人，即如家庭、组织单位等，管理无处不有，无时不在。

很久以来，存在着三个方面的管理认识缺陷。一是没有把自然管理纳入考察科学研究的视野，二是没有把个人的自我管理、家庭管理纳入与国家、企业等社会组织单位管理相提并论的高度来重视和研究，三是没有从多方面的协调的角度研究多重管理。从而导致管理不够全面，自然管理与个人自我管理被忽视，有的接合不好，人类社会生活出现了人与自然、人与人之间的矛盾，影响全面建成小康社会与可持续发展等。

因此，应创新管理思想，多维视角和多方面研究管理，认识管理，探索管理，做好多方面多种管理的衔接契合，从容做好管理事宜，就会取得比较好的职业效益。

（三）从业合理管理

社会是人的群体，它的发展进步要靠每个成员去推动，每个成员都是社会发展进步的小发动机，都应开足马力，推动社会更快地发展进步。①

1. 从业公民责无旁贷

从业公民是社会生产劳作与生活消费两大领域的主要人员，有多种社会身份，是主要社会成员，具有极其重要的地位和作用，责无旁贷。

一方面，是社会劳作领域的职业人，是职业单位乃至国民经济的主体，进行职业劳作和生产消费，把各种资源转化为财富，个人和国家获得收入，富民强国。另一方面，是个人生活领域消费者，是主要家庭成员，有的是家长或户主，进行家务劳作与生活消费，以及繁衍发展，社会繁盛。决定国民经济运行与人们社会生活的状态，主宰社会发展。

毫无疑问，从业公民是人类利用消耗资源、影响环境和社会的主要渠道，应像控制人口计划生育那样，管控好从业公民的生产劳作与生活消费。

2. 自我完善立业为人②

有史以来，人类就在地球的自然界里栖息、繁衍与发展，进行各种生产劳动与生活消费等活动，表现出了千姿百态的复杂状态与喜怒哀乐的多种情感等，如有厚道、仁义、善良，有霸道、欺诈、刻薄，有和谐相处，有残酷争斗等，表现出多面人生，显示多维人性，这是人生的实况。先前对人性的认识还

① 齐经民：《职业经济学》，兰州大学出版社1992年版，前言第2页。
② 齐经民、杜丹丹：《多维人性及其利害分析与调控》，载《中国集体经济》2015年第3期，第118～121页。

很不够，还需多视野的全面探索，认识多维人性，全面地了解认识人，特别是自我认识、自我完善、自我提升，从业为人。

（1）多维人性。

从认识方法来讲，人同客观存在的事物一样，是立体的多方面的，而且发展变化错综复杂，其反映人的特质的本性也是多方面的，对人的认识也就需要多方面的考察研究。人性是人的特质赋予的本性，存在多个方面，共同反映人的特性，可分为基本人性、高级人性、低级人性与潜在人性的多维人性。

①基本人性是人作为高级动物的特质所反映的人生存的本性，主要包括自然性、自我性、高智性、自管性，依赖性、情感性与享乐性，这是人都具有的基本特性。

②高级人性是人的高贵品性，主要包括真诚性、公正性、宽厚性与仁善性，属于符合人类共同生存的理性要求而有益于人们生活的人性。

③低级人性是人的低等品性，主要包括自私性、虚伪性、贪婪性与忌妒性，这种过于自我或极端性的品性不利于和谐生活。

④潜在人性是人具有的在一定条件下表现出来的极端本性，主要包括攻击性、残暴性与自弃性，是人内含的隐存的通过外在因素引发的人性。

（2）从业为人利人。

人性作用有利与害之分。高级人性利人、利事业、利国家、利人类，低劣人性作用相反；应高度重视人性及其利与害，尊重基本人性，抑制潜在人性，转化提升低级人性，赞美弘扬高级人性。作为社会主体的个人，都是多维人性的当事人，并都受到多维人性的作用，既是高级人性作用的受益者，又是低劣人性的危害对象。人人都希望利益有保障，生活得好，社会和谐发展，都希望不受到危害，这就需要人人都不做危害他人的施予者，而做高级人性的作为者。

先要了解自己，解析自己，认识自己，自知高低，学习调整，自我超越，完善提高，尊重基本人性，抑制潜在人性，转变低级人性，提升高级人性，修养塑造以高级人性为主导的高品位的从业公民。在从业活动中，反对低级人性，预防潜在人性，抑恶扬善，做好为用户、合作者、居民与未来人的多方面服务，施惠于人，创造大家都比较满意的职业效益。

3. 从业公民自我管控

讲求提高职业效益的立点是公民个人，① 各个从业公民都是一个权力主体、劳作主体和利益主体，都是一个职业单位，有自己特定的职位、职权、职责、职务等基本职业规范，是讲求提高职业效益的当事人。

① 齐经民：《公民参入可持续发展的一种基本方式——科学讲求职业经济》，载《未来与发展》2002年第4期，第5页。

（1）从业公民责无旁贷。

至今，不协调、发展方式粗放的不可持续问题仍然突出。[①] "解铃还须系铃人"，从业公民要管控好自己，一要解决好对环境资源的不友好，二要解决好对他人的不友好，走可持续发展的文明从业的富裕之路，切实转变发展方式。

不同的从业人负有不同的责任。[②] 从业人因行业特点不同，分为种植、纺织、建筑、采矿、化工、印染、运输、商贸、教育等各行各业的从业人员；从劳作性质上分为物质生产人员与非物质生产人员；从行为地位上分为管理人员与非管理人员。其中，公共管理人员起主导作用，企业管理人员起关键作用，学校、医院等社会组织管理人员起支持推动作用，物质产品生产人员发挥主力军作用，非物质产品生产或劳务的从业人发挥协同作用，转变不良发展方式是大家共同的责任。管理人员与生产人员是主要的，非生产人员是不可忽视的。

（2）从业公民各尽所能。

①管理人员既是转变发展方式的管理者，又是转变发展方式的当事人，具有双重的作用。既要指导推动非管理人员转变发展方式的实践，负责所属区域或组织范围内从业人的职业活动的管理约束，制定符合多方面要求的发展规划、措施和效益指标，见之于职业实效；又要身体力行，在自己的管理工作中做出表率，如节约行政花费，提高行政效率等。

②生产人员直接使用消耗资源和影响环境，是转变发展方式的主要当事人，生产人员负责个人从事的职业活动，加强分工合作，大力进行科技创新，开发绿色产品，开发清洁能源，采取新的路径与新的方法生产，用创新科技手段合理讲求和提高职业效益。

③非生产人员作为消耗产品、能源等资源的使用者，也是转变发展方式的重要当事人，是不可忽视的。非生产人员同生产人员一样，负责个人从事的职业活动，要在节约消耗上下功夫，用较少的花费做好较多的事，讲求和提高职业效益。

大家在自己的职业岗位上，分别行动，各尽所能，走和谐文明的可持续发展的富强之路。

五、延伸思考

文化是人类生活的结晶，它是一个民族的财富和进步文明的标志，人类总是在一定的先进文化引导下，发展进步，走向文明的。

---

① 《中共中央关于制定国民经济和社会发展第十三个五年规划的建议》，新华网，2015年11月4日。
② 齐经民、韩伟：《以从业人为本转变经济发展方式研究》，载《西北人口》2008年第6期，第119页。

　　文化是民族生存和发展的重要力量。人类社会每一次跃进，人类文明每一次升华，无不伴随着文化的历史性进步。中华民族有着5000多年的文明史，近代以前中国一直是世界强国之一。在几千年的历史演变中，中华民族从来不是一帆风顺的，遇到了无数艰难困苦，但我们都挺过来、走过来了，其中一个很重要的原因就是世世代代的中华儿女培育和发展了独具特色、博大精深的中华文化，为中华民族克服困难、生生不息提供了强大精神支撑。①

　　延续了几千年的中国的自然经济，经历了改革开放以来的巨大变化，转入了市场经济发展的轨道，实现了与国际市场经济的接合，凝缩了发达国家市场经济发展的过程。中国经济已成为世界经济的一个发展核心，几十年来的持续增长发展创造了世界发展的奇迹，蕴含中华民族的智慧和优秀文化。

　　特别是近年的全球大格局发展。发展的最终目的是为了人民；在消除贫困、保障民生的同时，要维护社会公平正义，保证人人享有发展机遇、享有发展成果；要努力实现经济、社会、环境协调发展，实现人与社会、人与自然和谐相处。② 以中国经济为核心和动力源泉的一个全球经济发展大格局已经展现出来，联通全球，史无前例，合作共赢，举世瞩目，凝聚了中国精神、中国创造、中国管理等中国的文明，播撒中国的先进文化，中华文化进入了大发展的繁荣时期。

　　可以说，以中国近8亿从业人口的职业活动为基础的经济与社会的全球化大发展的实践，是中华文化的肥田沃土，特别是富含职业文化与经济文化等文化元素。但是，研究成果有限，甚至对文化还没有一个公认的精确定义，③ 这是值得关注、重视和研究的。

　　文化是人的一个认识领域，是人的理智与能动性的产物，是人的生活特质的体现和反映。文化的实质是知识，是知识的集成、体现和表达，包括文字文化、实物文化、艺术文化与规范文化等内容，以及职业文化、企业文化、行业文化与经济文化、民族文化、民俗文化等多视角的划分类别。文化的作用主要有两个方面：一方面是记载、积累和传承人的生活知识，对生活解读与概括，存储经卷，展现人的生活阅历与进步；另一方面是集中思想，凝聚精神，引导和调控人们的生活实践，发展事业，创造文明，改善民生，美好生活。

　　其中，职业文化是文化的一个细分内容，是从业者的职业活动作为的结晶，包括职业要素及其活动方式等知识集成、体现和表达，是一个极其重要的文化认识领域，遍及各种职业活动，反映人们职业劳作的状态与进步程度，对

---

① 习近平：《文艺工作座谈会上的讲话》，人民网2015年10月15日。
② 习近平：《谋共同永续发展　做合作共赢伙伴——在联合国发展峰会上的讲话》，人民网2015年9月27日。
③ 李德顺：《什么是文化》，《光明日报》2012年3月26日。

人们的生活影响巨大，先进的职业文化促进改变人生、和谐社会和美化世界。

在经济文化方面，以中国经济为核心和动力源泉的全球化经济发展实践，是中华经济文化的世界性的富矿，这里是经济文化等开发研究的广阔天地，精心耕耘、挖掘和提炼，会产出当代中华民族的高品位的优秀经济科学，将会在人类经济科学文化中，争奇斗艳，绚丽多彩，更好地为人类经济事业发展服务，促进人类共同富裕的美好幸福生活。

于燕山大学职业经济研究所

2015 年 12 月 30 日

目录

第三篇　要点探讨

第一篇 引 论

　　共有1章内容。第1章，基本内容。这部分内容，主要对"效在多方、益在多处"这一公民职业经济学主题的基本内容做一阐述，对职业效益的根本要点做通俗概括和阐释，为后续篇章内容奠定基础。

第 1 章 基 本 内 容

效在多方、益在多处，是对职业效益根本内容的通俗概括，是公民职业经济学的核心内容。大家知道，人的生活离不开职业，人的收入主要来源于职业，职业是人的生业，人们的职业活动总是讲究少花费多收入，也就是讲究职业经济，从根本上说就是讲求职业效益。以分工与合作为纽带维系起来的现代社会，实际就是人为人的体系，它赋予公民的要求就两个字，即是"为人"，大家在互为中生存与发展，公民从业的职业效益不仅关乎个人利益，也关乎他人利益，关乎子孙后代利益，关乎整个人类生活利益。公民从业的职业效益必然要追求"效在多方、益在多处"。

1.1 效在多方、益在多处的公民职业效益

当代公民，具有丰富的内含，特别是从业公民，分布在"三百六十行"的各个领域部门从业劳作，供给和满足人们社会生活需要，具有很大的社会公共性，必然要讲求实现"效在多方、益在多处"的公民职业效益。

1.1.1 公民

公民是特定的社会居民，其中，从业公民是讲求提高职业效益的当事人，具有特定的含义、特性、身份、地位与作用。

1.1.1.1 公民是什么人

公民，是指具有某个国家国籍的并根据有关法律规定享有一定权利和承担义务的人，其权利包括人身、政治、经济、文化等基本权利。中国宪法规定，凡具有中国国籍的人都是中国公民。

公民与人民、居民、国民有所不同。人民是指以劳动群众为主体的社会基本成员，是个集体概念，是众人的集合体；居民是指固定居住在某一地方的人，如乡村居民、城镇居民；国民是指具有某国国籍的人，即某国的国民。

其中，他们的共同点在于均是社会主体成员，只是区分视角存在差异，公民与国民均是以国籍而立，居民以固定住所而立，人民以劳动大众而立。他们的不同点在于人民不单指个人，不能单称为个人；而公民、居民、国民均可单

指个人，可以单称为个人。

同理，生于全球不同地区的地球人都有保护地球资源的权利与承担相应义务，维护人类共同生活与发展利益的地球人，就是地球公民；按照国际法规、公约等规范，要求全球各国不同地区的人们享有共同的权利与承担相应义务的人，就是国际公民。地球公民是相对于人的自然性而言的，国际公民是相对于人的社会性而言的。显然，公民按国籍区分为不同国家的公民，中国公民是地球公民和国际公民的一部分。

1.1.1.2　从业公民及其地位、权利、责任与义务

从业公民是极其重要的社会成员，具有显著的社会公共性及其特点和地位，以及相应的权利、责任与义务。

（1）从业公民的公共性。

从业公民是指处于在业状态的公民，源于家庭，在作为社会主要成员的同时，并作为一定的劳作单位或劳作组织的主体，分布在三百六十行的各个领域，构成国民经济体系。

在以分工与合作为纽带维系的现代社会，从业公民从事的各项事业都是为了满足人们社会生活需要，无论从事什么职业，都是为人们的社会生活服务的，大家只有分工不同，从事的劳作方式不同，如粮农供给粮食、织工供给布料、筑工建房筑路架桥、教师培养人才、医生诊治疾病、警察维持秩序等，大家相互共同供给和保障人们的社会生活，从这个意义上讲，从事的职业都是公共事业，从业公民就是社会的公共人，公共性是从业公民的社会人性或社会属性。

（2）从业公民的特点。

从业公民是主要的社会成员，进行生产劳作，是财富的生产者，保障生活，不同于其他公民。

①参入社会分工，从事人们社会生活需要的某种产品或劳务的劳作，供给和满足人们社会生活需要，如牧民放养牛羊、菜农生产蔬菜、果农生产水果、商人买卖商品、司机交通运输、医生诊治病人、教师培养人才、警察维护公共秩序等。

②有职业身份，具有特定职业称呼及其职务、职责等职业规范。一如粮农的职务是生产粮食，职责是生产保质保量的粮食等；二如裁缝的职务是制作衣服，职责是制作适宜的衣服等；三如筑工的职务是建房筑路，职责是盖建安全可靠的房屋与修筑经久耐用的道路等。

③获得收益，职业是人们的收入来源与生活保障，人们从业为生，追求富裕生活，通过职业劳作获得收益，供给和满足生活需要。

（3）从业公民的地位。

从业公民是主要的社会主体，分别是职业的主体、家庭主体、单位主体、

行业主体、国家主体、全球主体，形成重叠存在的复杂格局，具有举足轻重的地位。见图 1-1 所示。

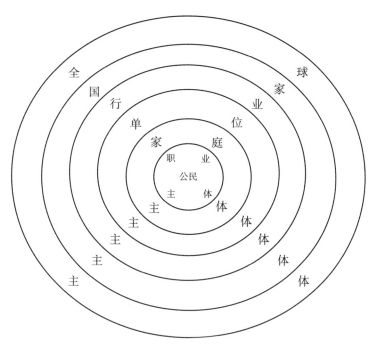

图 1-1 从业公民的多方重叠包含存在的复杂格局

①职业主体。即从业公民是职业岗位及其活动的主体，任何职业岗位都是一个从业公民的工作岗位，也是最小的劳作单位，主体唯一。并进行自我管理，对自己的活动做出计划安排与实施调控，个体从业公民的自我经营管理比较显著。

②家庭主体，即从业公民是家庭主要成员，或作为家长或是家庭的重要成员，要符合家庭的要求与约束。家庭是人类生活的基本组织单位，养育子女、赡养老人，进行生产、消费及其管理。

③单位主体，分两种类型，即个体从业单位的主体与企业等组织单位的主体。个体从业公民是自主从业经营的个体单位的主体。企业等组织单位的主体，是分工与合作组织体系中的职业岗位的从业公民，其中，组织包括农场、工厂、商店、医院、学校等社会组织，他们分别从事某种社会事业，为社会提供产品或劳务，并进行各自的管理。

④行业主体，即行业的主体人员，从业公民从事的职业，无不属于三百六十行，无不属于三百六十行的从业人员，构成各个行业部门，形成错综复杂的国民经济体系。

⑤国家主体，即国家的主体人员，从业公民作为国家所属的各项事业的主体，构成国家所属的政治、经济、文化、教育、医疗、体育、治安、管理等社会组织。其中，国家各种职能机构对所属地区的社会进行管理，如立法机构通过制定法律进行管理，政府机构通过制定规划、政策进行管理等。

⑥全球主体，即作为栖息居住在地球自然界的人类主体，在这个地球自然界里，从业公民居主体地位，起主导作用，为了维护人类的共同利益，对全球的人类社会进行管理，包括对各类国家、各种社会、各个地区的人们的活动的管理，如联合国机构对全球社会的经济、政治、教育、卫生、发展等进行的各方面管理。

上述的从业公民具有的职业主体、家庭主体、单位主体、行业主体、国家主体、全球主体，重叠包含，紧密相关，形成了"以从业公民为主导"的自然界的人类生活体系。

在自然界的人类社会中，公民个人分别属于家庭，又属于一定的个体或企业等劳作单位，劳作单位属于一定行业部门，行业部门属于一定的区域社会或国家，国家属于人类社会，人类社会属于地球的大自然，与此对应的从业公民管理活动联系为一体，相互关联作用。

其中，从业公民的个人管理与家庭管理促进文化传承与生活方式改进，单位及其行业部门管理促进事业发展创新，国家管理促进区域社会发展，全球管理促进人类和谐进步，促进天人合一，这些管理由低到高、由高到低，互相促进，互相作用，推动了人类生活的改善、社会的和谐与自然的可持续发展。

（4）从业公民的权利、责任与义务。

从业公民是社会群体中的一部分人，但却是权利、责任与义务极其分明重要的一部分人。据国家统计局数据资料，2014 年年末中国总人口 136782 万人，其中，从业公民 77253 万人，占总人口的 56.48%，达半数以上，分布在各行各业各部门，从事社会的各项事业，担当社会发展进步的重任，具有极其重要的权利、责任与义务，法律已做出明确规范。

①从业公民享有宪法和法律规定的权利，同时，必须履行宪法和法律规定的义务，在法律面前一律平等。有选举权和被选举权，有言论、出版、宗教信仰等自由，人身自由、人格尊严、住宅不受侵犯，通信自由和通信秘密受法律的保护；对于任何国家机关和国家工作人员，有提出批评和建议的权利，对于国家机关和国家工作人员的违法失职行为，有向有关国家机关提出申诉、控告或者检举的权利。

②从业公民有劳动的权利和义务。国家通过各种途径，创造劳动就业条件，加强劳动保护，改善劳动条件，并在发展生产的基础上，提高劳动报酬和福利待遇。劳动是一切有劳动能力的公民的光荣职责；劳动者都应当以国家主人翁的态度对待自己的劳动，提倡社会主义劳动竞赛，奖励劳动模范和先进工

作者。

③就业前进行必要的劳动就业训练，有休息的权利，发展劳动者休息和休养的设施，规定职工的工作时间和休假制度，退休人员的生活受到国家和社会的保障，在年老、疾病或者丧失劳动能力的情况下，有从国家和社会获得物质帮助的权利。国家发展为公民享受这些权利所需要的社会保险、社会救济和医疗卫生事业。保障残废军人的生活，抚恤烈士家属，优待军人家属。帮助安排盲、聋、哑和其他有残疾的公民的劳动、生活和教育。

④有受教育的权利和义务。培养青年、少年、儿童在品德、智力、体质等方面全面发展。有进行科学研究、文学艺术创作和其他文化活动的自由。对于从事教育、科学、技术、文学、艺术和其他文化事业的公民的有益于人民的创造性工作，给予鼓励和帮助。

⑤保护妇女的权利和利益，实行男女同工同酬，培养和选拔妇女干部；婚姻、家庭、母亲和儿童受国家的保护；夫妻双方有实行计划生育的义务；父母有抚养教育未成年子女的义务，成年子女有抚养父母的义务；禁止虐待老人、妇女和儿童。保护华侨的正当的权利和利益，保护归侨和侨眷的合法的权利和利益。

⑥在行使自由和权利的时候，不得损害国家的、社会的、集体的利益和其他公民的合法的自由和权利。有维护国家统一和全国各民族团结的义务；必须遵守宪法和法律，保守国家秘密；爱护公共财产，遵守劳动纪律，遵守公共秩序，尊重社会公德；有维护祖国的安全、荣誉和利益的义务，不得有危害祖国的安全、荣誉和利益的行为；保卫祖国、抵抗侵略是每个公民的神圣职责，依法服兵役和参加民兵组织是公民的光荣义务；有依法纳税的义务。

1.1.2　公民职业效益及其关系

公民职业效益是职业经济关系的一个枢纽问题，它交织包含错综复杂的职业经济关系和矛盾，直接牵涉职业劳作者、社会消费者和环境资源相关者的因素，他们在客观上都有自己的特定要求，赋予职业效益特定的内含与规范。

1.1.2.1　公民职业效益是什么

公民职业效益是效益的一个具体方面。效益是反映人的活动成果的一个术语，现代汉语的解释是效果和利益，它通过成果与耗费或产出与投入的比较体现，一般来说，耗费少，成果多，效益好，反之差。效益可因活动的主体、单位和范围等不同，分为职业效益、企业效益与社会效益等。

（1）公民职业效益及其公式。

职业效益指的是人的职业活动的成果状态，是职业人从事职业活动追求的效果利益，通过职业活动的收入与支出的比较体现，其中，支出是指从业活动的耗费，包括人力、物力和财力等的耗费；收入是指从业活动获得的成果，包括实物、资金等。如粮农从事种植业，种地打粮，职业耗费包括人力与农机具、土地、种子、肥料等，职业收入包括收获的玉米、小麦、水稻、高粱、谷子、大豆等，以及资金收入等；教师从事教育职业，教书育人，职业耗费包括人力与教室、教具等，职业收入包括工资、奖金等。公式（1－1）中用简化的汉语拼音字母 ZXY 表示职业效益、ZSR 表示职业收入、ZHF 表示职业耗费，则：

$$ZXY = ZSR/ZHF \qquad (1-1)$$

在有利于自然和社会的前提下，职业效益一般分三种情况：①当 ZSR ＞ ZHF 时，职业效益 ZXY 为正；②当 ZSR ＜ ZHF 时，职业效益 ZXY 为负；③当 ZSR ＝ ZHF 时，职业效益 ZXY 处于临界状态。

职业效益最终是由职业收入与职业耗费的比较结果体现的，可用职业的纯收入等指标计算确认。从人们职业生计习惯现象上讲，总是用最终的收入成果计算，如农民种地收获多少粮钱、工匠收入多少工钱、打工收入多少资金、公务员收入多少工资等。这是传统的简单算法，有的是不全面的，如农民生产粮食的职业效益计算，一般都留有自用的，对种粮大户来说是微不足道的，但也应折算加入；再如打工的职业效益计算，除基本的资金或工资外，还有培训等好处，也应算入。

职业效益可以从不同的角度区分，从职业特性上可分为食物生产、服装生产、建筑、制造、商贸、交通、通信、教育、医疗、旅游等各行各业的职业效益；从职业存在的组织形式上可分为个体职业人的职业效益、企业职员的职业效益等。

从公民从业人的身份地位来讲，公民职业效益及其重要。一般来看，在一定国家的社会区域内，从业人的身份不完全一样，有本国公民，也有外国公民，但都受法律约束，都要恪守公民权利，承担公民责任与义务。特别是坚守公民的公共性，做好为社会服务。

一般地说，公民职业效益是指从业公民职业活动的耗费与收获的比较益处，也就是从业公民职业活动获得的利益好处。在现代社会，从业公民并不是完全孤立的个人进行的职业活动，而是在公民的相互关系中从事一定的职业活动，公民职业效益就不是简单的单纯的个人从业获得的利益好处，而是包括相关人员大家共同获得的利益好处。

因此，所谓公民职业效益，是指从业公民用较少的消耗取得较多的包括从业公民个人的有关人们获得的利益好处。其中，有关人员主要包括从业活动的合作者、产品或劳务的用户、国家管理者、居民与未来人，合作者主要有材料用品供给方、产品或劳务经销方、组织单位岗位合作者，国家管理者主要是党政管理人员，居民即是从业所在地居民，未来人是未来在该地区利用环境资源从业生活的人类子孙后代，这些有关人员都有利益所在及其要求，必须兼顾兼有，效在多方、益在多处，都须实现。

（2）公民职业效益与企业效益和社会效益的区分与联系。

公民职业效益与企业效益、社会效益等的区分。从效益创造的主体来讲，公民职业效益是从业公民个人职业活动创造的效益，是最小劳作单位的效益；企业效益则是从业公民组成的劳作组织生产经营创造的效益，是较大的劳作单位的效益；社会效益是人们社会活动创造的效益，是很大的效益。

公民职业效益与企业效益和社会效益的联系。它们密切联系，个体从业公民、企业等组织单位的从业公民都是社会成员，他们具有如上所述的多重性身份，作为从业为生的职业人，他们为了个人的生计谋求增收富裕，同时，也为其他社会成员谋利益，共同富裕，这也是社会效益。在企业等组织单位，如农场、工厂、商场、学校、医院等，职业效益是企业等组织效益的微观表现与实现路径，职业效益与企业等组织效益是主体与范围不同的社会效益，社会效益总是通过一定的社会主体活动创造实现的。

由此可知，公民职业效益是最基本的效益，公民职业效益最大化，企业等组织单位效益必然最大化，进而社会效益也就必然最大化，整个生活的改善与社会发展进步都有赖于公民职业效益的科学讲求与提高。

1.1.2.2 公民职业效益存在的第一关系与第二关系

大家知道，人是在一定的自然界的人类社会里从事职业活动的，利用土地、水域、矿物、山林等各种自然资源，从事种植、养殖、纺织、建筑、制造等各种生产职业活动，以及从事教育、医疗、文艺、管理等各种劳务职业活动，获得职业收入，供给和满足社会生活需要，见图1-2所示。职业活动与自然环境、社会生活发生密切关系，一方面，职业活动以自然环境提供的资源为前提条件，生产人们生活所需的财富，供给和满足人们的社会生活需要；另一方面，职业活动与社会生活产生的生活垃圾与职业垃圾排入自然环境，对自然环境发生影响。

图1-2 职业活动与自然环境和社会生活的关系

从自然界的大视野考察人类职业活动现象，可以了解到，公民的职业活动与自然因素、社会因素广泛联系，存在着错综复杂的关系，一方面是与自然因素的关系，主要是利用自然资源从事职业劳作形成的；另一方面是与社会因素的关系，主要是在人与人的关系中从事职业劳作形成的关系。从人的关系产生秩序来考察，人与自然的关系先于人与人的关系，因而人与自然因素的关系可称第一关系，与社会因素的关系称第二关系。

第一关系。人与自然因素的关系比较简明，一方面自然因素造就了人类，人是高级动物，是由阳光、空气、水、土地、植物等自然资源养育的，是大自然的"产儿"，受大自然的约束；另一方面，人利用自然资源进行生产与生活，能够不断认识改造自然界，实现自己的意愿，在已知的自然界的物质世界中居于主体地位，起主导作用。但人不能放任自由，肆意开发利用自然资源，不能违背自然秩序规律，否则就等于自毁，人的第一需求是自然资源，没有自然资源就没有人类。

第二关系。人与社会因素的关系实质是人与人和人为人的关系，人是在相互关系中生存发展的，人与人之间的关系主要包括血缘关系与劳作关系，血缘关系是由生育而产生的人们之间的关系，如父母与子女的关系，兄弟姐妹的关系，以及由此派生的亲属关系；劳作关系是社会劳作的分工与合作的关系，一如产品生产者与上线的原材料供给者、下线的产品销售者是产品生产经营的分工与合作关系，二如医生与检验员、护士是诊治病人医疗活动的分工与合作关系。

这两大关系都直接决定或影响公民的职业活动，第一关系因素决定职业活动特性，如土地可以从事种植业，草原可以从事牧业，水域可以从事水产养殖业，自然资源是职业存在的母亲；第二关系因素决定职业活动方式，如公民的素质能力决定从业的技术手段，以及分工与合作的对象等，社会资源是职业存在的父亲。显然，公民职业效益源于自然资源与社会资源，包含这两个方面的因素内容，"效在多方、益在多处"正源于此。

1.1.2.3　公民职业效益的主体关系

公民职业效益的"效在多方、益在多处"，主要是从解析主体利益相关问题，规正不良的从业行为，协调主体利益关系，合理讲求提高公民职业效益，因而这里主要关注研究公民职业效益的主体关系，阐述从业公民与有关社会人员的关系，主要有从业公民之间的关系、从业公民与其他人的关系。

（1）从业公民之间的关系。

从业公民之间关系，是公民从业在供给和满足人们社会生活需要的职业活动中形成的，主要可分为从业公民的分工关系、合作关系与收益关系。

①从业公民分工关系。从业公民分工是从业公民的职业与人们社会生活需要相对应的并立排列。从根本上说，从业公民分工是人们社会生活需要与职业劳作供给对应统一矛盾决定的。

从古至今，人们世世代代从事职业劳作，供给和满足生活需要。特定的职业劳作始终与特定生活需要对应统一。一方面，当人们的特定生活需要增加，原有职业劳作不相适应，从而使职业劳作分化，与特定的生活需要相适应，形成新的对应统一关系，于是就出现了新的职业分工。另一方面，随着科技进步，职业劳作不断地为人们创造出新的生活需要，促使职业分化发展，形成新的职业分工。职业分工促进职业专门发展，提高职业劳作效率，更好地适应和满足生活需要。职业分工使职业劳作者相互区别，却又把他们紧密地联系在一起，发生密切的关系，即职业劳作者分工关系。

所谓从业公民分工关系，是从业公民在职业与人们社会生活需要相对应的并立排列中，地位平等、互为存在条件的关系。其中，地位平等，是指公民从事的职业劳作都与人们社会生活需要对应存在，向人们提供产品或劳务而为人们生活服务，都是供给和满足人们生活需要的，无高低贵贱之分；互为存在条件，是各种从业公民相互以对方的存在为自己存在的前提条件，这是因为，人们各方面的特定生活需要总是要求各种特定职业的对应存在，它在客观上把社会劳作者分配到各种不同的职业中，公民的职业一经确定，与人们生活需要对应存在，就具有排他性，使别人以他的存在为前提，选择其他职业。他们各在其职，各居其位，既相互对应，又互为前提。

②从业公民合作关系。从业公民合作关系是从业公民在职业合作活动中形成的关系。职业合作是职业围绕人们社会生活需要相互联系与配合，这是在职业分工的基础上实现和满足人们生活需要的必然要求，是由职业分工出现的矛盾决定的。

从现象上看，职业分工使职业相互区分和独立。而从根本上看，职业分工的本身就把各种职业紧密联系起来，围绕人们生活需要合作组合。这是因为，一方面，职业分工使职业分化独立发展，以适应人们不断变化的生活需要；但另一方面，职业分化使职业失去了独立地适应和满足人们生活需要的能力。在使用价值上，出现了个人的职业劳作不能满足自己的生活需要的矛盾。矛盾的出现总是伴随解决矛盾的方式的出现，职业合作就是解决职业分工出现的矛盾的方式。通过职业相互联系，密切合作，分别共同进行和完成千家万户的社会消费者所需要的产品或劳务，在合作的相互关系中共同适应和满足人们的社会生活需要。

从业公民的合作关系，就是从业公民在职业围绕人们社会生活需要的合作中，相互联系和配合的关系。其中，相互联系和配合包括在原材料供给、零部件生产、产品销售、劳务等方面的职业之间的联系和配合。

在公有制的社会制度下或资源共同化的制度下，人们有着共同的利益和发展目标，从业公民的合作关系与社会发展需要是一致的，从业公民更有全局观念，反对个人主义，加强职业合作，齐心协力，团结互助，更好地适应和满足人们生活需要。我国应不断创新完善公有制，全面改善人们生活，提高人们生活质量和水平，早日实现全面建成小康社会的目标，使千家万户的人们都共同富裕起来，过上美好的幸福生活。

③从业公民收入关系。从业公民收入是公民从事职业劳作所获得的收入，

分为工钱、工资、实物、荣誉等不同形式，是从业公民利益之所在，是公民从事职业劳作的成果实现形式。职业收入决定于职业劳作，职业劳作质好量多，职业收入就多，反之职业收入就少。

从业公民的收益关系，是从业公民收益的比较关系。它包括不同从业公民的收益比较关系与同种从业公民的收益比较关系。

从业公民的收益多少和相比差异的大小，能够体现和反映人们社会生活的状况。一般来说，收入少，生活贫困；收入多，生活富裕。收入差距大，人们生活贫富不均；收入差距小，人们生活贫富差不多。协调从业公民收入关系，有利于社会和谐发展与共同富裕，促进社会全面发展进步。

（2）从业公民与消费者的关系。

从业公民与消费者的关系是一个基本的社会生活关系。消费者即是从业公民劳作的产品或劳务的使用者或用户，是从业公民的直接服务对象，从业公民与消费者存在直接的利益关系。消费者包括其他从业公民和其抚养的家庭人员以及所有其他社会人员。其中，从业公民既是生活需要的消费者，又是从事职业活动的劳作者。职业劳作者与社会消费者之间的关系，可分为服务关系与交换关系。

①从业者与消费者之间的服务关系。由于经济社会形式的不同，从业公民具有的劳作者与消费者的双重社会身份的关系差异较大，从业公民总是一方面作为劳作者从事某一种职业活动，另一方面作为消费者属于某一家户成员进行消费活动，劳作者与消费者之间的关系交互对应统一，从而使职业效益主体关系复杂化。

为了便于鉴别和理解当代市场经济社会职业效益内含的劳作者与消费者关系，这里采取比较的方法研究。假设是纯粹的自然经济社会与市场经济社会，不考虑自然经济社会与市场经济社会中的其他非主要的经济形式，通过分析自然经济社会与市场经济社会的职业人，具有的劳作者与消费者的双重社会身份对应统一存在的差异，比较两者关系的特点，探讨市场经济社会职业效益内含的主体关系，主要在于抛弃自然经济关系的狭隘私益思想，确立市场经济关系的宽广公益思想。

自然经济社会里，从业人具有的劳作者与消费者的双重社会身份同一；市场经济社会里，从业人具有的劳作者与消费者的双重社会身份异化。见图1-3所示。

自然经济是以家庭分工与合作为基础的封闭型经济。在自然经济社会里，从业人的"双重身份"同一，以劳作者的身份从事自己需要产品的职业劳作，以消费者的身份进行享用自给产品的消费活动，自需、自劳、自给、自消，职业效益是职业人为自己从事职业劳作的所用耗费与所获收入的比较结果或比值，人们精打细算，追求职业劳作少花费多收入，直接满足自己的生活需要。

从业人自给自足，自我服务，这是自然经济社会的职业效益的基本内含，是自利性的职业效益。

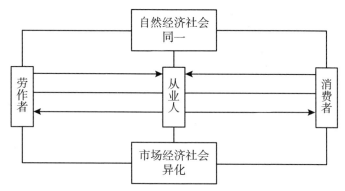

图1-3 从业人具有的劳作者与消费者的双重社会身份

市场经济是以社会分工与合作为基础的开放型经济。在市场经济社会里，从业人的"双重身份"异化，从业人以异己的姿态，一方面以劳作者的身份从事社会消费者需要的产品或劳务的劳作，供给和满足社会消费者的生活消费需要；另一方面以社会消费者一员的身份享用其他职业劳动者提供的产品或劳务，进行自己的生活消费活动。劳作者与消费者交互对应统一存在，通过交换互相满足需要。交换既是一个重要的经济环节，又是一个相互关系的纽带，劳作者通过与消费者交换转让产品或劳务而获得货币收入，消费者通过交换让渡货币获得产品或劳务，双方各得其所。见图1-4所示。

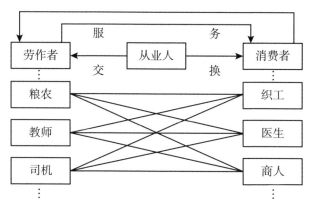

图1-4 从业人的双重身份及其关系

在市场经济社会里从业，职业劳作者先要为社会消费者考虑，为他们生产产品或提供劳务，先满足社会消费者的生活需要，然后满足自己的生活需要，在为别人提供劳动的服务中实现满足自己的生活需要。先为别人后为自己、为别人之中为自己是铁的从业为生法则，职业劳作者与社会消费者的关系是服务互利的关系。

②劳作者与消费者的交换关系。交换，一般是指交换的双方各把自己的东西给对方。在简单商品经济条件下，是以物换物，物物交换。在市场经济条件下，是以货币为媒介进行交换，即一方出让商品，另一方出让货币，以钱换物，或以物换钱，进行交换。

图1-4显示了职业劳作者与社会消费者之间的交换关系的现象。从根本上说，是由职业劳作分工专业化、社会化所引起的劳作供给与消费需要的矛盾决定的。在职业劳作分工专业化、社会化的情况下，职业劳作者围绕社会消费者的生活需要分工与合作，以异己的姿态从事与社会消费者生活需要相适应的某个方面或某项专门劳作，而与个人生活需要相背离和矛盾。在从业为生的情况下，职业劳作者不会义务为社会消费者劳作，不会无偿地为社会消费者提供产品或劳务，因而必然要通过交换的方式来解决劳作供给与消费需要的矛盾。通过交换，职业劳作者与社会消费者获得各自需要的东西，各得其所，各自满足生活需要，职业劳作者与社会消费者之间必然存在的交换关系。

（3）从业公民与居民的关系。

居民即是居住在从业公民职业活动区域生活的人们，从人类千秋万代生活的视角划分居民，可分为当代人与未来人，未来人是人类的子孙后代，从业公民与居民的关系主要集中在环境资源的开发利用上。

"靠山吃山，靠水吃水"，这是传统居民生活方式的简单概括，但也清晰地表达了居民生活与环境资源的关系。从业公民总是在一定场所环境里，利用消耗资源进行劳作，并排放废弃物，直接影响着居民的生活，与居民存在直接的先后的利益关系。

就当代人来说，环境资源是他们赖以生活的生计资源，他们必然珍惜和保护环境资源，反对浪费资源与危害或破坏环境，维护自己的生活利益。而与当代人的意愿相反，从业公民往往从自己的生财谋利的追求上考虑，一方面，过度开发利用资源，肆意索取，资源损失浪费很大；另一方面，排放废弃物，环境污染严重，危及当代人的生活利益。在这种情况下，从业公民与当代人存在着利益之争的矛盾，利益关系不协调。

就未来人来说，环境资源是他们赖以生存以及生计的生活资源，这是他们享有与当代人同等的利用环境资源生活的权利，但未来人却无法自己直接表达和捍卫利用环境资源的权利，只能由他们的父母前辈们代理，人们都不希望自己断子绝孙，都希望能够世代代传承下去，永续发展下去，父母前辈人就必须承担责任，一般来说，主要由国家的政府管理机构代言与维护其权利，协调从业公民与未来人之间的利益。

从业公民应站在人类生活的长远利益上考虑，避免损失浪费资源与损害或破坏环境，处理好与居民的利益关系，保证千家万户居民的长远发展的环境资源这一充分必要条件，为人类的永续富裕生活做出贡献。

1.1.3　公民职业效益的来源与影响因素及其讲求提高路径

公民职业效益是公民职业活动的成果，它来源于多方面的资源，以及公民的职业劳作，它与多种因素有关，是个多因素的变量，提高职业效益的路径也就是多方面的。

1.1.3.1　公民职业效益的来源及其有限性

公民职业效益来源于多方面的资源，包括自然资源、人力资源、劳动资料、能源、材料用品等，这些资源并不是无穷无尽的，而是有限度的。

（1）公民职业效益的来源。

公民职业效益是公民从业实现的利益好处，包括各方利益主体获得的益处，如从业公民获得的资金，消费者得到的食品、电视、手机等，国家收得的税金等，这些都是公民职业效益实现的利益形式或利益表现，如同植物的枝叶及其果实，枝叶及其果实是植物的根和干的产物，不言而喻，"根"和"干"是"利益好处"的根本来源。

"利益好处"是公民从业实现的"益人成果"，能满足人们的生活需要，从这个意义上讲，公民从业实现的"益人成果"就是能满足人们生活需要的财富。

有史以来，人们为了满足生活需要，追求富裕生活，就为生财而奔波忙碌，已产生积累了经典的生财思想。

①中国先人的生财富裕思想。西周的《大戴礼·武王践祚·履屦铭》中说，① 慎之劳、劳则富。西周的《国语·周语》中说，② 夫利，百物之所生也，天地之所载也。战国的《管子·水地》中说，③ 地者，万物之本原，诸生之根菀也。《管子·八观》中说，④ 天下之所生，生于用力，用力之所生，生于劳身。《管子·小问》中说，⑤ 力地而动时，则国必富时。

②国外先人生财富裕思想。17 世纪的英国威廉·配第（William Petty）说，⑥ 劳动是财富之父，土地是财富之母。19 世纪的马克思（Karl Heinrich Marx）在分析作为财富元素的商品生产时指出，⑦劳动过程分解的简单要素是人本身的活动或劳动本身、劳动对象和劳动资料。

从国内外先人们的财富来源的思想可以知道，中国古人早就阐述了富裕或财富来源于土地与人的劳动，外国先人也明确指出了财富来源于土地和劳动，

· 15 ·

---

①②③④⑤　胡寄窗：《中国经济思想史简编》，中国社会科学出版社1981年版，第2、4、130、131页。
⑥⑦　马克思：《资本论》，中国社会科学出版社1983年版，第20、166页。

马克思指出，商品或财富生产来源于人的劳动、劳动对象和劳动资料。由此，可以概括得出财富生产或来源的几种公式，即如：

土地＋劳身→财富（管子）

土地＋劳动→财富（威廉·配第）

劳动资料＋劳动对象＋劳动→财富（马克思）

显然，这里讲的"财富"是能满足人们生活需要的东西，它来源于生产劳动，来源于生产劳动中的诸要素，古人认识到了根本，即是来源于土地与人力，马克思从生产劳动本身的视角做了细分，即指出了人的劳动、劳动资料与劳动作用对象，劳动资料中包括土地和器具，实际就是劳作凭具。

从现代生产劳作实情来看，财富的生产来源复杂化，细分更多要素。在现代社会，科学技术拓展和精细发展，为财富生产增光添彩，既不断增加新东西，又不断精化品质，财富来源的要素增加，从财富来源要素的先后出现的秩序可以概括为：自然资源、人力资源、劳作资料、能源、材料用品、辅助物品等。

（2）公民职业效益的公式。

这里用汉语谐音字母表示财富来源或生产公式，式（1－2）中用 CF 表示财富，ZRzy 表示自然资源，RLzy 表示人力资源，LZzl 表示劳作资料，NY 表示能源，CLyp 表示材料用品，FZwp 表示辅助物品，则：

$$CF = ZRzy + RLzy + LZzl + NY + CLyp + FZwp \qquad (1-2)$$

其中，CF 是能够满足人们生活需要的东西，分为知识、资金、食物、衣服、房屋、轿车、手机等；ZRzy 是人们赖以生存的自然物，分为土地、山林、草原、水域、矿物、阳光、大气等，它养育包括人类在内的自然物，是财富的第一来源。RLzy 是能够进行产品或劳务的生产劳作活动的人，分家务劳作者、社会劳作者，以及男性劳作者、女性劳作者等，他能利用自然资源进行人们需要的各种产品和劳务的生产劳作活动，是财富的第二来源。LZzl 是生产劳作的设施器具，分场所、装置、设备、工具等；NY 是为生产劳作提供能量转化的物质，分矿能源、核能源、风能源、水能源等；CLyp 是劳动作用其上的对象，分为植物、动物、矿物、石料、木料、布料、塑料等；FZwp 是在生产劳作中起辅助作用的物品，分润滑物、染色物、催化物等。LZzl、NY、CLyp、FZwp 是人力资源利用自然资源的产物，并作为一定的财富生产劳作的不可或缺的要素发挥作用，均是财富的第三来源，可统称为生产资料。三大来源是现实财富生产的三大资源，如同果实生产的树木，自然资源是根，人力资源是干，其他资源是枝叶，结出的果实就是财富，是利益好处，见图 1－5 所示。

果实

枝叶

干

根

图 1-5 财富来源的果树

（3）公民职业效益来源的有限性。

由这一财富来源的生成公式可知，财富来源于自然资源、人力资源、劳动资料、能源、材料用品与辅助物品，要获得财富就必须要有这些资源。

正如中国人讲的"天上不会掉馅饼"，外国人讲的"没有免费的午餐"，说的都是一个意思，即没有白得的食物或财富，食物或财富的获得都是有代价的。

然而，自然资源、人力资源、劳动资料、能源、材料用品与辅助物品是既定的、有限的，并不是取之不尽、用之不竭的，资源的有限性是财富生产供给的限制约束条件。从根本上说，第一资源的有限性就决定了第二资源与第三资源的有限性。

人类栖身赖以生活的地球是个既定的天体，极半径为 6357 千米，表面积为 5.1 亿平方千米，陆地面积为 1.49 亿平方千米，水域面积为 3.61 亿平方千米。其中，永久冻土、冰川、难以开垦的山地、干旱地和沙漠等约占陆地面积的 70%。地内、地表、地上的各种资源都是既定的量，矿石等一次性资源越来越少，再生性资源的再生需要满足一定的条件，亦有限制约束。中国是人口大国，人均自然资源较少，资源不足问题比较突出。

人力资源也是有限的。[①] 人力存在于人体，是人体组织所具有的能力，包括人的脑力、眼力、听力、说力、手力、脚力等，与人同生同在，它的实质是人生命机体具有的能够进行生产劳作的能力。人的身高、体重、气力、活动范围等都是既定的量，人的脑力、眼力、听力、说力、手力、脚力等的能力都是有限的，如人们在劳作中常常会感到"筋疲力尽"、"没劲了"，也常有人说

· 17 ·

---

① 齐经民等编著：《人力资源管理》，经济科学出版社 2007 年版，第 11 页。

"脑袋不转了"、"拿不动了"，等等，这都是人力有限性的具体表现。从整个人生来看，人力随利用时间增加和年龄增长呈现递减的变化趋势，就每天的工作日人力利用而言，开始时人力旺盛，而后逐渐减弱；就总的年龄变化来说，进入青壮年后人力就逐渐减弱，人的死亡实际是人力的完全消失。

自然资源与人力资源的有限性，必然决定了场所、厂房、机器、工具、材料用品、能源、辅料等有限性，它是人力资源利用自然资源进行生产劳作的产物，受自然资源与人力资源的有限性的制约，必然是有限的。三大资源的有限性共同决定导致了财富的生产供给的有限性。

至今，人类还没有都富裕起来，富裕起来的只是一部分。其中，中国人民也还没有都富裕起来，即使大家都富裕起来了，还要不断地保持富裕生活，人们的生活需要是不断的，甚至是不断增加的，这将世代地持续下去，财富的生产供给就需要不断地持续进行，讲求提高职业效益将面临更多的挑战。

1.1.3.2　公民职业效益的影响因素及其关系公式①

上述可知，公民职业效益来源于三大资源，但这只表明它出自哪里，实际关于它的生产劳作活动还是个很复杂的过程，影响因素很多，决定和影响公民职业效益的相关因素主要有职业资本、职业配置、职业保障、职业经营、职业收入消费、职业文化等诸方面，主要的方面概括如图 1 - 6 所示。

图 1 - 6　职业效益与相关因素的关系

它们之间存在着一定的函数关系，式（1 - 3）中用 zyxY 表示职业效益，用 X 表示决定和影响职业效益的因素，用 f 表示决定和影响职业效益因素作用率。则：

$$zyxY = fX(f > 0) \tag{1 - 3}$$

影响因素展开，表达式为：

---

① 齐经民著：《职业经济学》，经济科学出版社 2004 年版，第 13 页。

$$zyxY = fX = f_1 X_1 + f_2 X_2 + f_3 X_3 + \cdots f_n X_n = \sum_{i=1}^{n} f_i X_i \qquad (1-4)$$

其中，诸多的影响因素各自的作用是不等同的，也就是决定和影响职业效益因素作用率或作用权重是不一样的，一般来说，职业资本的作用比较大，但在某一特定的情况下，其他因素有时也会起到决定性的作用，如职业经营得当，抓住机会，职业效益会显著提高。这是实践证明的，人们大都能够了解认识，并付诸实践，取得预期成果，如科学技术是第一生产力就是这样，实践效果很好，从科学性来说，结论是无疑的，但没有具体的实证比率。

有的研究比较宏观，如美国诺贝尔奖获得者 T. W. 舒尔茨（Theodore W. Schultz）很早研究认为，人力资本对经济增长的作用，远比物质资本重要得多，并认为美国 1929 ~ 1957 年的国民经济增长额中，约有 33% 是由教育形成的人力资本做出的贡献，虽然宏观而不具体，但也能说明一定的问题。

职业效益的相关因素作用率是相关因素的作用系数，是一个一般或正常条件下该因素发挥作用的常量，还需要具体分析计算，进行实证，这是一个比较复杂的分析计算问题，是个关于深入研究认识职业效益的一个难点，有待进一步探索。

显然，公民职业经济学研究的是以从业公民讲求提高职业效益为核心的一系列职业问题，包括从业前的职业知识与技能等职业资本学习积累，择业环节的职业配置，从业后的职业保障、职业经营、职业效益的创造，职业收入的花费等活动，以及在这一系列职业活动中存在的职业关系、职业活动秩序和规律等问题，是以职业效益为核心的关系牵连职业效益的各个方面的问题。

1.1.3.3　讲求提高公民职业效益的路径

讲求提高公民职业效益，贯穿整个职业经济活动，与多方面的因素相联系，讲求提高公民职业效益就必然要从关系职业效益的多方面因素谈起做起，主要有以下系列关联的系统路径。

（1）科学认识职业。人们进入职业领域，开始职业生活，是从了解认识职业开始的。科学认识职业是做好职业事宜的基本环节。职业是一种比较复杂的事物，存在形式多种多样，五花八门，内含关系错综复杂，交集着职业经济的基本关系和矛盾，关系企业等职业组织单位、行业部门、国民经济与整个社会生活的状况。

从业公民应全面深入地了解认识职业及其特性、职业与企业等职业组织单位的区分与联系、职业分类、职业关系、职业生存与发展变化等，从而做好职业配置等一系列职业活动，合理讲求提高职业效益。

（2）努力积累职业资本。职业资本直接关系从业公民的生财创收，是讲求提高公民职业效益的最重要的因素。职业资本积累主要是指从业公民的职业资本积累。

其中，职业人力资本积累是基本的方面，是主导性的职业资本，对资金、器具等资本起着支配和驾驭的作用。个人的职业人力资本积累，主要包括体质、知识、技术、方法、经验、道德规范等资本因素的积累。

（3）合理职业配置。职业配置即是职业资源的组合定位，使职业资源转化为职业资本。职业配置关系职业资源的使用、职业资本的生财增值。合理进行职业配置，是讲求提高公民职业效益的基本要求。

职业配置是以职业人力资源为主的职业资源的组合利用的定位，就公民的职业选择的定位，应考虑到个人的志趣、性格、体能、知识、技术、方法和经验等，进行合理的职业配置，为讲求提高公民职业效益奠定良好基础。

（4）做好职业保障。职业保障是关于从业公民应有的职业权益的保障，是从业人正常从事职业劳作的基本条件，也是讲求职业效益的基本要求。职业保障的主要内容有关于从业人的劳作、利益、安全、休息、保险等。

当职业安全保障做好，从业公民才能无忧无虑，聚精会神、全身心地投入到职业劳作中，在这种情况下，能够发挥他们的潜力和能动作用，劳作质量好，耗费低，职业效益好，必须努力做好从业公民的职业保障。

（5）科学职业经营。公民从业为生，讲求提高职业效益，要使职业资本生财增利，就必须充分利用人力、场所、设施、器具、资金等职业资本，发挥职业资本的作用，这就不能不讲究科学职业经营。

君子爱财，取之有道。职业经营要按照科学的要求做事，合理利用各种资源，充分发挥资源的作用，坚持科技生财、节约生财、勤劳生财、诚信生财、合作生财、科学管理等多种经营之道。

（6）塑造职业文化。职业文化牵动、支配和影响职业经济活动，直接关系职业效益、职业发展、职业前景等，是讲求提高职业效益及其重要的变量因素，需要格外的关注和重视。

职业文化涉及整个职业经济活动事宜，从内在实质到外在形式，都是职业文化的现象，可以说职业经营活动就是职业文化经营活动，对职业效益的影响是多方面的，应塑造优秀的职业文化，大力讲求提高公民职业效益。

（7）合理职业收入消费。从业是为获得职业收入，满足生活需要。满足生活需要的职业收入消费，是从业公民职业效益的个人方面的最终实现，这是一个不能忽视的末端环节。

职业收入的用途是消费，但对于不同的从业人，职业收入的用途不完全一样，个体从业人的职业收入的用途包括劳作投入消费与个人生活消费，企业等组织单位的从业人的职业收入的用途主要是个人生活消费，无论哪一方面的消费都要科学合理。

1.1.4 公民职业效益的评价

公民职业效益评价就是对公民职业效益的状况做出评判，目的是正确认识职业效益，协调职业经济关系，更好地科学讲求提高和实现职业效益，保障供给和满足人们生活需要。

1.1.4.1 科学评价职业效益的重要性

至今，公民职业效益评价仍处于自在的状态，缺乏科学的标准，讲求职业效益不可避免存在着一定的偏差，主要突出个人利益，忽视他人的利益要求，要矫正不良职业经济行为，文明从业生财富裕，就必须科学评价与合理讲求提高职业效益。

（1）有利于树立合理的公民职业效益观念。大家知道，人的各种活动都是在一定的思想意识支配下进行的，思想意识是人类活动的先导。毫无疑问，导致职业效益偏差的是从业公民的职业效益思想认识存在偏差，对职业效益评价判断存在偏差。矫正职业效益偏差行为，先要对职业效益做出科学的评价判断，促使人们深入切实地理解和认识公民职业效益，确立科学的职业效益意识，帮助人们调理职业效益思想，从而合理讲求提高职业效益，更好地满足生活需要，快乐幸福生活。

（2）有利于协调职业劳作者之间的关系。通过公民职业效益评价，促使人们正确认识职业劳作者与职业劳作者之间的关系，反对利己主义，加强合作互助，合作共赢，利益共享，帮助协调职业劳作者之间的利益问题，促进国民经济各项事业协调发展与社会和谐进步。

（3）有利于协调职业劳作者与社会消费者关系。通过公民职业效益评价，促使人们正确认识职业劳作者与社会消费者之间关系，避免单纯追求职业劳作者利益，可以帮助社会解决职业劳作者与社会消费者之间的利益矛盾，促进人们的消费需求与劳作供给协调发展，进而不断改善和提高人们生活水平。

（4）有利于协调职业劳作者与居民的关系。通过公民职业效益评价，可以增强职业劳作者维护当代人与未来人的生存意识，反对和避免以损害人类长远生活为代价讲求个人或小团体的眼前"职业效益"，促使人们按照人类环境的客观要求从事职业活动，讲求可持续性的公民职业效益，走和谐永续发展的富裕生活之路。

（5）为职业经营管理提供一种科学方法。公民职业效益评价，是从职业效益的内在关系和外在联系出发，把职业劳作者与社会消费者、未来人等多方要求统一起来，考察评价职业效益，这本身就是在讲究、协调职业经济关系，帮助人们合理正确地讲求职业效益，从而更好地满足生活需要，事实上这是一种促进合理讲求提高职业效益的职业经营管理方法。

1.1.4.2　职业效益评价现状

从理论上研究评价职业效益还很少，但在人们的学习和从业生活中，经常自觉不自觉地在评价职业效益，如转岗人员、待业人员、大学毕业生等都比较关心、关注职业问题，特别是在选择职业进行职业配置的时候，总是比较关心收入的多少，效益如何，进而做出自己的评价判断，进行职业配置或进行职业变换调整，希望有个效益好的职业，职业收入多，富裕生活。人们对职业效益的评价，大都主要从个人月收入或年收入的多少来评价判断职业效益，月收入多或年收入多的职业，就被认为职业效益好，反之就差等。人们处于自在状态下的职业效益评价，分为不同情况。

（1）单因素评价。单项因素评价是从个人的角度评价职业效益，在人们社会经济生活中普遍存在。人们习惯于从职业劳作者的角度，讲求用较少的劳作耗费获得较多的劳作收入，其中有的人是通过求知进取，学习运用科学技术以及合理的职业管理，通过创新，降低劳作耗费，获得较多劳作收益，富裕起来；而有的人则是通过歪门邪道等方式，用较少的劳作耗费获得较多或高额收益，如偷工减料、生产伪劣产品，以次充好、以假当真等，使自己富起来。人们总是习惯从职业劳作者个人利益的角度讲求提高和评价职业效益，这就不可避免地存在着偏差和矛盾。这种职业效益评价仅反映个人的利益、意愿和要求，具有较大的片面性。

（2）多因素评价。多因素评价是从职业劳作者与社会消费者以及人类环境统一的角度综合评价职业效益。人们注意到了和谐持续发展的要求，强调合作共赢、珍惜资源和保护环境等，关、停不达标的污染严重的生产经营单位等，事实上已经把资源环境因素作为考察和评价经济效益的一个重要因素，其中有的是企业单位，有的是个体单位，这包含了对职业效益的评价，对个体单位的生产经营的评价，事实上就是职业效益评价，但具体做的很不到位，缺乏直接的多因素的职业效益评价。

需要强调指出，生态需求是人类的第一需求，在人类生态环境中，人们不可随心所欲，任行其事，要按照人类环境的客观秩序和规律的要求，确保人类环境良性循环发展，维护人类环境是人类生存和发展的共同利益和要求，从事职业劳作与保护人类环境是同一的，对人类环境的损益是衡量和表明职业效益状况的一个重要因素。

1.1.4.3　公民职业效益评价体系

职业效益是职业经济关系的一个枢纽问题，它交织包含着错综复杂的职业经济关系和矛盾，直接牵涉职业劳作者、社会消费者和未来人等利益主体因素，他们在客观上都有自己的特定要求，赋予职业效益具有特定的规范，这就需要多角度多方面地系统考察评价职业效益，要有一个公民职业效益评价体系，确定评价原则、评价对象、评价者、评价依据、评价指标、评价方式等基本的评价规范。

（1）评价原则。考虑公民职业效益评价的内容与特点，主要有两个基本评价原则。①评价科学合理，要从职业效益客观实情出发，实事求是，根据职业效益内含主体关系格局，切实体现各利益主体的理性要求，做到根据可靠、指标合理、要点突出等，做好评价。②便于评价操作实施，职业效益关系每个从业公民以及相关者的利益，职业效益评价也是他们普遍关注的，并且也是需从不同角度参入评价的，属于大众化的评价，因而评价的指标、方式等要简明易懂，便于操作，容易实施。

（2）评价依据。公民职业效益评价必须要有科学的依据，应客观全面地反映职业效益的相关主体的利益及其要求，见图 1 - 7 的公民职业效益的利益主体关系，符合"效在多方、益在多处"的职业效益理论。

在当代人为人的社会体系里从业，公民的从业活动是在与自然和社会的多方面的关系中进行和完成的，职业效益是在多种关系中生成和实现的，职业效益交织包含错综复杂的利益关系，直接关系涉及相关职业者、社会消费者和所属社会居民等因素，他们在客观上都有自己的特定要求，赋予职业效益特定的内含规范，职业效益是职业劳作者在适应、供给和满足他人需要的职业劳作中获得的利益，其实质是职业劳作者为他人服务的互利关系，这是当代社会公民职业效益的基本内含，这种职业效益是互利服务的共享性职业效益，它的实现必然是"效在多方、益在多处"，这样的职业效益是和谐的持久的，这种互利服务的共享性职业效益是公民职业效益评价必须依据的理论。从明示的公民从业者与相关职业者、社会消费者、国家管理者所属社会居民与未来人的六个方面的主体因素来讲，叫做六元或多元职业效益评价理论。

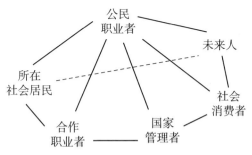

图 1 - 7　公民职业效益的利益主体关系

（3）评价对象。公民职业效益评价对象，是讲求提高职业效益的职业活动当事者，这里即是从业公民。从业公民从事职业劳作，追求职业效益，是职业效益的创造者，职业效益评价是对从业人职业劳作的结果做出评价，从业者必然成为评价职业效益的对象。

（4）评价者。公民职业效益评价者，就是对公民职业效益进行评价的人。究竟由谁来评价公民职业效益，这要看谁最能做出真实可靠的评价，就由谁来评价，不言而喻，能够做出真实可靠的评价一定是相关人员，那就是公民职业劳作的相关人员，包括职业劳作合作者、社会消费者、自然资源享用者等，其中，也包括从业者本人，他们最关注和关心，有切身感受。

（5）评价指标。从理性认识上讲，公民职业效益评价指标的确定，应根据多元职业效益评价理论的要求，顺应从业公民职业劳作形成的关系，解析"效在多方"的受益主体与"益在多处"益处所在，能够体现反映"效在多方"的受益主体与"益在多处"的益处所在的，正是评价指标所在，体现"效在多方、益在多处"的具体要点，就是公民职业效益评价指标。具体分两个主要内容，即评价指标体系与指标权重。

①评价指标体系。"效在多方"与"益在多处"是密切关联的两个层面。"效在多方"是从业公民职业劳作相关诸方面的人，包括职业合作者、社会消费者、所属社会居民、国家管理者与从业者个人，其中，职业劳作相关者，是指生产或劳务的合作者，如生产资料的供给者、产品或劳务的经销者与职业组织岗位合作者，以及国家管理者；国家管理者主要由政府代表国家利益；社会消费者即产品或劳务的使用消费的人，包括男女老少的人们；所在社会居民即是从业公民职业劳作所在区域的居民，包括当代居民，区分村镇居民和城市居民，以及人类子孙的未来人；还有从业者本人，是不能排除在外的是一个方面的主要成员，是职业效益的创造者，也必然是职业效益的受益者。他们是"效在多方"的受益主体，能够感知和体现职业效益状况。

"益在多处"是"效在多方"的益处所在，是受益人员获得益处的具体体现，包括获得的待遇、产品或劳务、文化、学习等，如消费者获得满意的产品和劳务、合作者获得满意的配合与收入、当代居民获得满意的环境保护与资源补偿、从业者个人获得满意地回报等。

这两个方面的要点细化作为指标，构成公民职业效益评价指标体系，可概括如下，见图1-8所示。在公民职业效益评价指标体系中，五个方面利益主体是总体概括，其中的相关者与居民尚可细分，相关者比较复杂，特别是规模较大的工厂、商家、学校、医院等职业劳作组织，包括劳作组织内外合作者，人员较多，外部合作者即生产劳作资料的供给者与产品或劳务的经销者，内部合作者即产品或劳务生产经营的不同岗位的合作劳作者，他们具有共同的或相似的合作利益，其评价指标具有共同性，但个体从业者，只有外部合作者，没有内部合作者，因而无需都列出。

主要指标分别为消费者利益、合作者利益、国家利益、居民利益、从业者利益，各指标下设细分指标或细分内容，消费者利益细分内容包括所得、花费、所得与花费比较、服务质量与满意度等，合作者利益细分内容包括收入、支出、收支比、合作质量与满意度等，国家利益细分内容包括税收、创新、文化积累、和谐发展、环境保护等，居民利益细分内容包括就业变化、生活改善、环境保护、区域发展进步、满意度等，从业者利益细分内容包括收入、支出、收支比、社会荣誉与满意度等，这些是"效在多方、益在多处"的具体体现。

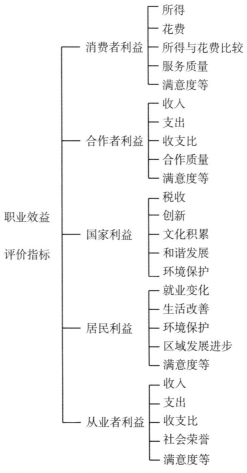

图 1-8　公民职业效益评价指标体系

　　②指标权重确定。公民职业效益评价指标包括五个方面利益主体，评价指标有所相同，但它们的重要程度存在差异，指标权重的确定是公民职业效益评价指标确定的一个关键要点。

　　在评价研究中，评价指标权重确定一直是一个难点，大体来看，指标权重的确定主要有两种方式，即是主观判断与数学计算研究确定。在主观判断方面，一般重视专家意见，通过一定的专家评判确定，如德尔菲法；数学计算方面，通过数学计算推导出确定，如层次分析法等，其中，层次分析法的原始数据的形成也是人为的比较判断，一开始就是主观的，尽管经过数学计算，但主观性是改变不了的，它的合理性不取决它的计算的科学性，而取决原始数据的合理性，如果原始数据来源于缺乏真知实感的局外人，不言而喻，其结果就避免不了偏差。

显然，这两种确定指标权重的方法均具有局限性，几个或多个专家以及复杂的数学计算推导是难以真实判断大量相关主体的愿望、利益要求与实际感受的，能切实表达评价指标内含主体实际情况的只能是这些当事人自己，因而应由相关人员做出评价指标权重的确定，以及由他们进行评价，评价才会具有真实性与可靠性。

而且，公民职业效益评价是普遍性大众化的评价，还要考虑简便易行，易操作实施，比较好的方法是加权算数平均法。

加权算数平均法是以各组变量值出现的次数为权数计算加权的算数平均数计算方法。式（1-5）中设原始数据被分为 k 组，各组的组中值分别为 x_1，x_2，$\cdots$，x_k，各组相应的次数分别为 f_1，f_2，$\cdots$，f_k，则样本的加权平均数为：

$$\bar{x} = \frac{x_1 f_1 + x_2 f_2 + \cdots + x_k f_k}{f_1 + f_2 + \cdots + f_k} = \frac{\sum\limits_{i=1}^{k} x_i f_i}{\sum\limits_{i=1}^{k} f_i} \qquad (1-5)$$

加权平均本身就是对评价的调整和修正，而且，评价主体是利益相关者，个人自己对受益的情况感受最清楚，个人的感知判断最为直观也最为真实，只有自己才能比较好地切实体现反映相关人员真实获益状况。

评价指标权重具体确定，可以通过设计公民职业效益评价权重问卷调查确定，见表1-1，公民职业效益总量为100份额，分别由社会消费者、职业合作者、政府管理者、所属社会居民与从业公民各利益当事人，根据自己利益所在，做出划分判断，而后根据加权算数平均法计算，确定评价指标权重。

表1-1　　　　　　　　　公民管理职业效益评价权重

填表人	评价者	评价权重（%）	
		1~100 范围内的数值	总计
	社会消费者		
	职业合作者		
	国家管理者		100
	所属社会居民		
	从业公民		

（6）评价方式。①区分评价。公民职业效益是由利益当事人评价，利益当事人分别是社会消费者、职业合作者、政府管理者、所属社会居民与从业公民，因而要分别设计评价表，标样见表1-2，每个指标分值满分100，总量为500分，由大到小排列，每行选一个数。最后，特设一栏备注，供特殊情况评价备用，如出现超级好的情况，可"＋"分；出现不良的负面情况，可"－"分。

表1-2   公民职业效益评价表（以社会消费者为例）

评价者	评价指标	评价选择（√）										
		100	90	80	70	60	50	40	30	20	10	总分
社会消费者	所得											
	花费											
	所得与花费比较											
	服务质量											
	满意度											
备注												

②确定等级标准。总分为100，依据分值的高低，大体可确定优、良、中、下、劣或一、二、三、四、五的五个等级的公民职业效益。五个等级的公民职业效益划分标准可为：90～100分的为优秀的公民职业效益，80～89分的良好职业效益，70～79分的为中等职业效益，60～69分的为下等职业效益，59分以下的为劣等职业效益。

③核算评价结果。首先，要认真核查统计问卷调查评价表，排除错填、漏填等非标准的不合要求的问卷调查评价表，保证评价资料的有效性；其次，准确统计核算数据，确保评价结果准确无误。

1.2 公民职业效益不良现象及其分析

从业公民是主要的社会公民，从业公民的职业活动关系国民经济与社会生活状况，从业公民的职业活动的不良行为既是社会不良的表现，又是一些社会不良现象的诱因，如现实一直存在的生产经销伪劣食品、药品、污染环境等，其既是从业公民的不良职业活动行为，同时又是使人们患病、伤残等受到严重危害的重要根源，不良职业活动行为导致的就是这种不良的职业效益现象。应高度重视，分析原因，从根本上转变这种不良社会现象。

1.2.1　公民职业效益不良现象

改革开放以来，一些从业公民为了多得财富，尽快增收富裕，不择手段地讲求"职业效益"，采取不正当的或非法的方式，损人利己，甚至"谋财害命"，讲求提高职业效益走向异端，不良现象较多。至今仍然存在，接连不断，危害很大。

1.2.1.1　超负荷掠夺资源获利

就是通过对资源超负荷利用的方式增收，超负荷利用的资源包括人力、物力与环境资源等。一些从业公民为了增加收入，采取超负荷利用人力、物力与环境资源等，损人利己。一如有的通过过度增加员工工时与增加劳作强度的过度利用，增加收入，损害他人的健康，甚至造成伤亡事故；二如有的通过超负荷增加汽车、渡船等运输工具的载运量，增加收入，损害交通道路和交通工具，甚至出现严重事故；三如通过对树木乱砍滥伐，对矿物乱采乱挖，对水产乱捕乱捞等，增加收入，富了自己，却损失了资源，破坏了环境，损害了他人利益，包括未来人的利益。

1.2.1.2　生产经营假冒伪劣产品获利

假冒伪劣产品就是指伪造或者冒用名牌标志、免检标志等质量标志和许可证标志，使用虚假的产地、冒用他人的厂名和厂址与他人注册的商标，掺杂掺假、以假充真、以次充好等，以及国家有关法律、法规明令禁止生产、销售的产品。

·28·

生产经营假冒伪劣产品一直不断，如生产经销伪劣种子、生产销售假冒伪劣化肥、生产销售地沟油、制销过期食品、制销注水牛肉、生产销售有毒豆芽、生产销售伪劣药品，偷工减料建造伪劣楼房、伪劣桥梁、伪劣道路，从事劣质教育、医疗、旅游劳务等，欺骗消费者，害民生财增收。

1.2.1.3　行贿受贿贪污获利

行贿是指违反国家规定，给予国家工作人员回扣费、手续费等，个人获得好处；受贿是指利用职务上的便利，索取他人财物，或者为他人谋取利益，非法收受他人财物获益。行贿受贿贪污主要是从事管理职业人员的一大时弊，分布比较广，在许多行业部门均有表现，下到村官上至国家高管，行贿受贿贪污较为普遍和严重，损人利己，损公肥私。

从村街、乡镇、县区、市地到省部等级别的公务管理人员均有贪腐现象，成为严重的社会不良现象，数额也分几十万元、几百万元、几千万元、几亿元不等，其中，有的科级政府管理人员贪污受贿竟达几千万元，有的企业管理人员贪污受贿竟达上亿元，等等。仅就中国人民银行 2011 年发布的关于贪官外逃报告显示，20 世纪 90 年代以来，外逃的党政干部、事业单位和国有企业高层管理人员为 16000 ~ 18000 名，携款外逃数额巨大、触目惊心。

1.2.2 公民职业效益不良现象分析

我国改革开放以后,不良职业活动一直存在,职业效益偏差明显,已成为社会时弊,这并非一朝一夕的事,存在着多方面的促生助长的因素,值得深入分析,探究根源,加强有效防治。

1.2.2.1 自我性根源

人类是在自然界中生存的一种高级动物,个人是人类生活的基本单位,人的头、身、肢体等都是自己的,有吃、穿、住、行、医疗保健等个体生活的多方面需要,自我性是人的基本本性,它赋予人们从业为生,获得收入,满足生活需要。在需要不能得到满足的一定社会条件下,通过非正常方式获取利益现象就会发生,腐败源于自我性。

自我向前跨进一步就是自私,自我是正常的,自私是极端的、偏差的,在人的自控力较差,外部约束力较弱的情况下,自我极容易导向自私。自我性是自私的根源,职业效益偏差是自私的表现。

1.2.2.2 求富利益差距

改革开放后,国家实行富民政策,鼓励先富,人们纷纷行动起来,努力增加收入,相继出现了"搞导弹的"不如"卖茶叶蛋的"、"拿手术刀的"不如"拿理发刀的"、"当官的"不如"搞买卖的"等收入差异现象,出现了万元户、百万元户与千万元高收入户等富裕家庭,一些人不断地富裕起来,求富利益差异驱使人们争先恐后、千方百计利用各种资源谋利,促生了伪劣产品生产与销售、权钱交易、行贿受贿等不良现象,一直持续存在。

1.2.2.3 职业文化贫乏

在国家的富民政策鼓舞下,反贫求富变成了广大人民的自觉行动,经商大潮席卷中国大地,谋职赚钱变为天经地义,职业条件好的要赚钱,职业条件差的也要赚钱,一些人缺乏求富的科学科技手段,职业文化贫乏,奉行"厚黑之道"等歪门邪道,丧失良心和道德,从业活动走向极端,不择手段赚钱,使歪门邪道有了立足之地,助长了不良职业活动行为的滋生蔓延。

1.2.2.4 富民政策机会不均等

职业是经济事物,本性是收入,人们有史以来,从早到晚,东奔西忙,从事各种职业,就是要获得收入,满足生活需要,因而人们把职业喻为"饭碗",从业为生,谋求富裕。

但是,不同职业差异较大,政策机会不均等,如从事商品生产经营的从业人,可以通过自己的努力直接增加收入,收入是弹性的;而从事政府管理等从业人收入是既定的,不能自主努力直接增加收入,增加收入有统一规定,而且收入较少。在同样的富民政策条件下,利用政策的机会却不同,这使一些人利用自己掌控的公共资源转化个人的收入来源，即贪污和行贿受贿。

1.2.2.5　管理缺陷

改革开放后，农村实行家庭联产承包责任制，国有企业自主经营、自负盈亏，进行股份制改革，政府简政放权，实行两权分离，大力发展非公有制经济，政策、制度与体制等不断创新，为经济发展创造广阔的空间和良好机会，同时也出现了管理缺陷，一些人钻了"空子"，如利用"价格双轨制"倒买倒卖，利用企业改制侵吞国有资产，以及偷税漏税、行贿受贿等不断发生。

以上几个方面是职业效益问题滋生发展系列原因，自我性是人生的一个自然本性，从人之初的婴幼儿吃奶、穿衣、睡觉等需求开始到人的一生，自我性的需求总是个人思想行为的一个基本动机，求富利益差距激发了不良行为的萌生；职业科学文化贫乏，歪门邪道蔓延发展；管理缺陷使不良职业行为有了出现和存在的机会。见图1-9。

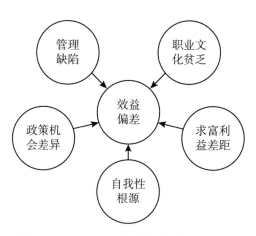

图1-9　公民职业效益偏差现象致因

1.2.3　公民职业效益不良现象矫正要点

显然，公民职业效益不良现象存在的多种复杂致因，需要系统考虑，把握其关键要点，多方面共同用力。

1.2.3.1　确立人为人的公民生活文化

从根本上讲，社会是人为人的群体，特别是由分工与合作纽带维系起来的现代社会，社会实质就是人为人的体系。

人不能离开他人而生存，生来依赖父母，吃喝、穿戴、居住、出行、健身、医疗、教育、游玩、娱乐等，均需要他人的帮助，如吃喝的粮食、酒肉、饮料，穿的衣服、戴的饰品，居住的房屋、睡觉休息的床铺，出行的客车、道路、桥梁，健身的设施、器具，医疗的诊所、医院、器具，教育的幼儿园、学校、教室、教具，游玩的公园、景点，娱乐的 KTV 场所、设施，文化的纪念馆、影剧院、展馆，等等，都需要他人提供特定的劳动成果，互利生活。

其中，从业公民是主要的当事人，承担主要的责任与义务，大家都应确立人为人的生活文化，牢固树立人为人的生活服务理念。

1.2.3.2 学习强化从业资质

转变不良公民职业效益现象，必然要求合理从业，科学讲求提高职业效益，避免采用歪门邪道，就必须要学习强化从业资质，主要应包括公共与职业两方面综合素质能力。

要学习掌握职业资质，一是职业知识，是从事特定职业所需了解掌握的学问，如种植、纺织、建筑、商贸、通信、医疗、教育、旅游、行政等专业科学；二是专业技能，指的是职业活动的技能，如会计的做账、珠算、电算、点钞等，教师的表达、板书、多媒体应用等；三是行为规范，指的是从业活动所必须遵循的标准及原则，具体包括行规、职业行为规范等。其中，包括职业资本、职业配置、职业保障、职业经营、职业效益、职业文化、职业技术与职业规范等一系列内容，这是合理从业抵御歪门邪道的基本的科学保障。

要学习掌握公共资质，一是社会活动需要的公共知识、公共技能与公共规范等，公共知识指的是公民需要了解掌握的一般知识，包括自然科学、社会科学、行为规范知识等，具体分一般的社会科学、自然科学与公共道德文化等；二是公共技能，是指公民在社会生活中所要了解掌握的基本技能，包括电脑及网络技能等，如网上购物、网上理财、车票自检等；三是社会规范，是指用以调节公民行为的标准及其准则，有国家法律硬性规定及规章制度条例等，有公民约定俗成的风俗、习惯、道德标准等。

1.2.3.3 协调职业利益关系

我国同行业以及不同行业之间的职业收入差距较大，贫富不均，据有关资料，[①] 从 2000 年开始，我国基尼系数[②]已越过 0.4 的警戒线，2006 年已升至 0.496，2007 年为 0.48，到 2010 年基尼系数在 0.5 左右。税务、电力、通信、金融、石油等行业员工收入多，公务员的工资偏低，不同地区的同级别公务员之间补贴收入也有差距，多者达几千元。待遇低造成公务员工作积极性不高，工作责任心不强，甚至贪腐。[③]

必须努力消除收入差异现象，增加高收入行业的纳税额，通过二次分配增加低收入者工资，保障他们的生活；同时精简机构，缩减公务员编制，增加公

· 31 ·

---

① 林春霞：《内地基尼系数远超警戒线 收入差距拉大影响稳定》，中国经济网，2010 年 9 月 23 日。
② 基尼系数是一国际上比较通用的测定评判社会居民收入分配的差异程度的重要指标，其值域为 0 ~ 1，一般认为，0.4 为临界点，数值大表明收入差距大，数值小表明收入差距小。
③ 陈亚汗：《人大代表曝光公务员收入差距称将成社会问题》，国家公务员网，2011 年 1 月 26 日。

务员工资，达到社会发展目标要求的富裕生活的水平。从整个社会协调职业利益关系，建立社会和谐的利益基础，削弱、消除腐败滋生的温床。

1.2.3.4　加强不良公民职业效益现象的防治

不良公民职业效益现象危害他人，大家应依法积极防治。首先，应鼓励和支持公民监督不良职业效益现象，充分利用网络等现代科技手段，健全公民监督的通道，包括举报专线、媒体曝光等，保障举报人的合法权益，激发公民履行监督权利的热情，使公民监督常态化，促进不良职业效益现象转变。

其次，应完善政体反腐，加强干部管理，健全干部选拔、上岗、离职的民主管理制度，干部选拔切实坚持民主推荐、公开竞聘、公示结果、上岗试用、公民考评、离职审计的严格管理制度，公民要在主要环节方面有否决权，如管理效益考评由所属民众进行，有让贪腐官员下岗的权力，筑起严防腐败的体制工事。

1.3　从业公民作为与事例

我国改革开放以来，政通民心，百业俱兴，人们在广阔的天地里，努力从事种植、养殖、畜牧、纺织、建筑、制造、运输、商贸、教育、医疗等一系列职业，创造各种社会财富，供养人们生活。从业公民对国民经济与社会发展做出巨大贡献。

1.3.1　实物生产作为

改革开放30多年来，生产了大量的物质产品，并不断持续增加。据国家统计局发布的有关资料，见中华人民共和国统计局网站。

1.3.1.1　主要农产品产量增加

不断生产出大量的农产品。如2014年主要农产品产量与改革开放初期的1984年生产的主要农产品产量比较，成倍增加。

（1）粮食产量由40730.50万吨增加到60702.61万吨，增加1.49倍。

（2）油料产量由1190.95万吨增加到3507.43万吨，增加2.95倍。

（3）糖料产量由4780.36万吨增加到13361.16万吨，增加11.22倍。

（4）蔬菜产量由25726.71万吨增加到76005.48万吨，增加2.95倍。

（5）茶叶产量由41.42万吨增加到209.57万吨，增加5.06倍。

（6）水果产量由984.53万吨增加到26142.24万吨，增加26.55倍。

（7）木材产量由2965万立方米增加到8233万立方米，增加2.78倍。

（8）橡胶产量由189000吨增加到840100吨，增加4.44倍。

（9）油茶籽产量由535550吨增加到2023445吨，增加3.78倍。

（10）牛出栏数量由386.90万头增加到4929.15万头，增加12.74倍。

（11）肉类产量由 1540.60 万吨增加到 8706.74 万吨，增加 5.65 倍。

（12）牛奶产量由 218.64 万吨增加到 3724.64 万吨，增加 17.04 倍。

（13）绵羊毛产量由 182776.00 万吨增加到 419517.59 吨，增加 2.30 倍。

（14）羊绒产量由 3424.00 万吨增加到 19277.94 吨，增加 5.63 倍。

（15）禽蛋产量由 431.63 万吨增加到 2893.89 万吨，增加 6.71 倍。

（16）水产品总产量由 619.34 万吨增加到 6461.50 万吨，增加 10.43 倍。

1984～2014 年的 30 年间，主要农产品都大幅度地增加，增加最少的是粮食 1.49 倍，增加最多的是水果 26.55 倍，平均增加 6.81 倍。其中，增加超过 10 倍的依次分别是水果、牛奶、出栏牛、糖料、水产品，从中可以了解到人们的食物需求由以传统的粮食为主，向兼有水果与奶制品等转变，人们生活发生了很大的变化。

1.3.1.2 主要工业品产量

不断生产出大量的工业产品。从不同年份对应齐全的统计资料的比较来看，如 2014 年的主要工业品产量与改革开放中期的 1998 年的主要工业品产量比较，成倍增加。

（1）原油产量由 16100.00 万吨增加到 21142.92 万吨，增加 1.31 倍。

（2）原盐产量由 2242.52 万吨增加到 6433.80 万吨，增加 2.87 倍。

（3）纱产量由 542.00 万吨增加到 3379.20 万吨，增加 6.23 倍。

（4）焦炭产量由 2806.01 万吨增加到 47980.90 万吨，增加 17.10 倍。

（5）纯碱产量由 744.00 万吨增加到 2514.19 万吨，增加 3.38 倍。

（6）农用氮、磷、钾化肥产量由 3010.00 万吨增加到 6887.24 万吨，增加 2.29 倍。

（7）化学纤维产量由 510.00 万吨增加到 4389.75 万吨，增加 8.61 倍。

（8）水泥产量由 53600.00 万吨增加到 247613.52 万吨，增加 4.62 倍。

（9）生铁产量由 11863.67 万吨增加到 71159.90 万吨，增加 6 倍。

（10）钢材产量由 10737.80 万吨增加到 112557.20 万吨，增加 10.48 倍。

（11）汽车产量由 163.00 万辆增加到 2372.52 万辆，增加 14.56 倍。

（12）轿车产量由 50.71 万辆增加到 1248.31 万辆，增加 6.81 倍。

（13）发电机组产量由 1608.00 万千瓦增加到 15053.00 万千瓦，增加 9.36 倍。

（14）家用电冰箱产量由 1060.00 万台增加到 8796.09 万台，增加 8.3 倍。

（15）彩色电视机产量由 3497.00 万台增加到 14128.90 万台，增加 4.04 倍。

（16）移动通信手持机产量由 2215.20 万台增加到 162719.82 万台，增加 73.46 倍。

（17）微型计算机设备产量由 291.40 万台增加到 35079.63 万台，增加 120.38 倍。

（18）集成电路产量由 262577.00 万块增加到 10155300.00 万块，增加

38.68 倍。

（19）发电量由 11670.00 万千瓦小时增加到 56495.83 亿千瓦小时，增加 4.8 倍。

1998 ~ 2005 年的 17 年间，主要工业品也大幅度地增加，增加最少的是原油 1.31 倍，增加最多的是微型计算机 120.38 倍，平均增加 6.81 倍。其中，增加超过 10 倍的依次分别是微型计算机、手机、集成电路、焦炭、汽车、钢材，从中可以了解到人们的使用需求现代化与全面便捷，人们的劳作与生活都发生了很大的改观。

1.3.2　价值创造作为

从业公民创造财富，不断增加财富，为社会创造积累着巨量的财富。改革开放以来，财富快速增加。如从 2014 年与改革开放初期的 1984 年两个不同年份创造的财富价值总量比较，见表 1 - 3 所示。

表 1 - 3　　　1984 年与 2014 年我国创造的财富价值总量比较

项目	国民总收入（亿元）	国内生产总值（亿元）	第一产业增加值（亿元）	第二产业增加值（亿元）	第三产业增加值（亿元）	人均国内生产总值（元）
1984 年	7262.0	7226.3	2295.5	3089.7	1841.1	697
2014 年	634367.3	636462.7	58331.6	271392.4	306738.7	46652
增加倍数	83.35	88.08	25.41	87.84	166.61	66.93

1984 ~ 2014 年的 30 年间，国民总收入增加 83.35 倍，国内生产总值增加 88.08 倍，第一产业增加值增加 25.41 倍，第二产业增加值增加 87.84 倍，第三产业增加值增加 166.61 倍，人均国内生产总值增加 66.93 倍，民富国强。

1.3.3　生活改善作为

公民从业创造财富，不断增加财富的同时，人们的收入大幅度增加，城乡居民生活有了很大的改善，如近年的 2012 年与改革开放初期的 1982 年两个不同年份城乡居民收入生活比较，见表 1 - 4 所示。

表 1 - 4　　　　1982 年与 2012 年我国居民收入与生活比较

项目	城镇居民家庭人均可支配收入（元）	农村居民家庭人均纯收入（元）	城镇居民家庭恩格尔系数（％）	农村居民家庭恩格尔系数（％）
1982 年	535.3	270.1	58.6	60.7
2012 年	24564.7	7916.6	36.2	39.3
变化	+45.89 倍	+29.31 倍	-22.4 百分点	-21.4 百分点

1982～2012 年的 30 年间，城镇居民家庭人均可支配收入增加 45.89 倍，农村居民家庭人均纯收入增加 29.31 倍，城镇居民家庭恩格尔系数降低了 22.4 个百分点，农村居民家庭恩格尔系数降低了 21.4 个百分点。据恩格尔系数①做出判断，城乡人民生活有了很大的改善和提高，农村居民生活由改革开放初期的贫困状态，城镇居民生活由改革开放初期的温饱状态，大体提高到了富裕程度。

1.3.4　从业公民典范

新中国成立以来，从业公民一直在各自的职业岗位上，做不懈的努力，发展各行各业的社会事业，使国民经济与社会生活发生了天翻地覆的巨大变化，从业公民功不可没，先进典范层出不穷，起到了模范带头作用。其中，全国劳动模范，以及杰出的科技与管理人员等都是从业公民的优秀代表。

"身不离劳动、心不离群众的干部"的孟泰，"愿为党和人民当一辈子老黄牛"的王进喜，在中国首先提出"工人参与企业管理、做企业主人"的理念与依靠"劳动竞赛、民主管理、技术革新"三大法宝的马恒昌，"宁肯一人脏、换来万人净"的时传祥，把聪明的才智献身国防事业的"两弹元勋"的邓稼先，"辛苦我一人、方便千万家"的徐虎，"赶超世界第一装卸效率"的许振超，认为科学研究本身就是一种美、给人带来的愉快是最大的报酬、是一种高级享受的"当代毕昇"王选，"杂交水稻之父"的袁隆平，"马班邮路"的王顺友，对赚钱的重视程度不及捐钱、形容李嘉诚基金会是其第三个儿子的李嘉诚，为社会和为人类做应有的奉献、对社会和人类的爱"真诚到永远"的张瑞敏，"关爱员工"、"事业通达"、"文化遍布"的王健林，一个神话般的人物、中国互联网的一个传奇、是中国的骄傲的马云等。

· 35 ·

当然，从国际公民的视角来看，有诸多的杰出的他国的国际公民，如管理是使人类能够扬长避短、共创业绩、生活得好的彼得·德鲁克（Peter F. Drucker），对技术有热情、对人类有使命感的比尔·盖茨（Bill Gates），等等。

这些优秀从业公民从事着不同的事业，但他们却具有共同的杰出之处。一是胸怀宽广，心怀善念，都有很强的为人服务意识，明确为谁做事，明确为谁服务，因工作性质地点的不同，服务对象有的是一定区域的居民，有的是全国人民，有的是国际社会居民，有的是全球人类。二是善于学习思考，善于探索创新，总会不断地掌握做好事业的新知识、新技能等，总能比较好地解决事业发展中的困难问题，或是找出解决困难的新思路、新技术、新方法等，善于攻

---

① 恩格尔系数是食品支出占个人生活消费支出总额的比重，它是 19 世纪德国统计学家恩格尔根据对不同收入的家庭消费情况进行的调查统计分析，发现的一个规律性的变化，即是一个家庭收入越少，家庭收入中或总支出中用来购买食物的支出所占的比例就越大，反之就小，并据此作为判断人们生活状况的标准，59% 以上为贫困，50%～59% 为温饱，40%～50% 为小康，30%～40% 为富裕，低于 30% 为最富裕。

坚克难，取得显著成效。三是持之以恒，面对艰难困苦，毫不退缩，有的面临较大风险不退缩，有的损失较大矫正再做，有的失败了重新选择，知难而进，迎难而上，不断坚持、发展壮大自己的事业。

1.4　公民职业效益展望探索

近年来，中国进入了国民经济与社会全面发展进步的新时期，全面建成小康社会，新的改革开放全面深入展开，"一带一路"的宏大发展战略规划与实施，亚洲基础设施投资银行的建立与运行等，开辟了中华民族全球发展的新天地，将极大地促进以中国为核心的国际分工与合作，中国将为人类做出更大的贡献。其中，公民从业是主要的担当者，公民就业、从业活动范围将进一步扩大，正在开拓创造和迎来前所未有的新机遇、新挑战，将在更大的范围内讲求提高职业效益，"效在多方、益在多处"将具有更大的社会效应。

1.4.1　公民职业效益成为人生最基本的公共利益

现代人类社会是庞大复杂的人为人体系。在现代自然界里，人类早已不是原始人生活状态，到处遍布人类活动的痕迹，高楼大厦林立，水、陆、空交通路线四通八达，商贸活动你来我往，密切交往，通过现代发达的电子信息等高科技手段，把人们的生产劳作与生活消费紧密地联系在一起，各个从业公民成为整个人类需求与供给的有机体成员，中国已发展成为联通全球不同区域社会的一个核心，成为一个全球性巨大的人为人的社会体系。

公民职业效益已是人生基本的最大的公共利益所在。在人为人的社会体系中，人们生活需要的吃喝、穿戴、居住、交流、教育、医疗、保健、游玩等各种东西，由他人提供和保障。大家是在互相提供劳动服务中，各得其所，满足生活需要的。人们的生活状况取决于从业公民提供的产品或劳务的状况，从业公民提供的产品或劳务质量好，人们的生活质量就好，反之相反，如生产的食品有问题，就会危害人体，影响健康生活，降低生活水准；再如不能很好地教育培养人才，就会损失浪费人才资源，影响成家立业生活，以及影响国民经济与社会发展，负面影响很大。显然，分布在各个行业的从业公民的职业活动直接关乎人们的生活利益，是大家都面临和置身处地的社会生活利益，公民职业效益已经成了人生基本的公共利益所在。

1.4.2　形成基于公民职业效益为保障的人们生活共同体

随着生产劳作的拓展深化、科学技术的迅猛开发创新，以及人们生活快速改观，公民从业的分工与合作跨越千山万水，超越不同的信仰、不同的制度与不同的社会，由一个地区、一个社会逐步扩展到世界各地，从业公民日益成为国际公民，面向更大地区、更多社会居民从业经营，与更多的公民生活需求联系起来，为更多的人服务，同时从业公民上下合作体系延长，公民职业效益含括更多的从业公民与相关人群，"效在多方、益在多处"多元化与规模扩大化，形成利益一致和相关的成员广泛的人们生活共同体。

其中，从业公民包括个体从业人与以农场、工厂、商场、学校、医院等组织为单位的从业人，一般来说，个体从业人的合作者较少，业务量少，服务对象亦较少，职业效益的合作者与相关人员少，几个人或几十人，如小餐馆、小旅店、小超市等，以个体从业公民职业效益为保障的人们生活共同体就很小或比较小；而农场、工厂、商场、学校、医院等组织为单位的从业公民合作者与相关人多，成百上千人，特别是万人以上的组织单位，全球经营的大生产企业、全球经营的大商贸企业等，如海尔公司、中远公司、万达公司等，以大企业从业公民职业效益为保障的人们生活共同体就很大。以公民分工与合作为纽带维系的现代社会，实际上就是以从业公民职业效益为保障的人们生活共同体组成的更大的共同体，这是现代人类社会的一个真相。

1.4.3 合理评价与讲求提高公民职业效益行之有益

正因为公民职业效益关乎人们社会生活状况，要改善生活，提高生活水平，就必须要合理讲求提高公民职业效益，其中，首先要对公民职业效益有个正确的评判，知其状况，明其问题，为从业公民合理讲求提高公民职业效益提供支持，这是全面改善人民生活、提高生活质量必须做好的事。

合理评价公民职业效益，是合理讲求提高公民职业效益的基础或标准。合理评价公民职业效益，对公民职业效益现状做出评判，明辨是非，反对不良公民职业效益现象，矫正公民职业效益偏差，使从业公民通过合理的方式方法从业活动，努力追求实现"效在多方、益在多处"的公民职业效益。

我国全面建成小康社会，全面改善人民生活，提高人民生活水平，这有赖于从事种植、养殖、果物、纺织、建筑、制造、交通、通讯、商贸、饮食、教育、医疗、文化、旅游、管理等从业公民，合理认识、评价和提高公民职业效益，所有从业公民都做到了努力，真正提高职业效益，达到了人们生活的要求标准，人们的生活就改善了提高了，达到了小康社会的全面标准，小康社会就全面实现了，"中国梦"也必将实现，拥有更加美好的前景。

职业生计活动是人类生活的一大基本活动，无论人们居住在什么地方，无论人的肤色、语言和姿态多么不一样，都要从事职业生计活动。要持续生财增收，不断改善生活和提高生活质量，走可持续发展的富裕之路，这是人类共同关心和面临的问题。其中，也必然要合理认识、评价和提高公民职业效益，追求更大范围的公民职业效益，面向全球居民"效在多方、益在多处"，造福于人类，为全人类的美好幸福生活做出更大的贡献。

第二篇　合理从业

有6章内容，第2～7章。这部分内容，主要研究阐述合理从业活动的主要环节内容，具体分了解职业、职业资本积累、合理职业配置、完善职业保障、科学职业经营、职业收益消费等，明确如何从事职业活动，应合理讲求提高职业效益，立业为生。

第 2 章　了 解 职 业

有史以来，人类的职业劳作是与人们生活需要对应存在的一种活动形式，成为人们生活的一部分，无论你是否认识，它都伴随着你。它的伴随要求你必须了解它、解读它、掌控它，更好地讲求提高职业效益。公民从业活动，讲求职业效益，首先就要了解认识职业，包括职业特性、职业功能、职业分类、职业生存与发展变化等。

2.1　职业是什么

关于职业是什么，人们对"职业"这两个字一般都不陌生，还很关注，但对职业的认识很难说都明晰。合理能动的职业劳作，一定是建立在对职业科学理性认识的基础上，认识职业是进入职业领域的首个入口。

2.1.1　了解职业现象

在对职业的认识上，解释还不完全一致，国内比较典型并具有一般性意义的是《现代汉语词典》的解释，① 职业是个人在社会中所从事的作为主要生活来源的工作。国际比较典型并具有普遍意义的是《国际标准职业分类》的解释，② 工作是某人为雇主或自己工作需要承担的义务或任务的总和，职业是具有高度相似性的工作总和。国内外均是从"个人"的视角以"工作"为对象对职业做出解读，对于职业的认识比较简单，对具有丰富社会内含的职业事物来说，还需要深入解析认识。

2.1.1.1　职业现象

人们的活动首先是面对一定的现象，进行观察、解析、认识与行动的过程，这是个自觉的学习与实践行动的过程，亦是个打破常规的创新突破过程，人总是在这样的过程中成长进步和取得成功。

---

① 中国社会科学院语言研究所词典编辑室编：《现代汉语词典》（第 5 版），商务印书馆 2009 年版，第 1750 页。
② 姚芳斌：《国际职业标准分类体系更新及与中国的比较》，东北财经大学，2011 年 11 月，第 6 页。

公民的从业劳作也是一样，要取得比较好的职业效益，从进入职业领域开始，就要面对职业现象，做出自己的认识解读与判断，确定行动的理性认识基础。

了解认识职业，需要从职业实际出发。当我们考察现实社会，呈现在我们面前的是在各种场景中，存在着千姿百态、五花八门的职业形式，各个人以不同的职业人身份从事一定的职业劳作，诸如农民种地打粮、工人生产物品、商人经销商品、教师教书育人、医生诊治病人、军人保家卫国等，大家通过以货币为媒介的交换，各得其所，获得收益，满足生活需要，这是职业存在的社会现象，"工作"仅是它存在的一个直观表现。

2.1.1.2　解析职业

职业存在的社会现象，内含复杂，传统的职业认识难以完全解读，职业认识落后于职业存在实际，还需要深入解析认识职业。

（1）职业存在现象比现有的认识复杂。存在决定意识，真知来源于实践。从职业现象来看，职业不仅是个人在社会中所从事的作为主要生活来源的工作，更是通过一定的社会关系进行的分工劳作、互相交往与互为互益的活动，同时，还应看到，这种活动的组织状态既单纯又复杂，其单纯在于个人与场所、器具等生产劳作资料组合作用，复杂在于有的多人直接联系在一起等。显然，现有对职业的认识存在缺陷或不足。

（2）职业认识的局限性及其不良影响。现有对职业的认识主要明确了个人从业与个人生活的关系，指出职业是主要生活的来源，其中暗含了强调个人的职业收益，这是对职业的最一般的解读，不能完全表达现实职业的其他内容，主要是还包含着与其他人们的关系，如为消费者服务等职业关系，落后于人们的职业生活实际。

在落后的职业认识观念影响下，人们自然突出了从业的个人利益，谋职赚钱，为了实现个人利益，有的甚至不择手段，实行"厚黑之道"等，富了自己，坑害了别人，背离社会和谐发展进步的要求，对社会的不良影响较大。

（3）应多角度解析职业。职业存在的现象是多维的，对职业的分析认识也就需要多维，否则就会陷入"不识庐山真面目"的认识片面境地，也就难以避免出现职业效益偏差。

从动态上考察，职业是人们为了获得收益，满足社会生活需要所从事的劳作。职业是客观存在的事物，动态是它存在的一种形式，是它的活动表现。对职业的考察认识不能局限在动态上，还需要深入到它的内部。

任何活动的东西，它的本身是一种组织，是一种机体，如动物、机器人、企业等，它们的本身都是特定的组织，职业是劳作活动的东西，它的本身也是一种组织，是从业人与场所、器物按照人用物做事的秩序和机制组成的具有特定功能的劳作组织，这是职业的本身或实体，职业劳作正是职业本身组织的动态现象。

尽管各种职业劳作组织千差万别，但都是作为一种特定的职业劳作单位存在的，各个从业者都是具有个人独立特性且是唯一的职业劳作单位主体，并赋有独有的标示性特征，即是职名、职能、职务、职权、职责与职利等。

显然，我们面对的职业是非常复杂的事物，认识并没有完结，特别是社会劳作分工与合作的纽带伸长与细化，职业成为社会关系的枢纽，交织着错综复杂的矛盾问题，是解析、认识、掌控社会生活的一个关键点。

2.1.2　职业认识

根据以上对职业现象的了解分析，以及传统性对职业认识存在的局限性，还有必要对职业做出新的认识界定。

2.1.2.1　职业定义

当我们的考察研究抛开职业劳作的具体内容和形式时，就会发现职业内在的共同存在形式，即职业是以人为主体因素和其个人为劳作单位的为满足社会生活需要所从事某种事业的劳作组织。

当然，对职业的研究认识，应动静相连，由表及里，全面综合地考察，从总体上加以认识。所谓职业，是以从业者个人为主体因素与劳作单位的为获得收益满足社会生活需要所从事的事业。

这里的"个人"，不同于家庭中的儿童、学生、老人等，而是劳作人员，是作为职业的主体因素和基本组织单位而存在的人，是从业公民；"社会生活需要"包括从业公民本人和其扶养的家庭人员与其他社会人员的吃、穿、住、用、行等诸方面需要；"收益"是从业公民获得的实物与资金等；"事业"是指从业者从事的能够满足社会生活需要的职业劳作活动，包括产品生产活动与劳务活动，细分为种植、纺织、建筑、商贸、交通、医疗、教育、旅游、管理等三百六十行。

2.1.2.2　职业定义的要点

这个职业定义比较全面地概括、认识职业，明晰职业实体、职业功能、内含关系，职业实质与职业外延，揭示公民从事的职业存在现象。

（1）职业实体。即以人为主体因素和其个人为基本单位的劳作组织，其中还包括劳作资料的组成因素，但它是处于被支配和利用的地位，人是主体因素，起主导作用，它们是按照人用物做事的秩序组成的，是人的不能再分的最小劳作组织与劳作单位。

（2）职业功能。即具有能够从事人们社会生活需要的产品或劳务的劳作，生财创收，供给和满足生活需要。如能够生产人们吃的粮食，能够制作人们穿的衣服，能建造人们住的房屋，能够制造人劳作器具，能够治病救人，等等。

（3）内含关系。即从事职业劳作与满足生活需要的关系。在不同的经济条件下，其内含关系有所不同。在自然经济条件下，是人们从事职业劳作，获得收获，供给本人和其抚养的家庭人员的生活需要而为个人谋生的关系；在市场经济条件下，人们从事职业劳作为个人谋生而适应和满足他人生活需要而为他人服务的关系。其中，劳作分工与合作是职业关系的纽带。

（4）职业实质。即能生产人们社会生活需要的各种东西而为人们服务的最小劳作组织单位，其中，在自然经济条件下，是为个人服务；在市场经济条件下，是既为个人服务又为他人服务，为他人服务是为个人服务的前提。

（5）职业外延。即凡是具有能够从事人们社会生活需要的产品或劳务活动的最小职业劳作组织单位，都是一定的职业，包括从事食物生产、服装制作、建筑、交通、通讯、教育、医疗等活动的所有人们为生的个人劳动单位。

2.1.3　职业特性

职业是人类生活的产物，伴随人们的社会生活发展变化。作为客观存在的事物总有它的归属特性，我们不难了解，职业既属于经济事物，又属于社会事物，职业的出现就显示了经济事物的特性，之后职业的发展变化又显现社会事物的特性。职业的社会特性主要体现在职业劳作为社会广大公民服务的公共性上，即如公民的公共性，这里不做赘述。主要阐述职业的经济特性。

2.1.3.1　职业生成就注定了它的经济本质

人类世世代代选择从事各种职业，保障生活，正如人们通常所说的"从业为生"。

职业是人谋生的产物，应人们的生活需要而出现，是人们收入的来源。追索源头，最早从事的职业是原始自然农业，即从自然资源获取生活物品，如采集、狩猎、捕鱼等，当人们从事的某一事业成为保障生活的稳定来源时，一种职业就出现了，它是经济驱动的产物，人的经济活动就是从事获得满足生活需要的东西的职业劳作，职业生成时就注定了它的经济本质。

2.1.3.2　职业人是最小和最基本的劳作单位与经济单位

各个从业的职业人作为职业的主体，都有特定的职务、职权、职责、职利等，是不能再划分的最小的最基本的劳作单位，也是最小的最基本的经济单位，分布在各个行业和部门，从事职业劳作，以产品或劳务的形式，满足社会生活需要，为人们服务。

作为最小和最基本的劳作单位与经济单位的职业人，获得保障生活的劳作报酬是集中体现，因而人们把职业比喻为"饭碗"，有职业就有了"饭碗"，失业便是失去了"饭碗"或被砸了"饭碗"。

2.1.3.3　职业劳作以讲求职业效益为核心

人们从业为生就在于生财增收，供给和满足生活需要，因而人们的职业劳作总是讲究少花费多收入，也就是讲求提高职业效益，获得收入，增加收入。围绕讲求职业效益，谋求做好各个方面的事宜，用人们常说的话概括，就是"谋职赚钱"或"从业为生"，当然，是要用科学的方式方法合理从业经营，讲求提高职业效益。

2.1.3.4　职业劳作的目的是满足生活需要

职业是经济事物，经济性是职业的本性，职业经济活动是职业的经济性存在的现象，获得收益满足生活需要，是经济体现和实现，职业劳作也就是人们以此为生的职业生计活动，目的是获取收入，供给生活消费，满足生活需要，保障生活。

2.1.4　职业的规范特征

任何客观存在的事物都有专属自己的基本特征表现，有别于其他事物，以显示它的存在。职业作为生存在人类社会中的经济事物，有它特定的规范特征，主要有职名、职位、职务、职权、职责与职利等。

2.1.4.1　职名

职名即职业名称，它是职业存在的标识，一种职业对应一种职名，从职业主体的身份上讲，如人们习惯称道的粮农、织工、厂长、经理、司机、商人、会计、教师、医生等。

2.1.4.2　职位

职位即职业位置，是职业在所属的行业中，与社会生活需要对应统一存在的位置，在分工与合作的社会劳作系统中，职位就是职业围绕社会生活需要分工排列与合作组合的交叉点位置。见图 2-1 所示。图 2-1 中环线为合作线，直线为分工线，其交点即为职位。

·45·

2.1.4.3　职务

职务是作为职业主体的职业人的劳作业务，也就是从业人从事的工作业务，从业务特点上讲，分种植、养殖、纺织、建筑、商贸、运输、教育、医疗与管理等；也分管理劳作与非管理劳作，从职业人的身份上区分，如工厂的厂长与会计、学校的校长与教师。

2.1.4.4　职权

职权是从业人从事职业具有的权利，这需要做具体分析，如果是个体从业者，则既有权选择自己喜欢的职业，又有权怎样从事职业劳作，以及获得职业利益权利等；如果是到一定职业组织单位就业，则从业人有权选择从事自己喜欢的职业组织单位及其特定的职业劳作，但职业劳作方式等总是既定的，个人只有表达意见和建议的权利，一般没有直接的决定权。

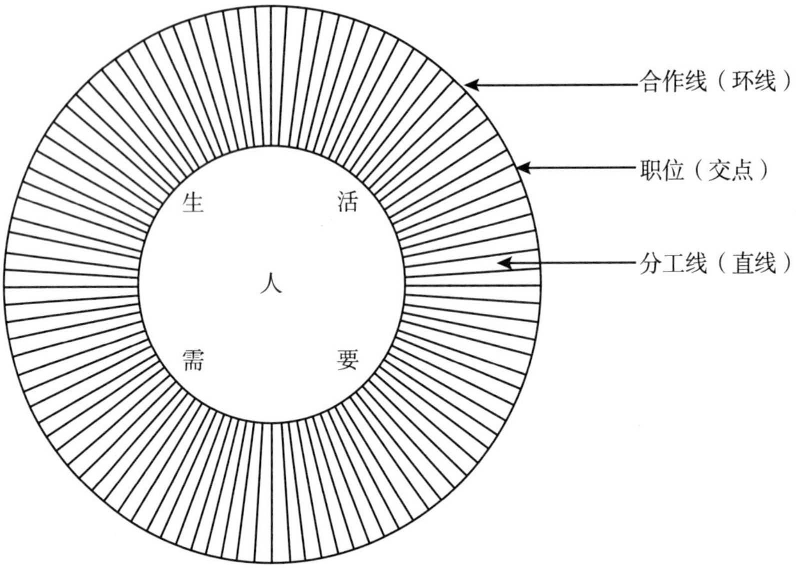

图2-1　分工线与合作线的交点为职位

2.1.4.5　职责

职责是从业人从事职业劳作担负的责任,包括整个职业劳作的过程及其结果与效用所负有的责任,细分为资源的有效利用、保证产品和劳务的质量与对环境的维护等,个体从业人承担所有全部责任,职业组织单位中从业人主要承担职业岗位业务的责任,大家基于个人的职业岗位业务共同承担职业组织单位的责任,包含"益在多方"的责任。

2.1.4.6　职利

职利是从业人从事职业劳作的利益或好处,是职业效益的一个基本体现,包括获得钱财和实物等,个体从业人的职业利益所在主要是从业的纯收入,职业组织单位的从业人的职业利益所在主要是工资、奖金与福利等,是"益在多处"的一个方面。

2.1.5　职业的作用

人们的社会生活离不开职业,在劳作体能正常的一般情况下,职业始终伴随人生而存在,主要在于它有生财创收、促进成才、实现人生价值、有益于健康、安定社会与推动社会发展进步的多种作用。

2.1.5.1　生财创收

职业劳作生财创收,主要体现在从业人们生产产品或提供劳务,一方面以实物或劳务形式供给和满足社会生活需要,另一方面以价值形式为个人、国家和社会增加财富,富民强国。

2.1.5.2　促进成才

职业劳作是从业人的职业实践的预期追求活动，这种活动的本身是不断完善、发展进步、探索创新的实践学习提高的过程。实践出真知，实践增本领，实践长才干，职业劳作的实践促进从业人进步成才。

2.1.5.3　实现人生价值

职业劳作是人生的大舞台，分为种植、养殖、建筑、化工、冶炼、商贸、医疗、教育、艺术、管理等三百六十行，各类职业劳作都可施展才能，争做行家里手和行业状元，为民谋利、为国争光、为为人类造福，实现更大的人生价值。

2.1.5.4　有益于健康

职业劳作是用脑动体的活动过程，在正常的职业劳作活动状态下，职业劳作的同时是身体活动锻炼的过程。而且，职业劳作总是在人与人的关系中进行的，在人为人的分工、合作、服务的过程中实现的，人们进行不断地沟通交流，自觉不自觉地解决生产和生活中的问题，这有益于人的身心健康。

2.1.5.5　安定社会

如前所述，职业如同"饭碗"，有了职业，能够进行职业劳作，就能生财创收，有收入来源，保障生活，人们就会安居乐业，社会也就安定了。如果人没有职业，无收入来源，生活无保障，就会进行非法活动，如偷盗、抢劫、贩毒等违法犯罪活动，非法获得收入，扰乱社会秩序，影响社会安定。

2.1.5.6　推动社会发展进步

从业人是主要的社会成员，分布在三百六十行的各个领域和部门，从事各种职业劳作，发展生产，创新科技，为全社会生产创造各种财富，供给和满足人们的社会生活需要，不断改善生产和生活方式，直接推动社会发展进步。

2.2　职业存在形式

职业与人生并存，职业劳作与生活需要对应，是社会的最小劳作组织与劳作单位，它的存在形式从简单到复杂千姿百态，而且是各种事业组织、行业部门，乃至国民经体系的构成元素。

2.2.1　个体职业

个体职业是指直接以从业的职业人个人为单位，自己独立从事劳作活动的职业单位。如个体粮食生产职业、个体蔬菜生产职业、个体养殖生产职业、个体餐饮职业、个体运输职业、个体商贸职业、个体理发职业、个体修理职业、个体医疗职业，等等。

个体职业是最简单的最基本的职业存在形式，它具有悠久的历史，是一种古老的传统的职业存在形式。它们分属诸多行业，存在于国民经济诸多领域。

我国改革开放后，个体职业发展很快，据国家统计局资料，到 2013 年，个体户数达 4436.3 万户，个体就业人数达 9335.7 万人，约占同年全国就业人数 76977.0 万人的 1/8，其中，城镇 6142.0 万人，乡村个体就业人数 3193.5 万人。并将持续存在下去。

2.2.2　职业组织单位

职业组织单位是指由从业人分工与合作组成的共同进行劳作活动的职业集体组织，如农场、工厂、商场、银行、宾馆、医院、学校等，其中，包括农业、工业、建筑业、交通运输业、商业、金融业、教育业、医疗业、管理业等不同行业部门的职业组织单位。

职业组织单位是由多人的职业劳作单位构成的，它的出现要比个体职业晚，是在生产发展、科技进步、分工与合作社会化的推动下产生的，在个人无力完成或做好一项事业的情况下，就出现由多人组成的职业集体组织单位，大家分工合作共同来做事业，大规模的出现是在产业革命以后，其现在已是主要的职业存在形式。

规模较大的职业组织单位，有成百上千甚至超万个职位，就职业主体的构成人员来看，如生产企业，有厂长或经理管理职业人，有产品研制开发职业人，有制造或加工生产职业人，有产品出售营销职业人，有财务收支核算职业人，有安全保卫职业人等。显然，农场、工厂、商场、银行、宾馆、医院、学校等是职业人的集体组织形式与特定单位。其中，职业人员的角色或地位作用不同，一般可分为主业人员与非主业人员。[①]

主业人员与非主业人员的划分不是绝对的，因职业组织单位的不同而不同。一如生产企业的主业人员是生产业务人员，包括产品研究设计人员、生产人员和生产组织管理人员等；二如医院的主业人员是诊治人员、检验人员、护理人员、医务组织管理人员等；三如学校的主业人员是教学人员和教学管理人员等。非主业人员，如上述单位的炊事人员、治安人员、交通人员等。主业人员具有特殊性，决定职业组织的特定性质；而非主业人员具有一般性，不决定职业组织的性质，从这个意义上讲，主业人员是划分职业组织的主要根据。主业人员与非主业人员划分是相对的，不同的职业组织单位，主业人员与非主业

---

① 齐经民等编著：《人力资源管理》，经济科学出版社 2007 年版，第 6 页。

人员是不同的甚至截然相反，如饭店的炊事人员、运输公司的司机、保安公司
的保安员均是主业人员。

据国家统计局资料，2013 年，分别在农林牧渔业单位，采矿业单位，制
造业单位，电力、燃气及水的生产和供应业单位，建筑业单位，交通运输、仓
储及邮电通信业单位，信息传输、计算机服务和软件业单位，批发和零售业单
位，住宿和餐饮业单位，金融业单位，房地产业单位，租赁和商务服务业单
位，科学研究、技术服务和地质勘查业单位，水利、环境和公共设施管理业单
位，居民服务和其他服务业单位，教育业单位，卫生、社会保障和社会福利业
单位，文化、体育和娱乐业单位，公共管理和社会组织单位的就业人员，共
48738.5 万人，其中，城镇单位就业人员 18108.4 万人，国有单位就业人员
6365.1 万人，城镇集体单位就业人员 566.2 万人，私营企业就业人员 12521.6
万人，其他单位就业人员 11177.2 万人。

2.2.3　行业

行业与产业都直接与职业关联，都是职业的存在形式，是职业系统存在的
形式。行业是职业的类别，由职业单位组成的职业存在系统，也就是行业。它是
随着个体职业、职业组织的出现与发展变化出现的职业存在形式。职业系统比较
复杂，因组成的职业单位的差异，可分为简单行业、复合行业与纯粹行业。

2.2.3.1　简单行业

简单行业是指由各个同种个体职业单位组成的职业存在体系，这也是一种
古老的传统的职业存在形式。据有关研究，[①] 最早的行业，似乎是指街巷上贩
卖摊和商店的行业，在一条街上，往往开设的都是同类的店铺，因此一种职业
也称为行业，如织锦行、金银行等。在都市里的手工业店铺，便是组成行业
的，有的在一条街上工作，也有许多是散居在各处的。显然，这里的行业是指
商业和手工业的类别，它是由同类店铺或摊点的各个职业单位组成的，它是街
市上同类的个体职业单位的总体统称，也就是说，同种类型的职业就是一种行
业。这种简单的行业现在也普遍存在，如街市上的蔬菜、果物、水产、服装等
行业。

2.2.3.2　复合行业

复合行业是指由同种或同类职业组织单位组成的职业存在体系。如当代社
会的食物生产行业、服装生产行业、建筑行业、汽车生产行业、医疗行业、教
育行业，等等。复合行业的复合性就在于包含了不同的职业，是不同的职业的
组织体系。复合行业实际是主业相同的产业，它是同种或同类职业组织单位组

---

① 童书业：《中国手工业商业发展史》，齐鲁书社 1981 年版，第 101～102 页。

成的职业体系，特别是含有大型企业集团的复合行业，职业人员众多，职业单位的复合性大，内含的行业多，是三大产业中的具体的产业部门。

2.2.3.3　纯粹行业

纯粹行业是指同种职业的统称，它的存在比较复杂，分布广泛，包括个体职业与职业组织、职业系统里存在的同种职业。行业、产业是职业组成的系统。就行业来说，是指同种职业单位组成的系统，是同种职业的总称，一种类型的职业就是一种行业，这是纯粹意义上的行业，通常说的"三百六十行"的行业，就是指这种纯粹意义上的行业，泛指所有的职业类型。

2.2.4　产业

产业是指各种生产经营的事业，[①] 包括三百六十行的各行各业。三大产业是国际通用的一种产业分类，主要根据产业发展先后次序与关系，把产业划分为三大类。

第一产业是最先产生的产业，主要是大农业方面的产业，细分为种植业、林业、牧业、渔业，其产品主要是自然性的物品。

第二产业是基于第一产业产生的产业，主要是工业等方面的产业，细分为制造业、采掘业、建筑业和电力、燃气、水的生产和供应业，其产品主要加工创造的物品。

第三产业是基于第一产业、第二产业出现的商业等方面的产业，细分为批发和零售业，交通运输，仓储和邮政业，信息传输、计算机服务和软件业，住宿和餐饮业，金融业，房地产业，租赁和商务服务业，科学研究、技术服务和地质勘查业，水利、环境和公共设施管理业，居民服务和其他服务业，卫生、社会保障和社会福利业，文化、体育和娱乐业，公共管理和社会组织与国际组织的管理业，包括第一产业、第二产业之外的所有行业，其产品主要是劳务。

我国改革开放后，三大产业发展很快，特别是第三产业发展迅猛，从业人员最多。据国家统计局资料，2013 年，三大产业就业人员 76977 万人，其中，第一产业 22790 万人，第二产业 23099 万人，第三产业 31364 万人。

产业实际是比较复杂的职业综合体，是职业综合存在的复杂形式。在分工与合作社会化、现代化的社会里，职业以简单的形式单独存在的现象减少，人们通常说的农业、工业、商业等行业实质是指主业相同的行业，是产业部门。

2.2.5　国民经济

国民经济是一定国家所属区域社会的经济总和，是由职业单位构成的庞大的复杂的社会经济体系，承担社会需要的各项事业，保障整个所属区域社会人

---

① 辞海编辑委员会编：《辞海》（下），上海辞书出版社 1999 年版，第 5063 页。

们的生活，是整个国家和社会的命脉。

2.2.5.1 国民经济体系

国民经济是一个国家的生产、流通、分配和消费的总体，包括各个生产部门、流通部门，分为农业、工业、建筑业、交通运输业、商业与教育、文化、科学研究、医疗卫生等，是三大产业构成的体系，是三百六十行的有机体，见表 2 - 1 所示。

表 2 - 1　　　个体职业与职业组织、行业、产业乃至国民经济的关系

国民经济			
构成	第一产业	第二产业	第三产业
	行业	行业	行业
职业单位	个体粮食生产职业等	个体服装加工职业等	个体商贸职业等
职业集体组织	农场等	服装厂等	商场等
行业	粮食生产系统等	服装生产系统等	商贸系统等

其中，职业单位是最基本的组成因素，职业单位构成职业集体组织，职业集体组织构成行业，行业是产业的组成部分和存在形式，产业构成国民经济体系，由此可知，国民经济是由职业单位构成的高楼大厦。基本构成见图 2 - 2 所示。每个方格意为职业单位，每行方格意为行业，每层方格意为产业，整体意为国民经济体系。

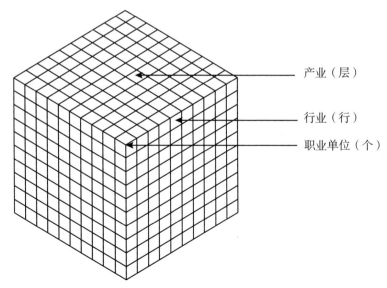

图 2 - 2　基于职业单位构成的国民经济高楼大厦

2.2.5.2　国民经济功能

基于职业单位形成的国民经济是庞大的复杂的人类社会机器，它的功能是进行人们社会生活需要的产品和劳务的劳作，供给和满足人们社会生活需要，这种国民经济功能是职业功能的自然集成。

考察人类活动不难发现，人类生活可以分为两大基本活动：一是人的自身生产和生活消费，二是人从业的职业劳作，其中，人自身的生产和生活消费依靠人的职业劳作的支持与保障，这是因为人生活需要吃的、穿的、住的、用的等各种东西，都是通过职业劳作获得的，如通过种植业获得粮食、通过服装业获得衣服、通过建筑业获得住宅、通过制造业获得器具、通过教育业获得知识等，供给和满足各方面生活需要。

在人们的职业劳作供给与社会生活需要的对应统一的发展变化中，形成了主要以家庭为基本单位的社会生活需求体系与主要以职业为基本单位的国民经济供给体系，这成为现代人类社会的有机构成，国民经济供给体系决定人们生活状况与社会的发展进步。

2.2.5.3　国民经济事业都姓"公"

从构成来说，国民经济是各种职业、各种行业、各种产业构成的机体，无论是什么职业、什么行业、什么产业，说到底都是人们从事的事业。长期以来，一直存在着企业与事业，以及服务行业或服务业的区分。事实上，所有为人们社会生活消费服务的职业组织单位从事的事业，都是社会公共事业，都是服务行业。

（1）关于企业与事业的区分。企业与事业的区分在于赢利与非赢利，一般的解释认为，①　企业是从事生产、运输、贸易等经济活动的组织或部门，如工厂、商场、矿山、铁路等；其中，对事业有两种解释：一是人从事的具有一定目标、规模和系统对社会发展有影响的经常活动，如革命事业、科学文化事业等；二是特指没有生产收入，由国家经费开支，不进行经济核算的事业，如国家经费开支的学校、医院等事业单位。

与企业区分的事业指的主要是后者，即由国家经费开支不以赢利为目的的从事教育、科研、医疗、文化等活动的劳作组织，如学校、医院、科研院所等。但事实上，从事有关事业活动者不仅是国家，有些私人也从事教育、医疗等事业活动，是赢利性的，企业化运营，既使是国家所属的事业单位也有赢利性的倾向，如有的学校发展"三本"是考虑增加收入，教师为社会做项目增收，医院的药品采购与使用亦考虑增收，这与企业同质化，事业单位企业化运营已是较普遍的社会现象。

特别是从基本构成职业单位的角度来说，职业的经济性决定了从业人不仅有收入，而且要增收、要求富、要改善生活。包括国家公务员从事职业也是为

---

① 中国社会科学院语言研究所词典编辑室编：《现代汉语词典》（第5版），商务印书馆2009年版。

生，职业也是他们的"饭碗"，要考虑获得好处，富裕生活，这是职业人从业铁定的定律，对于从业人来讲，他们的职业劳作都是经济活动。

因而，关于企业单位与事业单位的区分违背职业本性，与实际存在差异，由此引发存在的诸多社会不良现象，如公务员行贿受贿等。

（2）关于服务行业或服务业的区分。一般解释认为，[①] 在国民经济中，为流通、生产生活、科学文化教育、社会公共需要等领域，提供各种劳务的部门或行业，如商贸、银行、金融、保险、会计、律师等，就是服务业或服务行业，主要是指第三产业的细分行业。

考察职业存在的现象，不难发现这样有序的实情，每一种职业都与人们社会生活需要相对应，都是为满足人的生活需要提供产品或劳务服务的，显然，这是职业的共同性，它使各种职业相提并论，作为同质的事物而存在，服务是职业的共同属性，因此，所有行业都是服务行业。

事实上无法把行业划分为服务行业与非服务行业，正如艾尔弗雷德·马歇尔（Acfred Marshall）所指出，[②] 从某种意义上说，一切行业都是提供服务的。现代社会的国民经济事业，都姓"公"，都是公共事业，都是服务行业。

无非提供的服务项目或内容不同而已，产品生产行业为人们提供所需的生产劳作资料与生活消费资料，劳务生产行业为人们提供所需的生产劳务与生活消费劳务，都是满足人们社会生活需要的公共事业或服务行业。

2.3 职 业 分 类

职业分类就是对职业分门别类，这是认识职业的一个重要环节，是对职业存在现象细化认识的一个内容，为职业选择配置及其管理等奠定基础。

2.3.1 职业分类的重要性

职业分类不仅是了解认识职业的重要环节，而且也是进行职业配置的需要，以及职业管理的需要。

2.3.1.1 了解认识职业的需要

职业是复杂的事物，千姿百态，各有特色。要了解认识职业，就必须要对职业进行分门别类，通过职业分类，可以系统地了解认识职业，帮助人们深入理解职业本性及其关系等。

2.3.1.2 进行职业配置的需要

职业配置是从业人与有关职业资源的组合定位，是关于职业资源利用的一

---

① 中国社会科学院语言研究所词典编辑室编：《现代汉语词典》（第 5 版），商务印书馆 2009 年版。
② ［美］雅克托·富克斯著（许微云等译）：《服务经济学》，商务印书馆 1987 年版，第 26 页。

个基本问题。个人、用人单位、国家、社会都希望职业资源的有效配置和最佳利用。特别是对于"双向选择"的当事人,择业者"按人择事"与用人者"按事择人",都需了解职业。对于从业人来讲,需要了解有关职业,并根据自己的实际情况选择职业,进行职业配置。对于职业组织单位来说,要明确本职业的特点和要求,挑选适合本职业要求的从业人。"双向选择"的双方都需要对职业分门别类。

2.3.1.3　职业管理的需要

在现实社会,人们是在职业分工与合作的社会职业经济体系中从事职业活动,有共同的秩序和要求,这要通过职业管理来维护。职业管理包括从业人自我管理、职业组织管理和政府部门管理等。无论哪个方面,都必须从职业实际出发,根据职业特点进行科学管理。其中对职业分门别类是一项基础性工作,在职业分类的基础上才能把握职业实际,根据其特点进行科学管理。

2.3.2　职业分类概况

国内外早就重视职业分类,并从不同的视角,对职业分门别类,比较典型的有中国古代的行业分类,现代的有国家的职业分类,国际上有标准职业分类,这是职业分类的认识基础。

2.3.2.1　行业分类说

对于对职业分类,中国早有行业分类说。据有关研究,① 在我国历史上,有三十六行、七十二行、三百六十行之说。唐代时人称三十六行,这些行业是酒行、肉行、米行、茶行、柴行、纸行、巫行、海味行、鲜鱼行、酱料行、花果行、汤店行、药肆行、官粉行、成衣行、珠宝行、首饰行、文房行、用具行、棺木行、针线行、丝绸行、仵作行、驿传行、铁器行、玉石行、顾秀行、扎作行、皮革行、网行、花纱行、杂耍行、鼓乐行、故旧行、陶土行、新兴行。徐珂《清稗类钞·农商行》上说,三十六行者,种种职业也。到了宋代,行业发展,人称七十二行;至明代,惯称三百六十行。

至今,我国仍有三百六十行的习惯说法。并还有行业祖师的流传。诸如:染坊业的葛洪;理发业的吕洞宾;豆腐业的乐毅;戏曲业的唐明皇;评话业的柳敬亭;中医业的华佗;中药业的李时珍;茶叶业的陆羽;裁纫业的轩辕氏;蚕丝业的嫘祖;织布业的黄道婆;铁匠业的李老君;木匠业的鲁班;竹匠业的泰山;造纸业的蔡伦;制笔业的蒙恬;酿酒业的杜康等。

行业分类说,反映了历史上中国职业发展和其分类的大致情况。现在的三百六十行之说,是各种职业的统称,泛指各类职业,含有所有职业之义,而非实指现实职业之类别,现实的细分职业成千上万种。

---

① 王本泉:《三百六十行探源》,《中国劳动人事报》1988 年 4 月 6 日。

2.3.2.2　中国国家职业分类

中国的国家职业分类，是从 1995 年开始的，在过去积累的相关工作的基础上，如 1986 年颁布的《职业分类与代码》、1992 年颁布的《中华人民共和国工种分类目录》等，参考了国际劳工组织 1988 年修订的《国际标准职业分类》以及一些经济发达国家的职业分类，于 1998 年年底完成，1999 年出版了《中华人民共和国职业分类大典》，对职业进行了系统划分与归类，把职业由粗到细，分成 8 个大类、66 个中类、413 个小类、1838 个细类。2010 年开始修订，历时 5 年，完成了 2015 年的修订版，仍保持 8 个大类的格局，大类题目内容做了一定调整，中类和小类做了增减，8 个大类如下。

（1）党的机关、国家机关、群众团体和社会组织、企事业单位负责人。

（2）专业技术人员。

（3）办事人员与有关人员。

（4）社会生产服务与生活服务人员。

（5）农、林、牧、渔业生产及辅助人员。

（6）生产制造及有关人员。

（7）军人。

（8）不便分类的其他从业人员。

2.3.2.3　国际标准职业分类

国际标准职业分类是国际劳工局组织进行的国际层面的统一职业分类，经历了一个多年的发展过程。从 1923 年国际劳工统计大会讨论职业分类的必要性，到 1958 年《国家标准职业分类》初版发行，经过 1968 年、1988 年的两次修订，现在所用的是 2008 年新版本。

2008 版本的《国际标准职业分类》，从从业者的职业身份划分，把职业分为 10 个大类、43 个中类、133 个小类。10 个大类如下，[①] 这是国际比较认同的职业分类。

（1）管理者。

（2）专业人才。

（3）技术和辅助专业人才。

（4）职员。

（5）服务和市场销售人才。

（6）熟练的农业与渔业人才。

（7）工艺品及相关人员。

（8）工厂机械操作和装配人员。

---

① 张迎春：《国际标准职业分类的更新及其对中国的启示》，载《中国行政管理》2009 年第 1 期，第 105～107 页。

（9）初级职业。

（10）军人。

从以上的职业分类情况可以看出，职业分类还存在一定的差异。中国国家职业分类和国际标准职业分类，是从职业主体的角度划分职业的，方法是从粗到细，划分出的职业类别大体一致。行业分类说，是从历史延续下来的，从划分出的行业现象来看，是从职业的功能特点划分的，至今应惯称三百六十行，是职业的一种统称。

这里研究的职业分类，是作为职业经济现象存在的职业类别，职业分类不仅仅要把各种职业分门别类，区分开来，而且要通过职业分类进一步认识职业本质和特征。显然，以上现有的职业分类不能满足这一要求，因此，职业分类仍是要深究的问题。

2.3.3　职业分类的依据

对职业分门别类，关键是要有科学的依据。思想的真谛来源于社会的职业实际。在现实社会，各种各样的职业紧密地联系在一起，关系错综复杂。但是我们知道，事物都有自己存在的秩序，并具有共同性和特殊性，事物的区别不在于共同性，而在于特殊性。因此，要把各种职业区分开来，分门别类，就必须遵循职业存在秩序，把握它们相互区别的特殊性，问题就迎刃而解。

考察职业存在的现象，不难发现这样有序的实情，一方面，每一种职业都与人们社会生活需要相对应，都是为满足人的生活需要提供产品或劳务服务的，这是职业的共同性，它使各种职业相提并论，作为同质的事物而存在，服务是职业的共同属性，从而所有行业都是服务行业。

另一方面，每一种职业均以自己的特定内容、方式而为人的生活需要提供服务，这是职业的特殊性，它使各种职业相互区别。职业的特殊性主要集中地体现在它们的功能上。同种职业，功能相同；不同职业，功能不同。每种特定功能的职业总是与人的特定社会生活需要对应统一。

显然，职业与人们生活需要相对应，围绕人们生活需要分工排列与合作组合，这是职业存在的基本秩序。因此，要以职业与人们生活需要的对应统一关系为基本线索，以职业功能特点为标志，对职业分门别类。

2.3.4　职业种类

根据职业与人们社会生活需要的对应统一关系与职业的功能特点，可将职业分为以下种类。

2.3.4.1　食物产业

食物产业与人们吃喝需要对应存在，为人们生产提供吃喝需要的食品。可分为原生食物产业与加工食物产业。

原生食物产业可细分为谷物产业、蔬菜产业、瓜果产业、畜牧业、禽蛋产业、鱼产业等。

加工食物产业可细分为米面油加工产业、糕点产业、罐头产业、糖果产业、酒产业、饮料产业、调味品产业、自来水产业等。

另外，还有吸烟产业，可分为烟草产业、香烟产业。

2.3.4.2　食具产业

食具产业与人们食用需要对应存在，为人们生产提供食用器具，可分为炊具产业、餐具产业等。

炊具产业可细分为炉灶产业、锅产业、炒勺产业等，餐具产业可细分为碗碟产业、筷子产业等。

2.3.4.3　饮食产业

饮食产业与人们饮食需要对应存在，为人们提供食品与饮食劳务，饮食业多种多样，可分为综合饮食店与专营饮食店。综合饮食店生产经营多品种的菜、饭、汤、点心等食品，一般的饭店都属于综合饮食店。专营饮食店生产经营食品单一，一般有浓郁的地方特点，如东北饺子馆、四川火锅店、兰州牛肉面馆等，以及各种冷饮店等。

2.3.4.4　服装产业

服装产业与人们穿戴需要对应存在，为人们提供穿戴用品，可细分成衣产业、鞋产业、帽产业、围巾产业等。

2.3.4.5　饰品产业

饰品产业与人们佩戴美饰需要对应存在，为人们提供佩戴美饰用品，可细分为耳饰品产业等。

2.3.4.6　建筑业

建筑业与人们住行需要对应存在，为人们提供住行需要的各种设施，可细分为房屋建筑业、路桥建筑业等。

2.3.4.7　家具产业

家具产业与人们的家庭生活需要对应存在，为人们提供家庭生活需要的用品，可细分为床产业、电器产业等。

2.3.4.8　儿童抚育业

儿童抚育业与人们抚育子女需要对应存在，为人们提供抚育子女的劳务，托儿所是典型的儿童抚育业。

2.3.4.9　养老业

养老业与人们的养老需要对应存在，为人们提供养老的劳务，主要是针对孤寡老人，以及子女工作忙不便照顾老人时，帮助抚养老人。

2.3.4.10　教育业

教育业与人们的素质、知识与能力培养需要对应存在，可细分为小学教育、中学教育、中专教育、大专教育、大学教育等。

2.3.4.11　科研业

科研业与人们对科学的需要对应存在，为人们提供科学文化产品，可细分为经济研究、生物研究、数学研究、化学研究、物理研究、环境研究、社会研究、管理研究等。

2.3.4.12　劳作资料产业

劳作资料产业与人们劳作需要对应存在，为人们提供劳作器具，可细分为机床产业、农机产业、建筑机具产业、矿山机具产业、冶炼锻造机具产业、交通运输机具产业、纺织机具产业、通讯器具产业、教育器具产业、医疗器具产业、理发器具产业、清洁器具产业、乐器产业等。

2.3.4.13　原材料产业

原材料产业与人们劳作需要对应存在，为人们提供劳作原材料，可细分为植物原材料产业、生物原材料产业、矿物原材料产业、土石原材料产业、合成原材料产业等。

2.3.4.14　能源产业

能源产业与人们的能源需要对应存在，为人们提供能源，可细分为煤炭产业、油气产业、电产业、核能产业、沼气产业等。

2.3.4.15　计时器产业

计时器产业与人们计时需要对应存在，为人们提供钟表等计时器，可细分为手表产业、时钟产业等。

2.3.4.16　灯具产业

灯具产业与人们的照明需要对应存在，为人们提供灯具，可细分为室内灯产业、路灯产业等。

2.3.4.17　文具产业

文具产业与人们的文化需要对应存在，为人们提供文化用品，可细分为笔产业、纸产业、微机产业等。

2.3.4.18　出版业

出版业与人们出版需要对应存在，为人们提供报刊、书籍等，可细分为编辑业、印刷业等。

2.3.4.19　卫生品产业

卫生品产业与人们清洁卫生需要对应存在，为人们提供清洁卫生用品。可细分为牙膏产业、肥皂产业、洗衣粉产业、卫生纸产业等。

2.3.4.20 医药产业

医药产业与人们的医疗需要对应存在，为人们提供医疗药品，可细分为原生药物产业或药材产业、药品加工产业等。

2.3.4.21 医疗业

医疗业与人们的医疗保健需要对应存在，为人们提供诊治疾病的劳务，可细分为中医业、西医业。

2.3.4.22 洗浴业

洗浴业与人们清洁卫生需要对应存在，为人们提供浴洗劳务，可分为水浴和汽浴等。

2.3.4.23 理发业

理发业与人们理发美发需要对应存在，为人们提供理发、美发的劳务。

2.3.4.24 环卫业

环卫业与人们环境清洁卫生需要对应存在，为人们提供环境清洁卫生的劳务，可细分为园林绿化业、清扫业、公厕业等。

2.3.4.25 通讯业

通讯业与人们通讯需要对应存在，为人们提供通讯的劳务，可细分为电讯业、邮递业等。

2.3.4.26 广播业

广播业与人们对新闻、消息等了解的需要对应存在，为人们提供新闻等劳务，可细分为采编业、播音业等。

2.3.4.27 广告业

广告业与主要人们的经济信息需要对应存在，为人们提供商品供求信息等劳务。

2.3.4.28 咨询业

咨询业与人们的咨询需要对应存在，为人们提供咨询的劳务，可分管理咨询、心理保健咨询等。

2.3.4.29 交通运输业

交通运输业与人们交通运输需要对应存在，为人们提供交通运输的劳务，可细分为养路业、客运业、货运业等；亦可分为公路运输业、铁路运输业、水路运输业、航空运输业等。

2.3.4.30 商贸业

商贸业与人们买卖交易需要对应存在，为人们提供买卖交易的劳务，可细分为采购业、销售业、网络交易业等。

2.3.4.31 金融业

金融业与人们的货币流通需要对应存在，为人们提供货币流通、储蓄、贷款等劳务，可细分为银行业、证券业等。

2.3.4.32　财会业

财会业与人们的财务管理需要对应存在，为人们提供财务管理的劳务，分为单位理财与公共理财。

2.3.4.33　文化创作业

文化创作业与人们文艺娱乐需要对应存在，为人们提供各种文艺作品，可细分为小说创作业、绘画业、书法业、戏曲创作业、影视创作业等。

2.3.4.34　文化场院业

文化场院业与人们文化享乐需要对应存在，为人们提供文化享乐场所的劳务，可细分为剧院业、影院业等。

2.3.4.35　演艺业

演艺业与人们文化娱乐需要对应存在。它为人们提供节目的劳务，可分为戏剧表演业、演唱表演业、曲艺表演业、杂技表演业等。

2.3.4.36　体育业

体育业与人们锻炼、竞技需要对应存在，为人们提供锻炼、竞技的劳务，可细分为竞技体育业、健身体育业等。

2.3.4.37　宾馆业

宾馆业一般是与人们出行的食宿需要对应存在，为人们出行提供食宿用品和其劳务。可细分为宾馆或饭店等多种名称的不同档次的旅店业。

2.3.4.38　旅游业

旅游业与人们旅游需要对应存在，为人们提供旅游的劳务，可细分为导游业、景点业、游玩业等。

2.3.4.39　玩具业

玩具业与人们玩的需要对应存在，为人们提供玩具，可细分为布玩具产业、塑料玩具产业、电子玩具产业等。

2.3.4.40　鲜花产业

鲜花产业与人们养花、赏花等需要对应存在，为人们提供鲜花，分栽培鲜花与剪裁鲜花。

2.3.4.41　修理业

修理业与人们维修需要对应存在，为人们提供维修的劳务，可细分为修鞋业、钟表修理业、自行车修理业、家电修理业、汽车修理业等。

2.3.4.42　保险业

保险业与人们保险需要对应存在，为人们提供保险的劳务，可细分为人寿保险业、财产保险业等。

2.3.4.43 治安业

治安业与人们安全需要对应存在，为人们提供安全保卫的劳务，可细分为组织单位治安业、交通治安业、公安业、国防业等。

2.3.4.44 殡葬业

殡葬业与人们殡葬需要对应存在，为人们提供殡葬的劳务，可细分为花圈制作业、火化业、骨灰存放业等。

2.3.4.45 宗教业

宗教业与人们的信仰需要对应存在，为人们提供信仰的劳务，可细分为道教业、佛教业、基督教业、天主教业等。

2.3.4.46 管理业

管理业与人们的管理需要对应存在，为人们提供社会生活管理的劳务，可细分为农场管理业、工厂管理业、学校管理、医院管理、政府管理业等。

以上职业分类用图 2－3 概括如下，根据职业分类图示的形象特点，可叫做圆形职业分类或同心职业分类。

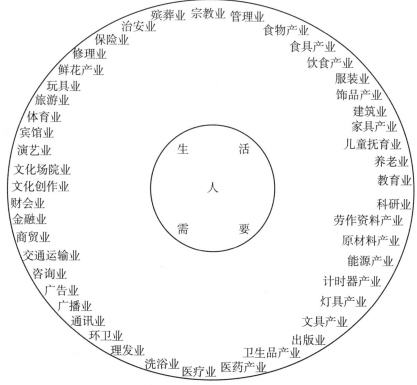

图 2－3　圆形职业分类

2.4　职业生存发展变化

纵观人类生活实况，不难了解到职业生存与发展变化的情况，在不同的时代，表现出不同的状态，按照它自己的秩序和规律伴随着人生。为了生活，首先就要进行获得衣、食、住等东西的职业劳作。人类从古至今，世世代代地从事各种职业，构成了人类历史的基本内容。

2.4.1　职业生存发展变化的简况

从古至今，有文明记载以来，职业现象就作为记载的重要内容，见之于人类的生活内容中，从简单的绘画图示到复杂的文字表达，都能看出它是人类活动的一个基本方面。

2.4.1.1　古代职业

古代时期，最早人们从事的原始职业主要有采集、狩猎、捕鱼，继之是饲养、种植和手工业等，如牧马人、牧羊人就是早期的职业劳作者[①]，后来商业等成了流行的职业。[②] 并逐步发展达三百六十行之多。

2.4.1.2　近代职业

近代时期，特别是在产业革命以后，在畜牧业、种植业、手工业、商业发展的同时，纺织业、交通业、制造业、冶金业、化工业、造纸业、通讯业、广告业、教育业、科研业、医疗业、金融业、保险业等各行各业迅速发展起来，职业出现了前所未有的大发展。

2.4.1.3　现代职业

现代时期，职业全方位的细化发展。特别是在中国，改革开放以后，政通民心，百业俱兴，职业空前发展和繁荣，出现了许许多多的新职业，诸如职业介绍职业、快餐职业、干洗职业、搬迁职业、房地产职业、陪护职业、游艺职业、打印职业、健身职业，等等。

现在，各种职业围绕人们生活需要，分工排列与合作组合，形成了职业与人们生活需要的对应统一、紧密联系的社会职业经济体系。

2.4.2　职业生存与发展变化的原因及其规律性

职业由古时的简单职业发展到现在的社会职业经济体系，原因是有多方面的，以及发展变化的规律性。

---

① 劳动和社会保障部教材办公室组织编写：《职业指导》，中国劳动出版社1999年版，第5页。
② 恩格斯：《马克思恩格斯选集》（第4卷），人民出版社1972年版，第112页。

2.4.2.1 职业生存与发展变化的原因

（1）生活需要。人类生活需要吃的、穿的、住的、行的等各种东西，为此，人们从事各种职业，种植谷物，织做衣服，盖建房屋，制造器具等，通过职业劳作获得生活需要的各种东西，供给和保障生活。

当从业人针对社会生活需要，与某一特定的劳作资料组合配置，成为一个劳作单位，从事社会生活需要的职业劳作，形成了与社会生活需要对应稳定的统一关系，一种职业就生成了。职业随人们生活需要应运而生，当人们生活需要发生了变化，职业也随之变化。

（2）交换。交换促进职业生成与发展变化。人们在交换中发现，通过交换可以得到自己需要的东西，并从中获利，用不着样样都自己劳作，可以选择从事对自己更有利的某一项专门劳作的职业。依着互通有无、互相交易的一般倾向，把各种才能所生产的各种不同产物，结成一个共同的资源，各个人都可以从这个资源随意购取自己需要的别人生产的物品。① 从而促进人们的职业分工，选择从事新的职业。

而且，通过互惠的物品和劳务交换，个人可以根据自己的体力、智力、经验及可以支配的自然资源，全力从事最适合自己的职业。②

（3）劳作分工。劳作分工直接导致新职业生成与职业分化发展。历史上的三次大分工，使畜牧业、种植业、手工业、商业分化发展起来，个人被相应地限制在特殊职业范围内③。

在公元前12世纪至公元前8世纪的希腊"荷马时代"，手工业开始同农业分离，铁匠、瓦匠、皮革匠、木匠、陶工等许多手工业者都已经产生了。④

在中国商代前期，铸铜、制陶、制骨等手工业不仅已从农业中分化出来成为独立的生产部门，而且在各行手工业内部也有一定分工；到了后期，手工业更大规模地从农业中分化出来。从考古发掘资料来看，其专业不仅有青铜冶铸业、制陶业、兵器制造业、骨器业、玉石工艺业，还有皮革、竹木、舟车、建筑等。各种工匠见之于文献记载的有陶工、酒器工、椎工、旗工、绳工、马缨工等，每个专业生产部门中还有更细的分工，如青铜冶铸工艺就有采料、配料、冶炼、制模、制范、浇铸修整等一系列程序和分工。周代手工业在商代基础上又有进步，种类增多，分工更细致，因而号称"百工"。⑤

到了近现代，劳作分工越细，职业越分化发展。显然，劳作分工促进职业

---

① ［英］亚当·斯密著（郭大力、王亚南译）：《国民财富的性质和原因的研究》（上卷），商务印书馆1972年版，第16页。
② ［德］弗里德利希·李斯特著（阳春学译）：《政治经济学的自然体系》，商务印书馆1997年版，第25页。
③ 马克思：《资本论》，第1卷，人民出版社1975年版，第389页。
④ 李纯武等著：《简明世界通史》（上册），人民出版社1981年版，第88页。
⑤ 杜石然等编著：《中国科学技术史稿》（上册），科学出版社1982年版，第56～57页。

生成与职业分化发展。

（4）科学技术。科学技术发展进步，导致职业分化发展与新职业产生。如指南针的发明，推动了航海业的发展；印刷术的发明，推动了造纸业的发展；电的发明，不仅改变人类的照明，而且使通讯业分化发展，分化生成了电话业、电报业，又导致生成了电能、电影、电视、电脑等有关电的新职业。科学技术是推动职业生成与发展变化强大杠杆。

（5）劳作资料。劳作资料的改进创新或发明创造，推动职业分化发展与新职业生成。如火车、汽车、轮船、飞机等交通器具的发明创造，促进了交通运输业的改观和分化发展，生成了铁路交通运输业、水路交通运输业、航空交通运输业等。

（6）职业联系。职业联系推导职业生成与发展变化。如以商业为例。商业是在畜牧业、种植业等职业劳作有了剩余的基础上生成的；而商业活动又导致广告业的生成，同时它还要求改善交通运输业；而改善交通运输业，一方面要求修路筑桥，另一方面又要求改善交通运输工具，这就要求建筑业、制造业等相关职业的发展。如此等等。

（7）社会规范。社会规范是指国家或社会组织制定的法规、政策等规范。法规、政策等规范对职业生成与发展变化具有很大的硬性作用。如法规明文规定，不准毒品买卖，因此，毒品买卖职业不可能正当地生存发展。

（8）环境资源。职业依赖环境资源生存发展，环境资源可谓职业生存的土地，资源可谓职业生存的粮食，环境资源既支持职业生存发展，又限制职业生存发展。如在环境资源优越的情况下，环境资源支持职业生存发展；而在环境资源恶化的情况下，环境资源限制职业生存发展。

2.4.2.2　职业生存发展的秩序和规律性

由上述可以了解到，职业伴随人类社会生活需要而生存，由生活需要激发诱导，在交换、劳作分工、劳作资料、科学技术、职业联系、社会规范、环境资源等因素的共同作用下，生成、发展和变化，各种职业与人们社会生活需要一一对应，围绕千家万户的人们社会需要分工排列与合作组合，以个体、农场、工厂、商场、学校、医院、政府等组织形式，分成三百六十行与三大产业，构成错综复杂的国民经济体系，围绕人们社会生活需要，从事各种社会事业，供给、满足和保障人们的社会生活，并以物质生产职业为基础向非物质生产职业分化发展，呈现全方位、多层次、细化的发展趋势和规律性。

并在现代迅猛发展的信息等高科技作用下，职业劳作以便捷多样的方式，更加便利人们的生活，改善生活，使人们的生活丰富多彩，造福民生。

第3章 职业资本积累

职业发展对于就职者来说是长久的追求。随着从业时间的增加，在就职过程中会不断积累职业资本。专注于发展核心职业资本能帮助员工形成属于职业竞争优势，使其不断成长，不断实现阶段目标，进而实现最终的职业理想。同时，员工的职业资本也是企业的竞争力，有助于企业创新能力和凝聚力建设。

3.1 职业资本知识

当前商业环境瞬息万变，员工在工作中应通过各种途径不断积累职业资本，加强个人竞争优势，在多变的竞争中脱颖而出，而领先企业也将通过创新能力培训和职业能力扩展项目来不断激励和发展员工技能，不但能使员工更快适应未来多变需求，更能加强企业的凝聚力和创新能力。

3.1.1 职业资本内含

职业资本是在就职前以及就职过程中积累的可界定的差异化技能和不可量化的职业声誉。职业资本能够增强员工适应多变环境的能力，进而促进个人职业发展。

2013年11月，埃森哲面向32个国家4100名大中型企业的管理人员开展了一项在线调查。调查结果显示，超过89%的职业女性和几乎同等比例的男性受访者均认为，积累职业资本是职场成功的关键。

报告显示，大约有84%的受访者表示他们正在积累职业资本，从而获得更多的发展机会（57%）、有能力影响工作决策（56%）、提高在同事和同辈人中的可信度（53%）和实现自己的职业目标（51%）。

67%的受访者认为，特定领域的知识或能力是最重要的职业资本。

因而本书认为职业资本的主要内容包括以下两个方面。

3.1.1.1 可界定的差异化技能

可界定的差异化技能包含不同的知识结构和工作技能，包括学历、各种职业技能证书和操作技能。这些知识和技能是在就职前和就职过程中通过个人不断的学习和考试获得的，可以各种证书的形式体现，也可以在具体工作过程中表现出来。

3.1.1.2　难以量化的职业声誉

难以量化的职业声誉包括职业知名度和美誉度两方面，是职场中长期积累的结果，所形成的职业声誉在比较长时间内比较稳定，将对个人职业生涯起到很大的推进作用。

3.1.2　职业资本价值衡量

从个人的职业资本概念角度衡量职业资本价值选取了两大类指标。

$$C = K + R \qquad\qquad (3-1)$$

式（3-1）中 C 代表职业资本价值，K 代表知识与技能价值，R 代表职业声誉价值。知识与技能价值与职业声誉价值对个人来说都是动态变化指标。在个人职业生涯进程中，知识与技能价值会随着知识老化和更新过程动态增减，而个人职业声誉也会因主观和客观环境变化而有增有减。因此个人职业资本价值衡量是一个动态过程。

3.1.2.1　知识与技能价值增减

随着时代的发展，知识和技术更新的速度越来越快。研究资料显示：在知识更迭日益加快的今天，一个本科生走出校门两年内，一个硕士研究生毕业三年内，一个博士生毕业四年内，如果不及时补充新知识，其所学的专业知识将全部老化。按照知识折旧定律：如果一年不学习，所拥有的知识就会折旧80%。其实，就一个人一生所学的知识来说，在校求学阶段所获得的知识充其量不过是他一生所需的10%，而另外90%以上的知识都必须在以后的自学中不断获取。过去的知识和技能仅代表历史，如果不进行再学习和更新，随着知识和技能的不断老化，职业资本第一项知识与技能价值将不断贬值，甚至可能达不到入职基准，最终被职业所淘汰。只有不断学习和补充新的知识和技能，才能使自身知识与技能价值不至于贬值，保持升值。

3.1.2.2　职业声誉价值增减

职业声誉源自就职过程中积累的口碑，在工作过程中表现的精湛的职业技术、踏实的工作作风、努力向上的精神面貌、诚实豁达的工作态度及良好的人际关系和团队合作精神将为就职者增加职业声誉价值。

相反，在就职过程中浮夸的工作作风、斤斤计较得失、不追求上进的态度以及在团队中过多的强调个人意识则会降低个人的职业声誉价值。

关于这一问题在本章后文将有详细论述。

3.1.3　不同职业资本价值比较

个人职业生涯中，很可能会面临跨行业的职业转换，此时在原工作岗位中积累的职业资本可能面临全面洗盘。因此在跨行业转换职业前一定要了解自身优势、劣势和目标行业的需求，慎重思考。下文在不同行业进行职业资本价值比较时，定义了职业资本价值。

3.1.3.1　本行业"职业资本"的自身价值

只有算清楚本行业"职业资本"的自我价值，才能为自己准确定位，让自己的转行不带盲目性。本行业职业资本价值主要包括核心竞争力、客户群、个人兴趣、特长、气质和性格。

3.1.3.2　目标行业"职业资本"的价值

隔行如隔山。比较"职业资本"的目标行业价值再转行，可避免许多无谓的损失。目标行业职业资本价值包括管理模式、发展前景、升迁制度、薪资状况等。

3.1.3.3　"职业资本"的自身价值与新行业价值是否匹配

了解新行业后就要与原行业做比较，寻求共同点。一般来说知识技能、客户群、工作模式三方面中有一方面有共同点就比较好转行，比如都是做销售的，原来是销售日用品的，如果改做销售饮料，虽然行业变了，但大部分客户没有变化，也比较好上手。

3.1.4　职业资本积累是个人建立职业化的表现

就业者能否把学到的知识与技能用在工作中，不取决于学到多少知识，而是在于把学到的知识变为自己的职业习惯，才能做到学以致用，这是职业化的一个表现。

在当今职场中，很多大学生在学校学的知识并没有带来与投入的教育成本相对等的收入，有的大学生却在工作 3~5 年后获得了月薪 1 万元甚至更高的收入。之所以出现这样的情况，是因为后者在工作过程中具备了某种能力——职业技能和职业素质。

职业技能和职业素质是学校没有教过的知识，需要职业者在工作中进行学习和培养。就像建造大厦一样，学校教的知识是建造大厦的地基，想要建造大厦的上层，则需要具备职业技能和素质。如果职业者不能尽快掌握这些技能和素质，上层建筑就会盖得很慢，影响个人和企业的成长。

职业声誉是人的性格与思维方式职业化的另一个表现。人和人之间的主要差别体现在两个方面：一是性格，二是思维方式。思维的影响作用很大，面对同样一个问题，每个人有自己独特的思考方式，不同的人会得出完全不同的结论。能否以职业化的角度、思维方式来看待问题，是判断一个人职业化程度高低的标准。

3.2　职业资本积累与问题分析

传统公司中的职业是由制度决定的，沿职位阶梯顺序向上。在向上走的过程中，人们积累的是"组织资本"，即帮他在公司内向上层发展的经验和关系。今天人们可以依赖的是职业资本，即到任何地方都有用的技能和声誉。

3.2.1　职业技能积累

职业技能的积累开始于就职前，这时的职业资本是敲门砖，至少要符合国家职业标准，考取职业资格证书，参加职业技能鉴定，而入职之后的积累则为未来的发展奠定基础。

3.2.1.1　国家职业标准

国家职业标准是指在职业分类基础上，根据职业的活动内容，对从业人员工作能力水平的规范性要求。它是从业人员从事职业活动，接受职业教育培训和职业技能鉴定的主要依据，也是衡量劳动者从业资格和能力的重要尺度。见表 3-1 所示。

表 3-1　　　　　　　　　国家职业分类表（大类）

第一大类	国家机关、党群组织、企业、事业单位负责人
第二大类	专业技术人员
第三大类	办事人员和有关人员
第四大类	商业、服务业人员
第五大类	农、林、牧、渔、水利业生产人员
第六大类	生产、运输设备操作人员及有关人员
第七大类	军人
第八大类	不便分类的其他从业人员

国家职业技能标准包括职业概况、基本要求、工作要求和比重表四个部分，其中工作要求为国家职业技能标准的主体部分。

①职业概况是对本职业的基本情况的描述，包括职业名称、职业定义、职业等级、职业环境条件、职业能力特征、培训要求、鉴定要求等内容。

②基本要求包括职业道德和基础知识，其中职业道德是指从事本职业工作应具备的基本观念、意识、品质和行为的要求，一般包括职业道德知识、职业态度、行为规范；基础知识是指本职业各等级从业人员都必须掌握的通用基础知识，主要是与本职业密切相关并贯穿于整个职业的基本理论知识、有关法律

知识和安全卫生、环境保护知识。

③工作要求是在对职业活动内容进行分解和细化的基础上，从技能和知识两个方面对完成各项具体工作所需职业能力的描述。包括职业功能、工作内容、技能要求、相关知识。

④比重表包括理论知识比重表和技能比重表。其中，理论知识比重表反映基础知识和每一项工作内容的相关知识在培训考核中应占的比例；技能比重表反映各项工作内容在培训考核中所占的比例。

3.2.1.2 国家职业资格证书制度

国家职业资格证书制度是劳动就业制度的一项重要内容，也是一种特殊形式的国家考试制度。它是指按照国家制定的职业技能标准或任职资格条件，通过政府认定的考核鉴定机构，对劳动者的技能水平或职业资格进行客观公正、科学规范的考核和鉴定，对合格者授予相应的国家职业资格证书。

职业资格证书分为《从业资格证书》和《执业资格证书》。执业资格实行注册登记制度，取得《执业资格证书》后，要在规定的期限内到指定的注册管理机构办理注册登记手续。所取得的执业资格经注册后，全国范围有效。超过规定的期限不进行注册登记，执业资格证书及考试成绩就不再有效。从业资格是政府规定技术人员从事某种专业技术性工作的学识、技术和能力的起点标准。绝大部分的职业资格证书证明的是从业资格，并不作准入控制；在特定的领域、在一定范围内实行强制性就业准入控制的是执业资格，国际通行的是注册会计师、执业医师、律师等有限的几个行业。

3.2.1.3 职业技能鉴定

职业技能鉴定是一项基于职业技能水平的考核活动，属于标准参照型考试。它是由考试考核机构对劳动者从事某种职业所应掌握的技术理论知识和实际操作能力做出客观的测量和评价。职业技能鉴定是国家职业资格证书制度的重要组成部分。

国家实施职业技能鉴定的主要内容包括：职业知识、操作技能和职业道德三个方面。这些内容是依据国家职业（技能）标准、职业技能鉴定规范（即考试大纲）和相应教材来确定的，并通过编制试卷来进行鉴定考核。

3.2.1.4 职业技能积累途径

职业技能的积累从求学时就已经开始，而后将伴随整个职业生涯过程。如下几种途径是加速职业技能积累的重要方式。

（1）导师引导。从大学进入专业学习开始，每个学生都开始考虑规划自己的职业生涯，在学习过程中开始有针对性地学习和训练适合自己的职业技能。有的大学生从大三便开始为求职做准备，通过各种实习、见习等实践环节积累职业知识和技能，参加各种职业技能证书考试，为将来步入职场做各种准备。在求学时期有专业老师的指导和讲授，学生主要是以学习理论知识为主，辅以一定的社会实践。

真正步入职场之后，在工作工程中，如果可以找到资深的同事（可能是你的上司、师傅或学长）作为导师，从他们身上可以或直接或间接地学习到实用的工作技巧和工作经验，不一定是知识。如能获得职场名师的指明方向，一定能少走弯路，取得更大进步，获得更快提升。

（2）榜样力量。在人的一生中，不同阶段会有不同的标杆，不断的寻找身边的榜样，向优秀的人学习，发现自身的不足，才能不断进步，直至变成同样优秀的人。

这个榜样不一定是电视、网络宣传中的高大上的人物，在身边能看得见接触得到的人也许更能鼓舞自己，因为他的成功就在身边，他付出的努力你也能做到。这样的榜样更能提振士气，模仿甚至超越。

（3）竞争压力。工作时间久了，就职者难免会产生职业惰性，认为自己在岗位上已经工作这么久，自身能力足以胜任本职工作。这种情况的出现是很常见的，职业惰性会使求职者失去上进心，安于现状，不思进取。可是社会是一直在进步的，前文已经分析了职业知识和技能需要不断更新和学习才能跟上发展的步伐，惰性会降低职业知识和技能的价值，甚至会被职业所淘汰。要改变这种局面需要引入竞争机制，在竞争环境下会驱使人不断追求进步，将竞争压力转化为前进动力，不断学习，不断进步。

（4）自我学习。导师引导、榜样力量和竞争压力都是来自外界的力量，最终目的都是实现职业知识和技能的不断自我学习。自我学习的途径主要有参加企业和社会机构组织的职业技能培训或利用业余时间自学。在刚入职时主要是依靠参加企业组织的新员工入职培训来学习职业技能和经验，而随着自我提升要求的提高，更多地要依靠参加社会机构职业培训和自学来强化更新知识和技能。

前三种职业技能的获得途径主要依靠外因，在外因的驱动下，最终还要依靠自我学习才能完成知识和技能的不断学习和更新。学习的方式包括参加企业组织的各种职业技能培训、社会机构主办的职业技能培训班以及自学方式。以上方式在不同的职业生涯阶段发挥不同作用。一般来说，初入职场人士可能更多地依靠新员工入职培训积累工作经验，而工作一段时间之后会更多地依靠参加企业内部组织或社会机构组织的培训课程来充电。

3.2.2 职业技能积累问题分析与解决

通常的观点认为个人所拥有的职业资本是多多益善，比如证书越多越好，知识面越宽越好，但真正的情况是，很多时候多而杂的资本反而会让你难以明确自己的核心竞争力，而导致职业目标模糊，甚至失去很多机会。

因此在职业资本积累的过程中，有必要经常"刷新"自己的职业资本，就像枝叶茂盛的大树也需要修剪一样，"卸载"掉自己的职业负荷，大树会生长得更好，个人也会更明确发展方向。刷新职业资本可以从以下五大步骤开始。

3.2.2.1　全面盘点职业资本

如果要去除自己多余的职业资本，需要梳理自己的职业资本，建立一份完整的职业资本档案。首先应总结过去做过的每一份工作并描述在工作过程中所承担的特殊的责任和义务，所拥有的管理经验，并注明所管理的人数和你所取得的主要成果。其次还应填写教育经历表、语言能力表、奖励与荣誉表。最后通过对填写内容的分析，更透彻地了解自己，其中的经验、技能和知识都是曾经拥有的职业资本。表 3 - 2 为职业资本盘点示例。

表 3 - 2　　　　　　　　　　职业资本盘点示例

教育经历	1999 年 9 月 ~ 2003 年 7 月　　ABC 大学　会计系　管理学学士学位 2004 年 3 月 ~ 2005 年 6 月　澳大利亚悉尼 M University 研究生留学经历 2007 年 9 月 ~ 2010 年 6 月　　EFD 大学　工商管理硕士学位 MBA	
工作经历	2005 年 7 月 ~ 2010 年 5 月 世界 500 强 XXZ 集团汽车玻璃（中国）有限公司 任职财务规划工程师	主要工作内容： 　新生产线及设备投资可行性分析（测算现金流 + 回收期 + IRR + NPV），上报日本总部； 　月度 KPI 报告（财务/销售/EHS/生产/发货报损指标）及对比预算差异分析，并在高层管理会做汇报； 　负责董事会相关事务——制作中英文董事会报告及整理纪要，起草董事会决议，并汇报日本总部； 　中国区汽车玻璃市场分析及竞争对手研究； 　协助日本总部进行 SOX 萨班斯审核及监察内审； 　办理外资公司增资、经营范围、法人代表、工商变更手续。
	2010 年 6 月 ~ 2011 年 5 月 XYZ 有限公司 战略投资部　主任 汇报对象——董事长	主要工作内容： 　新项目前期可行性研究及投资分析建议； 　JM 酒店项目前期合同谈判、签约； 　宏观经济政策、货币政策、地产调控新政及本地市场研究； 　集团五年战略规划制定；对集团内外部资源和能力进行 SWOT 分析及整合，明确定位和发展目标； 　与清华大学研究生院建立校企合作，完成实习基地签约； 　企业品牌建设，新商标注册、管理，Logo 更换，企业 VI 系统完善与规范

工作经历	2011年5月～2015年5月 EST发展（上市公司）子公司投资拓展负责人 汇报对象——总经理	主要工作内容： 　负责组织新开发地产项目市场策划定位与区域市场拓展； 　负责土地谈判、收储及招拍挂竞买工作，以及项目股权收购操作及签约； 　对住宅、商业、旅游土地项目进行投入产出经济测算，编制可研报告，上报总部董事会投资评审； 　市区土地&房地产市场研究； 　组织进行本地消费者行为和需求调研，完成秦皇岛本地客户购房需求研究报告； 　政府公共关系管理——与国土、规划、建设部门建立良好的沟通和交流渠道，及时获取行业内重要信息，并为后期项目开发、关系协调奠定基础 突出业绩： 　2013年12月，负责谈判并操作＊＊项目股权收购（512亩土地＋酒店会所自持资产），也是目前公司在运营核心项目之一，起草项目合作协议，设计股权交易架构，全程谈判及总部董事会投资评审汇报 　2014年3月，招拍挂竞买＊＊项目政府置换补偿土地，签署置换协议及出让合同 　2015年1月，负责谈判股权收购滨海项目，完成市场策划定位、投资分析测算及总部董事会上会评审，设计交易模式、起草股权转让协议并成功签署 　以及一直在运作养老旅游地产3000亩一级整理土地，调整深化规划方案和市场定位，提升EST在区域旅游地产的市场占有率和品牌价值
主要技能		快速学习的能力，良好的时间掌控技巧，掌握会计、金融、工商管理交叉学科的知识； 优秀数据分析及报告的能力； 熟练使用MS Office，特别是Excel/PPT/Outlook； 在压力和快节奏环境下，灵活管理多项任务，并严格遵守时间节点完成； 良好的沟通、组织及人际关系技巧，以及向高管汇报沟通能力； 较强的英语读写表达能力和英文报告能力； 熟悉外资公司和集团投资公司的经营管理及运作模式； 掌握并熟练操作SAP ERP； 负责并主导经营财务分析、KPI管理、部门绩效管理、项目投资可行性分析、市场及竞争对手研究、项目策划定位方案、土地招拍挂购买、地产项目股权收购、企业战略规划制定等工作，具有优秀执行力和管理能力
证书		注册咨询工程师（投资）、注册会计师、中级会计职称

3.2.2.2　查找有效职业资本

通过表 3-2 的填写，总结出若干领域内最突出特点：最强技能；最精通的知识领域；个人性格最优秀特点；最擅长做的事；最重要的成就。然后重点考察这些方面取得的成果。参见表 3-2 中总结的突出业绩部分。

3.2.2.3　加强有效资本

找到最重要和有效的职业资本后，下一步需要是加强它。最需要做的就是坚持不懈地把核心职业资本强化到个人认为的最优秀。关于职业技能和知识可以通过继续攻读学位深造，或者参加业余的培训班，或者个人利用业余时间自学，而职业声誉水平的提高则要求个人不断加强职业素养，积累职业文化，提高人际交往水平。

3.2.2.4　展示重要职业资本

许多人抱怨找不到适合自己的工作或者领导看不到自己的优点，却从不检讨是否用最佳的方式展示了自己的长处，很多人在想获得提升时总在强调自己干过什么工作，得过什么奖励，然后再来一翻豪言壮语。无非是说吃苦耐劳是他的本性，要干就干得最好是他的做人理念，只要给他一个舞台，一定会还企业一个惊喜等。这些表面文章对老板是没有杀伤力的。要做到平时就能够很好的积累表现自己的机会，展现自己最好的那面给领导看。重视能力的领导向他展示自己的能力，重视人际的领导向他展示自己的公关。

3.2.2.5　减除无效资本

最后一步，就是把暂时不需要的职业资本减除。那些我们原以为是职业资本而其实是职业负荷的东西，我们应该做的就是暂时不要管它，别让它们干扰现在的职业发展。但是千万不要彻底删除它，万一将来要转行或者跳槽的时候，这些很可能又会是你新的有效职业资本了。

职场人士要随时刷新自己的职业资本，卸载无效的负荷，突出核心竞争力，才能更加接近成功。

3.2.3　职业声誉的积累途径

在实际工作中，职业人士不但要保证职业知识和技能的高水平，而且要确保自己在工作中展现高品质——职业声誉。前文所述职业声誉主要表现在其知名度与美誉度方面。职场品牌得到认可需要经过精心而长期的培养与积累，而职场声誉一旦形成，就将在相当时期内保持稳定。高超的职业技能、高效的工作方式可以被他人所借鉴学习，但是个人职场声誉却是无法模仿的，能够对个人职业生涯起到很大的推动作用。

对于职业人士来说，职业声誉就如同金子一般珍贵。在个人职业生涯中，它能够带来进一步提升的机会，还可以获得同行的尊重。能提升个人职业声誉可以从以下几点做起。

3.2.3.1　敬业

中华民族历来有"敬业乐群"、"忠于职守"的传统，敬业是中国人民的传统美德。敬业精神是一种基于热爱基础上的对工作对事业全身心忘我投入的精神境界，其本质就是奉献的精神。具体地说，敬业精神就是在职业活动领域，树立主人翁责任感、事业心，追求崇高的职业理想；培养认真踏实、恪尽职守、精益求精的工作态度；力求干一行爱一行专一行，努力成为本行业的行家里手；摆脱单纯追求个人和小集团利益的狭隘眼界，具有积极向上的劳动态度和艰苦奋斗精神；保持高昂的工作热情和务实苦干精神，把对社会的奉献和付出看作无上光荣；自觉抵制腐朽思想的侵蚀，以正确的人生观和价值观指导和调控职业行为。

有一个员工，在离职前的最后一天，坚持参加公司的会议，参与讨论问题，这些大家都可能做得到；但是他在下班前，开出了两张《文件修正申请单》，这就是一种敬业精神，值得学习。另外一个员工，到下班时已经过了晚上10：00，当他回家已经走到大街上时，忽然想到 E3 系统一个地方数据错了。也许很多人都会选择第二天早上来上班时再改，但这位员工选择的却是：马上掉头回来，改了再回家。也许有人认为这些都是小事，甚至做了也没有人能够看到，但正是这些小小的事，才从点点滴滴积累职业声誉。

3.2.3.2　合作

合作是同事之间、部门之间的合作态度。小合作要放下态度，彼此尊重；大合作要放下利益，彼此平衡；一辈子的合作要放下性格，彼此成就。一味索取，不懂付出，或一味任性，不知让步，到最后必然输得精光。共同成长，才是生存之道。

例如，有些事情不是本职工作范围，但如果能去做，并且没有抱怨情绪地积极完成，这就是合作。再如，收到责任单，应该正确地对待。第一，要保持良好的心态，不要暴跳如雷和记恨开单人。第二，冷静地反思责任单所反映的是否属实。如果是，应该当即签单并承担相应的责任；如果不是，应该与开单人仔细地沟通。第三，立即着手改善事项，包括与上司和同事一道寻求改善的方法，防止同样的错误再次发生。第四，如果对责任单有疑义，应与上司和稽核小组妥善地沟通，他们一定会妥善处理。

3.2.3.3　沟通

沟通是人与人之间、人与群体之间思想与感情的传递和反馈的过程，以求思想达成一致和感情的通畅。在工作中掌握交流与交谈的技巧是至关重要的。如何有效地沟通并表达自己的理想与见解是一个很大的学问，也是决定我们在社会上是否能够成功的重点。

不重视沟通，是企业管理人员经常犯的一个错误，尤其是在中国企业中。企业管理人员，之所以犯这个错误，是因为他们受儒家文化的等级观念影响太深，认为管理者与被管理者之间不能有太多的平等，没有必要告知被管理者做事的理由。没有充分有效的沟通，下属员工，不知道做事的意义，也不明白做事的价值，因而做事的积极性也就不可能高，创造性也就无法发挥出来。不知道为什么要做这个事，所以他也就不敢在做事的方式上进行创新，做事墨守成规，按习惯行事，必然效益低下。

3.2.3.4 创造

创造是指将两个以上的概念或事物按一定方式联系起来，以达到某种目的的行为。简而言之，创造看字面意思就是把以前没有的事物给产生或者造出来了。这明显的是一种典型的人类自主行为。因此，创造的一个最大特点是有意识地对世界进行探索性劳动的行为。

创造力是人类特有的一种综合性本领。一个人是否具有创造力，是一流人才和二流人才的分水岭。它是知识、智力、能力及优良的个性品质等复杂多因素综合优化构成的。创造力是产生新思想，发现和创造新事物的能力。它是成功地完成某种创造性活动所必需的心理品质。例如创造新概念、新理论，更新技术，发明新设备、新方法，创作新作品都是创造力的表现。创造力是一系列连续的复杂的高水平的心理活动。它要求人的全部体力和智力的高度紧张，以及创造性思维在最高水平上进行。在这个不断进步的时代，不能没有创造性的思维，应该紧跟市场和现代社会发展的节奏，不断在工作中注入新的想法和提出合乎逻辑的有创造性建设。

3.2.4 职业声誉积累问题分析

职业声誉的积累是一个漫长且客观的过程，点滴积累来源于日常工作良好的口碑。但一个人职业声誉的损害却非常容易，也许是工作过程中某一个微小的举动也可能导致职业声誉直线下降，而且极难恢复。

《美国新闻与世界报道杂志》制作了一个专题①。在里面，他们针对利用工作中的愚蠢举动来挥霍个人职业声誉会涉及的各种方式进行了极为全面的总结。很多人——尤其是那些刚刚进入工作岗位的应届大学毕业生，并没有意识到它是多么容易被破坏掉。

下面所给出的，就是五种能够在最短时间内毁掉个人职业声誉的快捷方式。并且还请务必牢记：个人职业声誉属于很容易被玷污，并且恢复起来极其困难（耗时也会非常持久）的项目。

（1）食言。尽管已经接受了工作邀约，但在正式入职之前却食言。尽管

---

① 《能够轻松毁掉个人职业声誉的方式》，猎聘网，2013 年 6 月 7 日。

有些人或许就是喜欢同时应聘多个岗位，但只要接受下一份工作，就相当于做出了最终选择，从而必须坚守承诺。换句话说，在接受了现有岗位之后，就不应当继续参加面试以及答应其他邀请了。毕竟，这个世界非常小，遇到来自被抛弃公司的人并不是绝对不可能发生的事情。如果在公司里被宣扬当年接受工作却又食言的故事来，现有的工作就会失去前景。

（2）过分的重视眼前利益。仅仅是为了获得更好的待遇而选择新岗位。有位职业经理人讲了一个故事，当年，刚进入一家新公司的时候，他正好遇到了一位来自不同部门但比自己早几星期到岗的经理，为了讨教经验，选择请他共进午餐。他却告诉该职业经理人，自己刚刚接受了一份"待遇好到绝不能错过"的工作邀约而就要离职了。实际上，这位同志的惯常做法就是骑驴找马——在屁股还没有坐热椅子的时候就继续进军下一份工作了。并且，相关消息已经像野火般传遍了整座城市。他下次寻找新工作的时候，必然会经历相当艰难的时刻。

（3）轻易离职。在事前没有给出通知的情况下就悄然离职。老板可以在事前不做出任何通知的情况下就解雇员工——这个世界本来就不是一个公平的地方——但员工永远都不应该这样做。实际上，如果员工选择直接悄然离职，既不在事前给出适当通知，也没有提供一份过渡计划做到有始有终的话，就意味着自己拥有的所有一切都会被彻底毁掉了。不仅老板绝对不会给出一份良好的推荐信，而且也有可能在其他场合遭遇原来的同事，这将会给自身事业的继续发展带来无法避免的永恒风险。因此，离职时正确的做法就应该是，始终坚持采取明智的态度、礼貌的方式以及专业的处理。

（4）滥用信用。推荐的候选人无法胜任职位。在进行招聘的时候，很多公司都喜欢选择内部员工推荐的申请者。但是，员工绝对不应该滥用这种信任。毕竟，即便从哥们义气的方面考虑，推荐一位朋友也并不是最恰当的选择。而且，如果从导致个人职业声誉受损的角度来看，现实情况往往还会变得更加糟糕。

（5）工作场合无法控制自己的情绪。在公开场合发脾气。没有人是完美无缺的，因而老板绝不能指望员工像瓦肯人那样无时无刻不在工作。但是，按照职业道德的要求，员工必须控制住自己的情绪、隐藏起傲气。毕竟，如果在会议上发脾气、侮辱同事或者发送不适当电子邮件的话，所带来的损害就很难甚至无法消除掉。这就意味着：在团队工作的时候，见识过现场情况的所有人都将不会愿意与我们继续合作；甚至，在很久之后，它还有可能导致自身业绩评估方面继续泛起余波。

3.3　职业资本作为事例

在多年工作过程中，职场人士都会积累许多职业资本，但是哪些是核心的职业资本需要加强，哪些职业资本对未来的工作更有帮助，下面的职业资本作为事例将给出答案。

3.3.1　职业资本取舍事例

小张毕业于某名牌大学，参加工作后在人事助理岗位工作了 8 年，工作认真、肯干，领导分配的各种工作甚至是其他部门的任务都能完成，性格开朗，爱好广泛，业余时间还考取了如中级经济师、人力资源管理师、会计师、商务策划师资质、人才测评师、金融分析师、职业经理人资格等很多证书。最近他所在的部门进行了一次人事变动。手握多张证书、工作勤勤恳恳，小张认为对新空出来的经理职位志在必得，没想到半路杀出个程咬金，最后被别人抢走了这个职位。老板解释新经理在以前组织的培训、招聘等工作中表现了很强的管理控制能力，并且有较强的人际沟通能力和团队协作精神。小张感觉有些沮丧，也有些迷茫，自己的学历、资历都不错，工作踏实肯干，手握多种证书证明自己的能力，为什么晋升的不是自己呢？

其实，小张最大的失误就在于他的职业负荷太重，他总以为能者多劳，而且考证能为职业晋升加速。实际上，在职业生涯中，如果各种各样的兴趣、知识、证书过多，反而可能是一种职业负荷，削弱了核心竞争力，容易导致个人职业目标的模糊，在别人眼中，就会产生"什么都想干，但没有特点，或没有一样能做的最好"的感觉。一个人的职业发展就像大树一样，有时候过于枝繁叶茂并不一定是好事，过多的旁枝很可能阻碍大树主干的生长，从而使大树失去足够的向上生长的能力。职业生涯也是如此，如果小张想要提升自己的职业发展层面，他首先要卸载职业负荷，把暂时不需要的职业资本减除，充分分析自己最精通的知识领域、最优秀特点、最擅长做的工作，然后强化优势，坚持不懈地把核心职业资本到个人认为的最优秀，最后在平时要把握很好表现自己的机会，向领导和同事展现自己的核心能力。职场人士要随时刷新自己的职业资本，卸载无效的负荷，突出核心竞争力，才能更加接近成功。

3.3.2　不同职业资本价值比较事例

以下为两个转行高峰年龄段，这两个阶段转行能否成功，可以从职业资本价值角度进行度量[①]。

3.3.2.1　28 ~ 33 岁转行的职业资本经济账

25 岁后，年龄越来越成为职业发展的阻力，特别是对于那些在一个岗位上工作了 5 年左右，未见升职的 27 岁、28 岁的白领。假如在这个时候准备转行，机会成本有多大？

·77·

---

① 　树英：《转行要打理好个人"职业资本"》，载《劳动保障世界》2012 年第 5 期。

　　刘强今年29岁，从事人力资源工作5年多了。最近他开始觉得这份工作没有太大的发展前景，加上年龄的增长，他对个人职业发展方向产生了迷惑，一直在问自己是否应该转行。他在大学里学的是英语专业，没有其他特长，若是真要转行必须从现在开始行动。在做了一些市场调查后，他准备转行做律师，因为一直对法律很感兴趣的他也在自学，而且认为律师越老越值钱。然而真正面对转行时，刘强又犹豫了，29岁才预谋转行晚不晚呢？

　　可以为他算一笔转行经济账：考取律师证的费用（参考）：辅导班学费12000元，教材600元，考试费320元，合计12920元。他现在的月薪差不多是4000元左右，若是刚刚转行做律师，薪水肯定没有现在高，但从长远发展来看，如果自己努力，超过现有水平也是可能的。而且，转行的关键在于刘强是为了突破自身职业发展的瓶颈，所以经济因素应该排在职业发展之后。

　　据某人才网站调查，大多数白领的职业生涯都呈现出这样的轨迹：工作1～4年担任基层职务，5～6年任经理，7～9年任高级经理或总监，10～12年任副总经理，13～20年任总经理，即30岁以上的白领普遍担任一定的管理职务。但是能够最终升至企业总监以上高级职务的概率只有10%，所以这时许多人感觉在企业内发展空间有限，缺乏工作动力。因此，28～33岁这个年龄段有一定事业基础的白领是最敏感的职场人群。如果此时觉得自己职业发展明显受阻，是可以果断转行的，而不应该受可能出现的、短暂的工资落差的影响。毕竟这个时期正是人生中精力最充沛的阶段，职业发展应是重点。这一阶段要对职业发展有清醒的认识和规划，可以尝试到那些自己有志发展的行业里去试试。

3.3.2.2　35～40岁转行的职业资本经济账

　　35岁的尹丽娜在做出转行决定时，同事们都感到很惊讶。她已经在这家公司做了7年行政工作，虽不是管理层，工作也还算稳定。但她认为这份职业与自己的个性不符，内心并不快乐，所以她决定重新开始。

　　她喜欢帮助别人，希望按个人喜好标准选择服务对象。她追求工作的意义和创造性，因此，她决定转行做寿险顾问。在开始的5个月内，她的收入几乎为零，而且这又是一份外人看来很卑微的职业。她虽然信心十足地认为自己的现状会有所改观，但这时家庭的支出全凭丈夫一个人撑着，日子过得紧张起来，丈夫也时有怨言。尹丽娜一下陷入了窘迫的境地。

　　我们不妨为尹丽娜算一笔账：在近半年的时间里，她的收入是零，即使她以后的收入渐渐增多，但要达到以前作为资深员工的"职业资本"与收入标准，也还需要付出更大的努力。这对尹丽娜和她的家庭无疑都是一个考验。所以，以尹丽娜的年龄，经济的稳定和家庭的和睦，才是她应该注重的。

　　在决定转行时，用"职业资本"中的个性、兴趣和目标来确定是否转行最为可靠。比如第一个案例中的刘强，因为已经厌倦了现在的工作，他准备从事自己感兴趣的工作，加上他还年轻，此时谋划转行是可行的。当然最主要还是他确定了自己的目标，即使已经在人事岗位工作多年，也是可以重新选择未来的。当然，转行前要先接触与行业相关的专业，有这样一个过渡，可以使你更快地进入新的角色。另外，认清自己的弱点同样是优势，即使一切从零开始。

3.3.3　李书福的核心职业资本积累

李书福白手起家，创办吉利集团。1999 年年底，吉利集团员工发展到近万人，总资产 20 多亿元，年销售收入 30 多亿元。吉利集团是中国第一家生产轿车的民营企业。此外，吉利还投资 8 亿多元创建了全国最大的民办大学——北京吉利大学。在创业过程中，李书福以 120 元创业起家，在冰箱行业赚到第一桶金，在海南地产热中摔过大跟头。他的几次起起落落集中体现的重要气质：坚韧不拔，不断积累核心资本，打造核心竞争力。

3.3.3.1　李书福简历

1963 年 6 月 25 日出生于浙江省台州（台州路桥）。

李书福的从业是从卖电冰箱零件开始的。1984 ~ 1986 年任浙江台州石曲冰箱配件厂厂长，1986 ~ 1989 年任浙江台州北极花冰箱厂厂长；

1989 ~ 1992 年，任浙江台州吉利装潢材料厂厂长；

1992 ~ 1995 年，李书福到大学深造，潜心读书；

1995 年至今，任吉利集团有限公司董事长、浙江吉利控股集团董事长，2004 年获得燕山大学机械工程硕士学位；

2010 年 8 月 2 日至今出任沃尔沃轿车公司全球董事长；

2015 年 12 月 16 日，出席了第二届世界互联网大会开幕式担任嘉宾；

在他的从业历程里，始终围绕制造业展开，并不断向更高领域进军。

3.3.3.2　李书福的核心职业资本效益要点

从白手起家到生产自主汽车整车，再到成功收购国际高端品牌汽车，李书福在他的从业历程中不但积累了个人荣誉和企业财富，也为社会、国家贡献了力量。

（1）个人获益。

李书福先生曾先后荣获全国政协委员、全国优秀乡镇企业家、青年改革家、新长征突击手、经营管理大师、十大民营企业家、中国汽车界风云人物、中国汽车工业（50 年）杰出人物、浙商年度风云人物、2009 CCTV 中国经济年度人物等荣誉。

2010 年 9 月 16 日获得首届华德奖最受尊敬企业家称号。

2011 年 1 月 22 日获得第二届"中国时间"新世纪 10 年十大经济人物称号。

2012 年李书福被评为 20 世纪影响中国的 25 位企业家之一。

2012 年福布斯中国富豪榜单，李书福以 88.2 亿元排第 60 位。

2011 年 3 月 9 日李书福以其 19 亿美元净资产登上福布斯中国汽车行业首富宝座（全球汽车行业富豪排名）。

2011 年 10 月 24 日，李书福获得了比利时皇室最高荣誉——"利奥波德骑士勋章"，据称是比利时阿尔贝二世国王为表彰李书福为比利时汽车工业所做的贡献。在 2011 年欧洲经济不景气的情况下，沃尔沃的两大主要工厂之一比利时根特工厂产销较 2010 年同期提升 25% 以上，达到 27 万辆，创下根特工厂 45 年历史最高纪录，为当地就业贡献卓著。

2015 福布斯华人富豪榜第 122 名。

（2）企业获益[①]。

浙江吉利控股集团始建于 1986 年，1997 年进入汽车行业，多年来专注实业，专注技术创新和人才培养，取得了快速发展。现资产总值超过千亿元，连续四年进入世界 500 强，连续 12 年进入中国企业 500 强，连续 9 年进入中国汽车行业十强，是国家"创新型企业"和"国家汽车整车出口基地企业"。

在品牌建设方面，浙江吉利控股集团总部设在杭州，旗下拥有吉利汽车、沃尔沃汽车、伦敦出租车等品牌。

在核心技术创新方面，吉利汽车集团在浙江杭州建有研究院，形成完备的整车、发动机、变速器和汽车电子电器的开发能力；在中国上海、瑞典哥德堡、西班牙巴塞罗那、美国加州设立了造型设计中心，构建了全球造型设计体系；在瑞典哥德堡设立了吉利汽车欧洲研发中心（CEVT），打造具有全球竞争力的中级车模块化基础架构。

在人才建设方面，吉利汽车集团现有员工 18000 余人，其中工程技术人员 4700 余人。拥有院士 3 名、外国专家数百名，在册博士 60 余名、硕士 800 余名、高级工程师及研究员级高级工程师数百名；有 6 人入选国家"千人计划"，成为拥有"千人计划"高端人才最多的民营企业。

在人才培养方面，浙江吉利控股集团投资数十亿元建立的北京吉利学院（原北京吉利大学）、三亚学院、湖南吉利汽车职业技术学院等高等院校，在校学生超过 4 万人；每年有近万名毕业生走上工作岗位，为中国汽车工业和社会输送了宝贵人才；受中国汽车工程学会委托，投资建立的浙江汽车工程学院，是中国首个专门培养汽车车辆工程硕士、博士的研究生院，已有 50 余名研究生毕业。

在质量控制方面，贯彻"时刻对品牌负责，永远让顾客满意"的质量方针，浙江吉利控股集团已通过了 ISO9001 质量管理体系、TS16949：2009 质量管理体系、ISO/IEC27001：2005 信息安全管理体系、ISO14001：2004 环境管理体系、OHSAS18001：2011 职业健康安全管理体系、GB/T23331－2012 能源

---

① 主要资料来源于吉利汽车官网。

管理体系等体系认证以及 3C、环境标志产品认证。为适应国际市场需要，开展了海湾 GCC、欧盟 EEC&ECE、澳洲 ADR 等国际认证工作。2014 年，浙江吉利控股集团荣获杭州市"政府质量奖"。

（3）社会获益①。

李书福先生的可贵之处还在于将企业效益和社会效益，物质文明和精神文明一起抓。这些年以来用于兴办研究所、教育中心和社会公益事业的资金超亿元。主要公益活动包括：

2015 年吉利绿跑道公益行动。陕西汉中站是吉利 HOPE·绿跑道乡村少年体育梦想计划 2015 年的首站。吉利绿跑道公益项目不仅给孩子们带去了一周专业的体育课程，就体育教育与学校老师进行了培训交流，还联合吉利汽车汉中经销商汉中润峰及吉利车主为孩子们捐赠了体育用品及文具用品。

2013 年向雅安灾区提供 2000 万元援助计划。2013 年 4 月 20 日清晨，四川雅安发生 7 级地震，给当地人民的生命财产带来重大创伤。为帮助灾区人民渡过难关，早日恢复正常生产生活秩序，吉利控股集团宣布向雅安灾区提供 2000 万元的救灾捐款和灾后重建援助计划。

2012 年中央电视台《春暖》&"乡村幼儿园计划"。2012 年吉利控股集团以"浙江省李书福教育资助基金会"的名义参加"春暖 2012"大型公益晚会，并捐助 100 万元，联合中国发展研究基金会共同帮助农村贫困地区 1～6 岁留守儿童，开展"乡村幼儿园公益计划"。

2010 年舟曲泥石流捐款。2010 年 8 月 7 日，一场特大山洪泥石流无情地摧毁了舟曲这个美丽的千年古城，舟曲的灾难牵动了吉利人的心，在"风雨同舟——情系舟曲大型赈灾义演"晚会上，吉利集团现场为舟曲灾区捐款 100 万元，帮助舟曲重建新家园。

2010 年北京吉利大学将出资设立大学生创业基金。2010 年 6 月 20 日北京吉利大学召开新闻发布会宣布将出资 3000 万元设立大学生创业基金。这是我国目前投资额度最大的大学生创业基金，也是我国首家"学校型"创业基金，开创了我国高校创办基金的先河。

2010 年玉树地震捐助。2010 年 4 月 14 日，青海省玉树藏族自治州遭遇 7.1 级地震。吉利集团通过中华慈善总会向青海玉树灾区捐赠人民币 2200 万元，为抗震救灾尽一份力，为灾后重建献一份爱心。

2008 年汶川地震捐助。此次救助活动，吉利控股集团携经销商、供应商、服务商、企业员工向灾区人民共捐款近 1600 万元，其中李书福董事长个人捐资 120 万元，同时吉利集团启动"未来吉利教育基金"和"李书福资助教育基金"，出资 1250 万元，面向四川省地震灾区，重点帮助因灾而成为单亲家庭

---

① 主要资料来源于吉利汽车官网。

子女和家庭生活发生严重困难的学子，定向招收 800 名应届初、高中毕业生，并为他们提供学习期间全部学费，毕业后在四川省吉利生产基地安排工作。

2005 年吉利未来人才基金计划。2005 年 12 月 17 日，"吉利未来人才基金"助学工程在浙江临海吉利汽车研究院举行，同年共资助 100 名首批来自江西瑞金、山东临沂、内蒙古固阳、呼和浩特武川县等革命老区和少数民族地区的贫困学生就读浙江吉利技师学院，并帮助这些贫困学生毕业后进入吉利集团工作，解除了毕业后寻找工作的后顾之忧。

（4）国家获益。

吉利汽车的企业核心价值理中有一句话"让吉利汽车走遍全世界而不是让全世界的汽车走遍全中国的成功快乐"。正是这一核心价值理念的坚持，让中国汽车走进世界汽车同行的制高点，真实了解世界技术动态，凝聚全球资源，形成自己的创新能力，从而加快实现从"中国制造"到"中国创造"的转变。

同时为了适应全球型企业的发展需求，2012 年，李书福力主在海南三亚建立了全球型企业文化研究中心，对跨文化融合展开深入研究。其愿景是：推动全球型企业文化的形成和发展，使全球型企业文化深入人心，并使三亚全球型企业文化研究中心成为一个独立智库。吉利对于全球型企业文化的诉求，也是中国诸多渴望走出去的企业之有益借鉴。

3.3.3.3　成功因素

作为浙江省草根经济的代表人物之一，李书福做过不少行业，受过不少歧视，仅以 10 亿元人民币造出百姓轿车吉利，以一己之力挑战国家行业准入制度，李书福的执着追求和进取精神令人佩服。

（1）执着能坚持。李书福作为一名浙江商人，他身上有许多特质与任何一位浙江商人互通，这其中之一就是对锁定的目标从不放弃。在收购沃尔沃的过程中，随时随地都遇到困难，其中任何一项都可以将交易逼进死胡同，但这些困难都一一被李书福克服了。

（2）政府公关能力强。除了那股子执着劲，与众多浙江商人一样，他们对政府资源的善用，也为成功打下了基础。作为进入门槛很高的行业，吉利发展壮大的过程几乎就是与各级政府公关、交涉、沟通的过程。这些过程造就了吉利卓越的政府运作能力，这一点从其在中国各地开建的多个汽车产业基地就可见一斑。

（3）抓住产业周期。从汽车产业的经济周期来看，在中国大约是 5 年。一个产业周期开始时，表现为大量投资，产能布局，品牌重塑，新品加快投放，以及此后很长时间的投入回报期。如此之长的产业周期极端考验企业战略规划能力，对市场的预判能力，以及抵御各种变数的能力。2007 年，吉利提出了转型，从拼价格的困境中走出来，这一举措确保了吉利安度此后的金融危机，并为此后收购沃尔沃积累了资金。

3.3.4　李彦宏的核心职业资本积累

百度公司目前是全球最大的中文搜索引擎，其致力于让网民更便捷地获取信息，找到所求。百度超过千亿的中文网页数据库，可以瞬间找到相关的搜索结果。百度创始人李彦宏在他的追求成功的道路上，围绕着个人核心事业——搜索引擎，在职业知识和技能、职业声誉方面不断的进行积累。

3.3.4.1　李彦宏的核心资本积累历程

1987 年考入北京大学信息管理专业，北京大学的信息管理专业让他深谙搜索内涵。而刚刚从北京大学毕业的李彦宏留学签证被拒，为了维持生计，李彦宏做起了为企业追踪广告效果的问卷调查员，在寒冷的大街上挨家挨户分发问卷，并进一步帮助企业分析广告效果。这段看上去再简单不过的工作，却启发了他对企业营销效果的理解，甚至对后来创立百度，创立搜索引擎营销模式起到了很大帮助。

1991 年李彦宏赴美国布法罗纽约州立大学完成计算机科学硕士学位。美国布法罗纽约州立大学一年有 6 个月飘着雪。在这里，他忍受过夜晚彻骨的冰冷。白天上课，晚上补习英语，编写程序，经常忙碌到凌晨 2 点。在这里，他经历过中国留学生初来乍到的所有困苦。"现在回想起来，觉得当时挺苦的，但年轻就应该吃苦。"李彦宏评价这段经历。

1994 年，李彦宏的第一份工作是去华尔街做实时金融信息检索。在华尔街，李彦宏有两个重大发现：其一，他看到了股票市场上 IT 企业的火爆，也看到了 IT 企业中互联网企业的巨大潜力；其二，他结合自己所学习的页面链检索技术，发现自己有必要发明一种有效的互联网搜索技术，这就是后来李彦宏在美国申请的"超链分析技术"专利。

1997 年，李彦宏前往硅谷著名搜索引擎公司 Infoseek（搜信）公司。在 Infoseek 李彦宏受到重用，成为当时硅谷最年轻的产品经理，并获得 Infoseek 公司的股票，在 30 岁那年成了百万富翁。在搜索引擎发展初期，李彦宏作为全球最早研究者之一，最先创建了 ESP 技术，并将它成功的应用于 INFOSEEK/GO. COM 的搜索引擎中。其拥有的"超链分析"技术专利，是奠定整个现代搜索引擎发展趋势和方向的基础发明之一。

1999 年年底，怀抱"科技改变人们的生活"的梦想，李彦宏回国创办百度公司。李彦宏怀揣着 120 万美元风险投资和一个中文搜索梦想回到了中国。曾有人给李彦宏投资让百度公司做无线增值业务，李彦宏拒绝了。有员工建议李彦宏做网络游戏，李彦宏也拒绝了。他总是冷静地说："搜索要做的事情还很多，我们应该专注于互联网搜索领域，我看好它未来的增长。"当时李彦宏被很多人认为是"傻子"，不懂得尽快捞钱。经过多年努力，百度公司已经成为中国人最常使用的中文网站，全球最大的中文搜索引擎，同时也是全球最大的中文网站。

从华尔街到硅谷到百度公司，李彦宏都是职场中的优胜者，原因在于李彦宏始终都没有离开过自己所喜爱和擅长的搜索行业。他这种专注的核心职业资本积累方法对很多正准备参加工作的大学生和正在工作的职场人都有值得借鉴的地方。

3.3.4.2　李彦宏的核心职业资本效益要点

（1）个人获益。

在他的职业生涯中他获得了大量个人荣誉，这是他在有形资本积累之外，职业带给他大量无形资本。包括：

2001 年被评选为"中国十大创业新锐"；

2002 年获得首届"IT 十大风云人物"称号；

2003 年获得第二届"IT 十大风云人物"称号；

2004 年 4 月获得第二届"中国软件十大杰出青年"；

2005 年 8 月 23 日获得第十二届"东盟青年奖"；

2006 年 12 月 10 日获得美国《商业周刊》2006 年全球"最佳商业领袖"；

2009 年 12 月 8 日获得 2009 年度华人经济领袖奖；

2010 年 4 月 30 日上榜"全球 100 位影响力人物，领袖类榜单"第 24 位；

2010 年至 2013 年连续 3 年获评"《福布斯》全球最具影响力人物"；

2010 年 11 月 18 日上榜《财富》年度商业人物，位列第六；

2012 年 3 月 8 日以 102 亿美元身家列 2012 福布斯全球亿万富豪榜第 86 位；

2012 年 6 月被"福布斯中文版"列入"2012 年中国最佳 CEO"榜单首位；

2015 年 2 月 11 日获得 2014 中国互联网年度人物。

（2）企业获益。

百度公司是全球最大的中文搜索引擎、最大的中文网站。2000 年 1 月由李彦宏创立于北京中关村，致力于向人们提供"简单，可依赖"的信息获取方式。"百度"二字源于中国宋朝词人辛弃疾的《青玉案·元夕》词句"众里寻他千百度"，象征着百度对中文信息检索技术的执着追求。十五年来，百度公司坚持相信技术的力量，始终把简单可依赖的文化和人才成长机制当成最宝贵的财富，向连接人与服务的战略目标发起进攻。

（3）社会获益。

李彦宏在搜索领域的探索和积累为社会做出了巨大贡献。

他为道·琼斯公司设计的实时金融系统，仍被广泛地应用于华尔街各大公司的网站。

他最先创建了 ESP 技术，并将它成功地应用于 Infoseek/GO. COM 的搜索引擎中；GO. COM 的图像搜索引擎是他另一项极具应用价值的技术创新。

他拥有的"超链分析"技术专利，是奠定整个现代搜索引擎发展趋势和方向的基础发明之一。

（4）国家获益。

2001 年，李彦宏在百度公司董事会上提出百度转型做独立搜索引擎网站，开展竞价排名的计划。然而，他的这个提议遭到股东们的一致反对：此时，百度公司的收入全部来自给门户网站提供搜索技术服务支持。如果百度公司转做独立的搜索引擎网站，那些门户网站不再与百度公司合作，百度公司眼前的收入就没了；而竞价排名模式又不能马上赚钱，百度公司就只有死路一条。在充分陈述了自己的计划和观点后，仍旧得不到首肯的李彦宏平生第一次发了大火。尽管李彦宏的一贯自信这次受到了极大的挑战，然而只要他认准了的东西，几乎没有人能改变，尤其是在关乎百度公司未来发展的大方向、大问题上，他丝毫不会退让。最终，投资人同意李彦宏将百度公司转型为面向终端用户的搜索引擎公司，他们告诉李彦宏："是你的态度而不是你的论据打动了我们。"

推出竞价排名并实施"闪电计划"对百度公司实行第二次技术升级后，李彦宏在搜索领域的积累和执着的追求终于成就了百度公司。百度公司已成为全球第二大的独立搜索引擎，在中文搜索引擎中名列第一。

3.3.4.3　成功因素

（1）核心资本的积累。从 1999 年百度公司成立到现在，互联网世界沧海桑田，"网络游戏""短信平台"纷纷强势登场，不少人捷足先登，赚得盆满钵满；不少人跟风而动，也摔得头破血流。而李彦宏说他只在做一件事：搜索。"在今后的若干年，百度公司也将只在搜索领域发展"，李彦宏如是说，也是这样坚持的。

（2）管理能力。李彦宏在百度公司提出了"五级领导力"管理模式——将管理层划分为仅有的五个层级，这使百度公司在不断壮大的过程中仍然保持扁平化的高效管理模式，并创造性地运用柔性和刚性相结合的公司管理艺术，对于从最低的团队领导到最高管理层，每一层级均有明确的能力素质评价指标。

（3）稳健投资。李彦宏认为，一定要在不需要钱的时候去向投资人寻求投资。用一年的时间来做半年的事情，这是李彦宏的风格。他认为这样可以保证一半的钱仍然在自己的掌握当中。在这样的情况下去向投资人借钱，在寻求投资的时候才能够与投资人以平等的身份来切磋具体事项，就会立于不败之地。

3.4　"互联网＋"时代的职业资本探索

"互联网＋"不是传统行业的终结，也不能取代传统行业，它对传统行业的影响体现在：①打破信息的不对称性格局，竭尽所能透明一切信息；②对产生的大数据进行整合利用，使资源利用最大化。互联网＋是对已有行业的潜力再次挖掘，用互联网的思维去重新提升传统行业。之前为传统行业服务的各种职业在"互联网＋"的大背景下，职业内容和职业要求已经发生了巨大变化，为适应变化不同职业主体也要为此进行职业知识和技能的更新。

在"互联网＋"时代，集业务知识、网络信息技术、市场营销等多种知识技能于一体的"互联网复合型人才"将是人才市场的主流，传统的单一型人才将被边缘化。"互联网＋"时代实现信息透明化，打破了原有的信息不对称的格局。能够更好地整合资源，使资源利用最大化。另外，不同行业的渗透演绎出不同的商业模式，带来商业模式的多样化。因此，"互联网＋"时代，需要的是能同时理解两个及以上行业商业逻辑，并能实现两者求同存异的跨行业线上线下复合型人才。

以下将以新闻出版领域职业、制造流通领域职业、物流领域职业、服务领域职业（酒店、旅游）、政府管制领域职业（金融、医疗、教育）等7个传统职业为例，研究在互联网影响下这些职业资本发生的变化。

3.4.1　新闻编辑

互联网时代的到来，使新闻传播的途径越来越多样化，传统的纸媒（报纸、期刊）逐渐势微，新网络媒体、自媒体、小微媒体不断推新。

网络新闻编辑的基本专业素养同传统媒体的新闻编辑一样，需要具备完备的知识技能，其中包括专业技能和对多学科、多领域知识的了解。同时网络传播更加迅速和广泛，网络新闻编辑也更需要注重时效性和全面性。网络上的信息量是巨大的，受众是广泛的，所跨的层次是多样的，网络新闻编辑是在网络上进行新闻编辑，面向的受众是 PC 和移动终端后面的任何一个可能的受众，所以网络新闻编辑还应了解电商、大数据、云计算、用户体验等知识，在互联网的框架内，谁为谁单向提供信息的概念渐渐淡去，转而慢慢衍生出一种服务和分享的机制。网络新闻编辑仅仅具备以上的媒介素养是远远不够的，还应了解互联网，具有互联网思维和视野，在网络平台上除了做好新闻的编辑工作外，还应当在其他方面做出更多努力，如熟悉各种社交媒体，并能够利用社交媒体进行新闻传播。

3.4.2　广告从业者

传统广告行业理论已然崩溃，其当前已由大规模投放广告时代转变为精准投放时代。最具代表性的是谷歌的 adwords，购买关键词竞价方式，可算是互联网广告业领头羊。adwords 的精准之处不仅仅在于关键词投放，投放者还可以选择投放时间，投放地点，模糊关键词投放，完全匹配关键词投放等精准选择。不仅在搜索处如此精准，在网站联盟投放也讲究精准。只要各位在百度、谷歌、淘宝搜索过相应商品关键词后进入有这些网站联盟的网站,该网站广告处都会出现你所搜索的产品现相关广告。精准之程度,对比传统广告业可谓空前。这种做法的本质其实就是一种大数据思维。

未来的广告业将重新定义,进入精准投放模式,将依托互联网大数据进行再建立。因此广告从业者不但要求具备传统广告业知识和技能,更要建立互联网大数据思维和社交网络技能,甚至包含文本数据挖掘知识。

3.4.3 制造业从业者

传统的制造业都是封闭式生产,由生产商决定生产何种商品。生产者与消费者的角色是割裂的。但是在未来,互联网会瓦解这种状态,未来将会由顾客全程参与到生产环节当中,由用户共同决策来制造他们想要的产品。也就是说,未来时代消费者与生产者的界限会模糊起来,而同时传统的经济理论面临崩溃。这也是注定要诞生的 C2B 全新模式。因此制造业因改变传统的粗放的大规模意识,小批量、灵活订单将是"互联网 +"时代的主流。制造业的从业者不但应加入传统制造知识和技能,对行业本质的模式有深刻理解,而且要善于学习,善于灵活运用,能够基于更及时、更全面、更深度的信息升级制造战略、策略。

3.4.4 物流行业

中国已成为世界第一制造大国和贸易大国,物流作为与之匹配的关键环节,市场规模亦日益扩大。然而零散分布,缺乏集中效应,信息化欠缺,同质服务等低效运作弊端导致我国物流成本是发达国家的两倍之多。不久前,商务部发布了《"互联网 + 流通"行动计划》,力推在农村电商、线上线下融合等方面创新流通方式。物流行业持续迎来"互联网 +"的新风。

物流是一个囊括了采购、仓储、运输、包装、国际贸易、计算机等方方面面功能的管理性工作。物流企业的发展对人才的需求是多层次的,我国现代物流的发展,既需要在物流企业中从事设备的操作、维护、物流信息搜集、储存、运输、配送、货运代理、报关等从事具体工作的中初级实用型人才更需要,掌握现代经济贸易、运输、物流理论和技能,且具有扎实英语能力的国际贸易运输及物流经营型高级人才。同时在"互联网 +"风潮中,高级物流人才不但要熟悉物流专业知识,还要对智慧物流理念和实践有深刻的理解和运用,这样才能较好地胜任目前环境中物流工作。

3.4.5 酒店业与旅游行业

传统的酒店业与旅游行业由于信息的不透明性,经常会发生各种宰客现象,由于很多集团的利益纠葛,使个人消费者的维权步履维艰。而当互联网出现后，这些被隐藏在黑暗角落处的东西会被彻底挖掘出来晒在阳光下。2015年"十一"假期的"青岛大虾"事件就是一次很好的互联网曝光案例。

2015版《中华人民共和国职业分类大典》，旅游业涉及的主要职业从原来的18个增至20个，其中新增"旅游团队领队"、"旅行社计调"、"旅游咨询员"和"休闲农业服务员"4个职业，这标志着上述职业身份在国家职业体系中首次得以确立。随着我国旅游业快速发展，对专业人才的需求大增，特别是互联网旅游公司"财大气粗"掀起了争夺旅游人才战，新兴岗位和职业也不断出现，优秀的领队、产品经理、咨询顾问等人才成为香饽饽，这些职业群体也出现高学历、年轻化、专业化的特点。

3.4.6　金融业

目前，金融行业是与互联网结合最紧密，也是最成功的传统行业之一。近几年，随着阿里巴巴、腾讯等互联网巨头的介入，"互联网＋金融"行业有了非常快速的发展。阿里要以互联网的搅局者姿态杀入金融业。用互联网的思维，让金融回归本质服务。中国银行业协会数据显示，2014年中国银行业金融机构离柜交易达1167.95亿笔，比上年增加204.56亿笔，交易金额达1339.73万亿元。银行业平均离柜率达到了67.88%，同比增加4.65个百分点。

对于向互联网方面转型的金融企业来讲，最缺乏的是互联网方面的人才。互联网金融公司会招聘CTO（技术负责人）、COO（运营负责人），还有产品经理、UI设计师、SEO工程师、互联网推广人员等互联网相关人员。理想的互联网金融企业有两个岗位的人必须是复合型人才，一个是运营负责人，另一个是产品经理，他们既要懂互联网技术，又要懂金融、市场，但当下这种复合型的人才很少。相比传统金融人才，互联网相关人才要成为复合型人才相对会容易一些。互联网人做互联网金融，往往起步时会做得很好，但发展到一定阶段之后就会比较困惑，对金融行业核心本质的把握和理解，才是未来互联网金融业竞争的核心。

3.4.7　医疗业

"互联网＋医疗"其实在国内已存在多年了，有一些在线挂号、问诊的网站运行得也比较成功。近两年，医疗领域也因为互联网巨头的涉足而引人关注。同时，很多人在尝试把医疗和移动互联网结合起来。"互联网＋医疗健康"将是解决国内医患比例失调的有效手段。但是，我国在这方面的发展却面临人才匮乏和创新生态缺失的问题。

我国医学教育的教学方式以灌输知识为主，学生也都采用死记硬背的方式学习。相比其他专业，医学课业压力巨大，学习医学知识已经非常吃力，根本没时间和精力再涉猎其他专业，这导致学生普遍知识结构单一，思路狭窄，缺乏创新思维和能力。因此在国内医学院关注"互联网+医疗健康"的发展，开设弥补数字健康创新课程，搭建跨医学和计算机学科的交流平台，吸引整合多学科人才共同开发数字健康产品，开展数字健康实践，对于培养复合型医疗人才有重要意义。

3.4.8　教育行业从业者

当教育借助互联网产生的在线课程，比如慕课，像旋风一样刮来的时候，如果还按照传统的教育教学观念进行教学是不行的。比如师生交往的方式已经发生了许多根本性的变化——从过去的纯粹的现实世界，变成了现实与虚拟世界同步进行，从以前的线下交流到线上与线下交流同时进行等。但这也同时意味着，过去那种师生面对面的指导和交流不是淡化了，而是更加重要和有针对性了，信息技术带给教育的改变不是提升了成本，而是降低了成本，教育的效率大大提升了，教师的作用因此更加凸显，因材施教因此实现。

同时，互联网开放空间、即时互动的特征也让教师这一职业充满了压力和挑战，因为知识信息的获得越来越容易，而对教师的要求必须是要有很强的问题意识、迅速的甄别判断能力和全面的信息综合运用能力。当然，这对于一个真正热爱教育、乐于学习、真正以教育教学为乐趣的教师而言，自然会压力变成动力，进而会推动教师自身的专业发展和自我提升；相反，对于一些观念落后的教师而言，就不得不考虑自己是否适合教师这一职业了。由此看来，互联网技术和教育的紧密结合带来的教育改变，会让那些真正热爱教育、立志于献身教育的人更好地脱颖而出。

第4章 合理职业配置

职业配置关系职业资源的使用、职业资本的生财增值，是职业经济的一个重要的环节或链条。合理地进行职业配置，是讲求提高职业效益的基本要求。职业配置实际就是人的职业选择的定位，主要内容包括职业配置知识、现状问题分析与作为事例等。

4.1 职业配置知识

职业资本积累，特别是职业人力资本的积累，准备或创造了职业生计活动的条件，经过职业配置进入职业领域。职业配置是人、物、事有机构成的契合选择活动的过程，需要了解职业配置知识，包括职业配置的秩序与规则、职业配置因素等知识。

4.1.1 职业配置含义及其要点

职业配置作为从业公民的职业经济活动的一个环节内容，有它的特定含义，以及存在的客观现象、秩序、约束与实现条件等。

4.1.1.1 职业配置含义

职业配置是从业人进行职业选择的人、物、事的组合定位，从职业期望理想出发，依据自己的兴趣、能力、特点与事业等要求，选择从事适合自己的职业，使人、物、事契合，是讲求提高职业效益的一个基本保障。

4.1.1.2 职业配置现象及其秩序

职业配置的内容主要是人、物、事三要素，都是特定的职业资源，具体包括职业人力资源与有关的场所、劳作资料等多种资源的组合配置，是比较复杂的现象，有它的特定形式，存在一定的秩序。其中，"事"这种资源比较特殊，它是人与物结合作用的对象，源于人的生活需要，生活需要是它产生的土壤，如同自然资源具有公共性，属于一种社会资源，对它的挖掘利用就是人类活动的创新，并赋予其特定的职业配置秩序及其劳作方式。

（1）职业配置现象。从职业配置的现象可以了解到，职业人力资源与有关的职业资源组合配置形式多种多样，并从事特定的事业。一如农民与土地、农机具等组合配置，种地打粮；二如渔民与水、船、网等组合配置，养鱼捕鱼；三如织工与纺织机等组合配置，织布；四如商人与柜台等组合配置，销售商品；五如教师与教具等组合配置，教书育人；六如医生与医疗器具等组合配置，诊治病人；等等。见图 4 - 1 所示。

图 4 - 1　人用农机具收割农作物

（2）职业配置秩序。在人、物、事的职业资源组合配置利用中，始终存在着一定的关系秩序，即是人用物做事，其中，物为人所用，事为人所做，人起支配作用。

在人用物做事的秩序中，从从业人起支配作用的意义上讲，存在的是以人为主导的人、物、事之间的关系，但人的作用不是无限的，而是有限的，是有条件的，即是在人适应物、事的要求的情况下，才能够对物、事起支配作用，人也受物、事的约束或支配。

在人、物、事之间关系的秩序中，存在着两个方面的对应作用关系。一方面是人对物、事的支配约束作用；另一方面是物、事对人的约束作用，如物、事对人的限定等，存在着人对物、事的适应关系。

4.1.1.3　职业配置的约束限定

职业配置的秩序表明，人、物、事之间存在对应作用关系，互相约束限定，这使职业配置不能个人随心所欲，只能在一定条件下的范围内进行。而且，物的所属也有很大的影响。职业配置存在三种约束限定。

（1）个人的资本能力约束限定。个人的资本能力是既定的，适合从事的职业是有限的，这主要是由人力资源的有限性决定的，一般来看，对于掌握专业知识与技能的人来说，适合从事属于专业范围内的职业，如建筑专业适应的职业配置领域是建筑部门中的建筑职位、会计专业适应的职业配置领域是财务部门的会计职位，从事专业范围外的职业需要重新学习。

（2）物的约束限定。这里的物是指场所、设施、器具、材料用品等职业劳作涉及的各种物质，这些因素限定人的活动。场所的环境约束限定人的活动，如高原、山区、海洋等对人的约束限定，如有高原反应者不适合在海拔高地区任职、晕船者不适合从事海洋事业；设施、器具与材料用品约束限定人的活动，特别是机器设备，它们是物化形态的科学，它们的形状、大小、机理等都约束和限定人的活动。比如教师与黑板的配置，教师与黑板有最合适的比例，如果教师的身高过高或者过矮，一定程度上都会影响授课的效果；再如比较复杂的机器设备，具有特定的机理与操作程序，要求从业人员具备一定的专业知识和技能，严格按照要求作业，见图4－2所示。

图4－2　人与大型机器设备的配置

（3）事的约束限定。这里的事是指人们社会生活需要做的事，如产粮、织布、作衣、盖房、运输、经商、教学、治病、保安、管理，等等，也就是满足人们生活需要的各种事业，事有事理与方法，表现为对应的诸门科学技术，以及性格特点，约束限定人。

专业科学技术要求显而易见，性格特点亦不应忽视。如脾气暴躁的人不适合司机这一职业，司机开车要有平稳的心态和很高的注意力，如果易发火动怒很容易发生事故，造成人员伤亡；再如不精细的人不适合做医生等。

（4）所有权的约束限定。这里的所有权是指对物的所有、占用、支配的权利。物的所有权对职业配置约束限定，主要表现在对非所有权人，作为职业资本存在的场所、设施、器具、材料用品等物，是不能平白无故地被他人所用的，须经所有权人的认可和同意，才能进行职业配置。物的所有权人直接约束限定职业配置。

可见，职业配置是有约束限定的条件。其原因在于人的职业资本的有限，物、事的约束限定在于从业当事人的人力资本的局限性；所有权的约束限定在于职业配置当事人缺少物的职业资本，受约于人。

4.1.1.4　职业配置的实现条件、类型及其规则

（1）职业配置实现条件。职业配置实现条件有三个方面，①职业配置当事人有自由支配自己的职业人力资源的权利；②有可利用的场所、设施、器具、材料用品等物的职业资源；③有事的需求。这三个条件缺一不可，同时存在，才能进行职业配置。

（2）职业配置类型。从职业资源的来源上看，有职业资源与无职业资源不同，有职业资源，职业配置比较容易，反之不易，职业配置主要有两种类型。

①全资源型职业配置，就是职业配置当事人用自己拥有的职业资源进行职业配置，如自己投资购买场所、设施、器具、材料用品等职业资源，进行职业配置，从事一定的事业。全资源型职业配置，比较容易，只要有社会需要，不违法，就很容易进行职业配置，实现职业定位。

②非全资源型职业配置，就是职业配置当事人除自己人力资本外，无其他职业资源，需借助他人的场所、设施、器具、材料用品等职业资源，进行职业配置，主要是占用他人的场所、设施、器具、材料用品等职业资源，需要他人的认可同意，达到他人的要求，方可实现职业配置，比较难一些。

（3）职业配置规则。职业配置是人力与环境、场所、器具、材料用品与事业等职业资源的组合定位的优化选择，涉及多方面因素和关系，从职业配置追求科学合理的选择目标出发，应遵循下列规则。

①人与物适应原则。物是指场所、设施、器具等职业劳作涉及的各种事物，包括场所环境所处于的高原、山区、海洋等自然环境，设施与器具等是劳作制造的社会物质，这些物品以其特有的物力对人发生作用，限定人的活动。人要适应物力的作用，能够掌控物力，见图 4 - 1、图 4 - 2 所示。

②人与事适应原则。事是人们社会生活需要做的事，如产粮、织布、作衣、盖房、运输、经商、教学、治病、保安、管理等，有其特定的科学技术及其劳作方式，约束限定人力。人要适应事的作用，能承担事的压力，做好事业。

③人与人适应原则。在分工与合作的社会劳作系统中，职业配置涉及与他

人的关系，特别是在工厂、商店、医院、学校等事业的职业组织中，职业配置直接涉及与他人的关系，进行职业劳作的分工与合作。人有性别、年龄、性格等多方面的区分与差异，存在着对他人的作用，有积极的，也有消极的。人要适应他人的作用，能承担分工竞争与协作合作的压力，做好自己分担的劳作。

④学以致用原则。学习积累的职业资本，特别是专业学习积累的职业资本，具有明确的对应的职业应用领域，对口应用，能直接发挥职业资本作用，在职业劳作中走捷径。学是用的要求，学是为了用，用是学的目的。人经历多年的学习，接受小学、中学、高中的普通教育以及中专、本科等不同程度的普通教育与专业教育，积累了职业资本，就是为了从事特定的职业劳作，生财创收，更好地生活。从职业劳作实践来看，学以致用，职业资本实效大，是充分发挥科学技术作用的必经途径，是讲求提高职业效益的基本要求。

⑤扬长避短原则。相对来讲，人都有自己的长处和短处。如有身高者，有身矮者；有组织能力强者，有组织能力差者；有沟通能力强者，有沟通能力差者；等等。而职业也有所不同，要求也不完全一样，如教育职业要语言表达能力强，科研职业要求思维能力强，管理职业要求组织能力强，等等。职业配置，扬长避短，能充分利用和发挥人力资源的作用。

4.1.1.5 职业配置因素

职业配置是一种复杂的社会活动现象，不仅要遵循一定的规则，确定职业配置的范围，当事人还必须了解和明确有关的职业配置因素，主要包括个人所有的职业资源、非个人所有的职业资源等多方面因素，明晰职业资源所有及其利用的可能性。

（1）个人所有的职业资源。个人所有的职业资源，就是可用于自己的职业配置，从事职业活动的个人所具有的资源，应有明确的自我认识，主要包括下列方面。

①身体资源。身体资源表现为人的身高、体重等，如身材高低、力气大小等。一般来看，人的身体状态具有明显的职业自然倾向性特征，如身材高大健硕，自然倾向做篮球职业、排球职业等职业主体；再如身材适中，长相较好，性格柔和，自然倾向做"窗口服务"的职业主体。

②认知资源。认知资源表现为人的认知系统，主要包括人的认知方法和认知方式，认知方法包括思维方法、分析研究方法，认知方式包括接受教育认知与实践探索认知所形成的有效认知模式或认知定式。

人掌握的认知资源一般都有所区分，如有的对数理问题认知能力强，有的对物理问题认知能力强，有的对生物问题认知能力强，有的对经济问题认知能力强，有的对管理问题认知能力强等。职业配置应考虑到个人的认知资源，做强项选择。

③知识资源。知识资源表现为人学习积累的知识，包括生物学、医学、数

学、物理学、化学、地理学、经济学、社会学、心理学、管理学等科学知识，分为自然科学、人文社会科学、工程技术科学几大方面。学业不同形成人与人之间的科技差异，学业掌握程度的不同形成人与人之间的科技水平的不同等，一般要专业对口选择配置。

④行动资源。行动资源表现为人的行动能力，包括脑力、眼力、听力、表达力、手力、脚力等，各个人的行动能力不大一样，有的脑力好，有的体力好，有的行动快，有的表达力强，有的组织能力强。适应的职业也不一样，如脑力好的适合研究职业，体力好的适合体力劳作职业，行动反应快的适合竞争性强的职业，表达力强的适合教育职业，组织能力强的适合管理职业。

⑤形象资源。形象资源表现为人的综合形象，包括外在的相貌、仪表、行为举止与内在的思想品质、修养以及气质等。人的形象资源千差万别，有的相貌好，有的气质好等。相貌好的适合演艺职业、公关职业，气质好的适合礼宾职业等。

⑥物质资源。物质资源就是指个人所有的或占用支配的土地、山林、矿物、场所、设施、器具、材料用品等物资，如划归分给农户个人使用的土地、山林等，再如自己建设房舍设施和购置的器具等，或自己继承的物质遗产，可供自己创业所用。

⑦货币资源。货币资源就是货币形式的钱财资源，也表现资金形式，就是自己积累的资金，或是自己继承的资金遗产等。货币资源是一种通用的职业资源，它可以转化为物质资源等，达到一定规模，就可以按全资源型职业配置方式定位就业。

（2）非个人所有的职业资源。除个人所有的职业资源外，还有大量的非个人所有的职业资源，可供职业配置选择利用到，从所有的主体不同，可分为四个方面。

①他人所有的职业资源。他人所有的职业资源，包括物质资源与货币资源。物质资源就是指他人所有的或占用支配的土地、山林、矿物、场所、设施、器具、材料用品等物资，如划归分给他人使用的土地、山林等，再如他人的房舍设施和购置的器具等；货币资源即他人积累所有的资金。

②集体所有的职业资源。集体即由多人组合成的社会组织单位，从组织存在的形式看，如农场、工厂、商店、宾馆、医院、学校等。集体所有的职业资源，包括如上所述的物质资源与货币资源。

③国家所有的职业资源。国家所有的职业资源，就是国家法律规定的国家所有的职业资源，包括物质资源与货币资源。物质资源就是指国家所有支配的土地、水域、草原、山林、矿物，以及场所、设施、器具、材料用品等物资，包括自然资源与国家建设的路桥、电厂等设施；货币资源，即国家拥有的资金。

④公共所有的职业资源。公共所有的职业资源是指除个人、他人、集体、国家所有以外的职业资源，如人类共有的公海资源、极地资源、空间资源等。

4.1.1.6　职业配置选择

从职业配置关系的因素来说，包括两个方面，即是择业方的因素与职业需求方的因素，职业配置选择实际是双方对应要求的选择。专业毕业生等初次进行职业配置的当事人一般都缺乏财物资源，所进行的都是非全资源型职业配置，不仅要考虑个人因素，更重要的是考虑职业需求方的要求，坚持职业配置规则，合理进行职业配置。

（1）职业配置选择因素。在充分考虑职业单位要求的基础上，职业配置的当事人应考虑以下方面的主观选择因素。

①职业前景好。职业前景好，就是职业有长久的生存和发展性，这样的职业不仅具有稳定性，而且社会价值和利益比较大，在适应和满足人的社会需要的同时，也能为个人和有关社会成员带来更多的利益，有益于社会，有益于个人。

②符合志趣。从事符合自己志趣的职业，其乐无穷，职业劳作本身就是一种享受，它能促使人自觉地把工作做好，并往往能做出成绩，成就事业，能为国家和社会做出贡献，同时也能实现自己的人生价值。

③科学知识与能力的适用性。选择适合运用自己学习掌握的科学知识与能力的职业，发挥职业人力资本的效用，适应工作要求快，工作能力强，工作效率高，有利于业务发展。

④发挥特长。选择发挥特长的职业，往往工作比较轻松自如，会把工作做得更好，有利于事业发展和比较容易做出成绩，争取卓越。

⑤职业保障。职业保障主要包括职业权益保障和职业安全保障，职业保障是从业人员正常从事职业劳作的基本条件。职业保障好，工作安心，精力集中，能高效地工作，更好地发挥能动作用。

⑥对环境的适应性。环境包括自然、经济、社会的各方面因素，由于身体状况和生活习惯等方面的差别，职业配置选择时，也要考虑到职业所在地的环境因素。应考虑去适合自己的身体状况和生活习惯的地方进行职业配置。

当然，这不是绝对的，有些地方环境好，却难能发挥作用；有些地方环境差，却能发挥作用，有用武之地。如果经过一段时间的体验，能适应环境生活了，环境问题就不是主要问题了。

⑦对个人生活的影响。一般情况下，要考虑选择对个人生活有积极影响的职业，尽可能避免选择对个人生活有消极影响的职业，如两地分居和择偶难等，否则，不仅会给个人生活造成麻烦，也会给社会增加负担。因此，职业配置选择，也要考虑到对个人生活的影响。

（2）职业配置的手续与标志。择业当事人与职业单位的对应要求达成一致，职业配置就可以实现。职业配置实现有一定的标志，要办理一定的手续。

①职业配置的手续。职业配置要通过办理一定的手续，才能最终实现。非全资源型职业配置，去工厂、学校、医院、政府部门等职业单位就业，要通过办理转变人事关系，签订了劳动合同，职业配置即已实现。

全资源型职业配置，要向有关管理部门申请登记，接受条件或资格审核，经批准办理领取营业执照。一般都要所在地工商行政管理机关申请登记。申请登记填报的主要内容包括户主姓名、业务、方式、资金数额、从业人员、从业地点、开业时间等。经核准领取营业执照后，方可营业，即已实现职业配置。

②职业配置的标志。职业配置实现的标志是择业当事人的职业身份或职业人性的确定。对于毕业的学生等后备职业人员，职业配置实现的标志是由非职业人转变为职业人，如实现在教育职业配置的，职业人的身份就是教师，即由毕业的学生转变为教师；对于失业人员，职业配置实现的标志是从无业人转变为职业人，如实现在商贸职业配置的，职业人的身份就是商人；对于在业转变职业的人，即由原来的职业人转变为别种职业人或别的职业单位的职业人。

4.1.2　职业配置的有关知识

职业活动是人类生活的一个大方面，人们很早就关注并做了一些研究，有关思想理论较多，对职业配置有参考价值，相关性较大的主要的有下列内容。

4.1.2.1　人—职匹配理论

人—职匹配理论是由美国波士顿大学的 F. 帕森斯（F. Parsons）教授提出的。1909 年，F. 帕森斯在《选择一个职业》一书中阐明职业选择的两大要素和条件。一是应清楚地了解自己的态度、能力、兴趣、智谋、局限和其他特征；二是应清楚地了解职业选择成功的条件，所需知识，在不同职业工作岗位上所占有的优势、不利和补偿、机会和前途。指出要在清楚认识、了解个人的主观条件与社会职业岗位需求的基础上，将主客观条件与社会职业岗位相对照、相匹配，最后选择一种职业需求与个人特长匹配相当的职业。

4.1.2.2　人机工效学理论

亨利·德雷夫斯（H. Drey）于 20 世纪中期前后，基于设计必须符合人体的基本要求，认为适应人的机器才是最有效率的机器，经过多年研究，总结出有关人体的数据以及人体的比例及功能，1955 年出版了专著《为人的设计》，1961 年他又出版了著作《人体度量》，创立了人机工效学或人机工程学。

人机工效学主要研究人机系统中人的各种特性、人机系统的总体设计、各种人机界面的、作业空间和作业场所的分析、事故及其预防。主要任务是建立合理可行的人机系统，更好地实施人机功能分配，更有效地发挥人的主体作用，并为劳动者创造安全舒适的环境，实现人机系统的"安全、经济、高效"

的综合效能。

4.1.2.3　职业性向理论

美国学者约翰·霍兰德（John Holland）于1971年提出职业性向理论。约翰·霍兰德的职业性向理论把人作为一个整体加以研究，提示出个性的整体结构并加以分类，是基于经验的概括，并经过长期的实验研究，不断修正和发展而来的。

他从整个人格角度考察职业的选择问题，将人们的工作环境划分为六种，并将不同的职业归属到其中的一种工作环境之中。还将劳动者按个性及择业倾向大致分为实际型、调研型、艺术型、社会型、开拓型和常规型六种类型。该理论的实质在于劳动者职业性向与职业类型的相互匹配。

4.1.2.4　职业锚理论

该理论是由美国学者 E. H. 施恩（Edgar H. Schein）提出的。他认为，职业锚指的是人们在选择并发展自己的职业时所围绕的中心，是个人在选择职业时无论如何不会放弃的那种至关重要的东西或价值观。职业锚是一个比通常意义上的价值观和动机更加宽泛的概念，它整合了个体的能力、动机、需要、态度以及价值观等各方面的因素，是个体和早期各种工作情景之间相互作用的产物，是个体的一种整体自我观和自我职业价值观。

E. H. 施恩最初提出职业锚的概念时把它分为五种类型，技术或功能型、管理型、创造型、自主与独立型、安全型。1996年，E. H. 施恩对职业锚进行了重新界定，增至8种类型，管理型、技术职能型、自主性、安全稳定型、生活型、服务型、挑战型和创新型。

实际上，职业锚理论并不是单纯的职业选择理论，它是一种职业生涯发展阶段理论。E. H. 施恩认为，职业选择是一个持续不断的探索过程。在这一过程中，每个人都在根据自己的天资、能力、动机、需要、态度和价值观等特性，慢慢地形成较为明晰的与职业有关的自我概念。随着一个人对自己越来越了解，这个人就会越来越明显地形成一个占主导地位的职业锚。

4.2　职业配置问题分析

职业配置是人们作为主要社会主体，参入以分工与合作为纽带维系的人为人的社会生活，不仅关乎个人的生活，也关乎他人的生活，不仅是个人的事，也是社会的事，因而要关注分析职业配置问题，促进人们做好职业配置，更好地、互相地为人服务。

4.2.1　职业配置问题表现

职业配置问题有多种表现，主要有职业配置选择随意性较大、区域倾向偏差、遭受挫折多与性别歧视等。

4.2.1.1　职业配置选择随意性较大

有些人进行职业配置选择时，缺乏知己知彼，常常表现被动和随意性。如通常在应聘时只知道自己是来找工作的，不知道企业等用人单位需要什么样的人才，使自己在人才市场处于任人处理的被动地位。

这种现象在一些学历较低的人群中表现较为明显，尤其是一些进城务工的农民工，往往都是根据用人单位的需要进行选择工作，企业需要保洁就做保洁工作，需要保安就做保安工作，需要搬运就做搬运工作等，没有很好地考虑自己的情况。

学历较高的大学生也有这种情况，当前大学生初次就业的稳定率不高，据统计一年后的稳定率只有 20%，与大学生进行职业选择时缺乏理性、科学的决策有直接的关系。

4.2.1.2　职业配置区域倾向发达地区与大中城市

很多人在职业配置时表现出明显的地区倾向性，主要集中在发达地区与大中城市工作，宁愿降低自己的职业追求，也不愿去欠发达地区与小城市，存在区域倾向偏差。

这种现象尤其在大学毕业生群体中表现明显，高校一般都在大中城市，大学毕业生职业配置的去向主要是发达地区与大中城市，面向小城市、县城的少，到乡村的更少。还有许多农村进城务工人员也以经济比较发达地区与大中城市为主要职业配置区域。

4.2.1.3　较多择业者职业配置遭受挫折

常听到毕业生们谈到职业配置选择不够顺利，大都是东奔西忙，多方联系，投简历，自我推荐，参加面试，但往往效果不理想，如屡次遭拒，接二连三遭受打击，有这样经历的人不在少数，花费的时间、精力和财力等成本较多，收效有的只有反思和经验。

4.2.1.4　用人单位性别歧视

主要是有些企业等职业组织单位对于女大学毕业生等女性择业人，存在性别歧视，"重男轻女"。由于先天的性别差异，女性婚后要生儿育女，加上体力不如男性，会在一定程度上影响工作，许多单位在招聘时都倾向于招聘男性，令女性求职之路走得尤为艰难，使女性毕业生的职业配置机会减少。

还有一些单位对于择业者要求过于严格，往往都需要有多年的工作经验，对户口等也有要求，刚刚毕业的女性择业者很难达到要求，找到适合满意的工作比较困难。

4.2.2　职业配置问题不良影响

职业配置选择问题对后续工作生活有不同程度的影响，特别是不切合自己实际的职业配置与对职业组织单位条件了解不清，不良影响较大，值得重视。

4.2.2.1　求职就业前造成的不良影响

求职就业发生的问题，对当事人有一定的不良影响，主要有心理上的不良影响，以及资源的损失和浪费。

（1）不良的心理影响。有的在求职屡次被拒，以及遭到性别歧视后，对求职当事人就会产生不良的心理影响，有的会出现怀疑自己的人力资本及其能力，有的对未来工作生活产生卑微情绪，增加思想负担，再进行求职时会忐忑不安，自信心受到打击。

（2）资源损失和浪费。有的在多次联系，四处奔波，花费了较多的时间、精力和财力等，却无果而归。甚至托人找关系帮忙，搭人情，增加支出项目，又有碍于面子，其中，还有的耽误了其他的重要事宜，发生诸多的损失和浪费。

4.2.2.2　就业后造成的不良影响

这方面的不良影响主要是在就业以后，问题较多，比较严重，其中农民工方面比较突出，毕业的学生也有一定的表现。

（1）心理和精神伤害。心理和精神伤害主要是在人格和尊严受到伤害导致的不良后果。有的职业组织单位管理严格，过于苛刻，非人性化，造成农民工不满情绪，劳资双方关系不协调，出现问题，往往把目光盯在农民工身上。与此同时，有时为了防止农民工把产品带出车间和厂房，时常进行搜身和宿舍检查等。这种高压和冷漠管理，造成农民工的心灵创伤，甚至出现心理压抑和情绪暴躁的极端现象，如跳楼与报复犯罪等行为，受到的伤害很大。

（2）职业事故伤害。职业事故即是在职业劳作中发生的事故，如设备失常、过度疲劳等造成的伤残或死亡，这种现象矿业和建筑业较多。据2014年度人力资源和社会保障事业发展统计公报，2013年年末全国参加工伤保险人数为20639万人，比上年年末增加722万人。其中，参加工伤保险的农民工人数为7362万人，比上年年末增加98万人。全年认定工伤114.7万人，比上年减少3.7万人；全年评定伤残等级人数为55.8万人，比上年增加4.6万人。全年享受工伤保险待遇人数为198万人，比上年增加3万人。职业事故对个人和家庭危害影响大。

（3）职业病伤害。职业病伤害主要是职业劳作接触有害有毒物质造成的人身伤害，表现为多种疾病，主要是慢性病，如尘肺病等，这是多年来一直存在的职业疾病，根据2010年卫生部通报，全国新发职业病27240例，同比增加50%，尘肺病仍是我国农民工当中最严重的职业病，2010年上报尘肺病的病例数占职业病报告总数的87.42%，同时尘肺病发病工龄呈现缩短的趋势，半数多的病例分布在中小企业之中，轻者危及健康，重者危及生命，危害严重。[①]

　　煤矿工人最常见的职业病是尘肺病，有学者对华北地区、东北地区、华东地区、西南地区 4 个地区的 5 个国有重点煤炭集团、14 个地方国有煤矿和 26 个乡镇煤矿职业病防治现状进行研究，结果显示煤炭企业尘肺病危害比较严重。5 个国有重点煤炭集团综采工作面粉尘浓度平均为 66.8mg/m³，机掘工作面粉尘浓度平均为 65.5mg/m³，尘肺病平均发病工龄为 21.5 年，尘肺患者的平均发病年龄为 51.6 岁，在职职工平均尘肺病检出率为 6.6%，离退休人员尘肺病平均检出率为 13.7%；11 个地方国有煤矿采煤工作面的平均总粉尘浓度为 64.17mg/m³，超标 10.7 倍，采煤工作面平均呼吸性粉尘浓度为 16.08mg/m³，超标 4.6 倍，尘肺病平均发病工龄 18.5 年，一期尘肺平均发病年龄 43.8 岁，尘肺病检出率7.4%；26 个乡镇煤矿尘肺病的检出率7.5%，平均发病工龄6.8 年。[②]

　　同时，一些新型工种收入较高，但其产生的职业伤害和职业病也较难察觉。如手部皮肤的接触性皮炎的职业伤害，是由于工作需要，从业者需要在无尘室内工作时佩戴特制手套，这些手套的材质由 PVC 材质、乳胶材质与合成材料材质制成，长期佩戴这些手套的从业者会产生接触性皮炎，对皮肤造成不可修复的创伤。还有夜班特殊工作环境给农民工带来的慢性机体疾病等。

4.2.3　职业配置问题原因分析

　　职业配置问题直接与相关方有关，存在多方面的原因，有职业配置当事人方面的原因、职业组织单位用人方面的原因，也有教育方面的原因。

4.2.3.1　职业配置当事人方面的原因

　　职业配置当事人方面的原因是基本的。一是有的职业配置匆忙，准备不充分，对职业组织配置单位了解少，甚至不清楚，匆忙就业，留下隐患。二是缺乏自我保护意识，对劳作保障条件现状重视不够，在劳作安全保障设施简陋、条件差的情况下，不积极主动采取措施，尽力规避事故风险，如提出改善劳作安全条件，或离开驻地。三是个人生活经济条件差与缺少一技之长，职业配置选择随机性大，只要有职业组织单位招用，有一定的收入，工作条件差等也就都认了，处于被动的从业地位。

4.2.3.2　用人职业组织单位方面的原因

　　用人职业组织单位方面的原因。首先是职业保障设施存在不足，要求不

---

① 邓大松，吴菲，熊羽：《我国新生代农民工职业伤害保障研究》，载《江西社会科学》2014 年第 11 期，第 194 页。
② 马骏，刘丽华，王雪涛，张岩松，刘卫东：《中国煤矿职业病防治现状调查分析》，载《工业卫生与职业病杂志》2010 年第 3 期，第 165 页。

严，职业保障工作存在漏洞；其次是用工过度，如工作时间长、劳作强度大、休息时间少，以及生活待遇差等，这是职业事故与职业病发生的主要原因。

中国劳工观察（CLW）在 2011 年的调查中发现，有的企业每天加班时间超过 3 小时，占到总数的 87%。没有一家被调查企业的工作时间在符合法律规定的区间之内，更有甚者每月加班超过 200 小时。据国家统计局数据显示，2013 年外出农民工月从业时间平均为 25.2 天，日从业时间平均为 8.8 个小时，从业强度高且与上年相比略有上升，见表 4 - 1 和图 4 - 3 所示。

表 4 - 1　　　　　　　　　外出农民工从业时间和强度

指标	2012 年	2013 年	增减
全年外出从业时间（月）	9.9	9.9	0
平均每月工作时间（天）	25.3	25.2	- 0.1
平均每天工作时间（小时）	8.7	8.8	+ 0.1
日工作超过 8 小时农民工比重（%）	39.6	41	+ 1.4
周工作超过 44 小时农民工比重（%）	84.4	84.7	+ 0.3

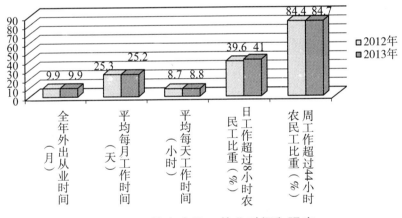

图 4 - 3　外出农民工从业时间和强度

4.2.3.3　人才培养的教育方面的原因

职业配置问题是从业当事人表现出来的不良现象，追根溯源，还有人才培养的教育方面的原因。从整体上讲，教育人才培养与社会需求还存在差距，职业组织单位用人要求普遍比较高，一般都要求比较全面，有事业心与责任感，基础知识有广度，专业知识有深度，实践能力强，善于开拓创新，有较强的组织纪律性和团队精神等。

但大学毕业生尚不完全达标，在我国的大学校园里，大学生似乎是自由人，有时上课随意来去、随意乱扔杂物、公物上随意写画等现象比较普遍，文明素养较差，实践能力与创新能力不强等，不足问题较多。教育改革发展滞后，教学内容与考核内容不全面，没有完全把社会关于人才培养要求具体贯彻落实到教育实践中，仍主要采取传统的灌输教育方式，学生成绩评定主要局限课程卷面成绩上，虽然也进行思想、品德、纪律等教育，但没有体现在教学科目内容的实践学习上，缺乏约束力，没有充分的实践体验、感知与素养，综合素质能力有限，职业劳作不可避免地存在差错或应对不利。

4.3　职业配置作为事例

职业配置不仅仅是公民个人的民生问题，还关系到国民经济发展与整个人们社会生活，以及关系到民族的兴旺发达和国家的繁荣昌盛，涉及全球社会的人类持续生活，公民职业配置选择科学合理，争取最大化发挥自己的优势，才有可能争取实现"效在多方、益在多处"的理想效果。总体来讲，要考虑个人与职业组织单位等实际情况，遵循职业配置选择原则，合理职业选向，从职业配置实际情况来看，出色事例不少，有很大作为，做出了榜样。

4.3.1　袁隆平的杂交水稻职业作为[①]

袁隆平选择从事的是杂交水稻育种研究科学事业，从实际出发，敢于挑战前人的禁区，突破创新，成就卓著，是世界著名的中国杂交水稻育种科学家。

4.3.1.1　简介

袁隆平，1930 年出生于北京，江西德安县人，湖南省农业科学院研究员、国家杂交水稻工程技术研究中心主任、中国工程院院士、美国科学院外籍院士。湖南省政协副主席，全国政协常委。曾荣获国家发明奖、首届国家最高科技奖、世界粮食奖等奖励。他不仅是杂交水稻事业的开创者和领军人物，而且创建了一门系统的新兴学科——杂交水稻学，让中国的杂交水稻研究水平领先美国 20 多年。联合国粮农组织首席顾问、世界华人健康饮食协会荣誉主席。

4.3.1.2　杂交水稻职业效益要点

袁隆平把"让所有人远离饥饿"作为自己的毕生职业追求，刻苦攻关，辛勤劳作，培育高产良种，取得了使多方面获益的巨大的职业效益。

（1）公民社会获益。农民粮食不断增收。1976 年三系杂交稻开始在全国大面积推广，比常规稻平均每亩增产 20% 左右；1995 年两系法杂交水稻大面积生产应用，到 2000 年全国累计推广面积达 5000 万亩，平均产量比三系增长

· 103 ·

---

① 主要资料来源：杜兰萍：《袁隆平同志事迹简介》，中国农业新闻网，2009 年 9 月 27 日。

5%～10%，实现示范地亩产700公斤以上，2003年大陆一半以上的水稻都为袁隆平的杂交品种。2010年示范地亩产900公斤，2014年超级稻示范地亩产超过1000公斤。除了增产外，袁隆平表示新型的超级杂交稻将更重视营养，并在试验新品种中增加维生素A、蛋白质及其他营养含量，以期减少贫血等疾患。

（2）个人获益。①经济收入。袁隆平因为自己的事业获得了很多经济上的利益。袁隆平坦言自己每月工资6000多元，还有股份分红、稿费、咨询费等"额外收入"，每年总共有30多万元收入。在2000年，我国第一个以科学家名字命名的股票"隆平高科"上市交易，到2010年中期，袁隆平已持股4458143股，占1.61%的持股比例，位列第五，拥有股价市值约为1.15亿元。另外，奖项亦有收入，如"国家最高科技奖"奖金500万元人民币。

②获得高贵荣誉。国内奖。1978年被评为全国劳动模范，1981年荣获中国第一个国家特等发明奖，1991年获国家科技进步三等奖，1995年当选为中国工程院院士，现任中国杂交水稻工程技术研究中心主任。1999年中国发现的国际编号为8117的小行星被命名为"袁隆平星"，2001年获首届国家最高科学技术奖。

国际奖。1985年世界知识产权组织颁发的创造与发明奖章的杰出发明家金奖，1987年联合国教科文组织颁发的科学奖，1993年获美国菲因斯特基金"拯救饥饿奖"，1995年联合国粮农组织颁发的粮食安全保障荣誉奖，2004年世界粮食奖基金会颁发的世界粮食奖，2006年当选美国科学院外籍院士，2008年获"2007影响世界华人终身成就奖"，2014年被提名2014年诺贝尔和平奖等荣誉。

③身体健康。袁隆平已80多岁了，依然步履稳健，思维敏捷，不少人形容袁隆平是"八十多岁的年龄，五十多岁的身体，三十多岁的心态"。其中，从事水稻研究事业的袁隆平热爱工作，热爱田野，常年坚持下田，亦由于杂交水稻事业强健身体。

（3）科学教育获益。增加水稻杂交新理论知识。突破经典遗传理论的禁区，提出通过培育雄性不育系、保持系和恢复系的三系法培育杂交稻的水稻杂交新理论，研究出一整套生产杂交种子的制种技术，实现了水稻育种的历史性突破，增加了水稻育种科学新知，增加了新的教育内容，国际上把杂交稻当作中国继四大发明之后的第五大发明，誉为"第二次绿色革命"，所取得的科研成果使我国杂交水稻研究及应用领域领先世界水平，在学术上做出了重大的贡献。

（4）国家获益。袁隆平用自己的研究成果向世界证明了中国粮食生产能力。20世纪90年代，美国经济学家L. R. 布朗（Lester R. Brown）曾提出"21世纪谁来养活中国"的严重问题。20年来，我国已通过杂交稻增产3500亿公斤，每年增产的稻谷可以多养活 6000 万人，这就是袁隆平的回答。到 2014 年，湖南隆回百亩高产示范地，平均亩产达 1006.1 公斤，首次实现了超级稻百亩片过千公斤的目标，目前超级杂交稻正走向大面积试种推广中，中国不仅能解决自己的吃饭问题，还能帮助世界人民解决吃饭问题。

（5）国际社会获益。1980 年，杂交水稻作为我国出口的第一项农业专利技术转让美国，引起国际社会的广泛关注。多年来，袁隆平数次赴国际水稻研究所开展合作研究，去印度、越南、缅甸、孟加拉等国家指导发展杂交水稻，举办杂交水稻国际培训班，为许多个国家培训技术骨干。2003 年，在世界范围，20% 的水稻采用袁隆平的杂交技术。杂交水稻已在东南亚、美洲、非洲等 40 多个国家和地区被研究或引种，种植面积达 150 万公顷，为解决世界粮食安全及短缺做出了卓越贡献。

4.3.1.3　成功因素

袁隆平之所以取得了不起的职业效益，与他的专业对口、秉性优势、事业追求等合理的职业配置直接有关，其根源于多方面的因素。

（1）遗传育种专业对口。袁隆平职业配置专业对口，具有扎实的遗传育种、作物栽培等学科的相关理论知识，奠定了杂交水稻育种研究探索的良好基础。

（2）发挥秉性优势。袁隆平性格略较内向，从小有主见、主意正，喜欢自由自在、无拘无束，勤于思考，善于学习专研，爱好音乐与游泳，喜欢农田，适合从事研究育种事业。

（3）为民造福追求。他胸怀民生，有慈爱之心，工作后看到饥饿而亡的惨景，决心培育高产良种，服务世界，把让所有人远离饥饿作为自己的毕生追求，为民造福。

（4）锲而不舍。袁隆平的杂交水稻育种具有极大的挑战性，要突破传统遗传理论认识的定论，是一个艰难的研究探索过程，上千次的失败都没有摧垮他追求成功的信念，不断地探寻、求索、创新，取得了经天纬地的水稻杂交成果，并被誉为"杂交水稻之父"。

4.3.2　于会怀的种植职业作为[①]

于会怀选择从事的农业生产，敢为人先，努力探索，逐步实现农业生产经营机械化，不断扩大规模，成为全国粮食生产大户标兵，走出一条农业企业化生产经营之路。

4.3.2.1　简介

于会怀 1958 年出生于辽宁省辽中县六间房人民公社许家村的一个普通农

---

① 主要资料来源：王英军：《科技种粮　创现代农业示范基地——记沈阳市会怀粮食种植专业合作社》，辽中广播电视台，2015 年 10 月 9 日；《王道芝，全国粮食生产大户标兵—于会怀》，辽中广播电视台，2011 年 3 月 30 日。

民家庭，初中毕业回村务农，种植企业生产经营者，全国农村实行机械化的带头人。他于1986年购买了一台老式拖拉机，开始了简单的机械化生产。2004年承包荒地的面积达到7000亩，农机具也增加了近15台，现已先后购置了各种机型的农机具400多台（套），经营土地达到了1万余亩，并连年获得增产增收，年产水稻7000余吨。他作为一名土生土长的农民从一台链轨拖拉机起家，创建了一个汇聚千户的专业合作组织，打造了一个现代农业示范基地，成为全国农机示范大户。

4.3.2.2　种植职业效益要点

于会怀几十年来，一直从事种植生产经营，在土地上做出了大事业，实现了粮食生产、加工、销售一条龙，使多方面获得了很大的益处。

（1）个人获益。①资财收入。现拥有拖拉机、联合收割机等各种大型农用机械设备97台套，小型农机具310台（套），农业机械固定资产达到近1880万元。生产富硒水稻累计2.15万吨，实现销售收入6720万元，实现利润1530万元。把自产水稻加工成"近海会怀"牌优质稻米，年加工6万吨，实现利润200万元。②获得荣誉。2004年，被农业部评为作为东北唯一获奖者的年度粮食生产大户标兵，曾3次荣获"全国粮食生产大户标兵"称号。2009年，被辽宁省人民政府授予特等劳动模范称号。

（2）村民获益。为本村提供农业机械化服务，有力地促进了农民增产增收。采用机械化作业，大大提高了劳作效率，使许多青壮人力资源从繁重的体力劳动中解放出来，有一半人进城务工，增加了收入来源，农民收入不断增加，每年以10%的幅度增长，到2007年时全村农民人均年收入突破8000元，远超全县平均水平，并利用自家的农业机械，协助乡镇进行村屯整治。

（3）公民社会获益。①于会怀心怀善念，关爱他人，施惠于公民社会。义务为家乡修桥3座，为贫困户无偿整地1000多亩，资助16个家境困难的小学生上学，资助5个贫困的大学生就读。汶川大地震后，捐助20吨优质大米给灾区，表达一份爱心。

②他不仅注重自身的发展，也帮助别人发展，对周边的农民不仅在机械方面给予帮助，还在应用科学技术、选择优良品种、代购化肥和粮食订单上给予扶持，2008年帮助当地农户销售粮食2500多万公斤。

③对全县的水稻全程机械化起到了带动和引领的作用，全程机械化种植水稻与人工种植相比，经济效益好，可以使作业效率提高5倍、生产成本降低30%、产量提高10%，让入社农户增加更多收入。实现水稻生产、加工、销售一条龙，解决农民就业1200人。

（4）国家获益。多年来探索追求，实现了"六统一"的经营模式，即统一机械育苗、统一机械整旋地、统一机械插秧、统一施肥飞防、统一机械收割与统一加工销售，发展成为一个集农业先进技术推广示范、农业机械化服务、农业标准化生产、农产品加工销售于一体的现代农业示范基地，促进农产品安全，早已成为全国种粮第一大户，年均为国家提供优质大米 7000 余吨，为国家带来了益处，做出了较大贡献。

4.3.2.3　成功因素

于会怀取得的成就不是一朝一夕做出来的，而是与土结缘，脚踏实地，从务农开始就进行不懈努力，源于多方面的因素。

（1）倾听多益。刚回村务农时，母亲看他不安心农业生产，就语重心长地说，"出生在农村，就要一辈子土里刨食"，他听从母亲这传统的告诫，踏实务农，在中央促进农业发展举措的鼓舞下，更坚定了与土地打交道的决心和信心，不断求索发展。

（2）敢为人先。不安于现状的他，拿出家里为自己完婚的 3000 元彩礼钱，又从银行贷款，从亲戚家借来 9000 元，买了一台"公社"留下来的旧链轨的老式东方红牌拖拉机，率先成为个人拥有大型农业机械的农户。

（3）善于探索发展。在粮价偏低时，农民种地年收入减少，种地积极性受到挫伤，租用农机大大减少，农机设备不能闲置，他开辟新地，承包苇场荒地，获得成功。

（4）厚德善良。机械作业提高效率，服务发展势在必行，忠厚为人，厚德善良，赢得信誉，发展市场，有德必有路，厚德必生财。

（5）吃苦耐劳。吃苦耐劳是于会怀的一种秉性。创业发展总会面临着艰难困苦，他吃苦耐劳，迎难而上，攻坚克难，不断发展。

4.3.3　邓亚萍、姚明的竞技体育职业作为

在体育事业领域中，职业配置择优选择比较鲜明的是邓亚萍与姚明，邓亚萍选择的乒乓球事业，姚明是选择的篮球事业，均取得了突出成绩，卓有成效。

4.3.3.1　邓亚萍的竞技乒乓球职业作为[①]

邓亚萍是中国女子乒乓球事业中，享誉世界的著名运动员，爱国敬业，训练刻苦，勇于拼搏，作风顽强，为国争光。

（1）简介。邓亚萍 1973 年生于河南省郑州市，中国女子乒乓球队前运动员，1983 年加入河南省队，1988 年被选入国家队，1997 年退役。乒乓球运动生涯中，获得过 18 个世界冠军，连续 2 届获奥运会女子乒乓球单打、女双世界冠军，她的技术特点是右手横握球拍，快攻结合弧圈打法，在比赛中有"稳、准、狠、快"的风格。她被誉为"乒乓皇后"，是乒坛里名副其实的

· 107 ·

---

① 主要资料来源：《北京青年报：目击邓亚萍首日上班》，新华网，2003 年 2 月 25 日。《"乒乓女皇"邓亚萍》，中国网，2008 年 8 月 22 日。

"小个子巨人"。

（2）乒乓球竞技职业效益要点。在邓亚萍的乒乓球事业的职业人生中，取得了辉煌的成就，取得了国家、个人、家乡与公民社会多方面都获益的辉煌职业效益。

①个人获益。除经济收入外，获得了高贵的荣誉。从她16岁开始，一共拿到了18个世界冠军，并连续获得两届奥运会女单和女双的冠军，被誉为"乒乓皇后"，同时她还被评为全国妇联授予全国"三八"红旗手称号等。邓亚萍的卓越表现，得到了奥委会主席萨马兰奇（Juan Antonio Samaranch）的赏识，推荐其任职国际奥运会运动员委员会工作。

②家乡获益。邓亚萍出生在河南省郑州市，最开始在郑州市乒乓球队，10岁时，在全国少年乒乓球比赛中获得团体和单打两项冠军，为郑州市带来了荣誉，后又加盟了河南省队，以及后来加入国家队取得的骄人业绩，为家乡争得了荣誉。

③公民社会获益。乒乓球作为一种体育运动，在我国有广泛的群众基础，并有"国球"的美誉，中国乒乓球的水平也处于世界领先地位，邓亚萍让中国人民、世界人民欣赏到了精彩绝伦的比赛，尤其对于中国公民来讲，邓亚萍赛场上取得的一次又一次成绩更是振奋了国人，让中国人充满了自豪感，在公民社会中树立榜样。

④国家获益。为国家赢得荣誉。1989年，16岁的邓亚萍和搭档乔红一起，赢得了第40界世界乒乓球锦标赛女双决赛的冠军，在此之后的8年中，邓亚萍又分别拿到了17次世界冠军，并连续获得两届奥运会女单和女双的冠军，让全世界记住了这个"小个子巨人"，更记住了"中国"这两个字，为国家带来了声誉和荣耀，邓亚萍的"拼搏精神"成为中国体育文化财富。

（3）成功因素。邓亚萍取得的辉煌的乒乓球竞技职业效益，源于她绝佳的职业配置、家庭教育、为国争光的拼搏精神等因素。

①最佳的职业配置，邓亚萍身高较低，但是邓亚萍却将自己的弱势变成优势，当时从事乒乓球事业，身高与乒乓球台高度成最佳的有利击球角度。张燮林说过，正因为她个子矮，过来的球大多比网子高，有些来球就成了机会球。

②家庭教育，邓亚萍出生在乒乓球世家，她的父亲邓大松曾经是河南省乒乓球队选手。受父亲的影响，邓亚萍立志做一名优秀的运动员，5岁起跟随父亲学打乒乓球，父亲给她制定了一套不同于常规的训练方法，对邓亚萍的乒乓球事业产生了很大的影响。

③有为国争光的拼搏精神，她有着一颗不服输的心，愿意与别人进行竞争，她立志为国争光，正像她自己所说，一旦设定了目标就决不轻易放弃。

④刻苦训练掌握精湛技术，邓亚萍在平时的训练非常刻苦，总是超额完成自己的训练任务，不断提高自己，她的成功离不开她的坚持和努力，终于练就

了反应速度快，打球积极主动，攻击力强，很好地掌握了正手快攻和反手位的长胶攻球的精湛技术。

4.3.3.2　姚明的竞技篮球职业作为[①]

姚明是中国篮球事业中，享誉世界的著名运动员，爱国情深，训练刻苦，作风顽强，勇于拼搏，为国家增光添彩。

（1）简介。姚明 1980 年出生于上海市，1997 年他 17 岁入选国家青年队，18 岁穿上了中国队服，加入中国篮球职业联赛 CBA 上海大鲨鱼篮球俱乐部，2002 年加入美国国家篮球协会 NBA 休斯敦火箭队，是美国 NBA 及世界篮球巨星，中国篮球史上里程碑式人物。2009 年姚明收购上海男篮，成为上海大鲨鱼篮球俱乐部老板。2011 年姚明正式宣布退役，2013 年姚明当选为第十二届全国政协委员。被中国体育总局授予"体育运动荣誉奖章"和"中国篮球杰出贡献奖"。

（2）竞技篮球职业效益要点。在姚明的篮球事业的职业人生中，取得了卓著的职业成就，为国家、个人、家乡与公民社会多方面贡献了辉煌的职业效益。

①个人获益。第一，经济收入。从 2002 年开始，火箭队付给他们的状元新秀总共 1800 万美元，第二份合约是姚明的主赞助商给"小巨人"5000 万美元的合同，这两份合同每年带给姚明 1200 万美元。此外，姚明还至少签下一些商业合同，总收入超过 2000 万美元。《福布斯》中文版公布的"2008 中国名人榜"中，姚明收入 3.878 亿元人民币，蝉联该榜第一。

第二，高贵荣誉。2000 年被 ESPN 评为全球最有潜力运动员奖，2003 年获劳伦斯世界最佳新秀奖，2003 年至 2008 年连续六个赛季入选 NBA 西部全明星阵容，是 NBA 历史上首位获得"状元秀"的外籍球员，7 次获得 NBA "全明星"，2002 年当选感动中国十大人物，2011 年分别获中国篮球杰出贡献奖、中国奥林匹克金质奖章。

第三，事业拓展。姚明利用篮球平台与自身价值，进行多样化的经营。早在加入 NBA 第 3 年的 2005 年，就在休斯敦繁华的韦斯特汉姆街上经营姚餐厅，开业开门红，如鸡丝炒面销量亦高达数百份，甚至吸引了美国前总统乔治·布什（G. Bush）的到来。还以产品代言人等方式参与社会事宜，发展事业。

②家乡获益。1998 年作为上海队主力的球队获全国男篮甲 A 联赛第 5 名，1998 年入选中国篮球明星队，1999 年入选国家男篮，2000 年作为上海队主力的球队获全国男篮甲 A 联赛第二名，2002 年作为上海队主力的球队获得中国男篮甲 A 联赛冠军。姚明为上海带来了荣誉，上海这座城市也由于姚明而更

---

① 《福布斯财富榜姚明第 17 科比成最富有 NBA 球员》，腾讯体育，2007 年 10 月 27 日；《李娜获劳伦斯特别成就奖姚明获体育精神奖》，《北方新报》，2015 年 4 月 16 日。

加熠熠生辉。

③公民社会获益。热衷于社会公益事业，为预防艾滋做宣传，探访民工子弟学校，捐献骨髓等。其中，四川省汶川地震，他自拍公益广告，呼吁向汶川灾区捐款，他个人捐款总额近1600万元人民币。由姚明发起和负责，在中国青少年发展基金会架构下设立的专项慈善公益基金，致力于助学兴教，促进青少年健康与福利等各种社会公益慈善活动。

④国家获益。1997年与队友配合获亚洲青年男子篮球锦标赛冠军，1999年与队友配合在日本重新夺回亚洲男篮锦标赛冠军，2000年入选1999年亚洲全明星队，2000年与队友合作获悉尼第二十七届奥运会男篮比赛第十名，2002年入选世界男子篮球锦标赛最佳阵容，2002年成为NBA历史上第三位外籍状元秀，2003年率领中国男篮获亚锦赛冠军，2004年并作为"英雄偶像"被《时代周刊》列入"世界最具影响力人物"，2006年被美国《体育新闻》评为职业体育最有影响力的100人，为国增光。

⑤国际社会获益。在退役后还积极参入国际社会公益事业。2014年姚明与全球领先的在线教育平台TutorGroup签订了长期合作协议，姚明成为Tutor-Group在中国和世界各地的英语和汉语学习产品的品牌代言人，2014年国际奥委会宣布姚明成为南京青奥会大使，向新一代的青年运动员分享他有关国际比赛的建议和经验，同时激励全世界的年轻人积极践行和传承青奥精神。姚明还是特奥全球形象大使，他十分关注残障、智障人士的权益保护。

（3）成功因素。姚明取得的卓著的篮球事业成就，主要有独占优势的职业配置、家庭教育、勤学苦练等多方面的因素。

①独占优势的职业配置，身高2.26米的姚明，篮球场地是他独占优势的职业舞台，与篮球器具等资源配置从业是他最适宜的职业配置，开启了他的卓越事业。

②家庭教育。姚明出生于上海市的一个篮球世家，父亲姚志源身高2.08米，姚明父母考虑孩子的身体条件不走篮球道路实在是暴殄天物，9岁就送他去上海市徐汇区少年体校开始接受业余训练。从小受到的家庭熏陶，以及自身的身高优势，使他热爱和专注篮球事业。

③勤学苦练，在上海市徐汇区少年体校启蒙教练李章民的指导下，姚明开始正式接受篮球训练，他勤学苦练，回到家又接受父母的教练，最终成为一名优秀运动员。

④愈挫愈勇的坚强秉性，17岁开始踏上职业篮球赛场，稚嫩瘦弱，一次次砰然倒地，被撞倒咬牙爬起来继续拼搏，顽强的意志秉性驱使他愈挫愈勇，全面造就了篮球巨星。

⑤爱国敬业，他自己说过，为国家而战是一种荣誉，当时凡是涉及中国男篮的重大比赛，姚明都义无反顾地从NBA回到祖国，无论赛况困难或是顺畅，

都兢兢业业打好比赛。

⑥秉正善良，姚明秉持公正，心性善良，为人友好、谦虚、礼貌、幽默、智慧、高尚，公益心强，遇有所求，积极尽心尽力，通过多种形式帮助，对于同胞的灾难快速救助，对于全球社会的需要热心参入，如同一位慈善公使实善于人类社会。

4.4 职业配置探索

随着不同国家人们不断进行改善生产与生活的努力，竞争发展，信息等科学技术日新月异，人类生活发生了深刻的变化，公共平台多，联系方便，交通便捷，资源共享，为职业配置带来了更多的机会与选择。

4.4.1 职业配置立意

职业配置选择是人进入职业领域，作为主要社会成员，开始全面参入社会生活的一项重要事宜，一般的学生公民身份转变为行业成员的职业主体，不仅关系个人家庭生活，也关系社会生活。

特别是由从业人的分工与合作纽带维系起来的现代市场经济的公民社会，人为人是这一社会的最高准则，离开了为人，个人就会失去价值，社会也就无法存在。如前所述，人们是在相互关系中生存与发展的，互相提供劳作成果，各得其所，满足生活需要。因此，在进行职业配置选择的时候，不能简单地只考虑自己有个职业，有个谋生的饭碗，满足自己的生活需要，更重要的是要考虑好为人做事，做好为人的服务，才能立业发展。

这里，特别值得学习正在步入青年时期的马克思写的一篇关于选择职业的短文，即《青年在选择职业时的考虑》，[①] 他在这篇短文中写道：如果我们把这一切都考虑过了，如果我们生活的条件容许我们选择任何一种职业，那么我们就可以选择一种使我们最有尊严的职业；选择一种建立在我们深信其正确的思想上的职业；选择一种能给我们提供广阔场所来为人类进行活动、接近共同目标，即完美境地的职业。

在选择职业时，我们应该遵循的主要指针是人类的幸福和我们自身的完美。不应认为，这两种利益是敌对的，互相冲突的，一种利益必须消灭另一种的；人类的天性本来就是这样的，人们只有为同时代人的完美、为他们的幸福而工作，才能使自己也达到完美。

如果我们选择了最能为人类福利而劳动的职业，那么，重担就不能把我们

· 111 ·

---

① 马克思：《青年在选择职业时的考虑》，载《马克思恩格斯全集》（第40卷），人民出版社1982年版，第3~7页。

压倒，因为这是为大家而献身；那时我们所感到的就不是可怜的、有限的、自私的乐趣，我们的幸福将属于千百万人，我们的事业将默默地，但是永恒发挥作用地存在下去，而面对我们的骨灰，高尚的人们将洒下热泪。

当年 17 岁的马克思阐述了他的职业配置选择的崇高追求，至今具有直接的现实意义。更难能可贵的是马克思不仅这样思考，也是这样实践的，他选择的就是为了人类共同过上美好的幸福生活的职业，反对人压迫人、人剥削人的不平等社会，并为之奋斗终生。随着科学技术发展，人类的进步文明，人类一定会共同过上美好的幸福生活。

4.4.2　职业配置选择方案

职业配置的从业当事人与职业单位各有各的要求，对应统一起来，职业配置才是现实的。从实际情况来看，从业当事人与职业单位很难都达到百分之百的满意，都需要比较选择，可考虑选择的方案有下列几种。

4.4.2.1　最佳方案

就是择业当事人与职业单位的对应要求相互符合或一致的方案。一方面，择业当事人的条件符合职业单位的要求；另一方面，职业单位的状况也符合从业当事人者的要求。这是择业当事人与职业单位都满意的两全其美的职业配置方案，也是最佳的方案。

4.4.2.2　较好方案

就是择业当事人与职业单位的对应要求大体上或主要方面相互符合或一致的方案。择业当事人与职业单位虽然都不完全满意，但在大的方面或主要方面都达到了相互要求，也就是双方都基本上满意或比较满意，这是较好的方案。

4.4.2.3　倾向方案

就是择业当事人与职业单位对应要求在某个方面相互符合或一致的方案。倾向方案是择业当事人与职业单位不能兼顾全面要求时，主动放弃其他方面的要求而突出某个方面的要求，所做出的选择。这并不完全是被动的，而是被动中的主动选择，也是一种较好的方案。

4.2.2.4　较差方案

就是择业当事人与职业单位的对应要求都不太符合或不太一致的方案。对于择业当事人与职业单位来说，都不太理想，双方都不太满意，但由于双方都不容易选到满意的对方，均有些无奈，所做出的选择，这种是较差的方案。

毫无疑问，最佳方案是最好的，较好方案也是挺好的，倾向方案是次好的，较差方案是不好的。对于择业当事人来讲，选择哪种职业配置方案，不完全取决于自己的主观意愿，从根本上说，取决于自己的职业资源条件与职业单位的要求。

由于择业人职业资源条件的差别，职业配置要求不可能一样。职业资源条件好的人，要求就高一些；条件一般的人，要求就要低一些；条件差的人，要求就要更低一些；而条件很差的人，要求就必然是很低的。

一般情况下，职业资源条件好的人，具有很大的选择自主性，可选择各方面条件都挺好的职业单位，按最佳方案进行职业配置；职业资源条件比较好的人，有较大的选择自主性，可选择大体上比较好的职业单位，按较好方案进行职业配置；职业资源条件不都好的人，有一定的选择自主性，在难能全面或多方面满意的情况下，应突出自己的某个方面的要求，选择某个方面较好或突出的职业单位，这是被动中的主动选择，按倾向方案进行职业配置；职业资源条件很差的人，选择自主性很小，是很被动的，只有按较差方案进行职业配置。

当然，人都很难十全十美，特别是刚走向社会的大学毕业生，一般实践经验少，对企业等职业组织了解较少，对用人要求缺乏感知，因而遇到不如意是难免的，不要气馁，要自知短板，利用现代高科技平台，快速强化提升，借鉴成功经验，走捷径，会大有职业作为。

第 5 章　完善职业保障

自改革开放以来，我国的经济取得了长足的发展。工业化时代的到来，一方面带来了社会财富快速的增长，人民生活水平的普遍提高；另一方面也使职业人在工业化生产中面临着诸多职业风险。本章基于"效在多方、益在多处"视角，探讨经济快速发展过程中的职业人普遍面临的工伤风险与失业风险相关的职业保障问题。

5.1　工伤保险与失业保险制度阐释

职业人在从事的职业活动中，不可避免地会存在工伤问题以及失业问题，在工业化革命的背景下，工伤保险和失业保险作为社会保险制度的重要构成应运而生。本部分从工伤保险与失业保险制度的界定视角，对二者进行阐释。

5.1.1　工伤与失业的界定

世界各国对工伤与失业的界定随着社会的发展发生一些变化。同时，因经济发展水平的差异，以及社会文化等方面的不同，世界各国所界定的工伤与失业也会略有差异。但从实质内容看，基本相同。

5.1.1.1　工伤的界定

工伤顾名思义即工作伤害，也称作职业伤害，始见于 1921 年的国际劳工大会公约中，是指由于工作直接或间接引起的事故[①]。实践中，将劳动者在从业过程中由于生产环境中的不安全因素直接或间接导致的人身伤害，包括事故伤残和职业病以及因这两种情况造成的死亡界定为工伤。并且，随着社会的发展，目前上下班途中的交通事故造成的伤亡以及出差过程中的伤亡也属于工伤范畴。

5.1.1.2　失业的界定

所谓失业，是指劳动力供给与劳动力需求在总量或结构上的失衡所形成的具有劳动能力并有就业意愿的劳动者处于没有就业岗位的状态。从微观的视角

---

① 孙树菡：《工伤保险》，中国人民大学出版社 2000 年版，第 21 页。

来说，失业是指在当前工资水平下愿意工作的人无法找到工作的现象。中国国家统计局与人力资源和社会保障部对失业者的界定为，在规定的劳动年龄内（16 周岁为下限）具有劳动能力、在调查期内（每季度末最后一日之前的两个完整周）无业并以某种方式寻求工作的人员。其中包括包括：（1）16 周岁以上各类学校毕业或肄业的学生中，初次寻找工作但尚未找到工作的人员；（2）企业宣告破产后尚未找到工作的人员；（3）被企业终止、解除劳动合同或辞退后，尚未找到工作的人员；（4）辞去原单位职务后尚未找到工作的人员等。

5.1.2　工伤保险与失业保险的内含

依据工伤与失业的界定，在实践中，针对工伤事故以及失业现象，需要一定的标准，作为给予工伤补偿与失业保障的依据。

5.1.2.1　工伤保险的内含

工伤保险作为保障职业人身心健康的制度安排，其内涵体现在工伤保险的原则上。工伤保险遵循六大原则，具体内容如下。

（1）无过失补偿原则。无过失补偿原则也被称作无责任补偿原则，是指劳动者在生产工作过程中发生工伤事故时，只要不是劳动者故意行为所致，受伤害者都有权利按照法律享受工伤保险待遇。无责任补偿原则解除了从业人的后顾之忧，使他们清楚即使发生工伤事故，生活也是有保障的，激发他们的工作积极性。

（2）个人不缴费原则。工伤保险采用的是用人单位缴费原则，从业者本人不需要缴费，这是与养老保险、医疗保险、失业保险存在差异的地方。这主要是考虑从业者为用人单位创造财富的同时也承担着工作风险，所以从业者因工受伤时用人单位理应从所获利益中拿出一部分份额进行经济补偿，机器设备需要维修，劳动力受伤后也需要修复，这是用人单位对生产要素市场的投入，用人单位缴费原则已经成为国际惯例。

（3）风险分担、互助互济原则。工伤保险具有互助互济性体现在工伤保险基金的运行过程中。具体表现为国家通过立法，经由社会保险机构强制性的向用人单位征收工伤保险费，从而建立工伤保险基金，并实行区域统筹，由社会保险机构在行业、企业、人员之间进行再分配，分担经济风险。它使高风险行业免于承担工伤事故带来的沉重负担，降低工伤事故给用人单位和从业人带来的经济损失。

（4）补偿与预防、康复相结合的原则。工伤保险包括了工伤预防、工伤医疗、工伤康复。工伤预防贯彻了"安全第一、预防为主"的方针，事前预防能降低导致工作伤害的因素，从源头上减少工伤事故；工伤医疗是指事故发生时对工伤者给予及时的救治；工伤康复是事故发生后帮助工伤者进行康复训练，并帮助他们重新走上工作岗位。对于社会利益和职业人利益来说，事前预防要比事后补偿工作更有必要性，工伤事故的减少，能够减少工伤补偿和康复支出，拿出更多的资金进行工伤预防，形成工伤保险基金的良性循环，这体现了"效在多方，益在多处"的本旨。这一原则在工伤保险制相对成熟国家比较流行。

5.1.2.2　失业保险的内含

失业保险是社会保险制度的五大项目之一，拥有社会保障项目所共有的特点，如强制性、互济性、社会性以及福利性，但同时失业保险的目的和保障对象的特殊性使其具有特殊的内含。

（1）劳动者丧失劳动机会是保障的前提。失业保险必须当劳动者由于非自愿原因失去工作机会后才有效，但劳动者仍具备劳动能力，这是领取补助的必要条件，丧失劳动能力者不受失业保险保障。

（2）非自然因素是失业形成的主要原因。其他社保项目的风险多源于人的生理变异等自然因素，失业保险保障对象的风险源自当时社会经济等因素的综合影响。国家调整宏观经济政策影响产业结构，引起就业变动从而带来非自愿失业。

（3）生活保障与就业促进并重。这是失业保险最显著的特征，即同时具有两个同等重要的功能：保障失业者生理和劳动力再生产。因此，失业保险保障形式和保障内容特殊，除发放保险金、提供经济援助外，更重要的是要通过就业培训等各种激励机制鼓励再就业。

5.1.3　工伤保险与失业保险的模式

在世界各国的实践中，基于各国国情的差异，失业保险与工伤保险各出现了几种运行模式，本部分将对两种常见的模式进行阐述。

5.1.3.1　工伤保险模式

从各国工伤保险的实施情况看，目前形成了三种工伤保险模式：工伤社会保险、雇主责任保险以及二者相结合的模式①。各种模式之间又有差异，可以细分为不同类型。

（1）工伤社会保险模式。工伤社会保险模式可以分为 3 种类型：一种是工伤保险制度和社会保险制度是相互独立的，自行制定其管理制度，并拥有工伤保险基金的自由支配权，实行这种类型的工伤保险制度的国家有德国、加拿大、日本等；另一种是虽然工伤保险制度和社会保险制度相互独立，但它们都从属于同一行政机构管理，法国、菲律宾和奥地利都是实行的这种模式；还有一种模式是工伤保险制度包含在社会保险制度中，是其重要的组成部分，这种模式的代表国家有阿尔及利亚、巴拿马、哥伦比亚及英国等。

（2）雇主责任保险模式。雇主责任险是雇主为雇员向商业保险公司投保，以国家是否强制雇主为雇员参保为依据，雇主责任险也可划分为 3 种类型：一

---

① 罗云：《安全经济学》，化学工业出版社 2004 年版，第 322 ～ 323 页。

种是国家并没有出台相关政策强制要求雇主为雇员参保,代表国家有阿根廷、印度、巴基斯坦、斯里兰卡和缅甸等;另一种是国家规定高危行业的雇主必须为其雇员投保,代表国家如马来西亚、乌拉圭、萨尔瓦多和哥斯达黎加等;还有一种情况是国家强制性规定,所有雇主必须为其雇员投保,代表国家有意大利、澳大利亚、芬兰及新加坡等。

(3) 工伤社会保险和雇主责任保险模式相结合的模式。很多国家工伤社会保险制度和雇主责任保险制度并存。美国是这种模式的典型代表,在美国社会保障总署并不负责管理全国的工伤保险工作,这项工作被分配给各州政府的劳工部门负责;这就形成了一些州实行工伤社会保险而另一些州实行雇主责任保险的情况,但是无论是实行哪种模式,雇主都必须为雇员缴纳工伤保险。

5.1.3.2　失业保险模式

失业保险发展早期,救助模式所占比例较大,之后逐渐过渡到保险模式,二者在筹资方式、领取资格条件、待遇水平、享受期限等方面都有明显差异(见表 5 -1 和表 5 -2)。

表 5 -1　　　　　　　　　失业保险制度模式

类别	特点
社会保险型	企业和个人共同负担,只有参保才能享受待遇。具有国家强制性,强调权利义务对等
社会救助型	由政府承担全部费用,对受益人有条件限制
雇主责任制型	雇主承担全部费用,政府建立并管理失业保险基金
	企业内部建立失业保险基金,雇主完全对雇员负责
个人储蓄型	个人按工资的一定比例进行储蓄,个人防范失业风险
混合型	社会保险与社会救助并存,或雇主责任制与社会救助并存

表 5 -2　　　　　　　　　失业保险筹资模式

筹资模式	特点	代表国家
完全政府负担	大多存在于只有失业救助制度的国家	澳大利亚、新西兰
完全雇主负担	政府向雇主征税来支付失业保险金	美国、俄罗斯
政府与雇员共同负担	失业保险基金主要来自向雇员征收固定失业保险税和政府的捐助	卢森堡
雇主与雇员共同负担	政府不给予任何补贴	加拿大、荷兰
政府、雇主与雇员三方共同负担	企业、劳动者和政府共同承担,政府按一定比例补贴或在基金入不敷出时给予补贴	实行失业保险制度的国家40%以上

保险模式的优越性决定了如今世界上80%的国家选择失业保险[①]。尽管失业保障理应成为劳动者的权利，但限定资格条件才能保证权利和义务的统一。然而救助模式并未退出世界舞台，中国香港、澳大利亚、匈牙利以及新西兰仍然实行。失业救助也在逐渐吸取失业保险的先进经验，如增加劳动者获取补助的条件，或以工资水平计算补偿金额。保险模式实际上有两种：强制性和自愿性失业保险。多数国家实行强制性失业保险，如北美各国采取完全强制性失业保险；而北欧国家普遍存在历史悠久的工会，实行自愿性的失业保险制度。

经济危机带来前所未有的失业，规模巨大且持久，失业保障制度难承此重，因此现代国家多将两种制度模式各取所长形成新的失业保险模式。失业保险的优点是权利与义务的统一、较高的待遇水平和保护程度；而失业补助的优势则在于保护时间长，且有稳定的资金来源。西欧国家普遍实行强制和救济相结合的失业保险，日本则采用要求一般劳动者必须参保、日雇劳动者自愿参保的失业保险制度[②]。不同国家根据各自实际情况采用不同的模式组合，多元化的制度有利于各国共同抵御和分散失业风险。

5.2　工伤保险与失业保险制度运行现状

本部分将针对我国的实际国情，对我国工伤保险制度与失业保险制度的运行现状进行全面阐述，以便为下一部分内容的写作做好铺垫。

5.2.1　我国工伤保险制度与失业保险制度简介

同世界其他国家相似，我国工伤保险制度与失业保险制度也随着我国经济社会的发展而不断发展与完善。所以，在对现行工伤保险制度与失业保险制度进行阐述之前，有必要对工伤保险制度与失业保险制度的发展历史做一简单介绍。

5.2.1.1　工伤保险制度

我国的工伤保险制度在新中国成立初期就已建立起来。与当时的计划经济体质相适应，初期的工伤保险制度属于福利供给型，而进入改革开放的市场经济体制后，开始了现行的工伤保险制度。

（1）工伤保险缴费制度。我国由用人单位按月缴纳工伤保险费，员工不需要缴费。工伤保险费实行现收现付制，征缴的原则是以支定收、略有结余，费率实行行业间差别费率和行业内部浮动费率。行业风险程度是确定行业类别

---

① 吕丹，曲展：《典型国家失业保险制度》，载《中国劳动》2014年第10期，第29~33页。
② 李文琦：《日本失业保险制度的运行及对中国的借鉴》，载《陕西行政学院学报》2010年第1期，第32~33页。

的依据，依据行业风险由低到高的程度将各行业划分为三大类，费率分别为
0.5%、1%、2%，不同行业类别的工伤保险费率见表 5 - 3。用人单位首次缴
费以行业差别费率为依据，低风险行业不实行浮动费率，二类和三类行业依据
是工伤发生情况、基金使用情况、职业病的危害程度，实行浮动费率，浮动费
率以差别费率为基准，上下各浮动各两档，1～3 年浮动一次。

表 5 - 3　　　　　　　　不同行业的工伤保险缴费费率

行业划分	行业差别费率（%）	浮动费率	举例
一类行业	0.5	—	批发零售业、餐饮业、居民服务业
二类行业	1	上浮第一（二）档到行业基准费率的 120%（150%），下浮第一（二）档到行业基准费率的 80%（50%）	房屋和土木工程建筑业、一般制造业
三类行业	2		化学原料及化学制品制造业、金属冶炼加工业

资料来源：《关于工伤保险费率问题的通知》劳社部发〔2003〕29 号。

在农民工工伤保险缴费上，以是否要求工伤与其他社会保险项目捆绑参保
为依据，形成了北京市和广东省两种模式。北京市采取工伤优先模式，也就是
说用人单位可以根据其承担能力，优先为农民工办理其最需要的工伤保险，不
强求其在缴纳工伤保险的同时必须为职工缴纳其他社会保险。广东省模式是全
国大部分地区采取的模式，要求用人单位为农民工缴纳养老、医疗、工伤三项
基本社会保险。

（2）工伤保险待遇给付制度。在《工伤保险条例》第五章中明确了职工
发生工伤时应享有的工伤保险待遇，针对伤残对象的不同，大体分为如下几
类：工伤医疗待遇及康复待遇、伤残待遇、死亡待遇等。

（3）工伤医疗及康复待遇。工伤医疗及康复待遇主要有四项：工伤医疗
费用、伙食补助费、停工留薪待遇及辅助器具配置待遇。进行工伤治疗时，可
以从工伤保险基金支付的项目有：符合诊疗目录、药品目录、住院服务标准的
工伤治疗费用，伙食补助费，到统筹地区以外的医疗机构治疗的交通费、食宿
费；工伤职工需要停止工作接受治疗的享受停工留薪待遇，治疗期间停工留薪
的费用由用人单位支付，在此期间因生活不能自理需要护理的也由用人单位负
责。进行工伤康复的费用，只要符合规定，也从工伤保险基金中支付，还包括
安装假肢、矫形器、假眼、假牙和配置轮椅等辅助器具。

（4）伤残待遇。伤残待遇是指职工发生工伤，经治疗伤情相对稳定后存
在残疾，影响劳动能力的，通过劳动鉴定委员会进行劳动能力鉴定其伤残等

级，伤残等级享受有关待遇的统称。工伤职工已经评定伤残等级并经劳动能力鉴定委员会确认需要生活护理的，从工伤保险基金按月支付生活护理费。伤残待遇按照伤残鉴定等级的不同而有所区别。所有等级均享受从工伤保险基金按伤残等级支付的一次性伤残补助金，不同等级伤残职工还分别享受不同的待遇。

（5）死亡待遇。因工死亡包含下列几种情况，职工因发生工伤事故、职业中毒直接导致死亡或在职业病医疗期间死亡、工伤旧伤或者职业病旧病复发死亡，以及全残职工享受伤残津贴期间死亡。死亡待遇由下列三项构成：一是丧葬补助金；二是供养亲属抚恤金；三是一次性工亡补助金。因工死亡职工的近亲亲属可以从工伤保险基金领取上述三项待遇。

5.2.1.2　失业保险制度

与工伤保险制度存在一定的差异，在计划经济体制下，我国的失业保险制度还处于缺位状态，而进入市场经济体制运行时期后，为了适应经济体制改革，失业保险制度逐步建立起来，随着市场经济体制改革的深入，失业保险制度也进行了不断完善。

（1）城乡失业保险制度模式。《失业保险条例》首次为农民工制定相应条款，各省也以国家标准为依据制定了相应的条例。随着社会环境变化和经济不同程度发展，形成了三种失业保险模式。第一种，统一模式。该模式以江苏省、广东省为典型。该模式下城乡职工的缴费方式、待遇补助方面实现零差别，二者缴费额度相同，领取补助方式也相同，实现了同工同保障。第二种，双轨模式。福建省、广西壮族自治区和贵州省[①]三省（区）所采取的政策可称为"双轨制"，农民工可根据自身情况自愿缴纳与城镇职工相同的失业保险费，自愿缴费的农民工在失业后享受和城镇职工同样待遇。本人不缴费的，失业后领取一次性补助。第三种，差异模式。除上述几省外，其他省（区）（个别市除外）采用城乡标准不同的失业保险制度，即城镇职工按 0.5% 或 1% 的比例缴费，失业后按缴费期限计算补助额；农民工个人无须缴费，单位为其承担费用，但失业后只能享受一次性补助。

（2）城乡失业保险缴费模式。国家最初规定，城镇单位按工资总额的 2% 缴费，职工按工资的 1% 缴费。农民工本人不缴费。然而随着社会保障的发展，《条例》中关于失业保险费率的规定不符合社会经济发展和人口流动趋势，并且 2% 的固定缴费比例对于收入较低的农民工仍是较大的负担，影响了其缴纳失业保险费的积极性，一些省（市）结合本地实际情况对相关条例作出改动（见表 5 - 4）。

---

① 《关于农民合同制职工参加失业保险及享受失业保险待遇有关问题的通知》，黔人社厅网，通〔2010〕460 号。

指标	江苏省、广东省	北京市	广西壮族自治区、福建省、贵州省	其他省份
用人单位（%）	1.5	1.5	2	2
城镇职工（%）	0.5	0.5	1	1
农民工	0.5%	不缴纳	自愿	不缴纳

表 5 - 4　失业保险缴费比例

资料来源：2014 年各省人力资源和社会保障厅现行失业保险条例归纳所得。

从微观角度分析，失业保险强调权利义务的对等，一个劳动者首先应履行缴纳失业保险费的义务，才能在失业后享受相应的保障，否则会造成诸如逆向选择等道德风险。城乡劳动者同样缴费能够真正体现权利和义务之间的对等关系。

（3）城乡失业保险给付模式。我国城镇职工普遍根据缴费期限来计算补助额，而农民工失业保险待遇分别对应失业保险制度的三种模式，即一次性生活补助、双轨制以及统一模式。一次性生活补助。我国大部分地区采取的是一次性生活补助。即农民工连续工作达到 1 年，单位已经为其缴费，根据其工作时间领取一次性补助。广西壮族自治区、贵州省和福建省三个省（区）采纳了双轨制，即分别采用一次性补助或与城镇职工相同的、按工作时间长短发放的失业补助金方式。对于自愿缴费的农民工，按办法规定享受城镇职工失业保险待遇。江苏省采取"同工同保障"的政策即统一模式，失业保险金支付方式，农民工同城镇职工相同，按照参保期限领取。

5.2.2　我国工伤保险制度与失业保险制度运行现状

上一部分对我国工伤保险与失业保险制度的基本内容进行了全面的阐述，本部分将对我国工伤保险制度与失业保险制度的运行现状进行全面分析。

5.2.2.1　我国工伤保险制度的运行现状

针对我国工伤保险制度的运行现状，本部分拟围绕工伤保险参保情况和工伤保险收支结余情况两大方面进行阐述。

（1）工伤保险参保情况。首先，工伤保险参保人数。依据表 5 - 5 可知，截至 2013 年年底，全国工伤保险参保数 19917 万人，其中城镇职工参保 12654 万人，占全部参保人数的 63.53%；农民工参保 7263 万人，占全部参保人数的 36.47%。可见，自 2004 年《工伤保险条例》实施以来，我国的工伤参保人数大幅增加，全国工伤保险总参保人数由 2005 年的 8478 万人增加到 2013 年的 1.99 亿人，农民工参保人数也迅速增多，由 2005 年的 1252 万人增加到 2013 年的 7263 万人。

表 5 – 5　　　　　　　2005 ~ 2013 年工伤保险参保人数　　　　　　单位：万人

年份	年末参保人数	农民工参保人数	城镇职工参保人数
2005	8478	1252	7226
2006	10269	2537	7732
2007	12173	3980	8193
2008	13787	4942	8845
2009	14896	5587	9309
2010	16161	6300	9861
2011	17696	6828	10868
2012	19010	7179	11831
2013	19917	7263	12654

资料来源：根据 2005 ~ 2013 年度人力资源和社会保障事业发展统计公报数据绘制而得。

其次，工伤保险参保人员构成比。图 5 – 1 展示了 2005 ~ 2013 年我国的工伤保险城镇职工和农民工参保构成比。可以看出，自 2004 年《工伤保险条例》实施以来，随着越来越多的农民工参加了工伤保险，农民工逐渐在工伤保险参保人员的构成中占有了一席之地，城镇职工不再是工伤保险参保的绝对主体。

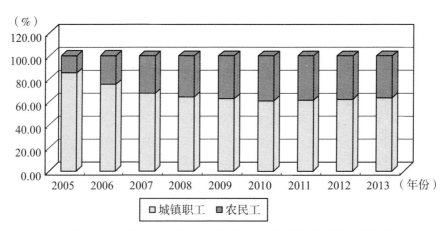

图 5 – 1　2005 ~ 2013 年全国参加工伤保险人员构成情况

资料来源：2005 ~ 2013 年度人力资源和社会保障事业发展统计公报数据绘制而得。

再次，工伤保险参保率。表 5 – 6 显示了 2008 ~ 2013 年我国工伤保险参保率的情况，由表 5 - 6 可知，我国的工伤保险参保率总体上一直在上升，但上升速度非常缓慢。具体来看：从城镇职工工伤保险参保率总体上看，城镇职工参保率呈增长态势，唯有在 2011 年出现波动，参保率略有下降；但是，城镇职工工伤保险参保率增长缓慢。从农民工工伤保险参保率总体上看，农民工参保率一直在缓慢增长，但增长的速度越来越小。2013 年年末农民工就业总人数达到 26894 万人，其中有 7263 万人参加了工伤保险，农民工工伤保险参保率达 27.01%，与 2008 年相比上升了 5 个百分点。

表 5 - 6 　　　　　　2008 ~ 2013 年工伤保险参保率

年份	年末参保人数（万人）	总就业人数（万人）	城镇职工参保率（%）	农民工参保率（%）	总参保率（%）
2008	13787	52752	29.28	21.92	26.14
2009	14895	54098	29.91	24.31	27.53
2010	16161	56511	30.54	26.01	28.60
2011	17696	61192	30.26	27.01	28.92
2012	19010	63363	31.89	27.34	30.00
2013	19917	65134	33.09	27.01	30.58

资料来源：根据 2008 ~ 2013 年度人力资源和社会保障事业发展统计公报数据绘制而得。

（2）工伤保险收支结余情况。首先，工伤保险缴费标准。2011 年新修订的《工伤保险条例》中规定工伤保险的缴费标准参照《社会保险费征缴条例》执行，全国各地工伤保险的缴费模式大致相同，只是在缴费基数及缴费费率上略有差异，最具代表性的是北京市和上海市缴费模式，因此，本部分以北京市、上海市两地区为例，介绍我国的工伤保险缴费标准。

北京市工伤保险的缴费基数为职工本人上一年月平均工资。其中，本人上一年月平均工资超过统筹地区上一年职工月平均工资的 300% 的，按统筹地区上一年职工月平均工资的 300% 缴费，如果职工本人上年度的月平均工资水平并没有达到他所在统筹地区上年度职工月平均工资的 60%，则以统筹地区上年度职工月平均工资的 60% 缴费。北京市的工伤保险行业费率与《工伤保险条例》的规定一致，行业内浮动费率如表 5 - 7 所示，与《工伤保险条例》不同的是三类行业都实行浮动费率，二类、三类行业上浮、下浮各两档，一类行业由于是低风险行业只有下浮费率。

表5－7　　　　北京市工伤保险行业基准费率和浮动档次表

行业类别	行业基准费率	行业内费率浮动档次	行业名称
一类	0.5	0.2	住宿业、餐饮业、居民服务业、其他服务业等
		0.3	
		0.4	
		0.5	
二类	1	0.5	房屋和土木工程建筑业等
		0.8	
		1	
		1.2	
		1.5	
三类	2	1	化学原料及化学制品制造业，石油天然气开采业等
		1.6	
		2	
		2.4	
		3	

　　因为上海市自2011年7月1日起实行5年的外来从业人员工伤保险缴费基数过渡，所以农民工和城镇职工实行两种缴费标准。上海的城镇职工缴费标准与广东和北京是相同的，农民工按上年度全市职工月平均工资的40%、45%、50%、55%过渡，至2015年3月底过渡期满，自2015年4月开始，用人单位和个人的缴费基数为本人上年度月平均工资收入。用人单位缴纳工伤保险费实行基础费率，基础费率统一为缴费基数的0.5%，如表5－8所示。浮动费率是指对发生工伤事故的用人单位，在基础费率的基础上，按照规定实行浮动费率。浮动费率是指工伤保险经办机构在用人单位按基础费率缴纳工伤保险费的基础上，根据用人单位当年度的工伤保险支缴率，核定其在下一年度应当浮动的工伤保险费比例。浮动费率分为5档，每档幅度为缴费基数的0.5%。浮动费率上浮后的最高费率（含基础费率）不得超过用人单位缴费基数的3%，浮动费率下浮后的最低费率不低于缴费基数0.5%的基础费率。

表5－8　　　　　　　　上海工伤保险浮动费率浮动办法

上浮标准		缴费费率（%）
上浮一档	200%＜工伤保险支缴率≤400%	1
上浮二档	400%＜工伤保险支缴率≤600%	1.5

上浮标准		缴费费率（%）
上浮三档	600% ＜工伤保险支缴率≤800%	2
上浮四档	800% ＜工伤保险支缴率≤1000%	2.5
上浮五档	工伤保险支缴率＞1000%	3

其次，工伤保险基金收支结余情况。根据人力资源和社会保障统计的数据做的 2005～2013 年全国工伤保险基金收入情况可知，2005～2013 年基金收入逐年增多，由 2005 年的 93 亿元，增长到了 2013 年的 615 亿元。2011 年的基金收入增长尤为迅速，增长率为 63.51%。扣除每年的支出额，2005～2013 年工伤保险基金结余呈上升态势。2008 年的基金结余为 80 亿元，比 2005 年的45 亿元翻了一番；2010 年出现拐点，2011 年的基金结余为 180 亿元，比 2010年的 93 亿元翻了一番。

5.2.2.2　我国失业保险制度运行现状

基于城乡二元结构，我国劳动力可以根据户口所在地不同划分为城镇职工和农民工，从业者基于身份的不同，所面对的就业保障制度安排就可能出现差异，本部分从城乡统筹的视角对我国失业保险运行现状进行分析。

（1）失业保险参保现状。1999 年涵盖城乡劳动者的失业保险制度使城乡劳动者失业后的基本生活得到了保障，并且随着社会经济发展、政府的重视以及公民自身维权意识的增强，劳动者的保障正在得到逐步改善。

（2）失业保险参保规模。通过对国家统计局历年国民经济和社会发展统计公报的统计相关数据整理得到表 5 - 9 的城乡劳动力失业保险参保人数统计数据。2009～2013 年我国城镇职工参保人数逐年上升，我国城镇失业保险覆盖面在不断扩大，我国失业保险政策在城市里得到一定程度的有效执行。

表 5 - 9　　　　　　　2009～2013 年劳动力失业保险参保人数　　　　单位：万人

指标		2009 年	2010 年	2011 年	2012 年	2013 年
城镇职工	劳动力人数	31120	32800	35914	37102	38240
	参保人数	11072	11386	11926	12523	12677
农民工	劳动力人数	22978	24223	25278	26261	26894
	参保人数	1643	1990	2391	2702	3740

资料来源：2009～2013 年人力资源和社会保障事业发展统计公报整理所得。

（3）劳动力失业保险参保率。我国城镇参保人数逐年增加，然而参保率却总体呈现略微下降的趋势。2013 年失业保险参保率降至 2009 年以来的最低水平，并且相比除生育保险外的其他三项社会保障项目，即养老、工伤和医疗保险的参保率（见表 5 - 10），失业保险参保率仍然偏低，仅略高于 30%。农民工各类社会保障参保比例则继续上升。其中，养老保险参保率比 2012 年提高 1.4%，工伤保险参保率上升 4.5%，医疗和失业保险的参保率均提高了 0.7%，生育保险参保率仍然最少，但也提高了 0.5 个百分点。反观农民工参保率，随着经济逐步转型升级、城镇化进程加快、农民工进城打工人数的逐年增加以及相关政策的实施，农民工对于失业保险和自身权益维护有了更好的认知，失业保险参保率呈逐年上升的趋势，见表 5 - 11 和图 5 - 2。将城镇职工参保率与农民工参保率对比可以看出，城镇职工与农民工在就业人数上的差距较大，每年基本相差 1 亿人左右，然而相对的失业保险参保率相差更大。城镇职工每年平均参保率为 34.08%，而农民工虽然参保率逐年上升，然而其平均参保率仅为 9.79%，城乡之间的差距不仅给农民工合法权益造成了损害，也对城乡一体化形成了阻碍。

（4）劳动力领取失业保险人数。国家统计局的数据显示（如表 5 - 12 所示），2009 年全国有 235 万人领取失业保险补助，比上年年末减少 26 万人。2010 年年末全国领取人数减少至 209 万人，比上年年末减少 26 万人。2011 年

表 5 - 10　　2008 ~2013 年外出农民工参加社会保障的比例　　单位：%

指标	2008 年	2009 年	2010 年	2011 年	2012 年	2013 年
养老保险	9.8	7.6	9.5	13.9	14.3	15.7
工伤保险	24.1	21.8	24.1	23.6	24.0	28.5
医疗保险	13.1	12.2	14.3	16.7	16.9	17.6
失业保险	3.7	3.9	4.9	8.0	8.4	9.1
生育保险	2.0	2.4	2.9	5.6	6.1	6.6

资料来源：国家统计局 2013 年全国农民工监测调查报告。

表 5 - 11　　　　2009 ~2013 年劳动力失业保险参保率　　单位：%

指标	2009 年	2010 年	2011 年	2012 年	2013 年
城镇职工	35.58	34.71	33.21	33.75	33.15
农民工	7.15	8.22	9.46	10.23	13.91

资料来源：2009 ~2013 年人力资源和社会保障事业发展统计公报整理所得。

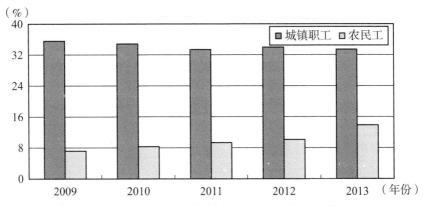

图 5-2　2009~2013 年城乡劳动力失业保险参保率

资料来源：2009~2013 年人力资源和社会保障事业发展统计公报整理所得。

年末全国又降至 197 万人，减少了 12 万人。2012 年人数略有回升，达到 204
万人，增加 7 万人。2013 年又降至 197 万人，比上年末减少 7 万人。

表 5-12　　2009 年~2013 年城乡劳动者失业保险领取情况

指标		2009 年	2010 年	2011 年	2012 年	2013 年
领取人数（万人）	城镇职工	235	209	197	204	197
	农民工	108	59	64.4	72	77
参保人数（万人）	城镇职工	11072	11386	11926	12523	12677
	农民工	1643	1990	2391	2702	3740
受益率（%）	城镇职工	2.12	1.84	1.65	1.63	1.55
	农民工	6.57	2.96	2.69	2.66	2.06

资料来源：2009~2013 年《人力资源和社会保障发展报告》整理所得。

　　鉴于城乡劳动者失业保险参保人数以及领取人数，在表 5-12 中对城镇职
工和农民工的情况加以比较可见，我国劳动者失业保险领取比例极低。城镇职
工领取失业保险的人数高于农民工，然而由于城镇职工参保人数远高于农民
工，因此，城镇职工失业保险领取比例较农民工反而更低。相比我国近五年每
年约在 4.1% 的登记失业率，如此低的失业保险领取比例说明我国失业保险并
未有效保障劳动者合法权益，获益者仍然较少。

　　（5）失业保险基金收支情况。近年来，随着我国失业保险基金管理的不
断完善，失业保险保障功能得到加强，在失业者生活保障、再就业的促进和失
业贫困应对等方面发挥的作用越来越大。根据表 5-13 所示历年基金收入支出
以及结余情况，我国失业保险基金收入逐年增长，支出也在增加，然而结存增

长的比例最高，反映出失业保险基金收支严重失衡①。10 年间，失业保险基金结余平均每年以 27.7% 的速度增加，2013 年更是达到最高值。

表 5 - 13　　　　2009 ~2013 年全国失业保险基金情况

指标	2009 年	2010 年	2011 年	2012 年	2013 年
基金收入（亿元）	580	650	923	1139	1289
收入历年增长比例（%）	- 0.8	12.0	42.1	23.4	13.2
基金支出（亿元）	367	423	433	451	532
支出历年增长比例（%）	44.7	15.4	2.2	4.1	18.0
累计结存（亿元）	1524	1750	2240	2929	3686
结存历年增长比例（%）	15.6	15.5	28.0	30.8	25.8

资料来源：2009 ~2013 年人力资源和社会保障发展报告整理。

5.3　工伤保障与失业保障存在的问题及分析

本部分将在对工伤保险与失业保险制度运行现状分析的基础上全面剖析二者运行中表现出的问题，并运用相关理论依据挖掘原因所在。

5.3.1　工伤保障存在的问题

工伤保险条例的颁布实施使我国的工伤保险制度更加完善，工伤保险制度在实际运行中取得了一些成效，但也产生了一些问题和不足，其中包括总体问题和城乡差异问题两方面，本部分重点对前者进行阐述。

5.3.1.1　工伤保险参保率低

基于 2008 ~2013 年我国的工伤保险参保实际情况可知，虽然我国的工伤保险制度已经实施了很多年，但工伤保险参保比例仍然很低，2008 年我国的工伤保险参保率仅为 26.14%，随后几年虽然我国的工伤保险总参保率在一直增长，但增长的十分缓慢，每年仅比前一年增长 1 个百分点，甚至小于 1 个百分点，如 2010 年我国的工伤保险参保率为 28.6%，2011 年我国的工伤保险参保率为 28.92%，仅比 2010 年提高了 0.32 个百分点。截至 2013 年年底工伤保险参保率也仅刚刚达到 30.58%，总的来说，虽然工伤保险具有强制性，是国家立法强制执行的，在规定范围内的用人单位、就业者必须参加，但我国工伤保险参保率很低，近 70% 的职工没有参加工伤保险，企业逃保漏保现象严重。

---

① 曾丽红、杜选：《中国失业保险缴纳与支付的调整研究》，载《理论月刊》2014 年第 5 期，第 176 ~ 179 页。

5.3.1.2　工伤事故居高不下

完善的工伤保险制度可以通过改善劳动条件、进行安全教育培训防病防伤，降低工伤事故。德国是工伤预防工作做得较好的国家，虽然在 1960 ~ 1995 年德国的就业人数增加了一半，但是其职业伤害数目却没有随就业人数的增加而增加，相反职业伤害急剧下降，1960 年德国的工伤事故为 251 万例，1995 年已经减少到 162 万例，工伤事故数却降低了 30%。由于工伤事故数减少，工伤救治支出减少，实行现收现付制的费率由 1960 年的 1.51% 下降为 1995 年的 1.36%，根据推算，假如没有工伤预防，工伤事故率仍按 35 年前的标准计算，需要交纳的工伤保险基金要翻一番。得益于高成效的工伤预防工作，每一年德国的工伤事故情况都在减少，与 1975 年的工伤事故总数相比 2001 年仅占其 3/4[①]。而我国虽然建立起了工伤保险制度，但其并未对工伤事故的发生起到预防的作用，近五年一直维持在 100 万例的工伤认定数可以推测我国的工伤事故频发，工伤事故并没有通过工伤预防得到遏制。

5.3.1.3　基金收支结构不合理

我国的工伤保险收支结构不合理表现在两个方面：第一，工伤保险基金在工伤预防支出、工伤医疗救治和工伤康复上的支出比例不合理。以建立工伤保险制度最早的德国为例，德国有 6 家属于工伤保险同业公会的专门性工伤预防和职业安全研究机构，工伤保险基金每年为每家机构提供的研究经费都在 2000 多万欧元以上。图 5 - 3 为德国的工伤保险基金支出结构图，由图可知，德国在工伤事故预防方面的开支占总开支的 8%，工伤康复开支占 30%，工伤救治和补偿开支占 53%[②]。我国工伤保险基金的绝大部分用于工伤救治与补偿支付，用于工伤康复的资金也只占很小的比重，截至 2013 年 10 月，我国仅有 50 个城市提出了工伤预防的建制理念，更不用提工伤预防支出。第二，工伤保险基金收支结构不合理，表现在存在大量结余。我国的工伤保险缴费原则是以支定收，略有结余。据国家统计局发布的《2005 ~ 2013 年度人力资源和社会保障事业发展统计公报》显示，2005 年年末工伤保险基金累计结存 164 亿元，2013 年年末工伤保险基金累计结存 996 亿元。2005 ~ 2013 年工伤保险基金结余呈上升态势，近几年基金结余增长率最高达 93.55%，这违背了我国工伤保险基金"以支定收，略有结余"的缴费原则。如此高的结余揭示了我国的工伤保险基金在支出结构上存在很大问题，要想实现工伤保险基金的合理支配，中国还有很长的路要走。

· 129 ·

---

① 周慧文：《德国工伤保险事故预防机制评介》，载《中国安全科学学报》2005 年第 5 期，第 24 ~ 29 页。
② 应永胜：《德美日国家工伤保险制度探赜及启示》，载《北京航空航天大学学报》（社会科学版）2013 年第 4 期，第 23 ~ 28 页。

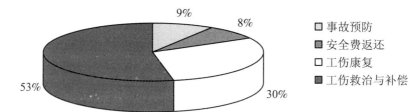

图5-3　德国工伤基金支出结构

5.3.1.4　工伤维权艰难

工伤职工维权艰难主要表现在两个方面：一是对工伤的界定存在争议，一些事故能否界定为工伤很难判断；二是工伤认定及劳动能力鉴定耗时长。

（1）工伤认定争议多。由于社会分工、职业分工的日趋细密化，工伤表现形式也日趋多样性、复杂性，很多情况下一些事故难以判定是否属于工伤。如：退休后再就业受伤的，官员午休期间在单位上厕所时意外身亡的，上班时间外出发生交通事故的等。中国人每年过劳死60万人，每天1600人，中国已经超过日本成为世界上过劳死第一大国，过劳死是否应列为工伤也引起了争议。因此，现行制度仅以列举方式认定工伤是不妥的，实践中给有关机构认定工伤带来困难，易造成本属工伤情形的被排除在工伤保险范围之外。

（2）从发生工伤事故到领取到工伤保险待遇的时间间隔非常久。对工伤职工来说领取工伤保险待遇是一场持久战，在拿到工伤赔偿之前他们要经过漫长的等待，据报道，黄先生在2012年4月份参加公司培训，培训完回家的路上发生交通事故，经历工伤认定及劳动能力鉴定后，但是直到2014年7月份才拿到赔偿，整个过程历时2年零3个月。对于本已遭受工伤事故的职工来说，这样的等待无异于雪上加霜。

5.3.2　失业保障存在的问题

基于从业者视角，我国目前的失业保障最为突出的问题就是覆盖城乡劳动者的制度欠缺问题，所以本部分重点从城乡统筹视角下我国失业保险制度存在的问题。

5.3.2.1　失业保险制度模式"碎片化"严重

失业保险属于社会保障体系的一种，由于涉及劳动者流动，需要具备转移接续功能。在二元经济依然存在的前提下，现行失业保险制度显现出严重的"碎片化"。我国有三种失业保险模式：统一模式、双轨模式和差异模式，各地执行不同的政策，三种模式在失业保险费缴纳以及失业保险金给付方面差异很大，各地农民工普遍数量较多、流动性强，失业保险关系的转续问题始终存在，引申出很多问题有待解决①。比如，失业保险转移接续的手续极其烦琐，这些非自然原因形成的障碍对农民工参保积极性有消极影响。

5.3.2.2　农民工失业保险参保率偏低

纵观农民工社会保险的参保情况，参保人数在逐年提高，但与庞大的劳动群体相比，参保率始终偏低。2013 年全国 26894 万农民工中，参加养老、医疗、失业、工伤保险的人数分别为 4895 万人、5018 万人、3740 万人、7263 万人，比 2012 年分别增加了 352 万人、22 万人、1038 万人、84 万人，但相对于这一年新增的 633 万农民工来说，参保率总体仍然较低，且不同险种的参保率存在差距：养老保险为 18.2%、医疗保险为 18.6%、失业保险为 13.9%、工伤保险为 27%、生育保险参保率几乎为零；与此同时，农民工退保率正在逐年上升。近年来，无论政策如何调整，全国每年退保和转移的农民工仍高达 80 万，这其中，农民工职业流动性强和工作稳定性差成为最主要的原因。

相比之下，2013 年全国 38240 万名城镇劳动者中，养老保险参保 32218 万人，增加 1792 万人，参保率高达 84.3%。医疗保险参保 57073 万人，增加 3431 万人，参保率 71.8%。失业保险参保人数 12677 万人，增加了 154 万人，参保率 33.2%。工伤保险参保人数共计 12654 万人，比上年年末增加 823 万人，参保率 33.1%。农民工与城镇职工以上四种社会保险的参保率差异如图 5-4 所示。

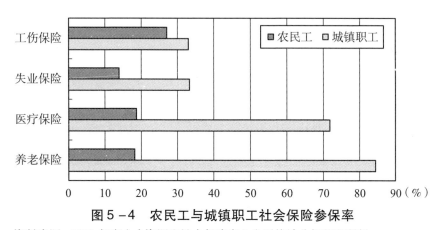

图 5-4　农民工与城镇职工社会保险参保率
资料来源：2013 年度人力资源和社会保障事业发展统计公报整理所得。

5.3.2.3　失业保险基金未将城乡劳动者全部覆盖

虽然我国在法律层面上明文规定了失业保险的覆盖面包括城镇企事业单

---

① 韩俊强、孟颖颖、姚紫薇：《完善农民工社会保障体系的对策》，载《经济纵横》2012 年第 12 期，第 20~23 页。

位，但在实施过程中逐步形成了以民营企业、三资企业为辅，国有企业为主的失业保险格局，大量农民工以及临时工却被边缘化了①。随着市场经济的发展，我国将农民工及公务员纳入失业保险的覆盖范围，但在解决具体失业问题时又因各种"客观条件"使失业保险功能的发挥受到很大限制。

大量非国企职工和灵活就业人员由于未被纳入保障范围而不能参保，而他们面临的失业风险最高。2003~2010年，我国的失业保险制度覆盖范围主要包括稳定就业的国企和事业单位的职工，尽管如此，覆盖率也仅约40%（如表5-14所示）。

表5-14　　　　　　　　2003~2010年失业保险覆盖率

指标	2003年	2004年	2005年	2006年	2007年	2008年	2009年	2010年
覆盖率（%）	40	40	39	40	40	41	40	30
城镇职工数（万人）	25639	26476	27331	28310	29350	30210	31787	34687
参保人数（万人）	10372	10583	10647	11186	11644	12399	12715	13375

资料来源：2011年《中国人口就业和统计年鉴》。

5.3.2.4　劳动者维权艰难

根据有关部门的统计，仅1998~2002年5年时间，全国法院系统共审结劳动争议案件42万件，比前五年增长1.7倍。2003年和2004年案件数分别达到137656件和163151件，2004年比2003年上升18.4%。2003年有137656件案件涉及案件标的金额37亿元②。国家统计局2014年5月12日发布的《2013年农民工监测报告》显示，农民工的维权成功率在20%以下。2013年，仅有41.3%的农民工签订了劳动合同，比2012年下降2.6%。2006年一项针对农民工的调查显示，仅有47.78%的农民工能够按时领工资，仅有13.7%的人每天能够在国家规定的8小时内工作。在我国，目前农民异地就业仍然存在困难，办理社会保险手续烦琐、收费标准不统一，相关政策得不到落实③。农民工培训所需财政资金在一些地区没有及时拨付，农民工就业培训工作无法顺利开展；由于一些用人单位不与农民工签合同，其合法权益就无法通过法律途径维护。

①② 史册：《我国城镇非农业管理存在问题及对策研究》，东北师范大学，2014年，第26~34页。
③ 石智雷、施念：《农民工的社会保障与城市融入分析》，载《人口与发展》2014年第2期，第34~36页。

5.3.3　工伤保障存在问题分析

本部分将从制度层面、工伤补偿水平、补偿程序与补偿范围等方面对工伤保险运行中存在的问题进行剖析。

5.3.3.1　制度覆盖面窄

虽然我国的工伤保险制度覆盖面不断扩大，但其覆盖范围仍旧较窄，大量农民工被排除在制度覆盖范围外，这也导致了农民工的工伤参保率低于城镇职工。而日本几乎将所有面临工伤风险的劳动者都纳入到工伤保险制度中，覆盖率约98%。我国的工伤保险制度已经覆盖到大多数劳动者，但并没有扩展到每一个可能的工作类别且对于一些工作类别的劳动者模糊不清。表5－15 为按就业方式和行业的农民工人数构成。由表5－15 可知，我国 2013 年全国农民工总量 26894 万人，其中受雇就业 22456.490 万人，自营就业农民工有 4437.51 万人，自营就业占农民工就业人数的 16.5%。16.5% 的农民工没有被纳入工伤保险的覆盖范围内是工伤保险参保率低的一个原因。

表5－15　　2013 年按就业方式和行业分的农民工人数构成　　　单位：万人

指标	受雇就业	自营就业
制造业	8039.423	474.8136
建筑业	5748.861	261.8131
批发和零售业	1235.107	1757.254
交通运输、仓储和邮政业	1010.542	670.064
住宿和餐饮业	1190.194	377.1884
居民服务、修理和其他服务业	2245.649	581.3138
其他行业	2986.713	315.0632
合计	22456.490	4437.51

资料来源：《2013 全国农民工监测调查报告》。

5.3.3.2　重补偿轻预防

工伤保险对安全生产的贡献是通过预防机制实现的。工伤保险以工伤保险费的收与支达到实现工伤预防的目的。以收入来实现工伤预防表现在通过调整企业缴纳工伤保险费的浮动费率，激励企业从经济效益立场改善安全生产状况，由此可以减少工伤事故、降低职业病造成的损失，实现干预工伤预防的目的；以支出来实现工伤预防表现从工伤保险基金中提取一定比例，直接用于工伤事故和职业病的预防活动。我国的工伤保险制度重补偿轻预防，表现为以下两个方面。

（1）工伤预防的理念还未普及。工伤补偿、预防和康复构成了工伤保险制度的三大功能。但是，我国的工伤保险制度在现阶段依旧比较重视工伤后的补偿工作，截至 2013 年 10 月份仅有 50 个城市（统筹地区）被确认为工伤预防试点城市。工伤预防还在摸着石头过河，以工伤基金支出为例，用于工伤预防支出的比例很小，有关工伤预防的工作开展不足，如：宣传活动、安全监察、技能培训、危险源普查等活动都开展的较少。工伤预防的整体工作尚且落后，更不用谈在农民工工伤预防方面的投入了，针对农民工群体的投入微乎其微，在农民工安全教育培训、宣传等方面的几乎无投入。

（2）工伤费率分级少。目前工伤预防的实现措施之一是借助费率杠杆机制，警示安全事故多的企业，改善企业的安全生产状况，达到工伤预防的目的。美国将所有行业企业划分为水平不等的 500 多个档次，职业风险较小的销售行业工伤保险费率为工资总额的 0.24%，而高危职业如运动员、高空作业人员，其工伤保险费率占其工资额的 50%。澳大利亚的工伤保险行业分类也有 520 多个，费率最低的行业仅为 0.31%，最高行业为 11.79%。阿根廷虽然进行工伤保险制度改革不久，但它的行业风险分类有 572 个①。就目前我国各省市开展工伤保险的工作来看，各省市普遍存在的问题是费率档次少且粗，行业差别费率仅有 0.5%、1%、2% 三个档次，全国仅大连市实行的是 19 个浮动费率档次，其他省缴费档次均低于 8 档；且各档间差值小。这导致工伤保险费率对行业风险不敏感，不利于调动风险小、安全事故少的企业和行业的参保积极性，也无法达到以高费率来警示和制约工伤事故多的企业和行业的目的，无法发挥浮动费率的杠杆作用实现工伤预防。

5.3.3.3　工伤认定程序烦琐且范围窄

工伤保险制度在实施过程中，为了避免道德风险，同时为了坚持公平与效率兼顾的原则，对于职业人工作中出现的伤亡申请工伤补偿需要进行工伤认定。在实践中，工伤认定存在一些问题。

（1）工伤认定程序烦琐。根据《工伤保险条例》的规定，职工从受到职业伤害到获得工伤保险赔偿，最少要历经三道程序：申请工伤认定及劳动能力鉴定、核定并领取工伤保险待遇。工伤职工要想获得工伤保险待遇必须经历工伤认定，它是基础与前提条件。而工伤职工维权艰难是因为我国的工伤认定范围窄，认定程序烦琐。

（2）工伤认定范围窄。2011 年新修订的《工伤保险条例》对工伤的界定仅仅是列举了 6 种应当认定为工伤和 3 种视同工伤的情况，包括：①在工作时间、工作场所内因工作受到事故伤害的。②工作时间前后在工作场所内从事与

---

① 汪红蕾：《2014 年中国建筑业十大事件》，载《建筑》2015 年第 1 期，第 8～15 页。

工作相关的预备性或收尾性工作受到事故伤害的。③在工作时间和工作场所内因履行工作职责受到暴力等意外伤害。④患职业病的。⑤因工外出期间由于工作原因受到伤害或者发生事故下落不明。⑥上下班途中受到机动车事故伤害。⑦在工作时间和工作岗位，突发疾病死亡或者在 48 小时之内经抢救无效死亡的。⑧在抢险救灾等维护国家利益、公共利益活动中受到伤害的。⑨职工原在军队服役，因战、因公负伤致残，已取得革命伤残军人证，到用人单位后旧伤复发的。随着社会发展，职业日益多样化，因而工伤表现形式也日渐复杂，出现了很多隐形工伤，如积劳成疾、工作压力大产生抑郁、工作环境辐射强等，列举的方式不可能穷尽各种工伤情形，在实际工伤认定中，很难根据这 9 种情形做出判断，这致使很多员工在受到职业伤害时，无法被认定为工伤。

5.3.3.4　工伤维权程序烦琐

工伤认定的效率非常重要，这一点对于工伤农民工尤为重要，受伤农民工不能工作，除正常生活开支外，同时要负担医疗开支和其他与疾病有关的成本，没有工伤保险补偿是不行的，当农民工有限的存款被耗尽，又没有新的收入，开支不断增加时，工伤保险的任何拖延对其都是一种负担。

劳动关系确认是进行工伤认定的基础和前提，就劳动关系确认环节，我国的工伤参保率刚刚达到 30%，在农民工群体中这一比例更低，并且这一群体的劳动合同签订率仅有约 40%，当他们发生工伤事故，用人单位又有意逃避责任时，他们耗时几个月来进行劳动关系确认。只确定劳动关系存在就可能耗时几个月的时间。在工伤认定环节，社保行政部门在接到工伤认定申请 2 个月内做出认定决定，对认定结果不满的，需要进行行政复议，加入对复议结果仍然不满的，可以申请民事诉讼，甚至二审民事诉讼。行政复议耗时 1 个月，行政诉讼中一审耗时 3 个月，二审耗时 2 个月，如此，工伤认定又可能耗时 8 个月。在劳动能力鉴定环节，《工伤保险条例》关于劳动能力鉴定做出如下规定，鉴定委员会应在接受劳动能力鉴定申请起 2 个月内给出鉴定结论，如有需要，可延期 30 天；若对鉴定结果不满，可上诉至省级劳动能力鉴定委员会要求复审。动辄 3 个月的劳动能力鉴定时间，成为工伤职工的维权障碍，我国工伤维权机制设置不合理，履行完所有的程序耗时长，烦琐的维权程序使工伤职工在工伤维权的道路上举步维艰。

5.3.4　失业保障存在问题分析

伴随中国的经济体制改革，农村人口向城市的大批量的迁移，以及现行户籍制度改革的深入，我国失业保险制度在不断的发展与完善中。尽管如此，目前运行的失业保障制度仍然存在一些问题。

5.3.4.1　户籍制度改革缺乏实质性进展

尽管国家在推进户籍制度改革的同时也在开展城乡统筹试点工作，但户籍制度改革始终缺乏实质性进展，根本原因在于附加在户籍上盘根错节的利益纽带以及由户籍制度带来的附加制度。同时，二元户籍制度也把本应统一的市场人为地分隔为两部分，致使城乡居民收入差距进一步扩大，这对形成统一开放、竞争有序的市场十分不利。

5.3.4.2　政策宣传力度不够

无论是城镇劳动者还是农民工，对失业保险都存在认知不足的情况，农民工更甚。农村劳动力对于失业保险的自主参与意识还亟待加强，由于长期受小农思想的影响，因为短视性而缺乏对于长远风险的预期和防御。特别是农村劳动力素质偏低，缺乏最基本的法律知识，认为与其花钱买保险，不如攒钱以备未来不时之需。因此，即使知道失业保险的益处，他们仍不愿意用手头资金去预防未来不一定发生的风险。然而农民工属于失业风险较高的人群，失业带来的生存压力使其对失业保险存在强烈的需求。农民工对失业保险了解的加深和参保意愿的强化都需要政府和相关部门的宣传，政府宣传失业保险力度的缺失，不仅使农民工对失业保险的作用缺乏清晰的认知，更重要的是不能使其重视自身可能遭受的风险，从而继续依赖家庭支援和土地保障，自我保障和参保意识严重缺乏。城镇劳动力也部分存在对失业保险的功能认知不够的现象，即使单位为其办理，失业保险对于一些城镇职工也属于可有可无的一项保障措施，但城镇劳动力失业保险现状较农民工更为乐观。

5.3.4.3　企业缴费意愿弱

失业保险待遇是企业为员工支付工资外的一项重要的非工资报酬，虽然形式上为企业单独支付或者和职工共同支付费用，但最大的受益者是职工。从员工的角度看，这是一项基本的福利，然而从企业角度来看，这部分支出构成了企业成本的一部分，企业会利用削减社会保障支出的方式降低成本。农民工主要就业于劳动密集型企业，其竞争力主要在于成本低廉，劳动力成本是总成本的重要组成部分，社会保险负担较重。企业为开源节流而不愿为农民工办理参保事宜，具有逃避缴费的强烈动机。

用简单劳动力市场模型对该问题进行分析：假定强制性失业保险税（费）全部由企业承担，按每个员工的工时缴纳固定量（T）的失业保险税（费）。以企业对员工的需求量为横轴，以员工工资为纵轴建立坐标系（见图 5-5 所示），W 代表市场的工资率，L 代表劳动力雇用量。

在参加失业保险之前，劳动力的供求水平处于 A 点的均衡状态，员工的工资率 W_0 等于企业所支付的市场工资率，企业用工水平为 L_0。对企业征收失业保险税（费）后，企业劳动力成本增加 T，导致无法继续维持 L_0 的雇用量，企业对劳动力的市场需求曲线将从 D_0 的位置平移到 D_1，两条曲线的距离为 T。在 C 点，劳动力的供求刚好平衡，企业的雇用量从 L_0 降到 L_1，企业将失

业保险的一部分税（费）赋转嫁到员工身上，这是由于市场劳动力供给曲线
向右下方倾斜。只有当劳动力供给曲线完全垂直的情况下，失业保险税（费）
才全部转嫁到员工的工资上。

通过征税前后企业雇佣量及失业保险税（费）的变化可知，企业会通过
解雇和逃税的方式节约成本。

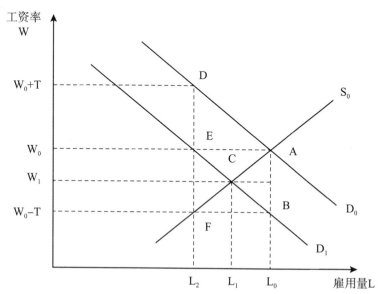

图 5－5　失业保险税（费）对企业雇佣水平及税费转嫁的影响

5.3.4.4　违规成本低

在"强资本、弱劳工"的情况下，农民工在维权时很难通过制度化渠道
正常维护，经常要面临资本与权力的联合压制，对待劳动侵权最常见的态度是
隐忍和回避。企业违背《失业保险条例》以及《劳动合同法》，通过不给员工
缴纳失业保险费或者通过降低员工工资的方式变相降低人力成本，导致员工利
益受损，然而劳动者由于生存需要或其他考虑继续留在单位工作，客观上降低
了企业的违规成本，进而使自身合法权益得不到应有的保障。另外，《失业保
险条例》中明确规定了企业的各种违规行为，但对这些行为却没有严格界定，
也没有设定严厉的法律责任对其进行制裁。企业缴费的法律责任不明确且违法
成本太低，现有法规不足以制约其欠缴或拒缴行为，导致企业轻视违法行为，
不遵守相关法规。

5.3.4.5　劳动用工不规范

目前农民工务工逐渐"短期化"，即水平化的高流动现象大量出现，这是
由于当前劳动力市场供求关系出现新的变化。我国处于转型期，劳动力资源结

构性短缺问题愈发凸显，在为农民工就业提供更多选择的同时，不少企业所能提供的用工待遇和发展环境有限，难以满足农民工诉求，导致农民工加速流动。加之不少企业用工上存在短视行为，对待劳动力资源轻率。2008年年初新《劳动合同法》实施后，一些企业出于减少用工风险和成本从而达到少缴甚至不缴社会保险费的目的，借助其优势，故意和农民工签订短期劳务合同，甚至不签订合同，改为大量使用劳务派遣工，农民工合法权益和福利受到严重侵害。国家统计局调查显示，2013年农民工合同签订率为41.3%，同比下降2.6%，进一步说明企业对于农民工的劳动用工欠规范。

5.4　完善职业保障的建议

针对上述工伤保障制度与失业保障制度运行的现状，以及运行中产生的各种问题与原因分析，本部分将围绕两项保险制度提出相应的改进建议，以便为推动中国经济发展发挥更大的推动力。

5.4.1　工伤保险制度完善的建议

工伤保险制度是社会的减震器和安全网，完善的工伤保险制度不仅能够维护职工的工伤权益，使工伤职工得到及时有效的治疗，免除其后顾之忧，激励其努力工作；而且能够发挥工伤预防的功能，从源头上减少工伤事故，这样用于工伤医疗和康复的工伤保险基金也会大幅度减少，从而使更多的工伤保险基金用于工伤预防，促使工伤保险基金实现良性循环。要完善我国的工伤保险制度并实现制度的良好运行，不仅需要完善工伤保险政策本身，实现工伤保险制度的定型，还需要用人单位、职工及政府共同参与。因为一个好的政策要想取得好的运行效果还需各参与人的共同努力。

5.4.1.1　积极做好工伤预防工作

首先，从立法上保障，明确工伤预防基金的提取比例及办法，规定并发布预防措施安全制度条例。其次，工伤预防的目的在于从源头上遏制职业伤害，要实现此目的，必须对职工的生产环境严格把关，这就要求用人单位做好安全投入，购置高质量的生产机器，经常进行设备维护，降低设备的噪音，降低职工工作环境的安全隐患，定期开展安全生产的宣传活动，对职工进行厂级、车间级、班组级三级安全培训后再上岗。定期组织职工进行体验。最后，工伤预防的顺利进行离不开政府部门的有效监督。目前，与发达国家相比中国安全监察人员配备率不高，如果要达到与发达国家同等水平，中国需要再增加3万名安全监察员，因此，要增加安全监察人员的配备数量，各有关部门要积极履行监管职责，做好对用人单位生产设备的安全性认定，督促用人单位切实做好对职工的劳动保护。

5.4.1.2　推广科学的工伤康复管理体系

由安全经济学的安全投资与博弈可知，我们只能降低工伤事故，不能而且也没有必要完全避免，换句话说，工伤事故可以维持在较低的水平但不可能实现零工伤。基于工伤事故的不可杜绝性，毫无疑问工伤康复工作变得尤为重要。虽然我国的工伤康复制度已经存在并发展起来，但它仍处于探索阶段，而工伤保险制度比较成熟的发达国家，它们已经开展了多年的工伤康复工作，积累了很多成功的经验，因此，我们可以结合我国目前现状，有选择地借鉴其可取之处，完善我国的工伤康复体系。首先，我国已经在 2013 年 4 月出台《工伤康复服务规范》、《工伤康复服务项目（试行）》，但开展工伤康复工作仅仅在理论上建立的比较完善，就目前来说，我国专业性的工伤康复医院并不多，更不用提专业性的工伤康复中心的建设，应该在全国范围内开展工伤康复医院的建设工作。其次，应该宣传工伤康复政策，使其在群众中具有广泛知晓度。一项政策的普及不仅是政府的责任，每一位公民都有责任参与到工伤康复宣传工作中来，共同推进工伤康复向前发展。

5.4.1.3　合理设置费率机制

工伤保险费率的高低决定了工伤保险基金的收入流，费率等级的设置还会对用人单位形成激励机制，防止逆向选择行为的产生；浮动费率还能发挥杠杆作用激励企业对工伤事故的预防。从实践来看，我国的行业差别费率、浮动费率的设置并没有产生预期的效果。为了设置科学合理的费率机制，一方面要细化行业分类，建立多档次的行业差别费率。细化行业类别，使风险不同的行业缴纳不同的费率，实现缴费的横向比较公平；另一方面要调整浮动费率分级，引入工伤事故发生情况、工伤保险支缴率等综合量化指标，制定科学的浮动标准。我国目前浮动费率的上下浮动各有两级，浮动费率分极少，很难与企业的安全生产状况相联系。只有将浮动费率同企业的安全生产状况相结合才能真正发挥浮动费率的激励效果，来实现缴费的纵向公平。

5.4.1.4　扩大工伤保险覆盖范围

尽管从工伤保险制度产生开始，其覆盖范围一再扩大，但是，在现行的工伤保险制度下，仍有大量遭受职业伤害亟须工伤保险保障的劳动者没有被纳入工伤保险的覆盖范围。现阶段我国无法像德国那样实现工伤保险的全员覆盖，甚至距发达国家的 90% 的覆盖率也有很长一段距离。社会保险具有普遍性，工伤保险作为社会保险的一种也是如此。但是由于资源有限，只能逐步实现，先在工薪劳动者中实行，然后随着经济条件的成熟扩大到所有劳动者，以致全体社会成员。因此，我国要采取逐步纳入的策略进一步扩大工伤保险的覆盖范围，首先，解决好高危行业的职工工伤参保问题，如建筑业、煤炭行业、加工制造业。其次，将所有存在雇佣关系的职工都纳入工伤保险的参保范围。接下来可以将自由职业者、无雇工的个体工商户纳入工伤保险覆盖范围，直至实现工伤保险的全民覆盖。

5.4.1.5　进一步调整工伤认定范围

各种新兴职业不断出现，随着职业的多样化，职业危害也变得日趋复杂，越来越多的职业危害超出了现行工伤认可区域，比如隐形工伤：工作环境的辐射问题、过劳问题、银行职业每天面对计算机眼睛花了，腰椎不好了，身体处于亚健康状态等。因此，只把工作时间、场所当做鉴定工伤的标准已经落后于当前的社会发展需要，为了与职业危害的发展变化相适应，要进一步规范工伤认定范围，扩大显性工伤，实行分级的隐形工伤的对过劳死等问题作出明确的规定，使工伤认定变得有法可依，有据可寻。

5.4.2　失业保障制度完善的建议

前面对失业保险存在问题及分析是基于城乡统筹视角进行的，所以本部分所提建议仍然从这一层面进行。

5.4.2.1　扩大失业保险覆盖范围

根据城乡统筹要求，失业保险保障范围应继续扩大，充分吸收各类劳动者。然而一些特殊工种，如钟点工和就职于数个单位的人员的失业风险不容易预测，所以不在被强制参保之列，可依其意愿选择自愿参保。失业保险目前应重点关注失业风险极高的农民工，不仅能缩小城乡收入差距，还可体现以人为本、公平正义、科学发展的理念。

5.4.2.2　提高失业保险制度立法层次

我国应尽快制定具有最高法律权威的《失业保险法》来解决相关问题。失业保险立法应首先明确企业参保的责任，一旦它们不为员工办理参保手续、不为劳动者缴费或将费用转嫁给员工，应得到严肃处理。政府部门的责任也需要更清晰。政府应明确其首要责任，即保护弱势群体权益并主导社会保障体系的建立和完善，还要承担相应的财政补贴，从根本上保证城乡劳动者享有同等的权益。政府监督责任也需加强。例如对企业与劳动者签订合同和企业为劳动者办理失业保险的情况加以规范，保护城乡劳动者的合法权益。

5.4.2.3　加大政府失业保险宣传力度

城乡劳动者，尤其是农民工参保率低的原因之一就是其对失业保险的重视程度低。因此应借助网络、新闻媒体等现代化手段，加大对失业保险的宣传力度，使劳动者充分认识到失业保险对其失业后生活的保障作用，从而避免其短视性带来的对缴纳失业保险费的抵触情绪，提高参保积极性，并且能够促使其在相关政策的鼓励下积极再就业。

5.4.2.4　增加企业违规成本

由于对企业逃避缴费的监督机制缺失以及处罚过轻，使不少企业抱有侥幸心理，偷漏、拖欠理应由其承担的失业保险费。因此，应加大对违规企业的惩处力度，有关部门应定期进行监督检查，重点对违规可能性较大的私营企业进行监督，对企业存在的拖欠行为进行及时纠正，寻求法律途径强制解决。

5.4.2.5　规范劳动合同并提高签订率

劳动合同是保证劳动者能够享受失业保险的基础，然而一些企业在合同中对社会保障待遇的规定多为"三险一金"，缺少失业保险和生育保险。应在全国范围内进一步规范各行业企业的劳动合同，在适应行业特点的同时，使劳动者权益保障有据可依。由于农民工集中的私营企业对待劳动合同的态度更加随意，因此，也应进一步提高劳动者，尤其是农民工的合同签订率，对私营企业和一些农民工流动性较大的行业规范管理，这样才能从根本上保证其权益。

5.4.3　职业保障获取相关事例

上述关于职业保障提升的建议主要通过宏观层次基于前述问题与分析得出。本部分从微观层次，通过在我国劳动力市场发生的相关事实，说明增强企业违规成本，进而提升职业保障的现实案例。

5.4.3.1　事例 1[①]

如果劳动者以自动离职的方式单方解除劳动合同，通常是得不到相应的失业补偿金的。但是如果用人单位存在违法、违规行为，比如用人单位存在在雇佣员工期间，逃缴社会保险费，未按时支付劳动报酬，法院将会支持劳动者要求，即用人单位要向劳动者支付解除劳动合同经济补偿金的请求。

2012 年 2 月 9 日王金英到北京博航一统装饰材料有限公司担任居然之家金源店的销售工作，双方签订了期限至 2014 年 2 月 7 日的劳动合同。2014 年 3 月 1 日起王金英担任店长，2014 年 6 月 30 日以后，其未到岗上班。离职后王金英向北京市朝阳区劳动人事争议仲裁委员会申请仲裁，要求该公司支付 2014 年 6 月 1 日至 30 日工资、未休年假工资、加班工资、解除劳动关系的经济补偿金等。该委员会支持了劳动者的部分请求。

双方均不服诉至北京市朝阳区人民法院。公司称：王金英在 2014 年 6 月 30 日不辞而别，未办理工作交接，依据劳动合同办理工作交接前我公司可不支付其工资。其在职期间，公司已经安排其休年假，裁决书以没有王金英签字为由不认定其已休年假的事实是错误的。其利用职务便利侵占我公司财产，在我公司查证期间自动离职，并非我公司解除劳动合同，其以我公司没有办理社

---

① 郝云峰：《劳动用工实战案例精选》，法律出版社 2015 年版，第 134 ~ 135 页。

会保险而解除劳动合同的证据不存在，因此，裁决书裁决我公司支付其经济补偿金没有事实依据。请求裁决我公司不支付王金英 2014 年 6 月工资、不支付带薪休假、不支付解除劳动合同的经济补偿金。

王金英辩称并诉称：在职期间，博航一统公司未给我缴纳社会保险，我每周工作 7 天，没有休息日，法定节假日照常上班，博航一统公司未支付加班工资。2014 年 6 月 30 日我与博航一统公司解除劳动关系。请求判令博航一统公司支付 2014 年 6 月 2 日至 30 日的工资、未休年假工资、加班工资、解除劳动关系的经济补偿金。

法院经审理认为：博航一统公司以王金英 2014 年 7 月旷工且未办理交接为由主张扣发王金英 2014 年 6 月工资，不符合法律规定，本院不予支持。王金英 2014 年 6 月 30 日与博航一统公司解除劳动合同，虽王金英未能提供直接证据证明其解除劳动合同时所提出的理由，但博航一统公司确未给其缴纳社会保险，因此，本院支持其要求博航一统公司支付解除劳动合同补偿金的请求。因博航一统公司提交的考勤月报表无王金英本人签字，且王金英对此不予认可，本院不予采纳，因此应当支付其未休年假工资。王金英提交了大量其作为业务员在休息日及法定节假日为博航一统公司完成的销售合同、交款凭证、预订单等，其中有博航一统公司及居然之家金源店的印章，博航一统公司否认其真实性，但未提供相反的证据证明，亦未能提出合理的理由，本院难以采信，因此，本院对上述证据的真实性予以认定。本院将对王金英休息日及法定节假日的加班费酌情判处。综上，法院判令公司向员工支付以上款项 36000 余元。

5.4.3.2　事例 2[1]

2014 年 3 月 2 日，宋某入职建材厂，签订劳动合同至 2015 年 3 月 2 日。3 月 18 日，宋某工作时受伤，后认定为工伤，经鉴定为九级伤残。9 月 2 日，双方解除劳动关系。

宋某多次与建材厂协商工伤补偿事宜，未达成一致意见，随后向工会申请法律援助。工会指派律师帮他维权，向劳动仲裁委申请仲裁，要求单位支付工伤待遇。经调解，建材厂向宋某支付一次性伤残医疗补助金、一次性伤残就业补助金、停工留薪期间工资共计 9 万元。

本案例重点是停工留薪期的待遇确定。停工留薪期是指职工因工作遭受事故伤害或者患职业病，需要暂停工作接受工伤医疗，并依法享受原工资福利待遇的期间。《工伤保险条例》第三十三条第一款规定，职工因工作遭受事故伤害或者患职业病，需要暂停工作接受工伤医疗的，在停工留薪期内，原工资福利待遇不变，由所在单位按月支付。

法律关于停工留薪期的规定，旨在保障工伤职工接受工伤医疗，恢复身体

---

[1]　郝云峰：《劳动用工实战案例精选》，法律出版社 2015 年版，第 223～224 页。

健康和劳动能力的权利。但在实践中，用人单位与工伤职工基于自身利益考虑，经常无法就停薪期的长短、待遇多少达成一致意见，职工申请维权后，劳动仲裁委或者法院会根据工伤职工受伤的部位和程度，结合工伤医疗服务机构出具的诊断证明或医事证明书，酌情认定工伤职工停工留薪期，但一般不超过12 个月。

第6章 做好职业经营

从业为生，讲求职业效益，要使职业资本生财增利，就必须充分利用人力、场所、设施、器具、资金等职业资本，发挥职业资本的作用，这就不能不讲究职业经营，包括职业经营理念、职业经营服务对象、职业经营之道等。

6.1 职业经营知识

在职业资源、职业资本为既定的条件下，职业经营是决定或影响职业资本生财增利的最大的因素之一。要想实现职业经营科学合理，取得良好的职业效益，就必须深入了解职业经营知识，包括职业经营含义及其独特性、职业经营理念、职业经营服务对象的需要等。

6.1.1 职业经营含义及其独特性

"职业"与"经营"是两个相对独立的概念，但在人的经济活动中，职业与经营相互容含，因此产生了职业经营的概念，通过与职业管理的区分，可对职业经营的含义有更加明确的认识。

6.1.1.1 职业经营含义

职业经营即是职业活动的算计谋划，包括对职业发展取向、职业资源的选择利用、职业劳作方式的确定、预期的职业收入水平、职业活动策略的选择等的算计谋划，属于从业者个人对自己的职业活动进行的自我管理。

6.1.1.2 职业经营独特性

职业管理，是指组织提供的用于帮助组织内正从事某类职业员工的行为过程。职业管理是企业人力资源管理的重要内容之一。职业经营与职业管理不完全等同，存在着一定的差异。主要体现在以下几方面。

（1）主体上的差异。

职业经营的主体具有唯一性，即从业者个人；职业管理的主体不具有唯一性，除从业者个人外，还包括职业组织单位，政府部门的有关职能人员，行业协会的组织管理人员等。

（2）活动上的差异。

职业经营是从业者个人的活动，具有单一性；职业管理包括从业者个人、职业组织单位、政府部门、行业协会等多方面的管理活动，不具有单一性。职业经营具有相对的独立性。

6.1.2　职业经营理念

人的各种活动都是在一定的思想意识支配下进行的，思想意识是人类活动的先导，职业活动也不例外。职业活动不仅要获得财物收入，而且还要实现人生价值，追求事业，在思想意识上的体现就是职业经营理念。职业经营理念是客观存在的。由于职业的不同以及人的价值观等不同，职业经营理念也就有所不同。进步的职业经营理念导致积极的进步的职业经营实践，产生良好的职业效益；而落后的职业经营理念导致落后的职业经营实践，产生消极甚至歪曲的职业效益。因此，应重视确定科学的职业经营理念。

从理性认识上讲，职业人以异己的姿态，一方面以劳动者的身份从事社会消费者需要的产品或劳务的劳作，供给和满足社会消费者的生活消费需要；另一方面以社会消费者一员的身份享用其他职业劳作者提供的产品或劳务，进行自己的生活消费活动。劳作者与消费者交互对应统一存在，通过交换互相满足需要。交换既是一个重要的经济环节，又是一个相互关系的纽带，劳作者通过与消费者交换转让产品或劳务而获得货币收入，消费者通过交换让渡货币获得产品或劳务，双方各得其所。职业劳作者先要为社会消费者考虑，为他们生产产品或提供劳务，先满足社会消费者的生活需要，然后满足自己的生活需要，在为别人提供劳动的服务中实现满足自己的生活需要。

从职业劳动者为社会消费者之间的服务关系上讲，应确立为社会消费者服务的职业经营理念。中国共产党十分重视和讲究为民服务，把全心全意为人民服务作为党的宗旨，这符合社会的理性要求。从政府管理职业的角度上讲，为人民服务就应该是管理职业的经营理念。

6.1.3　职业经营服务对象的需要

为民服务的职业经营理念，是职业经营活动总的指导思想，要贯彻到各个职业人的职业劳作活动中，就需要具体的了解服务对象是谁，服务对象需要什么。职业经营服务对象就是需要和接受职业劳作的产品与劳务的人。由于职业劳作的产品与劳务的用途与满足人的需要的方式不同，需要和接受的人就不完全一样，面向的服务对象存在一定的差异。别人的需要就是你的财富。① 了解职业经营服务对象的需要，是做好为消费者服务的职业经营的基本前提。由于

· 145 ·

① 齐经民：《别人的需要就是你的财富》，载《经济日报》2003 年 2 月 21 日。

居民的特点不同，需要也不完全一样，可细分为多种需要。

6.1.3.1　中国古人对需要的认识划分

汉语对需要的解释，[①] 是有机体对一定的客观事物需求的表现，人类在种族发展过程中，为维持生命和延续种族，形成对某些事物的必然需要，如营养、自卫、繁殖后代等的需要。在社会生活中，为提高物质和精神生活水平，形成对社交、劳作、文化、科学、艺术、政治生活等的需要，人的需要是在社会实践中得到满足和发展的，具有社会历史性。它表现为人的愿望、意向、兴趣，而成为行动的一种直接原因。

中国古人早有"七情六欲"之说，[②] 包含了人的各种需求。由此可知，中国人很早就从人的生理构成、感官与生活实际，从根本上对人的需要作了基本的认识划分，包括人的生理需要、美的需要、富裕需要、事业需要。

6.1.3.2　需要的环形划分

考察人的社会生活实际，可以了解到，人的需要是多方面、全方位的，呈环状形态存在，人的需要还需要进一步的划分和具体化，见图6－1。[③]

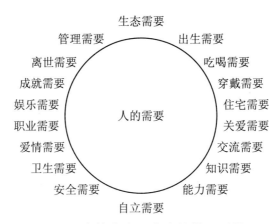

图6－1　人的多方面全方位的环形需要

现实人的生活实际表明，人是在包括人类社会在内的自然界里特定的环境中生活的，出生于家庭，经过学校的学习，毕业后就业，进入行业部门，在一定的职业单位从事职业劳作，获得收入，供给和满足生活需要。人从出生到离世的人生旅程中，有很多方面的需要，主要的可分为生态需要、出生需要、吃喝需要、穿戴需要、住宅需要、关爱需要、交流需要、知识需要、能力需要、

---

①　辞海编辑委员会编：《辞海》（下），上海辞书出版社1999年版，第5654页。
②　即"喜、怒、哀、惧、爱、恶、欲"与"生、死、耳、目、口、鼻之欲"。
③　齐经民等：《人力资源管理》，经济科学出版社2007年版，第30页。

自立需要、安全需要、卫生需要、爱情需要、职业需要、成就需要、娱乐需要、离世需要、管理需要等。

生态需要，包括阳光、空气、水源、树木等自然界的生态系统的需要。

出生需要，包括出生时的接生、保健等需要。

吃喝需要，包括饭、菜、饮料、水果等需要。

穿戴需要，包括穿的衣服、裤子、鞋与戴的帽子、饰品等需要。

住宅需要，包括居住的场所、房子、室内设施、家用器具等需要。

关爱需要，包括父母关爱、兄弟姐妹关爱、子女关爱、亲戚关爱、同事关爱等需要。

交流需要，包括亲人、同学、朋友、同事、交易双方等之间的交流需要。

知识需要，包括语文、法律、道德、数学、地理、生物、物理、化学、历史等普通知识的需要，以及种植、纺织、建筑、制造、商贸、财务、保险等有关的专业知识的需要。

能力需要，包括脑想、眼看、耳听、嘴说、动手、腿行、劳作等生活能力需要。

自立需要，包括自主的学习、恋爱、就业、成家等需要。

安全需要，包括在人身、财产安全等需要。

卫生需要，包括清洁、公厕等需要。

爱情需要，包括恋爱、结婚等需要。

职业需要，包括职业知识、职业技能与就业劳作等需要。

成就需要，包括事业取得进展、突破、贡献等需求。

娱乐需要，包括参加文体活动、观看文艺节目等需要。

离世需要，包括整容、安葬等需要。

管理需要，包括单位、部门、国家的规范管理等需要。

6.2　职业经营问题分析

在全球经济一体化的形势下，我国社会主义市场经济逐渐形成，在新的市场经济体制下，从业者的经营方式也应当随之改变，从业者之间的竞争越来越激烈。在这种情况下，某些经营者只顾自身的利益而采用一些不正当的竞争手段争夺市场份额、获取非法利润，影响了市场秩序。

6.2.1　职业经营问题表现

职业经营问题，即从业者违反国家相关法律法规，损害其他从业者的合法权益，扰乱社会经济秩序的行为。具体而言，是从业者在获取利益过程中，违反自愿、平等、公正、诚实信用和公认的商业道德，违反有关法律法规的规定，损害其他从业者的合法权益，扰乱社会经济秩序的行为。

6.2.1.1　虚假宣传行为

（1）据国家工商行政管理总局网站消息，国家工商总局发布 2014 年度全国市场主体发展、工商行政管理市场监管和消费维权有关情况。国家工商总局称，2014 年查处虚假广告、虚假宣传和虚假标示案件 2.67 万件，占扰乱市场竞争秩序案件的 4.06%。近 5 年虚假广告、虚假宣传和虚假标示案件占比呈上升趋势。

（2）据《齐鲁晚报》2015 年 3 月 10 日的消息，上海市工商局公布的虚假广告，某品牌专业防护口罩在产品外包装上宣称，微滤技术升级版，有效阻隔空气中 PM2.5 颗粒，过滤率达 99% 以上，有效阻隔空气中病毒，病毒过滤率达到 99.9%，而实际检验的结果均未达到广告宣称的过滤率，构成虚假宣传，被工商部门依法处 10 万元罚款。

（3）据上海市工商局调查，某金融投资企业在自制印刷品上宣称，家住徐汇区的杨女士夫妇投入 50 万元购买了投储宝，年利率 12%；合作银行：中国工商银行、中国银行、中国建设银行、中国邮政、广发银行等。经查，当事人并无金融资质，宣称的案例和合作伙伴为杜撰，构成虚假宣传，被工商部门依法处 10 万元罚款。

（4）据上海市工商局调查，上海市某骨科医院通过手机扫描二维码链接网站广告，其中宣称，该骨科医院成立于 1956 年，是一所集临床、教学、医疗、预防、保健、康复、科研为一体的现代化医院，是上海市首批指定医保定点医院，地处上海商业圈。其内容虚假，被工商部门依法处 13 万元罚款。

（5）据上海市工商局调查，某教育机构在互联网站上宣称，全国最大、最专业的职业教育培训院校，全国学生 68367 名获取中专、大专、本科文凭，该机构学生量全国领先，学历教育报名无限制，通过率全国第一，332370 名该机构全国学员通过一级建造师考试，在中国，每 10000 名建造师有 6109 名出自该机构。内容均为杜撰，无事实依据，被工商部门依法处 4.5 万元罚款。

6.2.1.2　价格欺诈行为

《价格法》第十四条第四项规定，经营者不得利用虚假或者使人误解的价格手段，诱骗消费者或者其他经营者与其进行交易。这种价格违法行为通常称作价格欺诈行为，又称欺骗性价格标示，是指经营者利用虚假或者使人误解的价格条件，诱骗消费者或者其他经营者与其进行交易的行为。

（1）据《楚天金报》2012 年 6 月 18 日消息，某超市销售的一品牌豆奶做特价促销活动，标价签上标示"特价 9.8 元，活动日期：2 月 8 日至 2 月 18 日"。经查实，该商品在做特价活动前七日内，在其卖场内的实际成交价仍为 9.8 元。特价商品所标示的价格不得高于本次经营活动前七日内的最低交易价格，以上行为为虚假特价。

（2）据新华网 2015 年 10 月 24 日消息，2015 年 10 月 4 日，有网友爆料称，在青岛市乐凌路"善德活海鲜烧烤家常菜"吃饭时遇到宰客事件，该网友称点菜时已向老板确认过"海捕大虾"是 38 元一份，结果结账时变成是 38 元一只，一盘虾要价 1500 余元。经游客报警之后，经过警察协调，买单 1300 多元。2015 年 11 月 14 日，在广西壮族自治区南宁市一餐馆内，有市民再次遭遇类似情况，她看着菜单点了一份价格为 38 元的虾，但服务员捧上来时只有一只，与菜单上的数目明显不符。

（3）据《京华时报》2015 年 10 月 10 日消息，2015 年 9 月以来，特别是"十一"假日期间，全国旅游资源规划开发质量评定委员会对旅游投诉较多的部分 5A 景区开展了服务质量暗访检查。根据检查结果，结合"十一"假期景区暴露的重点问题，依据《旅游景区质量等级管理办法》，全国旅游资源规划开发质量评定委员会决定取消河北省秦皇岛市山海关景区 5A 级资质。山海关景区被取消 5A 的原因主要是存在价格欺诈；强迫游客在功德箱捐款现象普遍，老龙头景区擅自更改门票价格；以及环境卫生脏乱、服务质量下降严重等。

6.2.1.3　假冒行为

（1）据国家工商总局网站消息，2014 年，全国各级工商和市场监管部门查处侵权假冒案件数量居前十位的省、区、市是：广东省、浙江省、湖北省、江苏省、河南省、福建省、上海市、安徽省、广西壮族自治区、四川省，以上 10 个省、区、市查处的商标侵权假冒案件共计 27318 件，占查处的侵权假冒商标案件总数的 73.39%。从注册商标使用违法案件看，查处的商品粗制滥造、以次充好、欺骗消费者的案件 845 件，占注册商标使用管理案件的 90.66%，为主要注册商标违法行为类型；查处自行改变注册商标案件 57 件，占注册商标使用违法行为的 6.12%。从未注册商标使用违法案件看，查处的案件仍然以冒充注册商标为主。各地共查处冒充注册商标案件 2844 件，占未注册商标使用违法行为的 82.39%。从一般商标侵权案件看，销售侵犯注册商标专用权的商品案件仍是主要商标侵权案件类型，各地共查处该类型案件 23027 件，占一般商标侵权案件总数的 75.59%；未经商标注册人许可，在相同商品上使用与其注册商标相近似的商标或在类似商品上使用与其注册商标相同或近似的商标案件 5266 件，占商标侵权案件总数的 17.29%。从商标假冒案件看，各地共查处商标假冒案件 6758 件。其中，未经商标注册人许可，在同一种商品上使用与其注册商标相同的商标案件和销售明知是假冒注册商标商品案件是商标假冒案件主要案件类型，两类案件数分别为 3133 件和 2922 件，分别占假冒商标案件总数的 46.36% 和 43.24%。

（2）据《深圳特区报》2014 年 3 月 12 日消息，2012 年 6 月 28 日，市场监管局罗湖分局联合罗湖公安经侦大队在深圳市罗湖区松泉山庄检查发现刘某等人涉嫌销售假冒 TIFFANY 等名牌饰品。执法人员以雷霆之势，铲掉了这个集仓库、网店、实体店、加工厂为一体的"一条龙"特大制假售假产业链，端掉这一链条上的黑窝点 3 个，现场查获涉嫌假冒的 TIFFANY、Cartier、CHANEL、BVLGARI 等知名品牌的各类饰品 12 万余件，按市场上同型号的真品估值约1.7 亿元。2012 年 12 月 24 日，罗湖区人民法院依法对 8 名涉案人做出了一审判决，其中主犯被判处有期徒刑 3 年，缓刑 5 年，并处罚金人民币100 万元等。

（3）在诸多不正当竞争行为当中，仿冒是最常见、使用最广泛、危害最剧烈的不公平竞争行为。伴随着改革开放，人民的生活水平日益提高，对物质的追求不单单是为了满足生理需求，更多的是出于对安全、社交、尊重等更高层次的需要，职业经营者在了解了消费者需求之后，及时推出了高档品、高价品、名牌产品。但有些不法分子，为了牟取暴利，伪造这些在市场上已经具备较高知名度的商品的包装、装潢，以次充好，以假充真，损害消费者的利益。目前国内山寨产品泛滥，市场上存在很多和人们熟悉的知名品牌长相类似的伪冒产品，山寨产品犹如寄生虫，坐享其成，不仅使用各种方法鱼目混珠，欺骗消费者，也让被山寨的厂家蒙受着巨大损失。相比知名品牌的产品，山寨产品具有外观相似、商标相似、功能相似的特点。山寨产品并没有完全掌握知名品牌的核心技术，因此功能并不稳定；即使掌握了关键技术，为了提高成本优势，也会选择粗糙低廉的材料，没办法保证质量；且由于技术、成本、规模等的限制，服务意识和服务水平也很难得到提升。山寨产品不仅让消费者混淆、上当受骗，也使不少被山寨的厂家蒙受损失，这几年知名品牌在保护自己知识产权上的投入越来越大，每年约以 20% 的速度在递增，但是效果却并不明显。

（4）2008 年中国奶制品污染事件（或称 2008 年中国奶粉污染事件、2008年"中国毒奶制品事件"、2008 年中国"毒奶粉事件"）是中国的一起食品安全事件。事件起因是很多食用三鹿集团生产的奶粉的婴儿被发现患有肾结石，随后在其奶粉中发现化工原料三聚氰胺。根据公布数字，截至 2008 年 9 月 21日，因使用婴幼儿奶粉而接受门诊治疗咨询且已康复的婴幼儿累计为 39965人，正在住院的有 12892 人，此前已治愈出院的为 1579 人，死亡 4 人，另截至 9 月 25 日，中国香港有 5 人、中国澳门有 1 人确诊患病。事件引起各国的高度关注和对乳制品安全的担忧。中国国家质检总局公布对国内的乳制品厂家生产的婴幼儿奶粉的三聚氰胺检验报告后，事件迅速恶化，包括伊利、蒙牛及雅士利在内的多个厂家的奶粉都检出三聚氰胺。

6.2.1.4　强买强卖

（1）据《羊城晚报》2015 年 4 月 20 日消息，消费者曾先生于 2015 年 3月 19 日在某公司打算购买 A550JK I5 - 4200H GTX850 笔记本电脑，双方确定以 3800 元成交。曾先生交付 500 元定金大约半小时后，该店经理告诉曾先生，该笔记本电脑系统不稳定，返修率很高，如果购买这款电脑，消费者需签一份协议。协议中规定如果出现系统不稳定不能退换，定金也不退。与此同时，该店经理不断向曾先生推荐该品牌另一款型号为 X550DP85550 的笔记本电脑。因为不想损失一笔定金，曾先生无奈选择了商家推荐的电脑。第二天到店提货时，曾先生表示该笔记本电脑出现安装系统不兼容，要求购买原来型号的电脑，此时遭到店方多番拒绝，其间店方更粗言地进行辱骂甚至伙同三四个店员推搡，以暴力相威胁。曾先生既气愤也害怕，被迫交完余款提货离场。

（2）据上海市工商局调查，2010 年 4 月 13 日，市场监管局罗湖分局根据消费者投诉，对深圳市某汽车贸易有限公司进行检查。经查实，当事人为某品牌汽车的授权经销商。当事人利用部分消费者急于提车的心理，在销售该品牌汽车时附加条件，即消费者想加快提车或提现车就必须交纳一定费用，2 万~6 万元不等，共附条件销售该品牌汽车 55 台。最终，该 4S 店被没收违法所得人民币 1402124.8 元。

6.2.2　职业经营问题不良影响

职业经营存在的诸多问题严重影响了我国的经济发展，造成了诸多危害，不能视而不见或等闲视之。要认清危害的特点，加大执法力度，整顿和规范市场经济秩序，以使我国社会主义市场经济沿着法制轨道健康正常的发展。

6.2.2.1　阻碍了社会生产力的发展

不正当职业经营行为扰乱了公平竞争的市场经济秩序，形成不公平竞争造成竞争秩序混乱。它削弱和窒息了市场经济竞争机制应有的活力和作用，挫伤了其他职业经营者发挥创造力的积极性，严重阻碍了技术进步和社会生产力的发展。技术进步是社会进步的必要条件，而竞争机制的存在又是技术进步的必要条件。发达资本主义国家之所以在较短的时间里获得了如此巨大的技术进步和社会生产力效果，一个重要的原因就在于其建立了十分健全的竞争机制。反垄断成为其经济法的核心，就充分说明了这一点。

6.2.2.2　损害了其他经营主体的合法权益

不正当职业经营行为损害了其他市场参与主体，包括其他竞争者、消费者等的合法权益。一方面不正当职业经营行为通过假冒伪造名牌产品，降低了自己的推销成本和技术成本，由于消费者的占便宜心理使不正当经营者在短时间内迅速获益，使正当经营者的市场占有率降低，同时由于不正当经营者没有掌握核心技术，产品质量不过关，使消费者对该产品失去信心；另一方面不正当经营者销售假冒伪劣等质量不过关产品，欺诈消费者，假冒伪劣商品的泛滥，使许多消费者的合法权益受到损害，甚至致伤致死，此类事件多次见诸报端。虚假广告也使无数消费者深受其害。对消费者的人身安全、心理等产生了不利影响。

6.2.2.3　损害了社会公共利益

不正当竞争行为的目的是获取非法暴利。一些经营者为了推销产品，尤其是质次价高的商品，采用商业贿赂手段，借以牟取不正当利益。通过不正当竞争手段而获得非法利益，严重打击了进行合法竞争的生产者的积极性，以致造成不正当竞争盛行，经济生活停滞不前。

建立社会主义市场经济体制是我国经济改革的重要内容。市场经济体制的核心是市场竞争机制调节资源配置。而不正当竞争是市场竞争机制的天敌，它破坏了市场主体的正常竞争关系，阻碍了资源的优化配置，扰乱了市场分配机制，影响信息的传导机制。如果不严厉打击不正当竞争，建立合理的竞争机制，市场经济体制将无从谈起。

6.2.3　职业经营问题原因分析

由以上分析可知，职业经营的不正当行为产生了一系列不良影响，对各方主体的经营效益都造成了损害，因此必须防止职业经营问题的出现。若想避免出现职业经营的不正当行为，就需要明确职业经营问题产生的原因。

6.2.3.1　经营行为短期化

由于受利益的内在驱动，不法经营者就选择短期化行为，为谋求短期利益而牺牲长远利益。对个体而言，从不正当竞争往往更容易获得利益。因此，获取最大利润的冲动是不正当经营行为产生的内在根源。一部分经营者没能随经济发展而相应地提高道德素质和遵纪守法的观念，急功近利的心理带来公平竞争意识的缺失、商业道德的沦丧，在行为上引发了一系列消极后果。

由于长期以来的计划经济模式，我国的企业特别是国有企业的竞争观念十分落后，加之目前产业结构失衡，为数众多的企业在同一行业、层次、时间和地区过度竞争，从而引发不正当竞争行为。运用市场竞争本无固定之规定，各种竞争手段都可以带来机会和利益，这就要求经营者学会根据自身的实际结合客观环境的变化，灵活、巧妙地综合运用多种竞争手段开展竞争。

6.2.3.2　市场机制不健全

经济发展迅速，可是许多市场行为规则严重滞后，这就在客观上为许多不正当竞争行为提供了便利条件。市场作用的充分发挥，离不开完善的市场体系、合理的市场结构、通畅的市场机制。初期市场引力巨大，诱使过多经营企业进入，而当期市场容量狭小导致市场供需失衡，这是导致竞争混乱的根本原因之一。

6.2.3.3　管理不规范

现行法律过于规定原则，还停留在一种"宣言"或"纲领"的层次上，未能准确地规定，缺乏可操作性。各种法律法规中一些重要概念含义不一致，缺乏系统性和统一性，造成了理解上的混乱和困难。立法本身的滞后性也导致一定时期内"法律缺位"。

执法不公使不正当经营在部分地区、行业愈演愈烈。执法不公后果严重。首先，它构成对守法主体的不公。执法过程一旦偏离了公平、公正的轨道，就无法实现甚至背离立法的宗旨，势必导致守法主体心理失衡，进而成其所信赖的价值标准的扭曲，最终使守法主体不得不演化为违法主体。其次，它在地区、部门之间人为地筑起不合理的法律屏障，对身处其中的不同经营主体来说，就会成为不正当经营的重要诱因。

6.3　职业经营作为事例

三百六十行职业，各有各的特点与服务对象，职业经营的方式不完全一样，但都涌现了很多优秀的职业经营者，他们在职业经营活动中的路径、方法与技巧等，都值得我们学习与借鉴。

6.3.1　成龙

成龙，是一个神话。在世界上，每当外国人谈起中国文化，肯定会谈到成龙。因为他是中国现代通俗文化的代言人。成龙是继李小龙以后成就最高的影视武打巨星。他的过人之处在于创造了幽默、风趣的武打风格，能将武打融入实实在在的生活中，不再是传统的死板招式。而他的另一过人之处，就是他的拼命精神。[①]

6.3.1.1　简介

成龙，原名陈港生，曾用名陈元楼、陈元龙。1954 年生于香港中西区，祖籍安徽芜湖，国家一级演员，大中华区影坛和国际功夫影星。七岁时入香港中国戏剧学院学习京剧净行，并练北派武术。十岁左右作为童星参加拍摄《大小黄天霸》、《秦香莲》等影片。十五岁始任龙虎武师和特约演员。1973 年在影片《女警察》中扮演重要角色，并兼任武术指导。1976 年后相继入罗维、思远、嘉禾等影片公司。1978 年因主演影片《蛇形刁手》而成名。同年主演的《醉拳》被称为谐趣功夫片，颇有影响。1979 年始任导演。执导并主演功夫片《师弟出马》、《龙少爷》、《A 计划》、《警察故事》等，成为继李小龙之后的知名功夫片演员。2012 年 8 月 24 日《纽约时报》评选出史上 20 位最伟大动作巨星，成龙荣登第一位。2013 年，成龙当选为全国政协委员。

· 153 ·

① 主要资料来源：姜钦峰：《成龙不为 100 万违约　讲述成功经验是一诺千金》，载《上海法治报》2005 年 12 月 13 日；赵皓月：《成龙登全球收入名人榜》，中国经济网 2015 年 7 月 1 日。

2014 年，成龙再次当选为香港演艺人协会会长。

6.3.1.2 职业经营效益要点

成龙不仅是明星，还是社会活动家、慈善事业家。他做的很多事情为中国人起到了表率作用，在世界上为中国赢得了好形象。下面主要从个人、公民社会、国家、国际社会四个方面概括职业经营效益的要点。

（1）个人获益。

第一，经济收入。在美国权威财经杂志《福布斯》发布的 2015 年度十位收入最高的男星名单，"钢铁侠"唐尼、成龙分列冠亚军。成龙（Jackie Chan）年收入 5000 万美元，高居第二名。在该杂志公布的年度"百大名人"全球最高收入名人排行榜，成龙榜上有名，以 5000 万美元（约 3.9 亿港元）收入排第 38 位，成为百大名人收入榜中唯一一名华人。

第二，获得高贵荣誉。1989 年，英国授予成龙 MBE 爵士勋章；1990 年，法国授予他荣誉骑士勋章；2004 年，成龙获得了"感动中国人物"的称号；2006 年，成龙被福布斯杂志评为"全球十大慈善名人"之一；2007 年，成龙被韩国民众选为代表"中国大人物"之一，仅次于毛泽东、邓小平，高居第 3 位；2009 年，成龙荣获助残形象大使以及最具风格公益成就奖；2012 年 8 月 24 日《纽约时报》评选出史上 20 位最伟大动作巨星，成龙荣登第一位；2014 年，成龙再次当选为香港演艺人协会会长；2015 年，获得马来西亚"拿督"头衔。

（2）公民社会获益。

成龙多年来始终热心公益，在 1988 年就开始以基金会的形式，成就自己及各界好友的慈善事业，在不断吸收和实践国际慈善行业操作经验的基础上，于 2008 年注册并成立了北京成龙慈善基金会并任会长。成龙还担任微笑行动中国基金会的大使、"天使之翼"行动的大使、中国禁毒宣传形象大使等。

（3）国家获益。

第一，传播中国文化。成龙在好莱坞第一次向世人展示中国传统文化中英雄的概念，成龙在国际演艺界为中国争了光，让世界记住了成龙，更记住了中国。

第二，热心公益。成龙将越来越多的精力投放在内地的慈善和公益事业中，汶川大地震后，他带头捐款，积极参与公益歌曲录制和公益晚会演出，一首《生死不离》成为 2008 年传唱度最高的公益歌曲；奥运会期间，成龙是唯一由奥组委官方推出个人奥运专辑的男歌手。

（4）国际社会获益。

2001 年，龙骑士慈善活动（加拿大，多伦多）为住院病童谋取福利并捐助颐康基金会。2002 年 5 月，成龙联合巴迪熊香港展，筹得港币 414 万元，悉数捐给联合国儿童基金香港委员会、香港公益金和成龙慈善基金；12 月，他为支援海啸——为联合国儿童基金会捐款港币 50 万元。2006 年 1 月，成龙举办爱心无国界募捐义演，大屏幕播放录制片断，为韩国儿童福利机构赠送支票，为支援海啸录制歌曲"*We are the world*"。2007 年 4 月，成龙以联合国儿童基金会大使身份探访印尼海啸受灾地区，作为联合国儿童基金会大使探访柬埔寨和越南，"爱心无国界"筹款，赠予支票。2011 年 4 月 1 日晚，成龙参加由香港演艺人协会召集的《爱心无国界 311 烛光晚会》筹款活动，为最积极为日本捐款人之一。

6.3.1.3　成功因素

成龙能取得今天的成功，是他自己一步一步走出来的，成龙自己最坚守的格言就是永不放弃，今天的失败只是不成功而已，继续努力，总会有成功的一天的。具体来说，成龙的成功主要取决于以下几个方面。

（1）兴趣爱好。成龙看到京剧武生于占元师傅的学生在旁勤奋地练功，觉得非常羡慕，便要求父亲让他在这练武。兴趣是最好的老师，对于武术的兴趣爱好是成龙能取得今天的成功的重要原因之一。

（2）勤学苦练。在这个基础上，成龙在 1961 年加入中国戏剧学院，期间的刻苦学习和磨炼奠定了成龙深厚的武术功底，正是因为成龙这种不怕吃苦，勇于尝试的精神，让成龙在演艺业的发展中有了更多的机会。

（3）永不言弃。成龙先后做过替身、跑龙套、武术指导、演员，他的经历告诉我们，永远不要放弃，未来是自己一步一步走出来的，不到最后一步，谁也不会知道最后的结果。

（4）不断创新。成龙不甘只作影视功夫明星，他要打破李小龙以及他的神话，走自己的风格，在他的努力下，功夫喜剧渐渐成了潮流。

·155·

（5）热爱国家。在成龙心里，觉得身为一个艺人，对社会、对贫苦大众、对整个中国都有责任，他也确实是这样做的，他热心公益，始终不忘回馈社会，经常活跃在内地的慈善和公益事业中。

6.3.2　董明珠

董明珠，现任格力集团董事长。自 1994 年年底出任经营部部长以来，领导的格力电器从 1995 年至 2005 年，连续 11 年空调产销量、销售收入、市场占有率均居全国首位。2005 年以后，销售额每年均以 30% 的速度增长，净利润保持 15% 以上的增幅。经过十多年的迅猛发展，格力电器业绩斐然：在技术、营销、服务和管理等创新领域硕果累累。她不只是"营销女王"，在千亿企业俱乐部的 CEO 中，她素以作风强硬著称，被称为"空调女皇"。①

---

① 主要资料来源：《董明珠详细资料》，凤凰网，2014 年 12 月 11 日；《董明珠简介》，网易财经，2014 年 12 月 16 日；陈治家：《格力：不拿消费者做实验》，《广州日报》2012 年 10 月 1 日；《利润纳税双超百亿　格力辉煌新起点》，《中国青年报》2014 年 3 月 5 日。

6.3.2.1 简介

董明珠，1954 年出生于江苏省南京市，企业家、珠海格力电器股份有限公司董事长、世界公仆领袖联谊会经济领袖分会副会长、空调行业会长，先后毕业于安徽芜湖干部教育学院统计学专业、中南财经政法大学 EMBA2008 级、中国社会科学院经济学系研究生班、中欧国际工商学院 EMBA。董明珠出身南京市的普通家庭，1975 年参加工作，在南京一家化工研究所做行政管理工作。1990 年辞职，进入格力做业务经理。1994 年开始相继任珠海格力电器股份有限公司经营部部长、副总经理、副董事长。2012 年，被任命为格力集团董事长。

6.3.2.2 职业经营效益要点

董明珠靠着勤奋和诚恳，不仅推动了国家科技创新，还主动承担社会公民责任，积极纳税，助力珠海市经济发展，也通过过硬的产品质量赢得了消费者的认可，同时也使自己获得了众多荣誉和丰富资源。

（1）消费者获益。

第一，质量好。作为空调行业的领军企业，格力电器多年来潜心于制冷技术的研发，专注于产品品质的提升，致力于为消费者提供完美的产品和服务。从设计产品的源头到采购、生产、包装、运输以及安装、服务等全过程实行严格的质量控制。正是这种把质量当成生命、以消费者的需求为标准的责任心，使格力产品质量得到稳步提高，售后故障率年年下降，在行业内奠定了"好空调，格力造"、"买品质，选格力"的良好声誉。

第二，价值高。董明珠认为，作为制造业就不能有投机心理，应该创造价值，把产品做到极致，赢得消费者的认可，赢得市场的扩大。近年来，格力电器还推出了一系列售后服务政策保障消费者的利益：空调整机六年免费包修、变频空调两年免费包换。

（2）公司获益。

第一，规模扩大。在董明珠的领导下，格力电器从一个当初年产不到 2 万台的毫不知名的空调小厂，一跃成为今天拥有珠海、丹阳、重庆、巴西、越南、巴基斯坦六大生产基地、员工人数 25000 多人、家用空调年产能力超过 1500 万台、商用空调年产值达 50 亿元的知名跨国企业。

第二，收入上升。格力电器的净资产达 20 多亿元，1995 年以来累计销售空调 4000 多万台（套），销售收入近 700 亿元，纳税超过 35 亿元，连续 11 年产销量、市场占有率均居行业第一。2014 年"双 11"当天，格力推出一款只在网上销售的空调机型，当天的销售额达到了创纪录的 2200 万美元。

（3）个人获益。

第一，获得众多荣誉。董明珠卓越的经营才能和管理水平，得到了社会各界的好评并屡获殊荣：先后荣获"全国五一劳动奖章"、"全国杰出创业女性"、"全国三八红旗手"、"世界十大最具影响力的华裔女企业家"、"全球商界女强人 50 强"、"全球 100 位最佳 CEO"等称号。2012 年，董明珠成为荣获亚洲质量网组织"石川馨—狩野奖"的第一位女性。2014 年 9 月 17 日，董明珠被联合国正式聘为"城市可持续发展宣传大使"。

第二，拥有丰富资源。在 2012 年 5 月，被任命为格力集团董事长。连任第十届、第十一届和第十二届全国人大代表，担任民建中央常委、广东省女企业家协会副会长、珠海市红十字会荣誉会长等职务。董明珠活跃在亚洲商界的高层，行使重大权力，并握有强大的财政资源，领导下的格力公司成为全球最大的住宅空调制造商。在 2015 年《福布斯》亚洲商界权势女性的 50 位榜单中位于第 4 位。

（4）珠海市获益。

格力电器积极纳税，助力地方经济社会发展。查看这些年的珠海市"税收贡献百强"排行榜，格力电器一直高居排行榜榜首，而一同入榜的还包括格力电器下属的格力电器龙山精密机械制造分公司、格力电器全资控股的珠海凯邦电机制造有限公司等。以格力为首的"税收贡献百强"企业，是珠海市税收收入的主要来源，是依法纳税的楷模，其发挥了诚信纳税的模范带头作用。企业贡献税收，可以让社会资源得到合理的二次调配，政府部门利用税收调节，发展公共事业，促进就业和改善城市的人居环境、投资环境，而这些又可以进一步促进企业的做强做大。

（5）国家获益。

第一，推动国家技术创新。2013 年 12 月 21 日，由格力电器自主研发的"光伏直驱变频离心机系统"被专家组一致认定为"全球首创、国际领先"，格力电器又一次凭借首创的核心技术抢占了全球制冷技术的制高点。而这只不过是格力探路"中国创造"的一个更新成果，之前自主创新的 1 赫兹变频技术，实现家用空调技术在国家科技进步奖历史上零的突破；全球首款永磁同步直流变频离心机组，让格力在中央空调领域从"挑战者"变成"领导者"；R290 环保冷媒空调，让中国在新冷媒技术的研究应用上首次走在国际前列；无稀土高效变频压缩机，则开启了"无稀土变频空调时代"；全球首创"双级压缩技术"，突破了传统空调产品的运转极限。

第二，格力电器积极纳税，主动承担社会公民责任。格力电器董事长兼总裁董明珠透露，格力电器 2013 年纳税超过 102 亿元，累计纳税近 400 亿元，连续 12 年位居中国家电行业纳税前列。

6.3.2.3　成功因素

董明珠不安于现状，不畏艰辛，从基层做起，历任部长、副总经理、副董事长、董事长，她的成功主要取决于她对公司的热爱和忠诚以及勤奋和成功，她从不因循守旧，而是主动求变，注重创新。

（1）忠诚。董明珠的打工经历有着老一辈国企人坚持到底的精神，她进入格力后就不曾跳槽，15 年的时间从一名基层业务员成长为格力的总经理。

（2）勤奋和诚恳。董明珠在做格力空调基层业务员期间跟着老业务员一起东奔西跑、拜访商家、下库房，靠勤奋和诚恳，她不断创造着格力公司的销售神话。

（3）创新。董明珠重新制定空调销售行业规则，实行先款后货，从此"欠款"的概念逐渐远离了她；出任总裁之后，董明珠深知创新是企业竞争的终极力量，格力集团每年用于技术创新的费用"上不封顶"。

6.3.3　史蒂夫·乔布斯

史蒂夫·乔布斯（Steve Jobs，1955 ~ 2011 年），发明家、企业家、美国苹果公司联合创办人、前行政总裁。1976 年史蒂夫·乔布斯和朋友成立苹果电脑公司，他经历了苹果公司数十年的起落与复兴，先后领导和推出了麦金塔计算机、iMac、iPod、iPhone 等风靡全球亿万人的电子产品，深刻地改变了现代通信、娱乐乃至生活的方式。2011 年 10 月 5 日他因病逝世，享年 56 岁。史蒂夫·乔布斯是改变世界的天才，他凭敏锐的触觉和过人的智慧，勇于变革，不断创新，引领全球资讯科技和电子产品的潮流，把电脑和电子产品变得简约化、平民化，让曾经是昂贵稀罕的电子产品变为现代人生活的一部分。[①]

6.3.3.1　简介

史蒂夫·乔布斯，1955 年生于美国加利福尼亚州旧金山，美国发明家、企业家、美国苹果公司联合创办人。1976 年 4 月 1 日，史蒂夫·乔布斯签署了一份合同，决定成立一家电脑公司。1977 年 4 月，史蒂夫·乔布斯在美国第一次计算机展览会展示了苹果 II 号样机。1997 年苹果推出 iMac，创新的外壳颜色透明设计使产品大卖，并让苹果渡过财政危机。2011 年 8 月 24 日，史蒂夫·乔布斯向苹果董事会提交辞职申请。史蒂夫·乔布斯被认为是计算机业界与娱乐业界的标志性人物，史蒂夫·乔布斯同时也是前 Pixar 动画公司的董事长及行政总裁。2011 年 10 月 5 日，因胰腺癌病逝，享年 56 岁。

6.3.3.2　职业经营效益要点

史蒂夫·乔布斯改变了人们的生活方式，给消费者带来了惊喜，每隔一段时间，就会有一款革命性的产品横空出世，改变一切。他的产品引领了行业发展，对苹果公司的发展居功至伟，他是苹果公司的"灵魂性人物"。

（1）消费者获益。

第一，给消费者带来惊喜。史蒂夫·乔布斯相信用户"不知道自己要什

---

① 主要资料来源：《苹果公司创始人史蒂夫·乔布斯生平简介》，新华网，2014 年 2 月 8 日；《成功男人的个人风格：史蒂夫·保罗·乔布斯》，新浪，2014 年 10 月 4 日；《"教父"乔布斯功成身退：坎坷创业路》，腾讯，2014 年 10 月 4 日。

么", 任何事物都能够重新定义, 所以他一意孤行、强求完美的事例数不胜数, 最终苹果公司给全世界带来了全新体验和崭新改变。苹果推出的一系列产品改变了人们的硬件、软件和数字娱乐产品消费观念, 因为史蒂夫·乔布斯让数码产品已经不再仅使用工具, 而且是时尚标签, 苹果公司甚至做到只要新品一出, 消费者都会抛弃手上原有的苹果产品, 继续追逐。同时, 乔布斯的强势、高傲、特立独行让他成为无数人的精神领袖, 甚至他的坏脾气都被津津乐道。

第二, 改变消费方式。将 iPod、iPhone 和 iTunes 的影响力整合到一起后, 几乎没有一种媒体形式能够不受苹果的影响。苹果 iPad 的功能涵盖了浏览互联网、收发电子邮件、操作表单文件、玩视频游戏、收听音乐或者观看视频。iPad 时代, 世界上的每朵花你都将知道它的名字, 世界上每本书你都能阅读。苹果最新燃起的野心是改变出版业, 从报纸到电子图书。

(2) 苹果公司的获益。

史蒂夫·乔布斯作为苹果公司的"灵魂性人物", 自 1997 年回归苹果后对苹果的发展可谓居功至伟。近年来苹果产品风靡全球, 从 iPod 到 iPhone, 再到 iPad, 每一款产品推出后都在市场上引起巨大轰动, 销量也飞速增长。2001 年 10 月苹果发布了新产品 iPod, 随后和 iTunes 一起席卷全球, 成为公司一大"金矿"。2007 年, 苹果推出了 iPhone 手机, 6 天时间内卖出了 100 万部, 创下历史纪录。2010 年度, 苹果公司的营业收入达到 652 亿美元, 苹果公司的股价近年来也屡创新高。而在 1995 年前后, 苹果公司曾濒临破产, 股价甚至低至 1 美元以下, 1997 年乔布斯回归苹果公司时, 苹果公司的股价徘徊在 5 美元。而在近日, 苹果公司最新股价达到 380 美元, 与史蒂夫·乔布斯1997 年回归苹果时 5 美元的股价相比增长了 76 倍。

(3) 个人获益。

第一, 获得众多的荣誉。1985 年, 史蒂夫·乔布斯获得了由 R. W. 里根 (R. W. Reagan) 总统授予的国家级技术勋章; 1997 年成为《时代周刊》的封面人物; 同年被评为最成功的管理者, 是声名显赫的"计算机狂人"。2007 年, 史蒂夫·乔布斯被《财富》杂志评为年度最伟大商人。2009 年被《财富》杂志评选为这十年美国最佳 CEO, 同年当选时代周刊年度风云人物之一。2012 年被《时代》杂志提名为一直以来美国最具影响力的 20 人之一。在英国《卫报》2006 年 7 月的媒体大亨 100 强 (Media Guardian 100) 排行榜中乔布斯名列第二。其评判标准基于候选者在文化、经济和政治上的影响, 偏重其在英国的影响。

第二, 巨额收入。苹果公司 1980 年在纳斯达克上市时, 公司市值为17.78 亿美元, 史蒂夫·乔布斯当时拥有净资产为 2.17 亿美元。目前, 苹果公司最新市值逾 3500 亿美元, 增长近 200 倍, 而"苹果教父"史蒂夫·乔布斯现在持有的 542.6 万股苹果公司股票, 以苹果最新股价 380 美元来算, 总额为 20 亿美元左右。从 2011 年的过去 10 年里史蒂夫·乔布斯从苹果公司每年只获取 1 美元的薪金，财富主要来自所持有的 1.38 亿股迪士尼股票和 542.6 万股苹果公司股票。2011 年 3 月的福布斯富豪排行榜中，史蒂夫·乔布斯以大约 83 亿美元的身家成为美国第 34 位最富有的人，全球排名为第 110 位。

（4）行业获益。

史蒂夫·乔布斯经常站在保护整个行业的角度说话。尽管苹果公司和史蒂夫·乔布斯经常被人讽为痞子，但在保护全行业利益时，这位公司联合创始人的表现却十分活跃。

第一，史蒂夫·乔布斯使全触屏智能手机得到大范围普及。iPhone 之前，还没有手机如此依赖触摸来使用，而史蒂夫·乔布斯发布 iPhone 以后，智能机以全触屏、多点触控为主，这个趋势是史蒂夫·乔布斯带给整个行业的。

第二，通过软件商店来买软件。生态系统 iOS 是独立的生态系统，App Store 有几十万精良的软件，有开发者为手机开发软件来获取利润，通过软件商店来买软件，在手机行业，乔布斯是第一个。

第三，移动互联网的普及。iPhone 之前人们接触网络主要还是依赖电脑，iPhone 以后，通过各种软件，人们可以轻松地访问互联网，史蒂夫·乔布斯使移动互联网得到了极大的发展。现在的手机成了人们访问网络的一个重要部分，社交、购物、影音等都直接通过手机即可实现。

6.3.3.3　成功因素

史蒂夫·乔布斯在数字产业的成功，首先要归功于他的创新能力和预测业界趋势的天赋，其次就是他对科技产品的热情和追求完美的品质，当然一个人的力量是有限的，还需要一个优秀的团队。

（1）创新。史蒂夫·乔布斯认为，如果是一个成长性行业，创新就是要让产品使人更有效率；如果是一个萎缩的行业，创新就是要快速地从原有模式退出来，在产品及服务变得过时，不好用之前迅速改变自己。

（2）团队。史蒂夫·乔布斯曾经宣称，能够让 Macintosh 成为伟大产品的部分因素就得益于从事此产品相关的工作人员都是音乐家、诗人以及艺术家等，甚至还有动物学家和历史学家，巧合的是，他们又是世界上最优秀的电脑科学家。

（3）热情。史蒂夫·乔布斯热衷于通过技术解决个人生活中的各种问题，并总是为此寻找新的方法，开发新的技术。这种热情，在利益支配一切的产业中是鲜见的。但史蒂夫·乔布斯的成功也许恰恰说明，能否保有这样的一份热情，决定了公司能否成功跻身更高的层次。

（4）完美。史蒂夫·乔布斯认为，完美的质量没有捷径，必须将优秀的质量定位给自己的承诺，并坚定不移地坚持下去。当对自己要求更高，并关注所有的细节后，产品就会和别人不一样。

（5）远见。史蒂夫·乔布斯拥有极佳的技术理解力及判断力。他很在意科技发展的轨迹及影响，他总会问，是否有一些技术阻碍了一个细分市场变成大众市场？未来的技术发展对这个市场是促进还是毁灭？如果利用新技术生产出一款新产品，它能否创造新的价值？

6.3.4 俞敏洪

俞敏洪现任新东方学校校长、北京新东方迅程网络科技有限公司董事长等职，被媒体评为最具升值潜力的十大企业新星之一，20 世纪影响中国的 25 位企业家之一。由俞敏洪创办的新东方学校目前已经占据了北京 80%、全国 50% 的出国培训市场，年培训学生超过 15 万人次，国外的留学生 70% 是其弟子，由于他对留学教育专业的杰出贡献，被社会誉为"留学教父"。①

6.3.4.1 简介

俞敏洪，新东方教育集团创始人，英语教学与管理专家。担任新东方教育集团董事长、洪泰基金联合创始人、中国青年企业家协会副会长、中华全国青年联合会委员等职。1962 年出生于江苏省江阴市，1980 年考入北京大学西语系，本科毕业后留校任教；1991 年从北京大学辞职，1993 年创办北京新东方学校。2006 年 9 月 7 日，新东方教育科技集团在美国纽约证券交易所成功上市，成为中国第一家在美国上市的教育机构。

6.3.4.2 职业经营效益要点

俞敏洪不怕吃苦，通过艰苦的努力坚持着自己的梦想，并最终成功创办新东方，圆了无数学员的留学梦，在一定程度上推动了中外交流，也使自己在经济上、名誉上等得到了巨大的收获。

（1）学员获益。

第一，培训。目前，新东方的培训项目包括 TOEFL、GRE、GMAT、TSE、美国口语、美国电影口语听说以及职业和大专英语教育等各个方面。

第二，咨询。学校为学员提供出国资料的查询、留学咨询、美国签证咨询等相关的服务。据称，新东方的资料室是国内独一无二的出国资料总汇，对学员免费开放，在这里可以查阅北美最新入学情况和奖学金资料，出国过程中的种种疑问和难题也可以在此得到解决。

第三，讲座。学校定期举办的各种留学讲座，一年一度的英语专题系列讲演会，都在社会和学员中引起强烈反响。可以说，新东方对学员的帮助，已经远远超过英语考试的范畴而渗透到出国留学的各个方面。

（2）个人获益。

第一，获得众多的荣誉。俞敏洪被媒体评为最具升值潜力的十大企业新星

① 主要资料来源：《2012 年中国最具影响力的 50 位商界领袖》，载《财富中国》2014 年 5 月 21 日；《俞敏洪详细资料》，凤凰财经，2015 年 5 月 13 日；宁泊：《俞敏洪如是说》，中国经济出版社 2008 年版，第 10~50 页。

之一，20 世纪影响中国的 25 位企业家之一。社会兼职有第十一届、第十二届
全国政协委员、民盟中央常委、全国青联常委、北京大学企业家俱乐部理事
长、中国企业家俱乐部执行理事长等。近年来，俞敏洪及其领衔的新东方团队
已在全国多所高校举行上万场免费励志演讲，被誉为当下中国青年大学生和创
业者的"心灵导师"、"精神领袖"。荣获"2007 年度十大杰出民办教育家"、
"2007 品牌中国年度人物"、"十年新经济人物"等称号，2012 年，被评为 20
世纪影响中国的 25 位企业家之一、《财富》2012 年中国最具影响力的 50 位商
界领袖排行榜第 45 位。

第二，巨额收入。2012 年俞敏洪以 54 亿元财富列胡润百富榜第 288 位。
2013 年，入围胡润全球富豪榜。2006 年 9 月 7 日，新东方在纽约证券交易所
成功上市，开创了中国民办教育发展的新模式，俞敏洪身价暴涨成为中国最富
有的教师。报告显示，新东方 2007 财年第一季净营收为 4.293 亿元，同比增
长 31.4%；净利润为 1.651 亿元，同比增长 100.8%。目前，新东方占有全国
60% 以上的出国英语培训市场。

（3）国家获益。

俞敏洪在一定意义上推动了中外交流。俞敏洪领导的新东方使无数中国人
的留学梦梦想成真，为中国培养了众多的国际化人才。他缔造了一个教育帝
国，更成为中外交流的背后推手。据不完全统计，在海外各大名校就读的中国
留学生中，有 70% 是其弟子。10 多年来，从新东方出国留学，而后又汇入
"海归"大潮回国创业的人数更是不可胜计。

（4）公民获益。

俞敏洪及其领导的新东方多年来一直致力于社会公益事业。新东方自创立
至今已在全国举办免费英语培训讲座数千场，听众累计近 1000 万人次，同时
为众多政府机关和企事业单位提供免费培训。新东方还积极参与社会救助行
动，多年来各项捐款捐物总计近千万元。苦学生出身的俞敏洪深知求学路上的
艰辛，在他创办新东方伊始，就定了一个规定：每年要向优秀学员发奖金，金
额从几千到数万元不等，每年投入几十万元。这个规定后来成为新东方的传统。

6.3.4.3　成功因素

虽然俞敏洪不是天才的企业家，甚至在很长时间里，对管理一窍不通，但
他始终坚持梦想，一切为学生着想，靠着他不懈的努力以及强大管理团队，他
实现了对新东方的科学管理，使新东方成功上市。

（1）坚韧不拔的努力。俞敏洪通过不断学习、反思、实践，最终找到了
自己的管理之道，顺利实现了组织转型，把新东方从最初的"夫妻店"和后
来的"哥们帮"推上了现代企业制度的轨道。

（2）坚持梦想。正是因为对外边世界的渴望，促使俞敏洪走出村庄，走向更
远的地方。也正是这种渴望，使他下定决心走出北京大学校园，开始独立奋斗。

（3）强大的团队。新东方实现了突飞猛进的发展，主要是因为他许多从前的同学、朋友受他邀请纷纷回国，这些在大学时代就已经是俞敏洪非常崇拜的精英人才的加盟，使新东方如虎添翼，不仅在业务组成上实现了多元化，而且由于这些新锐人才的激情演绎，使"新东方"的品牌知名度大幅度提升。

（4）科学管理。新东方进行了股份制改造，以现代企业制度来打造企业，采用矩阵形式，建立起了董事会，有了制度框架下的决策层和管理层，实现了企业蜕变，并由此开始了战略上的扩张。

（5）为学生着想。"让学生在新东方课堂里获得快乐的成长体验"是新东方始终坚持的教学理念，一切为学生服务是新东方价值体系的一个主线，主要表现为收费少、资料免费、经常有惊喜、注重人文关怀等。

6.3.5　周杰伦

周杰伦是流行音乐市场革命性、指标性的原创歌手，其才华不仅体现在超强的现场即兴创作能力和对乐理、各种乐器的精通上，还体现在颠覆常人不入俗套的创作思路。周杰伦不但大胆尝试了乐器的运用加以搭配，从而制造出其不意的效果，甚至将高难度的西班牙风格的弦乐演奏表现在歌曲中，天马行空的创作思路使周杰伦的歌曲跟任何一种音乐形式都不完全相同，形成了一种个人风格。[①]

6.3.5.1　简介

周杰伦（Jay Chou），1979 年出生于中国台湾新北市。华语流行男歌手、词曲创作人、制作人、演员、MV 及电影导演、编剧及监制。2000 年发行首张专辑《Jay》出道，2002 年在中国、新加坡、马来西亚、美国等地举办首场世界巡回演唱会。周杰伦的音乐融合中西方元素，风格多变，四次获世界音乐大奖中国最畅销艺人奖。2007 年成立杰威尔有限公司，自编自导自演电影《不能说的秘密》获台湾电影金马奖年度杰出电影奖。2011 年主演好莱坞电影《青蜂侠》进军国际，获美国 MTV 电影大奖最佳新人奖提名。2013 年自编自导自演电影《天台爱情》获选美国纽约电影节闭幕片。2014 年加盟好莱坞电影《惊天魔盗团 2》。2015 年监制电影《一万公里的约定》。除演艺事业外，2011 年担任华硕笔电设计师并入股香港文化传信集团。2012 年开设真爱范特西连锁 KTV。2013 年受邀到北京大学演讲。

6.3.5.2　职业经营效益要点

周杰伦的出现打破了亚洲流行乐坛长年停滞不前的局面，为亚洲流行乐坛翻开了新的一页；音乐无国界，他的歌曲成了中外文化交流的一座桥梁，激励

· 163 ·

---

① 主要资料来源：《周杰伦登上〈时代〉杂志亚洲版封面》，新华网，2015 年 5 月 24 日；《周杰伦荣登〈时代周刊〉封面》，新华网，2014 年 12 月 20 日；《董事长周杰伦：如何抵抗品牌老化魔咒？》，载《商业周刊》2015 年 1 月 20 日。

着歌迷们永不言弃；同时他也在收入、声誉等方面获得了巨大成功。

（1）歌迷获益。

周杰伦在海外的歌迷超过 7000 万人，在中国就不用说了。周杰伦的音乐不同之处在于，他不仅能将人们带入回忆，还能够将人们带出回忆，从短暂的回忆中发现对未来的信心与期待。而他对"中国风"的不懈追求，又将文学美与意境美注入音乐内，使其作为娱乐偶像的同时不失文化品位，无论是《蜗牛》中"我要一步一步往上爬"的坚忍意志，还是《龙拳》中"我就是那条龙"的豪迈气概，周杰伦的歌曲充盈着激励人心的能量。

（2）音乐获益。

周杰伦是流行音乐市场革命性、指标性的原创歌手，其才华不仅体现在超强的现场即兴创作能力和对乐理、各种乐器的精通，还体现在颠覆常人不入俗套的创作思路。周杰伦在歌曲中融入东西方古典音乐，从最初融入古典的中国风到欧洲中世纪风格的巴洛克音乐，都经过了各种复杂、微妙的相互融合。

（3）个人获益。

第一，获得巨额收入。周杰伦本就是个超级印钞机，出道以来，代言不断，2010 年他接下来了 10 个广告代言，收入高达 8300 万元，占到总收入的近一半；2010 年又恰逢周杰伦出道十周年，所以顺着发行第十张专辑《跨时代》的东风，周杰伦还一连举行了 31 场"超时代"巡回演唱会，又是 8100 万元的收入；除此以外，拥有强大市场号召力的周杰伦还在忙碌的行程当中"见缝插针"参与了 20 场商业演出，共计 2200 万元收入。而在这近两亿元的收入当中，还没有结算周杰伦发行《跨时代》专辑的唱片版税收入。值得说明的是，周杰伦出道 10 年来，总收入已经接近 7 亿元人民币。

第二，个人获得良好声誉。2003 年周杰伦荣登美国《时代》周刊亚洲版封面人物；周杰伦是继巩俐、王菲、张惠妹、滨崎步之后，第 5 位出现在著名的《时代》杂志封面的亚洲艺人，也是首位获此殊荣的亚洲男歌手。2008 年继台湾艺人王力宏、张惠妹、金城武、F4 后，成了美国新闻网 CNN Talk Asia 采访的对象。CNN 记者特地远道来台，内容谈及周杰伦跨足音乐、电影的成就，中国风音乐也颇受外界瞩目。2009 年入选美国 CNN 亚洲极具影响力人物，2012 年登福布斯中国名人榜榜首。

（4）国家获益。

第一，周杰伦通过音乐积极推动海峡两岸的文化交流。2011 年 7 月 12 日，周杰伦参加了在北京人民大会堂隆重举行的《两岸同心　我们同行》两岸万名青年大型交流主题联欢活动。周杰伦在海峡两岸的歌迷成千上万，通过音乐找到了共识，搭建了文化交流的桥梁。

第二，周杰伦热心慈善。多次向内地灾区捐款并募款新建希望小学，他曾经参加公益歌曲《手拉手》的演唱，演唱会所用的扇子也曾用于拍卖，捐款捐给了天津一家福利机构，他也曾在《不能说的秘密》宣传期间与主演桂纶镁参加了台湾地区名为"一块救一命"的公益活动，并呼吁歌迷朋友一起参加、支持公益事业。在东南亚海啸期间，参加了泰国举办的一个音乐大奖颁奖典礼上，他曾献唱《蜗牛》这一励志歌曲。

6.3.5.3　成功因素

周杰伦早年一度为了生活想要放弃音乐，但他的母亲始终对他的音乐才能有信心，在母亲的鼓励下，他坚持着自己的音乐梦，"自助者天助"，他的努力和勤奋得到了他人的认可，并甘心帮助他取得成功。

（1）勤奋学习。周杰伦未出名之前，是吴宗宪给了他一个创作歌曲的机会，正是因为周杰伦的勤奋才使吴宗宪下定决心给他成立了阿尔发音乐工作室，也是由于被周杰伦的天赋和勤奋深深感动，吴宗宪决定找歌手演唱他创作的歌曲，在屡遭拒绝之后，还是因为周杰伦的努力和勤奋，吴宗宪帮周杰伦出了唱片，最终使他获得了巨大成功。

（2）母亲的鼓励。周杰伦有个好妈妈，正是在妈妈的不断鼓励和支持下，周杰伦坚持了下来，没有放弃自己的音乐梦。

（3）他人相助。在周杰伦的音乐表现不被世人认可时，吴宗宪发现了亮点，将周杰伦正式带进了音乐圈，给他创造了音乐创作的环境，在其被屡屡拒绝之后，更是将其推向前台。在吴宗宪的鼓励下，周杰伦没有泄气，他走上舞台，演唱自己创作的歌曲。

（4）多元发展。周杰伦因跨足音乐、电影、电视、主持、出版、餐饮等多领域发展，可以算是娱乐界里的超人，他想到的是多元化的发展，拥有无限可能，而不只是被定义为歌手。

6.3.6　王兴

王兴是人人网、饭否网、海内网的创始人，2001 年本科毕业。2003 年放弃美国学业回国创业立校内网，2006 年被千橡集团收购；2007 年创办饭否网；2010 年创办团购网站美团网。现任美团网 CEO。截至 2014 年 8 月，美团共有北京市、深圳市、上海市、广州市、西安市、武汉市、杭州市、成都市八大城市单月交易额突破 1 亿元大关。[①]

6.3.6.1　简介

王兴，1982 年生，人人网创始人、饭否网总裁、美团创始人兼 CEO。曾就读于龙岩一中、清华大学、特拉华大学。不甘平凡的王兴在 2004 年毅然决

· 165 ·

---

① 主要资料来源：《2014 年度华人经济领袖评选：陈峰、刘永好、郁亮等入围》，凤凰网，2014 年 12 月 2 日；《王兴确认美团融资 7 亿美元：估值约 70 亿》，新浪网，2015 年 1 月 18 日；《2015 福布斯中国 400 富豪榜》，福布斯中文网，2015 年 10 月 26 日；丁辰灵：《雷军和王兴：为什么他们能二次创业成功？》，载《创业邦》2014 年 3 月 3 日。

然放弃美国特拉华大学电子与计算机工程系的博士学业回国创业。起初，没有什么社会关系的王兴，与老同学一起摸索了大学校园 SNS 等项目，最后在2005 年正式开发出校内网且用户量爆棚。不过受制于后续资金支持，没钱增加服务器和带宽的王兴，只能饮恨将校内网卖给千橡互动集团。之后王兴还开发了包括饭否网、海内网，并最终在 2010 年 3 月正式推出美团网。

6.3.6.2　职业经营效益要点

王兴创办的美团网使消费者发现了最值得信赖的商家，同时使商家找到了最合适的消费者，同时美团网获得了迅速发展，已经成为仅次于淘宝的第二大移动电商；王兴使美团网、商家、消费者实现了共赢，并最终实现了自己的价值。

（1）消费者获益。

美团网有着"美团一次，美一次"的宣传口号。为消费者发现最值得信赖的商家，让消费者享受超低折扣的优质服务。在公司制度和文化上，美团网严格要求每个员工诚信对待消费者。美团网自 2010 年 3 月 4 日成立以来，一直努力为消费者提供本地服务电子商务。为了更好地服务用户，美团网除了严格的商家审核之外，还投入千万元进行呼叫中心建设，同时率先推出"7 天内未消费，无条件退款"、"消费不满意，美团就免单"和"过期未消费，一键退款"等一系列消费者保障计划，构成了完善的"团购无忧"消费者保障体系，为用户提供最贴心的权益保障，免除消费者团购的后顾之忧，让消费者轻松团购，放心消费。

（2）商家获益。

美团网为商家找到最合适的消费者，给商家提供最大收益的互联网推广。美团网整个运作过程中，对于商家没有任何风险。美团网一贯坚持与商家平等、互利、共赢的合作标准，作为一家本地化服务类电子商务企业，美团网竭诚服务于各城市的商家和消费者，并追求低成本、高效率，帮助商家更好地按效果付费来获得新顾客。除了便捷高效的服务、广阔的平台及用户资源外，美团在营销方面的广泛投入也成为吸引商家的重要因素。

（3）个人获益。

第一，经济收入。在 2015 年福布斯 400 中国富豪榜上，美团网王兴创始人排名 83 位，较 2014 年提升了 87 位，个人净资产估值为 152.4 亿元人民币，较 2014 年增加了 79 亿元人民币。

第二，美团网发展。截至 2015 年 6 月 30 日，美团交易额达到 470 亿元，较上年同期增长 190% 以上，超过上年全年交易额。在北京市、上海市、深圳市、西安市、广州市、武汉市、杭州市、成都市、郑州市、南京市、重庆市等19 大城市，美团的月交易额均破 1 亿元。在用户和商家覆盖上，美团继续保持绝对领先。目前，美团年度活跃买家数 1.3 亿个，合作商户数 160 万户，覆盖城市 1100 个以上，在包括西藏自治区拉萨市在内的中国所有地级市和部分县级市都能使用美团的服务。在移动端，美团的表现依然抢眼，移动端交易额占比达到 95% 以上，这一比例比上年年底提高了 5 个百分点。

6.3.6.3　成功因素

王兴并不是一帆风顺的，在创业过程中经历了很多挫折，但他并没有放弃自己的创业梦，始终保持创业热情，并专注于互联网的发展，保持稳定的团队，在积累了充足的资源和经验后，成功是必然的。

（1）创业热情。王兴这么多年的互联网创业生涯可用跌宕起伏四个字来表达。他做过多个 SNS 项目，经历过校内的资金断裂不得不售出，也经历过饭否的无奈关闭，但这样的打击并没有让王兴放弃。

（2）专注。王兴和他的团队紧跟美国的互联网风潮，这是王兴团队擅长的事情。既然擅长，就没理由不做到极致。他认为，互联网思维是可以运用到创业当中的。互联网思维一个很重要的特点就是：专注专注再专注。

（3）积累资源。王兴开始做美团，初期的用户积累速度就比竞争对手更快，耗费资源更少。所以在创业中，项目可以失败，但要注意积累资源。

（4）团队稳定。王兴从创业开始，核心团队几乎不变，虽然偶有分分合合，但最终还是能够走到一起。

6.3.7　胥学恒

胥学恒，80 后大学生农村创业成功者，2011 年怀着对水产养殖的满腔热情，毅然放弃了在北京水世纪湖北分公司月收入过万的工作回到射洪，在父母的帮助下租下沱牌镇凤凰村 200 多亩土地，开始了自己的农村创业梦。[①]

6.3.7.1　简介

胥学恒，四川省仁和镇人，"80 后"青年。2011 年毕业于四川农业大学水产养殖专业，毕业后在外销售与水产有关的药品，2011 年 3 月回到家乡射洪，经过多方面考察，选择了水源比较好的沱牌镇搞起了水产养殖，现有鱼塘14 个，养殖了包括草鱼、鲤鱼、鲫鱼、桂鱼等 10 个品种的鱼类。

6.3.7.2　职业经营效益要点

胥学恒的水产养殖基地有了稳定的销售渠道，获得丰厚回报后，主动将自己的技术和经验与其他养殖户分享，带动整个水产养殖产业的良性发展，在一定程度上进一步促进了自己的水产养殖的发展，同时也为他赢得了良好的声誉。

（1）个人获益。

第一，获得丰厚的收入。2011 年 3 月，胥学恒在家人的帮助下承包了该村 260 亩土地开始修建鱼塘。为了让资金早日回笼，胥学恒一边修建一边养

·167·

---

① 主要资料来源：《80 后大学生放弃过万月薪回乡养鱼　乡间挥洒青春》，创业故事网，2015 年 11月 13 日。

殖，修成一个使用一个。同年 6 月，胥学恒就销售了他养殖的第一批鱼苗。到现在，胥学恒的水产养殖基地已经小有规模，14 个鱼塘一字排开，养殖了草鱼、团鱼等 10 个品种，鱼苗远销重庆市、陕西省、甘肃省等 6 省市，本地及周边上百家水产养殖户到基地购买鱼苗。

第二，获得了良好声誉。胥学恒的创业故事经中国水产信息网新闻中心、今日射洪、遂宁新闻网、创业故事网等新闻媒体报道后，引起了人民群众对他的关注，将其树立为白手起家农村创业成功的典范，为其赢得了良好的声誉。

（2）水产养殖户获益。

"一枝独秀不是春，百花齐放春满园"。当自己羽翼渐丰，如何发展完善产业链，让更多人参与水产养殖致富成为胥学恒思考的问题。看着周围很多养殖户利用水库、池塘养鱼，"小打小闹"，因为没有专业养殖技术和销路，制约养殖户发展时，胥学恒主动承担起技术服务和成鱼代售，帮助更多群众增收致富。他打算进一步拓宽产业链，提供上下游全程服务，让更多群众参与进来，共同致富。

6.3.7.3 成功因素

正是由于胥学恒有着水产养殖的梦想，有着对自己家乡的热爱，使他最终放弃城里安稳体面的工作，选择回乡创业，虽然经历了很多次失败，但依靠他的专业知识和真诚最终赢得了他人的信任。

（1）怀揣梦想。胥学恒自小喜欢生物学，大学期间，他刻苦学习水产养殖专业知识，立志毕业后成为一名水产养殖专业技能人才，用学到的知识实现理想抱负。

（2）坚持不懈。2012 年 "9·10" 特大洪水让他的全部家当付之东流，无情的洪水面前，胥学恒没有退缩，他选择了坚持。重新整理鱼塘后，他也调整了思路，培育鱼苗出售。正是由于他的坚持和勤劳使得基地走上了正轨，客源也基本稳定了。

（3）真诚促销。为了拓宽销路，胥学恒在各大网站投放销售信息，同时亲自上门推介，以真诚打动顾客。

（4）知识养殖。胥学恒结合实际，有针对性地翻阅各种书籍，请教大学教师。现在，他不仅能够解决鱼儿出现的各种疑难杂症，还能为周边养殖户提供技术服务。

6.4 职业经营探索

"君子爱财，取之有道。" 人类在职业经营活动中，积累了许多的职业经营之道，特别是中华民族在几千年来的职业经营活动中，积累了许多宝贵的职业经营之道，这里仅就最基本的作一概括。

6.4.1 职业经营之道

虽然职业经营的内容和方式不同，职业经营之道就不完全相同，但通过提炼以上职业经营作为事例的成功经验，可以得到一些基本的、可推广的职业经营之道，为职业经营者提供一些启示。

（1）勤劳致富。

勤劳即是努力劳作，不怕辛苦，这样就会积累财富，富裕起来。中国改革开放以来，在广大的城乡，许多人是勤劳经营自己的职业，靠勤劳吃饱、穿暖，达小康，奔富裕。

（2）诚信经营。

诚信就是诚实和守信用。中国古人早就讲究修身做人，指出诚信是立人之道、立政之本与进德修业之本，强调民无信不立、人而无信、不知其可。按照诚信的思想，与人交往，特别是在现代市场经济社会里从事职业经营活动，应坚持诚实和守信用。实际表明，职业经营活动坚持和讲究诚信，取信于民，事业就顺利，财源通畅宽广，反之就停业。

（3）科学经营。

科学经营即是按照科学的要求从事职业经营活动。三百六十行职业，哪一种都有特定的业务与科学的要求，包括业务本身的科学的要求以及与服务对象联系和供给的科学的要求。只要能按照科学的要求，就会取得良好的职业效益。

（4）合作经营。

合作经营就是互相配合，共同进行职业经营。在个人的知识、技能、精力、财力、经验等有限的情况下，难能独立从事某种比较复杂的职业经营，就需要合作经营，通过与合作者分担，配合劳作，合作经营，讲究和实现更大的职业效益。合作经营可根据实际需要，采取不同的合作经营方式。从时间上可分为长期合作经营方式与短期合作经营方式，一般来看，合伙投资创业属于长期合作经营方式，合作经营项目属于短期合作经营方式。

（5）服务经营。

服务就是为他人做事，服务经营即千方百计、周到细致，把消费者需要的事做好。谁做到了服务经营，谁就会收益。日本商人 20 世纪 50 年代就指出，顾客满意你的生意，满意了就会让你盈利，给你发工资，为顾客做生意是真正的经商之道。

6.4.2 我国未来职业发展趋势分析

根据社会学家和经济学家的预测，随着中国市场经济的发展和经济结构的调整，各行业在社会发展中的地位和发展潜力也在发生变化。不同行业的职业经营之道并不完全相同，因此通过预测未来行业发展前景及职业发展趋势有利于职业经营者做好充分的经营准备。某些行业社会需求加大促进了这些行业的蓬勃发展，并成为未来社会发展的主导产业。尽早进入这些主导产业积累资源和经验，势必会提高成功概率。据有关专家的预测，未来巨大发展潜力的行业主要有：网络信息咨询与服务业、社会保险业、邮政与电讯业、老年医疗保健品业、妇女儿童用品业、旅游休闲及相关产业、建筑与装潢业、餐饮、娱乐与服务业。

我国的人事管理机构根据全国各类专业协会的有关统计资料，对我国未来亟须的人才进行了分析和预测。分析结果认为，我国未来的主导职业包括会计类职业、计算机技术类、计算机软件开发类、环境保护类、中医和健康医学类、咨询服务业、保险类、法律类、老年医学类、家庭护理和服务类、专业公关类、市场营销类、生物化学和生物技术类、心理学类、旅游类、人力资源类等十六个行业。

6.4.3　未来职业经营所需技能分析

当前社会发生了许多深刻的变化，比如，我们正步入一个"计算的世界"，社交媒体技术的运用催生了新媒体生态和新型沟通工具的蓬勃发展，智能机器和系统兴起，全球互联的世界正在形成，人类寿命变得越来越长。在这些颠覆性变化的影响下，员工要想在职场新环境中游刃有余，就必须掌握以下新的工作技能。

（1）计算思维。

随着我们掌握的数据量呈几何级数增长，将有更多的工作岗位要求员工具备计算思维，以理解信息的含义。模拟技术将成为未来员工的核心专长之一。在未来的招聘中，公司将看重应聘者的统计分析和量化推理等技能。

（2）设计思维。

在计算的世界里，成本越来越低的传感器、通信工具和处理能力将带来新的机遇，让我们可以采取更便于发挥设计能力的工作方式。我们将能规划自身的工作环境，使之有利于获得我们感兴趣的结果。

（3）认知负荷管理。

未来的世界将被多种格式、来自多种设备的信息流所充斥，因此认知负荷的问题也将越来越严重。组织和员工只有学会过滤信息和全神贯注于重要的事情，才能把大量涌入的数据转化为自身优势。

（4）新媒体素养。

用户生成内容的自媒体，包括视频、博客、播客，将在未来十年的职场中充分发挥它们的作用。各种摆脱了PPT等静态幻灯片模式的沟通工具将变得司空见惯，这就要求员工提高相应技能，以便使用这些新工具来制作内容。

（5）跨学科能力。

未来十年员工最好要拥有 T 形的能力结构，即他们至少要专精于一个领域，同时又具备更多学科领域的通识。这要求他们具备旺盛的求知欲，拥有在正规教育阶段结束后不断学习的愿望。

（6）意义建构能力。

随着智能机器接管机械化的日常生产和服务工作，那些机器不擅长的领域将更需要人类技能。这些技能要求更高层次的思维能力，靠机器编码是无法做到的。我们把这称为"意义建构"。

（7）社交智能。

情感的复杂性绝不亚于意义建构，或许更加复杂。拥有社交智能的员工，能对周围人的情感做出评估，从而相应调整自己的用词、姿态和语调。

（8）新思维和适应性思维能力。

受例行工作的自动化趋势以及全球性离岸外包大潮的影响，中等技能要求的工作岗位求职机会呈下降之势，工作机会越来越集中于高技能、高薪酬的专业性、技术性岗位和管理岗位，以及低技术、低薪酬的职位。高端工作主要是抽象任务，低端工作则是手工任务。

（9）跨文化沟通能力。

在全球真正互联互通的世界里，企业将根据员工拥有的技能，将他们派遣到多个工作地点。他们需要有能力在任何环境下正常开展工作。这要求员工具备一些特定的技能，如语言能力，同时也需要员工具备适应力，能够应对形势的变化。

（10）虚拟协作技能。

新兴技术手段把世界连为一体，让远隔千里的人们可以更方便地协同工作、分享各自的想法，提高工作效率。然而，虚拟工作环境也需要人们拥有一套新能力。虚拟团队的领导者需要制定策略，团结和激励分散在不同地点的团队成员。

第7章　职业收入消费

职业收入是消费的基础。我国现阶段随着国民经济增长，职业收入水平有了显著提高，消费也呈现出不同的特点。在职业收入的基础上，应杜绝超前消费、过度消费和浪费型消费，提倡理性消费，科学规划，实现收入的保值和增值，这样才能带来持久的消费来源。

7.1　职业收入消费知识

收入与消费之间呈正相关关系。合理地扩大正常职业收入，能提高职工的消费水平，刺激国家经济增长。

7.1.1　职业收入含义

职业收入是就职人员通过岗位劳动所获得的报酬。按照不同的划分方式可以将职业收入划分为不同的类型。

7.1.1.1　显性职业收入与隐性职业收入

1. 显性职业收入

显性的职业收入一般指工资，是可以计量的。企业结构工资制的内容和构成，可以按劳动结构的划分或多或少，各个组成部分的比例，可以依据生产和分配的需要或大或小，没有固定的格式。一般包括六个部分：一是基础工资；二是岗位工资；三是技能工资；四是效益工资；五是浮动工资；六是年功工资。

（1）基础工资。基础工资即保障职工基本生活需要的工资。设置这一工资单元的目的是保证维持劳动力的简单再生产。

（2）岗位（职务）工资或技能工资。岗位工资或技能工资是根据岗位（职务）的技术、业务要求、劳动繁重程度、劳动条件好差、所负责任大小等因素来确定的。它是结构工资制的主要组成部分，发挥着激励职工努力提高技术、业务水平，尽力尽责完成本人所在岗位（职务）工作的作用。

（3）效益工资。效益工资是根据企业的经济效益和职工实际完成的劳动的数量和质量支付给职工的工资。效益工资发挥着激励职工努力实干，多做贡献的作用。效益工资没有固定的工资标准，它一般采取奖金或计件工资的形式，全额浮动，对职工个人上不封顶、下不保底。

（4）浮动工资。浮动工资是劳动者劳动报酬随着企业经营好坏及劳动者劳动贡献大小而上下浮动的一种工资形式。形式多样。有利于调动职工群众的积极性，促使职工群众关心集体事业。

（5）年功工资。年功工资是根据职工参加工作的年限，按照一定标准支付给职工的工资。它是用来体现企业职工逐年积累的劳动贡献的一种工资形式。它有助于鼓励职工长期在本企业工作并多做贡献，同时，又可以适当调节新老职工的工资关系。

2. 隐性职业收入

而隐性职业收入一般指岗位福利收入，有些内容是不可计量的。不同企业福利水平有高有低。

（1）福利津贴。一般以现金形式提供，是职工工资收入以外的收入。

（2）福利设施。包括职工食堂、职工宿舍、托儿所、幼儿园、浴室、理发室、休息室等生活福利设施，以及文化室、俱乐部、职工图书馆、健身房、泳池、运动场、歌舞厅等文化、康乐设施和场所。

（3）福利服务。福利服务内容相当广泛，包括与上述各项设施相关的各项服务，也包括诸如接送上下班，接送女职工子弟上学，提供健康检查等特别服务。

7.1.1.2　正常职业收入与非正常职业收入

正常职业收入包括前文所讲的显性职业收入（工资）和隐性职业收入（福利）。正常职业收入是合法合理的。非正常职业收入又称灰色收入，通常指介于合法与非法之间，或者无法确认其合法性的收入。

对于灰色收入，经济学家、中国改革基金会国民经济研究所副所长王小鲁曾经进行了多年深入研究，他认为在当前条件下，灰色收入表现为三种情况[1]。

第一种，现实生活中有某些收入，由于在制度上或法律上没有明确界定，因此处在合法与非法的中间地带。老百姓举行婚礼，收受亲朋好友馈赠的礼物、礼金，既是民风民俗，也是法律所允许的。但有些官员借子女、亲属婚礼的名义收受重金，聚敛财富，动辄以数十万、数百万计，实质上可能是变相的索贿、受贿。但由于法律法规没有针对此类情况规定明确的界限，这类无法界定其合法性的收入，只能算做灰色收入。

第二种，某些收入有理由怀疑为非法，但是在没有充分证据证明为非法的情况下，也只能作为灰色收入来看待。例如频繁出现的通过内幕交易、虚假拍卖获得的地产收益，通过内线消息、散布虚假信息、操纵市场而在股票市场、期

---

① 王小鲁：《什么是灰色收入》，载《中国房地产业》2014 年第 4 期。

货市场上获得的暴利以及政府官员以权谋私,通过幕后交易获得的利益等。

第三种,某些收入具有合法来源,但所得者为逃避纳税而不愿公开,也称为灰色收入。这种情况主要发生在非劳动收入的领域,经营性、财产性收入和一些其他类别的收入,则因为认定、计算和征收比较复杂,特别是在税收征管不善的情况下,比较容易逃税。

当社会出现大量灰色收入的时候,说明存在严重的制度不健全或漏洞。这是一个危险信号,说明国民收入分配脱离常轨。因此,要解决灰色收入和收入差距过大的问题,根本出路在于推进制度改革、加强法治建设,理顺国民收入分配体制。特别在涉及公共资金、公共资源及公权力的行使方面,要靠推进体制改革建立一套公开透明、严格的管理与监督制度,使国民收入分配得到有效的规范。

7.1.2　职业收入与消费

7.1.2.1　居民收入现状

由于职业收入具体数据难以获得,但其中一部分可以反映在可统计的居民收入上,因此关于职业收入的宏观数据描述以居民收入代替。近年来我国居民收入伴随国力的增强有了很大的提高,具体变化体现在以下几方面[①]。

1. 居民收入持续增长

改革开放以来,我国城乡居民收入持续增长。截至 2013 年第三季度末,城镇居民人均可支配收入继续增长,达 20169 元,剔除价格因素影响后,比上年同期实际增长 6.8%;农村居民人均现金收入达 7627 元,剔除价格因素影响后,比上年同期实际增长 9.6%。从各地区看,城乡居民收入也有不同程度的增长。

2. 收入结构发生变化

工资性收入一直是城镇居民收入的主体,其占全部收入的比重有所下降,由 2000 年的 71.2% 下降到 2012 年的 64.3%;经营净收入和财产性收入比重有所上升,由 2000 年的 3.9% 和 2.0% 分别上升到 2012 年的 9.5% 和 2.6%。

家庭经营收入一直是农村居民收入的主体,其占纯收入的比重有所下降,由 2000 年的 63.3% 下降到 2012 年的 44.6%;工资性、财产性和转移性收入比重均有所上升,由 2000 年的 31.2%、2.0% 和 3.5% 分别上升到 2012 年的 43.5%、3.1% 和 8.7%。

3. 城乡居民收入差距依然较大

受二元经济结构的影响,我国城乡居民之间收入水平一直存在着一定差距,特别是 20 世纪 80 年代以来这一差距有所扩大,90 年代后期差距进一步

---

① 《2013 年中国城乡居民收入和消费状况》,中国国情网,2014 年 12 月 10 日。

拉大，至 2010 年开始有所缩小。从反映城乡居民收入差距的基尼系数看，2003 年已超过 0.4，达 0.479，2008 年更是攀升到 0.491。自 2009 年起基尼系数开始逐步回落，2012 年已下降到 0.474。

7.1.2.2　居民消费现状

随着居民收入的提高，我国居民消费水平和重点也发生了很大变化，体现在以下几方面①。

1. 消费水平显著提高，但差距依然较大

截至 2013 年第三季度末，城乡居民消费水平继续提高。其中，城镇居民人均现金消费支出 13319 元，剔除价格因素影响后，比 2012 年同期实际增长 5.1%；农村居民家庭人均消费支出 4385 元，剔除价格因素影响后，比 2012 年同期实际增长 11.1%。2003 年，城乡居民人均消费支出比高达 3.35，最近几年开始有所好转，至 2012 年已下降到 2.82，但城乡居民消费水平差距依然较大。

2. 不同收入群体的消费水平存在差异

按收入五等份对城镇居民家庭人均消费支出（未考虑价格因素影响）进行分组分析，2000～2012 年，从低收入户组到高收入户组，每组人均生活消费支出年均增长幅度逐渐加大。其中：低收入户人均生活消费支出由 2000 年的 2899.1 元提高到 2012 年的 8457.0 元，年均增长 9.3%；中等收入户由 4794.6 元提高到 15719.9 元，年均增长 10.4%；高收入户由 8135.7 元提高到 31602.8 元，年均增长 12.0%。

按收入五等份对农村居民家庭人均消费支出（未考虑价格因素影响）进行分组分析，2000～2012 年，不同收入组居民消费水平普遍增长较快，人均生活消费增长幅度均达到 10% 以上。其中：低收入户人均生活消费支出由 2000 年的 977 元提高到 2012 年的 3742 元，年均增长 11.8%；中等收入户由 2000 年的 1501 元提高到 2012 年的 5430 元，年均增长 11.3%；高收入户由 3086 元提高到 10275 元，年均增长 10.5%。

3. 消费重点发生变化

随着城乡居民收入的提高，其消费重点也发生了变化，由基础型消费转向发展、享受型消费。

（1）满足生存的食品类消费支出比重持续下降。恩格尔系数是食品支出（指基础的满足温饱需求的食品）总额占个人消费支出总额的比重。一个家庭或个人收入越多，用于购买生存性的食物的支出在家庭或个人收入中所占的比重就越小。经过多年的发展，我国城镇和农村居民家庭恩格尔系数均有所下降，分别由 2000 年的 39.4% 和 49.1% 下降到 2012 年的 36.2% 和 39.3%，分

---

① 《2013 年中国城乡居民收入和消费状况》，中国国情网，2014 年 12 月 10 日。

别下降了 3.2 个和 9.8 个百分点，恩格尔系数的下降充分体现了城乡居民消费层次和结构发生了变化。

（2）发展与享受型消费支出成为当前消费的热点。进入 21 世纪以来，城乡居民消费全面升级，各类消费支出均呈增长态势。消费结构明显改善，用于满足基本生活需求的食品和衣着商品等基础性消费占总消费支出的比重逐渐下降，而满足人们交通、通信、娱乐、旅游、医疗保健等发展和享受型消费所占的比重逐渐提高。2012 年，城镇居民的基础型消费（食品与衣着）的比重为47.2%，比 2000 年降低 2.3 个百分点，发展与享受型消费（家庭设备用品和服务、医疗保健、交通和通信、教育文化娱乐服务）的比重由 2000 年的35.8% 增加到 2012 年的 40.0%；2012 年，农村居民的基础型消费（食品与衣着）的比重为 46.0%，比 2000 年降低 8.8 个百分点，而发展与享受型消费的比重由 2000 年的 26.5% 增加到 2012 年的 33.1%。

（3）网络购物成为重要的购物方式。随着网络的广泛应用，各大网站纷纷推出网络购物功能，而银行对网上消费的支持和物流系统的越加完善，也使网络购物环境逐渐成熟；从网店自身来看，受益于经营成本较低，其所售商品显得性价比更高，而网店提供的服务和售后保障和实体店趋同，也使消费者购物更安心。种种有利因素，使居民足不出户就可以买到各种心仪的物品，网上购物有越来越红火的势头。

（4）节假日购物冲动减弱。节假日刺激往往是商家全年营销计划中最重要的环节，每当这个时候各种促销总是铺天盖地而来，这种商家大让利的良机以往总是可以带动消费者的热情，但是随着网络购物的兴起，消费者在网上随时都可以买到价格低于商店售价的物品，因此对节假日促销的热情减退。

7.1.2.3　职业收入与消费关系

收入是支持消费的基础，而消费是某一区域形成经济活力的所在。一般而论，如果经济增长，人们的收入必定增长，消费也会增加。M. 弗里德曼（M. Friedman）提出用名义货币收入来弥补人们实际收入的不平等，比如越是在经济落后的地区越要提高人们的工资，提高人们的货币收入。收入增加自然促使人们消费的增加。对存在改善需求的人群而言收入越高，人们消费占收入的比率越高。居民收入是这一切的基础。拉斯维加斯创造了美国西部奇迹，也在于这一点。

7.2　职业收入消费特点与问题分析

不同职业群体具有不同消费特点，但目前社会上普遍存在如超前消费、过度消费和浪费型消费问题，值得引起注意。

7.2.1 不同职业群体的消费特点

职业决定一个人的社会地位和经济收入，社会地位和经济收入影响消费者的消费层次和消费意向。不同行业的职业收入不同，导致消费者的收入不同，消费水平也各有差异。如银行白领和超市售货员的消费层次和消费意向肯定是不一样的。

职业会改变一个人的消费观，如销售人员的个性同长期在工厂的人的性格也会产生较大的差异，导致消费观念不同。职业的稳定性对消费者的影响，如政府公务人员的职业很稳定，私人企业的不稳定。这样会影响一个人对未来收入的判断，根据未来预期而做出激进或保守的判断。不同职业群体的消费特点如下。

7.2.1.1 科教人员

对于科教人员来说，职业稳定，收入来源比较单一，收入水平中等。因此科教职业人员的消费特点体现为：①倾向于中档消费；②子女消费占家庭消费主导；③消费观念较保守，超前消费不明显；④理性消费占主导，从众消费不明显；⑤精神文化消费重于物质消费。

7.2.1.2 公务员

公务员工资水平不高，基本属于中下等，但是收入稳定，而且社会上政治地位相对高，因此他们的消费特点反映为：①讲排场，追时髦，互相攀比，由成就、威望、荣誉等意念引起；②休闲、娱乐消费较为丰富；③职务消费公私不分，如公款吃喝、公车私用等。

7.2.1.3 农民

现阶段城乡居民收入依然有较大差距，因此农民与城市居民的消费特点存在很大差别，体现在：①实惠性。收入水平决定了农民的消费以物美价廉为主。②季节性。表现为季节性的消费，由于受农业丰收季节的影响，农民只有在丰收后，农产品才能变成现金，农村消费呈现很大的季节性。此外，春节送礼和老人小孩生日是农村集中消费的另一个黄金季节。③重点性。生产投资、家庭建房、孩子教育、孩子结婚是农村的四大重点消费。④差异性。农户之间的消费数量与消费品种存在较大差异。⑤分散性。农村消费具有实惠性、季节性、重点性、差异性和分散性五大特点。

这五大特点是农村消费的基本特点，但除此之外还具有"邻居效应"和"仰城效应"两大独特消费心理。

7.2.1.4 工人

在一方面产生价值，是生产者，但在另一方面就是消费者。所以他们更多追求的是经济、安全，讲究实惠等。

7.2.2 职业收入消费问题

目前职业收入消费中还存在如超前消费、过度消费、浪费型消费等典型问题，值得注意和引导。

7.2.2.1 超前消费

超前消费是居民的消费水平超过本国同期社会经济发展水平的一种消费行为。在超过暂时的收入能力的情况下将今后的收入提前到现在支出。

受舆论宣传美国人的超前消费观念影响，很多中国人特别是年轻人跨入了超前消费的行列。敢于花钱，提前享受成了新的消费观念。贷款买房、买车已不再是新鲜事，信用卡透支消费也日渐融入人们的日常生活，甚至有更多的人开始选择用贷款的方式来解决大额消费需求和临时的资金周转问题。中国人开始敢于"提前消费"，首先是因为中国经济持续攀高，社会提供的就业机会和高薪岗位越来越多，使他们对未来和前途充满信心。另外随着中国经济的迅速发展、物质产品相当丰富，客观上使这些欲望的"释放"成为可能。

这种超前消费在一定时期对经济发展有一定的刺激作用，通过超前消费可以带动新的消费热点，扩大市场需求，使消费结构更加合理，反过来又促进生产的增长，使生产与消费保持良性的循环，是政府为拉动内需促进经济增长和转变银行经营机制的一项重要举措。同时超前消费也是进入小康社会人们消费观的转变，贷款买提前享受，对人们的是一种动力和压力，能激励人们更努力的工作去解决自己的负债，以满足自己的生活要求。

但和西方国家国情不同，美国人的超前消费是高福利、高保障的社会环境造成的，美国多数人不需要担心医疗问题，孩子的教育问题以及养老问题。而中国人如果要进行超前消费，就要合理预计自己创造收入的能力，综合评估自己增收能力的潜力。如果经过多项因素的自我考核，确实对于未来的收入和收入的增长很有信心，就可以大胆地超前消费。如果当自己的收入变得不稳定，预期收入没有一定比例增长，选择了超前消费，就选择了沉重的财务压力，个人和家庭因此会背上沉重的包袱，有些甚至徘徊在破产的边缘。

7.2.2.2 过度消费

往往和超前消费相伴随的，还有一种消费现象是过度消费。过度消费是指不符合国情，与经济发展水平不相适应，且超出基本需求和支付能力的消费，是一种扭曲的、不可持续的消费方式。在我们的生活中，常常看到如此的情况：一些人进入房地产市场后，欲望就填充了脑中的每一部分，于是，该购买小户型的购买中户型的，该买中户型的则买了大户型的。也就是这种个人需求的扩展，不仅导致了国内住房价格的不断攀升，造成住房供不应求，出现了国内房价是由需求决定的假象，而且还增加了个人消费信贷偿还的压力，增加了家庭负债的比例。

　　手机、电脑、电视机的更新换代过于频繁，豪华办公楼和楼堂馆所处处可见，中国人购买的劳斯莱斯数量超过了日本，中国正在成为全球奢侈品的消费大国……中国人在过去 10 年对全球奢侈品消费的贡献从 2004 年的 3% 上升到了 2014 年的 29%。换句话说，过去十年整个奢侈品行业的增长，中国消费者贡献了 70%，其他国家贡献了 30%。

　　过度消费对个人来说是一种非常危险的行为，因为它可以迅速吞噬个人现有的资金，走向负债的行列。因此要尽量保持理性，控制过度消费行为的发生。在进行消费的时候，一定要首先确定该项消费是不是在自己的承受范围之内，换句话说，就是该项消费造成的信贷负担是不是自己背负得起的。要杜绝低效率消费、跟风式消费、攀比式消费，提倡节约消费、适度消费、文明消费、健康消费。

7.2.2.3　浪费型消费

　　消费模式是指在消费过程中伴随着较大浪费的消费模式。它是导致资源浪费和环境污染的主要根源之一。其主要表现有以下几点：一是对商品的需求超出了实际需要，如餐桌上的浪费；二是对商品的追求，脱离了使用价值，由于过度包装，使消费者花费在商品包装上的钱越来越多；三是一次性使用的商品数量大大增加；四是商品的淘汰太快，

　　以手机等电子产品消费为例，随着我国电子产业的飞速发展以及人们对时尚生活要求的不断提高，手机等电子产品的拥有量和更新率持续攀升。有调查显示，我国购买手机的人中，约 70% 是因为"喜新厌旧"，超过半数的人使用过 3 部以上手机，随之而来的是电子废弃物的与日俱增。浪费型消费会加剧资源消耗和环境污染，更会加重个人的财务负担，甚至出现高中生卖肾买手机的病态个案。

　　全球性的生态危机表明，现代社会的这种生产生活消费方式是造成生态危机的主要根源之一。为了人类的生存发展，我们必须树立生态文明的消费观念，建立生态文明的消费方式。生态文明的消费观念要求人们的消费心理，由追求物质享受向崇尚自然、追求健康的理性状态转变，从而引导企业生产和制造符合环境标准和环保要求的产品，以实现人类社会系统和生态环境系统协同演进的目标。

7.3　职业收入消费规划与个案

　　基于前文提到的目前职业收入消费中存在的种种问题，有必要对职业收入进行合理规划。而本节中将职业收入消费范围扩大为广义的消费，不仅包括生活消费，还包括投资（动产、不动产）、教育、保险、纳税和养老等多种支出。

7.3.1 职业收入消费规划

个人职业收入消费规划包含以下主要内容。

7.3.1.1 居住规划

"衣、食、住、行"是人最基本的四大需要，其中"住"是投入最大、周期最长的一项投资。房子给人一种稳定的感觉，有了自己的房子，才感觉自己在社会上真正有了一个属于自己的家。买房子是人生的一件大事，很多人辛苦一辈子就是为了拥有一套自己的房子。买房前首期的资金筹备与买房后贷款偿还的负担，对于家庭的现金流量及其以后的生活水平的影响可以延长到十几年甚至几十年。

7.3.1.2 投资规划

投资是指投资者运用自己拥有的资本，用来购买实物资产或者金融资产，或者取得这些资产的权利。目的是在一定时期内获得资产增值和一定的收入预期。我们一般把投资分为实物投资和金融投资。

实物投资一般包括对有形资产，例如土地、机器、厂房等的投资。

金融投资包括对各种金融工具，例如股票、固定收益证券、金融信托、基金产品、黄金、外汇和金融衍生品等的投资。

7.3.1.3 教育投资规划

"一定要对人力资本、对教育进行投资，它带来的回报是强有力的。变化的中国需要增加人力资本投资。"2000 年，当诺贝尔经济学奖得主詹姆斯·赫克曼（James J. Heckman）在北京大学一次演讲中曝出教育投资回报率高达30%时，很多人开始领略到这项投资的魅力。早在 20 世纪 60 年代，就有经济学家把家庭对子女的培养看作一种经济行为，即在子女成长初期，家长将财富用在其成长上，使之能够获得良好的教育。当子女成年以后，可获得的收益远大于当年家长投入的财富。1963 年，T. W. 舒尔茨（T. W. Schultz）运用美国 1929 ~ 1957 年的统计资料，计算出各级教育投资的平均收益率为173%，教育对国民经济增长的贡献率为 33%。在一般情况下，受过良好教育者，无论是在收入或是地位上，确实高于没有受过良好教育的同龄人。从这个角度看，教育投资是个人财务规划中最具有回报价值的一种，它几乎没有任何负面效应。

7.3.1.4 保险规划

保险是财务安全规划的主要工具之一，因为保险在所有财务工具中最具防御性。保险不仅可以积累现金价值，还可以提供偿债能力，当投保人发生风险且没有时间在未来的岁月中继续增加收入以偿债的情况下，保险是唯一可以立即创造钱财的工具。保险也被形容成一种买时间的理财工具。

7.3.1.5 个人税务筹划

个人税务筹划是指纳税行为发生以前，在不违反法律、法规的前提下，通过对纳税主体的经营活动或投资行为等涉税事项做出事先安排，以达到少缴税和递延纳税目标的一系列筹划活动。

美国开国元勋本杰明·富兰克林（Benjamin Franklin）曾经说过："只有两件事情无法避免：一是死亡；二是纳税。"虽然纳税是每一个公民的法定义务，但纳税人总是希望尽可能地减少税负支出。税收规划与投资规划、退休规划和遗产规划一样，是整个财务规划过程中的一个基本组成部分。税务规划的首要目标就是确保通过各种可能的合法途径，来减少或延缓税负支出。

7.3.1.6 退休计划

当代发达的医疗科学技术和极为丰富的物质文明带给人类的最大好处，是人类的健康与长寿。目前中国人已经把"人生七十古来稀"，变成了"七十不老，八十正好"。美国人则喜欢用"金色的年华"来形容退休后的生活。事实上，许许多多老人进入60岁之后仍然身体健康，最新的生命科学技术有望使人类的寿命更加延长。在21世纪，人人可望长寿，"百岁老人"将不再稀罕。

而我国进入老龄化社会养老金缺口很大。人口研究的数据显示：2030年前后，我国60岁以上的人口总数约为4亿人，相当于现在欧盟15国的人口总和。到2050年，60岁以上的老龄人口总数为4.5亿人，65岁以上的老龄人口总数为3.35亿人。我国赡养率越来越高（赡养率=退休职工数÷在职职工数），预计2005~2010年，我国的赡养率将达到国际临界点25%，2040~2045年赡养率将超过45%。

这就需要合理进行退休规划。可以选择银行存款、购买债券、基金定投、购买股票或者购买保险等以获得收益。以基金定投为例，若每月投资500元，基金每年的回报保持12%，假定你现在30岁了，投资到65岁为止，那么35年后的本息合计为32154797元，这已经是一个不小的数目；若你40岁了才开始以上投资，那么65岁时的本息和是9394233，相差200多万元，因此投资是越早越好。

7.3.1.7 遗产规划

遗产规划是将个人财产从一代人转移给另一代人，从而实现个人为其家庭所确定的目标而进行的一种合理财产安排。遗产规划的主要目标是帮助投资者高效率地管理遗产，并将遗产顺利地转移到受益人的手中。

生老病死是客观规律。如何使个人财产最大限度地留给你的后人，当已经进入重病期的时候，如何来保证后续的治疗费用，遗产规划将为个人一生的财产规划画上一个圆满的句号。

7.3.2　规划步骤

收入消费规划，是针对个人在人生发展的不同阶段，依据其收入、支出状况的变化，制订个人的家庭理财管理方案，帮助个人实现人生各阶段的目标和理想。在整个理财规划中，不仅要考虑财富的积累，还要考虑财富的安全保障。一般来说最适合的理财方式，包括配置保险、储蓄、股票、债券、基金等理财产品，确保资产保值和增值。规划一般大致分为五个步骤。

7.3.2.1　了解个人财务现状

在制定理财规划之前，需要了解一下自己家庭的财务现状，包括收入、支出、资产、负债以及对未来收入和支出的预期，这是最基本的前提。此外，需要设置部分理财参数信息，如通货膨胀率、预计退休年龄、预计未来收支涨跌情况等。

7.3.2.2　设定和分析理财目标

设置理财目标时需要注意两点：一是理财目标必须量化；二是要有预计实现的时间。理财目标的设定必须是合理的，完全脱离现状设置理财目标是无效的。未来你可能有一些支出计划，或者是一些投资计划，可以选择使用理财规划软件实现理财目标细化、完整化，如佳盟个人信息管理软件。

7.3.2.3　确定个人风险偏好类型

可以考虑使用风险偏好测试问卷了解个人的风险喜好，但要注意的是，网站上的风险偏好测试只能反映你个人主观对风险的态度，它不能代表你个人的风险承受能力。比如说很多客户把钱全部都放在股市里，没有考虑到父母、子女，没有考虑到家庭责任，这个时候他的风险偏好偏离了他能够承受的范围。

7.3.2.4　合理进行资产配置

首先要进行战略性资产的分配，在所有的资产里做资产分配，了解不同风险类型的投资品种的投入比例，然后是投资品种、投资时机的选择。通过前期对家庭财务状况和理财目标进行分析和评估后，需要对家庭的资产进行相应的调整和配置，以期能达成未来的理财目标。理财规划的核心就是资产和负债相匹配的过程。资产就是以前的存量资产和收入的能力，即未来的资产。负债就是家庭责任，要赡养父母、要抚养子女以及子女教育等。未来想要有高品质的生活，就得让你的资产和负债动态地、适宜地进行匹配，这就是理财规划核心的理念。理财规划应是每个人都必需的，并不在于目前的资产有多少。

7.3.2.5　计划执行和跟踪评估

再完美的计划不行动都没有任何意义，理财规划是一个长期规划，需要坚持不懈、持之以恒才能达到最终的目标。

7.3.3　职业收入消费规划个案

以下以单身人士、家庭和创业人士为例，分别进行职业收入和消费规划。

7.3.3.1　单身工程师理财计划

王先生，27 岁，硕士学历，3 年前毕业后即在某高科技公司担任 IT 工程师至今。目前税前月薪 4000 元，每年有 10000 元左右的年终奖金，企业提供五险一金，其中住房公积金提拨率为 10%，收入成长率估计为 8%。由于离乡工作，目前居住于公司免费提供的单身宿舍。每月个人开销只要 1000 元。另每年返乡旅费与给父母红包 5000 元，每年出国旅游 1 次的旅费 10000 元。资产方面有存款 30000 元，股票型基金 20000 元，无负债，也没有投保商业保险。目前住房公积金账户余额 14000 元，养老金账户余额 12000 元。

（1）目标。

①事业规划。为了提高工作收入，王先生过去 3 年取得数项 IT 软体设计的资格证书，现有 1 家 IT 软体设计培训机构拟聘请王先生担任讲师，全职讲师税前月薪 6000 元，每周上课 5 天，无奖金，提供五险一金，收入成长率估计为 10%。兼职讲师每周末上课 1 天，每月税前课酬（劳务收入）1500 元。王先生正考虑接受全职或兼职，下个月起就开始任职。

②家庭规划。6 个月前在一次联谊活动中认识了现在的女朋友，感情进展顺利。打算一年后结婚，结婚费用估计为 10 万元。女友 24 岁，为民办幼儿园教师，目前月税前薪资 2000 元，收支基本相抵，没有积蓄，尚未加入社保，也无商业保险。打算 3 年后生一个小孩，教养小孩年费用现值 20000 元，算到大学毕业为止。由于夫妻俩都是独生子女，按规定可生第二个小孩。

（2）财务状况分析。

①基本假设。通货膨胀率预估为 4%，支出增长率为 4%；王先生目前收入成长率为 8%，未来可选择职业全职讲师收入成长率为 10%；五险一金个人缴纳为个人薪金的相应比例：住房公积金提取比例 10%，养老金提取比例 8%，医疗保险提取比例 2%，失业保险提取比例 1%，工伤和生育保险提取比例 2% 由单位缴纳；2009 年社会平均工资 2000 元，社会平均工资成长率 5%，基本养老金增长率 2%；五年以上住房公积金贷款利率 3.86%，商业住房贷款利率 5.94%，首套房可下调 30%，执行利率 4.158%；房租成长率 4%，房价增长率 5%；王先生 60 岁退休，届时夫妇二人同时退休；货币利率为 2.25%，视为无风险利率，债券基金平均收益率为 6%，标准差为 8%。股票基金平均收益率为 15%，标准差为 25%，货币与债券基金及股票基金无相关，股票基金与债券基金的相关系数为 0.2；住房公积金的投资报酬率为三个月的定期存款利率 1.71%；个人养老金账户的投资报酬率 3%；二人婚后生活支出为婚前的支出的 80%；孝亲 30 年，男女均为 85 岁终老。

②家庭财务分析。根据王先生及女友提供财务数据制作家庭财务报表，如表7-1所示。

表7-1　　　　　　　　　　　　资产负债表　　　　　　　　　　　单位：元

资产项目	市价	负债项目	金额
存款	30000.00		
股票基金	20000.00		
王先生住房公积金	14000.00		
王先生养老金	12000.00		
总资产	76000.00	总负债	0
净值	76000.00		

分析：

①资产结构：王先生工作时间较短，尚未建立家庭，积蓄较少，属于低资产、无负债状况。资产中既得权益34%，存款比例40%，投资性金融资产比例为26%；

②可配置投资金额为存款及股票基金50000元，可作为理财规划的初始投资。现金流量情况，见表7-2所示。

表7-2　　　　　　　　　　　　现金流量表　　　　　　　　　　　单位：元

收入项目	王先生	女友	支出项目	王先生	女友
税前收入	48000.00	24000.00	年必要支出	12000.00	2400.00
住房公积金	4800.00		返乡年支出	5000.00	
医疗保险	960.00		旅游年支出	10000.00	
养老保险	3840.00				
失业保险	480.00				
扣缴税款	1452.00				
年终奖税后收入	36468.00				
工作收入	45493.00	24000.00	生活支出	27000.00	24000.00
理财收入	0		理财支出	0	
总收入	69493.00		总支出	51000.00	
自由储蓄	18493.00				

分析：

①二人年储蓄率均为 27% ，储蓄率较低，建议二人要开源节流，从而早日实现家庭未来目标；

②工作收入是收入的主要来源，因可运用金融资产较少，理财收入占比较少。

（3）规划方案。

王先生目前处于家庭形成期，总体财务状况良好，但家庭资产存在结构单一、风险较为集中、缺乏抗风险能力等，因此应对投资进行重新组合；且根据王先生的计划，未来几年面临的家庭财务支出较大；而二人均没有购买任何商业保险，家庭风险保障明显存在漏洞。规划建议：

①可根据客户风险属性和目标时间期限，可运用金融资产 5 万元进行恰当资产配置。

②自由储蓄部分，长期目标可采用定投等方法进行资产规划。

③在资产中应准备两个人 3~6 个月生活支出 1.5 万元作为应急支出，因为王先生收入较稳定，收入较高，建议先期应急资金以信用卡来准备。

④为应对未来家庭变故，确保理财目标的实现，婚后应投保保险，按不高于家庭收入的 10% 确定保费支出。

⑤保险规划。由于王先生和未婚妻存在较大的保障缺口，建议加入商业保险作必要补充。建议王先生家庭每年拿出总收入的 10% 用于购买商业性保险；并适当补充大病医疗保险和意外伤害保险。

⑥投资规划。王先生采取长期投资策略是可取的。建议王先生将 50% 的资金投资于股票和股票型基金；30% 投资于收益相对稳定、风险较小的货币型基金，分别将余下的 10% 投资于国债和银行理财产品存款，分阶段实现其理财目标。

7.3.3.2　家庭收入消费规划案例

家住成都市的唐冬先生现年 38 岁，爱人陈雪 36 岁，已有一位 13 岁的女儿。唐冬为个体工商户，经营服装批发，目前每月税前净收入在 10000 元左右。陈雪在成都市某中学担任老师，税前月薪 2500 元。目前家庭月经常性支出每月 3000 元，年支出旅游费用 10000 元，学费 3000 元。家庭资产有存款 50000 元，基金 50000 元，郊区价值 500000 元的自用住宅，无贷款。另两年前投资一间价值约 700000 元的店铺出租，月租金 4000 元，目前还有房贷 400000 元，还有 18 年还清。唐冬目前退休金账户余额 10000 元，陈雪目前住房公积金余额 2000 元，两人都未购买任何商业保险。

（1）目标。

一年后换购市区现值 900000 元的新社区住宅。5 年后希望女儿到北京念大学，预估每年学费与生活费现值为 20000 元。唐先生希望与太太 19 年后同时退休，夫妻皆在 80 岁终老。退休后除了每月希望有生活费现值 5000 元可用以外，每年旅游支出现值 10000 元。

（2）财务状况分析。

假设：收入成长率 4%，通货膨胀率 6%，房价成长率 3%，学费成长率 5%，存款平均利率 3%，住房公积金贷款利率 5%，一般房屋贷款利率 7%，唐冬的收入成长率为 5%，陈雪每年固定调薪 100 元，唐冬的社保年资 2 年，依照个体工商户计算退休金，当地社平工资 2500 元。陈雪退休时年资满 30 年，可以依照退休前一年工资的 90% 领取教师退休年金。当地住房公积金提缴率为 8%，住房公积金贷款上限为每人 150000 元。房屋折旧率 2%。

根据背景资料和假设，可以分析唐先生的家庭财务状况。

唐先生缴纳养老保险 = 2500 × 20% = 500（元）

个体工商户个人所得税按年缴纳。

唐先生年缴所得税 =（120000 − 500 × 12 − 2000 × 12）× 35% − 6750 = 24750（元）

唐先生月缴纳养老保险及税后收入 =（120000 − 24750 − 6000）÷ 12 = 7437.50（元）

陈女士每月缴纳住房公积金及医疗保险 = 2500 ×（8% + 2%）= 250（元）

个人所得税 = [2500 ×（1 − 8% − 2%）− 2000] × 5% = 12.5（元）

税费后收入 = 2500 − 250 − 12.5 = 2237.5（元）

18 年房贷 40 万元，月还本息 = 3262（元）

唐先生一家的月收支情况，见表 7 - 3 所示。

表 7 - 3　　　　　　　　　　月收支表　　　　　　　　　　单位：元

项目	金额
唐先生月收入	10000.00
所得税扣缴	− 2062.50
养老保险	− 500.00
陈女士工资	2500.00
所得税扣缴	− 12.50
养老及医疗保险	− 250.00
房租	4000.00
房贷本息支出	− 3262.00
可运用储蓄	10413.00

家庭资产负债情况，见表 7 - 4 所示。

表7-4　　　　　　　　　　家庭资产负债表资产　　　　　　　　单位：元

资产项目	成本	市价	负债项目	金额	净值项目	成本	市价
存款	50000.00	50000.00					
流动性资产	50000.00	50000.00	消费性负债	0.00	流动净值	50000.00	50000.00
基金	50000.00	50000.00	房贷	400000.00			
店铺	700000.00	800000.00					
唐先生退休金	10000.00	10000.00					
太太住房公积金	2000.00	2000.00					
投资性资产	762000.00	862000.00	投资性负债	400000.00	投资净值	362000.00	462000.00
自用房	500000.00	500000.00					
自用性资产	500000.00	500000.00	自用性负债	0.00	自用净值	500000.00	500000.00
总资产	1312000.00	1412000.00	总负债	400000.00	总净值	912000.00	1012000.00

分析：

①资产结构：资产负债率为28%；在全部资产中，自用性资产为35%，65%是投资性资产；投资性资产中投资性房产占比88%，金融资产占比12%。

②投资性店铺价值80万元，房贷40万元。

③自用资产以自用房产为主，无房贷。

家庭收支储蓄情况，见表7-5所示。

表7-5　　　　　　　　　　收支储蓄表　　　　　　　　单位：元

收入项目	金额	支出项目	金额
唐先生税前收入	120000.00	家计支出	36000.00
养老保险	-6000.00	旅游	10000.00
扣缴税款	-24750.00	学费	3000.00
陈女士工资收入	30000.00		
住房公积金	-2400.00		
医疗保险	-600.00		
扣缴税款	-150.00		
工作收入	116100.00	生活支出	49000.00

续表

收入项目	金额	支出项目	金额
房屋租金收入	48000.00	房贷利息	27634.00
理财收入	48000.00	理财支出	27634.00
总收入	164100.00	总支出	76634.00
还房贷本金	11510.00		
净储蓄	75956.00		

分析：

①家庭税后年收入 16.41 万元，年支出 76634 元。净储蓄率 46%，具有一定理财弹性。其中唐先生收入占工作收入比 77%，其妻子收入占工作收入比 23%。

②工作收入占总收入的 71%，其中以个体工商户收入（唐先生）为主，占总收入的 54%；薪金收入（其妻子）占比 16%。

③理财收入：基金收入未知，房屋租金收入占比 29%。

④净储蓄额 75956 元。

表 7-6 为家庭现金流量表。

表 7-6　　　　　　　　　　现金流量表　　　　　　　　单位：元

项目	金额	项目	金额
一、生活现金流量		三、借贷现金流量	
工作收入	116100.00	借入本金	
生活支出	-49000.00	利息支出	-27634.00
生活现金流量	67100.00	还款本金	-11510.00
二、投资现金流量		借贷现金流量	-39144.00
投资收益	48000.00	四、保障现金流量	
资本利得		保费支出	
投资赎回（实际发生）		保障现金流量	
新增投资（实际发生）			
投资现金流量	48000.00	净现金流量	75956.00

根据以上信息，进行家庭财务比率分析，结果见表 7-7 所示。

表 7 -7 家庭财务比率分析

家庭财务比率	定义	合理范围	比率	建议
流动比率	流动资产/流动负债	2 ~ 10 倍	不详	保持一定流动性
资产负债率	总负债/总资产	20% ~ 60%	28%	合理
紧急预备金倍数	流动资产/月支出	3 ~ 6 倍	不详	备足 3 ~ 6 个月应急准备金
财务自由度	年理财收入/年支出	20% ~ 100%	62%	合理
财务负担率	年本息支出/年收入	20% ~ 40%	23%	合理
平均投资报酬率	年理财收入/生息资产	3% ~ 10%	6%	合理
净值成长率	净储蓄/期初净值	5% ~ 20%	8%	合理
净储蓄率	净储蓄/总收入	10% ~ 60%	46%	合理

应保持适当流动资产；投资资产比例适当，房产占投资资产过高；净储蓄率为46%，具备较好的理财规划弹性；唐先生只有养老保险，作为家庭主要支柱保障不足。

建议增加流动资产为6个月支出2万元，充当紧急备付金；投资资产中房产所占比例为86%。基金和所余存款3万元共计8万元金融资产应针对唐先生风险属性作合理配置，自由储蓄可以定投方式进行投资，以实现未来理财目标。

（3）规划方案。

①换房计划方案。

一年后换购市区价值900000元的新社区住宅。一年后可运用资产 = 50000（存款）+ 50000（基金）+ 75956（净现金流量）- 20000（应急准备金）= 155956（元）。一年后购90万元房产需首付款20%，需准备首付资金至少18万元，尚需3万元。

方案一：举债3万元，与可运用资产共18万元用来首付。其余72万元采用商业房贷，贷款至退休前还清，所以贷款期限为19年，贷款利率7%，年付贷款本息6.97万元。原房屋用来出租，每年可得租金30000元，年支出增加约5万元。

方案二：举债3万元，与可运用资产共18万元，余款72万元，其中：15万元采用公积金贷款，利率5%，期限19年，年付本息1.24万元。57万元采用商业房贷，利率7%，期限19年，年付本息5.5万元。

共计年付贷款本息6.74万元，原房屋用来出租，每年可得租金30000元，年支出增加约4.8万元。

方案三：出售原房屋税后50万元，及一年后可运用资产15万元共计65万元，还清40万元贷款后，所余25万元用于首付，所余房款65万元贷款解决资金缺口，其中 15 万元采用公积金贷款，住房公积金贷款利率 5%，年付贷款本息 1.24 万元。50 万元商业房贷，期限 19 年，7% 贷款利率，年付本息 48377 元。

②养老方案。

唐冬在退休时点养老金个人账户余额：

$$\frac{2500 \times 8\% \times 12 \times (1 + 6\%)^{19}}{1 - \left(\frac{1 + 4\%}{1 + 6\%}\right)^{19}} = 110250 \text{（元）}$$

唐冬退休后养老金月发放额：

养老金月发放额 $= 2500 \times (1 + 4\%)^{19} \times 21\% + 110250 \div 158 = 1803 \text{（元）}$

陈女士退休后可发放月工资：

退休后可发放月工资 $= 2500 \times (1 + 4\%)^{19} \times 90\% = 4640 \text{（元）}$

二人月发放养老金 $= 1803 + 4640 = 6443 \text{（元）}$

唐先生一家到退休时点养老金年需求：

养老金年需求额 $= (4\%, 19, 0, -70000, 0) = 140163 \text{（元）}$

养老金不足。如要满足一家养老金需求，现在需月储蓄：

PMT $(6\%, 19, 0, (1.92\%, 23, -62847, 0, 1), 0) = 2790 \text{（元）}$

或一次性投资：

PV $= (6\%, 19, 0, (1.92\%, 23, -62847, 0, 1), 0) = 379094 \text{（元）}$

③投资组合与理财建议。

由收支预算表可以看出，唐先生每年的现金流量均为正值，所以对满足各项理财目标，对投资报酬率无特别要求。

建议唐先生的投资组合能够克服通胀即可。以定投方式选择股票型基金 30%，债券型基金 70%，以克服通胀的预期下，保持一定的流动性。

因为唐先生自由储蓄较多，一方面唐先生，可以通过改善住房条件、提高消费层次，以改善生活质量，同时要注意，在唐先生老年期间，会有大量财产，要注意节税规划。

7.3.3.3　择居择业者收入消费规划案例

小草一家三口，小草 34 岁，私企会计，月净收入 1400 元，有三险，无住房公积金；丈夫 31 岁，中学优秀教师，月收入 3600 元；有个可爱的女儿 8 岁，小学二年级，有过敏性哮喘；每月生活支出：女儿药费 500 元；双方老人的赡养费 400 元；生活杂费支出 800 元；置办衣物及其他 300 元；水电费、煤气费、上网费、电话费、手机费等支出 280 元；每年支出：取暖费 3100 元；物业费 800 元。小草一家有活期存款 8 万元，三年定期存款 5 万元，备用现金 1 万元，2003 年购买 140 平方米房子，房价 14 万元，房屋现价 30 万元，无负债。

（1）目标。

现在一家三口的生活美满，双方老人身体也不错，也有收入，没有负担。

小草担心的是女儿，县城这几年污染越来越严重，因为建立了很多电厂，灰尘很大，女儿的病也有加重的迹象。所以和老公商量，想去青岛市、烟台市或威海市发展，最倾向于青岛。目标是在青岛市买个 90 平方米的房子，够三口居住，孩子上学方便。如果到青岛一年内找不到工作，存款也可以保障三口良好生活。

（2）财务状况分析。

根据背景资料对小草一家的财务状况分析如下。家庭收支储蓄情况，见表7－8所示。

表 7 –8　　　　　　　　　　家庭收支储蓄表　　　　　　　　单位：元

收入项目	月	年	支出项目	月	年
小草月收入	1400.00	16800.00	生活支出	800.00	9600.00
丈夫	3600.00	43200.00	孩子药费	500.00	6000.00
			双方老人	400.00	4800.00
			服装	300.00	3600.00
			其他	280.00	3360.00
			取暖费		3100.00
			物业费		800.00
总收入	5000.00	60000.00	总支出	2280.00	31260.00
自由储蓄	2720.00	28740.00			

资产负债情况见表7－9所示。

表 7 –9　　　　　　　　　　资产负债表　　　　　　　　单位：元

资产项目	成本	市价	负债项目	金额
现金	10000.00	10000.00		
活期存款	80000.00	80000.00		
三年定期存款	50000.00	50000.00		
自用房产	140000.00	280000.00		
总资产	280000.00	420000.00	总负债	0
净值	280000.00	420000.00		

分析：

①资产结构属于无负债家庭，资产中 50% 属于自用资产，50% 属于金融资产。

②在金融资产中以流动性资产为主，占总投资的64%，定存36%，属于保守型客户。

③在自用资产中以自住房产为主，价值28万元，无房贷。

家庭现金流量情况，见表7－10所示。

表7－10　　　　　　　　　现金流量表　　　　　　　　单位：元

工作收入	60000.00
生活支出	9600.00
孩子药费	6000.00
双方老人	4800.00
服装	3600.00
其他	3360.00
取暖费	3100.00
物业	800.00
净流量	28740.00

分析：

①家庭年收入达60000元，年支出31260元，净储蓄率47.9%，储蓄率较高，理财规划弹性大。其中小草收入贡献率28%，丈夫收入贡献率72%。

②工作收入占总收入的100%；

③理财收入为3年的定期存款利息收入；

④自由储蓄额2.8万元，工作收入是稳定的收入来源。

家庭财务比率，如表7－11所示。

表7－11　　　　　　　　　　家庭财务比率

家庭财务比率	定义	合理范围	
流动比率	流动资产/流动负债	2～10倍	无负债
资产负债率	总负债/总资产	20%～60%	无负债
紧急预备金倍数	流动资产/月支出	3～6倍	3.67
财务自由度	年理财收入/年支出	20%～100%	理财收入较低
财务负担率	年本息支出/年收入	20%～40%	无财务负担
平均投资报酬率	年理财收入/生息资产	3%～10%	1.38%
净值成长率	净储蓄/期初净值	5%～20%	7.35%
净储蓄率	净储蓄/总收入	10%～60%	47.9%
自由储蓄率	自由储蓄/总收入	10%～40%	47.9%

（3）规划方案。

目前青岛房子价格大约在每平方米 7000 元，购买 90 平方米的房子，需要资金 63 万元。小草一家人年生活支出为 3.1 万元，所以购房及生活一年的资金总计 66.1 万元。小草家庭总资产 42 万元，要实现家庭理财目标，有两种途径：

第一，在济南累积买房及一年生活所需足够资金后去青岛市；

第二，先去青岛市租房，找工作，然后付首付款，办理按揭贷款买房。

①方案一是在济南累积买房及一年生活所需足够资金后去青岛市。目前居住房屋价值 28 万元，家庭可动用资金 14 万元，在青岛市购买房屋所需资金 63 万元。变卖济南市房屋和家庭可动用资金共计 42 万元，购买房屋以及家庭一年的支出还有 14 万元缺口，以年净储蓄 2.8 万元来准备，如果不考虑资金的时间价值和房价波动，大约还需要 5 年。目前家庭资金是 3 年定期存款和活期存款的形式，有所欠缺，应该将资金进行合理投资配置，以尽快实现理财目标。其中 14 万现有资金，以活期储蓄形式预留 5 个月家庭应急准备金 1 万元，其余 13 万元，可以股票基金和债券型基金作组合配置，家庭每月净结余以定投方式累积。

由于目标期限在 5 年以内，时间较短，结合小草家庭人员结构状况，在配置投资组合时，我们偏重于稳健型，即小草家庭现有资金 13 万元，其中 30% 大约 4 万元投资于股票型基金，其余 9 万元投资于债券基金，投资性与流动性兼顾；定投可选择积极型的股票基金。鉴于目前的房产和证券市场的波动状况和资金的投资期限较短，资产配置的投资收益和房产的价格上浮的比率对理财目标实现的期限影响不会太大，所以理财目标可望在 5 年内实现。

②方案二是先去青岛市租房，找工作，然后付首付款，办理按揭贷款买房。考虑到孩子的身体状况，越早去青岛市越好。小草一家可考虑，先去青岛市租房，待一年后工作以及生活稳定后，考虑变卖济南房屋，不足资金按揭买房。

目前居住房屋价值 28 万元，家庭可动用资金 14 万元，在青岛市购买房屋所需资金 63 万元。变卖济南市房屋和家庭可动用资金共计 42 万元，购买房屋以及家庭一年的支出还有大约 15 万元缺口。租房每月租金预算 700 元。

小草的丈夫是中学优秀教师，假设小草一家在一年内能顺利找到工作，工作收入与当前相当。14 万元贷款，每月净储蓄 2000 元全部用来归还贷款本息，中国农业银行现行个人住房贷款利率执行 5.67% 下浮 15%。则贷款可在 87 个月内还清。

根据青岛市《关于支持居民购买住房的意见》规定，住房公积金贷款申请标准放宽至"借款人及配偶在申请贷款的近 6 个月内连续正常缴存 3 个月、累计缴存 6 个月"即可申请住房公积金贷款。如果购房当时小草一家符合此规定，也可办理住房公积金贷款。

如果小草一家想要尽快移居青岛，可以选择第二套方案，但是要承受重新择业压力。如果想几年后移居青岛市，建议运用资金组合策略，对资金进行合理配置。同时，建议夫妇两人应考虑保险保障，以应对未来可能发生的问题。

7.4　职业收入消费趋势

随着公民职业收入水平的提高，消费也表现了时代特点。主要体现为服务消费比重不断提高、女性消费不断崛起、基于情感互动的参与消费持续增加、消费多样化分布等特点①。

7.4.1　服务消费比重不断提高

居民的消费结构随收入增长呈现"先商品后服务"的阶段性特征。以美国为例，在居民收入相对低的阶段，机动车、家具和家用设备等耐用品和食品、服装鞋帽等非耐用品的消费占比较高，在 1965 年之前，商品消费占比家庭消费支出比重都维持在 50% 以上的高位；在 20 世纪 50 年代，美国的家庭居民人均 GDP 超过 1 万美元，此后服务消费开始崛起并在短短几年内快速超越商品支出。服务消费支出占比总消费支出由 1950 年的 38% 持续上涨，至今服务支出占比约为 67%。其中，医疗护理、金融服务消费支出持续上升（见图 7 -1）。

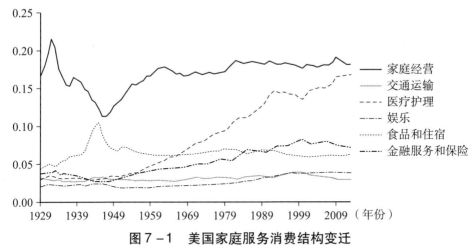

图 7 -1　美国家庭服务消费结构变迁
资料来源：CEIC，华创证券。

2014 年广东省、福建省两省的人均 GDP 首次突破 1 万美元。至此，北京市、天津市、上海市、浙江省、江苏省、内蒙古自治区、广东省、福建省 8 个

———————————
① 主要资料来源为华创证券的新消费系列报告。

省区市均迈入"人均1万美元"行列。中国人商品的消费支出已走过快速增长的阶段，居民消费结构正从房子、汽车的时代向服务消费转变。从目前看，我国主要的耐用品消费已接近饱和，以住房为例，我国家庭自有住房率2013年为89%，已远高世界平均水平（63%），同时也高出日本和美国；2013年全国重点大型零售企业实现零售额同比增长9.1%，增幅较上年放缓1.1个百分点，创1999年以来最低增速；2014年，我国乘用车销量同比增长9.9%，增速大幅低于2013年同期的16%。未来将是医疗护理、娱乐、金融服务保险占比不断攀升的时代。

7.4.2 女性消费崛起

中国女性财务独立，同时对家庭支出有较大话语权，由此诞生万亿级的女性消费产业。据世界银行估算，我国目前15岁以上女性劳动参与率达到64%，远高出同受儒家文化熏陶的日本（48.8%）、中国香港（51.3%），也高出世界女性的平均劳动参与率（50.2%）；此外，消费"女权"正不断崛起，女性对家庭开支有很大的话语权，经济学人的调查数据显示，在中国大陆，化妆品女性的话语权超过80%，同时服饰、食品百货、母婴及儿童用品的女性话语权均超过70%，见图7-2所示。

女性消费的特性在互联网时代被放大。调查显示，超90%的女性加入网购大军；超40%的消费金额通过网络支付；习惯信用卡负债消费，比重超过70%。移动互联网使得女性消费形成特有的朋友圈效应，从美甲、美发到母婴等细分领域，女性消费形成了独特的"圈层效应"，女性消费热潮从电商到O2O无处不在。

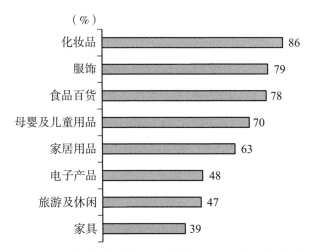

图7-2 各类商品中由女性做出购买决定的比例
资料来源：World Bank，华创证券。

7.4.3　基于情感互动的参与感消费或将超过消耗性消费

"80后"、"90后"特别是"90后"偏好表达与建议，由此诞生了基于情感互动和价值认同的新消费需求。年轻人总是渴求不同的个性并渴望找到同好。只是过去由于传媒覆盖能力和工具匮乏，年轻人能够接触和影响的人群有着极大的局限性。移动互联网去中心化的分众特点使这种消费需求演化为商业和产品模式成为可能。全民参与造星的选秀活动、弹幕网站、暴走漫画等均是参与感消费的典型。再加上，社交媒体使得具备良好参与感的消费品形成粉丝消费，分享经济的粉丝效应从小族群开始，通过社交媒体加速传播。以暴漫为例，提供相应格式化的平台和工具。实际上，暴漫里面经典的表情，都是预制的，就是可以在已有的视频和图像基础上进行二次创作。正是这些强大、完整的产品平台，发动、鼓励、支撑了大量的亚文化族群参与者一起进行二次创作，然后通过专业媒体分发渠道向大众广播。这些充分产品化的"第一现场"提供了"超临场感"，也提供了进行二次创作的工具。

7.4.4　多样化消费呈现阶梯状分布

中国城镇化进程的差异、居民收入阶层的多样性、年龄的层级分布等决定了中国未来的消费至少在收入阶层和区域上会呈现明显的阶梯特征。

首先，是流动人口的大众化消费普及与中产阶级服务消费的崛起并存。2.6亿人农民工的消费仍然需要在城镇化的浪潮中实现商品，特别是耐用品的消费普及，这些对应着标准化的消费品。与此同时，中产阶级的消费升级也带来了巨大的市场，据BCG的预测，未来两年中国将超过日本成为世界第二大消费市场，而其中新的富裕阶层贡献较为显著，并且这种消费是个性化和超前的。

其次，二线、三线城市在一定程度上复制着一线城市都市化的消费模式。例如，电影院线的扩张、运动风潮的兴起都表现出明显的生活方式的扩张与传递，见图7-3所示。

最后，年龄的阶梯状分布也带来不同群体消费品的细分市场机会。除占比人口30%的"Y一代"成为消费主力，快速老龄化的人口也带来了广阔的银发市场消费空间。第六次人口普查数据就显示，我国60岁及以上人口占比达13.3%，较第五次普查上升2.9个百分点，且每年以800万人的速度在增长，这无疑带来了医疗养老产业以及文化休闲、娱乐等精神消费。

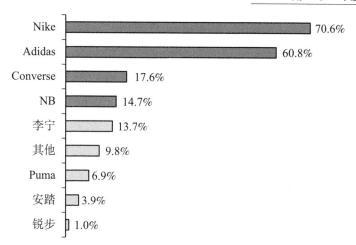

图 7-3　北京市"80 后"对运动品牌的喜好

资料来源：华创证券调查数据。

第三篇 要点探讨

有8章内容，第8~15章。这部分内容，主要研究阐述讲求提高几种重点行业的职业效益，具体是讲求提高企业管理职业效益、教育职业效益、食品生产职业效益、医疗职业效益、高房地产职业效益、导游职业效益、环保职业效益与公共管理职业效益，这些都直接关系全面建成小康社会以及社会和谐发展与文明进步，保障实现人民生活的全面改善和提高。

第8章　讲求提高企业管理职业效益

企业是利用自然资源与劳作器具等生产劳作资料，从事生产经营活动，创造财富，为社会服务的职业组织。企业是国家的主要经济来源与经济命脉，关乎国民经济和社会发展进步，以及人民生活的改善，这都有赖于企业管理职业效益的实现，必须大力讲求提高企业管理职业效益。

8.1　企业管理职业效益知识

企业管理职业效益，是企业管理职业从业者追求的企业运营的利益或好处，不仅关系管理者个人利益，也直接关系消费者利益、企业内部组织成员与企业外部合作者的利益，以及关系国家利益、当地居民和未来人的利益，是社会的一个十分重要的利益枢纽，交织着错综复杂的关系，是国民经济与社会发展的微观表现，又是国民经济和社会发展进步的一个基本路径。讲求提高职业效益，首先要了解关于企业管理职业效益的基本知识。

8.1.1　企业管理职业及其职能作用

企业是一种复杂多样、种类繁多的职业集体组织，由不同从业人的职业单位组成，其中，企业管理职业活动关系整个企业生产经营运作发展，具有极其重要的作用。

8.1.1.1　企业组织人员构成

企业组织是由从业人分工与合作组成的共同进行劳作活动的一种职业集体组织，是由多人的职业劳作单位构成的，它的出现要比个体职业晚，是在生产发展、科技进步、分工与合作社会化的推动下产生的，当个人无力完成或做好一项事业的情况下，就出现由多人组成的职业集体组织单位，大家分工合作共同来做事业，大规模的出现是在产业革命以后，现在已是一种主要的职业存在形式。其中，从业人员分为主业人员与非主业人员、管理人员与非管理人员。

（1）企业组织中的主业人员与非主业人员。

企业组织是人的劳作组织，是人按照一定的社会分工与合作关系组织起来的，在组织中从事劳作活动，但地位和作用是不完全一样的，具有不同的特殊性。特别是规模较大的企业职业组织单位，有成百上千甚至上万个职位，构成人员复杂，如生产企业，有厂长或经理管理职业人，有产品研制开发职业人，有制造或加工生产职业人，有产品出售营销职业人，有财务收支核算职业人，有安全保卫职业人等。其中，职业人员的角色或地位作用不同，一般可分为主业人员与非主业人员。

主业人员就是从事主导性业务的职业人员：一如生产企业的主业人员是产品研究设计人员、生产人员和生产组织管理人员等；二如建筑企业的工程设计人员、施工技术人员、工程管理人员等；三如商业企业的商品采购人员、商品销售人员、收银人员、管理人员等。非主业人员就是从事非主导性业务的辅助职业人员，如上述单位的财务人员、炊事人员、医疗人员、治安人员等。

主业人员属于企业等组织的主要人员，居于主体地位，起主导作用，决定企业组织的性质与活动方式，直接关系企业运营与发展。非主业人员属于企业的附属人员，从事辅助活动，起着保障企业运营与发展的作用。

当然，主业人员与非主业人员的划分是相对的，不是绝对的，不是不变的，如饭店的厨师、运输公司的司机、医院的医生等，都是所属职业组织单位的主业人员。

主业人员要求比较高，以上述的主业人员为例：一如高层管理者，要思维敏锐，追求创新，善于谋断，科学决策；二如中层管理者，要善于观察思考，有思想见解，谦虚谨慎，和蔼亲善，融和上下；三如低层管理者，要认真细心，业务精通，吃苦耐劳，敢于负责；四如科研人员，要理论扎实，思想活跃，敢于求索创新，思维谨密，作风严谨；五如生产人员，要业务熟练，认真踏实，一丝不苟，有专研精神，精益求精；六如购销人员，要专业知识丰富，组织观念浓厚，公益心强，能言善辩，善于沟通等。

非主业人员要求也有一定水准：一如保安人员，要身体强健，有点武术功夫，能擒拿格斗，有护宅保财的本领，铁面无私，组织纪律性强，敢于负责；二如炊事人员，要身体好，没有传染性疾病，有一定的烹饪知识与技艺，讲求卫生，能做大众口味的饭菜与较高档次的嘉宾宴席等；三如医务人员，要有专业医疗知识与技术，能预防、诊断和治疗常见病，保障职员的身体健康等。

（2）企业组织中的管理人员与非管理人员。

企业组织中的管理人员就是从事企业运营管理的职能人员，从管理内容上，可分为人力资源管理人员、财务管理人员、生产管理人员、营销管理人员、治安管理人员等；从管理单位上，可分为生产企业的管理人员、运输企业的管理人员、商贸企业的管理人员、旅游企业的管理人员等；从管理层次上，可分总经理、副总经理、部门经理等。非管理人员就是管理人员之外的从业人员。

企业管理人员是企业组织中关键的少数人员，却具有十分重要的地位与作用，是企业赖以生存的支柱，引领和管控企业的运营发展，决定非管理人员的事业和命运。彼得·德鲁克（Peter F. Drucker）在其《管理的实践》中指出，① 如果没有管理者的领导，"生产资源"始终只是资源，永远不会转化为产品，在竞争激烈的竞争体系中，企业能否成功，是否长存，完全要视管理者的素质与绩效而定，因为管理者的素质与绩效是企业唯一拥有的有效优势。

8.1.1.2　企业管理职业及其划分

企业是由各个从业人的职业单位构成的具有特定功能的职业组织，企业规模的大小一般由构成的职业单位决定，构成的职业单位多，企业的规模就比较大。具有一定规模的企业中，职业构成多种多样，规模较大的企业职业构成就复杂一些，无论职业多么不一样，都可以分为管理职业与非管理职业，也就是管理人员与非管理人员对应存在的职业划分，充分认识这些职业及其人员划分，对于企业人力资源开发与管理十分重要。

所谓企业管理职业，是指企业管理人员从事的企业运营谋划、组织实施、指挥协调、成本控制、利益分配等事宜的事业。企业管理职业有多种类型，从管理内容上，可分为人力资源管理职业、财务管理职业、生产管理职业、营销管理职业、治安管理职业等；从管理单位上，可分为生产企业的管理职业、运输企业的管理职业、商贸企业的管理职业、旅游企业的管理职业等；从管理层次上，可分总经理管理职业、副总经理管理职业、部门经理管理职业等。

企业中的非管理职业就是非管理人员从事的职业，也就是管理职业之外的其他职业，管理职业的数量少，非管理职业的数量多，两者的数量相差很大。企业管理职业与非管理职业不同，具有十分重要的地位和作用，主要表现在管理职业活动对非管理职业活动具有领导、支配、约束等作用，特别是主要的管理职业人的管理职业活动。

具有一定规模的企业一般都包括总经理、办公室主任、研发经理、人力资源经理、财务经理、生产经理、销售经理、后勤经理等。其中，总经理是企业负责日常事务的最高行政官员，进行企业运营发展的全面管理掌控。办公室主任、研发经理、人力资源经理、财务经理、生产经理、销售经理与后勤经理等分别主管其中的一个方面，协助总经理管理工作，形成以总经理与办公室主任、部门经理为主的分工合作的企业管理职业格局，见图 8 - 1 所示。

图 8 - 1　企业管理职业格局

① 彼得·德鲁克（齐若兰译，那国毅审）：《管理的实践》，机械工业出版社 1990 年版，第 2 页。

　　办公室主任主要从事协助总经理掌握企业运营状况、负责制订落实企业行政工作计划、统筹企业行政与涉外的管理工作；研发经理主要从事新产品研发计划制订、研发论证、研发进度与质量保障等管理工作；人力资源经理主要从事组织定员、选用人、激励、绩效、待遇、培训等人力资源管理工作；财务经理主要从事财务核算、成本分析与资金流动等管理工作；生产经理主要从事产品生产的计划、质量与效率的管控，协调产品生产，以及原材料的供给等管理工作；销售经理主要从事销售计划制订、销售数据分析与市场开发等管理工作；后勤经理主要从事资产、物资、水电、运输、伙食、医疗与保安管理工作。他们分工负责、合作配合，分别共同协助总经理进行企业管理工作，保障企业运营发展。

　　同时，企业作为一定行业部门的职能组织，分属多行业领域，其存在形态千差万别，如农场、养殖场、林场、煤矿、工厂、商城、银行、宾馆、影院等，各种企业组织均有企业管理职业，虽然特定的内容有所不同，但企业管理职业职能与存在格局大体都是一样的。

　　但现代企业的管理职业构成复杂，规模较大的企业或公司，首要的企业管理职业人的职务称谓多，如总经理、总裁、首席执行官（Chief Executive Officer，CEO）等。一般规模较大的企业或公司，首要的管理者，往往就是董事会的成员之一，向企业或公司的董事会负责，在企业组织内部拥有最终的执行权力，由于角色和权力过多有不利的影响，总经理、总裁、首席执行官往往由不同的人担任，而较小的企业或公司往往由同一人担任。

8.1.1.3　企业管理职业的职能作用

　　企业管理职业具有十分重要的地位与作用，具体体现在企业管理职业人员的职能作用。二八定律表明，一个组织中20%的人工作决定80%的人的事业，其中，企业管理人员就是这20%中的一部分，他们管理职业工作直接决定企业运营发展状态，也直接关系其他的80%的人的事业命运。

　　特别是总经理，大都是董事会成员，是最重要的管理人员，全权负责企业运营发展管理事宜，履行企业管理职能作用。一是贯彻执行国家有关法律、法规与大政方针，以及行业规范，组织实施董事会的有关决议和规定。二是根据社会需求与企业资源确定企业运营发展战略，以及发展举措，健全完善企业运营管理体系。三是主持企业日常运营管理工作，确定企业的年度财务预决算方案、利润分配方案等，组织实施企业年度运营计划，签署日常行政、业务文件，保证企业经营运作的合理性。四是主持企业办公会议，协调、检查和督促各部的工作，代表企业处理对外业务，开展公关活动，塑造企业形象。五是适时进行组织结构调整，督促企业人力资源的开发、培训、管理和提高等。

　　为了便于理解企业管理职业人的作为贡献，这里从个人的企业生产经营所拥有的净资产来看，有关企业管理职业人，从事供给和满足社会生产与生活需要的各种事业，创造拥有巨额的财富，为国家、社会发展和人们生活改善，乃至整个人类社会，做出卓越的贡献，见表 8 - 1、表 8 - 2 所示。

表 8 - 1   2015 年福布斯中国大陆亿万富豪前 20 名

排名	姓名	经营	净资产（亿美元）
1	王健林	房地产	242
2	马云	电子商务	227
3	李河君	太阳能发电设备	211
4	马化腾	网络媒体	161
5	李彦宏	互联网搜索	153
6	雷军	智能手机	132
7	宗庆后	饮料	103
8	何享健	家电	99
9	王文银	采矿、铜产品	99
10	魏建军	汽车	89
11	刘强东	电子商务	74
12	王靖	电信服务	69
13	丁磊	网游	66
14	刘永行	农业综合	66
15	许家印	房地产	62
16	陈丽华	房地产	61
17	卢志强	多元化经营	59
18	张志东	网络媒体	58
19	郭广昌	多元化经营	57
20	鲁冠球	多元化经营	51

资料来源：中商情报网，2015 年 3 月 3 日。

表 8 - 1 的内容是 2015 年福布斯中国大陆亿万富豪前 20 名，表 8 - 2 的内容是福布斯全球科技富豪前 20 名，从中可以了解到中国改革开放以来企业生产经营者取得的巨大成就，为富民强国做出重大贡献。

其中，王健林积累财富 242 亿美元，成为中国大陆首富，全球排名第 29 名；马云积累财富 227 亿美元，成为中国大陆富豪第 2 名，全球排名第 33 名；李河君积累财富 211 亿美元，中国大陆富豪排名第 3 名，全球排在第 38 名；马化腾积累财富 161 亿美元，中国大陆富豪排名第 4 名，全球排在第 56 名；李彦宏积累财富 153 亿美元，中国大陆富豪排名第 5 名，全球排在第 62 名；

雷军积累财富 132 亿美元,中国大陆富豪排名第 6 名,全球排在第 87 名。

更值得一提的是,中国香港的李嘉诚,积累财富 333 亿美元,是亚洲首富,在全球富豪排名中,名列第 17 位。在全球科技富豪排名中,中国大陆的马云名列第 7 位、马化腾名列第 13 位、李彦宏名列第 14 位、雷军名列第 16 位,进入前 20 名。可以预期,在不久的将来,中国会有更多的企业管理职业人,在全球世界的大舞台大显身手,有更大作为、更大贡献。

表 8-2　　　　2015 年福布斯全球科技富豪前 20 名

排名	姓名	职务	净资产(亿美元)
1	比尔·盖茨(Bill Gates)	微软创始人	796
2	拉里·埃里森(Larry Ellison)	甲骨文创始人	543
3	杰夫·贝佐斯(Jeff Bezos)	亚马逊创始人	348
4	马克·扎克伯格(Mark Elliot Zuckerberg)	Facedook 创始人	334
5	拉里·佩奇(Lawrence Edward Page)	谷歌联合创始人	297
6	谢尔盖·布林(Sergey Brin)	谷歌联合创始人	292
7	马云	阿里巴巴创始人	227
8	斯蒂夫·鲍尔默(Steve Ballmer)	微软公司前 CEO	215
9	劳伦·鲍微尔·乔布斯(Laurene Powell Jobs)	乔布斯遗孀	195
10	迈克尔·戴尔(Michael Dell)	戴尔创始人	192
11	阿齐姆·普莱姆基(Azim Premji)	印度软件出口商 Wipro 董事长	191
12	保罗·艾伦(Paul Allen)	创立微软公司前身	175
13	马化腾	腾讯创始人	161
14	李彦宏	百度创始人	153
15	西布·纳达(Shiv Nada)	HCL 集团创始人	148
16	雷军	小米科技创始人	132
17	哈索·普拉特那(Hasso Plattner)	SAP 联合创始人	91
18	埃里克·斯密特(EricSchmidt)	谷歌董事长	91
19	三木谷浩史	在线购物中心乐天市场 CEO	87
20	克劳斯·茨奇拉(Klaus Tschira)	SAP 联合创始人	86

资料来源:北京本地宝网,2015 年 8 月 7 日。

8.1.2　企业管理职业效益及其评价指标

企业管理职业效益是企业管理职业作用的成果，惠及社会成员与社会生活，体现企业管理职业的价值，明晰企业管理职业效益的内含、关系与评价，是大力讲求提高企业职业效益的基本要求。

8.1.2.1　企业管理职业效益含义及其关系

企业管理职业效益是企业管理职业者从事企业管理职业活动追求的效果利益，通过职业活动的收入与支出的比较体现，其中，支出是指从业活动的耗费，包括人力与劳作器具、材料用品等，职业收入包括工资、奖金等。

企业管理职业产生的本身就是企业组织成员细化分工与合作的产物，企业成员在更细密的相互关系中从事职业活动，职业效益不是单纯的个人从业获得的利益好处，而是包括个人在内的相关人员大家共同获得的利益好处。

所谓企业管理职业效益，是指企业管理职业者用较少的消耗取得较多的包括企业管理职业者个人的有关人员获得的利益好处。其中，有关人员主要包括从业活动的合作者、消费者、当地居民与国家管理者。合作者主要有外部的原材料等供给方与产品或劳务的经销方，以及内部的岗位合作者，均与消费者直接相关；消费者就是企业生产的产品或劳务的使用者，是企业管理职业者等企业职员的服务对象；当地居民一般是环境资源拥有或享用者，与企业管理职业者利益相关，关注企业的经营活动，特别是资源利用与环境保护等，内含子孙后代的生存利益，与消费者有着共同的利益；国家管理者主要是政府等公务员，代表国家和广大公民利益，与企业管理职业者利益相关。这些有关人员都有利益所在及其要求，企业管理职业者都须兼顾兼有，效在多方、益在多处。

8.1.2.2　企业职业效益评价的价值及其评价指标

企业管理职业效益的评价，是对企业管理职业效益状况做出判断评定，包括评价的价值、根据、评价对象、评价者与评价指标诸多内容，目的是正确认识企业管理职业效益，协调企业管理职业关系，更好地科学讲求和实现企业管理职业效益。

（1）企业管理职业效益评价的价值。

多年来，一些企业管理职业效益一直存在偏差，导致企业管理职业效益偏差的是企业管理职业效益思想认识存在偏差，对企业管理职业效益做出科学的评价判断，可促使人们深入切实地理解和认识企业管理职业效益，确立科学的企业管理职业效益意识，帮助人们调理企业管理职业效益思想，从而合理讲求提高企业管理职业效益。

企业管理职业效益评价，是从企业管理职业效益的内在关系和外在联系出发，明晰企业管理职业者与合作者利益的关系，以及与消费者、当地居民、国家诸多方要求统一起来。探讨企业管理职业效益评价，这本身就是在讲究协调企业组织的内部关系与外部关系，帮助企业管理职业者合理正确地讲求提高企业管理职业效益，从而更好地满足各方面的要求，促进国民经济与社会生活和谐发展。

（2）企业管理职业效益评价指标。

企业管理职业效益评价指标的确定，应根据职业效益理论的要求，顺应企业管理职业劳作形成的关系，体现"效在多方"的利益主体与"益在多处"的受益所在，就是评价指标所在，体现"效在多方、益在多处"的具体要点，就是企业管理职业效益评价指标，见表8－3所示。

表8－3　　　　　　　　企业管理职业效益评价指标体系

指标名称	一级指标	二级指标	三级指标
企业管理职业效益评价指标	消费者利益	消费支出	货币、人工支出
		消费收入	消费获益
		消费收支比	价值收支比较
		服务	服务质量
		消费感受	满意度
	居民利益	资源损益	资源损益比较
		环境损益	环境损益比较
		生活影响	生活损益比较
		感受	满意度
	国家利益	税利	税收
		创新	知识、技术、管理等创新
		公益	公德、环保、法规、和谐等
		贡献	贡献价值
	合作者利益	诚信	诚实、守信等
		协调	和谐、周全等
		收益	经济利益等
		感受	满意度
	企业管理者利益	投入	资金、物资、人力、时间等
		产出	产品、劳务、信任、形象等
		投入与产出比	价值产出比
		收益	货币、财物等
		价值实现	社会贡献等
		感受	满意度等

表 8 - 3 中的消费者利益、居民利益、国家利益、合作者利益与企业管理者利益几个方面的指标，分别从不同的角度反映企业管理职业效益，消费者利益指标反映企业管理职业者服务对象的利益，居民利益指标反映企业所在地居民的利益，国家利益指标主要反映国家所代表的公民利益，合作者利益指标反映企业组织内部岗位合作者利益与外部的上线原材料等供给方和下线经销方的利益，企业管理者利益指标反映从业主体个人的利益，企业管理职业效益的价值就在于使包括其本人的诸方面都获益。

其中，企业管理职业的服务对象是消费者，他决定企业管理职业作为企业管理从业者的管理事业的存在，直接与企业管理从业者对应存在，是企业利益的来源，与企业管理从业者成为最基本的利益关系，并由此派生出与合作者利益、居民利益和国家利益关系，形成企业管理职业效益特有的利益关系结构，因此，消费者利益指标居第一位。

8.2　企业管理职业效益现状分析

我国企业经过改革开放以来的几十年的发展，数量增加，规模扩大，管理创新，取得了巨大的进步，为社会发展进步做出了卓越贡献，但也存在着亟待解决好的不良现象和问题，说到底就是企业管理职业效益问题，存在着一定的偏差，需要深入分析，认清原因。

8.2.1　企业管理职业效益偏差现象

有的企业管理职业人员为了个人和企业单位多得利益，采取不当方式生产经营，如生产伪劣产品、排放废物污染环境等，危害人们的生活，降低生活质量，不良影响较大。

8.2.1.1　生产销售劣质产品

多年来，国家在管理上一直强调，经济协调发展，提高质量和效益，要求企业等生产经营者承担社会责任，保证产品或劳务质量，但一些企业等生产经营者为了个人或小集体利益，仍然违规从业活动，企业管理职业效益偏差问题仍然比较多，突出表现在生产销售劣质产品、超负荷违规生产经营、排放废弃物污染环境，坑害了消费者，殃及合作者，危害了居民，危及未来人与社会公共利益，与社会进步要求格格不入。

(1) 如 2015 年 5 月 7 日的国家食品药品监督管理总局官网发布的《2014 年婴幼儿配方乳粉监督抽检情况的通报》，2014 年，国家食药监总局对婴幼儿配方乳粉进行抽样检验，覆盖了国内 100 家生产企业的产品和部分进口产品，抽检样品 1565 批次，检出不合格样品 48 批次，涉及 23 家国内生产企业和 4 家进口经销商。国内企业样品不合格的有 44 批次，其中不符合食品安全国家标准的样品23批次，存在较高风险的11批次。不合格奶粉中，有3批次样品检出黄曲霉毒素M1超标，黄曲霉毒素M1对人及动物的肝脏组织有破坏作用。

再如2016年3月20日的搜狐网信息，200万支问题疫苗包括儿童用脑膜炎、水痘、脊髓灰质炎等疫苗和成人用流感、狂犬病、甲肝、乙肝等疫苗共计25种，流向湖北、安徽、广东、河南、四川等18个省、市、自治区，涉案金额达到5.7亿元。

（2）如2015年8月28日的中国经济网的信息，国家质检总局组织开展的对移动电话等30种产品质量的国家监督抽查，涉及电子电器、轻工产品、建筑和装饰装修材料、机械及安防产品、电工及材料5类产品。不涉及出口产品，共抽查2058家企业生产的2115批次产品，检出277批次不合格，不合格产品检出率为13.1%。其中，数据缆、铝合金建筑型材、电池、家用和类似用途插头插座、信息技术设备不间断电源等18种产品的不合格产品，检出率为10%～20%；无线路由器、新型墙体材料、网络机顶盒3种产品的不合格，产品检出率高于20%。

（3）如2015年9月5日法制网信息，2014年河北省重点开展了农资、药械、车用燃油、重点区域和网络打假五个专项行动，同时，认真开展生产、流通等环节和商标、版权等领域专项整治。全年共立案查处侵权假冒行政违法案件6342起，办结4618起、案值4174万元，移送司法机关67件，案值1848万元，捣毁制假售假窝点235个。全年破获侵权假冒犯罪案件1951起，抓获犯罪嫌疑人2671名，涉案金额3.5亿余元，摧毁一批制假贩假的窝点和犯罪网络。假冒伪劣产品生产经营一直不断。

（4）如2015年8月28日的大众网的信息，济南市工商部门日前组织实施全市流通领域销售的儿童服装以及儿童玩具、书包、铅笔、修正液等进行了法定抽查检验，其中，6个批次的儿童服装质量判定为不合格，主要存在纤维含量与PH值等问题；5个批次的不合格儿童玩具主要存在可触及的锐利尖端等安全隐患问题。在不合格产品中，儿童玩具的绳索和弹性绳不合格比例较高；部分被检商品的嘴线或脚线单针跨度过大，对儿童手指、脚趾容易造成缠绕勒伤危害；一些儿童玩具的尖角、金属丝和长杆，也存在刺伤、割伤儿童的隐患；而儿童服装的纤维含量不合格，主要表现为商品吊牌标示的面料成分同实际不符。

8.2.1.2 超负荷违规生产经营

（1）如2010年6月29日钱江晚报报道，据新华社消息，贵州某企业195人被确诊为矽肺病，创下了企业一次性检出矽肺病人数全省之最。由于工人长期在粉尘环境中作业，这个公司的工人早在2006年就出现头晕、气闷、乏力等症状，有的工人不能继续上班，只好辞职回家，但公司并未给予应有的重视。当年 3 月，一些网友将有关情况在百度贴吧、天涯社区等网站上发布，引起了上级领导重视，国家有关部门和省有关部门分别组成督查组和调查组进驻公司，大量工人患矽肺病的黑幕才被揭开，企业首次被责令停产。在上级部门的督促下，公司对在岗在册和部分已离厂的工人总共 1337 人进行了职业健康检查，最终确认其中 195 人为矽肺病人，工人矽肺病检出率竟高达 14.58%，还有 261 人不能确定，需半年后进行复查。

（2）如 2013 年 3 月 27 日中国安全生产网的信息，2012 年 8 月 29 日，四川某公司煤矿发生特别重大瓦斯爆炸事故，造成 48 人死亡，54 人受伤，直接经济损失 4980 万元。该矿合法开采区域开采标高 +1464 米 ~ +1270 米，有 1 个采区，在 9 号和 10 号煤层各有 1 个采煤工作面，10 号煤层有 2 个掘进工作面。但该矿非法违法开采，在批准开采区域外的主平硐 +1277 米标高以下和辅助平硐 +1327 米标高以下的 17 个煤层中共布置 41 个非法采掘作业点。4 个采煤队在该区域内采用非正规采煤方法，以掘代采、乱采滥挖。经查，非法违法开采区域有 9 个煤层不在采矿许可证批准的煤层范围内，在平面范围内巷道越界 257 米。自 2011 年至事故发生前，该矿在验收批准的开采区域仅生产煤炭 1.43 万吨，而在非法违法区域的产煤量达 21.14 万吨。超能力、超定员、超强度生产。

该矿在非法违法区域布置多煤层、多头面同时作业，矿井设计生产能力为年 9 万吨，而 2011 年实际产量为 14.17 万吨，2012 年 3 ~ 7 月为 8.4 万吨；矿井设计定员为 274 人，而事故发生时共有职工 753 人，其中从事采掘作业的职工共计 661 人。

（3）如 2014 年 12 月 31 日新华网的信息，2014 年 8 月 2 日，江苏某公司抛光车间发生粉尘爆炸特别重大事故，已造成 75 人死亡，185 人受伤。事发经过，2014 年 8 月 2 日 7 时，事故车间员工上班。7 时 10 分，除尘风机开启，员工开始作业。7 时 34 分，1 号除尘器发生爆炸。爆炸冲击波沿除尘管道向车间传播，扬起的除尘系统内和车间集聚的铝粉尘发生系列爆炸。当场造成 47 人死亡，当天经送医院抢救无效死亡 28 人，185 人受伤，事故车间和车间内的生产设备被损毁。

该企业主要从事汽车零配件等五金件金属表面处理加工，主要生产工序是轮毂打磨、抛光、电镀等，设计年生产能力 50 万件，2013 年主营业务收入 1.65 亿元。根据事故暴露的问题和初步掌握的情况，企业厂房没有按二类危险品场所设计和建设，违规双层设计建设生产车间，且建筑间距不够。生产工艺路线过紧过密，2000 平方米的车间内布置了 29 条生产线，300 多个工位。

（4）如 2014 年 9 月 24 日国家安全监管总局网的信息，2014 年 9 月 22 日，湖南某鞭炮烟花厂发生爆炸事故，造成 14 人死亡，33 人受伤，每栋 160 平方米的 4 栋包装材料库，1 栋 200 平方米的筒子库，1 栋 300 平方米的成品库，被炸毁。据初步调查分析，该厂超生产许可范围、擅自改变工房用途，在包装材料库和筒子库内违规组织生产直径40毫米的小礼花。由于现场管理混乱、严重超员超量，导致人员伤亡巨大。

8.2.1.3　排放废弃物污染环境

（1）如2013年3月25日中国新闻网的信息，河南某村受到污染源于上游的浚内沟水质变差，2009年水质全面恶化。村民从浚内沟取水灌溉小麦时，小麦枯萎、死掉，浇死了800多亩小麦，面积相当于全村1/3的耕地。同时，严重的疾病也在村里流行，村民的健康生活受到严重影响。污染源主要来自造纸厂、淀粉厂等企业。地下水受污染，主要是企业为节约成本，通过渗井、渗坑、渗沟等方式排放有害污水和工业废水造成的。以前30多米深的水井还可饮用，现在连灌溉的水井也得打到60米以下。类似这样的情况在全国其他一些地区也一定程度存在。

（2）如2015年6月9日中国新闻网的信息，江苏某企业私设暗管，于2012年上半年至2014年9月1日期间，未经环境保护行政主管部门审批同意，擅自在车间二楼建设电镀车间，并在无废水处理设施的情况下，非法从事拉链电镀加工，将加工作业中产生的含铬、镍、含氰化物等的电镀废水未经处理直接排入楼下西北两侧的集水池，并通过私设的暗管排放至城市污水管道。经检测，生产的废水中含有的铬、镍等重金属物质及含氰化物的污染物超过国家排放标准的3倍以上，严重污染环境。

同时，在没有取得剧毒化学品使用许可及未经安全条件审查的情况下，非法将4.55公斤氰化钠、20公斤氰化锌储存于二楼电镀车间内用于电镀生产，足以危害公共安全。

（3）如2015年3月22日新京报网的信息，甘肃某企业，2011年8月，由凉州城区迁至城东11公里的发放镇沙子沟，实施易地搬迁和技改扩建，规划建设年产30万吨玉米淀粉、12万吨谷氨酸等项目。2014年5月，项目主要生产工程基本建成，但污染防治设施没有同步配套建成。在环保设施没有完全建成的情况下，未经批准擅自投入调试生产，私设暗管向沙漠排放生产废水。2014年5月28日至2015年3月6日，平均日排放不达标废水971吨，累计排放271654吨。其中187939吨用于沙漠公路两侧树木绿化灌溉，83715吨通过铺设的暗管直接排入沙漠腹地。经调查，该公司环保主体责任不落实，环保管理制度形同虚设；有关环保部门不严格履行监管职责，监督检查流于形式，存在失职行为。

8.2.2　企业管理职业效益偏差原因分析

以上企业管理职业效益偏差现象问题仍然比较突出，而且涉及诸多领域，屡禁不止，根深蒂固，原因复杂，存在着从个人到社会等多方面的因素。

8.2.2.1　个人因素

人是一种很复杂的高级动物，一方面以个体为单位存在，另一方面依赖群体实现生活来源，小时候依赖父母，长大后依赖社会他人，如从社会找伴侣、找职业、找伙伴、找合作方等，从中获得利益生活，人的天性就是获取，就是自我生活，不获取就难以生活，这就是人的自我性。但获取是有条件的，是正当的合理的，是不以损害他人利益为前提的。

中国改革开放后，国家实行富民政策，鼓励先富，人们纷纷行动起来，选择从事各种职业，努力增加收入，求富利益差距驱使人们争先恐后、千方百计地利用各种资源谋利，人们不断地富裕起来，其中，有的是通过勤劳、科学技术、创新产品、创新服务等增收富裕起来的，这是正当的、合理的。

但是，有的人却不然，他的自我性膨胀，在从业能力有限的条件下，或无法用现有条件满足自己获取利益期望的情况下，就突破了正当合理的限度，走向极端的自私，通过资源的过度消耗、他人利益的剥夺与环境等的破坏为代价的，甚至谋财害命，走向极端，就出现了上述的不良现象，根源在自私性，表现在我行我素，对利益的过度获取。

其中，还需指出，在受到伤害的人中，个人的因素也很大。有关研究报告指出：[①] 企业从业人员安全素质仍然较低。在农民工中，文盲和半文盲占 7%，高中以上文化程度仅占 13%。全国 550 万名煤矿职工中，80% 为农民工。近年来，进城务工人员因事故死亡的人数约占各类事故死亡人数总量的 70%。

8.2.2.2　社会因素

中国改革开放后，社会已经发生了翻天覆地的变化，取得了巨大的进步，国家实力大大增强，人民生活有了很大的改善，同时，人们的思想行为也发生很大的变化，应该肯定合理的、先进的思想行为在引领带动社会发展进步，而不合理的、落后的思想行为也在影响社会发展进步，如"一切为利行"侵害他人利益、公共利益与未来人利益。

马克思在分析"资本的积累过程"问题的注释中指出，[②] 一旦有适当的利润，资本就胆大起来，如果有 10% 的利润，它就保证到处被使用；如果有 20% 的利润，它就活跃起来；如果有 50% 的利润，它就铤而走险；如果有 100% 的利润，它就敢践踏一切人间法律。为利而行，我行我素，有的达到了极端，企业管理职业效益偏差现象正是这种行为追求的表现。可以做出这样的认识判断，"为我"、"一切为利行"的非科学合理的思想行为，导致企业管理职业效益出现偏差现象。

大家知道，人的行为追求总是以人的思想意识为先导，当人的某种行为追

---

① 研究报告：《我国处于安全生产"事故高位波动阶段"》，新华网，2014 年 5 月 15 日。
② 马克思：《资本论》（第 1 卷），人民出版社 1975 年版，第 829 页。

求成为一种社会较长时间发生、较大范围存在的特定现象时，说明这种思想意识已经成为社会不可忽视的意识形态，正向的科学合理的思想意识会推动社会发展进步，反向的非科学合理的思想意识会阻碍社会发展进步，并且扰乱和破坏正常的社会生活。特别是作为社会经济基础重要构成的企业管理职业人员等生产经营者存在这样的现象问题，对社会的负面影响很大。

根源在哪里，显然，这是在改革开放发展中出现的现象。改革开放以来，广大人民在富民政策鼓舞下，反贫求富，经商大潮席卷中国大地，谋职赚钱变为天经地义，一些从业公民迷失了社会生活的信仰和追求，人生观和价值观发生了转变，丢弃了勤劳、善良、诚信、友爱、互助、敬老爱幼等中华民族传统优良美德，奉行"厚黑之道"，不择手段赚钱，使歪门邪道有了立足之地，助长了不良职业活动思想行为的滋生蔓延。

至今，30多年来，不良的职业思想行为一直未断，不良现象不停蔓延发展。归根到底，是人的问题，人的问题是教育培养的问题。其中，专门从事社会教育事业的学校等教育机构，既有认识上的缺陷，又有实践上的不足，未能很好地将"做人与做事"的教育贯彻到教学实践中，没有体现到学生学业成绩中，停留在口头上的说教，缺乏具体的教学实践，未达到应有的教育力，受到社会不良现象影响，人的思想意识发生了扭曲，必然导致实践行为的偏差。

8.2.2.3　管理因素

当小孩不听话，放任自己的性子，我行我素，被称为"任性"，小孩任性主要是父母对子女的要求顺从、宽容、娇宠和放纵所致。同样道理，一些企业管理职业人员一直不断重复不良的思想行为，国家三令五申，却屡禁不止，这是一种从业公民的"任性"，这种任性亦有特定致因。

（1）管理空隙。改革开放后，国有企业进行股份制改革，政府简政放权，实行两权分离，大力发展非公有制经济，政策、制度与体制等不断创新，为经济发展创造广阔的空间和良好机会，同时也出现了管理空隙，一些企业有关管理人员钻了"空子"，如利用"价格双轨制"倒买倒卖，以及偷税漏税等，投机专营，沿袭发展。

（2）惩治不严。大量的违法乱纪现象一直不断，有的违规，有的违纪，有的违法，有的致使他人受害，有的致使环境污染严重，有的致使国家利益受损，而在惩办处理的整体上说还不够严厉，如有的使他人患上了严重的职业病，丧失了劳作工作能力，却不能得到应有的救治与补偿；再如环境受到严重污染，居民生活受到严重影响，却得不到及时有效的根治等。对违法乱纪的生产经营当事人惩处不够严厉，没有达到应有的威严与震慑的效果，似乎是法不责众。

（3）地方包庇。有的生产单位在当地具有重要的经济地位，如资产较多、产量较大、联系较广，是当地税利大户，是当地政府税收的重要来源，是当地经济 GDP 的重要组成部分，尤其受到当地政府的厚爱，出于对门面保护的局部利益或从某些个人的私益出发，对生产经营的不良现象或不良后果视而不见，放纵发展，或大事化小，小事化了，不了了之，致使不良生产经营活动泛滥成灾。

以上几个方面是企业管理职业效益问题滋生发展的系列原因，个人的自私欲望是基本动机，求富利益激发了不良行为的萌生；"一切为利行"助长了歪门邪道蔓延发展，成为不良生产经营的温床；管理缺陷使不良生产经营有了发生和存在的机会。

8.3　企业管理职业效益事例

企业是社会的一种数量多、种类多、职能多的从事生产劳作的事业组织，与人们的吃、穿、住、行等一系列需要对应存在，从事种植、养殖、畜牧、制造、纺织、建筑、交通、通讯、旅游等许多事业，担当保障人们生活的许多社会责任。它似如一种社会大舞台，是以科技为支柱、以分工与合作为纽带、以市场经济为台面，是人们施展才能的广阔天地，造就了无数优秀的企业管理职业人，不断创造更好地企业管理职业效益。

8.3.1　李嘉诚

李嘉诚是一位居住在中国香港的中国著名实业家，是一位卓越的企业管理职业人。一辈子从事生产经营，不断创业发展，已成为多年的亚洲首富。他领导下的长江实业集团根基在中国香港，业务领域横跨 50 多个国家，影响范围不断扩大。[①]

8.3.1.1　简介

李嘉诚，生于 1928 年，广东省潮州潮安人，祖籍福建省莆田，现任长江和记实业有限公司及长江实业地产有限公司主席。先后获选"香港风云人物"和太平绅士，1989 年获英国女王颁发的 CBE 勋衔，后被聘为港事顾问，1995 ~ 1997 年担任特区筹备委员会委员。

李嘉诚出生在中国社会动荡不安的年代，为了逃避战乱，他们一家背井离乡奔走逃难，然而祸不单行，他父亲因劳累过度不幸染上肺病。身为长子，14 岁的李嘉诚被迫离开了心爱的学校，用他还很稚嫩的肩膀毅然挑起赡养父母、抚育弟妹的重担。表店学徒、推销员这些底层的工作经历，磨炼出了他坚韧的

---

① 主要资料来源：《李嘉诚：为家乡的经济建设作出巨大贡献》，广东新闻网，2013 年 11 月 7 日；《李嘉诚：我做的是公益事业，不是慈善!》，载《天下潮商》2007 年 6 月 29 日；《李嘉诚：帮助他人对社会有所贡献　正直赚钱是最好》，新华网，2005 年 9 月 25 日。

意志力，也让他明白了宽厚待人、诚实处世的做人哲学，这些个人品质为他日后事业的发展，打下了良好的基础。1950 年，年仅 22 岁的他在筲箕湾创办长江塑胶厂，办厂初期困难重重，直到创业的第六个年头，长江塑胶厂终于出现了转机，产销渐入佳境。随着长江塑胶厂的生意蒸蒸日上，他又开始谋划向新的商业领域发展。1958 年，李嘉诚涉足地产业，在港岛北角建起了第一幢工业大厦；1960 年，又在柴湾兴建了第二幢工业大厦；1972 年，借着香港房地产和股市兴旺的势头，他顺势将长江地产改成组为长江实业有限公司上市，规模得以快速扩大，与新鸿基地产、合和实业、恒隆地产、新世界发展并称"华资地产五虎将"。1983 年，中英就香港问题进行第二轮谈判，关于香港前途问题的讨论使香港出现移民潮，香港地产全面崩溃，李嘉诚正确判断形势，逢低吸纳，储了大量土地。后又收购英姿港灯公司，由于业务领域，集团规模不断扩大，为了优化集团管理，先后对"和黄"、"长江基建"、"香港电灯"进行重组，重新搭建集团新的架构。历经半个多世纪的发展，目前李氏商业帝国总资产突破万亿元，经营领域涉及地产、通信、能源、交通运输等，营业范围遍及全球。

8.3.1.2　企业管理职业效益要点

李嘉诚创业至今始终怀揣着造福社会的赤诚之心，他热爱祖国，热心慈善事业，为消费者、为家乡、为国家、为公民社会，做出了巨大的贡献。

（1）个人获益。①丰厚收入。事业的蓬勃发展也为他个人带来了巨大财富，2015 年，福布斯中文网公布"2015 福布斯香港 50 富豪榜"榜单，他凭借 335 亿美元的净资产位列榜首，全球排名 17 位，较上年上升 3 位，自此已经连续 17 年蝉联香港首富。

②高贵荣誉。长江实业集团是香港本地成长起来为数不多的跨国大企业，对中国香港、大陆乃至世界都做出了很大贡献。作为创始人，他也因此获得了诸多荣誉。

国内荣誉。1981 年，被委任为太平绅士，并获选为"香港风云人物"；1990 年，港督卫弈信向李嘉诚颁发"商业成就奖"；1992 年，被聘为港事顾问，同年北京大学授予他名誉博士称号；1994 年获《亚洲周刊》颁发的首届"企业家成就奖"；2001 年，获得香港特区大紫荆勋章；2007 年，获得由中国中央电视台颁发的经济人物特别荣誉奖，同年获得由中国民政部颁发的"中华慈善奖终身荣誉奖等"。

国外荣誉。1982 年，获得巴拿马国 Grand Officer of the Vasco Nunez de Balboa 勋衔；1986 年，被比利时国王封为勋爵；1989 年获英女皇颁发的 CBE 勋衔，同年 6 月获加拿大卡加里大学授予的名誉法学博士学位；2000 年，获得比利时国 The Commander in the Leopold Order 勋衔、英帝国 KBE 爵级司令勋章、国际杰出企业家年奖；2006 年，出任英国国际商业顾问委员会委员，并获得由美国福布斯集团颁发的马康福布斯终身成就奖；2011 年，获得由美国卡内基基金会颁发的卡内基慈善奖。

（2）家乡获益。李嘉诚在香港创建了长江实业有限公司这份坚实的基业后，心系家乡，为潮汕经济社会发展做出了巨大贡献。他先后投资近 40 亿港元，参与深汕高速公路东段、汕头海湾大桥、发电厂、货柜码头、安居工程、汕头珠池港区国际集装箱码头等 9 个项目的基础设施建设。在公开场合多次表示，他将一如既往地在家乡教育和医疗等方面多做慈善福利工作，尽心尽力为故乡潮汕多做贡献，多为乡亲们谋利益。

（3）公民社会获益。李嘉诚少年经历忧患，不足 15 岁便辍学到社会谋生，深深体会健康和知识的重要，同时认为对无助的人给予帮助是世上最有意义的事情，教育及医疗两者更是国家富强之本。20 多年来他累计捐资逾 23 亿元，支持在家乡潮汕地区建立汕头大学，以推动这个发展基础薄弱的地方的文化及经济发展，令广大同乡子弟能够得到知识的力量。他还非常热心于医疗和助残事业。他曾说，做利国利民的事，乃人生第一大乐事。从 2000 年开始，由李嘉诚基金会资助 2 亿港元、中国残疾人联合会推行的"长江新里程"计划，目前已使 107 万名白内障患者重见光明，为 4 万名低视力者配用助视器，为 6 万名失聪儿童安排语言训练，建设 30 个省市和自治区残疾人士的综合服务设施，以及开展智障和小儿麻痹症的预防治疗与康复服务，已经让上千万的残疾人士受益。

（4）企业管理事业获益。李嘉诚在其管理中一贯秉持内圣外王的行为逻辑。他的管理思想中特别讲求儒家的"仁、义、礼、智、信"，并且有其独到的理解。

①对于"仁"，他经常教导人说：凡事都要留有余地，因为每个人不免有错，可以原谅人的地方，就原谅人，这种对人对事都以他人着想的态度和人生观正是"仁"的体现。

②关于"义"，他的解释是忘我，指自己的利益受损也要顾及他人利益，正如他曾经讲过"不义而富贵，于我如浮云"。

③"礼"是儒家用来管理社会秩序的，它是管理者修养标准，治民的标志，治国的依据，它的目的在于使人和谐相处，不抱怨，不树敌。他经营企业的风格也正是本着这种思想，不靠夸张的宣传，不靠积极的渲染，而是靠默默地耕耘。

④"智"是儒家内圣之学修炼智慧，修炼境界，修炼学术悟性方面的变通能力。李嘉诚也是最出色的代表，长实能纵横香港半个世纪，靠的也是他那种"见落叶而知秋"的预知智慧和适时变通能力。

⑤"信"，就是信誉，值得其他人相信和信任的地方。李嘉诚说，"名誉是我的第二生命，甚至有时比第一生命更为重要"。而在企业经营管理实际操

· 217 ·

作中，李嘉诚也是这样要求自己的。

在谋事、经商、做人中，他把中华文化的立身、入世之道发挥得淋漓尽致，遵循古人的"内圣外王"之道，创建了独具风格的个人管理模式。以企业家自身的德行内养，带动和领导一大批企业员工德行的提升，使企业的整个行为内圣；以内圣为基础，克己厚人，领导一个企业从生存走向发展。这些闪光的智慧精华是他在企业管理事业中留下的宝贵财富，值得我们去深思揣摩。

（5）国家获益。①乐育人才，培养经世致用之才。2002 年 11 月由李嘉诚基金会捐助的长江商学院成立，并在北京和上海建立校区。是中国政府批准的第一家具有独立法人资格的商学院。长江商学院的诞生，旨在把握中国经济持续快速增长的大好机遇，通过"取势、明道、优术"的战略选择和"中西贯通"的办学理念，为中国打造一个享誉全球的世界级商学院。学院通过吸引一批国际一流管理学教授常驻长江、扎根中国，促进西方管理学最新的研究成果与中国本土最新的管理实践相结合，从而为大中华地区造就一大批世界级商界领袖，并为中国企业进军世界提供新思维、新视野和新对策。

②轨物范世，弘扬企业社会责任。2006 年，他宣布将个人财产的 1/3 注入自己专门基金会作为慈善之用，以实现报效桑梓的夙愿。近 30 年来已捐出百亿元用于内地助教兴学、医疗扶贫、文化体育事业，他的这些作为为企业家担负企业社会责任树起了典范。

他在阐述自己财富观的时候强调，在建立自我成功的同时，永远不要忘记追求无我，常常抱着为民族和人类做出贡献的良愿，当有能力及有意愿对社会竭尽一己之责，我们必能创出希望和有效的变革，打造一个真正公平、公正，充满自由动力与快乐和谐的社会。

8.3.1.3　成功因素

李嘉诚白手起家，创业经营，成为巨富，有多种因素。

（1）稳健发展。李嘉诚认为，企业的发展也是要遵循某种规律的，赌徒式地投资于高风险行业，虽然可能会获得暴利，但更多的时候是以失败而告终，"稳健的发展，发展不忘稳健"。

（2）内外兼修。他认为管理者的首要任务就是管理好自己，毅力与心力是成功不可缺少的因素。他乐于学习，把观察、知识、经验转化为管理智慧，坚持梦想持之以恒，使自己的事业步向辉煌。

（3）尊能使贤。在长江实业集团里，只要是人才都会得到重用，不论出身，不论人种。李嘉诚求贤若渴，唯才是用，让长江实业集团成了人才的磁铁，为企业的发展提供了很好的人力资源。

（4）谦诚待人。李嘉诚认为，有时看似是一件很吃亏的事，往往会变成非常有利的事，建立个人和企业的良好信誉，这是资产负债表之中见不到但却是价值无限的资产。他还强调，成就加上谦虚，才最难能可贵，谦虚的心是知识之源，是通往成长、启悟和快乐之路。

8.3.2　张瑞敏

张瑞敏是一位具有精深的管理思想与卓著管理实践的卓越企业管理职业人。他坚毅果敢，谦和谨慎，勤奋学习，解读应用前人的智慧成果，从大自然的认识开悟，从大海等大自然获得力量，深刻独到，深谋远虑，引领企业不断创新发展，主要产品成为世界市场的主导产品，取得了卓越成就。[①]

8.3.2.1　简介

张瑞敏，生于 1949 年，山东省莱州市人，全球享有盛誉的企业家，海尔集团创始人。现任海尔集团党委书记、董事局主席、首席执行官。在党内担任第十六届、第十七届、第十八届中央委员会候补委员。

张瑞敏 1984 年到青岛冰箱厂任职，担任厂长，开始了他企业管理职业的工作。他抓住中国改革开放的机遇，以"要么不干，要干就要争第一"的观念，充分发挥人的能动性和创造性，千方百计为用户做好服务，提供用户最渴望的高质量产品，实施名牌战略。与时俱进，创新发展，不断制定开拓发展的新战略，1991 年成立了海尔集团，任总裁，制定了海尔的多元化战略；1998年，制定海尔的国际化战略；2012 年，制定海尔的网络化战略。通过"砸冰箱"、OEC 管理等不断的持续创新，一直超前发展，从开始单一生产冰箱起步，拓展到家电、通信、IT 数码产品、家居、物流、金融、房地产、生物制药等领域，成为全球领先的美好生活解决方案提供商，闯出了一条中国企业进军世界市场，实现全球性生产经营的通天大道。为消费者、为民族、为国家、为全球社会做出了卓越的贡献。

8.3.2.2　企业管理职业效益要点

张瑞敏的卓越企业管理，取得卓著的企业管理职业效益，使消费者、家乡、公民社会、国家与全球社会，以及自己的多方面，都获得了巨大的益处。

（1）消费者获益。①惠民生活。海尔客户至上，深刻洞察人们对现代生活的需求，发挥全部潜力和创造力，尽力满足客户的需求，实现以客户为中心的创新，为消费者提供变频风冷、无霜保鲜、超低分贝的冰箱，提供窗式、分体挂壁式、分体立柜式、吊顶式、嵌入式的空调，以及家居等，多方面满足消费者需求。

在全球，数以亿计的用户，每天十几万台海尔产品进入全球市场，丰富和方便人们的日常生活。并引领现代生活方式的新潮流，以创新独到的方式全面

· 219 ·

---

① 主要资料来源：《海尔集团的第四次生死转型：网络化战略》，搜狐网，2015 年 9 月 9 日；《海尔集团居 "2011 年青岛市纳税 50 强"榜首》，青岛新闻网，2012 年 6 月 28 日；《张瑞敏：传统行业如何跟上这个时代》，新浪网，2014 年 7 月 14 日。

优化生活和环境质量，使消费者多方面受益。

②优质服务。用户永远是对的，24 小时电话守候，一站到位式服务，只要您拨打一个电话，剩下的事由海尔来做，是海尔一直在践行的服务宗旨和服务承诺。海尔从提供服务到创造体验，始终以用户为中心，始终坚持高品质的服务，让消费者真正地感受到了"上帝"般的待遇。

（2）个人获益。①丰厚收入。海尔集团的发展一直持续增长，据海尔集团官方网站显示，2015 年，海尔集团全球营业额 1887 亿元，近十年收入复合增长率达 6%，利润 180 亿元，同比增长 20%，从 2007 年开始，海尔集团连续九年利润复合增长率在 30% 以上，是营收复合增长率的 5.5 倍。海尔集团线上交易额达到 1577 亿元，同比实现近 2 倍的增长，尤其互联网金融发展迅速，其平台交易额达到 700 多亿元。多年来的创业发展，张瑞敏也有丰厚的个人收入。

②高贵荣誉。海尔集团的持续创新发展，取得的巨大的成就，举世瞩目，得到国内外的认同和赞美，他获得了一系列的荣誉。

国内方面主要荣誉：2001 年，被评为"全国优秀共产党员"；2002 年，感动中国 2002 年年度人物；2005 年，获中国质量领域最高荣誉奖；2007 年，国家人事部和国家质量技术监督局颁发的"全国质量工作先进个人"；2008 年，北京大学管理案例研究中心联合《北大商业评论》发布的"中国最受尊敬企业家"；《求是》杂志评定的"新中国成立 60 周年突出贡献人物"；2010 年，中国品牌发展组织委员会"60 年中国品牌功勋人物"；2011 年，经济日报社主办的 2011 年中国自主创新年会上，荣获"十大创新人物"；2012 年，荣获第七届"袁宝华企业管理金奖"；2014 年，凤凰财经峰会 2014 年度"改革动力奖"。

国外方面主要荣誉：1996 年，获美国优质服务科学协会为其颁发"五星钻石个人终身荣誉奖"；1999 年，被英国《金融时报》评为"全球 30 位最受尊重的企业家"；2004 年，被美国《财富》杂志评选为"亚洲 25 位最具影响力的商界领袖"之一；2005 年，英国《金融时报》评选其为 50 位"全球最受尊敬商业领袖"之一；2009 年荣登《福布斯》"2009 中国慈善榜"；2011 年，在全球政商领袖峰会上获得"全球睿智领袖精英奖"；2013 年，荣获"亚洲品牌永远精神领袖奖"；2015 年，入围 Thinkers50"最佳理念实践奖"（Ideas into Practice），是唯一入围的中国企业家。

（3）家乡获益。①巨额税收。多年来，海尔集团一是青岛市纳税大户，如据青岛新闻网和齐鲁网有关信息，连续多年位居青岛市纳税榜首，2011 年海尔集团为青岛市纳税 14.2 亿元人民币，2013 年海尔集团纳税 21.55 亿元，2014 年海尔集团纳税 62.24 亿元，为地方经济社会发展提供了较多的财力保障。

②带动就业。据青岛新闻网与海尔集团官网信息，海尔集团不仅在海内外吸纳了大量的就业人员，同时与当地大学合作，有效地促进了大学生就业。如在海尔大学举办青岛"全市大众创业推进会暨海尔'人人创客'现场观摩会"，推出了"人人创客"的发展思路，向全社会开放创新创业平台。已在全社会成功孕育出雷神游戏笔记本、小帅影院、有住网、免清洗等 2000 多个创客小微，1000 多个创业项目，十几个小微引入风投，短短一年内诞生了 100多个营业收入过亿的小微。为全社会提供的就业岗位超过 100 万个。

（4）公民社会获益。张瑞敏一直热心社会公益事业，用真情回报社会。自 1995 年建设第一所希望小学以来，海尔集团已经在全国建成 206 所希望学校，覆盖全国 26 个省、直辖市、自治区，累计投入 8000 余万元。海尔集团已经成为团中央希望工程中捐建希望小学最多的中国企业，2014 年，海尔集团用于社会公益事业的资金和物品价值总额已高达 5 亿余元。

（5）企业管理事业获益。人的管理是驾驭于人们的活动之上的高级活动，它决定着所属人员活动的质量与效率，事业成功与否取决于管理。海尔集团之所以能够从小到大、从国内到国外持续地创新发展，主要在于张瑞敏创造了独有的系统的企业管理思想文化，实际就是人为人的企业管理思想文化，企业管理人员为员工、为合作者，大家合作互为，同为消费者，开发用户需求、持续创新、共享利益，共同富裕，包括"用户永远是对的"、"斜坡球体论"、"日清管理法"、"人单合一"等诸多具体内容，为企业管理事业提供新的管理思想文化。

（6）国家获益。①税利收入。海尔集团在不断地扩大发展、增加营业额的同时，也为国家贡献了大量的税收。据大众网—齐鲁晚报信息，截至 2015年，海尔集团成立 30 年来，纳税总额已达到 704 亿元。

②创中国品牌。海尔集团通过精益求精的产品制造和服务，逐步将自己打造成全球性的品牌。2008 年 3 月，海尔集团入选英国《金融时报》评选的"十大世界级品牌"；2008 年 6 月，海尔集团入选世界品牌价值实验室编制的《中国购买者满意度第一品牌》，排名第 4 位；2014 年，全球消费市场权威调查机构欧睿国际（Euromonitor）发布最新数据，海尔品牌全球零售量份额为10.2%，连续 6 年蝉联全球白色家电第一品牌。2015 年，海尔集团以 1288.6亿元的品牌价值连续 14 年蝉联中国品牌价值 100 强榜首，创中国的世界名牌，为民族争光。

③为企业全球化发展鸣锣开道。海尔集团生产经营全球化发展取得了巨大的成效，中国自主家电品牌出口量目前仅占到海外整体市场份额的 2.46%，而这当中的 89% 都来自海尔。2008 年 6 月，在《福布斯》"全球最具声望大企业 600 强"评选中，海尔排名第 13 位，是排名最靠前的中国企业；2014年，海尔集团全球营业额实现 2007 亿元，同比增长 11%；实现利润 150 亿元，

同比增长 39%，利润增幅是收入增幅的 3 倍，是中国家电行业首个突破 2000 亿元的企业。海尔的发展为企业全球化发展鸣锣开道。

（7）全球社会获益。①全球社会用户获益。海尔集团在全球有 5 大研发中心、21 个工业园、66 个贸易公司，用户遍布全球 100 多个国家和地区。在海外已先后建立起 7 个工业园、7 个海外工厂、10 个国际合作工厂，海外的总生产能力已经达到 1200 多万台。海尔集团在海外 24 家工厂和 5 大研发中心为"三位一体"本土化的实施提供了基础，以用户为中心进行本土资源全球配置，为海尔集团在"一带一路"上的发展提供不竭动力。海尔集团国际营业额接近总营业额的 40%，2014 年国际营业额 600 多亿元。在海外发展了 60 多个海尔经销商，销售网点可辐射 3 万多个、产品出口 100 多个国家和地区。

海尔集团的全球化发展战略、分厂的设置，一方面，为各国在带来税收优惠的同时，还带动了当地的就业。在印度，海尔集团就吸引了许多印度人才的加入。另一方面，也将优质的产品带向的海外家庭，丰富了人们的物质生活。在美国，有超过 30% 的家庭拥有海尔集团家电；在欧洲，海尔集团的品牌认知度高达 60% 以上，是当地消费者最为钟情的"洋品牌"；在素有"家电王国"之称的日本，海尔产品已全部进入 KS 等十大家电零售渠道以及遍布日本境内的区域性零售渠道。

②全球教育获益。一方面，进行高层次的交流，如到哈佛等世界著名高校、研究院所讲学，以及美国管理学会讲演等。另一方面，积极开发教育事业，据中关村在线信息，2015 年海尔在联合国教育信息化大会暨全国教育信息化成果上，展出了 U + 智慧教育解决方案及成果。U + 智慧教育解决方案由智慧教育云平台、快捷备课、智慧课堂、智能云录播、白板（硬件设备）等板块组成。为了满足当前人们的购买需求，针对不同国家的教育软硬件使用环境和需求，整合全球资源专门定制不同的整体解决方案。在国外，先后中标 40 多个国家和地区教育信息化项目，惠及 550 万海外用户群体。

8.3.2.3　成功因素

张瑞敏之所以能够把一个濒临倒闭的小企业，发展成为一个中国的世界品牌的大企业，在于他所进行卓越的企业管理，这又源于他的特质等诸因素。

（1）博采众长。张瑞敏研习古今中外优秀经典文化，解读运用。如他曾说，《老子》助他确立企业经营发展的大局观，《论语》培养他威武不能屈、贫贱不能移、勇于进取、刚健有为的浩然正气，《孙子》助他形成企业竞争谋略与管理方法，受彼得·德鲁克的《卓有成效的管理者》启发，发明了日清管理法等。

（2）自然求索。张瑞敏不仅善于读书学习，也善于观察分析，解读自然现象，从中觉悟，探得真知，获取无尽的力量。他解读认识大海和云的大自然现象，获得真知灼见，产生了精辟的管理思想，如从大海明晰了"奉献"、

"力量的源泉"、"博大的胸怀"与"云再小可接万端"等。

（3）潜静道合。张瑞敏一直善于对事物的观察和了解，对纳入视野的对象能够潜心静析，入木三分，至理道合，管理入轨，深入浅出，合众同心，无求所不应，无往所不胜。如他曾说，《周易》中有一个卦名叫"谦卦"，说的就是人要谦虚，要能够虚心接受不同的意见，就像老子所说的那样，天之道，不争而善胜，不言而善应。

（4）秉性为公。坚持"用户永远是对的"，"以用户为是、以自己为非"的高尚理念主导企业生产经营，为人服务真诚到永远，公心至上，心存为用户、为民族、为国家、为全球社会的人类服务的"大公"秉性。

8.3.3　王健林

王健林是一位具有卓越管理才能与卓著管理实践的卓越企业管理职业人。他精明果敢，雄才大略，善于抓住机会，大胆创新，成就了通向世界的万达集团。[①]

8.3.3.1　简介

王健林，出生于 1954 年，四川省广元人，万达集团创始人，万达集团董事长、总裁。他是中共十七大代表、第十一届全国政协常委、第十一届全国工商联副主席，兼任中国民间商会副会长、中国企业联合会副会长、中国企业家协会副会长、中国商业联合会副会长、中国慈善联合会副会长。

王健林 1970 年入伍，后在辽宁大学学习，并于 1986 年毕业，同年进入大连市西岗区人民政府任办公室主任。1989 年，他到西岗区住宅开发公司担任总经理，由此开始了自己的创业生涯。1992 年，大连西岗区住宅开发公司改制成立大连万达房地产集团公司。1993 年起担任大连万达集团股份有限公司董事长、总裁。1997 年他领导万达实施第一次转型，开始大规模的跨区域发展，通过这次转型使万达从区域性的品牌转变成全国性品牌；2000 年开始，万达集团开始第二次转型，由住宅房地产转向商业地产。这次转型成功带来的变化，使万达集团获得了长足的发展，超速的发展；2006 年，经过对文化旅游行业做的系统分析，万达集团开始了文化旅游产业的转型；王健林是一位雄心勃勃的企业管理职业者，目前他正带领万达集团经历第四次转型，使万达集团向跨国企业转型，从一个中国的大型企业向世界一流的大型企业转变。

8.3.3.2　企业管理职业效益要点

王健林依靠自己坚毅的意志力，以军人雷厉风行的品格，取得了令人瞩目

---

① 主要资料来源：《万达过去 25 年 4 次转型：文化先行》，载《重庆商报》2013 年 4 月 29 日；《王健林谈创新：思想是衣服包不住的》，环球网，2015 年 6 月 23 日；《万达集团：逆势跨越发展　持续贡献社会》，人民网，2014 年 1 月 15 日。

的成就。万达集团的事业为王健林个人、消费者、社会等都带来了巨大的利益。

（1）消费者获益。方便生活。万达集团利用商业、消费、零售、文化、旅游、电子商务等产业资源的优势，正在把银行、保险、证券、投资、支付等金融服务功能相结合，通过线下传统金融和线上互联网金融结合打造一流服务平台，为客户提供满意的服务，便利客户的生活。

（2）合作者获益。万达集团的发展，为经销商进行产品的营销开拓了更广的空间，每年有许多的产品和品牌入驻万达广场，就昆明万达广场来讲，从1楼到4楼有必胜客、CHANG.U、bose音箱、evisu、VJC、渔、玛丽梦娜、AO2、肯德基、Dosail、阪织屋、宝岛眼镜、12专卖店、色非、shoemarker、万达影城、瑞可爷爷、满记、蔼若春等多达百余个品牌。

万达集团从商业地产到文化等每一次的转型都会为经销商带来一次巨大的机遇。王健林表示，新的转型从2014年年初开始实施，从空间上看，万达集团从中国国内企业转向跨国企业；从内容上看，万达从房地产为主的企业转向服务业为主的企业，形成商业、文化、金融、电商四个支柱产业。此次转型从空间和力度上都发生深刻变化，不仅在中国发展，也要走向世界，这将为各个品牌经销商的发展带来新一轮的机遇。

（3）个人获益。①个人收入。伴随着万达集团在中国的迅速发展，王健林的资产也随着中国房地产价格的大幅度上涨以及他在国内外向娱乐领域的大举进军而得到提升。2013年福布斯中国富豪榜，王健林以净资产860亿元人民币问鼎中国首富，一年间财富增长了372亿元，平均每天赚1.019亿元。在2014年彭博亿万富翁指数中，他净资产达到人民币1543亿元，排名亚洲第3位；2015年福布斯发布全球富豪榜，以242亿美元财富成为中国内地首富，全球排名第29位。

②高贵荣誉。在王健林的带领下，万达集团稳步发展，其业绩成就和企业贡献得到了社会的认可。他2005年被国家民政部授予首届"中华慈善奖"；2005年被中华慈善总会等十几家全国性社团组织授予第二届全国"十大社会公益之星"称号；2007年被全国总工会等部委授予"全国关爱员工优秀企业家"称号；2008年他连续第三年入选中国企业家杂志"年度最具影响力的25位企业领袖"称号；2009年获得了中央统战部等机构共同授予的"优秀中国特色社会主义事业建设者"荣誉称号；2009年还获得了2009CCTV中国经济"十年商业领袖"的荣誉称号。在2015年10月，美国财经杂志《彭博市场》公布了第五届全球金融50大最具影响力人物，王健林排在第37位。

（4）家乡获益。他事业成功后，心系家乡发展，多次公开表示他对成都有着非常深厚的感情，不管万达如何发展，他都不敢忘记他是四川人，他一直想着为成都做更大的贡献。对这份深情厚谊，并没有仅仅停留在言语上，而是化成了一个个具体项目，一笔笔实打实的投资。2015年4月3日，万达集团与成都的协议金额超过 1020 亿元，创下企业单次投资成都的最高纪录，加上万达集团先前在成都的投资金额，超过 1300 亿元，成都成为万达集团投资额度最大的城市。

（5）公民社会获益。带动就业。他认为，努力促进和扩大社会就业特别是大学生就业，民营企业责无旁贷。万达集团 2009 年创造就业岗位 7.3 万个，解决了 1.5 万名大学生的就业问题。2010 年，仅新开业的 15 个万达广场就新增就业岗位 8.32 万个，其中大学生就业 2.32 万人，创造就业岗位数在全国企业中位列第一。2014 年开业 24 个万达广场、18 家五星级酒店、新增城市服务就业岗位 14.6 万人，其中大学生 42468 人，这两项指标都占全国百分之一，创造就业岗位数在全国企业中排名前列。

他经常跟团队提到，是否承担社会责任、怎样承担社会责任是优秀企业和普通企业的分界线。他认为企业应该具备的价值观，是在力所能及的范围内承担责任、回报社会，而非等到具备一定实力后才承担社会责任。早在 1990 年，他在企业并不富裕的情况下，出资 100 万元在大连市西岗区捐建了一所幼儿园。此后，万达集团的捐赠额逐年增加，近些年还把慈善捐助列入了公司的财务计划，形成制度，每年专门安排数千万元资金。20 年下来，万达累计捐赠资金已达到了数十亿元。这些都深深地影响着万达的每一位员工，现在万达集团的所有员工都已成为义工，慈善行为在企业内部蔚然成风，成为每个人的主动追求。

（6）国家获益。税收收入。他表示，万达有上千亿规模，有上百亿利润，有这么多事业在发展，就是应该做一个既有规模，又有品牌，又有良好社会责任形象的企业，让世界看到中国民营企业就是这样的。他更以其深刻的洞见，带领万达集团做出了巨大的社会贡献。万达集团迄今为国家创造了大量税收，2014 年万达集团纳税 274.2 亿元，在全国民营企业中名列前茅。

8.3.3.3　成功因素

有过军旅生涯的王健林，具有更多的优秀品质，成就他的事业。

（1）讲求信誉。万达商业地产公司作为中国最大的商业地产开发商，始终坚持严把质量关，与高质量租户进行合作，是房地产行业中信用最好的企业之一。

（2）博学笃志。王健林喜欢读书，年轻时候就读了很多书，受儒家思想影响特别深，并从 2003 年开始，他每年向公司员工推荐一本书，《论语》、《礼记》等经典之作都作为必读书目，他推崇中华文化却不忽视西方经典，矢志不渝。

（3）创新驱动。王健林给万达集团植入了创新精神的基因，他的看法是冒险精神，不敢冒风险是不可能有发展的，只有勇于自主创新，善于创新并持续创新，才能在全球化竞争中占据主动，永远立于不败之地。他曾向同行分享万达文化产业成功的经验，多种要素组合、科技含量极高、整合全球资源，突出中国元素和自主知识产权。

（4）用人有道。把万达集团战略思想执行到位，关键依靠人才。王健林曾经在年度工作报告中强调，人就是一切，人就是事业。能够进入万达中高层的人才，都是经过层层选拔的精英，待遇比较好，如高层都有数额不等的配股，总经理出差头等舱，高管可入住万达五星级酒店等，让他们成为企业的"主人"。

8.3.4　比尔·盖茨

比尔·盖茨是美国的一位极具天赋的卓越企业人，退学创办微软公司，事业"红利"惠及人口众多，全球人获益，成为世界超级巨富，被美国人誉为"坐在世界巅峰的人"。[①]

8.3.4.1　简介

比尔·盖茨，生于 1955 年，美国华盛顿州西雅图人，是美国著名企业家、软件工程师、慈善家以及微软公司的董事长。

他拥有优越的家庭背景，父亲是当地的著名律师，母亲是华盛顿大学董事、银行系统的董事以及国际联合劝募协会的主席，他的外祖父曾任国家银行行长。小时候他是一位不愿跟同学多说话的怪异男孩儿，唯独对计算机编程情有独钟。1968 年，盖茨利用一本指导手册开始学习 Basic 编程。1972 年，他做成了他第一单生意，卖掉了第一个电脑编程作品——一个时间表格系统。1973 年他以优异成绩考入哈佛大学，1976 年与密友注册了"微软"（Microsoft）商标，后半途肄业开始了创业历程。从 1980 年开始，微软公司先后开发了 QDOS、MS - DOS、Windows 系列等操作系统，目前微软已是研发、制造、授权和提供广泛的电脑软件服务业务为主的跨国电脑科技公司。31 岁就成为世界首富，事业蒸蒸日上，他早早地就成了人生赢家。2008 年，正式宣布退休，但他仍做微软董事长保证公司的运营。退休后的比尔·盖茨并没有停止追求梦想的步伐，如今他正致力于消灭艾滋病、结核病和疟疾，解决日益严峻的能源问题的事业。

8.3.4.2　企业管理职业效益要点

比尔·盖茨有三个理想：第一，让每个人都有一台电脑，都用上 Windows 系统；第二，消灭艾滋病、结核病和疟疾，让每个人都有平等的医疗机会；第三，让穷人用上清洁、经济的电，解决日益严峻的能源问题。他一生都在为这三个理想奋斗着，而他以及微软给我们人类带来的益处远远不止于此。

---

① 主要资料来源：《比尔·盖茨引中国古语谈慈善：施惠勿念　受恩莫忘》，新华网，2012 年 1 月 17 日；《比尔·盖茨靠什么管理？微软员工无等级隔阂》，人民网，2004 年 6 月 22 日；《成由节俭败由奢——有感于比尔·盖茨请客》，载《贵州日报》2006 年 9 月 29 日。

（1）个人获益。①经济收入。资料显示，作为微软公司创始人之一，他的净资产高达数亿美元，平均每分钟挣 6659 美元。《福布斯》在 2015 年公布的最新的全球富豪排行中，他再次坐上了全球第一宝座，过去 21 年里盖茨 16 次登顶福布斯全球富豪榜。相关数据显示，他个人财富高达 792 亿美元，比上一年增长了 30 亿美元，其净资产超过网络广告商谷歌公司的收入。

②高贵荣誉。1994 年，比尔·盖茨荣获《首席执行官杂志》年度 CEO；1997 年，荣获《体育新闻》体育界 100 名最有权力的人物；1998 年，荣获《时代》周刊 50 名网络精英第一名；他在 1998 年和 1999 年连续两年被英国《金融时报》评选为全球最受尊重的企业家；1999 年，被英国《星期日泰晤士报》评为最有权力的人物之一，被《时代》周刊评选为在数字技术领域影响重大的 50 人之一；2001 年，入选英国《卫报》新闻界最有影响力的 100 人；2007 年，获得清华大学名誉博士学位、北京大学名誉校董和北京大学光华管理学院的名誉委员；2010 年，获得福布斯杂志全美富豪榜榜首，全球最具影响力人物排名第十，获得美国童子军颁发的最高奖项银牛奖。

（2）公民社会获益。2000 年 1 月，他与夫人一起创办了慈善组织——比尔与美琳达·盖茨基金会。该基金会属非营利性质，旨在促进全球卫生和教育领域的平等。该基金会在为贫穷学生提供奖学金、艾滋病、疟疾与肺结核防治方面有很大贡献。2004 年，他宣布，将给他的慈善基金会捐款 33.5 亿美元。这样，基金会的总资产将超过 300 亿美元，成为美国规模最大的慈善基金会。

2006 年 6 月 15 日，他宣布将在两年内淡出微软公司日常事务，以便把主要精力集中在卫生及教育慈善事业上。比尔与美琳达·盖茨基金会每年对在美国国外，利用创新的项目让大众免费使用资讯科技的公立图书馆或类似的机构给予最高 100 万美元的奖励；通过美国黑人大学基金捐赠 10 亿美元为美国少数民族的学生提供大学奖学金；2000 年 10 月捐赠 2.1 亿美元以帮助留学生就读英国牛津大学，每年约 100 名学生获得基金会的资助等。

（3）国家获益。俄罗斯《观点报》2007 年 3 月 4 日报道，美国《财富》杂志推出了美国历史上的十大富翁排行榜。为了使不同时代的富翁们公平参与竞争，这次排名不是根据个人拥有财产的绝对量，而是按照他们的财富占当时美国 GDP 的比重进行的。比尔·盖茨个人资产总值超过了 800 亿美元，他的财产与现在美国庞大的 GDP 比起来，比例高达 1/152，列第五位。在 2014 年参加 BBC《新闻夜》节目时称，他将支持美国提高个人所得税税率，并表示个人已缴纳 60 亿美元所得税。

（4）国际社会获益。微软的"视窗"（Windows）操作系统无疑是 20 世纪世界最伟大的作品之一，这个无形的东西拉近了计算机与普通人之间的遥远距离，使计算机的学习甚至能够从娃娃抓起，它极大地改变了每一个现代人的工作、生活乃至交往的方式，也推动了科学技术事业的巨大进步与发展。几十年来，比尔·盖茨统领下的微软帝国以对数字技术的深刻理解和创新深刻地改变着人类的生活方式，人与人之间的交流变得极为通畅和及时，地球变得越来越扁平，人类也才有了更多创造财富和幸福的机会。

比尔与美琳达·盖茨基金会在 2005 年 1 月 25 日给予全球疫苗与免疫联盟 7.5 亿美元的捐赠；通过多个慈善组织共为 2004 年印度洋大地震灾难受害者捐赠 300 万美元；2003 年 12 月 9 日给予 Program for Appropriate Technology（PATH）的儿童疫苗计划 2700 万元的捐赠，用于对 Japanese encephalitis 的免疫工作；2014 年 9 月 10 日，比尔与梅琳达·盖茨基金会承诺，将为帮助西非国家抗击埃博拉疫情捐款 5000 万美元，盖茨基金会还表示，它将为积极研发埃博拉病毒疫苗、治疗方法和技术的公立医院和上市医疗公司提供资助。

2006 年，比尔与美琳达·盖茨基金会准备向中国捐献 2 亿美元用于援助中国的防艾滋病工作；2015 年，比尔与梅琳达·盖茨基金会与中国互联网发展基金会在美国西雅图签署合作谅解备忘录，双方同意在平等互利、优势互补的基础上结成合作伙伴，双方将依托互联网等新技术推动公益慈善、公共卫生、国际发展等领域的务实合作，共同致力于提高贫困人口的生活质量，推动发展中国家的减贫事业。

8.3.4.3　成功因素

股神巴菲特曾评价比尔·盖茨说，如果他卖的不是软件而是汉堡，他也会成为世界汉堡大王。他的成功不是偶然的，而是源于环境、个人品性、胸怀、头脑等诸多因素。

（1）家庭背景。他的父亲是当地的著名律师，母亲是社会活动家、是华盛顿大学的董事、银行系统的董事以及国际联合劝募协会的主席，他的外祖父曾任国家银行行长。他们曾给比尔·盖茨购买过当时昂贵的个人电脑，使他有幸成为世界上最早接触电脑的青年之一。比尔·盖茨很好地整合、利用了父辈的人脉资源，良好的家庭背景无疑为他的事业发展开了一个好头。

（2）兴趣爱好。比尔·盖茨对于计算机有着浓厚的兴趣，就读于西雅图的公立小学和私立的湖滨中学的时候，他发现了自己在软件方面的兴趣，每天都把大量的时间花在了研究计算机上，在 13 岁时就开始了电脑程序设计，对计算机的疯狂偏执自然也成了他事业成功的必要因素。

（3）远见卓识。在大三的时候，他从哈佛退学，全身心投入其与童年伙伴 Paul Allen 一起于 1975 年组建的微软公司。他们深信个人计算机将是每一部办公桌面系统以及每一家庭的非常有价值的工具，并为这一信念所指引，开始为个人计算机开发软件。抓住了个人电脑时代的机遇，他是少数较早意识到网络经济与工业经济不同的先知先觉者。

（4）管理智慧。微软秉承该标准的用人政策，赋予每个人最大的发展机会。他管理的一个独到之处是充分授权，微软公司的人格化管理，特别是其中无等级的安排让许多其他公司的员工欣赏。他的有效管理三条核心原则：做正确的事情、把事情做正确、立即去做。

（5）慈善心怀。他努力把钱捐献出去，作为全世界最慷慨的慈善家，他把不惜一切代价追逐到手的利益几乎全部返还社会，向世人展示了他无比高尚的人格魅力和大慈大善，为他个人以及微软带来了很好的舆论评价，无形中积攒了巨大的隐形财富。他的遗嘱中宣布拿出 98% 给自己创办的以他和妻子名字命名的"比尔与梅琳达·盖茨基金会"，这笔钱用于研究艾滋病和疟疾的疫苗，并为世界贫穷国家提供援助。

（6）崇尚节约。他在杂志上他发表自己的见解：如果你已经习惯了过分享受，你将不能再像普通人那样生活，而我希望过普通人的生活。这位世界首富没有自己的私人司机，公务旅行不坐飞机头等舱却坐经济舱，衣着也不讲究什么名牌，最重舒服；更让人不可思议的是，他还对打折商品感兴趣，不愿为泊车多花几美元，他用价值十美金的手表来看时间。

8.3.5　马云

马云是阿里巴巴集团主要创始人，对网络经济极具敏感性，事业全球化发展，中国互联网事业的领袖人物，是勇谋善断、成就非凡的卓越企业家，对中国的网络经济发展与提高现代生活的便捷性等贡献巨大。[①]

8.3.5.1　简介

马云，生于 1964 年，浙江省杭州市人，阿里巴巴集团主要创始人。阿里巴巴集团董事局主席、日本软银董事、TNC 中国理事会主席兼全球董事会成员、华谊兄弟董事、生命科学突破奖基金会董事。

1988 年毕业于杭州师范学院外语系，曾任杭州电子工程学院英语教师。1995 年，31 岁的他投入 7000 元，又联合妹妹、妹夫、父母等亲戚凑了 2 万元，创建了"海博网络"，"海博网络"从此成为中国最早的互联网公司之一，产品就是"中国黄页"。1998 年出任中国国际电子商务中心国富通信息技术发展有限公司总经理；次年创办阿里巴巴，并担任阿里集团 CEO、董事局主席。阿里巴巴在他的带领下，业务领域不断扩大，包括淘宝网、天猫、聚划算、全球速卖通、阿里巴巴国际交易市场、1688、阿里妈妈、阿里云、蚂蚁金福、菜鸟网络等。2013 年，阿里巴巴集团在纽约证券交易所正式挂牌上市。作为一位极具战略眼光的企业管理职业者，他为阿里巴巴设立了长久的企业愿景，打造员工幸福指数最高的企业。

・229・

[①]　主要资料来源：《图解阿里巴巴发展史：电子商务巨头是如何崛起的?》，牛华网，2014 年 5 月 7 日；《李克强赞许双 11 网购：创造了一个消费时点》，新华网，2013 年 11 月 4 日；《马云：优秀企业是管理出来的　管理离不开儒家思想》，中国企业家网，2013 年 4 月 1 日。

8.3.5.2　企业管理职业效益要点

马云至 1995 年开始了互联网的事业以来，不断拓展发展，日新月异，从国内发展到国外，成为全球化的 IT 企业，造福了许许多多的人们。

（1）消费者获益。①方便购物。他创办的阿里巴巴，推动了中国电商的发展，将中国消费者从实体购物带到了网络购物的大潮中，可以获得较大量的商品信息，实现了在家"逛商店"，足不出户就可以买到心仪的产品，极大地丰富了人们的消费方式。在阿里巴巴官方公布的信息中可以发现，2013 年"双 11"天猫及淘宝的总成交额破 300 亿元，达 350.19 亿元；到 2014 年淘宝＋天猫成交额再次刷新纪录，达到 571 亿元；截至 2014 年年底，淘宝网拥有注册会员近 5 亿人，日活跃用户超 1.2 亿户，可见消费者对网购的热衷。

②物美价廉。淘宝网将 11 月 11 日打造成了"双十一"的"中国消费者日"，最近四年，每到这天全部商家和商品都打低折扣，网购量激增，这是传统商业模式很难创造的场面。2013 年全年的销售额占中国整体社会消费品零售总额的比重超过 10%，李克强曾赞许其说，你们创造了一个消费时点。

③有利需求。他为中国的销售带来了新的方式——网店。网店凭借开店成本和运营费用低、覆盖面广、时效性好、交易方式稳妥以及从代销到批发到零售等灵活多样的销售方式等特点，吸引了无数商家，据他自己介绍，至 2013 年，在淘宝网开店的公司数是 900 万家，比较活跃的有 300 多万家店。此外，他打算在中国创建一个新的 C2B 模式，即按需定制，这是制造业转型提升的重要的平台。

（2）个人获益。①个人收入。2014 年，阿里巴巴在纽约证交所上市后股价大涨，马云财富迅速增加了 250 亿美元，据彭博亿万富翁指数，他的个人总资产达到 286 亿美元，身家反超李嘉诚 3 亿美元，成为亚洲首富。2015 年胡润百富榜显示，他及其家族财产高达 1450 亿元，同时取代刘永好成为金融投资行业首富。

②尊贵荣誉。创办阿里巴巴 2 年后，凭借与中国制造丰富资源相得益彰的 B2B 商业模式，在 2000 年成为第一个登上《福布斯》封面的中国企业家；2001 年美国亚洲商业协会评选他为 2001 年度"商业领袖"；2002 年获选为日本最大财经杂志《日经》的封面人物；2004 年荣获十大年度经济人物奖；2008 年获选美国《商业周刊》评出的 25 位互联网业最具影响力的人物；2009 年获选《商业周刊》年度中国最具影响力 40 人，入选 2010 年中国国家形象宣传片人物；在 2012 年《财富》中国最具影响力的 50 位商界领袖排行榜，他排名第 8 位。

（3）母校获益。①宣传母校。"我坚定不移地相信，杭师大是全世界最好的学校"，不论在公司，在美国，在中国香港，在清华，在哈佛，马云这位杭州师范大学毕业生始终如一地表达着自己的这个观点。他认为正是在自己的母校，让他懂得永远用乐观的眼光看待世界，用欣赏的眼光看待别人，用自己的脑子思考问题，用自身的一点点改变参与和推进社会与世界的改变。

②捐资母校。2008 年 10 月 31 日，阿里巴巴有限公司和杭州师范大学合作共建杭州师范大学阿里巴巴商学院，他出任董事长。2015 年，在杭州师范大学 107 周年校庆的时候，他亲自回到母校，捐赠 1 亿元人民币，设立"杭州师范大学马云教育基金"。

（4）公民社会获益。胡润研究院发布了《2014 中国大陆慈善榜》，中国内地新晋首富马云以 145 亿元捐赠额成为"2014 中国最慷慨的慈善家"，这是内地首富第一次成为首善。他和蔡崇信以他们在阿里巴巴 2% 的股权设立了两只慈善信托基金，分别占七成和三成，该基金将用于环境、医疗、教育和文化领域。

（5）国家获益。①电商壮大。阿里巴巴是全球企业间电子商务的著名品牌，是全球国际贸易领域内最大、最活跃的网上交易市场和商人社区，目前已融合了 B2B、C2C、搜索引擎和门户。作为成功的中国企业，在国际上赢得了诸多认可：WTO 首任总干事萨瑟兰出任阿里巴巴顾问，美国商务部、日本经济产业省、欧洲中小企业联合会等政府和民间机构均向本地企业推荐阿里巴巴；两次入选哈佛大学商学 MBA 案例，在美国学术界掀起研究热潮。从全球视角看，阿里巴巴的发展壮大引领中国电子商务一跃跻身世界电子商务前列，占有世界电子商务领域重要席位，可与美欧一争高下，这是其他大部分国内产业领域不可比拟的。

②税收收入。阿里巴巴集团在 2003 年宣布当年实现了日收入 100 万元，在 2004 年实现了每天利润 100 万元。"一天纳税 1000 万元"已在 2012 年成为现实，到了 2013 年，阿里巴巴的日纳税额超 2000 万元人民币，全年纳税稳超 70 亿元。

③带动就业。阿里巴巴为中国带来了新的就业点，每年有部分学生选择将电商作为自己的职业，致力于网店的经营。同时随着网购的繁荣，还促进了中国物流业的发展，一大批物流企业逐步成立，间接促进了就业。2013 年 10 月 31 日，中共中央政治局常委、国务院总理李克强在北京主持召开的经济形势座谈会上，他告诉总理在淘宝网开店的公司数是 900 万家，这至少带动上千万人就业。根据阿里研究中心和清华大学社会科学院此前共同发布的报告，目前，阿里巴巴零售电子商务带动的直接就业和间接就业人数达到 1200 万人左右。

（6）国际获益。他一直都关心着环境保护，并把它当作自己的事业来做。他表示，可持续发展是全球面临的一个严峻挑战，为了减缓自然世界面临的种种威胁，我们要采取一系列的行动，我们共同的努力将实现保护地球的目标。他越来越多地呼吁人们关注环境问题，关注空气、水、食物的安全问题。2009 年，他加入 TNC 中国理事会，并于 2010 年加入大自然保护协会全球董事会，成为该董事会中的第一位中国人。2013 年，阿里巴巴集团创始人马云夫妇作为捐助人正式加入生命科学突破奖基金会，两人每年将为生命科学突破奖基金捐献 300 万美元，他本人将会出任全球生命科学突破奖基金会理事。

8.3.5.3　成功因素

马云依靠他自己执着精神和战略眼光，在中国创造了一个互联网神话，他的成功源于他的多方面努力。

（1）勇追梦想。马云总结自己成功经验说道，有梦想、有激情、有责任感，只有当梦想化为不懈追求的精神，才真正具有不可阻挡的力量，才能够走向成功。做一件事，无论失败与成功，总要试一试、闯一闯。不行的话你还可以掉头，但如果不做，就永远不可能有新的发展。

（2）善于谋断。他一直在探索中分析"行情前景"，捕捉机遇，抉择发展，最终走向正轨发展起来。如在得到外经贸部进京成立中国国际电子商务中心（EDI）邀请后，马云决定放弃杭州的"中国黄页"，在北京开发了外经贸部官方网等网站，不久又回到杭州，凑够 50 万元人民币开发了阿里巴巴网站，并从此快速发展起来。

（3）善待员工。他认为，员工第一，客户第二。员工是网站的重要力量，没有他们，就没有这个网站。客户鼓励的言语，会让员工像发疯一样地去工作，这也使我们的网站不断地发展。对待员工他善于用"换位思考"的逻辑，员工工作懈怠、要求涨薪等情况的背后，并不代表其不珍惜工作，领导者首先要学会从自身找原因。

（4）团队合作。他曾表示自己的自信来自团队而非本人，没有人能够伟大到独自建立一个像阿里巴巴这样的企业，是团队和制度使公司能够不断发展。在管理团队的核心理念中他提到，如何使每一个人的才华真正地发挥作用，他把自己在公司的作用比作水泥，把许多优秀的人才黏合起来，共同向一个目标奋斗。

8.3.6　陈彦广

陈彦广是一位从基层成长起来的成效卓著的年轻有为的企业管理职业人，在短短十几年的时间里，他领导的中秦兴龙工业集团快速发展，已成为全球领先的汽车零配件及配套装备生产企业。[①]

8.3.6.1　简介

陈彦广，生于 1978 年，河北省承德人，满族，中共党员，现担任中秦兴

---

① 主要资料来源：《2010 年中国 MBA 十大精英人物：陈彦广》，腾讯教育，2010 年 5 月 21 日；《陈彦广：中秦兴龙投资控股有限公司副总裁、中秦兴龙工业集团总经理》，河北经贸大学校友会官网，2013 年 3 月 20 日；《发展中的兴龙文化》，秦皇岛经济技术开发区工委宣传部官网，2012 年 12 月 5 日。

龙投资控股有限公司副总裁、中秦兴龙工业集团总经理。

2000 年，陈彦广任秦皇岛肉鸡示范场人力资源科长、综合办公室主任；2002 年，就职于秦皇岛兴龙集团，任人力资源部经理；2004 年，任秦皇岛兴龙集团总裁助理，从事人力资源总监工作；2005 年在北京大学中国企业家研修班学习；2008 年于大连高级经理学院企业高级管理人员研修班学习；2009 年于清华大学总裁研修班学习；2015 年获得燕山大学管理科学与工程博士学位。

8.3.6.2　企业管理职业效益要点

陈彦广年轻有为，成绩斐然，在领导企业走入良性发展的过程中，也为国家、社会公众、家乡等带来了很大的益处。

（1）个人效益。一是管理业绩。陈彦广领导的兴龙工业集团是兴龙控股的子公司，创建于 2003 年，隶属于中秦兴龙投资控股有限公司，下辖兴龙轮毂有限公司、戴卡兴龙轮毂有限公司、兴龙源金属制品有限公司、兴龙科技有限公司、兴龙华威科技开发有限公司、中秦渤海科技有限公司、中秦专用车股份有限公司 7 家子公司，总占地面积 675 亩，是中国北方最大的铝合金车轮生产制造基地之一，现有员工 2500 人，年可生产低压铸造、锻造、铸旋三种工艺类型的铝合金汽车车轮总量为 700 万件。企业曾获"河北省百强民营企业"等称号。集团先后被授予"中国汽车零部件创新企业"、2012 中国 MBA 管理明星企业等。个人收入丰厚。

二是获得荣誉。陈彦广凭借执着努力和领导魅力，为其在工作事业中赢得了诸多荣誉。2001 年，获得"秦皇岛市先进岗位能手"，2008 年至今先后被评为中国 MBA 社会责任领袖、第四届中国 MBA 新锐 100、秦皇岛市十大杰出青年、河北省科技型中小企业双百人才、河北省百名科技型民营企业家、秦皇岛市劳动模范等。

（2）家乡效益。带动就业。秦皇岛兴龙工业集团作为秦皇岛较大的工业企业，每年会面向秦皇岛地区进行人员的招募，吸收了大量的秦皇岛地区的社会劳动力和大学毕业生。

2010 年以来，中秦兴龙积极响应创建全国文明城市的号召，推进市文明委等创建全国文明城市、道德模范评选表彰、"身边好人"推荐、优秀传统文化"双六进"、文明交通志愿服务、义务植树等各项活动，并且在内部的宣传载体上开辟专栏"2012 年度先进人物系列报道"，积极参加有关活动。

（3）公民社会获益。一是捐资助教。从 2003 年起，每年的"六一"儿童节，中秦兴龙先后为开发区一小、开发区一中、开发区幼儿园等捐赠了价值 20 余万元的图书和学习用品。2008 年以来，中秦兴龙先后向陕西省宝鸡市渭滨区石鼓小学、抚宁贫困大学生等资助 80 多万元。2011 年，中秦兴龙援建的青龙满族自治县官场乡兴龙小学落成，投资约 500 万元。

二是抗震救灾。如汶川大地震发生后，中秦兴龙分三次向受灾地区捐出140余万元，用于灾区恢复生产，重建家园。2011年4月，抚宁县和青龙县交界处突发森林火灾，中秦兴龙反应迅速、组织得力，确保了前方物资的准时、准确到达，共计运送价值40余万元的应急物资。多年以来，中秦兴龙在救灾济困等社会公益事业方面累计捐款达1000多万元。

（4）国家获益。一是上缴税收。中秦兴龙目前已成为集汽车零部件、房地产、物流三大产业于一体的多元化企业，拥有3个集团14家子公司，员工7500人，年产值近50亿元，年纳税额超3亿元。2011年实现产值46亿元，上缴税收2.77亿元，荣获"秦皇岛市开发区2011年度纳税大户"等称号；2012年集团销售收入16亿元，上缴税金0.84亿元。

二是质量保证。陈彦广带领企业始终坚持着以质量为导向，集团的生产管理和技术质量管理位居同行业领先水平，已全面导入QSB、6S、TnPM等管理项目，先后通过ISO/TS16949质量管理体系认证、ISO14001环境管理体系认证、日本VIA认证、美国DOT认证等。为国家赢得了产品质量信誉与荣誉。

8.3.6.3　成功因素

陈彦广一直进行不断的管理探索，确立了中秦兴龙工业集团"仁和、诚信、务实、求新"的核心理念，以身作则，形成了自己的管理风范，取得了显著成就。

（1）严谨求实。他深知，车轮的质量关系到车辆行驶安全，关系到驾驶员的生命安全，因此对产品质量要求精益求精，宁可提高成本，绝对不能放松产品质量，并且在产品设计中不断讲求安全设计，力求使每一件产品都能通过安全检查，确保产品安全性能不出现问题。

（2）重视知识。他认为，制造企业的创新竞争能力，源于其所拥有的知识资源集成运用能力，而过去多年以来生产经营实践所积累的大量关键信息知识被浪费，特将铝合金车轮制造企业知识集成作为自己博士期间重要课题研究内容，不但从理论层面加以研究，更将理论成果应用于实践生产之中，进一步实现知识集成，以知识集成为手段，实施创新发展战略。

（3）健全管理。先进的管理理念和技术是高质量产品生产的重要保障，一个企业想做大做强，就必须在增强创新能力的基础上，努力提高产品质量和服务水平，这就必须健全管理，中秦集团已全面导入QSB、6S、TnPM等管理项目，确保企业生产和产品的质量。

（4）以人为本。陈彦广一直秉承关爱员工的理念。公司为员工们提供良好的工作生活环境，始终把保障和提高员工的工资待遇放在首位，无论企业经营多么困难，从未拖欠过员工的工资。即使在2008年严重金融危机的重压之下，人员不裁减，工资不降低，公司曾获得"AAA级河北省劳动关系和谐企业"荣誉称号。

（5）诚以立身。中秦兴龙自成立以来一直践行着自己的社会责任，这种顺应社会主流的道德价值取向，不但能增加企业社会形象的美誉度，同时可以对内提高凝聚力，激励员工的士气，促进了企业的快速发展。

8.4 讲求提高企业管理职业效益探索

中国深入进行改革开放发展过程中，社会全面发展进步的正能量激荡着社会生活，作为国民经济的基本组织单位的企业正面临考验与发展机遇。要正本清源，探索创新，实事求是，切实深入认识企业、企业效益与企业管理等基本问题，大力讲求提高企业管理职业效益。

8.4.1 企业的多维性及其企业多维效益

传统的认识一直认为，企业效益就是指企业获得利润的多少，利润是生产总值减去生产成本的差额，差额正值为盈利，负值为亏损，这主要是单从企业自身的角度，认识和追求的企业的经济效益。这种企业效益具有很大的局限性。应突破传统认识，创新企业效益概念。

8.4.1.1 企业的多维性

企业是从业人的劳作组织，他的本质是人，是人们相互关系的一个枢纽或交汇点，具有多维性，存在多维性的利益关系，需要多维视角探讨认识企业及其企业效益。

（1）企业的多维性存在现象。

企业是从业人分工合作组织起来的劳作组织，承担人们需要的产品与劳务的生产经营活动，与家庭、社会以及未来发展有着千丝万缕的联系，赋予了企业的多维性，它是"多维企业"存在的特性。存在决定意识，需要重新揭示认识企业。

人类生活包括职业劳作与生活消费两大基本活动，对应存在生产劳作组织与生活消费组织。生产劳作组织，就是人们从事的各种产品生产经营活动或劳务的劳作组织，从事人们生活需要的各种事业，其中，企业是一种基本的生产劳作组织形式；生活消费组织，就是进行满足生活需要活动的家庭。

在分工与合作为纽带维系起来的人为人的社会体系中，企业处于一种多维的社会网络节点，与用户、合作者、居民、政府、家庭和未来人有密切的关系，见图8-2所示。用户是企业产品或劳务的消费者与事业的交点，合作者是企业生产经营的资源供给方与产品或劳务的经销方，居民是企业所在地的居住者，家庭是企业员工的来源，未来人是企业永续发展的看点，政府是企业的宏观管理者。

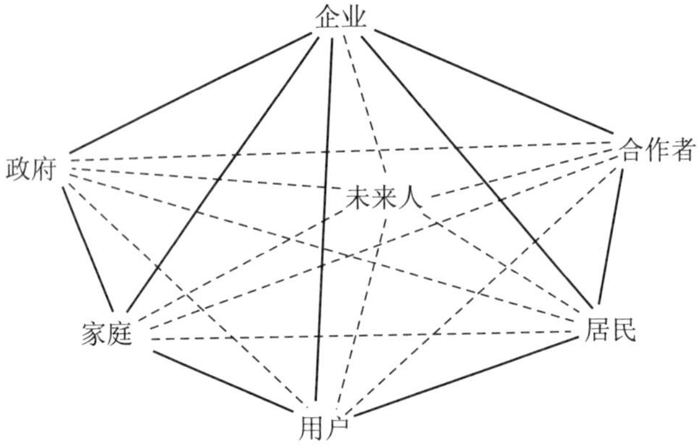

图 8 - 2　多维性企业生存关系网络

他们都与企业存在密切的利益关系及其要求，用户要求企业生产优质的产品或劳务，合作者要求企业合作共赢，居民要求企业保障资源环境免遭损害，家庭要求在企业中从业的家庭成员谋利为生，未来人要求企业保留他们的生存权利，政府代表公民要求企业承担社会责任。企业是在这样的多维关系中生存发展的，多维性是企业生存的社会特性。

（2）多维企业必要多为。

显然，当代社会里生存的企业，不是单纯为自己的一维性的企业，而是为诸多方面人们服务的多维性的企业。所谓多维企业，就是为多方面人们的利益而存在所进行生产经营的组织，多维企业具有多效性，体现在"效在多方、益在多处"。

实践证明，凡是全面考虑努力实现多方面利益的企业，发展得就越来越好，事业就做得越来越大，如海尔、万达、阿里巴巴等；凡是不全面考虑实现多方面利益的企业，就发展得不太好或不顺利，事业艰难；凡是不考虑实现多方面利益的企业，就发展不起来，就破产倒闭，如三鹿等。多维企业必须多为人，为人多者，事业大发；为人少者，事业小发；不为人者，事业无成，为人与否和多少是判断事业成功与否的根据和标准，这是企业不可不尊重的事实与根本经营之道。

8.4.1.2　多维企业效益含义与企业多维效益的概念

多维企业效益是企业多方利益主体获益的总和，是对多维企业的多效性的概括，包含企业生产经营涉及的用户、合作者、居民、政府、家庭和未来人的利益，是多维企业的"多方利益"所在。

但在现状表达上，"多维企业效益"的语言表达，与习惯性的"企业效益"的语言表达"习惯"相反，因而为了方便理解和直接表达，用"企业多维效益"概念表达"多维企业效益"。

实际，这两个概念是不同层次的关于企业效益的概念，"多维企业效益"是从企业存在的基本层面上讲的，表达的是多维性企业的有效性；"企业多维效益"是从企业运营现状的表现层面上讲的，表达的是企业的效益实现。

所谓企业多维效益，就是企业用较少的花费使包含自己在内的多方面的人们获得较多的益处，效在多方，益在多处。就是企业生产经营使企业与用户、合作者、居民、政府、未来人等相关利益主体都获得相应的好处，通过用较少的花费所取得的多方较多的收益体现出来。

8.4.1.3　传统企业认识不良影响

传统观点认为，企业就是生产商品和劳务以供销售的单位，[1] 其目的是实现利润的最大化，其功能是把土地、劳动等人力资本和非人力资本等生产要素进行投入并转化为一定的产出[2]。多少年来，人们对企业的认识一直固守传统的观念，虽然也在强调企业的社会责任等，但并没突破原有的认识，也就没有认识上的变革。

基于这种单维认识视角的传统企业认识，实践上的问题接连不断，这主要表现在企业效益下滑，一如企业的利润减少，二如违规生产经营与伪劣产品等对社会的危害大，三如资源损失浪费与环境污染严重等。

8.4.2　效益管理比绩效管理更符合中国社会发展进步要求

改革开放后，绩效评价被引入我国，受到有关方面重视，成为企业管理的一种基本方式，取代了效益评价。多年来的实践表明，绩效评价存在一些弊端，如重视做的"东西"，而往往忽视"东西"对居民、消费者、未来人等他人的益处，比较来看，效益评价具有明显优势。特别是党的十八大以来，强调要求维护实现人民利益、发展效益与共享效益的效益思想，值得重视，应用效益评价取代绩效评价，把对企业的业绩或成果的评判由"绩效考核"转换到"效益评价"上来，把对企业的管控落实到根本点上，激发企业多维运营发展，促进全面建成小康社会，保障国民经济协调发展与人民生活不断改善提高。

8.4.2.1　效益与绩效的比较差异

效益，是一个反映人们活动成果的概念，在我国20世纪80年代初期至90年代后期，受到比较广泛的关注与重视，主要从经济的角度做了不少研究，对经济效益做了较多探讨，其中也阐述了效益的基本内涵，如李承烈研究认为，[3]"效"指效验、效率与效用，"益"指利益，包括生产经营单位的经济

---

[1]　曼斯菲尔德（郑琳华等译）：《微观经济学：理论与应用》，上海交通大学出版社1988年版，第166页。
[2]　赵晓蕾：《现代公司产权理论与实务》，上海财经大学出版社1997年版，第48页。
[3]　李承烈：《谈经济效益的含义、客观性及衡量问题》，《中国经济问题》1983年第6期，第37~38页。

收益和社会的受益，可将经济效益的含义表述为，经济效益是人们从事生产经营而付出活劳动和物化劳动，所取得的有用性、收益性和社会受益性的成果。这一观点指出效益是社会受益的成果，包括生产者与有关社会成员的受益。

还有学者在经济效益的多层次性中谈道，[①] 劳动者个人的经济效益问题是客观存在，所谓的劳动者个人的经济效益，指的是劳动者在劳动过程中的投入与所得报酬的对比关系，我们只有对劳动者个人的经济效益重视，才能激励从业者竭尽全力地搞好自己的本职工作。这里讲的劳动者是指经济领域中从事一定职业活动的职业人，劳动者个人的经济效益实际就是劳动者个人的职业效益，这与企业管理职业效益是不同层次的职业效益。

现在，汉语词典对"效益"解释是效果和利益，指人的活动取得的成果好处，是人们为生活所追求的目标和益处，并已广泛应用于表达人们从事各行各业的各种事业的利益追求，可区分为职业效益、企业效益、社会效益等。

与效益相关的绩效，是一个反映人们活动状况的概念，在我国20世纪80年代以来，受到比较广泛的关注和研究，特别是1999年财政部等四部委颁布实施的《国有资本金效绩评价规则》与《国有资本金效绩评价操作细则》后，绩效及其管理得到了更加广泛的重视和研究，关于绩效定义也有不同看法，多者认为，绩效是人们从事活动的行为与结果。一如[②]绩效应包括"结果"和"行为"，"绩"侧重于"结果"，"效"侧重于"行为"，"行为"与"结果"不能割裂开来，二者有机融合才能准确说明之；二如[③]绩效既应该包括工作所带来的结果，也应该包括得到这一结果的一些关键的行为。

显然，效益与绩效存在明显差异，一是绩效意在人做事的行为和结果，主要是成果本身；效益意在人做事得到的好处，主要是成果带来的利益。二是绩效源于管理，属于管理学概念；效益源于经济，属于经济学概念。

8.4.2.2　效益考核管理取代绩效考核管理的必要性

中国社会正在全面发展进步，深入改革探索建设社会主义市场经济、民主政治、先进文化、和谐社会、生态文明，维护社会公平正义，促进人的全面发展，坚持和平发展，全面建成小康社会，进而实现现代化，逐步实现全体人民共同富裕。到2020年实现国内生产总值和城乡居民人均收入比2010年翻一番，全面建成小康社会；到21世纪中叶建成富强民主文明和谐的社会主义现代化国家，实现中华民族伟大复兴的中国梦。推动人类的美好幸福生活的追求，为人类做出更大的贡献。在这社会发展进步的伟大新时期，亟须切入社会发展进步要求的科学管理，其中，企业等行业组织运营的考核极其重要，直接

---

① 罗贵权：《经济效益新论》，《理论学习》2001年第11期，第56~57页。
② 陆庆平：《企业绩效评价新论——基于利益相关者视角的研究》，东北财经大学2006年版，第17~18页。
③ 杜清玲、巴连良：《个人绩效概念的多维诠释》，《企业改革与管理》2007年第1期，第54~55页。

关系整个社会发展进步的状态。

多年来，企业等行业组织运营考核采取绩效考核管理，大体分企业绩效考核与企业员工绩效考核，企业员工绩效考核分管理人员绩效考核与非管理人员绩效考核，一般企业主要注重高层管理人员以下的员工绩效考核，总经理等高管人员的绩效考核因企业差异有所不同，如国企高管人员绩效主要是由上级部门考核，家族式私企高管人员绩效考核不正规。

在企业的绩效考核中，高层管理人员的绩效考核最重要，直接关系企业运营的利益取向、发展前途与价值追求，企业管理人员的绩效考核大都是对企业管理运营成果本身及其对企业的利益比较重视，而对消费者、居民与未来人等社会利益及其影响关注和重视不够，致使伪劣产品、劣质劳务，资源损失浪费与环境污染严重等不良现象持续不断，对社会的不良影响和危害较大。另外，绩效考核在学校、政府等行业部门实施，也有不良影响，如普通教育注重升学率、专业教育注重保毕业、政府注重 GDP 等，教育忽视全面培养人才，政府管理忽视长远发展。绩效考核的实践表明，绩效管理具有一定的局限性。

应用效益考核取代绩效考核，用效益管理取代绩效管理。与绩效考核比较，效益考核具有明显的优势。绩效考核主要是对做出的"东西"进行考核，效益考核主要是对做出"东西"的益处进行考核，从职业劳作活动关系到多方面的利益关系出发，兼顾当事人利益与他人利益、眼前利益与长远利益的多方利益，全面考虑各方面利益关系及其要求，确定考核内容与指标体系，坚持"效在多方、益在多处"的原则，并由相关当事人评价实施，追求消费者利益、居民利益、国家利益、合作者利益与企业管理当事人利益的和谐与实现，这本身就是对社会利益关系的协调，促进全面建设建成小康社会与富强和谐文明发达的社会主义国家。

8.4.3 确立讲求提高企业管理职业效益理念

存在决定意识。企业是人们社会关系的一个枢纽，是一个比较复杂的社会事物，交织着多方面的多维关系，应尊重企业的这种客观实际，全面深化认识企业，建立多维企业与企业多维效益的概念，确立起企业的多维效益观念，创新企业文化。

8.4.3.1 确立多维企业多"为人"的企业管理职业效益的灵魂

企业多维效益观念的根本是认清企业与用户、合作者、居民、未来人和政府等多方面利益关系，维护好企业与多方相关主体的利益，追求"效在多方、益在多处"的最佳企业效益。

企业是从业的职业人组成的社会劳作组织，是在人为人的社会体系中生存的，且是人为人体系中的一个枢纽，交集多方面的人与人之间的关系，主要包括内部与外部两个大方面，外部包括消费者、合作者、居民、未来人和政府，内部包括管理合作者与非管理合作者。

其中，外部的消费者是企业员工服务对象，是决定企业生存发展的前提，是企业管理职业人员的首要的利益关系人；内外合作者是企业进行产品或劳务的承担人，是决定企业生存发展的关键，是企业管理职业人员的主要利益关系人；居民、未来人和政府分别作为社会局部的、长远的与整体的利益相关者，是企业管理职业人员的重要利益相关人。企业的命运就掌握在这三部分人的手里。

企业管理职业人员的工作就是为人，必须做好为服务对象、主要利益关系人与重要利益相关人的"为人"工作，实质就是做好为他们的服务工作，消费者是首要的根本的服务对象，合作者既是一起工作的伙伴，又是关键的服务对象，通过做好为合作者服务，共同做好为消费者服务的事业，同时兼顾处理好重要利益相关人的利益，这是追求"效在多方、益在多处"的管理职业效益的根本点，因而需要确立追求的"为人"的企业管理职业效益的灵魂。

8.4.3.2　确立以企业高层管理职业效益为主要考核内容

企业员工的职业效益考核分管理职业效益考核与非管理职业效益考核，其中，由管理职业的地位作用所决定，管理职业效益考核及其重要，尤其是高层管理职业特别重要，应把企业高层管理职业效益确定为主要考核内容。

大体来说，企业管理职业人员大体分为高、中、低三个层次，高层管理职业人员主要制定关于企业生产经营的事业、任务、计划等，中层管理职业人员主要是组织贯彻落实，低层管理职业人员主要是带领有关基层员工进行具体实施，这些管理人员分别与所属有关员工合作，大家共同进行企业的生产经营，形成从高层管理职业人员到具体实施的一般职能人员的生产经营团队。其中，高层管理提纲带目，统辖企业运营发展，企业高层管理职业效益包括企业全体员工以及外部所有有关人员的利益，高层管理职业效益考核是重中之重，包含企业员工职业效益考核的主要内容。

8.4.4　培养造就多维性的全面型高水平的企业管理职业人才

企业管理职业效益的状况取决于企业管理职业当事人的素质能力，讲求提高企业管理职业效益的关键是讲求提高企业管理职业当事人素质能力，这是讲求提高企业管理职业效益的基础工作，要培养造就全面型高水平企业管理职业人才。

8.4.4.1　培养多维性全面型高水平企业管理职业人才的重要性

早在改革开放初期，1985年颁发的《中共中央关于教育体制改革的决定》

就指出，面向现代化、面向世界、面向未来，培养能够坚持社会主义方向的各级各类合格人才，要造就数以千万计的具有现代科学技术和经营管理知识，具有开拓能力的厂长、经理、经济师、会计师等人才，具有为国家富强和人民富裕而艰苦奋斗的献身精神，不断追求新知，具有实事求是、独立思考、勇于创造的科学精神。

2010 年制定的 2010～2020 年的《国家中长期人才发展规划纲要》指出，必须清醒地看到，当前我国人才发展的总体水平同世界先进国家相比仍存在较大差距，与我国经济社会发展需要相比还有许多不适应的地方，主要是高层次创新型人才匮乏、人才创新创业能力不强等，明确要求以高层次人才、高技能人才为重点统筹推进各类人才队伍建设。其中，企业经营管理职业人才队伍建设是一个重要方面。

要适应产业结构优化升级和实施"走出去"战略的需要，以提高现代经营管理水平和企业国际竞争力为核心，以战略企业家和职业经理人为重点，加快推进企业经营管理人才职业化、市场化、专业化和国际化，培养造就一大批具有全球战略眼光、市场开拓精神、管理创新能力和社会责任感的优秀企业家和一支高水平的企业经营管理人才队伍。到 2020 年，企业经营管理人才总量达到 4200 万人，培养 1 万名精通战略规划、资本运作、人力资源管理、财会、法律等专业知识的企业经营管理人才，培养造就 100 名左右能够引领中国企业跻身世界 500 强的战略企业家等。

由此可知，国家对企业管理人才培养要求很高，是多维的，既要全面又高水准，全面在于人才资质内容多方面，包括思想道德、科学技术、社会责任、事业追求等；高水准在于具有很强的认知探索、开拓创新、引领发展等高素质及其管理能力。

所谓全面型高水平的企业管理职业人才，就是符合多维面向高水准发展要求的企业管理职业人才，多维面向包括适应国内外发展需要的有关企业管理的知识、技术、方法、能力、道德、责任、素养等资质要素，高水准包括能够脚踏实地站在事业发展的前沿开拓创新，引领企业发展，为社会进步做出贡献，也就是具有全球战略眼光、市场开拓精神、管理创新能力和社会责任感的高水平的企业经营管理人才。

8.4.4.2　大力培养造就多维性全面型高水平企业管理职业人才

社会发展要求培养多维性的全面的高素质的企业管理职业人才，为企业管理人才培养教育提出了更高的要求，从学历层次上应具有本科及以上学历，本科是最基本的，这里主要探讨大力全面培养本科企业管理职业人才。

（1）战略指针。从教育要面向现代化、面向世界、面向未来的"三个

· 241 ·

面向"① 提出到现在，它仍然是教育发展的战略指针和教育发展方向。"三个面向"从多维的视角对教育提出要求，一是要立足现实中国社会要求，二是面向全球社会要求，三是面向包括中国的全球世界发展要求，教育培养人才，对人才的培养要求是全面的高水准的，特别是对其他人才起着支配驾驭的管理作用管理职业人才要求更高，企业管理职业人才是一个重要方面，必然要求教育培养全面型高水平的企业管理职业人才。

（2）培养方式。多年的教育实践证明，传统的"灌输型"教育方式培养不出全面型高水平的企业管理职业人才，教育必须根据社会需要，与时俱进，创新发展。

创新人才培养模式，采用探究与操作的实践性教学方式，教师主要进行学科引入的重点讲解、解惑答疑、指导学生全面学习等，学生主要进行个人的探索、分析、认识、操作、合作、创新等实践方式学习，加强德、智、体、美等全面整体开发，注重理想信念追求，突出培养学生的科学精神、创造性思维、探索创新能力，素养勇于开拓、善于管理、坚守诚信、团结合作、乐于奉献和服务社会的优秀品质，把学生素养造就成社会需求的全面型高水平的企业管理职业人才。

为此，要充分利用社会的各种教育资源，为培养全面型高水平的企业管理职业人才服务。首先，利用各种企业平台，建立政府指导下以企业为主体、市场为导向、多种形式的产学研战略联盟，开展合作教育、共同实施项目等方式，培养高层次人才和创新团队，加强实践培养。其次，实施依托知名跨国公司、国外高水平大学和其他培训机构，加强企业经营管理职业人才培训，开阔视野，提高战略管理和跨文化经营管理等素质能力。

8.4.5　大力讲求提高企业管理职业效益的要点

企业管理职业者要养活企业诸多人口生活，包括本人的全体员工及其家庭生活需要，必然要大力讲求提高企业效益，实际就是大力讲求提高他的企业管理职业效益，特别是在同业竞争十分激烈的情况下，越要把握住要点，从容掌控，顺利运营发展。

8.4.5.1　企业管理职业效益的最大化与最优化

大力讲求提高企业管理职业效益，要使效益最好，有两个基本的最好发展追求，就是企业管理职业效益的最大化与最优化，这是企业管理职业效益最好的两个方面内容及其体现。

（1）企业管理职业效益最大化是客户数量的最大化。大家知道，企业的

---

① 1983 年 9 月，邓小平为北京景山学校题写"教育要面向现代化、面向世界、面向未来"的教育"三个面向"题词，1985 年 5 月《中共中央关于教育体制改革的决定》强调指出，教育必须面向现代化，面向世界，面向未来。教育的"三个面向"具有广泛和深远的意义。

存在决定于客户，有客户的需求，才有企业的生产经营，企业的收入来源于客户，一般情况下，企业的客户多收入就多，企业存在与否、发展与否，都取决于客户的有无与多少，因此，企业最基本的效益追求就是客户数量的最大化，进而使企业管理职业效益达到最大化，这正是企业管理职业者的首要目标。

（2）企业职业效益最优化是多方利益的和谐化。企业管理职业效益的最优化，是在企业管理职业效益最大化同时的利益和谐优化，就是在讲求提高企业管理职业效益最大化的同时，就考虑和兼顾从业活动相关主体的利益，也就是在不断地开拓增加客户和满足客户需求的同时，满足合作者、居民、国家各个方面的利益，实现"效在多方、益在多处"，达到利益和谐优化，这样的企业管理职业效益是最好的，企业管理最成功，企业将会持续发展。

8.4.5.2 讲求提高企业管理职业效益的关键点

追求最好的企业管理职业效益，在管理上还需要在具体的企业运营中掌控好过程，抓住要害，把握好关键点，主要有把脉市场、精致产品与完美服务。

（1）把脉市场。开发客户，扩大客源，增加客户，是企业发展的第一业务，中医的把脉问诊的原理值得学习借鉴。把脉又叫切脉，是中国古代中医独创的诊法，医师用手按病人的动脉，根据脉象，并辅以望、闻、问，了解病情、致因、用药等处置的医学方法，对症效果极佳，标本兼治，手到病除，历史悠久。它的主要诊断特点是讲究望、闻、问、切，望是观察气色，闻是听声息，问是询问症状，切是摸脉象，慢条斯理，由表及里，博大精深，自成体系。

有关人员应如同中医把脉问诊的静心、细心、耐心地调查了解公民的生活需求状况及其向往，专心、精心、深入、详细地分析公民需求动向，注重个体差异，细分市场，把脉客户，稳定现有客户，开发培养新顾客，扩充客户群，不断增加客户数量，发展事业。

（2）精致产品。在现代社会，随着科学技术的快速发展进步，产品不断更新换代，劳动生产率不断提高，市场竞争不断加剧，公民生活不断改善，要求也不断提高，能够受用户青睐的是精致的物美价廉的产品或劳务。企业必须彻底改变粗放型的生产经营方式，进行精细的生产经营，供给精致的产品或劳务，满足客户的需求，才能保持与客户稳定的供需关系。

（3）完美服务。从产品产出到客户的使用，还要经过运送等，尤其是耐用消费品，如机器设备等，需要运送、放置或安装、调试等，要使客户满意，必须做到完美服务。一如要运送安全和便捷，避免损坏，及时送达，不耽误客户使用；二如要按用户意愿，帮助客户合理摆放或安装，并示范操作使用，详细讲解，准确无误；三如要在客户用后主动询问，了解客户使用情况和客户评价，适时解决出现的问题，直到客户满意为止。

特别是帮助用户用高科技手段，利用网络，优化界面，便捷服务，美化消费，享受生活，企业生机无限。

第9章 讲求提高教育职业效益

教师从事的教育职业是三百六十行之一，为国民经济与社会生活培养人才，国家的强盛、社会的进步、事业的发展、生活的改善、人类的文明，都有赖于教育，教育是天下第一行业，对国民经济与整个社会发展进步起着关键性的作用，讲求提高教育职业效益，是必然的要求。

9.1 教育职业效益知识

百年大计，教育为本。特别是要把巨大的人口压力变为强大的人力资本与人才资源优势，大力发展国民经济与推动社会全面发展进步，全面改善人民生活和提高人民生活水平，这要通过讲求和提高教育职业效益来实现，为此，需要探索了解教育职业效益方面的知识。

9.1.1 教育职业及其作用

中国的教育职业最早出现在春秋时期，是人类社会最古老的职业之一，至今已有几千年的历史了，已成为社会的一大行业，具有极其重要的作用。

9.1.1.1 教育职业特点

教育职业是指教师从事的培育造就人的事业，它不同于其他行业的特殊性在于满足服务对象内在性的需要，它的服务对象是学生，不是为其提供特定的外在的物质产品或饮食、交通、通信等劳务的外在性的东西，而是关于学生本身的知识、技术、能力、经验、素养等内在性的东西，通过教师与学生的教学互动，在学生的思维、行为、习惯等活动变化的过程中，积累存储知识、技术、能力、经验等人力资本，使学生成才，供给和满足社会各项事业对人才的需求。其中，教师劳作具有不同于其他职业劳作的三个基本特点。

（1）教师劳作对象是人。教育职业的劳作对象是人，是有待成才的学生，不是物，不同于其他的劳作产品或劳务，有思想意识，有行动能力，有主观能动性，不是被动的劳作对象。

（2）教师劳作的示范性。教师的教育活动本身就是示范，如通过思想方法的指导、文化知识的传输、行动操作的练习、行为规范的执行等，教育培养学生，使学生转变为人才。

（3）教师劳作的复杂性。由于教育对象是各种各样的学生，他们的形象、性别、思维、反应、爱好、性格与追求等千差万别，极其多样化，教师劳作具有很大的差异性、多样化、创造性和发挥空间。

9.1.1.2　教育职业划分与教育内容的双重性

教育是一种比较复杂的行业，它与人们的社会生产与生活的教育需要对应存在，包括各种教育职业及其组织，存在多种形式，以及特定内容。

（1）教育的基本划分。教育职业有多种存在形式，可从层次与特性两个基本方面划分。从教育的层次上可分为小学、初中、高中、大学等不同层次的教育职业；从教育的特性上可分为普通教育与职业教育，高中及以下的小学和初中是普通教育，中专及以上的大专、本科等专门教育即是专业教育，也就是职业教育，见图 9 − 1 所示。

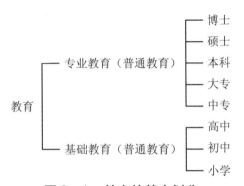

图 9 − 1　教育的基本划分

其中，普通教育分为基础普通教育与高层次普通教育，是对人们进行关于自然界和人类社会的一般认知与能动生活的需要所进行的教育。高中及以下的普通教育是基础普通教育，主要是对人们进行普通的科学文化知识与能力以及行为规范的教育，内容可分为语文、数学、物理、化学、生物、地理、历史、政治、外语等普通科学文化知识，分为小学、初中、高中不同层次的教育，高中以下的教育属于基础教育，是基本的普通教育。专业教育对受教育者进行专门的科学文化知识、技能和行为规范等的教育，为各行各业培养输送职业劳作者，内容可分种植、养殖、畜牧、纺织、建筑、采矿、冶金、化工、医疗、音乐、体育、教育、管理等三百六十行的专业教育。同时，还要进行高层次的普通教育，与专业教育并存的普通教育，是基于高中普通教育基础上的高水准的更大范围的普通教育。

从教育的客观实际来说，不同层次的教育，均包括大体分为"知"与"行"两个方面的内容，一是科学知识内容，二是行为能力内容。高中及以下的教育，"知"的方面主要是初级的自然科学、人文社会科学内容，"行"的方面主要是简单劳作生活能力内容。中专及以上的教育，"知"的方面主要是逐层性比较高级的自然科学、人文社会科学内容，"行"的方面亦主要是逐层性专业劳作的从业能力内容。其中，高中及以下的教育，"知"的方面是主要的，"行"的方面较少，很大程度上都具有普通性或公共性；中专及以上的教育则有所不同，"知"的方面很大程度上都具有普通性或公共性，"行"的方面具有专业性或职业性。这里，主要关注和探讨中专及以上的教育双重性。

中专及以上院校的教育均是专业立校，招收专业学生，进行专业教育。

（2）大中专等院校教育内容的普通性或公共性与专业性或职业性的双重性①。从社会发展进步赋予专业教育的要求来讲，专业教育培养的是在社会各行业部门工作的职业人员，既要对他们进行关于社会全面发展进步的共同要求的教育，又要对他们进行关于行业部门工作的专门要求的教育，前者是公共性或普通性的教育，后者是专业性或职业性的教育，无论是怎样称谓的学校，如高等普通院校、高等职业院校，以及专科等学校，都不例外，都要进行这两个方面的双重内容的教育。从客观上讲，大中专学校现实是自觉不自觉地进行这两个方面的教育，尽管意识不明晰与内容有缺陷。

①大中专等院校教育的普通性或公共性。普通性是指对学生进行普通教育的一个基本特性，是根据社会活动赋予教育对人才培养的共同要求，即教育学生了解掌握社会活动需要的公共知识、公共技能与公共规范等，也就是公共性教育。

其中，公共知识指的是公民需要了解掌握的一般知识，包括都需了解的基本的自然科学、社会科学、行为规范知识等；公共技能是指公民在社会生活中所要了解掌握的基本技能，包括电脑及网络技能等，如网上购物、网上理财、车票自购自检等；社会规范是指用以调节公民行为的标准及其准则，包括国家法律法规硬性规定及规章制度条例等，以及公民约定俗成的风俗、习惯、道德标准等。

显然，大中专等院校不仅要进行专业性或职业性的专门教育，还要进行基本的自然科学、社会科学、公共活动的技能与规范等公共教育，普通性或公共性是大中专院校教育的一个基本属性。

②大中专等院校教育的专业性或职业性。专业性是大中专等院校对学生进行专门教育的另一个基本特性，是根据各行业部门的职业活动赋予教育对人才培养的专门要求，即教育学生了解掌握各行业部门的职业活动需要的专门知识、技能与行为规范等，也就是职业性教育。

---

① 齐经民、李晓彤：《高校教育的双重性及其双重性教育研究》，载《淮海工学院学报》2015 年第 2 期，第 120～121 页。

其中，专门知识是指特定职业领域的科学知识，是从事特定职业所需了解掌握的学问，如种植、纺织、建筑、商贸、通信、医疗、教育、旅游、行政等专业科学；专业技能指的是职业活动的技能，如会计的做账、珠算、电算、点钞等技能，教师的表达、板书、多媒体应用等技能；行为规范指的是从业活动所必须遵循的标准及原则，具体包括行规、职业行为规范等。

显然，大中专等院校不仅要进行普通性或公共性教育，还要进行专业性或职业性的专门教育，专业性或职业性是大中专等院校教育的另一个基本属性。

9.1.1.3 "公共教育与职业教育"的双重性教育

多年来，对专业教育问题的关注与研究，已经形成了一个基本的共识，就是"通识教育与专业教育"两部分的结合，主张增加了"通识教育"，这是教育改革发展的一个进步，但有一定的局限性，比较来讲，"公共教育与职业教育"双重性教育更切合我国实际。①

（1）"通识教育"与"专业教育"两部分结合的主要认识。①有的指出，② 通识教育不是一般的文理交叉，也不是所谓的通才概念，而是深入到人的内心，希望学生具备完全的人格，通识教育与专业教育相对而言，共同组成高等教育特别是研究型大学课程体系的两大部分。②有的指出，③ 通识教育并不排斥专业教育，而是在肯定学习者要深入某一专业掌握一技之长的同时，强调要拓宽培养口径，并更加重视人格教育和学生认识世界、认识社会、认识自我的综合能力培养，从而增强其发展潜力与社会适应性。从这个角度看，通识教育思想与专业教育思想具有思想发展上的承继性，在提高学生社会适应能力这一直接教育目标上是一致的。③有的指出，④ 我们不能完全照搬他人的教育模式，而要根据中国实际，走"通识教育与专业教育相结合"的教育发展之路，并强调要通过对中华文明与世界文明的鉴赏和理解、对近代中国与世界发展变化的思考和体悟，使学生真正能够"懂自己、懂社会、懂中国、懂世界"，以天下为己任，树立中国自信，担当世界责任。

（2）通识教育与专业教育结合提法的局限性。从中国的实际及其人才培养的要求来讲，"通识教育"与"专业教育"有一定的局限性。①就"通识教育"来说，是在"专业教育"的基础上，从"识"的视角，强调学生更广泛的学习认识，培养学生更广泛的适应性与责任担当，实际是关于对学生进行的是"普通性"或"公共性"的教育，但却是其中的一个方面。"普通性"或

·247·

---

① 齐经民、李晓彤：《高校教育的双重性及其双重性教育研究》，载《淮海工学院学报》2015 年第 2 期，第 120～123 页。
② 熊思东、李钧、王德峰、高校江、许平：《通识教育与大学：中国的探索》，科学出版社 2010 年版，第 5、116 页。
③ 高天琼：《大学如何传授"全部知识"——通识教育与专业教育的辩证关系》，中国校长网，2012 年 10 月 16 日。
④ 林建华：《以问题为导向，探寻教育规律》，中国网，2016 年 4 月 17 日。

"公共性"，是关于社会的普通或公共的知识、技术、规范等，"通识教育"主要限于"知识"方面，不够全面。②就"专业教育"来说，它与各个行业部门的人才需要相对应，培养的对象是三百六十行各个行业部门所需要的专门人才，是未来的从业的职业人，教育内容就是关于他们职业活动需要的职业知识、知识技术、职业规范等，实际就是职业教育，职业教育称谓更直接。

（3）"公共教育与职业教育"双重教育提法更符合我国实际。①公共教育不仅可以概括几个具体方面的内容，而且也体现我国体制与社会发展进步要求，体制上我国坚持公有制为主的经济制度与人民做主当家的政治制度，以及由社会分工与合作维系起来的人为人的公共劳作生活体系，都赋予人们社会生活的公共利益及其教育要求，公共教育是恰当的直接表达。②职业教育，如上所述，也是更直接的称谓。应该指出，职业教育的理解不应局限在传统的技校、中专等专科职教视野，与本硕等比较，似乎职业教育就是低级的教育，殊不知专业本身的职业性，从专业毕业的行业去向的职业配置无疑都是一样的，都是职业教育，只是在培养人才类型或程度上有所差异，但这并不改变职业教育的本质。"公共教育与职业教育"双重教育提法，更实际、更有益于更新教育观念与促进社会文明进步。

9.1.1.4　教育职业的作用

就教育职业的职能作用，在中国古代就有经典的概括，如唐代韩愈的"传道、授业、解惑"，从今天的教育职业活动实践可以认为，就是为教育对象传授知识、教给职业本领与解答困惑疑难。

中国《教育法》明文要求，① 教育必须为社会主义现代化建设服务，必须与生产劳动相结合，培养德、智、体等方面全面发展的社会主义事业的建设者和接班人；对受教育者进行爱国主义、集体主义、社会主义的教育，进行理想、道德、纪律、法制、国防和民族团结的教育；教育应当继承和弘扬中华民族优秀的历史文化传统，吸收人类文明发展的一切优秀成果。

教师是履行教育教学职责的专业人员，主要是通过教师的职业劳作对人的教育培养实现的，为社会培养造就各行各业需要的人才。我国改革开放以来，已为社会培养了大量的人才，如从 1984 年到 2014 年的 30 年毕业学生增长情况见表 9 - 1。1984 年总人口为 103604 万人，2014 年总人口为 136782 万人，人口增加 33178 万人，增长了 32.0%，由此可知，除小学在校学生负增长外，初中在校学生小幅增长，高中及以上的在校学生增幅均超过人口增长，特别是高中在校学生、本专科在校学生与研究生在校学生增幅很大，高中达 248 万人，本专科与研究生分别高达 1725 万人、3142.1 万人。

---

① 《中华人民共和国教育法》（1995 年 9 月 1 日），法律图书馆网，2015 年 8 月 15 日。

表 9 – 1　　　　　1984 年与 2014 年在校学生比较状况　　　单位：万人

内容	小学	初中	高中	中等职教	本专科	研究生
1984 年	13557	3864.3	689.8	969.3	139.6	5.7
2014 年	9451.1	4384.6	2400.5	1802.9	2547.7	184.8
相差	－4105.9	520.3	1710.7	833.6	2408.1	179.1
增长（％）	－30.3	13.5	248	86	1725	3142.1

资料来源：根据国家统计局 1984 年、2014 年国民经济和社会发展统计公报相关数据及其计算。

其中，小学在校生负增长与初中在校生小幅增长，均小于人口增长，这大体与计划生育有关，该时期人口出生少，生源减少，结果出现学生入学人数少的现象。高中、中等职教、本专科与研究生在校学生大幅增加，大大超过人口增长，充分反映了教育职业的作为，不断为社会培养输送大量人才，如 2014 年毕业研究生 53.6 万人、本专科毕业生 659.4 万人，中等职业教育毕业生 633.0 万人，为国民经济与社会发展进步，以及人民生活的改善，做出了卓越的贡献。

9.1.2　教育职业效益及其评价指标

教育职业效益是教育职业作用的成果，惠及社会成员与社会生活，体现教育职业的价值，进一步明晰教育职业效益的内含、关系与评价，是大力讲求提高教育职业效益的基本要求。

9.1.2.1　教育职业效益含义及其关系

教育职业效益指的是教师的教育职业活动的成果状态，是教师从事教育职业活动追求的效果利益，通过职业活动的收入与支出的比较体现，其中，支出是指从业活动的耗费，包括人力与教室、教具等，职业收入包括工资、奖金等。

在现代社会，人们并不是个人孤立地进行职业活动，而是在相互关系中从事一定的职业活动，职业效益不是单纯的个人从业获得的利益好处，而是包括相关人员大家共同获得的利益好处。

教育职业效益，是教师用较少的消耗取得较多的包括教师个人的有关人们获得的利益好处。其中，有关人员主要包括从业活动的合作者、学生、家长与国家，合作者主要有共同分担课程的教师、教务管理人员，学生是教育的对象，家长是供给保障学生学习并寄予教师厚望的利益相关者，国家是代表社会的管理者，这些有关人员都有利益所在及其要求，需要兼顾兼有，效在多方、益在多处，都须实现。

学生是教育职业活动作用对象，教师及有关人员分别作用于学生。教师直接教育培养学生，主要通过一定的教学科目，一般来说，无论是高中及以下的基本普通教育，还是中专及以上的专业教育，都是由多名专任教师共同施教，正常条件下一名教师承担的课程不超过3门，大家分工与合作，分别授课，教师是教育职业的主要当事人；家长作为学生的供养者关注对其子女的教育，希望教师和教管有关人员，教育管理好自己的孩子，希望把他们培养成才；合作者分别是其他教师、教务管理、饮食、医疗、住宿等有关人员，分别做好学生的教育和生活保障等相关事宜，保障学生健康成长成才；国家管理者主要是从社会需求的视角，作教育规划等，要求把学生培养成社会各行各业的各种人才，包括具有比较好的思想、科技、文化、道德、法规、公益等多方面的素质能力，能担当社会赋予的重任，履行好职业责任，做好为人服务。

9.1.2.2　教育职业效益评价的价值及其评价指标

教育职业效益的评价，是对教育职业效益状况做出判断和评定，包括评价的价值、根据、评价对象、评价者与评价指标诸多内容，目的是正确认识教育职业效益，协调教育职业关系，科学地提高和实现教育职业效益。

（1）教育职业效益评价的价值。多年来，教育职业发展很快，教师队伍不断壮大，讲求教育职业效益是一种非理性行为，不可避免地存在一定的偏差，如有的突出"项目赚钱"等，对学生教育不下工夫，不利于人才培养。

导致教育职业效益偏差的是教育职业效益思想认识存在偏差，对教育职业效益做出科学的评价判断，可促使人们深入切实地理解和认识教育职业效益，确立科学的教育职业效益意识，帮助人们调理教育职业效益思想，从而合理讲求提高教育职业效益。

教育职业效益评价，是从教育职业效益的内在关系和外在联系出发，把教师之间，以及与学生、家长、国家等多方要求统一起来，探讨教育职业效益评价，这本身就是在讲究、协调教育职业关系，帮助人们合理正确地讲求提高教育职业效益，从而更好地满足各方面的要求，有利于更好地做好教育事业。

（2）评价指标。教育职业效益评价需要通过一定的具体的标准做出评断，这一具体的标准就是评价指标，它是教育职业效益评价的核心内容与工具，选择教育职业效益评价指标至关重要。教育职业效益评价指标的选择，应根据职业效益评价理论的要求，顺应教育职业劳作形成的关系，分析"效在多方"的利益主体与"益在多处"的受益所在，体现"效在多方"的利益主体与"益在多处"受益所在正是评价指标所在，体现"效在多方、益在多处"的具体要点，就是教育职业效益评价指标。见表9－2所示。

以表9－2中的教师、学生、管理者、合作者与家长几个方面的指标，分别从不同的角度反映评价教师职业效益，教师指标反映从业主体个人的利益，学生指标反映教育职业服务对象的利益，管理者指标反映国家的利益，合作者指标反映分工合作者的利益，家长指标反映家长期望的利益，教师职业效益的价值就在于使包括教师本人的几个方面都获益。

　　教育职业的服务对象是学生，教育职业效益的根本体现在于学生受益，不仅表现在学习感知的收益，还表现在实践应用效果，其中根本点应在于实践应用效果，而且在校学习与毕业工作的身份和场所不同，这就使教育职业效益评价具有很大的复杂性，要客观地、准确地对教育职业效益做出评价，不是容易的事，应该选用科学的方式与方法评价教育职业效益。

表 9 - 2　　　　　　　　　教育职业效益评价指标体系

指标名称	一级指标	二级指标	三级指标
教育职业效益评价指标	学生利益	学习支出	学费、教材等支出
		学习收入	知识、能力等收入
		学习收支比	价值收支比等
		学习感受	学习快乐、满意度等
		方法应用	思维认识方法应用等
		知识应用	公共知识应用等
		技能应用	专业技能应用等
		成才	事业作为、社会贡献等
		人生启迪	修身、齐家、治国、平天下等
	家长利益	希望	教育子女成才等
		投入	财物等
		结果	满意度等
	管理者利益	教育投入	教室、教具、书籍等投入
		教育收入	人才、事业作为等
		投入收入比	价值投入收入比等
		创新	教学、知识、技术等创新
		公益	公德、环保、法规、和谐等
	合作者利益	诚信	诚实、守信等
		协调	周全、和谐等
		收益	经济利益等
	教师利益	教育支出	电脑器件、书籍、备课等支出
		教育收入	工资、福利等收入
		教育收支比	价值收支比等
		教育价值实现	人才培养、知识创新等
		教育感受	从业快乐、满意度等

9.2　教育职业效益问题分析

改革开放以来，我国的教育事业迅猛发展，发生了巨大的变化，有了长足的进步，培养出了大量的人才，但也存在着亟待解决的不良现象问题，集中到一点就是教育职业效益问题，其主要反映在人才培养上存在的不足。这里主要关注研究高中以上的教育职业效益问题。

9.2.1　教育职业效益现状问题

我国专业教育与社会发展进步要求存在一定的差距，教育职业效益存在偏差，学生的素质、知识、能力与素养未达到应有的高度，存在诸多相关问题。

9.2.1.1　教育内容不全

在普通高校与职业院校的教育中，普遍存在着教育内容的不全面，缺乏重视关于对学生的认知、表达、操作、控制、组织、纪律、公益、道德、法规、探索、创新与素养等人才要素内容的培养。

（1）普通高校教育问题及其不良影响。普通高等教育忽视公共教育，职业教育薄弱或不明晰，不注意人才的全面发展，与社会要求的人才需求存在差异，突出问题有以下三个方面。

①普通高校忽视公共教育内容。有诸多表现，一如对关于生理、心理、资源、环境等自然科学教育不够；二如对关于社会、组织、公益、道德、规范等社会科学教育少而不实；三如对关于多媒体、网技等公共技术等教育不全面。表现在学生方面的问题也较多，如有些学生学习不认真、学习风气不端正、组织纪律性差，在校园教室不讲卫生、随意乱扔杂物，甚至损坏公共设施等，与社会需求格格不入。

②专业教育不够。专业知识的认知、专业操作、专业技能、专业经验等教育积累不够，工作综合素质能力不够，甚至有的大学生"回炉"。一如2005年，温州的一些大学生选择去技校"回炉"；二如2006年，江苏扬州技师学院招收新生中有36名新生是普通高校大学毕业生；三如2012年毕业于青岛科技大学机电学院的大学生李飞，就读青岛海洋技师学院，成了一名"准技工"。[①]高校的专业教育质量有差距，没有达到应有的职业性水准。

③普通高校毕业生同质化。所谓同质化就是指普通高校的学生用同样的方式学习同样的课程，在同样的学习氛围内学习，在同样的教学环境里成长，抑制了学生个性化和多元化发展，学生缺少自身特长和专长，创新能力不强。

④不良影响。一是对于学生来说，理论知识不扎实，技术能力不强，组织

---

① 《关注大学生回炉学技工现象》，新华网—《大众日报》，2012年11月9日。

纪律性差，公益心不强，有的比较自私等，不能完全适应社会的需求，成家立业难。二是对于社会来说，普通高校的教育问题引发的不良社会后果诸多，如在工作单位唯利是图，公共场所不讲环境卫生等，持续社会不良风气等，不良社会影响较大。

（2）职业院校教育问题及其不良影响。职业院校教育的专业水平不高，同时忽视普通教育或公共教育，学生专业技能不强，综合素质能力未能得到全面培养，与社会需求存在差异。

①从业技术人员技术能力较低。我国技术从业人员素质普遍较低，低技能的劳动者占有较大的比重，高技能人才短缺。据有关统计资料①，在全国产业工人中，初级工占60%，中级工占35%，高级工程技术人员仅占5%，大量失业和待业的人员中，主要是低技能和无技能者。职业院校培养的技工人才大都是初级技工，理论知识薄弱，技术能力较差，与国家和社会需要的高级技工还有很大的差距，难以满足社会发展和产业升级的要求。

②从业技术人才综合素质较低。我国职业技术人员的文化知识、品性、行为规范等方面存在较多不足，缺少公共知识、行为规范等方面的有效教育培养，当面对压力和挑战的时候，不能自动调整自身情感、态度及行为等，如富士康企业跳楼事件及械斗事件的有关现象，类似问题时有发生。

③不良影响。一是对于从业技术人员来说，技术水平低不能有效满足社会行业发展的需要，限制自身的职业发展；综合素质低，一方面技术缺乏理论体系支撑，研究能力及创新能力薄弱；另一方面不能有效地应对压力调整行为，容易引致极端行为。二是对于社会来说，造成有的高水平职业技术岗位空缺，产业升级迟缓，以及职业竞争不当等不良后果。

9.2.1.2 教育方式不佳

多少年来，我国教育方式一直是传统的"灌输式"模式，虽然也一直进行教育改革创新探索，但还没有完全摆脱传统教育方式，大体上仍然以教师的课堂讲授为主，主要灌输书本知识，课堂互动少，学生主要进行复制性的学习，局限性较大。

传统"灌输式"模式助长了学生学习的依赖性和惰性，学生习惯于接受性的教育，学习的自觉性和主动性差，难能培养学生学习的自主性、能动性和创造性。

在"灌输式"模式的教育下，深下功夫的教者精于教学内容的精细与全面，使学生失去自己的思维空间，教师的内容讲完了，学生的思维也就停止了，抑制了学生探索学习的高水平人才品质的培养。

· 253 ·

---

① 《中国特色职业教育发展之路——中国职业教育发展报告（2002~2012）》，高等教育出版社2012年版，第64页。

9.2.1.3　教育管理缺陷

这里讲的教育管理是关于对学生教育培养过程中所进行的要求、组织、指挥、考核、控制与处理等活动，凡是参与对学生进行这些施予活动的人都是有关管理人员，包括学生管理人员、教学管理人员、教务管理人员与后勤管理人员等，这些管理人员对学生进行全方位的管理，是学生成才的主要保障。但在实际工作中还存在缺陷。

学生管理人员即是主管学生工作的负责人、科员、导员等，对学生的学习生活进行全面管理，包括学生思想、政治、违纪、学籍、测评等，有的工作不到位，有的要求不严，有的不合理等。

教务管理人员主要是专职教学事务管理人员，包括师资、排课、教材、考试、评教等教学组织实施管理人员，负责整个教学的组织实施运营，其中，有的管理要求不够合理，如学生成绩评定按定额比例分优、良、中、及格、不及格的不同等级等。

教学管理人员是对学生进行教学活动的管理人员，有三个方面，一是对学生施教的院系主要教学负责人；二是对学生进行教学的教师，同时也是学生管理人员；三是教室、教学器具等管理人员。其中，教师也是重要的学生管理人员，教学是教师关于对学生的教与学的组织实施过程，这是个既教又管的过程，但是教师一般并没有把自己视为学生管理人员，在教学中未完全履行自己管理学生的职责，有的放任学生。

后勤管理人员主要是关于学生住宿、饮食、环境、安全等事宜的管理人员，保障学生的正常学习生活，与学生直接密切接触，对学生的生活状态比较了解，但在学生的管理上作为不够，如食品节约、环境卫生等都应对学生有所要求，实施监管。

不仅以上诸方面存在不足，衔接、协作配合也不够，缺乏应有的协调合作，各自为政，不能全面要求，难能全面反映学生的实况，尤其是不能全面地反映在学生成绩上，对学生缺乏约束力，这是教育职业效益存在问题的重要方面。

9.2.2　教育职业效益问题原因分析

教育内容不全、教育方式不佳、教育管理缺陷集中作用于学生，必然导致学生存在这样那样的问题，教育职业效益不佳，其根源亦有多方面。

9.2.2.1　对大中专等院校教育认识落后于社会实践要求

大中专等院校教育即是包括中专、大专和本科等院校的专门人才教育，是根据社会的各个行业部门的事业需求，按照国家教育部门制定的专业目录组织实施的，进行对应的专业人才培养，供给和满足社会的人才需求。如现行的本科专业、研究生专业均分设哲学、经济学、法学、教育学、文学、历史学、理学、工学、农学、医学、管理学与艺术学 12 个学科门类，下设细分专业数百种，中专亦有类似的专业分类。其中，专业目录不断修订以适应各个行业部门的人才需求，但关于专业教育的认识却未能与时俱进，落后于实践要求。

（1）大中专等教育同质异层。大中专等院校教育直接与各行各业各部门不同层次的社会人才需求对应存在，不同于高中及以下普通教育，培养的是适应三百六十行工作需求的专门人才，也就是培养各个行业部门需要的职业人才。

毫无疑问，从大中专等院校为社会培养专门人才的教育视角来讲，他们是同一性质的教育组织，只是教育程度的层次有别，有的层次高，有的层次低，如中专学校的教育层次低，本科学校的教育层次高一些，共分中专、大专、本科、硕士、博士五个层次，这是客观事实。见图 9－2 所示。

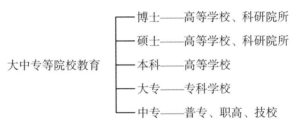

图 9－2　大中专等院校教育划分

然而，在传统的观念中，进行的是主观性划分，高校教育也称谓高等教育，但在与职业教育等区分时，又叫做普通高等教育，这样高校就又分为普通高等教育院校与高等职业教育院校，以此区别于中专、大专的中高级职业教育学校，但在基于供给满足社会人才需求的专业教育上，难以将所谓普通高等教育与职业教育截然分开，专业教育本身在人才培养上没有质的区别，只有程度的层次高低区分。

（2）根源所在。以上教育问题中关于高等普通教育与职业教育的划分，以及教育内容的缺陷，其根源就在于混淆了职业教育与普通教育的区分，忽视了大中专等院校的专业教育的同质性与差异性，以及专业教育培养对象适应行业部门从业工作的社会公共要求，结果出现教育划分紊乱的现象，教育认识差异必然导致教育实践的缺陷。

毫无疑问，无论是所谓普通高校的教育，还是职业院校的教育，一句话，大中专等院校教育都具有公共性与职业性，说到底，这是由社会生活的公共活动与专门工作的双从需求决定的。

9.2.2.2　教师追求教育职业效益存在偏差

我国改革开放发展以来，实行富民政策，鼓励和支持公民从业增收求富，从乡村到城镇，人们纷纷行动起来，种植、养殖、建筑、采矿、运输、商贸、饮食、修理等各行各业迅猛发展，从业公民"八仙过海、各显其能"，千方百计谋求富裕，改善生活。其中，有的个人为了增收求富，从业活动出现偏差，教育行业也不例外。

（1）牟利而为。教育事业，国家出资办学，不以赢利为目的，教师的工资等福利待遇是既定的，与在农业、工业、商业等行业部门从业不同，特别是个体从业经营与开办私营企业，具有很大自主创利增利空间。在这种情况下，一些教师也不甘示弱，想办法创收，如中小学的"补课"增收，大学中的"项目"创收，以及校外兼职等赚钱。

在求索利益的驱动下，对人才培养投入少，直接研究教学的成果少，而能够获取增利的研究项目多，取得显著的创新成果却不多，人才培养居于次要地位，按照传统的"灌输"讲授完成课堂教学，就算完成教学任务了，教育职业效益出现了偏差，甚至脱离了基准。

（2）教与管缺陷。①教师的教育存在缺陷。学生不喜欢专业，与入学专业教育、教师课堂教学效果等均有一定的关系，如果教师的入学专业教育、课堂教学效果精彩深入，引人入胜，加之教师与学生多沟通交流，一般情况下学生会随着不断地深入了解学习热爱本专业。②教师管理存在缺陷。主要是教而不管，学生不来上课，以及上课不好好学习，有的任课教师视而不见，放任其自由，学生视乎成了自由人，随意来去，旷课等也就不以为然，教师没有尽到责任。

9.2.2.3　学生个人复杂性

多年来，大学生的学习生活存在这样那样的问题，如有的缺课、逃课，有的考试作弊，有的乱涂乱画，有的乱扔废物等，学生自我严格要求不够。这里以某校近年学籍处理的有关学生调查情况为例做一分析。

（1）调查统计。某校 2010～2014 年留级、留级试读、跟班试读与退学的学生分别依次为 99 人、60 人、66 人、77 人、141 人，共 443 人。这些留级、退学的学生具有极端性和典型性，对自己与家人都有很大不良影响。通过对有关学生的调查分析，发现学生的信任偏差与任性是不可忽视的主要原因。

①关于学风与考试的调查。认为班级学风、寝室学风好的分别是 78.9%、76.3%，认为学风不好的分别是 21.1%、23.7%；认为现在班级考试作弊的学生比重是多少，三成人认为有 20%～50% 的人，六成人认为有 20% 以下的人，近一成人认为有 50%～80% 的人。

由此可以了解到，学风、考风总体上可以，如果按照优、良、中、下、差的一般等级标准，学风、考风处于中等或中等偏好的状态。但也存在超过20% 的学风与 20% 左右考风问题，不可忽视。

②关于上课学习的调查。不经常上课的达到 54.4%；不经常上课没人监管的为 40.4%；平时学习更愿意听劝说的人，由高到低的比重依次分别是同

学或朋友为 54.4%，家长为 21.5%，辅导员为 15.5%，任课教师为 8.6%。

结果表明，学生上课学习的状态不佳，不经常上课的超过一半，没人监管的竟超过四成，更不好理解的是学习愿听劝说的主要是同学或朋友，其次是家长，再次是辅导员，最后是任课教师，表明正能量来源少。

③关于留级原因的调查。按着主次顺序，分别是沉迷于游戏的为 37.5%、对所学专业不满意与课程难学不懂的均为 18.4%、沉迷网络小说的为 6.6%、打工的为 5.14%、参加社团活动的为 2.94%、谈恋爱的为 0.7%、其他的为 10.3%。其中，沉迷于游戏、所学专业不满意、课程难学不懂与沉迷网络小说四项是主要原因，其他也有一定影响。

④关于学生心理的调查。认为不存在心理问题的是 76.3%，认为存在心理问题的是 23.7%；认为需要心理疏导的是 14.1%，认为不需要心理疏导的是 85.9%。

由此可知，存在一定的心理问题，但需要疏导的却小于存在心理问题的比例，这说明心理问题不大。

⑤关于留级责任的调查。有 87% 的人将自己留级的事情告诉家人，12.3% 的人不将自己留级的事情告诉家人；有 94.7% 的人认为自己应该承担留级的主要责任，其次是学校，最后是并列的家长、同学朋友、任课教师诸方面。显然，当事人对自己发生的事情非常清楚，原因主要在个人，其他都是次要的。

⑥关于留级后信心与希望的调查。96.46% 的当事人有信心跟随新班级的同学正常毕业，有 3.54% 的当事人相反，没有信心跟随新班级的同学正常毕业；留级后最希望得到的帮助人，按照主次顺序分别是新同学为 43.5%、新辅导员为 20.6%、新室友为 17.6%、其他人为 9.90% 与家长为 8.40%。

由此可知，大多数人有信心跟随新班级的同学正常毕业，明确自己希望得到谁的帮助，但令人不解的是家长排在最后，并且竟然没有任课教师，这本身就是个问题。

⑦关于有效预防留级的调查。降级预警占 43.1%、教师关注占 18.4%、上课记考勤占 13.8%、其他占 12.7%、心理咨询干预占 10.3%、寝室调整占 2.58%。

结果表明，当事人首先认同降级处理，并作为首重的预警方式，同时认为教师关注、课堂考勤、其他、心理咨询干预是重要的，寝室调整是个别的，不需要家长陪读。

（2）原因分析。以上调查统计结果反映了学生存在的突出问题，留级、退学的学生是学生存在问题极端表现，虽然按照学生总量比较是个别的，但所表现的存在的不良现象却不同程度地大量存在，如玩游戏、逃课、考试作弊等。存在不良现象的主要原因比较复杂，除了教师、导员等因素外，学生的信任偏差与放任性格是主要原因。

①学生信任偏差。信任偏差体现在听信与帮助上，主要是同学与朋友，愿听劝说的家长是次要，最后是任课教师；帮助上，家长排在最后，竟然没有任课教师。

家长与教师是关系自己学业保障的主要人员，家长一般都是自己的父母亲，是最关爱的和供养生活、保障学业财力的人；教师是承担学业课程，帮助直接完成学业的人。

在学识、经历、经验、责任等方面，同学或朋友与家长亲人和教师无法相提并论，差异甚大，同学或朋友不直接关乎自己的学业、前途和命运，很少能从中得到最有利的忠告与帮助，甚至相反，这是一个很大的误区。

还值得关注的是，辅导员是管理学生的专职人员，经常与学生接触与交流，可在学生最听信与帮助上的却不是首选，未能成为学生的知心人，这是不够的。从年龄上讲，辅导员一般与学生的年龄差距不大，容易接近，但与学生深入沟通交流不够，有时敷衍了事，也有的放纵，未得到学生的充分信任。同时也说明，学生认人处事存在不足。

②学生放任性格。主要体现在任性，凭感性、难易、喜好识物做事，随性而行，如喜欢游戏，对专业没兴趣，觉得课程难学，就不好好学习，甚至清楚自己逃课、迷恋网上游戏等不对，仍然我行我素，不考虑后果，放任自己。从自己承担责任的担当上，很难说不成熟，根源在任性的性格上。追究起来，这与家境、家庭教育、社会环境的影响有一定的关系。

9.2.2.4　教育管理惯例突破难

长期以来，我国教育的专业设置、学生招生、教育内容、教育方式、学籍管理与学生住宿等都有统一的规范，大都是在自上而下的管理中运行的。

在整个教育组织实施中，上对下的管理有的是硬性的，有的不是硬性的，如专业设置、招生数量等由上审批决定的，而如教师任用、教学内容、教学方式等大体上并不是硬性的，教育组织单位的作为有很大的空间，学校等教育组织单位习惯于按部就班的实施教育及其管理。

多年来，教育一直处于不断地探索创新发展的过程中，既存在着没有认识到的不足，也存在着认识到而不为的地方，如对教育的划分上、教学内容全面性的认识上、对学生多方管理的协调作用上等有缺陷，而对传统"灌输"教育方式的弊病上、对以教师指导的学生为主体的探究实践性教学的优势上有共识，但却不明确取而代之，传统"灌输"教育方式仍在继续，主要害怕打破常规冒风险出乱子，管理难做，不如按部就班稳当。

结果出现了在办学单位、教育规模、教育层次迅猛发展之后，陷入了难以突破提高教育质量的艰难境地，整体上的教育内容与教育方式没有真正摆脱传统框框的束缚，人才培养质量提高缓慢。

9.3　教育职业效益事例

在教育职业领域，无数教师热爱祖国，忠于教育事业，全力以赴，做好教育工作，努力培养人才，使学生、家长、社会、国家等多方面受益，取得了比较好的教育职业效益，值得学习借鉴。

9.3.1　季羡林

季羡林是一位从事人文社会科学事业的有突出贡献的职业人。他在北京大学任教，是从事人文社会科学专业教育与科研的教师，勤学苦读，广览博学，持之以恒，在他的教育事业中，培育了优秀的国学人才，留下了丰厚的国学经典。[①]

9.3.1.1　简介

季羡林，生于 1911 年，卒于 2009 年，中国山东省聊城市临清县人。1934年，毕业于清华大学西洋文学系；1937 年，兼任哥廷根大学汉学系讲师；1941 年，从哥廷根大学毕业，获哲学博士学位。1946 年，回国后受聘为北京大学教授兼东方语言文学系主任，是国际著名东方学大师、语言学家、文学家、国学家、佛学家、史学家、教育家和社会活动家。

早年留学国外，通英文、德文、梵文、巴利文，能阅俄文、法文，尤精于吐火罗文，是世界上仅有的精于此语言的几位学者之一。历任中国科学院哲学社会科学部委员、北京大学副校长、中国社会科学院南亚研究所所长，北京大学的终身教授。其著作汇编成《季羡林文集》，共 24 卷。

· 259 ·

9.3.1.2　教育职业效益要点

季羡林孜孜不倦的学习、求索、积累、施教，投身教育事业，将自己的知识财富不断地施惠于学生，亦使国家等受益，取得了卓著的成效。

（1）学生获益。①学生成才。季羡林一生兢兢业业教学，他招收的研究生，是必须修习梵文的，培养了诸多该领域的优秀人才。如：段晴，我国著名历史语言学家；王邦维，曾任过北京大学东语系教授、东方学系教授、东方文学研究中心教授；钱文忠现任复旦大学历史学系教授，中国文化书院导师，华东师范大学东方文化研究中心研究员，北京电影学院客座教授，季羡林研究所副所长，北京大学《儒藏》精华编纂委员会委员；还有日籍的辛岛静志等。②学习楷模。他一直用"教书匠"自居，言传身教，秉持"真情、真实、真切"的处世原则，爱岗敬业，关爱学生，精心育人。他一直关心中小学生的

---

① 主要资料来源：梁志刚：《我永远的先生——一个学生眼中的季羡林》，新华网，2009 年 7 月 11日；李舫：《巨星永不陨落　让大师的智慧照亮未来》，人民网，2009 年 7 月 13 日；余玮：《季羡林：以分钟计算厚重的生命尺度》，中国励志网，2009 年 11 月 5 日。

教育，2004 年，93 岁的他还通过《人民日报》寄语全国的中小学生：热爱祖国，孝顺父母，尊重师长，同伴和睦。

（2）个人获益。①成果斐然。他所走的学术之路，在国内鲜有同行者，是中国东方学研究的一代宗师。他一生主要把精力倾注在印度古代语言、吐火罗文、中印文化交流、翻译等领域内，用他自己的话说是，梵学、佛学、吐火罗文研究并举，中国文学、比较文学、文艺理论研究齐飞。代表作主要有《中印文化关系史论集》、《佛教与中印文化交流》、《牛棚杂忆》等。②名利双收。他被誉为"学界泰斗"，获得诸多奖项。1989 年获得"从事语言文字工作三十年"荣誉证书，1997 年主编的《印度古代文学史》获国家级教学成果二等奖，1998 年《季羡林文集》24 卷获第四届国家图书奖，1999 年获国家社会科学基金项目优秀成果奖专著二等奖，2006 年感动中国十大人物之一，2006 年被授予"翻译文化终身成就奖"，2010 年获第六届"国家图书馆文津图书奖"等。获得国务院颁发的有突出贡献专家的荣誉证书和专家津贴。

（3）国家获益。繁荣国学，传承文化。他一生孜孜矻矻，钻研人文社会科学。写下了一千一百多万字的学术专著，一百多万字的文学散文。他在敦煌学、印度学、佛教学、中印文化交流研究领域有杰出成就，在中国传统文化、文学理论、语言学、文化学、历史学、中国翻译史、比较文学等领域卓有建树。在他的带领下，经过 60 年的长期努力下，东方学从无到有，不仅在中国，而且在世界备受瞩目，增进了世界对中国文化的了解。诚如东方学研究院所说，季老"宏文大著，流传于天下；道德文章，享誉于神州"。

9.3.1.3　成功因素

季羡林的职业成就，是在平凡而持续的坚持中做出来的，之所以能在平凡中坚持，在坚持中做不懈的努力，有他特定的因素。

（1）家长注重文化教育。他的父亲重视教育，尽管家里既非书香门第，家境贫困，在他三四岁的时候，就开始让他跟着别人学认字，从此他走上了比较自觉的学习道路。

（2）勤奋学习。季羡林说，天资是由"天"来决定的，我们无能为力；机遇是不期而来的，我们也无能为力。只有勤奋一项完全是我们自己决定的，他一直勤奋努力，出国求学，博览群书，积累了深厚的文化知识。

（3）报效祖国。经过 10 年国外的留学，在第二次世界大战刚结束，他就辗转取道回到祖国怀抱，被聘为北京大学教授，创建东方语文系，更好地推动东方学的发展与传播东方文化事业，报效祖国，动力不尽。

9.3.2　胡鸿烈、钟期荣

胡鸿烈与钟期荣夫妇是中国香港热衷于中国人文社会科学教育事业的爱国人士。他们是法学专业毕业的优秀人才，在香港白手起家，创业办学，从事培养人文社会科学人才的教育事业，为传承与弘扬优秀传统中国文化，做出了很大贡献，是 2007 年感动中国十大人物之一。[①]

9.3.2.1　简介

胡鸿烈，生于 1920 年，浙江省绍兴人，1952 年获法国巴黎大学法学博士学位，1955 年定居中国香港任执业律师，作为香港中文大学创校成员之一，历任香港联合书院董事、院长，香港市政局副主席等，香港房屋协会执行委员，香港社会服务联合会主席，香港革新会副主席。他的著作《人权与国籍》，以及与夫人合著的《香港的婚姻与继承法》、《香港的少年犯罪问题》等，在香港立法的重要时期，起到了积极促进的作用。

钟期荣，胡鸿烈的夫人，生于 1920 年，卒于 2014 年，湖南省长沙人，1944 年毕业于武汉大学法律系，同年参加重庆全国高等文官考试，获得司法组第一名，之后成为中国首位女法官，1952 年获法国巴黎大学法学博士学位，1956 年后任香港联合书院、崇基学院、浸会学院讲师，著有《社会立法概论》等。

9.3.2.2　教育职业效益要点

胡鸿烈与钟期荣夫妇经过不懈的努力，自资创办中国香港树仁大学，在中国香港开展了传承和弘扬传统中国文化的教育事业，取得显著的效益。

（1）学生获益。胡鸿烈、钟期荣夫妇兢兢业业，精心办学，秉承着"树仁"的思想，在教学过程中，给学生预留充足思考的空间，锻炼学生的自我思考和学习的能力。学校不仅对学生进行传统知识的传授，同时创造条件增进学生的社会实践，推动学生的全面发展，把学生培养成才。从香港树仁大学毕业的学生，在政界、商界、社福界、教育界、新闻及传播界、演艺界、文学界等多领域都做出了突出的成绩，例如：黄鸿超，任香港特别行政区公务员事务局常任秘书长；曾展章，任香港有线电视企业有限公司营运总裁等。

（2）个人获益。教育财富丰厚。历经 30 多年的发展，现已拥有 1 栋 19 层教育综合大楼，1 栋 12 层校舍楼，文、商、社会科学 3 个学院，中文、法商、社会等 13 个系，200 多教职员工，3000 多名在校学生，学校已更名为香港树仁大学，是香港首家私立大学。

（3）国家获益。传承国学文化，香港居民绝大多数是中国人，香港是"中国人的社会"，在办学过程中积极推动国学在香港的传播，提升了国学在香港的影响。他还大力提倡中文成为官方语言，他的关于在市政局会议中使用中文、英文的动议，最终获得通过，使中文、国语在香港社会得到了传承和发展，他发挥了非常重要的作用。

（4）公民社会获益。30 多年来，投入 5 亿元港币积蓄矢志百年树人，为香

· 261 ·

[①]　杨艺：《钟期荣　胡鸿烈　毁家办学的传奇夫妻》，人民网，2008 年 4 月 16 日。

港培养了数以万计的各类专业人才，为国家输送了大量的优秀人才。诸如：萧源，英皇教育补习导师；张惠萍，亚洲电视新闻部记者；梁科庆，香港作家等。

9.3.2.3　成功因素

胡鸿烈与钟期荣夫妇白手起家，在中国香港建校办学，兴中华文化，教育事业取得卓越的成就，主要源于有由衷的驱动因素。

（1）人文社科情结。胡鸿烈自幼家贫，9岁读小学，勤学苦读，只用了两年半时间，就完成了小学课程。之后在浙江省3万多名考生中名列第一，接着顺利进入"中央政治大学"，主修法律；夫人钟期荣，亦是学习法律的高才生，两人均是优秀的人文社科人才。

（2）爱国担当。胡鸿烈和钟期荣两人是民国时期的优秀人才，是典型的中国书生，深受中国文化的熏陶，热爱中国优秀文化，使他们负起复兴中国文化的重任，记录历史，传承文化，也是他们办学的主要初衷之一。

（3）夫唱妇随。胡鸿烈和钟期荣在办学的30多年间，经历了英国政府的排斥，经费缺乏等一系列的难题，但是两人坚持自己的初衷，夫唱妇随，精心办学，终于越过一道道难关，完成了学校由"学院"向"大学"的转变，为传承和发扬中国优秀文化做出了杰出贡献。

9.3.3　高振东

高振东是来自山东省的热衷于中国传统文化传承教育的中国台湾教育家。他具有深厚的优秀中国传统文化底蕴，热心于中国优秀传统文化的传承教育，在台湾建立忠信学校，探索创新传统文化教育，培养大量的深受社会欢迎的人才，为社会的文明进步，做出了自己的贡献。[①]

9.3.3.1　简介

高振东，生于1930年，山东省潍坊人，1948年移居中国台湾。台湾著名教育家，是"忠信教育法"创建人，他以其深厚的中国古典文化底蕴，独特的教育理念，在台湾创办了忠信学校，其学校被誉为高职教育天空中最亮的一颗星。

办学几十年来，传承中国传统文化精髓，总结出一套行之有效的忠信教育法，引起教育界的广泛反响。忠信教育法的奥秘在于把中华文化精髓与世界文明巧妙地结合起来，从而产生了一种新的教育方法，强调中华文化为体以治身心，世界文明为用以应世事，形成不排外不媚外的教育方向与道德教育为一切教育之根本的爱国教育理念。

9.3.3.2　教育职业效益要点

高振东秉承中国传统文化精髓，创办学校，探索传承弘扬中华优秀传统文

---

① 河北民族师范学院宣传部编辑：《天下兴亡　我的责任——台湾高级工商学校校长高振东演讲稿》，河北民族师范学院网，2015年4月28日。

化教育方式，形成了独具特色的教育理念和教育方法，取得了显著效益。

（1）学生获益。全面培养人才。强调道德为先、知行合一，培养学生文明礼貌，学好应有的数学、语文、英语等专业知识，并做好学校的各项事宜，培养综合素质能力。学生见到老师要敬礼，学校没有工人、保卫和大师傅，学生自己去做一切必要工作。实行学长制，三年级学生带一年级学生。使学生在学习的实践中，培养很好的文明礼仪、很强的动手意识和认真做事习惯，造就学生的综合素质能力。

（2）个人获益。①享有显著的教育财富。他于1970年创办了忠信学校，有学生4000多人，教职员工200多人。在台湾被誉为高职教育天空中最亮的一颗星。②获得教育荣誉。高振东的教育理念，办学思想在大陆引起一场有关教育的思潮，备受教育界关注。他受聘为全国八十多所大专院校的荣誉、客座或兼职教授。

（3）国家获益。他认为，"天下兴亡，我的责任"。对学生进行德行和爱国的责任担当的教育，传承和弘扬中国传统优秀文化，并积极进行两岸教育的沟通交流，进行有益于祖国统一的事宜。

（4）公民社会获益。①为社会培养输送优秀人才，几十多年，为社会输送了大批的优秀人才，甚至出现了"只招忠信毕业生"的要求，特别值得赞扬的是实现了升大学、就业与没有犯罪的三个百分之百的记录，对社会的进步文明做出了贡献。②积极进行两岸文化教育的交流。他已应邀到大陆100余所院校讲学，作过200多场专场演讲，听众达20万人次，推动了人们对优秀的传统文化的关注，并邀请大陆300余教育人士前往台湾进行交流。

9.3.3.3　成功因素

在离开中国大陆的台湾岛上，自觉地组织人力，建校办学，积极地进行传承和弘扬中国传统优秀文化的教育事业，这有他的极强的内在驱动因素。

（1）爱国情怀。他教育学生要学好生存的技能，要懂得生命的意义和价值，要知道读书绝对不是为了自己，读书是为了国家而求学问，读书、做事要确定一个方向，先做自己应该做的事，再做自己喜欢做的事。

（2）为国担责。他认为，用其倡导的"天下兴亡，我的责任"的思想教育学生，人人都能主动负责，国家必兴盛。忠信学校教育学生从身边的点滴小事中培养高尚爱国的品行，只有每个人都能主动承担责任，才能更好地提升整个民族的素质。

9.3.4　王选

王选是一位从事自然科学事业的卓越教育职业人。他是北京大学教师，从事理工专业的教育与科研事业，他勤奋好学，刻苦钻研，经常带病工作，在他的有限的教育职业生涯中，取得了巨大的教育职业效益，做出了卓越的贡献。①

9.3.4.1　简介

王选，1937年生于上海市，1958年毕业于北京大学数学力学系计算数学专业，毕业后留校任教，北京大学教师、教授、博士生导师，北京大学计算机研究所所长，文字信息处理技术国家重点实验室主任，电子出版新技术国家工程研究中心主任，北大方正集团董事，方正控股有限公司首席科技顾问等，中国科学院院士、中国工程院院士、第三世界科学院院士，九三学社副主席，中国科协副主席。主要致力于文字、图形和图像的计算机处理研究，领导研发中国印刷业"告别铅与火"的激光照排技术的科技革命，被誉为"当代毕昇"。

2006年去世，他一生献身科学，淡泊名利，始终孜孜不倦地埋头于的科研与教育工作，在计算机应用研究和科学教育事业取得了卓越成就，成为21世纪科教兴国的先进楷模，他是中国知识分子的优秀代表，是高校教师群体的杰出典范，被评为新中国成立以来感动中国的100位人物之一。

9.3.4.2　教育职业效益要点

王选的教育职业作为甚大，他的不懈追求，忘我的工作，充分发挥了他的超群智慧，取得卓越的教育职业效益，惠及学生等多方面。

（1）学生获益。在王选众多的身份头衔中，他更看重自己的科学家、教师的角色。很早就用英语为计算机系研究生开设了"软件设计的现代方法"课程。他十分注重培养学生和年轻技术骨干严谨勤奋的科研作风，鼓励和帮助他们选择具有挑战性的课题，激发学生的创造性和积极性，提升学生创新能力。还随身带个笔记本，记录研究院每个年轻人的兴趣、特长、进步，琢磨如何发挥每个研究人员的潜能，培养和造就了一大批年轻的学术骨干与青年科学家，如北大计算机所的肖建国、北大方正电子的杨斌等。

（2）个人获益。①收入丰厚。由于取得的卓越成就，赢得了大家的尊重和好评，他较早享受到国务院特殊津贴，除岗位工资外，获得较多项海内外重要奖励，光百万元以上的就有好几项，包括国家最高科学技术奖，财富收入超过常人，获得丰厚的收入。②获得荣誉。1985年以来，先后获首届中国发明协会发明奖、日内瓦国际发明展览会金奖、首届毕昇奖、国家科技进步一等奖、中国专利金奖、联合国教科文组织科学奖、国家最高科学技术奖，以及先后获全国教育系统先进工作者、有突出贡献的中青年专家、全国高等学校先进科技工作者、全国教育劳动模范、全国先进工作者，并被授予人民教师奖章。2009年被评为100位新中国成立以来感动中国人物之一。

---

① 主要资料来源：胡帆：《青山断处青鸟飞：叹王选与陈堃銶之爱》，人民网，2006年2月14日；九三学社，《两院院士王选简介》，凤凰资讯，2009年9月8日；丛中笑：《王选与北大》，《北京大学校报》2011年第1235期。

（3）教育科学获益。他胸怀科技报国之志，热爱科学教育事业，无私奉献，倡导团队精神，并以提携学子为己任，重金资助发展。2002 年，他拿出自己获得的 900 万元奖金设立了"王选科研创新基金"。2008 年，王选夫人陈堃銶教授代表计算机研究所，向北京大学捐赠 1000 万元人民币，设立"王选青年学者奖励基金"，资助科学教育事业。

（4）公民社会获益。他强调，应用性科技的成果要经得起市场的考验，才能对社会有实际贡献，把科研成果变成商品占领市场。他曾一手创办了北大方正集团，主持开发的华光和方正电子出版系统，使汉字激光照排技术占领国内报业 99% 和书刊出版业 90% 的市场，以及 80% 的海外华文报业市场，创造了不可估量的巨大的经济和社会效益。

（5）国家获益。他先后发明了高分辨率字形的高倍率信息压缩技术和高速复原方法，解决了将庞大的汉字信息自如地在计算机中存储和输出这一世界性难题，并跨越当时日本和欧美流行的二代机、三代机阶段，开创性地研制国外尚无商品的第四代激光照排，率先设计出相应的专用芯片，在世界上首次使用控制信息参数描述笔画特性的方法，取得 1 项欧洲专利和 8 项中国专利。之后，又相继提出并领导研制了大屏幕中文报纸编排系统、彩色中文激光照排系统、远程传版技术和新闻采编流程管理系统等，这些成果都达到国际先进水平，使中国报业技术和应用水平处于世界前列。

9.3.4.3　成功因素

王选的职业追求目标高端，难度极大，甚至被怀疑，被否定，他却一往无前，努力进取，最终大功告成，这有着诸多的因素。

（1）父亲影响。王选的父亲毕业于上海交通大学，做了一辈子的会计，在王选的眼里父亲比较严厉，有点家长作风，但是父亲做事极端认真的风格深深地影响了他，成为他日后对科研一丝不苟的不竭动力。

（2）妻子鼎力相助。妻子陈堃銶除了生活上对王选悉心照料，科学上鼎立相助，在王选的科研中，一项艰巨而重大的任务的设计和调试软件，一直是由陈堃銶负责。他们的家几乎成了汉字精密照排项目的工作间，夫妻俩常常是早上一睁开眼，就开始讨论科研事宜，时而各抒己见，争得面红耳赤，时而又不谋而合，大部分技术上的难题，不是在办公室，而恰恰是在清晨的讨论，或半夜的突发奇想中得到解决的。

（3）勤奋学习外语。1962 年，他二十多岁的时候，决定锻炼英语的听力。因为看英文的专业文献，有的时候，觉得每个字都认识，每个语法都懂，但是看不快。于是开始听 RadioPeking，不太过瘾，就去听外国的台，英国的 BBC 全部是英语台，听了整整四年，外语有了很大的提高。

（4）洞察掌控时运。他的成就与他洞察掌控时运的关联决策直接相关。如他自己所概括：①1954 年，在大学二年级进入数学力学系学习计算数学，基础课的老师都是非常优秀的老师，很好的数学基础使我终身受益，正好赶上了计算机迅速发展的年代，这是我一生中的幸运；②1961年，在有了几年的硬件的基础上，投身软件领域，做硬件和软件相结合的研究，似乎一下就找到了创造力源泉；③二十多岁的时候，我决定锻炼英语的听力，例如了解国际研究动态；④1975年，采用了与众不同的技术途径研究汉语照排难题，用一种信息压缩、一种轮廓和特征描述的方法来描述巨大的信息量；⑤在20世纪80年代初，致力于商品化、企业化，坚持不懈的走商品化、企业化的道路，开辟占领市场；⑥在1992年，开始花大的力量培养扶植年轻人，不断创新研究。

（5）知难而进。当时国外已经在研制激光照排四代机，而我国仍停留在铅印时代，我国政府打算研制自己的二代机、三代机。王选大胆地选择技术上的跨越，超越研发，直接研制西方还没有产品的第四代激光照排系统。跨越式研发面临难度很大，他知难而进，攻坚克难，从1975～1993年这18年中，王选几乎放弃了所有节假日，每天上午、下午和晚上三段工作，身心极为紧张劳累。仅用数年时间，就从铅字排版直接跨越到激光照排，走完了西方几十年才完成的技术改造道路，被认为是毕昇之后的中国印刷技术的第二次革命。

（6）高贵秉性。他常想，一个人活着，如果能够为社会的利益而奋斗，他的一生才是有趣味的一生。他说，要想做好学问，先要做个好人，方方正正地做人，实实在在地做事，认识自己的不足，懂得要依靠团队，千方百计地为优秀的年轻人创造条件，为他们创造平等、和谐、有利于他们发展的好环境，使他们脱颖而出，是他能够获得最高科技奖的原因之一。

（7）爱国情深。作为新时代知识分子的杰出代表和优秀的教师典范，他忠于祖国、热爱人民、殚精竭虑、鞠躬尽瘁的爱国情操，集中地体现在其献身科学、努力拼搏、敢为人先、开拓进取的自主创新行动上。他曾说，振兴中华首先要振兴科技，关键还得靠自己，要自己创新，正是这种自主创新的前瞻意识，针对汉字的特点和难点，他发明了高分辨率字形的高倍率信息压缩技术和高速复原方法，率先设计出相应的专用芯片，在世界上首次使用"参数描述方法"描述笔画特性，并取得欧洲和中国的发明专利等世界领先的创新技术。

9.3.5　李桂林、陆建芬

李桂林、陆建芬是"2008年度感动中国人物"中的乡村教育职业人。是四川省凉山彝族自治州甘洛县乌史大桥乡二坪村小学教师，夫妇俩默默地从事着乡村教育事业，不畏艰难困苦，全心全意、尽心尽力为学生服务，取得了优秀的教育职业效益。①

① 主要资料来源：《李桂林、陆建芬夫妇——天梯上的学校》，新华网，2009年11月26日；《李桂林和陆建芬夫妇》，中文百科在线，2011年5月19日；《2014年最美乡村教师姜梦云》，长海教育网，2014年10月16日。

9.3.5.1 简介

李桂林，出生于 1967 年，四川省汉源县人，彝族，中共党员，是凉山彝族自治州甘洛县乌史大桥乡二坪村小学教师。

陆建芬，李桂林的妻子，出生于 1966 年，四川省汉源县人，彝族，也是凉山彝族自治州甘洛县乌史大桥乡二坪村小学教师。

1990 年、1991 年，李桂林、陆建芬夫妇俩相继来到甘洛县乌史大桥乡二坪村任教。二坪村是少数民族居住的偏远地区，海拔 1800 米，大山阻隔，道路不畅通，长年闭塞，荒凉贫穷，许多村民住着土坯房，教育中断 10 多年，经济文化非常落后，条件十分艰苦。两人在这里扎根施教 20 多年，把自己美好的青春年华献给了教育事业，奉献给了偏远贫困地区的孩子们。

9.3.5.2 教育职业效益要点

李桂林、陆建芬夫妇自觉辛勤的努力教育工作，取得了难能可贵的成效，不仅使孩子们获益，也使当地村民等获得了很大的益处。

（1）学生获益。①孩子们享受到了学生的快乐。1990 年，李桂林来到了二坪村，中断多年的教育在一片欢呼声中恢复了，孩子们来到了学校，得以上学，有了正常的学习，享受到了学生生活的快乐。②学生成长进步。李桂林夫妇把全部精力用在了教学工作上，并用彝汉双语进行教学，除了上课认真讲课之外，还利用课余时间，给学生补课，教学成果显著。1996 年，他们带的第一届毕业生的成绩在全县同类学校中名列前茅，学生的入学率、巩固率和升学率均位居全县同类学校之首。至 2011 年，已累计教育了 254 个孩子，把一批又一批的彝族孩子送出了大山，让他们到广阔的天地里发展。

（2）个人获益。①经济收入。李桂林夫妇微薄的收入持续较长时间，之后有所改善。夫妻两人把学校当成自己的家，在教室背后的空地上开荒种菜，保证蔬菜自给；相关部门有时送去补助、慰问金等。②教师转正。李桂林夫妇先后转为正式教师，得到了职业的根本保障。李桂林破格参加了民师班招生考试，考入了会理师范校民师班学习，1998 年，顺利转为了公办教师；2008 年，陆建芬被破格转为正式教师。③个人荣誉。李桂林先后被授予：凉山州优秀共产党员、优秀人才示范岗和凉山州风采人物、凉山州乡村优秀教师、四川省优秀教师、全国模范教师，2008 年，他们夫妇俩被评选为"2008 年度感动中国人物"等。

（3）二坪村获益。在李桂林夫妇的带动下，不仅学生获得了知识，也为二坪村及其教育事业的发展带来了新的变化。①二坪村的木头梯子修成了结实的铁梯，并装上了钢筋护栏，行人上下山安全多了。②2009 年，社会捐资 100 万余元修建的新校舍投入使用，学生们终于有了宽敞明亮的教室和平整开阔的操场，昔日破旧的学校变成了规范整洁的靓丽校园。③经过农网改造后，二坪村通电了，村民们结束了点煤油灯的历史。④二坪也从"文盲村"变成了

"文化村"。山村的条件正变得越来越好。

（4）全国教育获益。李桂林和陆建芬夫妇长年投身边远贫困山区乡村教育的事迹，引起了社会各界对乡村教育的关注与关心，对偏远贫困地区的教育的重视，推动了国家乡村教育的发展。从2006年以来，就有国内的很多热心人给他们夫妇打来电话、寄来书籍、物资，有的还不顾山高路险来到学校探望，截至2011年4月，先后有125批711人次专程来到二坪小学，看望和慰问了他们夫妇以及学生。"感动中国人物"推荐李桂林、陆建芬夫妇时讲：乡村教育是重要的，但常常被忽略；乡村教师是伟大的，却不应该被遗忘。

（5）公民社会获益。李桂林夫妇的先进事迹，是一种职业作为，是一种职业坚持，是一种职业奉献，是一种职业精神，感动和激励了成千上万的人们，远远地超出了他们的职业领域，具有巨大的社会效应。2008年以来，李桂林用自己的成长经历教育和激励了很多人，他应邀为县近400名优秀骨干教师集中培训做报告，他先后为凉山武警中队全体官兵、中国平安深圳人寿保险公司近2000名职工等做了报告。

9.3.5.3　成功因素

李桂林夫妇在条件很差的二坪村任教，立足扎根，一干就是20多年，不畏艰险，不畏困苦，做好孩子的教育，就在于他们有高尚的品质、美好的心灵和坚毅的品性。

（1）全力为人的高尚品质。李桂林夫妇并不是二坪村人，当李桂林看到二坪大人穿得破破烂烂，小孩子大多数没衣裤穿，心里非常难过，就决定来任教。第二年，想再多开一个班，哪里去请老师，只有动员妻子过来，两人一块儿教，两人全力以赴，举家行动，把自己的全部力量奉献给了乡村的孩子们的教育事业。

（2）忠于教育事业的美好心灵。"2008年度感动中国人物"颁奖词这样称赞他们夫妇：在最崎岖的山路上点燃知识的火把，在最寂寥的悬崖边拉起求知的小手，19年的清贫、坚守和操劳，化为精神的沃土，让希望发芽。他们曾放弃待遇诱人的工作，坚守这份事业。

（3）不畏艰难的坚毅品性。二坪村是甘洛县最边远、最艰苦、最贫困的彝族山村，教育中断多年，学校设施简陋；交通十分不便，是凉山北部峡谷绝壁上的彝寨，村民上下绝壁都要攀爬5架木制的云梯。生活条件很差，非常艰苦，两人克服重重困难，既教育孩子，还保护孩子攀爬险路，从没有发生过安全事故。

9.3.6　罗恩·克拉克（Ron Clark）

罗恩·克拉克是美国的一位勇于进行教育变革创新的闻名于世的教育职业人。是美国的明星教师，在纽约的哈莱姆区创办了一所自己的学校，他充满激情地从事教育事业，大胆进行变革性的教育探索，取得了显著成效。①

9.3.6.1 简介

罗恩·克拉克，出生于北卡罗来纳州，大学毕业后周游美国55个州及世界其他地区，23岁开始在家乡的一所乡村学校任教，后到纽约市哈莱姆区，说服当地居民，在当地居民的大力帮助下，把一个废弃的厂房改造成一所学校，拥有一座两层楼高的教学楼，楼里面有两道五彩缤纷别出心裁的走廊，走廊的两边是几间教室，而这几间教室可以说是世界上最富创造性的教室，现已成为全世界教师的进修圣地，取得了巨大的教育成功。2001年当选美国年度教师。出版的畅销书《55条班规》和《教育者的11项卓越品质》，在全美引起轰动，也引起了中国教育同行的关注和赞赏等。

9.3.6.2 教育职业效益要点

罗恩·克拉克充满激情的千方百计的忘我的教育改革探索，取得了可喜的效果，使学生等多方面获得益处。

（1）学生获益。①集中注意力学得知识。他采用情景式教学等方式，如故弄玄虚地让学生扮演角色，戴上太阳镜，随着间谍片的诡异音乐，蹑手蹑脚地走进拉紧窗帘的教室，然后突然打开灯，照亮黑板上的数学题，开始自己的讲课，有效地集中了学生的注意力，使学生获得了课本的基本知识。②享受学习的快乐。他曾对1000名学生中对此进行调查，在智慧型、创造型、快乐型这几个备选项目中，大多数学生的选择都是快乐型。他千方百计让学生快乐地学习，如告知学生要有雨，带雨伞来上课，教室可能漏雨，师生们躲在教室的一角撑着伞，学习以雨为主题的相关数学题，从生活的细节出发，达到快乐学习的效果。

（2）个人获益。①享有教育财富。他创办了罗恩·克拉克学校，为全美乃至世界教育提供一份范本，已经成为全世界教师的进修圣地；出版畅销书《55条班规》和《教育者的11项卓越品质》，影响较大。②获得荣誉。他于2000年当选迪士尼年度教师，曾受美国总统及夫人邀请带学生做客白宫，他的传奇故事被好莱坞拍成了电影，成为一名世界瞩目的美国明星教师。

（3）家长获益。他用教育探索的实效告诉学生父母，我们或许无力改变教育体制，却能和孩子一起创造奇迹，点燃孩子们学习热情，激发他们求知渴望的火种，奇迹般地催生出孩子们的无限可能，激发了许多父母逐步去深入了解孩子，知晓孩子的兴趣与爱好，领略孩子的内在潜力，并积极参与到孩子的教育中，与孩子共同学习，陪伴孩子共同进步。

· 269 ·

---

① 主要资料来源：《罗恩·克拉克：老师的激情能够创造出学生的奇迹》，搜狐教育，2012年4月11日；刘淼，《昨天，全美最佳教师罗恩·克拉克来青演讲》，载《青岛日报》，2014年5月22日；中学栏目编辑，《教育心得："美国年度教师"罗恩·克拉克（Ron Clark）的55条班规》，新东方网，2014年8月26日。

（4）国家获益。罗恩·克拉克学校，被誉为美国最好的学校，培养出很多优秀的学生，很多学生进入了哈佛大学、斯坦福大学、麻省理工等名校，为社会培养输送人才，成为社会的精英，为国家发展进步做出了自己的贡献。

（5）国际社会获益。罗恩·克拉克的学校已经成为全世界教师的进修圣地，有来自世界各地的老师参观学习，在课堂上与学生交流，来过他们学校的老师大约有 14000 位，这些老师给世界上大概 1 亿名学生上过课，推动了世界教育的进步。其中，他还受邀到中国，进行教育交流，受到关注，影响较大。

9.3.6.3　成功因素

年轻的罗恩·克拉克，之所以能够进行别具一格的教育改革创新，取得丰富的教育改革成果，主要在于他的特行秉性等因素。

（1）听取长辈的意见。起初，走进教室，当了教师，就是听了他妈妈的建议。长辈很愿意和他进行交流，倾听他的想法，并从另外的角度给出建议，增进了他与长辈的信任关系，他也更喜欢向长辈学习，如在他的 55 项班规中，有些是他的奶奶告诉他的。

（2）不留遗憾的特行秉性。他自己说，我一生都在为了不留遗憾地生活而努力，每当某个想法闯入心头，我就会付诸实践。他希望可以做得与众不同，如果我心中有什么想法，我会让它实现，当孩子问我是否要成为他的老师时，我心中的想法忽然变得前所未有的坚定。

（3）激励学生。自从加入教师行列后，他一直保持着最高的热情，成为一名充满能量的老师。美国学生 10 岁就开始学习较难的代数课，他就把热情化为学生学习热情的"糖"，激励学生学习，教育孩子如何做人，从不以成绩为目标，而是坚信每个学生都有学习的能力，他只是那个用关爱与热情点燃学生学习欲望的人，想方设法激励学生积极主动学习。

（4）变革式的教育追求。如他自己所说，想建一所世界上最好的学校，这所学校将富于变革和创造性，拥有最好的教师，发起一场彻底的教育革命，最终影响和改变所有的教师、家长以及他们的孩子。邀请全世界的教育者来参观克拉克学校，来学习我们的教育方法，并把我们的教育技巧带回去运用于他们自己的教学中。

9.4　讲求提高教育职业效益探索

讲求提高教育职业效益的直接的当事人是教师，但教师自己不能决定整个教育的组织实施，而是在专业设置、培养方案、教育管理等既定条件下，对学生进行教学科目等教育，也就是说，改善教育，加强人才培养，讲求提高教育职业效益，不是教师个人的事，而是整个教育组织人员共同的事，需要分别做好各自的事宜。

9.4.1　转变教育观念培养多维性的全面型高水平人才

教育的缺陷及其不良影响，呼唤教育改革发展，突破传统框框的束缚，坚持从实际出发，实事求是，改革创新。

9.4.1.1　正视大中专等院校教育的双重性

如上所述，大中专等院校培养的是各行各业所需要的专门工作的职业人员，要按社会发展进步的要求，进行公共方面与职业方面的两个方面的双重教育，多年来已经形成了基本的格局，尽管目前尚有较大缺欠，但应正视和重视，改变传统观念，确立多维性全面型高水平人才培养的双重教育思想。

9.4.1.2　取消大中专学校冠名特性差异

大中专学校从事的教育事业本质上是一样的，都是培养适应社会各行业部门需要的专门工作的职业人才，他们之间的不同在于培养人才的层次上差异，中专学校培养的是一般职能人员，大专学校培养的是较高级的职能人员，本科及以上高校培养的是高级职能人员。

高校应统一称谓"高等院校"，取消"普通高等院校"与"高等职业院校"的冠名差异，即取消"普通"与"职业"的对应区分名称。尊重不同层次差异的冠名，如从传统文化、地区特点或教育内容特色的学校冠名，如某"地名大学"、某"理工大学"、某"医科大学"、某"外国语大学"、某"体育学院"、某"文理学院"、某"建材学院"等。

9.4.1.3　培养多维性的全面型高水平人才

关于培养多维性的全面型高水平人才，国家教育文献均有相关的内容要求。早在 1985 年做出的《中共中央关于教育体制改革的决定》中就强调，面向现代化、面向世界、面向未来，培养能够坚持社会主义方向的各级各类合格人才，都应该有理想、有道德、有文化、有纪律，热爱社会主义祖国和社会主义事业，具有为国家富强和人民富裕而艰苦奋斗的献身精神，都应该不断追求新知，具有实事求是、独立思考、勇于创造的科学精神。2003 年做出的《中共中央国务院关于进一步加强人才工作的决定》指出，努力造就数以亿计的高素质劳动者、数以千万计的专门人才和一大批拔尖创新人才。2010 年制定的 2010～2020 年《国家中长期人才发展规划纲要》指出，以高层次人才、高技能人才为重点统筹推进各类人才队伍建设，突出培养创新型科技人才，探索并推行创新型教育方式方法，突出培养学生的科学精神、创造性思维和创新能力。强调整体开发，加强人才培养，注重理想信念教育和职业道德建设，培育拼搏奉献、艰苦创业、诚实守信、团结协作精神，促进人的全面发展，人人都能成才、行行出状元。已经阐明了多维性全面性的内容与高水平的要求。

教育要根据社会需要，与时俱进，创新发展，概括地说，社会需要培养的是多维性的全面型的高水平人才。多维性的全面型的高水平人才包括"多维性"、"全面型"与"高水平"三个基本方面，"多维性"主要是人才眼界的多视角，具有适应"三个面向"的素质能力；"全面型"是指应具有公共知识、公共技能、公共规范与职业知识、职业技能、职业规范等"公与专"的两个方面；"高水平"是指不同方面的不同层次人才各自的高水准，即如一般职能人员、较高级职能人员、高级职能人员各自的高水准。

其中，亦应包括生活方面的内容，人的吃、穿、住、行等正在发生社会公共化的变化，实际就是关于人们的社会工作生活的知识、技能和规范等，人们的职业活动是在社会的公共背景下或直接的公共场所里进行的，个人的吃、穿、住、行等生活与从业活动交织在一起，公共性突出。

所谓多维性的全面型高水平人才，就是符合社会活动全面要求的人才，其中，社会活动包括个人生活与从业活动，有两个大方面的基本要求，一方面要符合在自然界里的人类社会活动的公共要求，包括关于资源、环境、社会、秩序、技能、规范、生理、心理、卫生、公益、公德等科学技术与行为规范，另一方面要符合行业部门的职业活动的专业要求，包括关于职业活动关系、程序、技能、规范等职业科学技术与职业行为规范，公共要求内容具有共同性，职业要求内容具有差异性，这两个方面构成社会需求的全面多维性型高水平人才应有的资质结构，多维性的全面型高水平人才即具有公共与职业两个大方面的知识、技能、规范、道德、能力、素养等综合素质能力的资质全面的人才。

9.4.2　实施双重教育模式

实施双重教育模式是社会全面发展进步赋予大中专等院校教育的要求，培养多维性的全面型高水平人才是这些院校的使命与责任，应客观认识教育的双重性与做好双重性教育，实施双重教育模式。

所谓双重教育模式，就是同时做好公共教育与职业教育的二合一教育方式，培养兼有公共性与职业性内容全面的综合素质能力强的高水平人才，公共教育追求广博，职业教育追求专精，帮助学生建立知识、技能、经验、道德、公益等综合素质能力的全面资质结构，努力培养造就全面型高水平人才，见图9-3所示。

多维性的全面型高水平人才培养，需要同时做好公共教育与职业教育，实施双重教育模式。大中专等院校要同时进行公共教育与职业教育，形成定式。根据现实教育存在的缺陷，应相应调整培养方案、增加教学内容、优化师资、转变教学方式、以学生的学习实践为主、改善协调教育管理等，大力培养多维性全面型高水平人才。

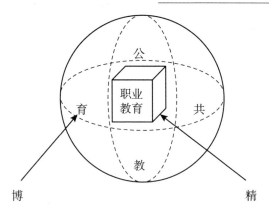

图 9 - 3　双重教育的学生资质结构

9.4.3　建立完善教育内容体系

根据多维性的全面型高水平人才培养的需要，坚持"三个面向"，建立完善包含公共与职业两大内容的教育内容体系，以及适当融入国防教育内容。

9.4.3.1　公共教育内容

公共教育内容包含从业与生活涉及的公共方面的科学、技术、规范、公益等，其中，科学分为关于地理、生物、环境、资源等自然科学，关于人类、社会、关系、经济等社会科学；技术分为社交沟通技艺、公共信息技术、公共便民服务技术等；规范分为国家的法律、政府的法规、社会的公约、组织单位的纪律等；公益分为公众利益、国家利益、民族利益、人类利益等。

· 273 ·

9.4.3.2　职业教育内容

职业教育内容包含从业活动涉及的职业科学、技术、规范等，其中，职业科学分为关于职业及其器具、资金、财务等科学；技术因职业差异细分为各种各样的劳作技术，如产品生产的程序、技术、工艺等，医疗的诊断、手术的技术等，教学的表达技艺、PPT 技术等；规范分为行业公约与单位的纪律、奖惩等；公益分为用户利益、组织利益、协作利益、行业利益等。

9.4.3.3　适当融入国防教育内容

这里强调指出，应适当在非国防教育学科融入国防教育内容。[①] 在同样学校、同样的教育环境条件下，接受专门国防教育的国防生与非国防生差异甚大，应适当参考军人标准施教，融入军人元素，可一举两得。这里的"融入"可理解为自然性的渗透，就是在非国防教育学科中渗透国防教育，与国防教育

---

① 齐经民，参加中国高等教育学会，在江西南昌召开的"全国高校国防教育与课程建设研讨会"，做的《在非国防教育学科中融入国防教育问题研究》的报告，2013 年 6 月 23 日。

内容联通、有机结合，培养兼有国防的综合素质能力的全面型高水准人才。在非国防教育学科中渗透或融入国防教育，实质是非国防教育学科内容的拓展和延伸。

国防教育的军事科技等内容存在于分属的不同学科。军事活动是人类活动的一个重要方面，它关系战争状态下人们的生死存亡，驱使人们千方百计发挥才智，斗智斗勇，创造出先进的科学技术与管理方式等，积累了大量丰富的国防教育内容，分属不同学科或多重学科。如生物武器科技属于生物学，化学武器科技属于化学，装甲兵器科技属于物理学、机械科学、材料科学，雷达科技属于电子科学、信息科学，核武器科技属于化学与物理学，评价中心技术属于管理科学，战争知识属于历史、战场属于地理，战例经典属于文学、战争歌曲属于艺术学科，等等。见表9－3所示。

表9－3　　　　　　　　　　国防内容所属学科示例

学科 军事	生物	化学	物理	机械	材料	电子	信息	管理	历史	地理	艺术
生物武器	∈										
化学武器		∈									
装甲兵器			∈	∈	∈						
雷达科技						∈	∈				
核武器		∈	∈								
评价方法								∈			
战争战事									∈		
战场									∈	∈	
战争歌曲											∈

非国防教育学科中融入国防教育的路径就是，按照军事内容归属学科的科学体系，遵循其内容的自然延伸，引入军事内容，拓展国防教育。同时，可适当增加军人元素，如团队意识、组织纪律、整洁卫生、服从命令听从指挥、不怕艰难困苦、雷厉风行、奉献精神等军人的优良元素。国防教育内容的渗透或融入，是对教育的完善与强化，有利于全面造就人才，实践效果比较好。

不言而喻，国防教育内容的具体安排，既要遵循非国防教育学科本身的科学要求，又要符合国防教育的规范要求，提高人才培养的质量与水平，促进把学生培养成为国家和社会需求的多维性的全面型高水平人才。

9.4.4　按教与学1-0转换秩序培养学生学习和创新的能力[①]

学生的学习创新能力是通过教与学的活动培养生成的，其中，主要是在学生的学习探索实践中培养生成的。应按教与学的关系和秩序，因势利导。

9.4.4.1　应基于教与学1-0转换秩序培养学习和创新能力

大中专等院校培养的人才毕业直接进入社会各个行业部门职业组织单位任职，或创业就业，分布在社会各个劳作领域，成为主要的社会主体，担负社会事业发展进步与人民生活改善提高的使命与责任，引领社会发展进步，关系或决定中华民族的伟大复兴，面对有无穷奥秘的大自然和错综复杂的人类社会，解析认识的现象问题无穷无尽，开拓发展解决的问题层出不穷，赋予大中专等院校毕业生要成为善于学习创新的人才，具有学习创新的品质能力，成为学习创新性人才。为此，需要处理好教与学的关系，按照教与学1-0转换秩序因势利导，大力培养学生的学习和创新能力。

教与学1-0转换秩序是客观存在的，是教与学转化的自然秩序，"教"是教师的教授，"学"是学生的自学，学生从入学到毕业，教与学发生对应相反的变化，入学开始时，学生靠教师的教授掌握学习内容；到毕业时，教师的教授结束，学生的学习主要靠自己学习。用1、0分别表示教师的教与学生的学发生与否，1为发生，0为不发生，从总体上说，学生入学开始时，教授为1，自学为0，学生毕业时相反，教授为0，自学为1，教与学1-0转换变化，赋予了教育的特定要求，应因势利导，加强对学生的学习和创新的综合能力培养。

· 275 ·

9.4.4.2　教授与自学的利弊分析

（1）教师教授利弊。教师教授一般是在设定的时间、地点，学生学习既定的内容，在教师教的过程中学习复制知识、方法和技能，学生处于被动的地位。

①它的利主要有两点，一是有利于学生走捷径学习，在短时间内学习复制知识、方法和技能；二是有利于知识、方法与技能的传播。

②它的弊也主要有两点，一是助长学生学习的依赖性和惰性，难以培养学生自主性、能动性和创造性学习的能力；二是抑制学生生成创新意识、创新方法和创新技能。教师教授致使学生缺乏自动学习的自然素养，具有较大的局限性。

（2）学生自学利弊。学生自学是学生在自己方便的时间、地点，学习自己所要了解和掌握的内容，通过自己的思考、分析、证明以及操作体验掌握知识、方法和技能，主动学习复制已有的知识、方法和技能，以及追求新认知、新方法和新能力，自己处于主动地位。

①它的利主要有两点，一是自由主动，随心所欲，享受学习的快乐；二是

---

① 齐经民：《创新人才的教授与自学1-0转换培养模式探讨》，在教育部高教培训中心主办的全国公共事业教育改革学术研讨会做的专题报告，2005年4月20日。

掌握的认知、方法和技能扎实，有利于积累创新意识、创新方法和创新技能。

②它的弊也主要有两点，一是学习有时费时费力，效率低；二是有时会遇到难懂的困难，甚至走弯路。学生自学自动自觉，自然素养，一旦形成习惯，就具有巨大的优势和潜力，不断积累知识、技能与经验，能造就出优秀卓越的多维性全面型高水平人才。

9.4.4.3 教授与自学的1－0转变关系及其要求

教师教授与学生自学同时存在，互相转化，且在入学进校的开始教育到毕业离校的结束教育发生相反变化，在入口与出口的两个点上教授与自学呈现两个相反的极值现象，即学生在入学进校的开始接受教育时，主要通过教师的"入门"教授讲解等，了解掌握专业培养目标、计划、课目，以及具体课程的内容和学习方式和方法等，学生的学习主要是接受教师的教授，自学是零星的，可忽略不计；而在学生毕业离校的结束教育时，教师教授结束，学生完成学业，但是学生的学习并没有结束，要根据社会工作生活的需要继续学习，这时的学习主要靠自己，请教学校教师学习的是零星的，亦可忽略不计。教授与自学在客观上存在着互相转化的一般关系。见图9－4所示。

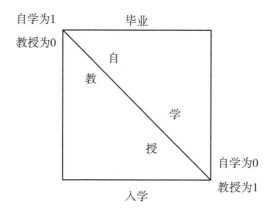

图9－4　教授与自学转变关系

这里用1、0教授与自学的发生与否和大小，1表示教授或自学的发生和最大，0表示不发生或结束，用1、0－0、1表示教授与自学变化情况，即教授与自学发生由1－0向0－1转化，教授的变化是$1 \rightarrow 0$，自学的变化是$0 \rightarrow 1$。一般情况下，新生刚入学时，教授为1，自学为0，主要靠教授生成知识、方法、技能等人力资本；随着年级升高，完成学业，毕业离校，则教授为0，自学为1，主要靠自学生成认知、方法和技能等人力资本。

教授与自学的转变是客观存在的秩序和模式，具有规律性，学校教育普遍存在。在入校学习到毕业离校的学习中，应按教授与自学的转变秩序，因势利导，逐步向自主学习转变，增强人力资本的生成积累能力，增加学生的学习和创新人力资本的生成积累，培养多维性全面型高水平人才。

9.4.4.4　基于学生自学能力调查的教育方式选择

在长期以来的传统灌输的教育方式下，学生主要进行复制性的接受学习，职业素质和工作能力不强，与就业生活和社会进步要求存在差距。应根据学生认知基础，针对学生未来从业生活与社会需求进行教育创新，提高教育的质量和效率，加强学生素质和能力的培养。为此，我们对全国 20 所高校学生做了问卷调查研究，[①] 学生自学能够掌握的课程内容比例，应基于此转变教育方式。

（1）学生自学能够掌握的课程内容比例。调查对象为大学二至四年级的本科学生，他们对大学教育已经有了一定的了解和感受，能够对包括个人在内的现实教育情况做出判断或评价，可以反映教育实情。考虑高校的不同类型与所在地区的差异，选择哈尔滨工程大学、吉林大学、北京大学、北京师范大学、南开大学、天津大学、燕山大学、内蒙古医学院、西安交通大学、四川大学、昆明理工大学、中山大学、湖南大学、山东大学、东南大学、浙江大学、复旦大学、同济大学、上海交通大学、上海外国语大学二十所高校，专业包括物理学、应用数学、应用化学、生物科学、大气科学、计算机、临床医学、制药、材料、哲学、社会学、法学、国贸、金融、广告、新闻学、英语、行政管理、工商管理、工业工程、水利、测控、物流、汽车、机械、电气信息等关于自然科学、社会科学等。这些院校中包括工科院校、综合性院校、师范院校、医学院等，涵盖了主要类别的院校与相关专业，地区分布包括东部、西部、南部、北部、中部，有一定代表性或有普遍意义。

调查内容主要有学生自学课程能够掌握的比例、希望采取的教学方式与希望的教学调整改革等。发放问卷 1000 份，共回收了 983 份，其中有效问卷 721 份，无效问卷 262 份。有效问卷中，男生 420 份，女生 301 份；理科生 531 份，文科生 185 份，不区分文理的 5 份。问卷统计结果显示：学生们的选项分布面广，同时集中的倾向性选择明显，反映了学生的自学能力及其教学需求取向。

在了解学生自学掌握课程内容的能力方面，选择文理工等兼有的具有普遍意义的几类课程，即外语、计算机基础、高等数学、专业基础课、专业课，统计结果见表 9-4。

为了便于从总体上了解情况，我们将自学掌握 50% 及以上内容的学生的比例加总，结果显示：能够自学掌握外语、计算机、高等数学、专业基础课、专业课 50% 及以上内容的学生比例，分别是 81%、71.5%、66.4%、75.9%、73.9%。

这表明：有 66.4% 的多半以上的学生能够自学掌握 50% 及以上课程内容，这说明学生自学能力基础好，但是能够完全自学掌握的很少，专业课最少只有

· 277 ·

---

① 齐经民、于莎莎、杨小乐：《基于学生的自学能力与社会需求的教育创新探讨》，载《西北人口》2009 年第 5 期，第 1124～1125 页。

1.8%，英语最多只有6.5%。

当然，调查对象主要是教育部所属的重点高校的学生，比一般院校学生优秀，一般院校的学生自学能力要差一些，自学掌握比重要低一些。

（2）实施探究与操作的实践性教育方式。改革开放以来，我国不断地进行教育改革探讨，强调学生的学习情趣，活跃课堂教学，加强实践学习和研究性学习等，但整体上的传统的教育培养模式并没有完全破除，高中以下的普通教育成了从小学到初中、高中到大中专逐步高升的"应试教育"，中专以上的专业教育成了为文凭的应试性的"文凭教育"。

表9-4　　　　　　　学生自学能够掌握诸门课程内容的比例　　　　　单位：%

能够自学掌握课程内容比例	能够自学掌握课程内容的学生比例				
	英语	计算机	高等数学	专业基础课	专业课
10	3.3	4.0	6.7	2.4	3.1
20	3.0	5.5	5.6	4.2	5.0
30	6.1	8.2	11.7	8.0	7.1
40	6.6	10.8	9.6	9.5	10.9
50	12.7	13.5	17.8	17.2	17.5
60	11.8	13.1	9.3	13.4	12.6
70	13.7	11.7	11.6	15.7	13.9
80	22.9	16.9	17.9	19.0	20.4
90	13.4	10.2	6.3	7.9	7.7
100	6.5	6.1	3.5	2.7	1.8
50 及以上 ∑	81.0	71.5	66.4	75.9	73.9

多维性的全面型高水平人才培养呼唤新的培养模式。根据教授与自学的转变关系，以及学生的自学能力，在学生入校学习到毕业离校的学习中，应按教授与自学的1—0与0—1的转变秩序，因势利导，围绕学生的学习和创新人力资本生成积累，加强教育培养，逐步增加学生的自主学习，减少教师的讲解灌输，向自学转变，靠自己生成积学习和累创新人力资本，应选择教师指导下的学生自主学习模式，即教授与自学的1—0与0—1转变的培养模式。

多少年的教育实践已经证明，"灌输性"教育方式培养不出多维性的全面型高水平人才。应根据多维性的全面型高水平人才培养的需要与教育对象特性，取消传统的"灌输性"教学方式，实施探究与操作的实践性教学方式。

所谓探究与操作的实践性教学[①]，是指教师指导的学生实践学习的一种教

① 齐经民、佟琦：《培养造就高级专门人才的几个教学环节要点》，载《教育教学论坛》2011年第12期，第186页。

学方式，它的基本特点是教师教的重点在学科引入、指导探究、解惑答疑、实践讲评、全面要求等，学生主要通过个人的思考、分析、认识、讲答、合作、公益、纪律等实践方式学习，把学生素养造就成社会需求的高素质能力的多维性全面型高水平人才。

实践出真知，实践增本领，实践长才干，应减少课堂教学时间，增加学生的自学时间和空间，增加教师的指导和答疑时间，全面塑造提升学生的综合素质能力，提高教育质量，促进学生成才。

9.4.4.5　加强学生学习和创新能力培养

科学的主旨在于求是，科学发展的实质在于创新，富民强国的实践活动的关键是创新，它牵引社会发展进步。做好对大学生的学习和创新教育极其重要，对于包括大专的大学生来说，4 年左右的学习时间并不算短，应把学习和创新教育、学习和创新能力培养作为一个基本的内容贯穿始终，努力造就多维性全面型高水平人才。做好对学生的学习和创新能力的教育培养应重视以下两个方面。[1]

（1）掌握学习和创新方法。汉语所讲的"方法"，是指关于解决思想、行动等问题的门路、程序等；相关的"方法论"，是指在某一门具体学科上所采取的研究方式、方法的综合。

具体也就是关于人的学习和创新的思维、路径、程序、器具、技术、方式等统称，相当于"学习和创新资本"，也就是学习和创新的一种凭借，是培养学习和创新的一个基础内容与关键点。为此，应重视思想方法、技术手段等科学内容的教学，学生应努力进行这方面内容的学习积累。

（2）做好不同年级学习和创新教育的设计实施。就大量的四年制的大学生来讲，应做好 4 年的学习和创新教育的设计，与特定的教学内容做好衔接，逐步深入进行学习和创新教育。

①大一阶段，注重与高中基础衔接，在学习和创新资本的积累和强化过程中，重点对学生进行认知、讲解、操作、合作等自身素质强化提升的创新学习，鼓励个人学习和创新活动。

②大二阶段，注重与专业特质衔接，在对学生进行本专业领域中的理论、技术等学习和创新方法掌握同时，重点进行感兴趣的创新学习与实践。

③大三阶段，注重与实践教学衔接，在对学年论文或认知实习、专题教育等实践教学的同时，重点对学生进行学习和创新案例的探究教育，领悟学习和创新经验，探索学习和创新。

④大四阶段，注重与就业创业衔接，在对学生进行毕业论文或毕业设计

· 279 ·

---

[1]　齐经民，在第五届全国大学生创新创业年会中的"创新方法教学研讨会"上的发言，中国农业大学，2012 年 11 月 24 日。

等教育同时，重点对学生进行就业创业的学习和创新培养，取得创新成果，成为学习和创新人才。

9.4.5　教师资质与事业追求

教师是教育的施予者，教师的教育施予直接关系到教育质量与教育职业效益，教师应符合多维性的全面型人才培养的较高要求，具有比较优秀的教育资质与自觉的事业追求。

9.4.5.1　教师资质的高标准

（1）教育态度高尚。教师要热爱教育事业，有较强的为国家和社会生活培养人才的事业心与责任感，能以多维性的全面型高水平人才培养为己任与立业追求。

（2）教育素质能力强。教师应有较高的教育素质能力，教育知识精深广博，教育技术能力专精，性格平和有耐心，善于沟通交流，勇于探索创新。

（3）倾心尽力为学生。教师应全身心投入教育事业，千方百计为学生，教育好学生，要求学生做到的，自己首先做到，以身先之，为学生做榜样，善于言传身教，引领指导学生学习，努力帮助学生成才。

9.4.5.2　认真施教

（1）课前认真准备课程。针对课程性质、教学内容、学习要点、难点与延伸点，以及教学目标追求，分清步骤，拟订方法，优化课程教学设计。

（2）课中精心组织实施教学。以学生个人或小组为基本学习单位，严格组织纪律、合作互助、公德公益德等全面素养要求，采用探究与操作的实践性教学方式，通过教师的基本讲授、指导学生自主学习、小组成员分工合作、学生报告研讨、师生交流、效果讲评等方式，将学习、探索、创新以及理论与应用融为一体，使教学过程成为学生的认识过程、实践过程和发展过程，培养提高学生探索认知与操作实践的作为能力。

（3）课后指导帮助学生自主学习。了解课后学生准备日后课堂学习研究交流内容的进展情况，督促学生积极努力，并解惑答疑，要求学生充分利用各种教育资源，努力专研学习，并作为学生自己常态化的一种学习方式形成习惯，素养学生自觉学习的优良品质，培养观察、分析、解读、认识、行动、掌控等综合能力。同时，作为学习成绩的重要组成部分计入课程成绩，对表现好的学生加分，对表现差的学生批评，激励学生刻苦学习，促进成才。

9.4.6　学生把学习当作工作来做①

社会工作生活的实践表明，达到社会需要用人要求的毕业生受社会欢迎，

---

① 齐经民：《学生把学习当作工作来做》，"里仁讲坛"第二十二讲，燕山大学网里仁新闻，2014年12月18日。

能够从容就业工作，也比较好成家立业，开辟自己的社会生活舞台，服务社会，实现人生价值。

9.4.6.1　教、学、用三者的契合

学生把学习当作工作来做，是把"教、学、用"三者直接统一起来，即把教师的教、学生的学与社会工作生活的要求统一起来，是三者的契合，具有良好的教学效果。[①] 应倡导要求"学生把学习当作工作来做"，促进多维性的培养全面型高水平人才。

（1）教师的教。教师应着眼"三个面向"从学生未来工作生活需要出发，按照工作要求设计施教，把课堂作为工作的场所，把教学内容作为工作内容，教师作为工作的指导、监管、评价的管理人员，把学生培养成为受社会用人单位欢迎的人才。

（2）学生的学。学生把课堂当作工作的平台，把学习作为工作的一种体验和实践，按照工作要求学习教学内容，脚踏实地，了解社会工作生活的丰富内含及其赋予当事人的要求，修身、为业、益人，全面造就，准备好参加社会工作生活。

（3）未来的用。教师指导学生利用过去学习积累的知识、技能、经验等资本做好学习内容的"工作"，解决学习中的问题，感知学以致用、学为着用，增强学的重要性、学的紧迫感、学的针对性与学的自觉性，培养自觉主动地学习积累成才，毕业全面实现从学生向职业人的转变，更好地适应社会工作生活的要求。

·281·

9.4.6.2　学生做好"把学习当作工作来做"的学习

学生做好"把学习当作工作来做"的学习，需要学生、教师、管理人员、家长等相关人员共同努力，其中，最主要的是学生，学生是当事人，学生应与教师等有关方面同向而行，努力学习，做好自己的学习事宜，这是培养造就多维性全面型高水平人才的直通路径。

（1）转变学习观念。学生应考虑"三个面向"，突破专业内容框框的学习观念，重视公共内容以及职业缺欠内容，拓展学习。学生来到学校是为未来社会工作生活做准备的，怎样准备，最好的做法就是把学习当作工作，把学业当作职业，做好学生向职业人转变，对于到课学习视如上班工作，按时到达，遵守纪律，爱护公物，维护环境卫生等，全面要求，全面提高。

（2）立足自己探究和实践性学习。学生应把"探究和实践性学习"作为基本的学习方式，要自信、自主、自立、自强，利用教师走捷径，充分发掘自

[①] 齐经民，在 2013 年秋学期，为 11 级公共事业管理专业学生上《职业经济学》课时，强调提出"学生把学习当作工作来做"的一系列要求，探索实施，得到了学生们的认同，积极配合，认真学习，很少请假缺课，效果比较好。

身潜能，利用机会表现锻炼自己，勇于提出新问题、新思想、新观点，敢于质疑、善于思考，培养认识、表达、操作等综合能力，增强人力资本。

（3）面向社会全面学习素养。学校是一种社会组织，它仅仅是学习的一种专门场所，学生的学习不能被它所局限，要放开眼界、面向社会、面向全球、面向未来，全面学习素养。①如在课堂上组织学习团队，分工合作，互相帮助；②如在公共场所，遵守公德，遵守秩序，文明礼让；③如面对贫困弱者，扶贫助弱，善行公益；④如适当参加文体活动，倡导追求艺术，陶冶情操，净化心灵；⑤如学习劳动模范，做好为人，追求卓越，奉献社会，享受人生。

9.4.7　教育的歌曲艺术化形式探索

歌曲是一种直接表达人的思想情感的音乐艺术形式，具有很强的感染力，早已被人们作为宣传教育的重要工具。不同的时代有着不同时代的歌曲。如在我国的抗战时期、新中国成立初期、改革开放初期等，都有鲜明主题特点的歌曲，具有不可替代的作用，亦值得探索。

9.4.7.1　歌曲的教育作用及其教师与学生的使命和责任

经典的时代主题歌曲，深入人心，激发热情，催人奋进。如抗战时期的"毕业歌"，表达了一代青年在国家处于强敌入侵的危难之时，表现出"天下兴亡、匹夫有责"的爱国激情，展现了青年们的志向和抱负，突出了民族自救的气势，激励广大青年学生等民众，投身抗日救亡的民族解放运动，奔赴抗战前线，影响巨大。

改革开放初期的《年轻的朋友来相会》，表达了年轻人相会时借对美好春光的赞美，自豪自己是改革开放的新一代，向往憧憬美好未来，呼吁承担做伟大的祖国建设者，期待未来再相会时举杯庆祝，抒发了80年代年轻人的理想追求。激发了广大学生开创未来、拼搏进取的激情，激励大学生们投身于建设国家的伟大事业，具有很大的感召力。

当今时代是我国改革开放深化发展的新时期，经历了30多年的改革发展，中国发生了翻天覆地的变化，社会发生了巨大的进步，国家富强，人民生活有了很大的改善，但还存在着环境污染、资源不足、食品安全、贫富差距、贪腐严重、思想低迷等诸多问题，以及国际形势错综复杂，中华民族实现富强的伟大梦想面临诸多挑战，新时期的使命赋予当代人重大责任，特别是教师和大学生。

担当新时期重任的大学生，是国家的希望与未来，重任在肩，责无旁贷，需要具有感召振奋的歌曲，激发他们一往无前的斗志，凝精聚神，发奋进取，成为实现中华民族富强梦想的主力军。同时，教师是民族的脊梁，需要有能呼唤其应有的责任感、使命感而深情感召的歌曲，凝神聚力，努力培养国家需求的人才，做实现中华民族富强梦想的强大保障。

9.4.7.2　新时代的《大学生之歌》①

考虑对学生的教育需要，创作了新时代的《大学生之歌》。歌词从校园与社会、国内与国外、现在与未来的多方联系的多维视角，是直接从大学生的学习生活轨迹与职业经济学教学要点中提炼的，分上下两段构成。

（1）歌词。①心怀着梦想，脚踏着追求，跨入了校园，走进了课堂，学知，习作，探求，素养，增值青春年华，啊……，做担当中华复兴伟业的职业人，为了富强，为了幸福，为了富强，为了幸福，加油，加油，加油，加油！②眼看着世界，耳听着八方，走进了社会，融入了团队，分工，互助，创新，共赢，创造效益辉煌，啊……，做促进人类美好生活的中华人，为了富强，为了幸福，为了富强，为了幸福，奋进，奋进，奋进，奋进！嗨！

（2）歌词含义。①第一段歌词含义。主要表达学生应国家和社会发展的时代要求，追求理想，考入大学，学习知识，练习操作，探求科学技术，按照从业工作与未来生活的全面需要培养自己，做好毕业担当中华复兴伟业的职业人的准备。

这里的职业人包括多重含义，一方面是从业为生的职业者，另一方面同时作为三百六十行的主体成员，是实现中华民族复兴伟大事业的职业者。职业人是主要的社会主体，分布在种植、纺织、建筑、交通、商贸、旅游、国防等三百六十行的各种职业中，是实现中华民族复兴伟大事业的主要当事人，还是家庭的主要成员，直接关乎个人的富裕、国家的富强与社会的和谐。

·283·

作为未来职业人的当代大学生，重担在肩，责无旁贷。为担负起家庭富裕、国家富强与社会和谐的神圣使命与责任，必须加油学习，努力进取，做好全面的准备，具有较强的综合素质与能力，成为具有职业与公共两大方面资质的多维性全面型高水平人才，为实现中华民族复兴的伟大梦想建功立业，为生活富裕、国家富强与社会和谐而奋斗。

②第二段歌词含义。主要表达在当今这个被分工与合作纽带维系起来的全球社会，站在中国这个全球发展的中心，大学生们要站得高，看得远，满怀豪情，毕业积极融入工作团队，互相支持帮助，开拓创新，努力用较少的花费获得使较多的人都受益的成果，效在多方、益在多处，为人利人益人。

受益方主要包括消耗用品供给者、上下左右合作者、产品或劳务消费者、公民社会分享者、未来工作生活者，实现家庭生活富裕、国家富强与社会和谐，促进人类美好生活的进程，追求"环球同此凉热"的和谐世界，为人类

---

① 齐经民：新时代的《大学生之歌》，冀作登字 2014－B－0228 号，2014 年 12 月 30 日；歌曲视频发在燕山大学新闻网的燕大 TV 专题片栏目与搜狐视频栏目等。

做出较大贡献。

期望大学毕业生，要胸怀祖国、放眼世界，肩负着民族振兴与国家富强，以及人类美好生活的重任，团结互助，开拓进取，低耗高效，为人、利人、益人，走永续发展的美好幸福生活之路，为人类做出较大贡献。

9.4.7.3　教师之歌《仰望着你》①

教师之歌《仰望着你》，是从教育职业活动的感悟，认识的教育职业需求、历史传承、社会地位、职能作用，以及教师亦应感谢学生给予的教师的尊称及其职业岗位的情怀，概括描述和凝塑教师职业情景，并赋予时代主题内含，确定歌曲立意与词义，歌词由上下两段构成。

（1）歌词。①多少学子仰望着你，多少家长托靠着你，多少行业寄予你厚望，社会进步呼唤着你，杏坛讲学，上下求索一年年，蜡炬成灰，千秋伟业一代代，啊……，啊……，传道授业解惑人，民族屹立的脊梁，啊……，啊……，传道授业解惑人，民族屹立的脊梁，高扬为人益人的优秀文化风尚，春华秋实大地香！②看着学生期盼的眼神，从事社会赋予的事业，神州大地铸就讲台，人类文明展开教案，科学殿堂，英才汇聚一辈辈，春蚕吐丝，迎来送往一届届，啊……，啊……，助力学子促成才，成家立业挺肩膀，啊……，啊……，助力学子促成才，成家立业挺肩膀，建设和谐永续的美丽幸福家园，中华儿女大梦圆！

（2）歌词含义。①第一段歌词含义。主要从教师与学生、家长、行业部门与整个社会的关系，阐明教师职业的来源、使命与责任，赞颂教师的崇高社会地位、职业作为、久远传承与伟大历史贡献，并寄予新时代的厚望，传承千秋万代的伟大教育事业，发扬中华民族的以人为本的优秀文化，应立足当代中国社会及其全球现状，上下求索，积极研究创新，添加新时代的经典内容，为中国科学文化注入生机和活力，让绚丽多彩的先进民族文化在中华大地乃至全球社会绽放花朵、结出硕果。②第二段歌词含义。主要在明晰教师与学生、家长、行业部门与整个社会关系的基础上，教师应认清自己的职业或饭碗是学生给的，明了没有学生，就没有教育职业，就没有教师从业人，从这个意义上讲，教师要与学生感恩教师一样，亦应有对学生的感念之心，要感谢学生，更应该竭尽全力做好对学生的教育工作，不得怠慢，不得分心。继承发扬"春蚕吐丝"的敬业奉献精神，指导帮助学生学习，促进学生成才，毕业能成家立业，投身到富民强国的伟大事业，为实现中华民族的富强梦想贡献智慧才能，追求和谐永续的美好幸福生活。

---

① 齐经民：教师之歌《仰望着你》，冀作登字 2015 – B – 0102 号，2015 年 6 月 5 日；歌曲视频发在搜狐视频栏目等。

9.4.8　做好多方管理协调服务

培养多维性的全面型高水平人才，在现有基础上增加教学内容、教师转变教学方式、学生把学习当作工作来做，按照社会工作生活要求，进行教育组织实施，是教育整体性的创新，教育管理面临挑战，需要各个方面管理协调配合好。

9.4.8.1　教务管理

教务管理人员应尽力做好计划、排课、考试、评教等，其中，应强调把教师课堂外对学生的教育活动也作为评教的重要内容实施评价，促进教师改变传统的课堂教育模式，把对学生的教拓展到课后多方面的学习上。

9.4.8.2　学生管理

学生管理人员应切实做好学生的日常表现的关注与测评等工作，可考虑计入一定的学分，引起学生的高度重视与努力做好平时的素养；教师应把学生视为自己的孩子或兄弟姐妹，倾心尽力对学生进行教育，从课堂的组织纪律、认识表达、分析解读、分工合作等，到课后的研学、探究、创新等全面要求培养学生，并把课后的学习业绩按较大比重计入课程成绩。

9.4.8.3　后勤管理

后勤管理人员应尽力做好学生的住宿、饮食、环境、安全等，保障学生的有良好的学习生活环境，并要学生参与做好相关的事宜，如要求学生自觉保护寝室等活动场所的清洁卫生，节约饮食，不随意乱扔垃圾，定时参加环境卫生工作等，并对学生表现评分，最后计入学生学业成绩。

协调做好这些相关管理事宜，学生的教育事业一定能上一个新台阶，培养多维性的全面型高水平人才，大大提高教育职业效益。

第10章　讲求提高食品生产职业效益

食品生产职业是人类的生命产业，与我们的生活息息相关，尽管新兴产业不断涌现，但食品工业仍然是世界制造业中的第一大产业。食品生产的现代化水平已经成为反映人民生活质量高低及国家发展程度的重要标志，为国民经济建设发挥着支柱产业的重要作用。主要内容包括食品生产职业效益知识、现状分析与事例等。

10.1　食品生产职业效益知识

随着社会的发展进步，食品生产职业也发生着广泛而深刻的变化，不断向多领域、深层次、低能耗、低污染、全利用、高效益、可持续的方向发展，这些对食品生产职业提出了更高的要求，需要了解职业效益知识，包括食品生产职业的划分、食品生产职业效益内含及评价指标体系等，通过讲求和提高食品生产职业效益来实现食品生产职业的良性发展。

10.1.1　食品生产职业及其作用

食品是指各种供人食用或饮用的成品和原料，是人类生存的基本要素。食品生产职业关系着每个人的身体健康，关系着食品行业的生存发展，关系着食品企业的信誉，关系着一个国家的形象。国以民为本，民以食为天，了解食品生产职业的特性、划分与作用非常必要。

10.1.1.1　食品生产职业特性

食品生产职业就是以从业公民个人为主体与劳作组织单位，为获得收益，满足社会生活需要，所从事食品生产或加工的事业。食品生产职业有以下4个特性。

（1）原材料的复杂性。人类赖以生存的食品是一个很宽泛的范畴，大的分类有粮食、蔬菜、水果、肉类、奶类等，其中每一大类又可以细分为几十甚至上百种；食品生产及加工所需要的原材料种类繁多、来源广泛，它们可能来自大规模的生产企业也可能来自个体生产者。由于原材料的种类多、种植养殖条件不统一、某些缺少产品质量标准等，使食品生产的质量难以控制。

（2）消费者的复杂性。食品生产企业产品供给的是成千上万的消费者。按照年龄划分有适应婴幼儿的食品，也有适应老年人的食品；按照功能划分有适合糖尿病人的食品，也有适应孕产妇的功能性食品等；我国幅员辽阔，南方北方口味有较大差异，例如中国的四川省、湖南省等地偏好辣味食品，黑龙江省、辽宁省等偏好咸味食品，内蒙古自治区、新疆维吾尔自治区一带喜好奶制品及肉类等；另外还有某些宗教信仰人士的特殊要求，例如清真食品、素食等。消费者的复杂性对食品生产职业中的从业人员提出了更高的要求，要求食品生产职业的从业人要根据不同消费者的特点，相适应地生产具有不同特色的产品，食品生产职业劳作也因消费者的复杂性而具有很大的差异性、多样化、创造性和发挥空间。

（3）生产者的复杂性。食品生产职业涉及原材料种植、养殖、食品加工、包装工程、商品销售等多个行业领域，所以该职业的工作者构成相对复杂，而各个行业领域职业人的文化水平、技术水平参差不齐，个别岗位从业门槛相当低、从业者来源广泛，即生产者构成复杂。例如食品生产职业中的农产品生产职业，农产品本身具有水果、蔬菜、粮食等许多种类，农产品进行种植、培养、加工及销售人员的文化水平、操作技能及掌握新技术的能力都不相同，从业人员比较复杂。

（4）国家监管的约束性。食品生产职业具有高效的国家约束性，食品生产密切关系着人们日常生活，是国民生产的基础行业，因此国家设置了多个相关机构，共同监督管理食品生产。食品安全的总监管部门是国务院，国务院按照一个监管环节由一个部门监管的原则，采取以分段监管为主、品种监管为辅的方式理顺食品安全监管职能，明确责任。按监管环节不同分为农业部门、质检部门、工商部门、卫生部门及食品药品监管部门，各个部门负责监管内容见表 10 - 1 所示。

表 10 - 1　　　　食品生产职业中相关政府监管部门及职能

总管理部门	相关职能部门	负责监管内容
国务院	农业部	初级农产品环节的监管
	质检部	食品生产加工环节的监管，包括生产加工环节的卫生监管
	工商部	食品流通环节的监管
	卫生部	餐饮业和食堂等消费环节的监管
	食品药品监管部	对食品安全的综合监督、组织协调和依法组织查处重大事故

这些相关监管部门在履行相应职责时要依照法律法规的授权,依据相关法律法规的规定,对食品生产职业中产品的研制、食品的生产、商品的流通及商品使用环节进行监督管理,确保食品生产使用安全。

国家高度重视食品安全生产,1995 年颁布了《中华人民共和国食品卫生法》;2015 年 4 月 24 日,新修订的《中华人民共和国食品安全法》经第十二届全国人大常委会第十四次会议审议通过,于 2015 年 10 月 1 日起正式施行。新版食品安全法更加突出以预防为主,建立了最严格的全过程的控制,建立了突出食品安全的制度共治体系,创新了食品安全的监管制度。

10.1.1.2 食品生产职业划分

食品生产职业的划分是一个比较复杂的问题,可以从以下两个角度进行划分,一是按照从业人员的工作性质分为直接从事食品生产的直接从业人员和间接从事食品生产的相关从业人员;二是按照食品生产职业内容分为农业、畜牧业、林业、渔业、食品加工业和餐饮业等。

(1)按照从业人员划分。食品生产职业是一个复杂多样、种类繁多的职业集体组织,由不同从业人的职业单位组成,分为由几个或十几个人构成的个体生产户,以及当个人或几个人无力完成或做好一项事业的情况下,就出现的由多人组成的食品生产职业集体组织单位,大家分工协作共同来做事,目前大部分食品生产企业属于大规模生产单位,一般具有成百上千甚至超万个职位,从业人员构成十分复杂。一般可将食品生产职业的从业人员分为两类:直接从业人员和相关从业人员。

①直接从业人员。从事种植、养殖、餐饮的个体人员;大型食品生产企业中从事种植、养殖、屠宰、制作、包装、储存等生产环节中一线生产岗位上的企业工人与技术人员,这类人员的主要工作任务属于食品生产范畴,具有专一性,一般不涉及其他领域。例如大型养鸡场的饲养人员、奶制品厂的灌装人员、餐饮企业的厨师等。

②相关从业人员。大型食品生产企业中从事清扫、保安、采购、会计、司机、管理等相关人员;食品生产、食品安全方面科研人员、法律制定者、卫生防疫工作者、工商等监管人员、企业管理人员等,他们工作具有多重性,食品生产职业只是工作内容的一部分。例如一个法律工作者的工作中,涉及食品安全的只是他工作的一个方面;会计、司机、保安这些从业人员也可以到非食品生产企业就业等。

(2)按照职业内容划分。食品生产职业内容涵盖众多生产消费领域,有着多种存在形式,职业内容可从多个角度进行划分,从原材料生产产业角度可分为农业、畜牧业、林业、渔业等;从食品类别角度可分为水果、蔬菜、肉类、粮食等,无论从哪一种角度分析食品生产职业,不难发现,各个领域间是相互依存、互相关联、互相作用的,共同构成完整的食品生产职业。生活中提及食品生产职业，一般会考虑划分为五个方面，食品生产职业划分见图 10 - 1。

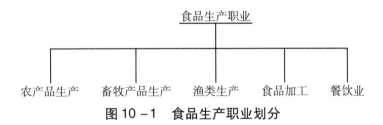

图 10 - 1　食品生产职业划分

其中构成食品生产职业的每一个方面都属于主要部分，他们之间无高低贵贱、主要次要之分，每一个方面都至关重要，每一个环节都不容忽视，按照各自相关法律法规安全生产经营，确保每大类的食品质量，才能构成健康和谐的食品生产职业大环境。

①农产品生产职业。农产品生产是历史悠久的传统职业，农产品生产企业是以人工生产的农业物料和野生动植物资源为原料进行生产加工。一般指种植业，包括生产粮食作物、经济作物、饲料作物和绿肥等农作物的生产活动。

现代农业生产还包括农作物的深加工以及经济作物的深加工，例如热带地区木薯除了作为重要的粮食外，通过对木薯进行深加工处理得到淀粉、食用酒精、酶制剂及有机化工产品等，使其应用不局限于食品，而是广泛用于制糖、医药、纺织、造纸、降解塑料等行业。①

②畜牧业生产职业。畜牧业是利用畜禽等已经被人类驯化的动物，或者鹿、麝、狐、貂、水獭、柞蚕等野生动物的生理机能，通过人工饲养、繁殖，使其将牧草和饲料等植物能转变为动物能，以取得肉、蛋、奶、羊毛、山羊绒、皮张、蚕丝和药材等畜产品的生产部门。

③渔业生产职业。渔业生产是指捕捞和养殖鱼类和其他水生动物及海藻类等水生植物，以取得水产品的食品生产部门，一般分为海洋渔业、淡水渔业。渔业生产的主要特点是以各种水域为基地，以具有再生性的水产经济动植物资源为对象，具有明显的区域性和季节性，初级产品具有鲜活、易腐烂变质和商品性等特点。渔业生产是食品生产职业中一个重要门类，提供世界蛋白质总消费量的 6%，动物性蛋白质消费量的 24%。

④食品加工职业。食品加工职业包括粮食及饲料加工业，植物油加工业，制糖业，屠宰及肉类蛋类加工业，水产品加工业，食用盐加工业和其他食品加工业。食品加工属于食物再创造过程，运用物理、化学、生物等方法，生产出更加美味的食物，有单纯的物理机械过程，有需要再加入其他物质或运用其他

· 289 ·

---

① 古碧、李开锦、张振文等：《我国木薯加工产业发展现状及发展趋势》，载《农产品加工业》2013年第 11 期，第 25 ~ 31 页。

非物理变化手段制备出其他不同食品，过程中为了确保食物的外观、口感、形状、保鲜等因素，常常会使用到食品添加剂、防腐剂、增稠剂等。

⑤餐饮职业。餐饮业是通过即时加工制作、商业销售和服务性劳动于一体，向消费者专门提供各种酒水、食品、消费场所和设施的食品生产经营行业。餐饮作为食品生产职业的重要组成部分，以其市场大、增长快、影响广、吸纳就业能力强的特点而广受重视，也是发达国家对外输出资本、品牌及文化的重要载体。

10.1.1.3　食品生产职业的作用

在中国古代就有经典的概括，如《汉书·郦食其传》写道"民以食为天"，可以通俗的理解为食品对人而言是比天还大的事，没有比吃更重要的事了。

在当代，食品工业现代化水平已成为反映人民生活质量及国家发展程度的重要标志，其中，2013 年我国食品制造业总资产达到 11275.51 亿元，同比增长 16.87%；行业销售收入为 18164.99 亿元，较 2012 年同期增长 15.93%；行业利润总额为 1550.04 亿元，同比增幅为 14.38%。①

但是从总体看，我国农产品加工水平不高，与国外差距较大。我国农产品加工率只有 55%，低于发达国家的 80%，果品加工率只有 10%，低于世界 30% 的水平，肉类加工率只有 17%，低于发达国家的 60%，加工和农业产值的比值是 2.1∶1 与发达国家 3.4∶1 和理论值 8.9∶1 的差距很大，② 我国的食品生产行业还有很大的发展空间。

10.1.2　食品生产职业效益及其评价指标

食品生产职业效益是食品生产职业作用的成果，惠及社会成员与社会生活，体现食品生产职业的价值，进一步明晰食品生产职业效益的内含、关系与评价，是大力讲求提高食品生产职业效益的基本要求。

10.1.2.1　食品生产职业效益含义及其关系

食品生产职业效益指的是食品生产从业人员的食品生产职业活动的成果状态及影响，是食品生产从业人员从事食品生产职业活动追求获得的效果利益，通过职业活动的收入与支出的比较体现。其中，支出是指从业活动的耗费，包括环境、人力、食品原材料、食品生产器具、食品生产场地、水电消耗、广告投入、公益投入等，职业收入包括工资、奖金、品牌及美食文化、社会影响等。

食品生产职业本身就包含大规模的生产单位，是集体组织成员细化分工与

---

① 《2013 年食品制造业经济运行概况分析》，中国产业信息网—行业频道，2014 年 6 月 3 日。
② 农业部《当前我国农产品加工工业发展形势与任务》，中国休闲农业网，2015 年 6 月 29 日。

协作的产物，各个构成部分在更细密的相互关系中从事食品生产职业活动，食品生产职业的利益构成见表 10 - 2 所示。

表 10 -2　　　　　　　　食品生产职业效益构成体系

效益构成	食品生产者	食品消费者	合作者	国家监管者	协作者	居民	公众
构成方面	农民、个体户及大规模食品生产企业	人及需要食物的生命体	原材料供应商、设备供应商及商品流通部门等	国务院、质检、工商等监管部门	为食品生产提供土地、店铺、水电等的组织或单位	食品生产地及其周边生活的居民	社会大众，与食品生产职业非直接相关人员

职业效益通过直接从业人员用较少的消耗取得较多的包括生产者个人及相关人员获得的利益好处及影响来实现。其中，相关人员主要包括食品从业活动的合作者、食品消费者、协作者、国家监管者、居民与公众。

10.1.2.2　食品生产职业效益评价指标

食品生产职业效益评价指标的确定，应根据职业效益评价理论的要求，顺应食品生产职业劳作形成的关系，体现"效在多方"的利益主体与"益在多处"受益所在正是评价指标所在，体现"效在多方、益在多处"的具体要点，就是食品生产职业效益评价指标。食品生产职业效益评价指标体系见表 10 - 3 所示。

表 10 -3　　　　　　　　食品生产职业效益评价指标体系

指标名称	一级指标	二级指标	三级指标
食品生产职业效益评价指标	食品生产者利益	投入	资金、物资、设备、人力、时间等
		产出	产品、劳务等
		投入与产出比	价值产出比
		收益	货币、产品等
		价值实现	社会贡献、为人民服务
		感受	从业快乐、满意度等
		安全	生产环境等
		环境影响	对大气、土壤的损益比较
		创新	技术、设备、管理模式、文化等

续表

指标名称	一级指标	二级指标	三级指标
食品生产职业效益评价指标	食品消费者利益	消费支出	货币
		消费收入	食物
		消费收支比	价值收支比较
		服务	质量
		消费感受	满意度
		卫生	达到卫生要求
		健康	人体健康有无危害
		实用	满足不同人要求等
	合作者利益	诚信	诚实、守信等
		协调	和谐、周全等
		收益	经济利益等
		感受	满意度
	国家监管者利益	税利	税收
		创新	知识、技术等文化创新
		公益	公德、环保、法规等
		贡献	社会和谐、稳定
		力度	达到国家相关标准等
	协作者利益	资源损益	资源损益比较
		环境损益	环境损益比较
		生活影响	生活损益比较
		感受	满意度
		希望	获得利润、就业等
	公众利益	价值收益	文化传播
		公益活动	社会影响力度
		文化产品	挖掘、发展美食文化产品
		文化交流	相互美食文化间的了解
	居民利益	支出	场所等消耗
		收益	物质、金钱、就业
		生存环境	环境、水质、大气、噪声等影响

表 10-3 中的食品消费者利益、合作者利益、国家监管者利益、协作者利

益、居民利益、公众利益与食品生产者利益几个方面的指标，分别从不同的角度反映评价食品生产职业效益。

食品消费者利益指标反映食品生产职业者服务对象的利益；合作者利益指标反映生产单位组织岗位协同合作利益与上线食品原材料等供给和下线商品经销方的利益；国家监管者利益指标反映国家利益，即反映国家所代表的公民利益；协作者利益指标反映生产单位所在地居民的利益，以及为食品生产流通提供帮助的人或单位的利益；居民利益指标反映周边生活环境保护及资源消耗以及获得的物质上的满足；公众利益指标反应公众在获得物质的同时获得的美食文化及品牌公益基金；等等。如央视播出的弘扬传统美食文化的大型电视节目《舌尖上的中国》、娃哈哈等食品生产企业赞助的养老助学公益基金、环境保护基金项目等；食品生产者利益指标反映食品生产从业主体及个人的利益，食品生产职业效益的价值就在于使包括其本人在内的几个方面都获益。

以上评价指标权重的确定是一个关键要点与难点，指标权重的确定主要有主观判断与数学方法确定两种方式。主观判断重视专家意见，通过一定数量的专家进行评判确定；数学方法通过数学计算推导确定，这两种确定指标权重的方法均具有局限性，几个或多个专家以及复杂的数学计算推导难以真实判断大量相关主体的愿望、利益要求与实际感受等，能切实表达评价指标内含主体实际情况的只能是当事人自己，因而应由相关人员做出评价指标权重的确定，以及由他们进行评价，评价才会具有真实性与可靠性，比较好的方法是加权算数平均法。

10.2　食品生产职业效益现状分析

改革开放以来，我国的食品生产事业迅猛发展，发生了巨大的变化，有了长足的进步，数量增加，规模扩大，管理创新，取得了巨大的进步，为社会发展做出了卓越贡献，但也存在着亟待解决的不良现象和问题，集中到一点就是食品生产职业效益问题，主要反映在食品安全上存在的不足，因片面追求效益带来的行为偏差，需要深入分析。

10.2.1　食品生产职业效益偏差现状

我国食品生产与社会发展进步的要求存在着一定的差距，食品生产职业效益存在偏差，有的生产单位的从业人员为了单位与个人多得利益，采取不当方式生产经营，如乱加添加剂、非法使用化工原料等，存在诸多相关问题，造成较大的不良影响。

食品生产职业效益偏差问题主要集中在人们片面追求经济利益超标准使用

农药所带来的农药超标问题；在养殖过程及食品加工过程中违法使用或添加化工原料；为了追求特殊的色泽、口感等大量添加食品添加剂等。相关的报道经常见诸各大新闻媒体，食品安全问题已经成了一个公众关注的焦点问题。

10.2.1.1　农药残留超标问题

农药是指在农业生产中，为保障、促进植物和农作物成长，所施用的杀虫、杀菌、杀灭有害动物或杂草的一类药物的统称。农药在作物的生产保收和病虫害防治方面发挥着重要的作用，资料显示如果不使用农药，世界粮食产量将减少1/3。[①] 但是不适当地使用农药将会对环境带来极大负担，如过量使用化学农药后，导致部分农药的化学成分残留在土壤当中，如果奶牛食用了带有农药残留的草料，产出的牛奶中可能会检测出相应的化学成分，从而会对人体产生不同程度的危害。[②]

目前我国农药使用造成残留的现状主要有下面四个方面的问题：[③] 一是长期使用农药使病虫产生抗药性，必须增大农药用量或使用毒性更大的农药才能达到预期的效果，造成农产品的农药残留；二是农药破坏了作物生长环境，使益虫的数量递减，出现新的害虫或者病毒大量繁殖，对作物构成新的危害；三是利益驱动下的滥用现象，未到药效消失期就采摘流向消费市场；四是监督管理存在缺陷，农药市场中一些违禁农药还存在继续使用的情况，如甲拌磷、甲基异柳磷等农药。农药残留带来的食品安全事件如下：

（1）"毒韭菜"事件。[④] 山东省青岛市2010年4月爆出惊人的"毒韭菜"事件，事发期间青岛的一些医院陆续接到9名食用韭菜后中毒的患者，他们都是食用韭菜后出现了头疼、恶心、腹泻的症状，最后医院确诊为有机磷中毒，被检出的1930公斤农药残留超标的韭菜全部销毁。有机磷农药是用于防治植物病虫害的有机化合物，多为磷酸酯类或硫代磷酸酯类，对人的危害作用从剧毒到低毒不等，能引起中枢神经系统症状，常见的一种杀虫剂类有机磷农药乙酰甲胺磷结构式见图10-2所示。

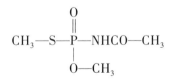

$$CH_3-S-P-NHCO-CH_3$$

图10-2　乙酰甲胺磷结构式

---

① 段生财：《化学农药污染问题及可持续森林保护对策》，载《现代园艺》2015年第3期，第119~120页。
② 刘翠兰：《蔬菜农药残留原因及预防措施》，载《现代农业科技》2015年第2期，第283~285页。
③ 刘春华：《蔬菜农药残留问题及解决途径探讨》，载《现代园艺》2014年第11期，第78~79页
④ 《青岛惊现"毒韭菜"9市民中毒》，新华网，2010年4月11日。

（2）"毒茶叶"事件。[①]　中国食品经济网对 2013 年茶业中出现的产品安全问题进行分析，据央视报道，河南信阳茶区的大量"农药茶"流出，信阳的茶园面积达 210 万亩，出于降低成本的考虑，大多数信阳茶农都曾采用过化学农药来保证茶业的出产量。

据海峡都市报报道，福建省质量技术监督局对福建省企业生产的茶及代用茶产品进行了抽查，共抽查全省 1283 家企业生产的红茶、绿茶、乌龙茶、菊花茶等茶及代用茶产品 1303 批次，合格 1299 批次，不合格 4 批次，抽样批次合格率为 99.7%，经检验检测，发现有 4 家企业生产的 3 批次铁观音、1 批次花茶农药（三氯杀螨醇）残留量超标，按照规定，每千克茶叶中农药三氯杀螨醇残留量不应超过 0.1mg。但其中清香型袋装铁观音，每千克茶叶农药三氯杀螨醇残留量高达 3mg，超标 30 倍，另外三批次的残留量也超标 3~10 倍不等。其中农药三氯杀螨醇是现代农牧业生产中常用的有机氯杀虫剂，对鱼类、爬行类、鸟类及人类具有毒性和雌激素效应，结构式见图 10-3 所示。

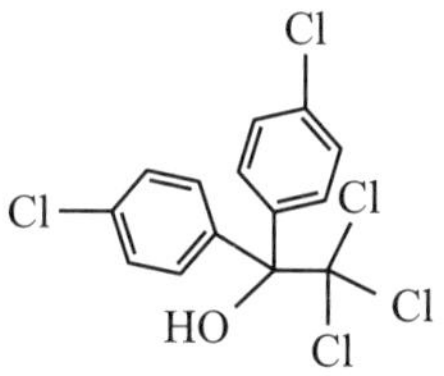

图 10-3　三氯杀螨醇结构式

10.2.1.2　非法使用化工原料问题

化工原料是指工业用化学试剂，某些化学试剂可与普通食品添加剂产生相同甚至更好的特殊效果，其价格低廉、容易获得，但对人体健康带来伤害。化工原料是被禁止加入食品中的，一旦被添加到食品中，会带来严重的食品安全问题。尽管国家已经明令禁止如甲醛、硼砂、吊白块、瘦肉精、三聚氰胺、苏丹红等化工原料用于食品加工，但受到利益驱动，非法添加的案例还是经常见各大媒体报道。

（1）"塑化剂"事件。[②]　2011 年出现过饮料生产商为了降低成本，在乳化香精中使用廉价的 DEHP 代替可食用型食品添加剂棕榈油，导致 DEPH 含量超标。塑化剂这种物质不在国家标准 GB2760-2011 的允许使用品种范围内，并严禁在任何食品中添加。塑化剂又称增塑剂，在食品中违法添加主要起到乳化、增稠的作用，塑化剂是邻苯二甲酸的一类重要衍生物，主要成分是邻苯二

---

①　《2013 年茶业市场遭遇发展瓶颈　农残超标事件频发》，中国食品经济网，2014 年 1 月 10 日。
②　孙宝国、孙金沅：《邻苯二甲酸酯类化合物的天然存在及安全性问题的探讨》，载《中国食品学报》2011 年第 8 期，第 1~8 页。

甲酸酯类化合物，结构式见图 10 - 4 所示。

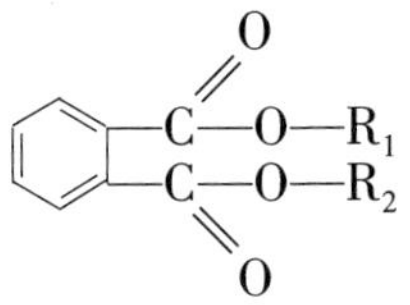

图 10 - 4　邻苯二甲酸酯类的结构式

（2）"红心鸭蛋"事件。[①] 2006 年，央视《每周质量报告》调查白洋淀"红心蛋"，调查发现这种蛋黄特别红的所谓白洋淀"红心"鸭蛋并不是白洋淀当地产的，而是出自石家庄。将一些"红心"鸭蛋的样品送到中国检验检疫科学研究院食品安全研究所做权威的检测分析，通过 HPLC 和 HPLC - MS 定量检测，发现这个鸭蛋样品里含有苏丹红Ⅳ号，它的含量最高达到了0.137mg/kg。苏丹红是一种人工合成的红色染料，工业上作为染料广泛用于油彩、机油、皮革、地板的增色增光等，它的初级代谢产物对人体有强烈的致癌作用，其中常见苏丹红Ⅰ - Ⅳ号结构式见图 10 - 5 所示。

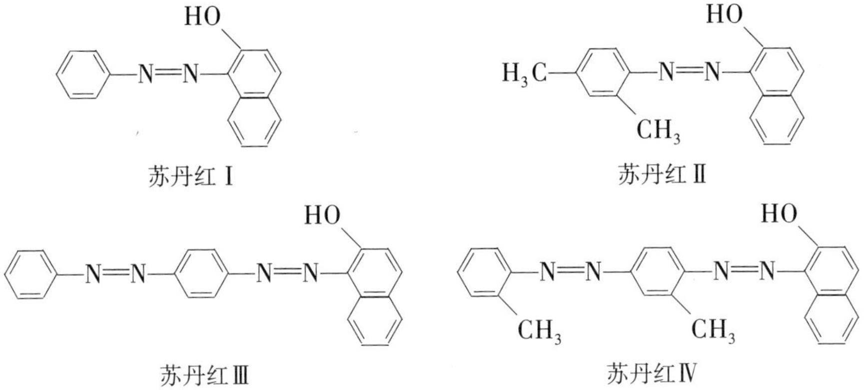

苏丹红Ⅰ

苏丹红Ⅱ

苏丹红Ⅲ

苏丹红Ⅳ

图 10 - 5　苏丹红Ⅰ - Ⅳ号结构式

（3）"毒奶粉"事件。[②] 2008 年中国奶制品污染事件是中国的一起食品安全事件，事件起因是很多食用三鹿集团生产的奶粉的婴儿被发现患有肾结石，随后在其奶粉中发现化工原料三聚氰胺，根据公布数字，截至 2008 年 9 月 21日，因使用婴幼儿奶粉而接受门诊治疗咨询且已康复的婴幼儿累计 39965 人，正在住院的有 12892 人，此前已治愈出院 1579 人，死亡 4 人。中国国家质检

---

① 《北京超市再现"苏丹红"暂未流入上海市场》，搜狐新闻网，2006 年 11 月 13 日。
② 《"三鹿奶粉事件"爆发引起中国奶制品污染系列事件》，中国皮书网，2014 年 10 月 29 日。

总局公布对国内的乳制品厂家生产的婴幼儿奶粉的三聚氰胺检验报告显示多个厂家的奶粉都检出三聚氰胺，该事件亦重创中国制造商品信誉，多个国家禁止了中国乳制品进口。三聚氰胺俗称"蛋白精"，是一种化工原料，其结构式见图 10 - 6 所示。

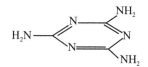

图 10 - 6　三聚氰胺结构式

10.2.1.3　滥用食品添加剂

食品添加剂[1]是为改善食品色、香、味等品质，以及为了防腐和生产加工工艺的需要而加入食品中的人工合成或者天然物质。目前我国食品添加剂有 23 个类别，2000 多个品种，包括酸度调节剂、抗结剂、消泡剂、抗氧化剂、漂白剂、膨松剂、着色剂、护色剂、增味剂、营养强化剂、防腐剂、甜味剂、增稠剂、香料等。

食品添加剂滥用及超越要求使用会带来食品安全问题。我国食品添加剂主要存在三大问题：一是绝大多数添加剂没有国家质量标准，对添加剂使用的风险认知测量的规范性不足；二是餐饮行业在自己制作食品菜肴过程中使用添加剂的情况越来越多，监管困难，添加剂的种类及用量不宜控制；三是如何让广大消费者科学地认识食品添加剂，减少不必要的恐慌，一直是食品行业安全需要重视的问题。[2] 滥用食品添加剂带来的食品安全事件如下：

（1）"染色馒头"事件。[3] 染色馒头是将过期馒头加上着色剂，再将这些染色馒头的生产日期随便更改，欺骗消费者。2011 年 4 月初，《消费主张》节目指出，上海市浦东区的一些超市的主食专柜都在销售同一个公司生产的高庄馒头、玉米馒头和黑米馒头三种馒头，标签上标注的食品添加剂是维生素 C 或糖，可实际调查发现，这些染色馒头添加的不是白糖而是甜蜜素，也没有专门添加维生素 C，却加进去了山梨酸钾、柠檬黄等添加剂。

其中甜蜜素的化学名称为环己基氨基磺酸钠，是食品生产中常用的添加剂，甜蜜素的每千克体重摄入最高限量为 11mg，如果长期过度食用甜味剂超标的食品，就会对肝脏和神经系统造成危害，对老人、孕妇、小孩危害更明

① 陈如溪：《浅谈食品添加剂与食品安全》，载《中外食品工业》2015 年第 3 期，第 56~57 页。
② 陈思、吴昊、路西等：《我国公众食品添加剂风险认知现状及影响因素》，载《中国食品学报》2015 年第 3 期，第 151~157 页。
③ 《超市染色馒头危害大揭秘》，39 健康网，2011 年 4 月 12 日。

显，甜蜜素结构式见图10-7所示。

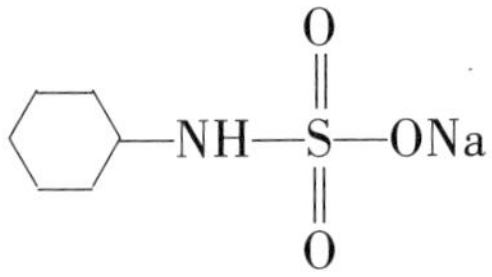

图 10 -7　甜蜜素结构式

柠檬黄又称酒石黄，如果长期或一次性大量食用含量超标的食品，可能会引起过敏、腹泻等症状，当摄入量过大时会在体内蓄积，对肾脏、肝脏产生一定伤害。食用柠檬黄会导致儿童多动症，可诱发哮喘、四肢无力等，结构式见图 10 -8 所示。

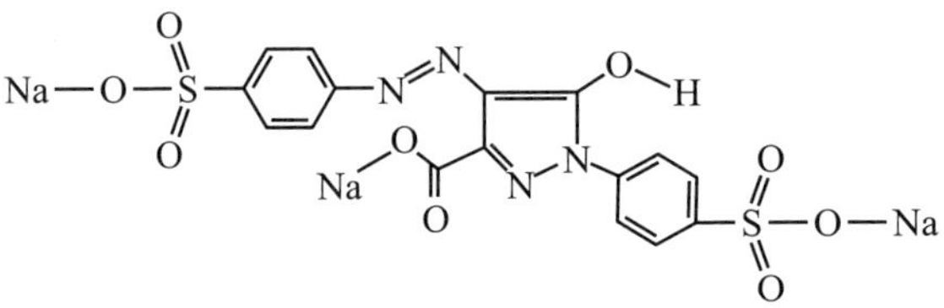

图 10 -8　柠檬黄结构式

（2）"毒豆芽"事件。①毒豆芽是指在豆芽生产过程中非法添加无根剂等，从而改变豆芽生产周期和外观，增加豆芽产量，最后流入市场销售的豆芽。无根剂的主要成分6-苄基腺嘌呤，使用量按我国《食品添加剂使用卫生标准》（GB2760 -1996）规定：用于发黄豆芽绿豆芽，最大使用量 0.01g/kg，残留量应不高于0.2mg/kg，而在实际中，商贩一般使用量很大，山东毒豆芽案件中，检出6-苄基腺嘌呤是国家标准检出上限的 2000 倍，长期食用会对人体产生蓄积危害，其结构式见图 10 -9 所示。

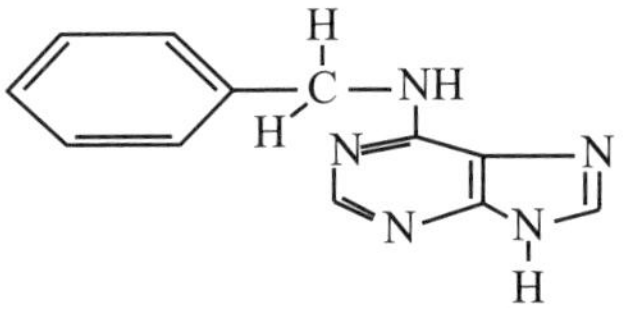

图 10 -9　6 -苄基腺嘌呤结构式

10.2.2　食品生产职业效益偏差原因分析

关于食品生产职业效益偏差问题仍然比较突出，屡禁不止，根深蒂固，原

---

① 《2011 食品安全事件回顾》，豆瓣网，2012 年 1 月 22 日。

因也很复杂，存在从个人到社会等多方面的影响因素。

10.2.2.1　个人方面

从食品生产者个人来看为了追求利益的最大化不考虑产品的安全性，违法或超标使用工业原料、化肥、农药等，只考虑自己的产品能买价高，完全违反食品生产的正常规律，提供的食品对人的健康带来威胁。

（1）食品生产者暴利诱惑。对食品生产职业中的生产者而言暴利诱惑是出现问题重要的原因之一，唯利是食品安全案件多发的根本原因。例如"毒豆芽"事件，1 斤绿豆正常情况下可生产 7 斤豆芽，但如果添加了豆芽"激素"无根剂，仅增加成本不过几分钱，豆芽的生长周期就会缩短一半多，并且产量翻倍，在利益驱动下，不法商贩铤而走险。

（2）食品消费者过分看重外观形象。很多消费者在选择食品时都倾向选择那些外观色泽鲜艳的商品，不法食品生产者就满足这部分消费者的需求，在食品生产加工环节，加入各种类型的化工染料、大剂量色素、防腐剂等，以使食品达到视觉上的美感，引发大多数消费者购买，获取丰厚的利益。例如"红心鸭蛋"事件，通过喂食鸭子含有化学染料苏丹红的饲料，使鸭子产出红心的鸭蛋，而这种红心蛋要比普通鸭蛋贵许多。

10.2.2.2　生产加工方面

在生产加工方面存在食品的原材料有农药残留等问题；一些小型或个体食品生产企业设施简陋，不具备生产安全卫生的食品的条件；生产方式落后，产品缺少统一的标准等问题。

（1）原料存在问题。随着食品生产职业的加速发展及环境因素的改变，原材料供应方面也发生了巨大的变化，比较突出的是农药和兽药使用量在逐年增加，由于环境条件及一些违法使用等因素，导致食品原材料中对人体有害物质的残留量增加，这些农产品和畜牧产品一旦出售给消费者或供给食品加工商用作食品生产原料，就会出现上述的农药残留超标问题。

（2）生产设施简陋。一些食品生产企业和个体食品加工者无视国家相关法律法规，无证生产经营，还存在着生产流程不科学、工艺条件不够严格、设备简陋、卫生条件差等食品安全隐患；有些食品生产流程控制不严格，如微生物灭菌不完全，导致食品残留病原微生物；或是运输、储备过程不完善，发生微生物大量繁殖现象，这些类型的生产单位在产出食品后，大多不进行必要的食品检验，商品直接流向消费市场，这样的食品时时刻刻都在影响着消费者的身体健康。①

（3）生产方式落后。农村大都实行分散经营，作坊式生产普遍，导致产

---

① 贾杰华、刘生慧：《基于食品安全问题的现状及产生的原因分析》，载《科技向导》2015 年第 6 期，第 262 页。

品种类繁多，品种杂乱，不利于推行标准化技术和统一产品质量，大大制约了食品安全水平的提升，有一些蔬菜、水果的生产基地没有规范的质量检测服务机构，也给产品的销售带来了阻碍，为了获取更高的利润，就有可能出现一些不利于食品安全的生产方式。

10.2.2.3　监督管理方面

食品生产职业的独特约束性，表现在它的整个活动过程都受到国家有关部门的监督管理，在国家的监管下，确保食品安全产出，消费者安全食用，一旦监管方面出现问题，也会影响食品生产职业的正常运行。

（1）管理空隙。国家一直在根据生存环境、生活习惯、生产模式等改变，不断地出台新的食品安全方面法律法规，为食品经济发展创造广阔的空间和良好机会，但同时也出现了一些监管空隙，让一些生产单位有关人员钻了"空子"，监管漏洞和盲区的存在导致一些安全问题的发生，如当前涉及食品监管的行政执法部门有5个：食品安全办公室、工商局、质检局、食品药品监督管理局、农业局，它们之间的职能出现的交叉部分，导致食品安全监管的交叉和盲点，不利于具体责任的落实，使食品安全监管难以做到无缝衔接。

（2）质量检测体系不够完善。目前全国已获得授权许可的食品质检部门数量不多，且都分布在大中城市，在人口众多的偏远县乡缺乏应有的质量检测机构，同时我国食品质量检测手段有限，一些在国内检测合格的出口产品却达不到国外标准，检测水平有待提高。

（3）相关规定存在执行难问题。比如说农药残留方面，在农业部令2012年第7号文件《农产品质量安全监测管理办法》中存在执行困难的问题，一是抽样该由哪个机构负责的问题，文件中并未明确指定该由哪个部门负责，究竟是该由农业检测机构执行，还是由有关执法机关执行，或是由农产品质量监督机构承担，就出现了似乎都有权利监管，又都不属于各自管辖范围的现象；二是不合格样品的处置问题，当出现农产品农药残留超标的情况，根据文件第二十八条"检测结果不合格的，应当在确认后24小时内将检测报告报送下达任务的农业行政主管部门和抽查地农业行政主管部门，抽查地农业行政主管部门应当及时书面通知被抽查人"、第二十九条"被抽查人对检测结果有异议的，可以自收到检测结果之日起五日内，向下达任务的农业行政主管部门或者其上级农业行政主管部门书面申请复检"、第三十一条"县级以上地方人民政府农业行政主管部门对抽检不合格的农产品，应当及时依法查处，或依法移交工商行政管理等有关部门查处"，但是大批量的检测工作需要一段时间，加上市场上流通的蔬菜、水果都具有即时性，可能不合格的报告通知还没有送达抽查人之前，蔬菜、水果就已经卖光了，因此就有可能造成了农药残留的潜在危害。①

10.2.2.4　信息方面

食品安全问题中还存在明显的信息不对称，俗话说"买的没有卖的精"，在食品生产过程中消费者总是处于弱势。一方面食品生产职业中，职业者受教育程度、个人品德、职业追求、职业技能等方面因素直接影响到提供产品的好坏；另一方面消费者对生产食品的企业及产品没有合适的渠道了解信息，消费者对信息的接受、理解和鉴别能力各不相同，部分消费者正是由于受自身知识及判断能力的限制，对食品好坏的判断能力有限，一味地追求便宜，从而使一些以次充好、危害健康的食品得以在市场上销售，尤其是农贸市场上没有品牌、商标的食品。这在一定程度上会影响部分民众对这类信息真实性的判断，进而加剧了部分消费者的信息不对称程度。②

10.3　食品生产职业效益事例

无论是在城市还是乡村，无论是大型食品企业还是个体养殖户，无论是在高档酒店还是街边小吃店，成千上万的食品生产职业人通过自己辛勤的劳动为千家万户居民提供着健康、方便、美味的食品，他们中不乏我们耳熟能详的代表人物，他们在进行食品生产职业活动的同时创造了非凡的职业效益，真正做到了"效在多方，益在多处"。

10.3.1　陶华碧

陶华碧，女，老干妈麻辣酱创始人，贵阳南明老干妈风味食品有限责任公司董事长。陶华碧创办了贵阳南明老干妈风味食品有限责任公司，经过近 20 年的发展，已成为中国最大辣椒酱企业的掌门人。③

10.3.1.1　简介

陶华碧，1947 年出生于贵州省湄潭县一个偏僻的山村，由于家里贫穷，从小到大没读过一天书。20 岁时，她嫁给了 206 地质队的一名队员，但没过几年，丈夫就病逝了，她带着两个孩子去外地打工和摆地摊。

1989 年，在贵阳市南明区龙洞堡的一条街边，开了一间"实惠餐厅"，她

---

① 陈铸洪、柯蓓、许伟东等：《果蔬农残例行监测存在的问题及对策建议》，载《安徽农学通报》2015 年第 2 期，第 83 ~ 84 页。
② 晓琪、胡嫡、于承禾：《信息不对称条件下食品安全问题的博弈分析》，载《新经济》2015 年第 4 期，第 12 ~ 13 页。
③ 主要资料来源：《陶华碧：身价 36 亿的"老干妈"》，载《共产党员》2015 年 1 月；《陶华碧：一个只识 3 个字的亿元老板》，大学生创业网，2015 年 8 月 21 日；《"老干妈"陶华碧：把 5 块钱生意做成 25 亿》，中国新闻网，2009 年 11 月 30 日；《老干妈美国网站变奢侈品》，大楚网腾讯湖北频道，2013 年 2 月 21 日。

特地制作麻辣酱用来拌凉粉，生意十分兴隆。后来，她看准了麻辣酱的潜力，从此潜心研究，经过几年的反复试制，她制作的麻辣酱风味更加独特。1996年，办起了食品加工厂，专门生产麻辣酱。1997年，"贵阳老干妈风味食品有限责任公司"正式挂牌。2014年公司发展到有2000人的大型食品公司，老干妈入选中国最有价值品牌500强榜单，不足10元的辣椒酱登上美国奢侈品销售网站的国际品牌，产品销往日本、韩国、美国、加拿大、英国等国际市场。

10.3.1.2　食品生产职业效益要点

一个没有上过学的普通妇女在20多年的辣椒酱制作的过程中，做到了消费者、个人、企业、当地居民和国家多方获益的可喜的职业效益，主要效益点概括为：

（1）消费者获益。老干妈牌油制辣椒一直沿用传统工艺精心酿造，具有优雅细腻，香辣突出，回味悠长等特点。老干妈是国内生产及销售量最大的辣椒制品生产企业，主要生产风味豆豉、风味鸡油辣椒、香辣菜、风味腐乳等20余个系列产品。2012年7月，美国奢侈品电商Gilt把老干妈奉为尊贵调味品，"老干妈"绝对算得上是"来自中国的进口奢侈品"。

（2）个人获益。事业的发展让陶华碧成为令人羡慕的富豪，为社会的巨大贡献使她获得了很多荣誉。

①个人收入。2005年，福布斯将陶华碧冠以"贵州首富"。2012年，她以36亿元的身家登上胡润中国富豪榜。如果豪车代表一个人的成功，无疑老干妈是成功中的成功，2015年腾讯汽车从汽车角度对老干妈进行了报道：目前其拥有车型包括劳斯莱斯幻影（贵AW7777）、宝马745（贵AD9999）、奔驰G级越野、劳斯莱斯古斯特（贵AA8888）。老干妈陶华碧不仅靠自己的努力赚到了钱，买了价值500万元的座驾劳斯莱斯，同时还获得了政府奖励的A8888连排号车牌。

②获得荣誉。陶华碧曾先后获贵阳市南明区"巾帼建功标兵"，贵阳市"巾帼建功标兵"，贵阳市"两个文明"建设服务先进个人，贵州省"三八红旗手"，全国"巾帼建功标兵"，全国杰出创业女性，中国百名优秀企业家，全国"三八红旗手"等荣誉称号；贵州省人民代表大会常务委员会代表、贵阳市政治协商委员会常务委员、贵阳市南明区政治协商委员会副主席。现任贵州省人民代表大会常务委员会代表、贵阳市政治协商委员会常务委员等。

（3）企业获益。企业先后被授予"全国食品行业质量效益型先进企业"、"国家级农业产业化经营重点龙头企业"称号；通过了ISO9001：2000质量体系、ISO14001：1996环境管理体系认证，HACCP认证，"油辣椒"通过了"绿色食品"认证；"油制辣椒"系列食品获得"中国名牌"称号，由公司作为标准的主要起草单位发布了国内首个"油制辣椒"国家标准。1997年企业产值1400万元，上缴税金86万元，以后逐年大幅度提升，2013年日销200万瓶，年销售收入 37.2 亿元，15 年增长了 74 倍，上缴税金 5.1 亿元。

（4）居民获益。老干妈的辣椒企业直接或间接带动 800 万人就业，无论是收购农民的辣椒还是把辣椒酱卖给经销商，陶华碧永远是现款现货，从不欠别人一分钱。建厂初期，由于玻璃瓶的用量少，陶华碧在贵阳第二玻璃厂软磨硬泡了几个小时后，玻璃厂允许她每次到厂里捡几十个瓶子拎回去用。谁也没有料到，就是当初的这场商务谈判日后成为贵阳第二玻璃厂发展壮大的唯一原因。现在"老干妈"60% 产品的玻璃瓶都由贵阳第二玻璃厂生产，它的 4 条生产线，有 3 条都是为"老干妈"24 小时开工生产。

（5）国家获益。老干妈以"零缺陷"顺利通过了美国食品药品监督管理局（FDA）的常规检查，从而成为贵州首家通过 FDA 检查的出口食品生产企业。60 多岁的陶华碧说："我是中国人，我不赚中国人的钱，我要把老干妈卖到外国去，赚外国人的钱。""老干妈 3 年缴税 8 个亿，实现 31 亿元人民币的产值。"在加拿大华人超市，一瓶老干妈卖 2.29 美元；在美国，一瓶卖 3.9 美元，全世界有华人的地方就有老干妈，这是民间为老干妈创造的广告语，饮食文化的输出也是一种文化输出，老干妈做到了这一点。

10.3.1.3　成功因素

陶华碧的成功因素来自艰苦奋斗、来自对产品的自信、来自对企业员工的自信、来自朴实的经营管理理念，她的成功因素有如下三点。

（1）以情经商是成功管理企业的亮点。出身于农村的陶华碧笃信人情的重要性，她明白这样一个道理：帮一个人，感动一群人；关心一群人，肯定能感动整个集体。老干妈的情感付出凝聚了人心，踏踏实实地把企业做大。

（2）坚持做自己熟悉的事。她教育儿子，要好生生做人，好生生经商，千万千万不要入股、控股、上市、贷款，这四样要保证，自己打下一片天，才觉得是真本事，才有意义。

（3）从不欠钱，资金流充足。老干妈不仅不借政府的钱，不欠政府的税，而且每年能给政府贡献上亿元的收入。公司有数十亿元的现金流，老干妈从来不因为资金不足发愁，她不欠别人的钱，也不允许别人欠她的钱。

10.3.2　邓世奇

邓世奇，男，沙县小吃的代表人物。沙县隶属于福建省中北部的三明市，邓世奇是沙县小吃的发起人，也是沙县著名原家小吃的创始人之一，不懈的努力使他成为草根英雄，他的经历鼓舞了不少人。①

---

① 主要资料来源：《邓世奇：小吃也能出品牌》，载《商界》2010 年第 7 期；《他凭啥做大沙县小吃》，《商海精英》2011 年第 11 期；何新强，周佺，邵晓明：《浅析"沙县小吃"》，载《科教文汇》2012 年第 1 期；《奇葩沙县小吃：每年营收 70 亿　上市被称天方夜谭》，中国青年网，2015 年 11 月 20 日。

10.3.2.1 简介

邓世奇，1954 年 10 月出生于沙县湖源乡锦街村，种过田、当过兵。1978 年复员返乡，和妻子原冬英在大洛乡承包了一家照相馆。后来辞职接下了祖辈传下的小吃制作技艺，1985 年在大洛乡开了第一家"原家餐馆"，是原家小吃创始人之一。

现任福建沙县原家餐饮管理有限公司董事长，多次获得沙县小吃"十佳"荣誉。2000 年荣获"发展沙县小吃成绩突出奖"，2007 年在首届"中国沙县小吃文化节"上再次获得"十佳"小吃业主殊荣。多项创制小吃品种荣获"中华名小吃"、"福建名小吃"、"福建名菜"，将沙县小吃直营店开到了三明、厦门、北京、上海、甘肃、新疆等全国各地。

10.3.2.2 食品生产职业效益要点

邓世奇通过自己的打拼将沙县小吃打造成为遍布全国的中式快餐，发扬了传统的中华美食文化，实现了包括自己、消费者、沙县居民等多方面获益的良好的职业效益。主要有以下 4 个方面的体现。

（1）消费者获益。沙县小吃经济实惠、新鲜可口，小吃基本上是低脂肪、低热量的清淡食品，大豆是主要原料食材，营养成分的含量在各种食品中是名列前茅；沙县小吃文化内涵深厚，小吃遍布街头巷尾，一边享用小吃，一边聊天，是一种乡情浓郁、情趣十足的精神享受。沙县小吃丰富繁荣了全国各地的餐饮市场，已经遍及全国十几个省市，乃至国外新加坡等地，为各个地区人们带来美食享受。

（2）个人获益。多家餐饮饭店的经营给邓世奇带来了可观的经济效益，对沙县小吃品牌的贡献使他获得当地政府颁发的多项荣誉。

①收入丰厚。1997 年，家乡举办首届沙县小吃文化节，新建的小吃一条街隆重开张。邓世奇的店面占了小吃街的"半壁江山"，生意越做越好。2010 年，又在小吃文化城开办"原家小吃美食城"，营业面积 2000 平方米，同时向三明、南平、北京、上海等地扩展，在经营沙县小吃的过程中，个人收入得到了丰厚的回报。

②获得荣誉。2009 年，原家餐饮公司成为三明市首批"全民创业孵化基地"；邓世奇多次获得"十佳"沙县小吃业主殊荣、发展沙县小吃成绩突出奖、发展沙县小吃特别贡献奖，被授予"三明市创业标兵"，沙县政协第七届委员会委员。

（3）沙县居民获益。沙县小吃已经成了沙县人的名片，沙县 65% 的农村劳动力从第一产业中转移出来，主要经营沙县小吃。现如今"沙县小吃"食品品牌已经形成产业规模，小吃从业人员不断壮大，据统计，约 1.3 万户外出经营沙县小吃，带动周边地区城乡从事沙县小吃行业人数达到万人，农民经营小吃业年收入近 5 亿元，凭借价格低廉、风味独特的各色小吃，实现了年营业额超 36 亿元、纯收入过 6 亿元的食品生产产业奇迹。据沙县小吃办的统计数据显示，沙县小吃全国店铺超过 2 万家，6 万多从业者，年营业额近 70 亿元人民币。其店铺规模是肯德基的 5 倍。在中国，这是餐饮界的一朵"奇葩"。

（4）丰富美食文化。在食品生产职业中，创建品牌及美食文化是提高食品生产职业效益的一个重要组成部分，沙县小吃业在生产经营过程中，逐渐意识到打造品牌的重要性。一方面积极组织从业人员参加一些比赛活动，来宣传"沙县小吃"品牌的知名度，扩大在消费者领域的影响力，如"庙门扁肉"、"沙县芋包"及"沙县烧麦"等都在"中华名小吃"认定会上榜上有名；另一方面沙县政府认真筹办小吃文化节，展示沙县饮食文化，从 1997 年开始，沙县将每年的 12 月 8 日定为"小吃文化节"，并通过举办文化节，借助新闻传媒的力量，把"沙县小吃"搬上荧屏，展示给全国人民，让更多人了解沙县小吃，随着小吃文化节影响力的逐步扩大，2005 年沙县被中国饭店协会授予"中国小吃文化名城"称号，这一系列品牌与美食文化，为福建省餐饮业向外发展提供重要力量。

10.3.2.3　成功因素

邓世奇的成功来自他对中华传统美食文化的挖掘和经营，沙县小吃更加贴近普通百姓的生活，满足消费者对经济、美味、安全、快捷食品的需求。他的成功因素有四点。

（1）祖传手艺，技艺精湛。邓世奇的岳父是沙县民间烹饪高手，邓世奇夫人原冬英把祖传技术和沙县小吃相结合，经过 20 多年倾心研究，创出了沙县小吃精品系列品种。

（2）特色鲜明、定位准确。提起沙县小吃，很多人会想到它的扁肉、拌面、炖罐、蒸饺；它没有特价、新品推荐、套餐等五花八门的营销手法，质朴地做着物美价廉的美食。

（3）抓住机遇、发展壮大。1997 年，邓世奇在沙县打出了"原家小吃城"的招牌；2006 年，邓世奇进军上海，开了两家以"沙县原家小吃"冠名的连锁店。2007 年，成立"沙县原家餐饮管理有限公司"；2010 年，"沙县原家小吃"亮相上海世博会，做到了品牌升级。

（4）统一标准、全国加盟。邓世奇借鉴洋快餐的模式较好地解决了中餐的标准化问题。公司建立了培训孵化基地，借鉴麦当劳等洋快餐的模式，从加盟学员的培训抓起。他们统一门标、柜台标，统一店员服装、台牌、餐桌布。例如安徽学员丁以勇参加培训后，在合肥市开了一个加盟店，年营业额达 180 万元，创利 60 万元。

10.3.3 牛根生

牛根生,男,蒙牛乳业集团创始人,内蒙古蒙牛集团董事长。2002 年中国十大创业风云人物之一。2005 年将自己及家人持有的蒙牛股份全部捐出成立老牛基金会,被誉为"全球捐股第一人",2010 年被中国慈善排行榜授予"中国慈善事业终身成就奖"。①

10.3.3.1 简介

牛根生,生于 1958 年,出生于内蒙古自治区呼和浩特市。1978 年,他是呼和浩特大黑河牛奶厂的一名养牛工人;1983 年,担任内蒙古伊利集团厂长;1992 年,担任内蒙古伊利集团生产经营副总裁,是伊利创始团队成员;担任伊利集团生产经营副总裁期间成为"中国冰淇淋大王";1999 年离开伊利,创办内蒙古蒙牛乳业(集团)股份有限公司并担任董事长兼总裁职务,用短短 8 年时间,使蒙牛成为全球液态奶冠军、中国乳业总冠军。2005 年捐出全部个人股份设立"老牛专项基金";2006 年,辞去蒙牛集团总裁职务。

10.3.3.2 食品生产职业效益要点

牛根生创新发展方式,在为消费者提供奶制品的职业生涯中实现了多方获益的优良的职业效益,现在的牛根生通过慈善基金会的工作继续为社会做出贡献,他的职业效益可以概括为以下 6 个方面。

(1)消费者获益。蒙牛成立之初就致力于建立绿色、透明的乳制品产业链;零污染的牧场管理与奶源收集;高科技加工与研发;严格的质检标准;规范化的运输管理,在链条上的每个环节都力求完美,为消费者带来最纯净的健康享受。蒙牛是"全球乳业 11 强",蒙牛特仑苏、优益 C 及冰品系列已经远销到蒙古、新加坡、中国香港、中国澳门等国家及地区,蒙牛优益 C 获得中国香港 7 - Eleven 便利店的"2014 年最喜爱便利品牌—销售杰出表现奖"。并多次获得中国香港知名连锁超市惠康超市"惠康超市十大品牌"奖。

(2)个人获益。牛根生在创建蒙牛品牌的过程中个人获得到了巨大的经济利益,成为全国的知名企业家,以他的个人魅力获得大家的好评。

①个人收益。牛根生有着"亿万富翁"的名号,他创立的"蒙牛"品牌全国知名,一年有着数十亿的销售收入,2003 年《福布斯》的中国富豪榜上,牛根生以 1.35 亿美元身价上榜。牛根生是蒙牛最大股东,他的股份占整个公司的 12.88%,2004 年,他把自己的全部股份捐献出来,成立了老牛基金会,2008 年总资产达到 40 多亿元,支持着整个公益事业。

---

① 主要资料来源:《蒙牛董事长牛根生:用制度把私产捐给企业》,新华网,2005 年 1 月 17 日;韩畅阳:《牛根生领导力分析》,载《经济视野》2013 年第 14 期,第 24 页;《蒙牛成为全国唯一出口乳品质量安全示范基地》,蒙牛官网;《牛根生:要想知道,打个颠倒》,载《管理学家》2007 年第 3 期;《蒙牛乳业公司简介》,和讯网,2015 年 12 月 1 日。

②获得荣誉。牛根生作为中国乳业的传奇人物，杰出的企业领导，在实现自身价值的同时，获得了很多的荣誉，他曾经跟随国家领导人参加过 APEC 会议，在内蒙古当地无人不晓。2002 年获"中国十大创业风云人物"、"中国经济最有价值封面人物"、"中国民营工业行业领袖"等荣誉，2003 年获"中国企业新领袖"、CCTV"中国经济年度人物"称号；2009 年 8 月，辞去蒙牛集团董事长职务，成为专职慈善家，被《凤凰周刊》评为"全球四大捐赠巨头"之一。

（3）企业获益。牛根生是一个传奇的企业家，1999 年蒙牛成立，注册资金 100 万元；1999～2005 年，蒙牛乳制品生产企业的销售收入以每年 158% 的速度飞速增长。蒙牛位列"中国乳品行业竞争力第一名"，蒙牛枕单品销量居全球第一，液态奶销量居全国第一，"消费者综合满意度"列同类产品第一名，同时也是 2003 年香港超市唯一获奖的大陆品牌；蒙牛是中国首家在海外上市的乳制品企业，企业的高速发展使企业获得了良好的经济效益。

（4）居民获益。1999 年，当时蒙牛面临的是"三无状态"：一无奶源，二无工厂，三无市场。牛根生创造性地提出了"先建市场，后建工厂"的战略。在此期间，他的团队盘活 7.8 亿元资产，使自治区内外的 8 个奶企走出濒临破产的窘境，同时也使一大批员工摆脱了下岗失业的命运。6 年间，蒙牛让西部不少县市的奶牛头数增加了 10 倍。这片土地上传诵着这样的民谣："一家一户一头牛，老婆孩子热炕头；一家一户两头牛，生活吃穿不用愁；一家一户三头牛，三年五年盖洋楼；一家一户一群牛，比蒙牛的老牛还要牛！"

（5）国家获益。蒙牛乳业已在全国 16 个省区市建立生产基地 20 多个，各个生产基地的周边地区建立奶站共计 3000 多个，相关联奶农达到百万户，累计创造就业机会超过 30 万个，被形象地誉为我国西部大开发以来"最大的造饭碗企业"。蒙牛乳制品年生产能力达到 600 万吨，拥有液态奶、酸奶、冰淇淋、奶品、奶酪五大系列 400 多个项目，累计为农牧民发放奶款超过 400 亿元，累计缴纳税款超过 40 亿元。

（6）社会获益。随着蒙牛企业崛起后，牛根生逐步由企业家转型为慈善家。2006 年，他辞去蒙牛集团总裁，主要精力转移至慈善事业。老牛基金会以"发展公益事业，构建和谐社会"为宗旨，已发展教育、医疗、环保等方面的公益慈善项目 50 多个，惠及公众。

10.3.3.3　成功因素

牛根生的职业生涯中，无论是在蒙牛集团还是在老牛基金会，他都凭借着勇气和果敢、凭借着朴素的人生理念获得了社会的尊重，他的成功因素很多，主要是以下两点。

（1）贫寒的身世及来自家庭朴实的教育使牛根生受益终生。他说："唯养母嘱咐我的两句话终生难忘，一句是'要想知道，打个颠倒'，另一句是'吃亏是福，占便宜是祸'"；他信奉"财散人聚，财聚人散"的经营哲学，"舍得，舍得，舍了就有得。如果你有一个亿放在家里，迟早会被人偷，但如果放在朋友家里，一人一块钱，根本丢不了"。1999 年从伊利出来创业时，在一无奶源二无工厂三无市场的情况下，"没有过去的散财，也不可能在那么短的时间里聚集到三、四百名有 15 年以上经验的乳业专门人才，取得现在的成绩"。牛根生据此来印证自己散财的善报。

（2）牛根生是一个具备超乎常人的勇气和果断的企业家。无论是牛根生在伊利时花费 18 万元去做咨询，从而做大伊利的冰淇淋产业，还是从零开始创办蒙牛集团，以及 2003 年借助"神舟五号"成功发射的出色营销，都反映出他超乎常人的勇气与果敢的气魄。

10.3.4　吉井隆一

吉井隆一，男，澳大利亚悉尼 Yoshii 餐厅的厨师，日本料理大师，世界顶级的日本名厨。他用传统日本美食在澳洲餐饮界创出一片天下，将西餐的灵感融入寿司制作，形成了自己独树一帜的日餐新理念。[①]

10.3.4.1　简介

1964 年，吉井隆一出生于日本的长崎，在很小的时候就学会了寿司制作的基本技巧。1997 年他移民澳大利亚最大的城市悉尼，开设了自己的寿司店。而且以正宗的"江户前寿司"风格在悉尼独树一帜。

吉井隆一在寿司的制作上最求巧妙的构思，他制作的每道菜品都能升华成一件美轮美奂的艺术品。比如将产自塔州的带子，仔细地片成 5 片，然后摆在剔去了果肉的莱姆中，用筷子拈了晶莹剔透的三文鱼子点缀在带子上面，一块平淡无奇的带子竟然就如有了生命般，绽放成了一朵俏丽的梅花。

吉井隆一追求精湛的厨艺，他的美食哲学是明天比今天做得更好吃！他坚持做传统的"江户前寿司"得到了客人的认可。很多客人在吃过了之后，就只来 Yoshii 餐厅吃寿司了。

10.3.4.2　食品生产职业效益要点

吉井隆一作为一名厨师，在澳洲将日式料理发扬光大，提供美食的同时传播了日本文化，取得了良好的职业效益，主要有以下两点。

（1）消费者获益。看吉井做料理，本身就是一种享受，让人不由得随着他专注的表情安静下来，一时间有些时空流转的错觉，似乎从喧嚣的悉尼回到了那奇幻的江户时代。待到刺身完成，吉井转身，从身后的橱柜中，精心选了一只陶盘，这些盘子都是著名日本陶艺家小路光男 Mitsuo Shoji 的作品，每一

---

① 　主要资料来源：《世界美食大师吉井隆一》，央视网视频，《人物》栏目 2010 年 9 月 10 日。

只绝不相同，取舍之间，是吉井挑剔如艺术家般的坚持。

吉井隆一能做 200 多种不同的花样寿司。吉井做的动物寿司惟妙惟肖，他不但用如雪般的墨鱼肉模拟出了小白兔的身体和耳朵，用三文鱼子为它点出眼睛，还俏皮地用鳟鱼为它做了一根小小的胡萝卜。这只"小白兔"花样寿司不过成年人大拇指大小，让人舍不得吃下去。吉井迄今为止为顾客奉献了 400 多种风格的日式料理。

（2）个人获益。吉井隆一被誉为"悉尼最棒的寿司大厨"、获"世界十大美食大师"的称号。纽约时报评论"他用最新鲜的食材、最精意的手法，用传统的日本美食在澳洲餐饮界创出一片天地，将西餐和自己独树一帜的日餐新理念相结合，是悉尼最棒的寿司主厨"。

10.3.4.3　成功因素

吉井隆一能够获得世界美食大师的称号，他通过自己独到的艺术品位和最求，把每一道菜品都当做艺术品、工艺品去打造，获得了成功，成功因素主要有以下三点。

（1）渊源的家传。吉井隆一成长于一个美食之家，从儿时开始就接受世界一流的寿司大师的专业训练，父亲在他小的时候就希望他将来能继承家业，做一名寿司大师。1997 年移民来到澳洲后真正当了一名厨师。

（2）精致的刀具和餐具。吉井隆一每次制作料理之前都会用心的磨刀，世界名厨埃卡德·维兹格曼说："在吉井隆一娴熟的刀法面前，一切西式烹饪显得笨拙粗鄙，黯然失色了。"刀工是削鱼片的首要条件，吉井隆一的刀法炉火纯青，精妙绝伦。他精心选择的陶盘都是日本著名陶艺家小路光男 Mitsuo Shoji 的作品，取舍之间显示了吉井艺术家的专注和品位。

（3）极具艺术品位与追求。日本料理的外观和摆盘很重要，要让食客们有大吃一惊的感觉。他经常去悉尼的亚洲博物馆参观学习，一逛就是好几个小时，那些悠久的亚洲传统历史给了他很多创作的灵感，使他深切体会到料理的精华及东方、西方料理美妙的结合，吉井隆一制作的一道道美食更像一件件精美绝伦的艺术品。

10.4　讲求提高食品生产职业效益探索

讲求提高食品生产职业效益，不是某一个食品生产者个人的事，而是整个食品生产职业从业人员共同的事，它要求所有从业人员认真负责做好各自本职工作，只有这样才能够为消费者提供安全、放心的食品，提高食品生产职业效益，实现效在多方、益在多处。

10.4.1　合理讲求食品生产职业效益的意义

合理讲求食品生产职业效益，就是使它更适合我国建设资源节约、环境友好、关系和谐型社会的要求，支持发展循环经济，追求可持续发展和以人为本的食品生产职业效益评价指标体系，为评价食品生产领域成果提供一种具有中国特色标准的"指标模本"，有助于准确、合理、公正地评价食品生产职业效益。因此合理讲求食品生产职业效益，对从事食品生产职业的研究者和实践者都具有强大的吸引力。

10.4.2　提高食品生产职业效益的探索

食品生产职业效益是一个综合性概念，涉及众多领域多个方面利益，因此合理评价食品生产职业效益，应秉承"效"在多方，"益"在多处的原则。在食品安全的前提下，积极探讨提高食品生产职业效益的措施，努力创建安全、环保、高效的食品生产职业环境。

10.4.2.1　国家政策要进一步鼓励发展种植业和养殖业

2006 年，我国全面取消农业税，意味着在中国沿袭两千年之久的这项传统税收的终结，直接惠及 9 亿农民。很多省市也根据自身特点推出不同的政策方案，如 2008 年重庆市政府办公厅出台《关于引导和鼓励农民工返乡创业的意见》，[①] 鼓励农民返乡创业，大力发展养殖业，这些政策已经取得成果，国家还应该在这方面加大力度。

（1）减免农业税收。我国是一个农业大国，农产品生产及加工在食品生产职业中占有极大的比重。国家实施减免农业税收，使农民有更多的资金投入到农业基础设施建设及农业新技术等方面，如采用高科技手段防病防虫，从而减少化学农药的使用；加强产品检测技术，确保流向消费者的食品安全健康，对促进农业生产效益的提高起到积极作用。

（2）优惠创业条件。鼓励外出务工人员回到家乡，创办一些与食品生产职业相关联的企业。如农产品方面，可以承包大规模的果园、蔬菜园，规模化的种植生产，便于管理经营，便于病虫害防御等；渔业方面，发展鱼、虾、蟹等海鲜及海带等水产植物的养殖，提高海水、淡水养殖技术；养殖方面，规模化的饲养场，实现养殖与加工一体化；食品加工方面，根据当地的特色食品创建工厂，改变原本单一的食物，增加收入等。

10.4.2.2　完善监督管理制度

完善监督管理制度需要从以下四个方面做好工作：一是加强各个部门的职

---

① 《关于引导和鼓励农民工返乡创业的意见》，渝办发 [2008] 296 号。

责，充分发挥市场机制、社会监督和行业自律作用，建立让生产经营者成为食品安全第一责任人的有效机制；二是完善食品标准体系、质量管理规范，健全食品风险预警机制和对地方的监督检查机制，构建防范区域性、系统性食品安全风险的机制；三是推进食品检验检测机构整合，完善技术支撑保障体系，提高食品监督管理的科学化水平；四是规范食品行政执法行为，完善行政执法与刑事司法有效衔接的机制，推动加大对食品安全违法犯罪行为的依法惩处力度。

10.4.2.3　引导安全高效的食品生产

在食品安全生产前提下，积极引导提高食品生产职业效益，大力发展新型农业、更新食品检验设备、转变生产模式等。

（1）大力发展新型农业。新型农业现代化是以粮食优质高产为前提，以绿色生态安全、集约化、标准化、组织化、产业化程度高为主要标志，同时是基础设施、机械装备、服务体系、科学技术和农民素质支撑有力的农业现代化。大力发展新型农业是推进农业现代化的重要引擎，促进农业发展、农民增收，从而提高了农产品生产效益。[①]

（2）食品检测方法更新。食品检测技术的提升，将有效地防止农残超标、乱用添加剂、非法使用化工原料等食品流向消费者市场，大大减少有危害食品的流通，降低了消费者健康的隐患，使消费者获益，提升对产品的信赖。例如在农残及添加剂检验中利用气相色谱法、高效液相色谱法等先进的分析技术。[②]

（3）食品生产技术的更新。食品生产职业中多个领域正在进行着产业更新，淘汰落后和老套的生产模式。一般技术手段落后的企业，在追求高效益时，就有可能出现农药残留、兽药残留、添加剂乱用等一系列食品安全问题。食品生产行业要寻求好的方法，既可以保证食品安全，又可以促进生产效益的提高。

---

① 《发展多种形式规模经营大力培育新型农业经营主体》，中国农经信息网，2012 年 12 月 14 日。
② 汪春华、王强、赵雪：《食品检验检测体系的现状及对策分析》，载《中国保健营养》2014 年第 5 期，第 107～108 页。

第11章 讲求提高医疗职业效益

医生，为人诊治疾病，从事的是一种救死扶伤的职业，他们的工作可以缓解伤痛，甚至挽救生命。因此，这是一个高尚而让人敬慕的职业。同时，医疗职业对于保护和增进人民健康、提高生活质量，为计划生育、救灾防疫、军需战备以及促进经济发展和社会进步均具有十分重要的作用。因此，提高医疗职业的效益是必然要求。

11.1 医疗职业效益知识

在一个良态的社会系统，医务工作必然是高尚的职业，医生、护士必然是受人尊重的职业和人群。而近20多年来，医患之间利益取向发生了严重的错位，医患信任危机日趋严重，医务人员的职业荣耀感和成就感受到挑战。对于扭转这种局面，引导医患关系步入正轨，必须要通过讲求和提高医疗职业效益来实现。因此，首先需要认识并了解医疗职业效益方面的知识。

11.1.1 医疗职业及其作用

中国的医疗职业最早出现在炎帝时期，是人类社会最古老的职业之一，至今已有上千年的历史。而在当今社会中，医疗职业也与人们的健康生活和社会的永续发展息息相关，具有非常重要的作用。

11.1.1.1 医疗职业特性

医生，是掌握医药卫生知识，从事疾病预防和治疗的专业人员的统称。医疗职业是指医生从事的救死扶伤的事业。它不同于其他行业的特殊性在于其需要满足服务对象生理和心理上的双重需要，它的服务对象是患者，不是为其提供特定的外在的物质产品或饮食、交通、通信等劳务的外在性的东西，而是帮助满足患者恢复体能机能的需求以及克服心理障碍，重新走上健康生活之路。其中，医生的工作具有以下不同于其他职业的基本特点。

（1）医生的劳作对象是患者

医疗职业的劳作对象是人，是有待医治的患者，不是物，不同于其他的劳作产品或劳务，其有思想意识、有行动能力、有主观能动性，不是被动的劳作对象。

（2）医疗工作的复杂性

医学有着久远的历史，人类从产生之日起就要不断地与各种物理、化学、生物伤害做斗争。但医学又是一门非常不完善的学科，许多疾病的发病原理并不清楚，治疗前景常常有不可预测性，正是疾病的复杂性，人类认识自然的有限性，使医学诊疗措施必然存在不可预测和不可控制性。而在一个权利意识复苏和人权观念加强的时代，必然是一个诉讼时代和对医生较少宽容的时代。虽然随着医学的进步，疾病康复率和手术成功率都比以前有很大的提高，但医疗职业风险却在加大。

（3）医疗职业的双重性

一般而言，医生总是希望病人得到康复，不追求病情加重或死亡，否则就是故意杀人。因此，医疗过失行为是引起医疗职业风险的主要原因。但比起医疗过失引起的医疗职业风险，我国医务人员面临最严重的职业风险莫过于医患纠纷所带来的精神、心理甚至是身体上的伤害。在当今紧张的医患关系氛围中，医务人员不仅面临着自身职业的高风险，更面临着医患纠纷的潜在伤害。

（4）医疗工作的社会性

医疗行业的工作对象是具有社会性的人，这决定了医疗职业肩负的重要社会责任。医疗职业中应充分认识到患者及其家属作为社会人所具有的法律权益，对疾病的心理认知、预期以及承受能力等，并考虑到其他社会因素所可能引发的一系列社会效应。

11.1.1.2　医疗职业划分

医疗职业存在多种形式，可以从多角度划分。从发展源头来看，可以分成中医和西医；从工作内容的角度来看，可以分成急诊医生和全科医生、专科医生，而且医疗行业往往与医药行业密切相关，这就会涉及新药研发人员、医药代表和医疗保险顾问等多个职业。

11.1.1.3　医疗职业的作用

从古至今，就医疗职业从业者的工作内容而言，主要是救死扶伤，帮助患者恢复身体机能，克服心理障碍。正如医生就职宣言中所写到的：最高地维护人的生命。

根据《中华人民共和国执业医师法》[①] 第一章第三条明文规定："医师应当具备良好的职业道德和医疗执业水平，发扬人道主义精神，履行防病治病、救死扶伤、保护人民健康的神圣职责。"

---

① 由中华人民共和国第九届全国人民代表大会常务委员会第三次会议于 1998 年 6 月 26 日通过，自 1999 年 5 月 1 日起施行的《中华人民共和国执业医师法》。

11.1.2 医疗职业效益及其评价指标

医疗职业效益是医疗职业作用的成果，惠及社会成员和社会生活，体现医疗职业的价值，进一步明晰医疗职业效益的内含、关系与评估，是讲求大力提高医疗职业效益的基本要求。

11.1.2.1 医疗职业效益含义及其关系

医疗职业效益指的是医生等业医工作者从事医疗相关职业活动的成果状态，是从事医疗职业活动追求的效果利益，通过职业活动的收入与支出的比较来体现。其中，支出是从业活动的耗费，包括培训费、医疗设备购置费等，职业收入包括工资、奖金等。

然而，在现代社会，人们并不是个人孤立的进行职业活动，职业活动必然要与自然环境、社会生活密切相关，职业活动既要利己，又要利人，还要利于自然环境；职业效益内含自然环境与社会生活两方面的要求，包含职业劳动者与自然环境、职业劳动者与社会消费者以及社会消费者与自然环境三方面的关系。因此，职业效益不是简单的单纯的个人从业获得的利益好处，而是包括自然、相关人员大家共同获得的利益好处。

医疗职业效益，是指医生用较少的消耗取得较多的包括医生个人在内的相关人群获得的利益好处总和。其中，相关人群主要包括医疗从业活动的合作者、患者、家属与国家。从业活动的合作者包括护士、药剂师、所在医院等，他们分别在各自擅长的医学领域，协助医生开展救助工作，充分发挥自己的价值；患者是医生从事医疗活动的直接作用对象；患者家属作为医疗费用的承担者，是关心患者的身体健康，并对医生及医院寄予厚望的利益相关者；国家代表社会的管理者。这些有关人员都有利益所在及其要求，需要兼顾兼有，效在多方、益在多处，都须实现。

患者是医疗职业活动作用对象，医生及有关人员分别作用于患者。医生直接救治患者，主要通过一些科学用药、手术等医疗手段。在医治患者的过程中，相关工作的合作者也分工与协作，在各自擅长的领域分别给予患者帮助；医生是医疗职业的主要当事人；家属作为患者的供养者，关注患者的身体恢复状况，寄希望于医院、医生等相关人员，希望患者早日恢复健康体魄；协作者分别是其他医生、护士等有关人员，分别做好患者的救治和住院生活保障等相关事宜，保障患者尽快恢复健康；国家管理者主要是从社会需求的视角，要求尽可能地医治患者，帮助患者恢复健康体魄和心理状态，早日回归原本正常的生活，为国家和社会创造价值。

11.1.2.2 医疗职业效益评价的价值及其评价指标

医疗职业效益的评价，是对医疗职业效益状况做出判断和评定，目的是正确认识医疗职业效益，协调医疗职业关系，更好地科学讲求提高和实现医疗职业效益。

医疗职业效益评价需要通过一定的具体的标准做出判断，这一具体的标准就是评价指标，它是医疗职业效益评价的核心内容与工具，选择医疗职业效益评价指标至关重要。医疗职业效益评价指标的选择，应根据职业效益评价理论的要求，顺应医疗职业劳作形成的关系，分析"效在多方"的利益主体与"益在多处"受益所在，体现"效在多方"的利益主体与"益在多处"受益所在正是评价指标所在，体现"效在多方、益在多处"的具体要点，就是医疗职业效益评价指标，见表 11 - 1。

医生、患者、家属、合作者与国家几个方面的指标，分别从不同的角度反映评价医疗职业效益，医生指标反映从业主体个人的利益，患者指标反映医疗职业服务对象的利益，国家指标反映社会管理者的利益，合作者指标反映分工协作者的利益，家属指标反映家属期望的利益，医疗职业效益的价值就在于使包括医生本人在内的几个方面都获益。

表 11 - 1　　　　　　　　　医疗职业效益评价指标体系

指标名称	一级指标	二级指标	三级指标
医疗职业效益评价指标	患者利益	就医支出	医药费、时间等支出
		就医结果	健康体魄等
		就医收支比	价值收支比等
		就医感受	对医生及医院的满意度等
		知识应用	简单医疗知识应用等
		成才	事业作为、社会贡献等
		人生启迪	培养良好的生活习惯等
	患者家属利益	希望	医治患者恢复健康等
		投入	财物、时间等
		结果	就医满意度等
	管理者利益	医疗投入	医院、医疗器械设备等投入
		医疗收入	人才、医疗事业的发展等
		投入收入比	价值投入收入比等
		创新	医疗手段、技术等创新
		公益	无偿社会救助等

续表

指标名称	一级指标	二级指标	三级指标
医疗职业效益评价指标	合作者利益	良好品质	耐心、责任心等
		配合默契	团队精神等
		收益	经济收入等
	医生利益	医疗支出	医疗设备、专业进修等支出
		医疗收入	工资、福利等收入
		医疗收支比	价值收支比等
		医疗价值实现	治愈病人、造福社会等
		医疗从业感受	从业快乐、满意度等

以上评价指标权重的确定是一个关键要点与难点，指标权重的确定主要有主观判断与数学方法确定两种方式。主观判断一般重视专家意见，通过一定的专家评判确定；数学方法是通过数学计算推导确定。这两种确定指标权重的方法均具有局限性，几个或多个专家以及复杂的数学计算推导是难以真实判断大量相关主体的愿望、利益要求与实际感受的，能切实表达评价指标内含主体实际情况的只能是这些当事人自己，因而应由相关人员做出评价指标权重的确定，以及由他们进行评价，这样的评价才会具有真实性与可靠性，比较好的方法是加权算数平均的方法。

11.2　医疗职业效益现状分析

随着经济的发展和社会的进步，人们对生活质量的要求越来越高，其中包括对医疗卫生的持续关注，这是一个良好的开端。我国的医疗事业也在很多方面都取得了重大的突破，一些技术甚至走在世界前列。但近些年来关于医疗问题，出现在人们视线中的往往还是有一些如"过度医疗"、"医患纠纷"等的负面新闻。集中到一点就是医疗职业效益问题。

11.2.1　医疗职业效益现状问题

我国医疗事业的发展与公民的期待与要求等尚存在一些差距，医疗职业效益存在误差，医院、医生、护士等相关从业者也存在诸多相关问题。

11.2.1.1　医疗资源有限

很多资源都是有限的，其中也包括医疗资源。有限的资源必须用在急需的患者身上，这样才能使整个社会人的生命价值总和达到最大。医学的最终发展是以是否促进社会健康和幸福以及促进人的健康和发展来衡量的。医生工作对象的特殊性决定了它不是单纯的技术职业，而是涉及法律、伦理、心理等多方面问题的综合体。人并不是一个单纯的生物体，更不是一台机器，他是多层次的并处在与社会的联系中。因而医生的职责并不只是去治好一个病，更是治好一个人，使他能够成为一个健康的并有用于社会的人。正如医学史家亨利·西格里斯说的："医学的目的是社会的，它的目的不仅仅是治疗疾病，是某个机体恢复。它的目的应为世人调整以适应环境，作为一个有用的社会成员。"[1]生命价值的原则是强调生命质量，放弃治疗，以此为依据体现了医生治好健康并有用于社会的人的职责。在临床诊疗中采取的是最优化原则（即疗效最佳、损伤最小、病痛最轻和耗费最少）也体现了这一点。它充分考虑到病人的需要和利益，试图采取一种最优化的方法来最大限度地满足病人的需要。

但是，这样就会出现比如"安乐死"、"放弃治疗"等与伦理相悖的医疗事件。例如，社会新闻总会曝出一些重症患者因高昂的医疗费用或短缺的医疗资源，再三权衡决定选择放弃治疗。人的生命是至高无上的，每个人都有生存权。放弃生命的延续是与中国乃至世界的伦理道德相违背的事情。因此，妥善改善医疗资源有限的现状，是一个国家、社会亟待解决的问题。

11.2.1.2　医患关系矛盾日益突出

医患关系是医务人员与患者在医疗实践过程中产生的特定关系，是医疗过程中最重要的人际关系。国家卫生计生委主任李斌在 2014 年两会会上提供的数字也客观描述了医患关系的总体情况。据统计[2]，2013 年全国医疗卫生机构的门诊量是 73 亿人次，比上一年增长 6%，出院人数 1.91 亿人，比上一年增长了 7.3%。全年统计到的医疗纠纷为 7 万件左右。"医和患没有根本的矛盾，双方的利益其实是一致的，就是治好病。"全国政协委员、北京市卫计委主任方来英认为，医患矛盾并不是医患关系的主流，但是个别恶性伤医事件给医患纠纷戴上了"放大镜"。[3] 2013 年 2 月 17 日，黑龙江省齐齐哈尔市北满特钢医院耳鼻喉科主任孙东涛被一名 19 岁患者用钝器猛击头部致死。2 月 18 日，河北省易县再次发生伤医惨案，普外科一名医生被患者残忍割伤颈部。据中国医师协会不完全统计，2013 年全国影响较大的伤医暴力案件共有 16 起。其中温岭杀医案、河北馆陶女医生遭患者家属殴打辱骂后坠楼身亡等案件都成为舆论关注焦点。这些活生生的暴力伤医事件频频发生，不断加剧了本就紧绷的医患关系。

医患双方对医患关系的现状、性质、发展趋势及医务人员社会地位、医疗环境及医务人员职业压力的认知状况比较均有显著的差异。医患认知的差异与

· 317 ·

---

① 李剑：《亨利·西格里斯对医学社会学的贡献》，载《中国社会医学》1993 年第 2 期。
② 《医患关系成"死结"了吗?》，载《泉州晚报》2014 年 3 月 8 日。
③ 陈龙：《2013 年全国影响较大的伤医暴力案件共有 16 起》，载《北京青年报》2014 年 2 月 20 日。

医患关系有密切的关系，医患认知的差异被认为是产生医患矛盾的主要原因。

11.2.1.3　离奇医疗事故频发

医疗事故是指医疗机构及其医务人员在医疗活动中，违反医疗卫生管理法律、行政法规、部门规章和诊疗护理规范、常规，过失就会造成患者人身损害的事故。而所谓离奇医疗事故就是指医生的低级失误所导致的医疗事故，比如患者手术部位选错的问题。

据新华网江西频道刊登的一篇文章写道①，继 2009 年湖北发生两起"左右不分"的医疗事故之后，近日，江西景德镇乐平市一名 6 岁女童又遭遇了同样的问题，原本需要手术的左腿毫发无损，无辜的"右腿"却挨了一刀。4月 20 日，江西景德镇乐平市 6 岁女童小颖在乐平市第二人民医院做左腿矫形手术。手术后，小颖的爸爸掀开裹在女儿腿上的被单后，发现小颖原本无须手术的右腿被打上了厚厚的石膏，左腿却毫发无损。发现做错手术后，小颖的爸爸查看病历，他发现自己和妻子签过字的麻醉知情同意书和手术知情同意书上，关于手术名称的描述有被改动的痕迹。两份知情同意书上的"左"字被改成了"右"字。像这样的离奇医疗事故并非个案。2013 年 2 月，西安市一名男子因为腹痛到某大医院就诊，不料回家后却发现自己的病历上赫然写着"月经大致正常"字样。2011 年 10 月，重庆市一已婚妇女原本要做安环绝育手术，谁料值班医生搞混患者手术顺序，给其做了人流手术。

医疗行业本身就是高风险行业，每个病例都可能出现并发症或者意想不到的后果。但是如此低级的"乌龙手术"并不是医术的问题，而是责任心、事业心的问题。如果一再出现，除了给患者和家属带来痛苦之外，也会加重医院和患者之间的信任危机，使本就紧张的医患关系雪上加霜。从另一层面来讲，表面上是医护人员责任缺失，但却折射出不少医院管理混乱和医疗服务行业的痼疾。

11.2.1.4　医疗成本不断升高

群众普遍反映"看病贵"的问题突出和日益严重。据第三次全国卫生服务调查显示②，中国约有 48.9% 的居民有病不就医，29.6% 的居民应该住院而不住院。据记者的采访发现："首先，病人找不到正确的医院看病，现在的医疗条件与过去相比有了较大的提高和改善，但是骗局也层出不穷，不仅花高价钱，还延误病情，即使到了正确的医院却也找不到正确的地方看病，医院部门很多，老百姓一进去就晕头转向，看到医生，医生说化验检查是外院的不行，要再做一次，于是开了化验，东跑西跑，搞了半天，病看没看到，医院下班

---

① 《"谁动了我的右腿？"——离奇医疗事故频发的反思》，载新华网、中国青年网，2013 年 5月 8 日。

② 陈娉舒：《近半中国人有病不就诊，五大问题导致看病难》，载《中国青年报》2005 年 1 月 11 日。

了。"这就是典型的"程序烦琐、效率低下"。

　　另一个是看不起病，现在医药费用相对较贵，看一次小则几十元，多则成百上千元，住院更是需要成千上万元。医药费昂贵的问题原因在于中国存在一种特殊的现象——"以药养医"。[①] "以药养医"是以医生的劳动来实现药品的高附加值，以药品的高利润拉动医院的经济效益，维持医院的正常运转。很多医生为了谋取私利，对患者"开大方"，直接导致医疗成本攀升。

11.2.1.5　医疗保障制度不完善

　　我国医疗保险制度改革一直是历任国家领导人所关心的热点问题。从 20 世纪 90 年代初开始，经过了十多年的不懈努力与探索，先后建立了城镇职工基本医疗保险（1998）、新型农村合作医疗（2003）和城镇居民基本医疗保险（2007）[②]。计划经济体制下，医疗卫生体系定位明确，中国的医疗卫生创造了一系列辉煌成就，在医疗服务、预防保健等各个方面都取得了很大的成就。农村和城镇的医疗服务也在这时全面展开，医疗服务的可及性大大增强。由于社会经济发展和综合国力的影响以及"政事一体化"的管理，中国在医疗技术、服务水平和基础设施建设方面都不同程度地存在一定问题，这就要求人们不断探索新的发展途径。中国的医疗保障制度是在新中国成立后逐步建立和发展起来的。由于各种原因，中国的医疗保障制度是城乡分离的，各自有不同的特点和发展过程。在城镇，先后经历了公费、劳保医疗制度，城镇医疗保险改革和试点阶段，全国范围内城镇职工基本医疗保险制度的确立，以及多层次医疗保障体系的探索等阶段；在农村，伴随着合作医疗制度的兴衰，努力开展新型农村合作医疗制度的建设工作，进而对农村医疗保障制度多样化进行探索与完善。

11.2.2　医疗职业效益问题原因分析

　　导致目前医疗职业效益现状的原因有很多，只有经过认真系统的分析原因，找出症结所在，才能真正地讲求和探究、提高医疗职业效益，使我国的医疗卫生事业逐渐步入正轨，真正为老百姓的健康保驾护航。

11.2.2.1　利益相关者对医疗职业效益认识存在偏差[③]

　　多年来，医疗职业发展迅速，医疗从业人员队伍不断壮大，讲求医疗职业效益是一种自在的非理性行为，不可避免地存在着一定的偏差。近年来，"过度医疗"等负面新闻的频繁出现，就是因为很多医务工作者盲目追求高效益回报，而忽视甚至忘记了医生的天职，这种恶性事件不利于社会的健康发展。

---

① 《如何破除"以药养医"》，载《财经》2012 年 10 月 29 日。
② 高春亮、毛丰付、余晖：《激励机制、财政负担与中国医疗保障制度演变——基于建国后医疗制度相关文件的解读》，载《管理世界》（月刊）2009 年第 4 期。
③ 罗萍、曾志翔、覃红、李小萍、胡振、罗红叶：《医患双方对医患关系及医疗职业认知差异的研究》，载《学术论坛》2009 年第 5 期。

导致医疗职业效益偏差的是对医疗职业效益思想认识存在偏差。对医疗职业效益做出科学的评价判断，可促使人们深入切实地理解和认识医疗职业效益，确立科学的医疗职业效益意识，帮助人们调理医疗职业效益思想，从而合理地讲求提高医疗职业效益。

11.2.2.2　医疗服务行业职业道德缺失

自古以来，医生一直是一个神圣的职业，"悬壶济世"、"大医精诚"，都是对医生这个职业的赞美。救死扶伤，治病救人，是医生的天职。但是如今，受市场经济的影响和个人利益的驱动，一些医院以追求效益为主，鼓励医生开大方、开贵药、拿提成，一些医生经不住利益的诱惑，收受患者红包，收取药品回扣，见利忘义，见死不救，丧失了救死扶伤的职业道德。这些严重违反医德、损害医护人员形象的事件，使医生与患者越离越远，失去了公众的信任。失去信任的基石，双方的矛盾必然激化。2002 年 4 月，南京大学专家组对 30 所医院的调查结果显示[1]，患者对医务人员不信任的比例达 43.8%，医务人员认为双方互相信任的比例为 25.9%，这种不信任正逐步演变为"集体不信任"，这正是导致当前医患关系紧张的一个重要源头。

11.2.2.3　部分医务工作者能力有限

患者对医务人员的技术水平和服务质量的要求很高，绝大部分的医务人员都拥有严谨的医疗作风和过硬的专业技术，但也有极少数医务人员，专业技术不精湛，不能得心应手地运用所学知识为患者解惑释疑，或者对患者及其家属的疑问解释得含糊其辞或操作技术不熟练，更有甚者出现医疗事故，损害了患者的权益。同时，对医疗设备过度依赖，使得病人往往要付出大量的金钱和时间，去做各式各样的检查，而医生似乎必须依靠一堆的化验单才能得出结论。另外，也有极少数医务人员医德医风不够高尚，仍然存在"收红包"、"拿回扣"现象，增加了患者的医疗成本，也降低了患者对医务人员的信任感。

11.2.2.4　医疗资源利用率不高

新中国成立以来，我国在医疗卫生体制改革上的步伐从未停歇，经过四个阶段的努力，已经初步构建起具有社会主义特色的医疗卫生服务体系。但我国人口基数大，病患数量众多，加之新中国成立后 60 多年的公立医院发展积累，导致大部分的医疗资源集中在公立大医院，而近年来打造的基层医疗服务体系，也因为群众就医习惯难以改变，而陷入资源闲置的状态。与基层医院门可罗雀的情况不同，公立医院的医疗负担较重，导致"看病难"问题的加剧。从目前导致"看病难"问题的众多因素中，我们发现，医疗资源利用效率不

---

[1]　陈霞：《构建和谐医患关系的思考与对策》，载《中国民康医学》（上半月）2008 年第 20 卷第 19 期。

高是其中最为关键的问题，突出表现在公立医院优质医疗资源浪费和基层医院医疗资源的闲置[①]。如：医疗人才、医疗设备、医院床位和医疗资金等资源的利用效率低下。

11.3　医疗职业效益事例

在医疗职业领域，无数医生热爱祖国，忠于医疗事业，全力以赴，做好医疗工作，献身中国的医疗事业，使患者、家属、合作者、国家等多方面受益，取得了比较好的医疗职业效益，值得学习借鉴。

11.3.1　吴阶平

吴阶平自幼脑筋灵活，爱思考，对待医疗事业孜孜不倦地追求，最终取得了重大的医疗职业效益，享誉国内外。

11.3.1.1　简介

吴阶平，生于 1917 年，江苏常州人，医学家。1952 年加入九三学社。北平协和医学院毕业，医学博士。医学家、医学医疗家，泌尿外科专家。中国科学院、中国工程院院士。著名的医学科学家、医学医疗家、泌尿外科专家和社会活动家，九三学社的杰出领导人，第八届、第九届全国人民代表大会常务委员会副委员长，九三学社第九届、第十届中央委员会主席，十一届名誉主席，中国科协名誉主席，中国医学科学院名誉院长，中国科学院、中国工程院资深院士。

11.3.1.2　医疗职业效益要点

虽然家境贫困，但吴阶平仍然凭借自己的天资聪颖和勤奋刻苦、认真钻研的科学家精神取得了享誉国内外的巨大医疗职业效益。

（1）患者获益。

①1962 年周总理派他率领中国医疗组去印度尼西亚为苏加诺总统治疗由于肾结石而使机能遭到阻障的左肾，经过 4 个月的努力，取得了十分完满的结果。吴阶平为此被授予印尼国家二级勋章。从此后，苏加诺有个伤风感冒，也要把吴阶平请去。

②1982 年 9 月 11 日《人民日报》登载了武汉市雷江滨一篇文章，感谢吴阶平教授二十多年间两次亲自为她做手术，治好了她先天性膀胱尿道畸形的顽症。赞扬吴阶平教授平易近人，对待普通患者这样关心，秉持着认真负责的工作态度，是一名真正的好医生。

---

① 胡伟：《充分发挥医疗资源作用的政策体系研究》，2014 年 3 月，第 14～16 页。

（2）个人获益。

①收入丰厚。吴阶平因其在医疗事业上出色的表现，除了其岗位的薪资以外，还有很多丰厚的额外收入。

②获得荣誉。曾荣获世界卫生组织授予的金质奖章，以表彰其在控制吸烟方面的成绩。作为中国泌尿外科开拓者之一，在泌尿外科，男性计划生育等方面有突出贡献。对"肾结核对侧肾积水"的研究可使一些过去认为无法挽救的肾结核患者恢复，并在国内外医疗实践中得到了证实。确立了肾上腺髓质增生为一独立疾病，为国际上所承认。对肾切除后留存肾代偿性增长的研究，纠正了长期存在的一种不全面的认识。与同道合作把输精管结扎术发展为输精管绝育法，在国际上受到重视。从事医学医疗工作 60 年，共发表医学论文 150 篇，编著医学书籍 21 部；其中 13 部为主编。获得全国性科学技术奖 7 次。获首届人口科技研究奖、北京医科大学首届伯乐奖、何梁何利基金科学与进步奖、巴黎红宝石奖、巴黎红宝石最高奖、日本松下泌尿医学奖等。

（3）医疗事业获益。

①提出肾上腺髓质增生新概念。他对肾上腺外科突出的贡献是 20 世纪 60 年代明确提出肾上腺髓质增生的新概念，并确认为独立的临床疾病。发表在英文版中华医学杂志的论文被收入 1979 年《美国泌尿外科年鉴》；1983 年吴阶平还首先在三十届国际外科学会上做了患者术后长期随访的报告。

②小儿巨大肾积水的容量标准。他提出的"小儿巨大肾积水的容量应以超过该年龄二十四小时平均尿量为标准"，这个标准已被泌尿外科界所公认。

③膀胱扩大术。早在 1959 年，吴阶平还设计了利用回盲肠进行膀胱扩大术，成功地将其应用于临床上膀胱挛缩的患者。

④应用经皮肾穿刺造影于诊断。50 年代北医在吴阶平教授领导下，最先广泛应用经皮肾穿刺造影于诊断，并有应用经皮肾穿刺造口术的治疗病例，比起当今国际上时兴的经皮肾手术还要早。当时肾上腺外科在国际上尚未普及，吴阶平在我国率先进入该领域，此项工作曾在日本医学界引起了很大震动。

⑤设计吴氏导管。70 年代，他还设计了特殊的导管改进前列腺增生的手术，使经膀胱前列腺切除术的出血量大为减少，手术时间缩短，被称为"吴氏导管"，已在国内推广。

（4）国家获益。

20 世纪 60 年代，受周恩来总理的委托，曾先后 11 次为 5 位国家元首进行治疗，仅为印度尼西亚总统苏加诺就治疗过 5 次。还曾荣获世界卫生组织授予的金质奖章。其精湛的医疗技术为国家间的友好往来开辟了一种新的途径。

11.3.1.3　成功因素

今日功劳卓著，备受国内外称颂的吴阶平，绝非朝夕之功所能塑造成的。

他是经过半个多世纪的艰苦努力，一路披荆斩棘、过关夺隘奋斗过来的。

（1）从小爱动脑。

儿时的吴阶平活泼顽皮，讨人喜欢。大他十岁的长兄、著名儿科传染病学家吴瑞萍教授几次谈起吴阶平，总是滔滔不绝："他从小就好动脑子，还事事留心，肯钻研，玩也要玩出新花样。"这为后来几十年在学习研究中探索创新、取得成果撒下了良种。

（2）机智灵活。

吴阶平给自己下了这样一个评语："很淘气，中学大学都没好好念书，不是一个用功的好学生。可是吴阶平没落下什么，脑子没有停下来，倒是活跃的。"他用自己的小聪明捉弄人的事情不断有，同学们只觉得他脑子灵，鬼点子多，并不怪他。

（3）勤奋不止。

吴阶平承认年华有限，新陈代谢的自然规律不可抗拒。这使他督促自己更加惜时如金，锐意进取，勤奋不止。他一颗红心满腔热血，为振兴中华竭力奉献的炽烈感情，形成一股很强的吸引人的魅力。近年来他四处讲学做报告，着重帮助青年一代发奋攻读，尽快成才。他始终面向未来，随时寻找能推动事业向前发展的新目标。

11.3.2 屠呦呦

屠呦呦[①]，毕业于北京大学医学部，之后几十年如一日，坚持不懈地致力于青蒿素的研究，并最终研制成功，获得诺贝尔奖，创下了较高的医疗职业效益。

11.3.2.1 简介

屠呦呦，女，药学家。1930 年生于浙江省宁波，1951 年考入北京大学，在医学院药学系生药专业学习。1955 年，毕业于北京医学院（今北京大学医学部）。毕业后曾接受中医培训两年半，并一直在中国中医研究院（2005 年更名为中国中医科学院）工作。期间前后晋升为硕士生导师、博士生导师，现为中国中医科学院的首席科学家。中国中医研究院终身研究员兼首席研究员，青蒿素研究开发中心主任，药学家，诺贝尔医学奖获得者。

11.3.2.2 医疗职业效益要点

屠呦呦发明的抗疟疾的新药青蒿素，为治愈世界性流行性疾病——疟疾带来福音，对全世界人民做出了突出贡献。

· 323 ·

---

① 主要资料来源：《屠呦呦传》，人民出版社，2015 年 12 月 15 日；《关于屠呦呦获诺贝尔奖的 5 个故事》，人民网，2015 年 10 月 7 日；《屠呦呦获奖背后的艰辛：成功，在 190 次失败之后》，中国青年网，2015 年 10 月 6 日；《屠呦呦——春草鹿呦呦》，中华网，2016 年 2 月 14 日。

（1）患者获益。

疟疾是危害严重的世界性流行病，全球百余国家年约 3 亿多人感染疟疾。自 20 世纪 60 年代起，氯喹等原有抗疟药因疟原虫对此产生抗药性而失效。青蒿素的发明引起国内、外专家的重视，1981 年应 WHO 的请求，我国同意在北京召开"青蒿素"专题的国际会议，屠呦呦以"青蒿素的化学研究"为题，第一个做报告，获得高度评价。据 WHO 资料，每天约有 3000 个婴幼儿童死于疟疾。为此研发了"双氢青蒿素栓剂"，方便儿童直肠给药。又用直接得自青蒿的青蒿素制成口服片剂，制作简便，价格便宜，又不易产生抗药性。

（2）个人获益。

①收入丰厚。2015 年屠呦呦凭借其研制的青蒿素获得诺贝尔奖以及丰厚的奖金。

②获得荣誉。毕业于北京大学医学院之后一直在中国中医科学院工作，其后晋升为硕士生导师、博士生导师，现为中国中医科学院的首席科学家、中国中医研究院终身研究员兼首席研究员、青蒿素研究开发中心主任、药学家，诺贝尔医学奖获得者。

（3）中国医疗事业收益。

"七五"期间，参与国家攻关项目《常用中药材品种质量研究》中"青蒿品种整理和质量研究"课题，对青蒿进行系统研究，分离鉴定了 17 个化合物，其中 5 个为新化合物，并修正了《中国药典》长期沿用的谬误。

（4）国际医疗事业收益。

屠呦呦在"青蒿素"专题国际会议上的发言，带动国际抗疟领域工作的新进展，也促使世界上很多国家对青蒿素展开进一步的研究。青蒿素是当前中国被国际承认的唯一创新药物。现在世界多国均已广为应用，产生了很大的社会效益和经济效益。

11.3.2.3　成功因素

屠呦呦能够在药学方面取得重大成就，获得诺贝尔奖，成为国人的骄傲，这必然与其性格等方面有着深远的影响关系。

（1）勤奋吃苦。

屠呦呦入职时正值中医研究院初创期，条件艰苦，设备奇缺，实验室连基本通风设施都没有，经常和各种化学溶液打交道的屠呦呦身体很快受到损害，一度患上中毒性肝炎。除了在实验室内"摇瓶子"外，她还常常"一头汗两腿泥"地去野外采集样本，先后解决了中药半边莲及银柴胡的品种混乱问题，为防治血吸虫病做出贡献。

（2）借鉴中国古老智慧。

屠呦呦被任命为"523"项目中医研究院科研组长时，要在设施简陋和信息渠道不畅条件下、短时间内对几千种中草药进行筛选，其难度无异于大海捞针。但这些看似难以逾越的阻碍反而激发了她的斗志：通过翻阅历代本草医籍，四处走访老中医，甚至是群众来信。屠呦呦终于在 2000 多种方药中整理出一张含有 640 多种草药、包括青蒿在内的《抗疟单验方集》。可在最初的动物实验中，青蒿的效果并不出彩，屠呦呦的寻找也一度陷入僵局。后来她再一次转向古老中国智慧，重新在经典医籍中细细翻找，受古籍点拨，她另辟蹊径采用低沸点溶剂进行实验，最终取得成功。

（3）求索之路无止境。

1971 年，屠呦呦课题组在第 191 次低沸点实验中发现了抗疟效果为 100% 的青蒿提取物。1972 年，该成果得到重视，研究人员从这一提取物中提炼出抗疟有效成分青蒿素。这些成就并未让屠呦呦止步，1992 年，针对青蒿素成本高、对疟疾难以根治等缺点，她又发明出双氢青蒿素这一抗疟疗效为前者 10 倍的"升级版"。

11.3.3　钟南山

钟南山①，是一位中国医学界的杰出代表，是站在抗击非典型肺炎最前沿的科学家。在抗击非典型肺炎的战役中，他给全国乃至世界人民留下了深刻的印象。

11.3.3.1　简介

钟南山，福建省厦门市人，1936 年生于南京市，出身医学世家，呼吸病学专家。1960 年毕业于北京医学院（今北京大学医学部），2007 年获英国爱丁堡大学荣誉博士。中国工程院院士，教授、博士生导师，是 2003 年抗击"非典"先进人物。现任中华医学会会长、广州呼吸疾病研究所所长、广州市科协主席、广东省科协副主席等职。主要从事高氧、低氧与肺循环关系研究。首批国家级有突出贡献专家，先后担任中华医学会呼吸分会主任委员，联合国世界卫生组织吸烟与健康医学顾问，国际胸科学会特别会员，亚太地区执委会理事。

11.3.3.2　医疗职业效益要点

钟南山，在其所擅长的呼吸疾病研究领域取得重大成就，为包括患者、国家在内的利益相关者带来巨大的效益。

（1）患者受益。

2003 年，钟南山作为中国抗击非典型肺炎的领军人物，在 SARS 猖獗的非常时期，他不但始终在医疗最前线救死扶伤，还积极奔赴各疫区指导开展医疗

·325·

---

① 主要资料来源：《钟南山传》，作家出版社 2010 年版；《2003 年人物：抗击非典第一功臣钟南山》，新浪网，2008 年 10 月 30 日；《钟南山：GDP 第一还是健康第一》，新华网，2013 年 3 月 5 日；《钟南山：医改四年改进不大，没有抓住最核心问题》，中新网，2014 年 3 月 10 日。

工作，倡导与国际卫生组织之间的密切合作，功勋卓著。

（2）个人获益。

①收入丰厚。钟南山主持过多项国家自然基金课题、国家攻关课题、卫生部及省科委重点课题，有 13 项成果获得了卫生部、国家教委、广东省科委及广州市科委的奖励，奖金丰厚。

②个人荣誉。钟南山教授可谓是战功赫赫，荣誉称号众多。从医以来，钟南山先后取得了国家、省市各级科研成果 20 多项，其中国家级科技进步三等奖一项，部省级科技进步二等奖各一项，三等奖一项，在国内外医学杂志发表论文 70 多篇。1997 获"模范共产党员"的称号。广东省卫生厅也专门行文，要求全省医疗战线的同志学习"南山风格"。2003 年因在抗非战斗中表现卓越，他被广东省委省政府授予唯一的特等功。2003 年荣获全国五一劳动奖章，同年 5 月荣获"中国医学基金会华源医德风范奖"。2004 年获国内卫生系统的最高荣誉称号——白求恩奖章。2010 年钟南山等十位科技工作者获评"十佳全国优秀科技工作者"。

（3）医疗事业获益。

钟南山是十几年来推动中国呼吸疾病科研和临床事业走向世界前列的杰出领头人之一。他和他的同行们在这个专业的突出贡献，奠定了中国呼吸疾病某些项目的研究水平在亚太地区的领先地位。钟南山主持过多项国家自然基金课题、国家攻关课题、卫生部及省科委重点课题，有 13 项成果获得了卫生部、国家教委、广东省科委及广州市科委的奖励。其中，制作的 GD 微型最高呼气流速仪获 1980 年广东省科技进步三等奖；《转基因因子研究》获 1982 年广州市科技成果一等奖；《哮喘及气道高反应性》获 1994 年国家卫生部重大科技成果三等奖。

11.3.3.3　成功因素

钟南山在抗击非典型肺炎的全国行动中知难而上，发挥了很好的带头作用。他在呼吸疾病研究领域所取得的重大成就，也与其坚韧的性格有着很大的关系。

（1）迎难而上。

广州医学院第一附属医院是收治非典型肺炎危重病人的重点医院，钟南山知难而上，他成立了以肖正伦、陈荣昌、黎毅敏为骨干的老中青呼吸病专家组成的攻关小组，配合广东省"非典"医疗救治小组夜以继日地查阅文献，严密观察病人的变化，细致记录各种可供研究的资料。终于，他们找到了突破口。实践也证明，这是一套行之有效的救治方法。

（2）高度责任感。

在抗击非典型肺炎的关键时刻，钟南山临危不乱，显示出科学家的严谨治学态度与高度责任感。抚今追昔，他忘不了一生追求医学科学的父亲的临终告诚，忘不了在广州华师附中读书时接受的人生观医疗，忘不了在英国爱丁堡大学皇家医院和伦敦大学摘取 6 项科研成果、为国争光的那份自豪，更忘不了他立志行医时发出的为全人类健康而奋斗的誓言。

（3）博大胸怀。

钟南山的人生字典里似乎没有"停顿"二字。非典型肺炎疫病使这么多同胞倒下，他痛心疾首，而科学家对于未知领域的求索精神又让他激情满怀。长期养成的执拗性格促使他勇往直前，不断取得的研究成果坚定了他必胜的信心。钟南山并不满足于临床治疗方面所取得的成绩，他还要进一步探寻非典型肺炎的病因。他指出，非典型肺炎是一种非常新的疾病，人类要完全攻克它尚需时日。下一步，除了要进一步确认全球发生的非典型肺炎的病原体是否全属于冠状病毒的同一亚型外，还要找到能杀灭病原体的药品，研究出预防的疫苗，探寻出其感染源，等等。这就需要更多地区、更大范围的合作。科学需要博大的胸怀。他说，科学无国界，国际大协作不可缺少。

11.3.4　胡大一

胡大一[①]，出生于一个医生世家，在父母的影响下献身中国的医疗事业，在名利双收的情况下仍然对医疗知识有着孜孜不倦的追求，同时有着强烈的社会责任感，最终取得了较高的医疗职业效益。

11.3.4.1　简介

胡大一，1946 年出生，河南省内黄县宋村乡北沟村人，主任医师、教授、博士生导师，北京突出贡献专家，享受国务院政府专家津贴。著名心血管病专家、医学医疗家。现任同济大学医学院院长，首都医科大学心血管疾病研究所所长，北京大学人民医院心研所所长、心内科主任，北京同仁医院心血管疾病诊疗中心主任，中华医学会心血管病分会主任委员，中华医学会北京心血管病分会主任委员，中国医师协会循证医学专业委员会主任委员，中国生物医学工程学会心脏起搏与电生理分会主任委员，及国内外重要学术团体委员，并担任《中国医药导刊》主编，《中华心律失常学杂志》、《中国介入杂志》等多种国内外杂志副主编、编委。

11.3.4.2　医疗职业效益要点

胡大一凭借自身良好教育所积累的专业知识，在医疗事业上孜孜不倦地追求，取得了卓越的医疗职业效益，惠及患者等多个方面。

（1）患者获益。

胡大一提倡的通过大办慢病管理的"4S 店"，落实 5 个处方，即药物、运

·327·

---

① 主要资料来源：《胡佩兰的四个儿子——胡大一简介》，枫网，2014 年 2 月 11 日；《男子乘高铁突发心梗，心内科"大腕"胡大一紧急施救》，新民网，2015 年 10 月 27 日。

动、营养、心理、戒烟限酒。以患者为中心，组建新型的管理团队，包括临床医生领导下的护士、运动治疗师、营养师、心理治疗师、社工和志愿者、患者家庭成员等，实现疾病全面、全程管理的服务和关爱模式。"药片无情人有情"，在对药物有效性、安全性、依从性的管理中，医生需要付出时间和精力；关注患者的疾苦，而不仅是关注一个病变。医生开处方时要懂得患者的心理，注意和患者的沟通。正是这种慢病控制模式减轻了患者的痛苦，使患有慢性病得病人能够有统一的、全程式的治疗方案，减轻病痛的同时，减轻了家庭的经济负担，使患者真正受益。

（2）个人获益。

①收入丰厚。由于取得的卓越成就，赢得了大家的尊重和好评，很早时候就开始享受国务院政府专家津贴，他除岗位工资外，获得较多项重要奖励，财富收入超过常人，获得丰厚的收入。

②获得荣誉。曾获得多项国家级、省部市级科技进步奖。1998 年北京市先进科普工作者奖、2000 年获首都精神文明建设奖章、2001 年"吴阶平、扬森"奖医学一等奖、"国人长 QT 综合征的临床特征、发病机制与治疗方法研究"获 2005 年中华医学科技奖三等奖、2005 年获"联合国国际科学与和平周贡献奖"、2006 年获"中国医师奖"、2008 年获"健康奥运健康北京——全民健康活动"优秀工作者、医学科普图书两次获国家科技进步二等奖。

（3）医疗事业获益。

胡大一教授主编主译正式出版专业书籍 39 本，美国出版 3 本，参与编著国家教委和人民卫生出版社主编的医学本科生、研究生统编教材，在国内外专业杂志上以第一作者发表论文 427 篇。自 1989 年以来，胡大一教授先后在三所医学院校共培养已毕业硕士研究生 82 名，博士研究生 34 名，博士后研究生 19 名。目前，他的学生在北京市有 12 名担任心内科主任职务，16 名任心内科副主任，7 名任心外科主任，在全国更是桃李满天下。为培养跨世纪人才，推动我国心脏起搏与电生理和介入心脏病学的发展以及心血管疾病的防治做出了突出贡献。

11.3.4.3　成功因素

胡大一之所以能在医疗事业上取得卓越的成绩，这与其自身的经历等方面有着密不可分的关系。

（1）良好教育。

1946 年 7 月，胡大一出生在开封，母亲胡佩兰是妇产科医生，父亲李公恕是一位为中南地区铁路系统医疗卫生事业的创建和发展做出了巨大贡献的医疗工作者。1965 年，他以河南省高考状元考入北京医学院（现北京大学医学部）医疗系。1970 年毕业于北京医科大学（现北京大学医学部）医学系，1985～1987 年在美国纽约州立大学医学院和芝加哥伊利诺大学医学院研修，其所接受的良好教育为其以后的医疗职业生涯打下坚实的基础。

（2）热爱医药事业。

1965~1970 年在北京大学医学部就读（原北京医学院），1970~1983 年在北京医科大学第一附属医院心内科任住院医师，1983 年 10 月至 1988 年 10 月担任北京医科大学第一附属医院心内科任主治医师一职。原本名利双收的胡大一可凭借自身所学独当一面，正是因为对医学事业的爱好，以及孜孜不倦的学习精神让胡大一在 1985 年 11 月进入美国伊里诺依斯大学进修心电生理，不断学习和进步。

（3）社会责任感。

2000 年我国心脏介入手术的数量是 2 万例，到了 2011 年，这个数据激增至 40.8 万例，增长了 20 倍。支架的疯狂首先跟心血管病的爆发有关，同时心脏支架疯狂的另一个原因是暴利：安装一个心脏支架，患者要支付比出厂价格高数倍甚至十几倍的钱。为了减轻病人的痛苦，减少社会资源浪费，胡大一敢于从专业的角度分析社会上暴利商品的危害，表现出高尚的医生职业道德和社会责任感，正因为这些胡大一才会获得医生和患者的好评，以及取得这么多令人瞩目的成果。

11.3.5　王布和

王布和[①]是内蒙古自治区兴安盟科右中旗西哲里木镇哲里木嘎查卫生室乡村医生。人称"草原神医"。他以其精湛的医术、认真负责的态度以及回报父老和社会的做法，取得了很好的医疗职业效益。

11.3.5.1　简介

王布和，蒙古族，1962 年出生，内蒙古兴安盟科右中旗西哲里木镇哲里木嘎查卫生室乡村医生。人称"草原神医"。

王布和家住内蒙古自治区兴安盟科尔沁右翼中旗西哲里木镇哲里木嘎查。多少年来，多少城市大医院请他加入，他没有去，他是为了履行自己的诺言。他二十年如一日，兢兢业业为农牧民群众解除病痛之苦。

11.3.5.2　医疗职业效益要点

王布和始终把解除患者的病痛作为自己的天职，尽心尽责地帮助患者恢复健康，而且一直积极地回报父老乡亲和社会，取得了很好的医疗职业效益。

（1）患者获益。

在王布和的卫生院里，只要是前来求医问药的病人，不管有没有钱，他都一视同仁，给予及时的救治。对于贫困的群众，不仅提供免费的食宿，而且还

· 329 ·

---

① 主要资料来源：《CCTV 感动中国候选人——草原神医王布和》，新华网，2006 年 1 月 2 日；《最美乡村医生——王布和》，中国网络电视台，2013 年 1 月 10 日。

赠送回家的路费。从医多年来，真正把解除患者病痛作为自己的天职，把患者的身体健康放在第一位考虑，使患者真正获益。

（2）个人获益。

王布和对待工作二十年如一日，兢兢业业地为农牧民群众解除病痛，他的行为深深地打动了周围的人。2001 年被评为盟、旗民族团结进步先进个人；2002 年荣获自治区民族团结先进个人称号；2004 年被中央电视台评选为"感动中国"西部十大新闻人物之一；2005 年荣获全国民族团结先进个人称号；2013 年在"寻找最美乡村医生"大型公益活动中，王布和获得"最美乡村医生"称号。

（3）国家获益。

王布和播撒爱心，治愈了无数个患病的各族群众，他的美好医德传遍了半个中国及香港地区、南韩等国家。曾经有一次，一名身患重病的俄罗斯姑娘，也慕名来找他治病。王布和为了把爱心播撒向千万个普通的、生活困难的各族群众，治好他们的病，为他们解除病痛的折磨，毅然谢绝了来自国外的高薪聘请。

11.3.5.3　成功因素

王布和因少年时的痛苦经历而立下远大志向，并在以后的从医工作中用心钻研，注重临床经验，勇担社会责任，最终成就了自己。

（1）年少立志。

王布和出生在科右中旗巴仁哲里木镇哲里木嘎查一个贫困的牧民家庭。8岁那年，由于家境贫困，加上村里缺医少药，患病的父亲不久就故去了。父亲的病故，在他幼小的心灵里留下了深深的烙印，那就是贫困和疾病给一个完整、幸福的家所带来的痛苦。从此，王布和立下了"长大要当一名医生，救死扶伤，帮贫济困"的志向。

（2）苦心钻研。

13 岁那年，他拜民间老蒙医布日格德少布为师，学习蒙医内科知识。在老师的指导下，他博览医书，苦心钻研，甚至为学习针灸技术，在自己的身体上做实验，经过不懈的努力，勤奋好学的他很快掌握了蒙医学的基础知识和针灸技术。

（3）医疗知识和临床经验并重。

25 岁那年，他就开始深入草原牧区，甚至周边锡盟东乌旗等地为农牧民群众行医治病，在实践中，他理论联系实际，苦心钻研，积累了丰富的医疗知识和临床经验，对类风湿、肝硬化、神经性头痛和关节痛等有了自己独特的治疗方法，治愈的患者一传十、十传百，慕名而来的患者越来越多，据不完全统计，每年都有 2 万多蒙、汉、回、满等各民族同胞患者找他治病。

（4）心系父老和社会。

王布和说："救死扶伤，帮贫济困，是我从小学医的初衷，为家乡的父老乡亲服务，为家乡的发展出力，也是我行医的目的。"多年来，他不仅为四面八方来求医的患者解除病痛，还处处将爱心播撒向家乡的各族父老乡亲，关心他们的生产生活，尽自己所能去帮助他们，照顾他们。

11.3.6　肖颖彬

医者，人民生命之所依，百姓健康之所系。第三军医大学新桥医院心血管外科主任肖颖彬从医 35 年，领衔完成 3 万多例手术，用精湛的医术护佑百姓健康，以高尚的医德温暖病人心灵，小小手术刀划出心系群众的精神轨迹，谱写了一曲"人民军医为人民"的动人乐章。[1]

11.3.6.1　简介

肖颖彬，男，1964 年出生于河南省洛阳市，1979 年考入第三军医大学，1982 年入党，1996 年获外科学博士学位，现任第三军医大学新桥医院心血管外科主任、党支部书记、全军心血管研究所所长，主任医师、教授、博士生导师，享受国务院政府津贴。

他 29 岁破格晋升高级职称，32 岁成为当时国内最年轻的心外科主任，带领心外科团队把一个"娃娃科室"建成了国内一流、国际知名的国家重点学科，先后创造了一个又一个医学奇迹。肖颖彬的先进事迹，为人们树立了一面新时代红色军医的旗帜。

· 331 ·

11.3.6.2　医疗职业效益要点

肖颖彬对医学孜孜不倦的追求和创新，投身医疗卫生事业，将自己的所学不断用于治愈患者，亦使医疗事业等受益，取得了卓著的成效。

（1）患者获益。

肖颖彬从医 35 年中，先后完成 1 万 8 千余例心脏手术，领衔完成了世界首例高原不停跳心内直视手术、国内首例连体婴儿分离手术、国内首例"异位心"矫治手术等一系列疑难手术，救治水平达到国际先进，多项创新技术在全国大型医院推广。他把患者当亲人，常年坚持每天夜晚巡视病房、查看危重病人；他廉洁自律，从医几十年来从不收"红包"、从不拿"回扣"，为减轻患者经济负担，坚决控制检查和药品费用，为行业树立了崇高的大医形象。

（2）个人获益。

①收入丰厚。除了自身的薪资福利外，还享受国务院政府津贴。

②获得荣誉。先后获得"第 13 届中国十大杰出青年"、"新世纪百千万工

---

[1] 《第三军医大学新桥医院心外科主任人民好军医肖颖彬》，载《中国军网·特别策划》2015 年 7 月 4 日。

程国家级人选"、中国医师协会"金刀奖"、全军优秀共产党员、"重庆直辖10年建设功臣"、"2010年感动重庆医者仁心奖"等众多荣誉，被群众自发选为"最受市民欢迎的好医生"。所带科室先后被表彰为全国青年文明号、全国三八红旗集体，荣立集体二等功1次、三等功3次。肖颖彬的先进事迹，为人们树立了一面新时代红色军医的旗帜①。

（3）医疗事业获益。

从医生涯中先后完成1万8千余例心脏手术，领衔创造了国际首例高原不停跳心内直视手术、国内首例连体婴儿分离手术、国内首例"异位心"矫治手术等一个又一个医学奇迹。他研究出的冷血心肌保护法替代了沿用多年的冷晶体心肌保护法，使科室心脏手术死亡率由以前的7.9%大幅降至0.45%，被同行称为心血管外科领域的奇迹。救治水平达到国际先进，多项创新技术在全国大型医院推广。

11.3.6.3　成功因素

肖颖彬的职业成就，是在平凡而持续的坚持中做出来的，之所以能在平凡中坚持，在坚持中做不懈的努力，有他特定的因素。

（1）从小立志。

肖颖彬1964年2月出生于河南洛阳农村教师家庭，他从医的最初动力来自父亲。父亲是一名代课教师，十几岁时就患上了风湿性心脏病，无从医治。从小看着父亲遭受病痛折磨，肖颖彬心疼不已，就决定长大后要做一名医生，为父亲治好病，解除病痛。

（2）政治立场坚定。

大学期间，肖颖彬不仅医学科目科科拔尖，政治理论课成绩也十分出色，招来同学的疑问：一个医生政治学得那么好有什么用，只要能精通医术就可以了。肖颖彬却认为：军医军医，军字在前，就是要首先"当好兵"，才能"行好医"，而要成为一名合格的兵，政治合格是第一位的。

（3）努力练习。

攻读硕士时的肖颖彬被导师和同学一致誉为"最刻苦的学生"。进入临床学习初期，由于肖颖彬的手术操作技能比较差，肖颖彬认为遇挫弥坚才是一名共产党人应有的追求和不屈的性格。于是他更加勤于练习。功夫不负有心人，仅仅两个多月后，他突飞猛进的手术技能就得到了老师和同事们的赞许。后来他被选送到沈阳军区总医院进修，在著名心外科专家汪曾炜教授指导下学习复杂先心病外科治疗，还在肝胆外科专家韩本立教授指导下攻读博士学位。肖颖彬感慨地说："现在想来，如果没有坚定的信念支撑，我可能连从医都难以坚持。"

---

① 《新时代红色军医楷模肖颖彬先进事迹报告会举行》，新华网，2011年11月22日。

（4）苦练基本功。

肖颖彬认为，医学研究人命关天，临床创新必须以过硬的技术为基础。为此，他坚持苦练临床基本技能。即使到现在，肖颖彬也仍然每天坚持基本功练习不放松，就连出差在外，他也会随身带上一包缝衣针，利用会议间隙、晚上休息等零碎时间见缝插针地练习。

（5）热爱祖国。

2000 年，36 岁的他在德国学习时，导师曾挽留，并介绍他到一家国际权威心脏病治疗机构工作，当时在那里做一台手术的收入相当于国内一年的工资。当时他也曾犹豫过、彷徨过，但他认为，自己是党和军队培养出来的，自己的知识和技术也理应回报祖国人民。学成后，肖颖彬毅然回到了自己的岗位。后来，国内许多知名医院想以重金高位聘请他，一些同学朋友也劝他加盟他们的团队，都被婉言相拒。

11.4 讲求提高医疗职业效益探索

讲求提高医疗职业效益的直接的当事人是医生，但改善医疗条件，缓解医患矛盾，提高医疗职业效益，是整个医疗行业从业人员共同的任务。

11.4.1 提高医疗资源的利用率

根据经济学的观点，任何一种资源都是有限的，宝贵的医疗资源因为其特殊性，这种情况更是如此。因此，要解决目前医疗方面存在的问题，首先必须要提高医疗资源的利用率。

11.4.1.1 建立医疗机构分级制度

要改变目前医疗资源利用效率不高的现状，要从建立医疗机构分级制度做起，明确各级医疗机构的医疗职责，在此基础上重新调整医疗资源分配结构，将优质资源集中到公立医院，将基础性医疗资源集中到基层医院，并通过建立社区首诊制，引导居民到最适合自己的医疗机构就诊。

11.4.1.2 加快医疗保险制度的改革

政府要加快我国保险制度的改革，建立全民医疗信息共享制度，减少医疗资源浪费的现象发生。同时，要建立医疗机构资源利用效率评价和监督体系，对医疗机构使用医疗资源提出政策上的要求，促进使用效率的提高。

11.4.1.3 鼓励社会资本投资办医[①]

社会资本办医，是打破公立医院垄断，引入竞争，形成多元化办医格

---

① 许栋、丁宁、彭义香、王国斌：《推进社会资本办医的思考》，载《中国医院》2015 年第 4 期，第 41 ~ 42 页。

局，提高服务质量，降低成本，改善民生的有效方式。2009年新医改以来，医保覆盖范围和报销比例的提升进一步激发了医疗服务需求的释放，但公立医院医疗服务供给的增长相对缓慢，候诊时间长、问诊时间短、医疗服务态度难以让人满意等"看病难"问题日益突出，难以满足国民需求。财政医疗卫生投入快速增长，政府也存在充足的动力鼓励社会资本办医。因此，国家作为社会的管理者，要采取政策导向，鼓励增加供给。坚持公立医疗机构面向城乡居民提供医疗服务的主导地位。此外，社会资金可直接投向资源稀缺及满足多元服务需求领域。因此，大力发展非公立医院，既是医改的要求，也是我国保障居民健康的必然选择。而且，人口老龄化加剧，生活方式以及生活环境的改变，我国慢性病已呈现井喷之势，每年新增慢性病人数达1700万人，如此沉重的疾病负担，公立医院独力难支，还需要鼓励社会资本真正参与进来。

11.4.2　提高规范化管理水平

医院作为业医工作者开展防病治病工作及从事其他医疗活动的服务场所，其效益的好与坏与医生的服务态度、治病效率、口碑等多种医疗活动都有直接而深远的联系。因此，医院要经常运用医疗效益指标对医疗质量进行评估。医院工作应该遵循的原则是：高效、安全、经济，力求做到兼顾高疗效、低费用两个方面。只考虑医疗效果及病床工作效率，而脱离经济消耗来评估医院工作质量是片面的。

11.4.3　医学院要致力于培养全面高水平的从医工作者[①]

中国有近200所医学类高等院校，每年都会有上千万的医学专业毕业生，而大多数医学生毕业后都将会走上从医的道路，是医疗人员队伍的丰沛的后备军。因此，医学院要从源头上抓好医生的培养工作。

11.4.3.1　注重培养医学生的人文社会学知识

多年来，我国医学院校深受传统医学模式的影响，医学思维多局限于自然科学范围，在医疗实践活动中，总是习惯于从人的生物特性上进行思考，而忽视心理、社会等因素在医疗活动中的重要性。因而，对医学生的培养缺乏人文社会学知识的传授。而现今的医学模式已开始从生物医学模式向生物——心理——社会医学模式转变，这一转变，主张在更高层次上把人作为一个整体来认识，从生物学、社会学、心理学以及人文学等诸方面来考察人类的健康和疾病，认识医学的功能和潜能，从而对医生的综合素质提出了新的要求，使之注意自然科学与人文科学的融合，这既是时代的要求，也是医学科学发展的

---

① 张扬：《医患矛盾背景下医学生培养及其管理模式研究》2014年5月，第12~27页。

要求。

11.4.3.2　致力于医学生医疗服务观念的转变

随着社会的发展，医疗服务观念和模式也发生着重大变化。人民群众对医疗环境、医疗保障等方面的要求日益提高，必然要求医务工作者重新认识与患者的关系，调整双方定位，科学处理医患关系。这是 21 世纪对高等医学人才的要求，是新型医学模式的核心理念，也是医学院校人才培养的定位与目标。现代医学人才既要掌握大量的自然科学知识，又要具备宽泛的人文社科基础。在医疗服务工作中既要有专业的权威，更要具备创新的思维和敏感的触角，要能够适应社会的转变，紧跟时代，用所学专业服务社会，造福人民。

11.4.3.3　注重临床经验的培养

医学院在医学生的培养过程中，已经投入了很大的力度来教授他们专业的理论知识。但"实践是检验真理的唯一标准"，所以也要尤其重视临床经验的培养，以及岗位培训和转岗培训，使他们真正走上工作岗位的时候不怯场，能做到得心应手。

11.4.4　大力全面推进医疗改革

医疗改革是真正与公民日常生活息息相关的改革举措，因此，在任何一个国家，医疗卫生改革都是牵动所有人神经。我国也应该将医疗改革时时刻刻放在日程的首项，大力全面推进医疗卫生的改革。

11.4.4.1　加速公立医院改制

纵观国内医疗改革进程，公立医院改革已经取得了长足的进步。在新时期，政府要进一步深化公立医院改革，鼓励多种形式参与公立医院改制重组，加快推进国有企业所办医疗机构改制试点。以城市二级医院为代表的中端医疗医院可能存在收购机会。完善与创新内在制度，就是要构建新型、良性的医患互动关系。构建新型、良性的医患关系，一要加强医德医风建设，二要建立医患之间的信息披露制度。完善与创新外在制度，涉及医疗卫生体制、医疗保险体制、药品生产流通体制的改革与互相协调，即"三医联动改革"。

11.4.4.2　建立全面的医疗保健体系

从目前来看，政府在加大医保投入上下了功夫。南京市人力资源和社会保障局发布了 2014 年度居民医保筹资标准和医疗待遇调整方案，从人均 320 ~ 380 元，虽然只涨了 60 元，但是涨幅比例高达 18.75%①。考虑到我国人口基数大，这个比例已经很大，值得肯定。在今后的政府工作当中，还应该着力于建立一个全面的国民医疗保健体系，保障每个国民公平享有，同时，这个医疗

---

① 南京市人力资源和社会保障局发布的 2014 年度居民医保筹资标准和医疗待遇调整方案。

保健体系的具体内容还应有促进公平的政策指向，这实际上就应当是中国当前医疗保健体系改革的根本方向。应当以三大保险体系为基础，彻底实现基本医疗保健体系全面覆盖，特别应重视边缘群体的参保和获得基本医疗服务问题，确保基本医疗保险和基本医疗卫生服务全面公平享有，满足民众对基本医疗保健服务的需求，这不仅关系到民众基本医疗保健权利，而且，这个旨在促进基本医疗保健服务公平享有的体系还将最终有助于全社会公平的促进和实现。

11.4.4.3　打破"以药养医"局面

解决"以药养医"，需要改变医疗服务价格形成机制，推行医药分离，科学合理地制定医疗服务价格。解决药价虚高问题需要改革医药管理体制，严格药品监管，整治药品价格形成和流通机制。

11.4.5　着力改善基层医疗

中国医疗服务体系最大的症结在于人、财、物等各种资源过度集中在大医院，优质资源像吸铁石一样集聚病人，也让医务人员一边倒地投奔而来，加剧了基层医疗资源的匮乏，使病人没有选择，只能涌入大医院。

11.4.5.1　依靠市场的力量合理配置资源

提高基层医疗机构的竞争力是解决当前医疗服务体系问题非常重要的切入点。但要让这个切入点真正发挥作用，需要减少行政干预，依靠市场的力量，由需求来主导和引领，才可能让资源的配置越来越合理，否则供应和需求就会产生系统性的脱节和扭曲。

· 336 ·

11.4.5.2　鼓励多点执业①

在历年的两会中，曾多次提出鼓励医生到基层多点执业的做法，简单来说，就是医生从单位人变成社会人，多点执业政策的实施需要制度的全方位配套，比如取消公立医院的人事编制、公立医院去行政化等。只有在大环境改善的前提下，多点执业才能呈现一种良好的发展态势。鼓励医生到基层医疗机构从事职业活动可以提升当地的医疗水平，尤其是在名医的带领下有利于当地医生队伍业务能力提高。多点执业的实施可以惠及基层群众。但是如何才能让大医院的专家们心甘情愿到基层多点执业，光凭喊口号、精神鼓励和支持还远远不够，需要具体的鼓励政策落地。酝酿一年的医师多点执业政策终于在 2015 年有了详尽规定。国家卫计委等五部委联合印发《关于推进和规范医师多点执业的若干意见》，既为方便医生多点执业松绑，也为保证行医质量而对医师资格有具体要求。

---

① 《卫计委推出"医生多点执业"详规，主治及以上医生向所在单位报备后就可"走穴"》，载《扬子晚报》2015 年 1 月 15 日。

11.4.6　做好多方管理协调服务

正如医疗职业效益与患者、家属、合作者、国家等利益相关者有着千丝万缕的联系一样，改善目前的医疗职业现状也必须从以上几个利益相关者的角度来考虑，着手进行改善和优化。

11.4.6.1　政府

政府要加快医药卫生体制改革进程，尽快建设公共卫生体系、医疗服务体系、医疗保障体系、药品供应体系四位一体的覆盖城乡居民的基本医疗卫生制度，切实为公民的医疗卫生健康提供有力的保障。

11.4.6.2　患者

患者作为医疗职业活动的直接服务对象，能够真切地感受到医疗服务的优缺点，是最具有话语权的一类人群。但是患者不能凭借自己暂时的弱势群体的地位对医疗职业产生有失偏颇的评价，患者也要正确地认识医疗的特性，树立正确的就医观念，积极沟通，为创建和谐的医患关系贡献自己的一份力量。

11.4.6.3　医疗机构

医疗机构，比如说医院，作为医生和患者等的共同活动场所，对创建和谐健康的医患关系也十分重要。因此，医疗机构要加强对医疗质量的管理，及时定期地对医疗效益进行评价，积极改进优化，深化医疗服务内涵。

11.4.6.4　医务人员

医务人员作为患者的直接医治人员，其自身的素质也非常关键。医务人员在提高技术水平的同时，要强化服务意识，主动加强与患者的沟通，等等。只有医患双方的认知达到高度的一致，才能从根本上缓解当前紧张的医患关系。

11.4.7　提高医务人员职业道德

随着社会生活的快速进步，医疗卫生改革已经成为人们群众关心的热点问题，在当前创造和谐医患关系、治理商业贿赂的过程中，提高医务人员职业道德，进行职业道德培养是关键举措。医患之间是平等关系，病人的就医权利是平等的，医疗行为不能违背这一原则，不应该受到任何条件的制约和限制，要因病施治，不能单纯地考虑经济效益，开大方、滥检查，提供过度服务，增加病人的负担。

医务人员应当具备"省病诊疾，至意深心，贵贱贫富，普同一等，安神定志，无欲无求，一心救治，不避险恶"的高尚医德和良好的心理素质，不要把病人的医疗当作一种"恩赐"，而存施恩幽报之心，要坚持"病人至上，社会效益第一"的原则，经济效益从优质医疗、优质服务中体现，努力在利益关系的把握上培育和增强医务人员对病人的同情心和责任感。

11.4.8　医疗事业的艺术化形式探索①

从语言学角度看，医患沟通不够，或者说在语言交流中缺乏思想情感，忽视语言交际的艺术性、规范性和科学性。这些语言交流问题严重的影响着医疗服务质量和医患关系的和谐发展。

11.4.8.1　提高以人为本的语言素养

21世纪的今天，医疗服务已步入注重人性化服务的时代，以病人为中心，一切从医疗服务对象的特点和个性出发，解除他们对病痛与人生的种种难言的忧虑，激励他们主动参与和积极配合治疗。在医疗活动中，医务人员不仅要凭借语言手段与病人沟通、交流思想和情感，而且在治疗疾病过程中，语言的解释、疏导、鼓励、安慰、保证和暗示功能，也是实施心理治疗的最方便、最有效的手段。

11.4.8.2　用语科学讲究

临床医学语言关系医患、医际之间的信息与思想情感的沟通，以及诊疗行为的配合与协作。为了有效的诊断、治疗，必须要求语言的真实、规范、明确、严密，如实反映病况，精确分析病理，注重医学用语的科学性。但医生的服务对象是人而不是物，他有尊严、重人格、爱面子、护隐私，有种种担心与顾虑，故临床用语还要讲究艺术性。

· 338 ·

11.4.8.3　思维敏捷优雅

语言是思维的外壳，是思维表述形式和思维成果的体现。一个训练有素的医疗职业人员与病人交谈，必须对疾病的认识要具有全面、系统、科学的思维能力，强调思维的逻辑性、敏捷性和多面性，只有这样说话才能有理有据，听者才会心悦诚服。典雅庄重的语言风格能显示医疗职业人格魅力。医疗职业人员在交谈中的姿态应自然、大方、优雅，不管是站是坐，身体各部位都要轻松而不僵硬、优雅而不造作。不要给人以拘谨、不安或笨拙、轻浮之感。要充分发挥体态语言的补充、配合、深化功能。做到表情自然、手势协调、眼神传情，要给听者一个良好的视觉印象。

11.4.8.4　语境恰当有度

语境即语言环境。任何语言交流都是在一定环境中进行的，我们在说话时不能不考虑所处环境。比如接诊室问诊、手术前谈话、查房询问病情与特殊检查的问诊，其语言差别各不相同，如果不注意交谈场合，可能会对某些病人造

---

① 李永生：《医疗职业人格与语言艺术——医疗职业人格研究之三》，载《中国医学伦理学》2005年第2期，第13~16页。

成精神挫伤，可能会影响某些病人的声誉或酿成家庭纠纷。因此，我们在与患者沟通时，应注意语境的主、客观因素。

　　总之，我们讨论医疗职业人格的语言艺术，不仅仅是为了追求理论上的完美，更重要的是为了造就一种善解人意、富有语言表达能力的医疗职业人格。

第12章 讲求提高房地产职业效益

房地产业作为一个重要的行业，它拉动力强，至少拉动了 50 多个行业，如上游拉动钢铁、建材，下游拉动家用电器、装饰用品等。因此，我国将这一产业列为国民经济的基础产业和支柱产业。作为房地产业的基本经济单位，房地产职业人的职业经济行为关系到整个社会的和谐、稳定和可持续发展。深入研究房地产职业经济问题，探讨合理从事房地产职业活动，科学讲求房地产职业效益，对于促进房地产业可持续发展，全面建设小康社会具有十分重要的意义。

12.1 房地产职业效益知识

随着房地产市场的逐渐发展，房地产业已经成为我国一项非常重要的经济活动。大力发展房地产业对于推动我国经济发展，提高人民生活水平具有重要意义。为此，我们需要探索房地产职业效益方面的知识。

12.1.1 房地产职业活动的主要内容及特点

房地产职业活动作为市场经济的其中一种重要活动，它有着自己的内容体系和主要特征。也正是因为与其他的活动主体不同，值得关注和重视。

12.1.1.1 房地产职业活动的主要内容

我们通常把经营房产和地产业务的行业合称为房地产业。它是指从事房地产业投资、开发、经营、管理和服务等经济实体所组成的产业部门。房地产行业包括房地产开发、经营、消费等各个领域的经济组织和经纪人以及各类专业人员，他们是互相依存、互相联系、互相提供服务的有机整体。这里所讲的房地产开发，主要包括土地开发和再开发以及房屋开发活动；房地产经营，是指地产经营和房产经营以及相应的中介服务。其中，房地产经营包括土地使用权的出让、转让、租赁，房产的抵押（含土地使用权）、买卖（含预售）和租赁；房地产中介，包括房地产咨询、房地产价格评估、房地产经纪和房地产测量、信息、置换等；房地产投资，是指与房地产开发经营相联系的货币资金融通活动和房地产金融资产投资活动；房地产管理服务，是指房地产销售后消费过程中的物业管理服务活动，主要包括家居服务、房屋及其配套设施和公共场所的委托承包的维修养护、保安、绿化、卫生、转租代收等。[①]

12.1.1.2 房地产职业活动的特点

房地产效益活动从事的不仅仅是建筑活动，更是一种经济活动。房地产职业活动涵盖了从土地的取得，到项目策划、项目规划设计，再到建设实施、销售及后期物业管理的全过程。房地产职业活动具备如下特点。

（1）服务性。房地产是社会经济活动的基本要素和重要载体。与其他行业相比，房地产业与人民群众生产生活有着更为密切的联系。因此，这个行业具有明显的服务性特征。作为一个独立的产业部门，房地产业的经济活动以流通领域为主，又参与房地产开发、经营的决策、组织和管理，兼有生产职能；在消费过程中承担维修、保养、装饰和各项物业管理服务。

（2）多层次性。房地产服务贯穿于房地产的前期准备阶段、开发销售阶段和消费阶段全过程，而且在这一过程中又表现出服务内容的多层次性。它不仅为工业、商业、金融、服务等诸多行业从事生产和经营提供各种满足不同功能要求的房地产商品和服务，也要为城乡广大居民提供健康、舒适、安全的生存空间，服务对象十分广泛。这就使房地产服务工作更加艰巨和复杂，它在经营中既要讲求经济效益，更要讲求社会效益和环境效益。

（3）多样性。随着社会的发展和人民群众生活水平的提高，特别是随着知识经济时代的到来，强调知识、信息服务于用户的有效性以及商品的个性化需求，房地产业中的服务生产环节将逐步取代物质生产环节而成为新的产业核心，对房地产职业人服务水平的要求会越来越高。因此房地产从业人员要不断加强自身职业道德建设，努力提高自己的业务能力和水平，使房地产服务活动更加科学化、规范化和专业化以满足人们日益增长的多样化需求。

12.1.2 房地产职业效益的含义及作用

中国的房地产业起步较晚，但是发展势头迅猛。我国中央政府已经将房地产业当做一个重要的支柱产业，其对我国的经济增长起着非常重要的作用。

12.1.2.1 房地产职业效益的内含

房地产职业效益就是指从事房地产业的职业活动的耗费与收获的比较益处。与其他行业一样，房地产职业人也总是谋求以较少的职业花费获得较多的职业收入，即围绕讲求职业效益从事各种职业活动。现实生活中房地产职业经济活动错综复杂，涉及社会、生态问题，一方面房地产职业人利用多种稀缺资源从事各种职业活动，对周围的自然环境和人文环境产生深远的影响；另一方

· 341 ·

---

① 王全民：《房地产经济学》，东北财经大学出版社 2002 年版，第 12 页。

面房地产职业人为人们社会生产生活提供各种房地产商品和服务，以获得职业收入。

12.1.2.2　房地产职业效益的作用

与其他行业相比，房地产职业效益在社会经济生活中具有十分重要的地位和作用，这也是由房地产业在整个国民经济中的基础性、先导性作用所决定的。房地产业是一个产业关联性大、社会影响面广、综合性强的行业，房地产需求的普遍性使得房地产职业在社会生产生活中具有十分广泛的重要影响。房地产职业效益的作用集中表现为房地产商品的经济价值、生态价值和社会价值充分、合理、顺利地实现。房地产职业效益不但为从业人提供职业收入，而且为社会生产生活提供各种房地产商品和服务，直接决定或关系着人居环境的改善和住房问题的妥善解决，这是社会稳定和进步的基础。

12.1.3　房地产职业效益评价价值及指标体系

房地产职业效益，是指房地产经理人用较少的消耗取得较多的包括个人和企业的有关经济利益的最大化。房地产职业效益涉及的主体有投资者、购房者、所属居民社会、政府管理者与企业员工等五个方面。

12.1.3.1　房地产职业效益评价的价值

多年来，房地产职业发展很快，房地产企业数量和从业人员不断壮大，讲求房地产职业效益是一种自在地非理性行为，不可避免存在着一定的偏差，如有的突出"一切向钱看"等问题，不顾房屋质量，也不管社会利益。

导致房地产职业效益偏差最大的根源在于思想认识上存在偏差，只有对房地产职业效益做出科学的评价判断，才可促使人们深入切实地理解和认识教育房地产效益，确立科学的房地产职业效益意识，帮助人们调理教育房地产效益思想，从而合理地讲求提高房地产职业效益。

房地产职业效益评价，是从房地产职业效益的内在关系和外在联系出发，把房地产企业之间，以及与购房者、投资者、国家等多方要求统一起来，探讨房地产职业效益评价，这本身就是在讲究、协调房地产职业关系，帮助人们合理正确地讲求房地产职业效益，从而更好地满足各方面的要求，有利于更好地发展房地产事业。

12.1.3.2　房地产职业效益评价的指标体系

房地产职业效益评价指标的确定，应根据职业效益评价理论的要求，顺应房地产职业劳作形成的关系，分析"效在多方"的利益主体与"益在多处"的受益所在，体现"效在多方"的利益主体与"益在多处"（的）受益所在正是评价指标所在。为了使房地产的职业效益最大化，应该保证这五者之间的共同利益，就是教育职业效益评价指标。具体的指标体系见表 12 – 1。

对于房地产职业效益的讲求，只有从这五个方面进行评价，才能判断一个房地产职业人是不是一个合格的职业人。

表 12 - 1　　　　　　房地产职业效益评价指标体系

一级指标	二级指标	三级指标
购房者利益	房屋质量状况	房屋使用寿命、返修率等
	消费者投诉情况	投诉次数等
	承诺实现情况	售后服务情况等
国家利益	税款上缴情况	税款上缴率等
	企业就业贡献情况	解决就业岗位数量等
	完成社会责任情况	社会贡献率
	对文物等特殊建筑的保护	保护文物建筑的比率等
	环境保护情况	环境保护记录、次数等
投资者利益	企业信用记录	企业还贷情况等
	擅自挪用建设贷款行为	是否有挪用建设贷款情况等
	净增产利润	净增产利润率等
	信息披露情况	信息披露比率、时间等
居民利益	建筑节能情况	建筑节能率等
	社区绿化状况	社区绿化率等
	容积率	容积率、建筑密度等
	社会捐助率	社会捐助次数等
企业职工利益	周最多工作情况	周最多工作时数等
	周最少休息情况	周最少休息日数等
	周最长加班情况	周最长加班时数等
	工资水平情况	工资报酬情况等
	重大安全事故	员工人身安全保证、保险率等

· 343 ·

12.2　讲求房地产职业效益存在偏差

改革开放以来，我国房地产业迅速发展。据国家统计局数据显示，目前房地产开发企业近 6 万家，房地产交易所 4000 多家，房地产经纪机构 5 万多家，房地产估价机构 5000 多家，物业管理企业超过 3 万家，从业人员超过 800 万人。① 随着我国房地产业的不断发展和从业人员的不断壮大，房地产作为一个相对独立的专业化服务体系应运而生，一大批具有广博专业知识和丰富实践经验的房地产职业人活跃在房地产生产、流通和服务环节，极大地推动了房地产业的发展。而作为房地产企业的总经理或者董事长，在这些环节中起着极为关键的作用。房地产企业发展过程所暴露的一些问题，跟房地产企业总经理或董事长有着直接的关系。例如在房地产开发过程中存在偷工减料、虚假广告、违法经营、侵害业主等诸多不良职业经济行为，已经引起了全社会的广泛关注。

12.2.1　房地产企业职业人在生产过程存在的不足

房地产生产过程主要包括生产环节、流通环节和管理服务环节。房地产企业职业人在这其中起着至关重要的作用，但是房地产职业人自身的原因使生产过程存在着不足。

12.2.1.1　生产环节

从目前的情况来看，不少开发商在项目开发中过多地考虑了利润目标，而对包括环境和社会在内的利益相关方的影响考虑较少，搞"打一枪换一个地方"式的项目开发。因而，质量不过关、价格有欺诈、承诺难兑现、规划乱更改等短视行为十分普遍；设计人员在设计过程中过多地考虑了功能、技术、经济的限制，而对环境资源的利用和保护考虑较少，对在过程和产品生命周期结束时对环境的影响考虑的更少，带来建筑物能耗高、环保效益差、质量性能差等问题；施工人员在施工过程中也是过多地考虑其自身的经济利益，而很少考虑项目的全生命周期价值，更没有考虑到项目的社会价值，施工工艺粗放，能源消耗高，建筑质量差。根据《广州日报》的报道，我国 1999 年受理房屋建材方面的投诉为 21235 件，比 1998 年增加 20.2%；2000 年为 22179 件，比上年增加 11.44%；2001 年 25116 件，比上年增加 11.32%；2002 年达到 40685 件，比上年增加 62%。在消费者的投诉中，较为突出的是产品质量问题，其中也不乏高档住宅小区。②

12.2.1.2　流通环节

由于房地产具有位置的固定性与质量差异性的特点，因此房地产交易实质上是房地产产权的交易，房地产市场具有明显的地域性和垄断性，一旦发生买卖交易，交易费用往往很高。为了降低交易费用，提高市场运行效率，保障房地产业健康有序的发展，房地产中介服务业的介入就显得非常必要了。但由于

① 王倩：《房地产上市公司社会责任比较分析》，载《中国房地产》（学术版）2012 年第 2 期，第 88~90 页。
② 周运清：《中国城镇居民住房居住质量》，社会科学文献出版社 2008 年版，第 138 页。

入行门槛低、利润较高，其从业人员多是下岗或离退休人员，缺乏必要的专业知识，大多未接受过系统的培训，也未取得相应的从业资格证书，因此经营主体十分混乱，职业素质偏低，存在着不择手段追求职业效益的多种不良职业行为，由此引发房地产中介投诉案件逐年上升。据广州市房地产中介协会的相关数据显示，2010 年受理的投诉案件总数量为 272 宗，2011 年受理案件总数量为 336 宗，较前年上升 8%。①

12.2.1.3　管理服务环节

作为一种售后服务，物业管理是房地产开发、建设与销售的延伸，它的好坏直接影响到房地产商品的销售和使用。由于物业管理行业利润低、日常工作比较琐碎，因此不能吸引到优秀的专业人才投身这一行业。大多数从业人员都是从社会临时招募的，职业素质低，服务意识淡薄，服务质量差，导致物业管理中产生大量的矛盾和纠纷。2004 年北京市消协在全市 18 个区县开展住宅小区物业管理状况的调查。随机抽取 5000 个样本，涉及 100 个居住小区和 99 个物业管理公司。调查结果显示，对物业管理公司总体评价满意度为零的占21%，总体评价一般的占 58.7%，14.3% 的评价为差。②

12.2.2　房地产企业职业人社会责任承担得不够

随着现代文明的不断发展，企业除了为社会提供必要的产品之外，还需要承担相应的社会责任。可惜的是，房地产企业职业人的社会责任承担得不够。

12.2.2.1　产品质量无法切实得到保障

商品房作为消费者的生活居住场所，房地产质量本应得到负责人足够的重视和维护。但是，现阶段我国房地产行业的负责人水平高低不等，使房地产产品质量参差不齐，他们为了节约建筑成本或者由于安全与成本管理不到位，致使房地产企业的违法乱纪现象频发。由于他们管理不善，或者为了牟取暴利偷工减料，在房地产行业经常出现房屋以次充好，坑蒙拐骗消费者的行为。又有商品房在建设过程中，甚至出现漏水、裂缝、倾斜、倒塌等质量安全问题。商品房不仅质量问题频发，而且房地产纠纷解决率也最低。但是商品房的质量关系到人民的生命安全，理应得到充足的重视，但事实是这一群体各种违背法律、道德的事件频发，引起很大的社会反响，导致各种社会矛盾。

12.2.2.2　售后服务意识差

商品房是一种特殊的商品，其主要特点包括：使用的材料多，涉及的工序多，而且其流程复杂、使用周期长，使用过程烦琐，再加上消费者对产品的不同要求。商品房的这些特殊性，势必也会引起一系列的问题，当然这也对房地

· 345 ·

---

① 王文倩：《房地产中介投诉案件增多》，载《广州日报》2012 年 3 月 13 日。
② 《北京市消协请业主为物业打分》，载《北京晚报》2005 年 3 月 12 日。

产企业提出了更高的要求，需要他们提供更完备的配套服务、更完善的售后服务。但是，现阶段房地产企业都主抓销售，缺乏商品房售后服务意识，导致很多商品房质量出现问题时不能得到及时有效的解决，引起消费者对房地产企业的态度、服务极度的不满，加深了消费者和房地产企业之间的矛盾。

12.2.2.3　节能环保等新技术工作有待于加强

房地产企业负责人的另一个职责是大力发展节能环保技术。房地产行业需要的原材料多，如果技术等处理得当，可以节约大量的能源消耗，为我国节约型社会的建设做出重要的贡献。就现阶段，总体而言我国房地产行业在节能环保上的投入总体是不足的，这方面也是房地产企业负责人迫切需要提高的一个内容，这也已成为我国房地产行业 TOP 100 测评总体评价的一项标准。

12.2.2.4　社会责任的认知度偏低

过去很多商界人士认为只有社会捐赠才是社会责任。房地产行业具有关联度高、产业链长的特殊性，关系各行各业的发展，当然最重要的是与人们的日常生活关系密切。从表面上看，房地产行业仅仅是盖房子，而从更深刻的层面讲它是在打造一副人们美好生活的蓝图。从这一点上来看，社会责任对于房地产企业来说是必不可少的，他们承担的是人们对家的憧憬。但依据《中国地产企业社会责任现状调查报告》的结论显示，现阶段我国房地产企业负责人在履行社会责任方面的积极性并不高，并且基本都处于初级建设时期，房地产整个行业在履行社会责任的认知度上还很低，迫切需要政府采取相应措施提高房地产行业对社会责任的认知。

12.3　房地产职业效益事例

随着全球房地产市场的不断发展，房地产业成了拉动全球经济的一股重要力量。在这一背景下，房地产职业领域中涌现了许多出色的职业经理人。正是这些人的努力，带动整个房地产业的突飞猛进，值得学习借鉴。

12.3.1　李兆基

李兆基，中国香港著名房地产企业家，作为香港房地产市场的开拓者之一，一手创造了中国香港恒基兆业地产有限公司，目前恒基兆业地产成了香港最大的房地产企业集团之一。①

12.3.1.1　简介

李兆基，1928 年出生，广东省顺德市大良人，是中国香港著名的"房地

---

① 张蕾：《华商全球制胜发略：李嘉诚 VS 李兆基——富豪之战》，上海文化出版社 2005 年版；福布斯中文网；百度百科。

产巨头"，中国香港恒基兆业股份有限公司的创办人。随着中国香港人口激增，香港的房屋已经不能满足日益增长的需求，李兆基决定向地产进军。1958年李兆基与他人合伙涉足地产生意，并且旗开得胜。1975年，李兆基成立了自己的公司——恒基兆业有限公司。自此，李兆基的地产生意开始蒸蒸日上，盈利迅速增长。李兆基也一举跃入了香港十大富豪榜。

12.3.1.2 房地产职业效益要点

自1975年李兆基成立了恒基兆业有限公司后，李兆基开始了自己的房地产职业生涯。自此之后，李兆基逐步将自己的事业越做越大，最后成了香港的十大富翁之一。

(1) 个人获益。①经济收入。1994年，李兆基在世界著名财经杂志《福布斯》全球富豪榜上名列第13位。1997年再次蝉联《福布斯》全球富豪排行榜第4位，资产已高达150亿美元。据2010年《福布斯》全球富豪榜的最新统计，世界金融风暴后，李兆基仍以185亿美元的个人资产位居全球第22位。2011年李兆基先生以195亿美元位列香港富豪榜第3位。2013年福布斯华人富豪榜，李兆基更是以总资产203亿美元排名第2位。

②获得高贵荣誉。1995年李兆基被《亚洲周刊》授予"亚洲企业家成就奖"的殊荣。1988年，澳门东亚大学颁赠工商管理学博士学位给李兆基，对他在香港商界的卓越成就致以崇高敬意。此后，李兆基还分别于1993年获得香港中文大学荣誉社会科学博士学位，于1997年获得香港理工大学荣誉工商管理博士学位，于1998年获得香港大学名誉法学博士学位。在内地，也先后被授予顺德市荣誉市民，佛山市荣誉市民，广州市荣誉市民等荣誉，以赞扬他在企业界的成就及对当地经济社会发展的贡献。

(2) 社会获益。2013年香港恒基地产主席李兆基宣布，将捐出香港新界的地块，面积逾10万平方英尺（约合9290平方米），预计可兴建超过1000个住宅单位，该地块已交予香港政府研究。地皮需要由香港政府安排兴建，恒基地产不会参与建筑。

(3) 公民获益。李兆基透过"李兆基基金"提供奖学金及其他资助予世界各地不同的学校和大学。1982年李兆基先生创立"培华教育基金会"。至2005年年底，李博士以"李兆基基金"名义捐赠3.3亿元人民币，展开内地最大型的慈善农民培训项目——"温暖工程百万农民培训"计划。

12.3.1.3 成功因素

李兆基从一介平民打拼到今天，成了华人首屈一指的富豪，之所以取得成功，主要取决于他的勤俭、勤奋和干练。

(1) 勤俭是根本。李兆基常说，小富由俭是至理名言，因为第一笔本钱最重要，有了它作为基石，才易于成功。他进一步阐释，做人最忌的是日赚日花，入不敷出，有了本钱，安定下来，失业时也不用彷徨。这副本钱就来自勤俭，他奉劝年轻人赚到钱千万不要即时花光，而是要储存下来。

（2）六字真言是奋斗基础。李兆基总结《四书》中〈大学〉其中一段："知止而后能定，定而后能静，静而后能安，安而后能虑，虑而后能得。"而得出止、定、静、安、虑、得的"六字真言"，认为不论做事、做生意，还是投资，这六字真言都用得，只要按这六个字慢慢地想，一步一步地来，便不会有大危险，做事便会有条理、层次。

（3）投资要精确计算回报。李兆基认为，投资最重要是精确计算回报，回报低就不做，回报高便值得研究，进行投资。举例说，他所成立的教育基金便是一个很好的例子，二十年投入的资金，培养了人才，生生不息，一个培养十个，成功人才回馈社会，十个再培养一百个，无穷无尽，便是最好的投资。

12.3.2　比尔·帕尔迪（Bill Pulte）

比尔·帕尔迪是美国人，从 18 岁开始投身建筑行业，24 岁创办自己的公司。尽管在后面的发展历程上一路波折，但是最终比尔·帕尔迪带着他的公司成为全美排名名列前茅的地产商，业绩每年增长。[①]

12.3.2.1　简介

比尔·帕尔迪，1932 年出生，是一名美国高中毕业生。1950 年，18 岁的比尔·帕尔迪在底特律出售了他开发的第一栋房产，帕尔迪建设的房屋以质量好而著称。1956 年，帕尔迪公司正式成立了。它最初的开发主要集中在（当时）底特律郊区比较大型的住宅项目和一些商业地产上。在 20 世纪 50 年代末，比尔·帕尔迪决定专注住宅房地产项目的开发，并成立了第一家分公司。20 世纪 60 年代是比尔·帕尔迪率领公司迅速成长的年代，在施工设计和技术方面，帕尔迪管理的公司拥有了几项"第一"，比如带有未完成的"bonus space"的住宅设计（后来在 1971 年申请了专利），这些"第一"奠定了帕尔迪公司房地产设计行业的领导地位。现在该公司已经成为美国房地产五大龙头企业之一。比尔·帕尔迪也一跃成为美国的富翁。

12.3.2.2　房地产职业效益要点

比尔·帕尔迪的房地产职业作为甚大，他独到的眼光，过硬的产品质量，以及充分发挥了他的管理水平，取得了卓越的房地产职业效益。

（1）个人获益。比尔·帕尔迪刚进入房地产市场时将自己定位为一家以生产独立或联排的独门独院式住宅为主的开发商。1969 年，帕尔迪股份有限

---

① 资料来源：慕凤丽：《万科的榜样——美国帕尔迪公司》，当代中国出版社 2008 年版，第 12～55 页；彭剑锋等：《帕尔迪：梦想从建筑开始》，机械工业出版社 2010 年版，第 20～30 页。

公司的股票上市，首次发行了 20 万股公众股，比尔·帕尔迪的身价一举进入美国富豪榜前 500 位。2000 年，比尔·帕尔迪在《福布斯》全球富豪榜上名列第 45 位，身价高达 107 亿美元。

（2）公司获益。2003 年，比尔·帕尔迪公司成为《福布斯》财富 500 大公司之一，2005 年进入财富 400 大公司之列，也是福布斯"美国管理最佳企业"之一。根据福布斯网站提供的数据显示，比尔·帕尔迪最近五年的资本回报率为 9.8%，在财富 400 大公司中排名第 33 位。

（3）社会获益。经过了近 60 年的发展，2005 年帕尔迪公司已经将业务扩展到美国 25 个州 48 个城市，累计兴建住宅超过 50 万套，总收入达到 147 亿美元，净利润 14.9 亿美元，雇员总数 13400 人，并拥有着价值 67.67 亿美元土地储备。比尔·帕尔迪对社会的贡献如下。

①最好的财务业绩。在 2005 年总收入达到 147 亿美元，净利润 14.9 亿美元，雇员总数 13400 人，并拥有着价值 67.67 亿美元土地储备。

②不间断的盈利纪录。1956～2006 年，能够在几次大的经济周期中保持 200 个季度 50 年的连续盈利记录。

③超越行业的发展速度。从 1997 年的 20 多亿美金收入，到 2005 年的 142 亿美金，次贷危机前的近 10 年间它一直保持着超越整个行业发展速度的 2 倍。

④卓越的市场贡献。在过去的五十多年里累计建造了超过 50 万套住房，客户市场地域遍及美国大陆本土，并曾经涉足阿根廷、墨西哥等国。

⑤最高的客户满意度。多次获得权威机构评选的客户满意度白金奖、多个市场的客户满意度占据各大房地产商的首位，客户推荐和重复购买率高达 45%。

12.3.2.3　成功因素

尽管比尔·帕尔迪的学历不高，但是他始终追求职业的高端目标，一路遇到不少坎坷，也不放弃，最终带领着公司走向了成功。

（1）始终如一的价值驱动。比尔·帕尔迪取得如此成就，与比尔·帕尔迪独特的"终身客户"的客户理念息息相关。致力于让客户高兴，而不仅仅让客户满意。帕尔迪的非凡之处在于它将客户对公司的口碑提高到战略层面上，这种关注也相应地融入企业的文化中。同时，这种理念并不仅仅停留在空喊口号上，真正难得的是比尔·帕尔迪能够让公司所有的产品与服务、运营管理模式，都是围绕终身客户的目标而设计的。

（2）科学灵活和内外兼修的战略牵引。帕尔迪公司 60 年的发展历程，很好地诠释了其科学灵活和内外兼修的战略管理手腕。在与社会经济政治环境密切相关的房地产行业，这种能够驾驭错综复杂局势的战略管理能力，显得尤为重要。比尔·帕尔迪的成功战略在于他的进退有度，能力第一、机会第二。

（3）极致化全覆盖的客户细分管理。帕尔迪公司是全美唯一一家能在首次购房者、首次换房者、二次换房者和活跃老年人四类细分市场中都能提供主流产品的开发商。帕尔迪认为如果只专注于一类客户，那么即使能把这类客户全部纳入囊中，最后公司的市场份额也不会超过 30%。因此，帕尔迪的目标是要将这几类客户都一网打尽。

12.3.3　王石

王石，深圳万科企业股份有限公司创始人。万科地产作为最早进军我国地产的企业，已经成为了我国房地产企业的标杆和楷模。万科地产之所以能取得今天的成就，跟前万科董事长王石的努力密不可分。①

12.3.3.1　个人简介

王石 1951 年出生于广西柳州，本科学历。1968 年参军，服役于空军汽车三团；1973 年转业，就职于郑州铁路水电段；1974～1978 年就读于兰州铁道学院；毕业后，先后供职于广州铁路局、广东省外经贸委、深圳市特区发展公司；1984 年组建深圳现代科教仪器展销中心，是万科企业股份有限公司的前身，任总经理；1988 年起任万科企业股份有限公司董事长兼总经理，1999 年任公司董事长，后曾任集团董事会主席、中国房地产协会常务理事等职。

12.3.3.2　房地产职业效益要点

王石作为一个知名的地产企业家，他通过自己不懈的努力，带领万科这艘超级巨舰达到了全世界房地产企业的第一位。

（1）个人获益。①收入丰厚。2011 年万科地产的年报显示万科董事长王石税前薪酬为 1504 万元，薪酬税后报酬总额 857 万元，缴纳个人所得税为 647 万元。

②获得荣誉。1994 年王石荣获"深圳市第一届优秀企业家金牛奖"；2001 年 11 月，荣获"深圳市第二届优秀企业家金牛奖"；2003 年 5 月，被中国企业家协会授予"中国创业企业家"称号；王石因为在登山运动中所取得的杰出成就，2001 年获国家体育总局颁发的"运动健将"称号；2002 年当选中国登山协会副主席。2003 年 5 月 22 日王石作为中国珠峰登山队队员成功登顶珠穆朗玛峰，成为目前中国登顶珠峰最年长纪录创造者；2003 年 5 月 30 日，获得国家体育总局颁发的体育运动最高荣誉——体育运动荣誉奖章。

（2）国家获益。2009 年万科以 58 亿元的总纳税额排名榜首，紧随其后的保利地产和招商地产，纳税额分别为 39 亿元和 21 亿元，大体上相当于第二和第三名的总和了。万科在 2011 年上半年整体税金支出达到约 105 亿元，成为

---

① 资料来源：王石：《大道当然——我与万科》，中信出版社 2014 年版，第 20～80 页；魏昕：《影子教父王石，全球最大住宅企业成长智慧秘籍》，新世界出版社 2013 年版，第 100～150 页；张立田：《地产行业的领跑者——万科案例研究》，对外经济贸易大学硕士论文 2007 年，第 45～60 页。

房地产行业内第一家半年纳税超百亿的企业。

（3）社会获益。2010 年万科品牌在世界品牌价值实验室（World Brand Value Lab）编制的 2010 年度《中国品牌 500 强》排行榜中排名第 19 位，品牌价值已达 635.65 亿元。2014 年该公司实现销售面积 1806.4 万平方米，销售金额 2151.3 亿元，销售规模居全球同行业领先地位。

（4）公民获益。王石热衷于社会公益事业，为保障性住房、城市文脉保护、公益慈善、先心病患儿救助、爱佑养护中心、救灾救援等方面做出了积极的努力。2001 年 ~2007 年 6 月，王石个人公益捐助累计 1210.6 万元（税后），相当于 6 年半来日捐 5102 元、年捐 186 万元。他收入的 2/3 用于做公益事业，而广告收益全数捐出。

12.3.3.3　成功因素

虽然王石不是天才的企业家，但他始终坚持梦想，靠着他不懈的努力以及强大的管理团队，他实现了对万科的科学管理。

（1）持续学习的能力。从万科 1988 年进入房地产行业来，王石就强调企业的学习能力，他认为这是万科的核心竞争力，也是万科过去成功的关键因素，并将是保证万科继续取得成功的内在支撑力。毕竟，任何技术、程序、制度，如果忽视了人，忽视了价值层面的因素，在实践中都会遇到各种各样的问题。

（2）自省和专注。在万科的发展过程中，王石作为企业的掌舵人一直在反思、总结和积累。1992 年做出的以房地产为主业，逐步削减其他业务，最终过渡到专业地产公司的战略决策还应该以更大的力度来执行。万科这三十年中，在多元化中做减法，在区域扩张中做集约化，在专业化中做精细化，在产品领先中做技术创新，比国内其他优秀企业提前十年从经验上摸索出公司增长的减法原理。[①]

（3）规范和透明。房地产业的法制环境日渐成熟，土地市场的游戏规则也越来越规范化、透明化，这正是万科期待多年的公平竞争环境。同场竞技的天平越来越向规范的企业倾斜，万科在土地资源上的弱势地位正在逐渐淡去，而其专业实力和在资本市场、客户群体中良好的口碑将带给它越来越显著的优势。

（4）社会责任和恪守职业化底线。在万科的设计部门，有一句话经常被提起，那就是："五十年后再回顾我们的产品，要对得起中国建筑史。"一种企业公民的意味油然而生。所谓企业公民，不仅仅是说对社会公益事业做了多少捐献，更要看企业正常的经营活动，给社会带来了多少综合利益。没有社会

· 351 ·

---

① 邵二郎：《从万科看我国房地产开发企业的成长》，首都经济贸易大学硕士论文 2007 年，第 14 ~20 页。

责任感的企业是不可能获得持久发展能力的。

12.3.4 潘石屹

潘石屹作为地产界大腕，先与其他合伙人共同创建了北京万通实业股份有限公司，后又与妻子共同创立了 SOHO 中国有限公司，在房地产业是一位知名的房地产经纪人，并且保持着较高的曝光率。[①]

12.3.4.1 简介

潘石屹，1963 年出生在甘肃省天水市潘集寨村。1979 年考入兰州培黎学校（即兰州城市学院培黎校区），1981 年被中国石油管道学院（大专）录取。大学毕业后到国家石油部工作，1987 年起开始在深圳和海南开创自己的房地产开发生涯。1992 年，潘石屹与合伙人共同创建了北京万通实业股份有限公司。1995 年，潘石屹与妻子张欣共同创立了 SOHO 中国有限公司。2007 年 10 月 8 日 SOHO 中国在香港联交所主板成功上市。

12.3.4.2 房地产职业效益要点

潘石屹从一个农民转身为一名成功的地产企业家，并且麾下多个项目都获得了巨大的成功，自身也取得了辉煌的成就。

（1）个人获益。①收入丰厚。作为一个知名房地产企业董事长，潘石屹的收入自然丰厚。据报道，2012 年潘石屹的年薪为 619.9 万元，2013 年新财富中国富豪榜以 181.0 亿元排名第 24 名。

②获得荣誉。2001 年被深圳住交会评选为"中国地产十大风云人物"，2007 年当选北京市人大代表，同年被北京市地税局授予"荣誉纳税人"称号，2008 年荣获第十届中国住交会（CIHAF）颁发的"中国房地产十大功勋人物"奖，2014 年获得网易年度"最有态度地产人物"奖。

（2）国家获益。2003 年国家税务总局公布的房地产开发经营行业纳税十强榜中，潘石屹领导的红石建外房地产开发有限公司以 1.7788 亿元位居全国第二。2005 年国家税务总局发布的中国企业纳税排行榜中，SOHO 中国有限公司纳税额为 2.84 亿元，进入了纳税 500 强行列。2012 年 SOHO 中国实现营业额 153.05 亿元，同比增长 169%；核心纯利 33.35 亿元，同比增长 135%。同期 SOHO 中国缴纳的所得税为 29.77 亿元，同比增长 514%；土地增值税 34.10 亿元，同比增长 315%。

（3）社会获益。截至 2010 年 6 月底，SOHO 中国共完成开发总建筑面积约 230 万平方米，在建项目的总建筑面积约 130 万平方米。2011 年，SOHO 中

[①] 资料来源：潘石屹：《我的价值观》，江苏文艺出版社 2013 年版，第 24～198 页；丁云升：《你有梦想，就有力量——潘石屹给年轻人的十二堂人生经营课》，人民邮电出版社 2014 年版，第 103～115 页；刘立群：《潘石屹 SOHO 中国管理日记》，中国铁道出版社 2011 年版，第 52～98 页。

国排在品牌价值榜第 11 位，其品牌价值总额达到 110.48 亿元，成为 12 家过百亿的房企之一。

（4）公民获益。SOHO 中国有限公司长期以来致力于在中国建设高品质物业的同时，也通过 SOHO 中国基金会实施一系列捐助项目，主动回报社会，项目涵盖了重大灾难救助、教育支持、贫困人群关怀、环境保护等。2004～2006年 3 年间，SOHO 中国基金会共捐赠各类善款 960 万元，而 2007 年仅一年捐款数额超过以往 3 年捐赠总和的 2 倍，总额超过 2000 万元。

12.3.4.3　成功因素

潘石屹在创业过程中经历了很多挫折，但他始终保持热情，并专注于房地产，在积累了充足的资源和经验后，成功是必然的。

（1）团结合作。潘石屹总结创业需要的第一个品质就是团结和合作的品质。在今天这个时代，任何一个个人，不要说创业干事业，如果离开别人提供的帮助，甚至生活都不能自理。作为一个创业者也好，一个普通打工者也好，怎么和同行相处，怎么和竞争对手相处，都要把团结、合作、尊重别人放在第一位，这个品质在今天这样一个时代比任何一个品质都重要。

（2）诚实。创业也好，给老板打工也好，潘石屹的忠告就是绝对不能在诚实上犯错，要对同事诚实，对税务，对政府诚实，一旦在诚实上有了污点，创业是走不远的。换一个角度说，人不是为了创业而创业，而是要让人在物质上富裕起来，在精神上发展进步，最终通过每一个人的努力推动整个社会的发展，创业只是中间一个过程。所以在今天的环境下，坦诚面对公众是一个最基本的品质。

（3）学习。潘石屹强调的一点就是，理论学习要用实践来检验，创业者从学校出来学了很多管理知识、市场知识以后，当进入工作的时候，要把学来的东西尽快忘掉，这也是一个境界。如果一个人毕业后从他的言谈举止看，哪毕业的，学什么专业，痕迹都特别明显，那就说明这个人还没有融入行动和实践里去。

12.4　讲求提高房地产职业效益探索

现实生活中房地产职业效益问题十分错综复杂，本书依据对房地产职业人讲求职业效益行为的经济学分析，着重从以下四个方面探讨科学讲求房地产职业效益的有效途径。

12.4.1　在房地产各领域全面贯彻可持续发展的理念

实现房地产业的可持续发展，有赖于包括政府主管部门在内的社会各界的共同努力。作为基本经济单元的房地产职业人，无疑更应在这一过程中发挥出应有的积极作用。"天下兴亡，匹夫有责"，职业人不仅要对自己负责，对家庭负责，更要对国家和社会负责，不能仅考虑自身的经济利益，还应同时考虑到行业的发展、环境的保护、社会的和谐。因此，必须摒弃传统的发展观念和发展模式，把思想统一到科学发展观上来，统一到构建社会主义和谐社会上来，把环境保护和可持续发展的理念融入并全面贯彻到从规划决策到物业管理的全过程中来；在房地产职业经济活动的实践中，做到以人为本，把节能降耗、保护环境变成每一个职业人的自觉行为，营造符合社会发展和人性需求的健康、舒适、安全的生存与活动空间，以最低的资源和环境成本获取最佳的职业效益，走生产发展、生活富裕、生态良好的文明发展之路。

12.4.2　培养和提高从业人员素质

培养房地产从业人员的职业素质是一项关系到社会、企业和个人不断发展和共同进步的系统工程，需要全社会各方面的沟通协作和积极配合。通过有关政府部门的适当干预，将学校、社会、企业的培训资源进行有机的整合。根据企业人才需求的层次结构和类型结构，构建以高等教育和职业教育为中心，包括企业培训和专业机构培训在内的资源共享的多层次、多功能、多形式、开放式的职业素质教育体系，不断提高房地产从业人员素质，促进房地产业持续健康发展。

12.4.2.1　培养高层次人才

充分发挥高等院校的教育资源优势，培养高层次的专门人才，不断优化职业素质教育的层次结构。

（1）培养高层次的专门人才。对于培养房地产专门人才的广大高校来说，一要切实加强在校大学生职业素质培养，以满足社会进步和房地产业发展对高层次、复合型人才的需要。针对不同的培养对象采取多种形式、分层次、分阶段的开展职业素质教育，将大学生职业素质教育贯穿大学教育的始终。在职业素质教育中，把职业道德的培养放在首要位置，同时注意培养学生的表达能力、协作能力和团队精神。二是利用自身优势开展企业高层人员在职教育。面向房地产企业各级主管人员，采取开设短期培训课程和在职研究生班等多种形式，让他们及时了解和掌握房地产经营管理发展的最新变化。通过学习掌握最新的管理理念和管理技术，不断提高技术创新能力和科学决策能力。

（2）巩固和发展职业教育。巩固和发展职业教育，进一步发挥各级职业学校在职业素质教育中的重要作用，大力培养技能型紧缺人才。各类房地产职业学校应根据房地产市场对人才的需求和职业素质要求，设置岗位实用性和专业针对性强的课程体系。通过多种有效途径培养房地产专业学生的职业道德，增强职业意识，扎实掌握职业知识和技能，为房地产生产、经营、管理和服务第一线培养技能型、实用性的专门人才。

12.4.2.2　加大企业培训力度

高度重视企业培训，大力推进企业培训向个性化、科学化、专业化方向发展。为了满足房地产企业对高素质管理人才和技术人才的需求，提高企业的竞争力，必须把企业培训置于企业战略管理的高度认识。结合房地产企业的发展方向和长远规划，借鉴国内外知名企业教育培训的成功经验，采取委托、合作和内部机构培训等多种形式，运用多种多样的现代培训方法，对各类员工进行有计划、分阶段、有步骤的全员个性化、专业化培训。

12.4.2.3　通过培训机构加强职业培训

在政府主管部门的调控和指导下，继续发挥房地产专业培训机构在职业培训中的积极作用。充分利用房地产专业培训机构的专业优势，针对房地产行业特点，紧贴企业生产经营发展的实际，注重满足顾客个性化、差异化需求，运用现代培训技术，十分有效地为房地产行业输送各类人才。

12.4.3　利用高新技术手段科学讲求房地产职业效益

随着知识经济时代的到来，知识的生产、扩散和应用正改变着人们的生产、生活和思维方式。现代科学技术的发展，特别是计算机技术、通讯网络技术等高新技术的迅速普及和推广，不但极大地推动了房地产业的发展，也为房地产职业人科学讲求房地产经济效益创造了有利条件。

12.4.3.1　采用高新技术手段科学决策

在房地产开发中进行项目可行性研究时，可以采用高新技术手段，借助系统分析和系统工程的方法，通过计算机仿真技术和决策支持系统进行多方案的比较，使项目决策更科学。随着信息化革命的浪潮正在全球范围内蓬勃兴起，为适应社会网络信息化和经济国际化的需要，将建筑技术和网络信息技术相结合的智能建筑便应运而生，成为世界各大城市房屋建设的趋势。智能住宅、智能大厦的兴建，网络社区的兴起，将使 21 世纪的社区功能和居民工作、生活方式发生根本性变革。办公自动化系统和通讯自动化系统使人们在家里办公的梦想变成现实。住户可以通过这些系统的国际互联网、多功能电话、可视电话、电视会议、自动文书处理等网络技术手段，及时获取全球经济信息，并通过互联网进行国际国内电子商务活动。这种高速度、高效率的网络系统不仅提高了人们的工作效率，也提高了人们的生活质量。网络社区的建设，使小区内各部门之间、小区与社会之间实现资讯互通、资源共享。学生可以通过家里的电脑接受网络化学校的教育，利用网络中的大量信息资源扩大知识领域。家庭主妇可以通过网络进行购物。病人可以通过网络接受治疗，等等。

12.4.3.2　利用先进技术提高建筑设计水平

在建筑设计方面，综合运用当代建筑学、生态学及计算机技术等其他科学领域的最新成果，以人为本，以用户需求为中心，进行人性化、智能化设计。将建筑物看作一个生态系统，通过设计建筑内外空间中的多种物态因素，使物质、能源在系统内部有次序地循环转换，使人工建筑与周围自然环境融为一体，营造一种高效、低耗、无废、无污染、生态平衡的生活和工作环境。

12.4.3.3　加大网络技术在房地产中介服务中的应用

在房地产中介服务方面，以计算机技术、现代通讯网络技术等高新技术为媒介，搭建现代化网络平台，包括信息公示、交易流程、客户管理、服务支持、行业监督和内部管理几大系统，通过应用相关的软件和网络手段，使各个独立中介人形成资源共享的互通体系，使房地产中介服务更加规范化、科学化和专业化。

12.4.3.4　运用现代化技术提高物业服务水平

在物业管理方面，采用高新技术，建立现代化的物业管理系统，实现网络化、智能化管理服务，包括全方位的楼宇自动监控系统、消防自动系统、全球性通信及信息智能处理网络系统、办公自动化、家庭分类服务支撑系统等，运用科学的方法最大限度地满足业主的多样化需求。

12.4.4　引导房地产职业人科学讲求职业效益

讲究职业效益是房地产职业人应该追求的最高目标，而房地产的职业效益应该包括以下几个方面。

12.4.4.1　实现房地产职业人的绿色职业效益

建立健全市场竞争机制和政策激励机制，保障房地产职业人实现绿色职业效益。如果缺乏有效的绿色成本分摊机制和利益分配机制，房地产职业人为实现房地产商品生态效益和社会效益而产生的增量成本得不到合理分摊和有效补偿，无法得到合理讲求职业效益的现实利益，那么必然会诱发房地产职业人的道德风险。因此，为了促进房地产业的持续健康发展，必须建立完善的市场竞争机制和激励机制，充分发挥市场机制的调节作用，确保实现房地产商品的经济价值、生态价值和社会价值；运用价格、税收等杠杆，使房地产发展的绿色成本在受益人和有关方之间进行合理分摊，保证房地产职业人的绿色职业成本得到适当补偿，绿色职业效益得到充分保障。

12.4.4.2　完善房地产职业规范标准和行为准则

建立和完善职业规范标准和行为准则，全面加强对房地产从业人员职业行为的监督和管理。借鉴国外的先进经验，结合我国房地产职业实践的现状，加紧制定既符合我国国情又与国际惯例接轨的具有权威性的行业标准。注重体现对从业人员职业道德和专业标准的要求，用以指导和规范房地产职业人的职业行为；通过全面推行职业资格证书制度，严格行业准入和市场准入标准；定期考核房地产职业人的职业资格，对违反行业标准的职业人要加大处罚力度；充分发挥自律性房地产行业组织对规范和引导房地产从业人员职业行为的积极作用；建立房地产信用管理档案系统，加强对房地产从业人员的监督和管理。

12.4.4.3　建立房地产职业效益评价指标体系

建立职业效益评价指标体系，开展职业效益的监测与评价。纠正房地产从业人的不良职业行为首先就要对房地产职业效益做出科学的评价。构建我国房地产职业效益评价的指标体系，就是要从我国房地产行业特点和工作实际出发，依据三元职业效益评价理论，参考有关的指标体系，遵循整体性、层次性、动态性和可操作性的建立原则，按照职位分类确立评价指标。通过在房地产行业广泛开展职业效益的监测与评价，促进房地产职业人树立正确职业效益观，使职业人在从事房地产职业经济活动时能够自觉遵循房地产经济运行的客观规律，减少盲目性，在提高房地产职业效益的同时，促进房地产经济效益、社会效益和环境效益的不断提高，最终实现房地产业的可持续发展。

12.4.4.4　建立专门法规对房地产职业人规范和指导

加大立法力度，建立专门法规对房地产职业人进行规范和指导。改革开放以来，为规范房地产市场的运行，我国先后出台了一系列的房地产法律法规，逐步形成了较为完善的房地产法律体系，但有关规范房地产从业人员职业行为的法律制度建设还处于起步探索阶段。现有的法律法规不健全、覆盖率低、可操作性不强，许多具体问题没有明确的评判标准。所以当务之急是加紧立法，以法律为监管手段，加强对房地产从业人员职业行为的规范。应结合我国房地产业发展的实际情况，在借鉴国外有关法律制度的基础上，加大立法力度，加强房地产技术立法，以法律的形式确定房地产职业人的职业地位，通过制定专门法规和相应的实施条例或细则，对房地产职业人合理从业提出具体要求，从而规范从业人员的职业行为。

第 13 章　讲求提高导游职业效益

在飞速发展的旅游业中，导游处于整个行业的最前沿，在旅游活动中扮演着重要的角色。科学地讲求导游职业效益，可以指导帮助导游人员合理从事导游职业经济活动，走文明从业生财的可持续发展的富裕绿色旅游之路，同时也为国内旅游者乃至国外旅游者提供一个全新的旅游环境和个性化的旅游服务，促进旅游业和相关行业的可持续发展。

13.1　导游职业效益知识

旅游是一种复杂的社会经济现象，它是随着人类社会的发展而出现和发展的。第二次世界大战之后，旅游已经成为人类社会生活的一项重要内容，并广泛影响着人类社会的经济、政治、文化等方面的发展。随着旅游业不断创新发展，导游职业作为旅游接待工作中的主体，是整个旅游服务的核心，为旅游业的顺利发展起着关键的作用。

13.1.1　导游及导游职业

我国的导游最早出现于 1923 年，民族企业家陈光浦成立商业储备银行下的旅游部时，开始培训中国第一批导游队伍，现代社会的导游是在改革开放之后，国家旅游局决定在 1989 年举行全国春花杯导游大赛，并确定从 1989 年开始每年举行一次正规的导游资格考试。

13.1.1.1　导游及导游职业的定义

导游的职业历史可以延伸到古代的"向导"。古时社会上层贵族外出旅行游览时，不管是个人或全家，一般都会找一个负责旅行事务的专人陪伴，辅助其完成旅行、游历、游学过程，以更好地增加主人的见闻，丰富其阅历。

现代社会的导游，就是以旅游者为服务对象，以安排旅游者的食、住、行、游、购、娱为主要任务，为旅游者在旅游活动中提供向导、讲解和生活服务的人员。通过导游服务，既可以增加导游个人职业效益，为国家和地方的经济建设积累资金，又可以增进导游和游客、游客和当地居民之间的相互了解和友谊，成为联系民间外交和地区之间的第一线人员。

导游职业是导游为了获取一定的收入向旅游者提供食、住、行、游、购、娱等服务所从事的一种社会事业，同其他职业相比，这不仅是导游人员谋生的一种手段，导游职业既要获得相应的报酬，同时又要为社会承担一定的义务和责任，为社会的和谐发展做出贡献。导游职业具有较复杂的特点，它的公民职业效益直接牵涉导游职业劳作者、旅游消费者和环境资源相关者的因素。

13.1.1.2　导游职业的特点

导游职业在不同国家、不同社会制度、不同社会文化背景下，职业范围和工作内容不尽相同。但是，无论各国各时期情况有何差异，导游职业总是呈现出一些鲜明的特点。

（1）经济性。旅游的目的主要是游览、消遣和娱乐，这部分人群也是旅游的主体。导游职业的目的主要是满足旅游者的需求为他们提供优质的服务，在此基础上获得相应的报酬。导游职业者借助于自然环境从事导游职业活动，满足旅游者的生活和社会需求，从而获得报酬这一经济性特点是导游职业的本质特点。

（2）社会性。旅游是人类离开日常生活圈，到异地他乡做短暂的逗留的空间活动。导游职业是旅游从业人员在特定的社会生活环境中从旅游出发地到旅游目的地有目的、有计划、有组织的为旅游者提供全程服务的社会活动，与旅游者、其他旅游从业者、职业合作者、当地居民、政府管理者之间产生相互社会关系。

（3）季节性。旅游者总是选择节假日和气候温和的季节出行，形成了旅游淡旺季的特点，这就限制了导游职业者的从业时间，尤其是导游职业，旅游旺季游客较多，可以获得更多的收入，旅游从业者紧张，需聘请社会导游人员；旅游淡季游客较少，专业的导游都无事可做。这充分体现了导游职业的季节性特点。

（4）规范性。导游职业是人们为了谋生和发展而从事的有收入的专门类别的社会活动。要求从业人员具备一定的生活素质和旅游专业技能，随着现代旅游业科技含量越来越高，对导游职业整体的技术规范和服务规范也逐渐被人们重视。2001 年 12 月 27 日，国家旅游局局长何光暐签发了国家旅游局令第 15 号，发布《导游人员管理实施办法》。《实施办法》规定，旅游行政管理部门对导游人员实行分级管理、资格考试制度和等级考核制度、计分管理制度和年度审核制度。导游人员每年必须接受培训，每年累计培训时间不得少于 56 小时。

（5）服务性。旅游业作为第三产业，其职业特征是旅游从业者随时随地为有需求的旅游者提供以服务为主的各种无形行为或绩效。导游职业者是为满足人们外出旅游的需要而付出的智能和必要的劳动，是一种服务性的商品。客人的各种需求和硬件条件等复杂条件下要做到优质服务，不是一般行业所能比的。导游人员容易受自身生理和心理因素变化的影响，使导游服务质量呈波动状态。

13.1.1.3　导游职业分类

导游决定了整个旅行社的服务质量和顾客满意度。不同国家对导游职业的管理体制不尽相同。我国的导游职业经历了从较早的国家外交工作人员管理模式到普通企业员工管理模式的转变。目前从导游职业的发展来看，可以按不同角度划分为不同的种类。[①]

表13-1　我国导游职业的分类

划分方式	导游分类
业务范围	海外领队、全程陪同导游、地方陪同导游、景点景区导游
职业性质	专职导游人员、兼职导游人员
使用语言	中文导游人员、外语导游人员
技术等级	初级导游人员、中级导游人员、高级导游人员和特级导游人员

（1）按业务范围划分。按业务范围划分，导游人员分为海外领队、全程陪同导游员、地方陪同导游人员和景点景区导游人员。

①海外领队是指经国家旅游行政主管部门批准可以经营出境旅游业务的旅行社的委派，全权代表该旅行社带领旅游团从事旅游活动的工作人员，是率领中国公民到海外旅游并为其提供全程导游服务的工作人员。

②全程陪同导游人员简称全陪，是带领海外来华游客或中国游客在中国境内旅游并为其提供全程导游服务的工作人员，是受组团旅行社委派，作为组团社的代表，在领队和地方陪同导游人员的配合下实施接待计划，为旅游团（者）提供全程陪同服务的工作人员。

③地方陪同导游人员简称地陪，是指受接待旅行社委派，代表接待旅行社实施接待计划，为旅游团（者）提供当地旅游活动安排、讲解、翻译等服务的工作人员。

④景点景区导游人员亦称讲解员，是指在旅游景点景区，如博物馆、自然保护区等为游客进行导游讲解的工作人员。他们只负责讲解而不涉及其他事务。

（2）按职业性质划分。按职业性质划分导游人员分为专职导游人员和兼职导游人员。

①专职导游人员是指在一定时期内以导游工作为其主要职业的导游人员。

---

① 熊剑平：《导游业务》，武汉大学出版社2004年版，第49~52页。

目前，这类导游人员大多数受过中、高等教育，或受过专门训练，一般为旅行社的正式职员，他们是当前我国导游队伍的主体。

②兼职导游人员亦称业余导游人员是指不以导游工作为其主要职业，而利用业余时间从事导游工作的人员。

（3）按导游使用的语言划分。按导游使用的语言划分，导游人员分为中文导游人员和外语导游人员。

①中文导游人员是指能够使用普通话、地方话或者少数民族语言，从事导游业务的人员。目前，这类导游人员的主要服务对象是国内旅游中的中国公民和入境旅游中的港、澳、台同胞。

②外语导游人员是指能够运用外语从事导游业务的人员。目前，这类导游人员的主要服务对象是入境旅游的外国游客和出境旅游的中国公民。

（4）按技术等级划分。按技术等级划分，导游人员分为初级导游人员、中级导游人员、高级导游人员和特级导游人员。

①初级导游人员是指获导游人员资格证书一年后，就技能、业绩和资历对其进行考核，合格者自动成为初级导游人员。

②中级导游人员是获初级导游人员资格两年以上，业绩明显，考核、考试合格者晋升为中级导游人员。他们是旅行社的业务骨干。

③高级导游人员是取得中级导游人员资格四年以上，业绩突出、水平较高，在国内外同行和旅行商中有一定影响，考核、考试合格者晋升为高级导游人员。

④特级导游人员是取得高级导游人员资格五年以上，业绩优异，有突出贡献，有高水平的科研成果，在国内外同行和旅行商中有较大影响，经考核合格者晋升为特级导游人员。

13.1.2　导游职业效益及其评价指标

旅游业是由直接供给旅游者"食、住、行、游、购、娱"需求的产业组成，即旅行社业、饭店业、旅游交通业、旅游购物品经营业、旅游观赏娱乐业等组成的产业群体，其主体是旅行社。导游职业具有十分重要的地位，不仅能够为旅游者提供全程的服务，它的综合性还能够带动多个行业的发展，对于一个旅游城市而言，直接决定着它的经济文化水平，涉及城市各项事业的发展状况和人民生活的改善，这无不反映在导游的职业效益内涵里。

13.1.2.1　导游职业效益的含义

导游职业效益，是指导游用较少的消耗取得较多的包括导游个人的有关单位与公民获得的利益好处。导游职业效益是导游从事职业活动追求的效果利益，是通过职业活动的所获收入与所用花费的比较反映的，根据公式 $ZXY = ZSR/ZHF$，其中：

导游职业耗费 ZHF，包括导游资格证的考取、审核、培训及为旅游者提供导游服务的智力、劳力与住宿、餐饮、交通工具、自然景观资源、社会人文资源等。

导游职业收入 ZSR，包括导游职业者得到的基础工资、绩效工资、奖金、提成、小费及实物等。另外，导游还会获得游览风光、免费就餐与住宿、享受娱乐项目等非经济报酬。这也是很多导游尤其是新入职的导游比较关注的效益。

由于导游职业关联的广泛性，游客要完成一次满意的旅游消费活动需要旅游业内多种职业的相互支持，导游职业效益的获得与政府、旅游目的地企业、饭店、餐饮、娱乐、交通、目的地居民等多方的效益都有着很大的关系。其中，游客是导游主要服务的对象，游客需要最终获得身心愉悦、增长知识、开阔眼界等效益；旅行社通过导游的工作传递了企业的经营理念和服务方式，获得经济效益和其他效益，行业合作者主要包括旅游从业活动的合作者，包括饭店、餐饮、交通、娱乐、购物、景点景区及一切与旅游活动相关的所从事的职业，这些职业通过与导游的合作，共同完成某项服务产品，获得效益；政府与行业管理者包括各级政府旅游相关管理部门，与旅游相关的各种行业协会等，一方面导游职业受其监督、规范、管理，另一方面也通过导游职业的发展得到税收或其他经济效益；目的地及社区居民通过导游职业，能够与游客形成和谐共处的环境，从旅游业中得到城市设施发展、文明开放、就业机会增加等效益。导游形象有时候也会形成对客源地的影响，好的形象会成为城市名片，给客源地带来名誉与收益，坏的形象会破坏客源地的旅游价值，令其受到无法估量的损失。因此，导游职业效益能充分体现效在多方、益在多处。

由于旅游业是一个交叉型的综合性行业，导游职业效益最终体现的效益涉及的方面比较广泛。导游在获得自身职业效益的同时，也会为旅行社和其他类型的相关旅游企业带来职业效益。在为游客服务工作的过程中，与饭店、餐馆、游览点、交通部门、商店、娱乐场所等旅游企业之间的第一线联络人是导游，在各旅游企业之间起着重要的协调作用。同时，导游的工作是游客与目的地之间充分认识产生互动的桥梁，导游沟通工作能够促进旅游者和目的地之间对国家、社会、人民、文化和风俗民情以及国家的有关政策、法令等相互的了解，从而更好地适应、融入当地的环境，并能够影响当地居民的生活与认知。良好的互动沟通能够促进目的地旅游产业的发展，也能够使旅游目的地在经济效益、社会效益、文化效益、科技效益、政治效益等多方的发展和受益。

13.1.2.2　导游职业效益的评价与评价指标

导游职业效益评价就是对导游职业效益的好或者差的不同状况作出评定，

目的是正确认识导游职业效益，协调各导游职业经济关系，科学的讲求和实现导游职业效益，保障和满足旅游者的需求。

　　旅游已经从少数人的奢侈品，发展成为大众化、经常性消费的生活方式。我国的旅游业已经从外事接待型的事业，发展成为全民广泛参与就业、创业的民生产业。旅游业的发展由点到面、由局部到整体，形成了各地、各部门全面推进的大格局。旅游业正在成为经济发展新常态下的新增长点。旅游业近年来发展势头良好，它为经济上政府消费和总资产贡献以及社会上人力资本净收益工资率作出了很大的贡献。导游职业效益评价指标（见表 13 - 2）可以使旅游业的发展逐步向成熟健康的绿色方向前进。与导游职业相关的游客、企业、地方政府、目的地居民、行业合作者等各种消耗费用和收益等都是科学评价导游职业效益的有力依据。

　　全面综合地利用职业效益各级评价指标，可以有效地避免导游职业效益偏差。导游职业效益偏差主要在于职业人突出个人利益，重视讲求职业劳动者效益，忽视与其相关的游客效益、居民效益、企业效益、管理者效益及其他的社会消费者效益。导游职业效益偏差主要表现在导游从业人员素质较低、旅游支出不充分；导游为了获得收入强制游客购物、牺牲旅游者的效益获得不正当效益；对自然环境、社会公共资源的过度浪费和破坏；等等。

表 13 - 2　　　　　　　　导游职业效益评价指标体系

指标名称	一级指标	二级指标	三级指标
导游职业效益评价指标	游客利益	旅游支出	金钱、时间、精力等支出
		旅游收入	身体健康、知识、能力、阅历等
		旅游收支比	价值收支比等
		旅游感受	旅游快乐、友谊、满意度等
	居民利益	投入	资金、公共资源、公共环境等
		收入	财物、就业机会等
		投入收入比	价值收支比等
		居民感受	对旅游业满意度、环境保护等
	管理者利益	旅游投入	景区、交通、基础设施等投入
		旅游收入	财政税收、就业机会等
		投入收入比	价值投入收入比等
		创新	产业形态、产业结构等创新
		公益	公德、资源、环保、法规、文化等

指标名称	一级指标	二级指标	三级指标
导游职业效益评价指标	合作者利益	支出	住宿、餐饮、交通工具、自然景观资源、社会人文资源等
		收入	资金、内部信息、规模收益等
		收支比	价值收支比
		其他利益	诚信、和谐、长期合作等
	导游利益	导游支出	获得导游资格付出的金钱、时间、精力等；提供导游服务的智力、劳力、时间等支出
		导游收入	基础工资、绩效工资、奖金、提成、小费及实物等收入
		导游收支比	价值收支比等
		导游价值实现	增加游客阅历、拓展人际关系等
		导游感受	从业快乐、满意度、受尊重程度等

导游职业效益偏差实质是导游职业人的职业经济行为偏差。导游职业效益偏差矫正的关键是要改变导游职业人的不良职业经济行为，通过提高进入门槛，加强职业培训，建设一支高素质的导游人才队伍。要纠正导游职业效益偏差不仅仅是导游职业的改变，同时还要需要导游职业生存空间的改善。它更需要通过整个旅游制度法律的制约，旅游企业的改革创新，居民与游客的文明素质的提高等，只有整个旅游消费环境和供给市场的改变，才能够督促导游遵循职业规范，文明从业生财富裕，也就是从根本上合理从事导游职业经济活动，科学讲求导游职业效益。

13.2 导游职业效益现状分析

随着我国成为世界旅游大国，我国导游队伍规模快速扩大，拥有导游资格证人数已达到80多万人，导游人员是旅游过程的核心人物，他们的职业素质直接关系到旅游业的整体形象。但是由于多种原因的限制，我国导游队伍的整体发展不尽如人意。

13.2.1 导游职业效益偏差问题

近些年来，我国旅行社行业发展出现欺行霸市、虚假广告、价格欺诈、非法经营、欺客宰客、强迫消费等社会和游客反映强烈的突出问题，旅游业存在很多的"潜规则"，游客在旅游过程中不能充分保障自己的权益，导致一起起引人关注的投诉事件。而导游也从过去收入高、社会地位高、职业稳定、工作自由度高的人人羡慕的优势群体向社会地位低、生存状况差、无固定职业的弱势群体发生着转变。导游职业逐渐脱离了社会和职业规范对其基本的期望和约束，在行业中产生了一系列背离导游职业行为准则和行业价值观的不良现象，既影响了导游职业队伍的形象，也侵害了游客、旅行社、旅游其他企业和国家的利益，制约了旅游业的持续健康发展。

13.2.1.1 游客权益受损

2013 年 2 月 16 日晚 20 时，中央电视台新闻频道《东方时空》栏目播出了《假日观察：海南旅游高回扣背后利益链》的报道，在社会上引起较大反响。违规的旅行社被依法吊销经营许可证。[①]

2015 年"十一"期间，国家旅游局等 5 部门对云南当地的明察暗访情况显示，云南的不合理低价旅行团、强迫购物等问题仍比较突出。[②] 据调查，云南很多旅行社都采取低团费的策略。之所以敢亏钱来招揽生意，是因为旅社行看重的是购物商家返回的佣金和回扣。根据记者的调查，云南一些购物店给旅行社回扣最多能达到 70%。相比之下，购物返佣在国外基本上是 3%~5% 的比例，而且购物定价合理。

13.2.1.2 旅游投诉中导游与游客矛盾激化的问题多

2015 年 5 月 1 日，有游客在朋友圈发布视频显示，在云南旅游过程中，一名导游因部分游客消费金额低或有的游客没有消费而使用侮辱性的语言辱骂游客。视频引发了巨大的网络舆论。云南省旅游发展委员会 5 月 3 日通报了调查和处理结果，5 月 4 日，国家旅游局对此事进行通报，并对该导游、导游所在旅行社及旅行社负责人等做出了处罚。云南导游辱骂游客的事件一时间成为了社会焦点话题，的确值得导游行业业内深思。[③]

人民网旅游 3·15 投诉平台的数据显示，2014 年旅游投诉热点旅游投诉集中在旅行社、导游、景区、酒店、航空五个领域，从投诉内容来看，导游强迫诱导购物、服务态度差和航班酒店订单差错等是投诉的重灾区。导游与游客之间产生深刻的矛盾，时有发生相互间的肢体冲突甚至威胁游客生命的极端案例。[④]

13.2.1.3 导游队伍流失严重

在近年来频发的导游与游客的矛盾冲突中，导游扮演的角色颇为尴尬，

① 《央视曝光海南旅游高回扣利益链 省委重拳整治多项顽疾》，第一旅游网，2013 年 2 月 17 日。
② 《云南多家旅行社导游"变"导购 收取购物店回扣高达 70%》，央广网，2015 年 10 月 6 日。
③ 韩帅南：《云南"黑导游"事件盘点，云南女导游回应骂游客事件：不该骂人但很委屈》，中华网，2015 年 5 月 4 日。
④ 《2014 年旅游投诉排行榜公布 云南投诉量居全国之首》，人民网，2015 年 1 月 30 日。

导游职业成为社会中具争议的职业群体，真实生存现状让人堪忧。当前我国导游员队伍在数量上已有较大发展，但在质量上不容乐观，优秀导游奇缺成为各地旅游业普遍的现象。优秀导游人才流失率高。新《旅游法》实施后，导游收入有所下降，有的人转行，有的人处于消极怠工状态，而新生力量入行又非常谨慎。据中华网云南"黑导游"事件的资料，三亚春秋国际旅行社总经理王雪琴说，近两年海南大量导游流向东南亚地区。2009 年，该公司有 400 多位专职导游，如今只剩 16 人。

自 2014 年以来导游资格考试各地报考人数锐减，江苏报考人数比 2013 年减少 3000 人，福建减少两成，湖北下降近三成。究其真正原因，固然有其他行业职业竞争的因素，但是导游职业或者说旅游行业现存的主要问题也是非常值得探讨和研究的。

13.2.2　导游职业效益问题原因分析

目前旅游市场上出现的种种不良现象说明我国的导游职业管理仍然存在很多问题。导游服务质量的提高要依赖于导游职业效益的提高，这是一个系统工程，把矛头单一地指向导游有失公允。必须要深挖问题的根源，改革管理体制，完善制度保障。

13.2.2.1　缺乏切实可行的导游职业法律规范体系

从当前旅游市场情况来看，尽管零团费、低团费不符合市场规律、不合法，但是我国相关管理部门整体缺乏对旅游业的系统整顿，缺乏为导游利益兜底的制度设计，旅行社也自然没有动力主动告别购物盈利模式。为了规范旅游市场行为，国家旅游局出台的《旅游法》对旅游购物作了明确的限制性规定，国家旅游局也三令五申不许强迫旅游者购物或变相强迫购物。但是我国二十多年的旅游市场监管实践从未从根本上解决这一"顽疾"。旅游购物佣金和另行付费项目的佣金，仍然是目前我国导游和司机的主要收入来源。

13.2.2.2　旅行社等旅游企业职业经营不规范

职业活动不仅要获得财务收入，而且还要讲究职业经营，要有正确的为民服务的职业经营理念。讲究职业经营之道。旅行社应按规范经营，走"强制消费"或"搜刮游客"、"压榨导游"的盈利之道必是竭泽而渔，最终伤害的是行业本身。

旅游业淡旺季比较明显。这导致旅行社对导游人员的需求也出现很大波动。不得不临时雇佣很多社会导游人员。而社会导游人员平时不仅没有固定工作，而且挂靠在导游协会或导游公司，通常还要交纳一定的挂靠费或培训费；当有旅行社临时雇用他们带团时，有时还需要交一定的"人头费"。旅行社实行"零团费"、"负团费"、"不向临时聘用的导游人员支付旅游法第六十条规定的导游服务费"、"要求导游垫付或者向导游收取费用"等行为本身就是错误的，不符合市场规律、不合法。这会直接导致导游人员强迫游客购物以获得微薄的收入。违背了职业的公平、诚信、科学等经营之道。

13.2.2.3　导游职业发展自身的缺陷

导游职业发展中自身存在的缺陷也比较多，例如导游的考核门槛较低、收入不合理、职业效益评价体系存在问题、缺乏导游职业文化意识、教育培训的局限性等。

（1）导游职业入门门槛低。一个成功的导游需要花费社会 1～3 年的成本才能成才。导游要学到家，需要很多学问，口才是基础，心理素质是关键。我国对导游的"考核"方法基本是以笔试加面试，考核内容包括基础知识，导游业务，法律法规等，内容相对片面、简单，不能满足旅游企业的服务需要。一个合格的导游不仅仅是能完成景点介绍，除了对每一个旅游产品的了解和精通外，还要掌握市场营销、旅游心理、管理沟通等方面的知识和能力。

（2）薪酬体系不完善导致导游职业效益偏差。我国导游等级评定自 1995 年就已经开始，但是导游等级始终不能与薪金和职称等体系对等接轨，迫使一部分高素质导游流失严重。除了少数的导游有固定工资以外，大部分导游都是自由职业者。另外导游带团所得到的佣金或小费或有或无，或多或少，没有保障，而且还要承担淡季时"短暂性失业"，收入来源存在很大的风险，至于晋升和福利，更是比不上其他行业。最终导游的低收入导致导游在带团过程中不可避免地出现急功近利的想法和做法，经常超计划购物或擅自变更购物次数和场所，降低住宿标准，从中牟取暴利回扣，从而导致了导游职业效益偏差问题。

（3）导游职业效益评价体系不合理。导游服务的无形性、一次性、生产和消费的同步性、导游工作的相对独立性，使导游服务质量的监督和管理非常被动。导游服务质量往往以游客满意度来衡量，但游客的满意取决于多方面的因素，而且难以准确度量。由于相关部门无法用统一标准来衡量导游员的服务质量，无法对其进行有效的管理监督，仅仅依靠问卷调查或者游客口头形式来评价导游的服务水平和服务质量是远远不够的，不利于导游职业效益的实现。也无法将导游员服务质量与其收入直接挂钩。

（4）缺乏导游职业文化意识。导游员是一个国家、一个城市的形象使者、文化使者、友好使者。合格的导游员应当具有较好的语言表达能力，较好的组织能力和应变能力，较高的文化水平和广博的旅游知识。但由于社会历史原因及价值观念的影响，人们普遍认为导游属于青春行当，仅仅把导游当做一项暂时谋生的手段。长期以来导游员偏重于服务性而忽视其知识性和技术性，形象地位的偏差使导游员在工作中缺乏主动性、积极性、创造性以及心理满足感。

一旦出现其他的工作机会，导游人员尤其是有能力的优秀导游更容易流动到其他社会职业中，不利于导游职业的持续性发展。

同时当前旅游业的特性导致了导游上岗前对其职业道德培训的缺乏，尤其是一些兼职导游或者黑导普遍无证上岗，普遍缺乏旅游职业活动中所遵循的、与其特定职业活动相适应的道德规范，以及道德观念、道德情操和道德品质等。

（5）导游职业教育培训存在局限。目前我国导游培训的重点集中在导游员的岗前培训以及高等院校旅游管理专业的专业教育培训，针对旅游业发展新形势对在职导游员持续教育培训的内容则流于形式。有些导游教育与现实的职业要求相脱节，相关旅游院校的导游教育重理论学习，轻实践能力的培养，直接造成专业出身的导游员服务技能不强，讲解能力与应变能力弱。企业为了节省成本，入职后的导游培训非常匮乏，普遍采用老人带新人的方式代替专业化系统化的职业培训。对于所有的上岗后的导游人员，也没有全面的针对导游职业生涯规划和职业持续发展进行的系统化、理论化的职业培训体系。

我国导游员绝大多数都是持有初级导游资格证书，在从事导游职业后只有极少数人继续努力，持有中级导游资格证书的人数比例严重失调。导游人员普遍缺少提升职业资格等级的动力，旅游企业也没有对此给予鼓励和奖励措施。旅游业新的形势发展要求导游员具有更高更新的职业能力，导游职业亟须通过持续的职业培训不断完善提高自身的职业能力结构。旅行社和政府相关部门需要关注导游的职业培训的开展，建立相应的保障措施。

13.2.2.4　游客职业效益观念的欠缺

我国旅游消费已进入大众化的发展阶段，越来越多的居民外出旅游，部分游客的素质和修养还不高，许多不文明行为也常常遭到非议，有损国人形象，影响比较恶劣。许多游客消费观念与消费心理还很不成熟，容易受社会舆论的影响对导游形成一定程度的偏见，对旅游市场所提供产品的价值失去了理性的判定。旅游企业也根据游客贪图便宜的心理提供了投其所好的低价现象。在市场经济的大环境下，人性的复杂性需要制度的约束与保障。同时作为消费者，也要考虑到导游员和旅行社的职业效益，为对方着想。

13.2.3　导游职业存在问题的影响

导游职业存在的众多问题不仅仅是对导游个体人员存在不良的影响作用，给旅行社、旅游合作企业、目的地居民、政府和行业管理部门等也都带来很多的负面影响。

13.2.3.1　对导游职业自身的影响

目前的导游报酬体制不仅存在一定的不公平性，而且影响导游的身心健康。导游对自身职业评价总体较低，对导游职业普遍缺乏信心。回扣现象还会导致导游只关心个人的职业效益，缺乏职业道德和业务素质的培养。由于经济利益的驱动，有些导游将职业该尽的义务和责任放在脑后，而是想方设法压缩旅游行程，缩短时间，引导购物，其结果是损害了游客的利益，严重违背了导游职业道德，激化了与游客之间的矛盾。

与西方国家导游职业队伍相比，我国导游职业从业者几乎全部是以年轻人为主，导游职业生涯短暂，一旦结婚生子或有其他工作机会，从业者会结束导游职业，把导游职业看成是一种"过渡性"职业。如果整个行业从业者缺乏长期就业的思想，那么最终就会影响导游职业整体素质的提升。

13.2.3.2　对旅游者的影响

在旅游行程过程中，游客的"游"与导游的"购"产生了矛盾。导游一些消极的、非违规行为，甚至把一些行为控制到旅游者无法投诉的范围之内，让游客吃哑巴亏，严重损害了游客应得的正当利益。导游私拿"回扣"暗箱操作，实质是窃取了一部分游客的利益，游客的合法经济权益受到了侵害。部分导游甚至在旅游服务中表现的较极端的语言和肢体冲突也会给游客带来更多身心的疲惫和伤害，使游客的旅游效益受损。导游用低劣的产品提供给旅游者，有可能会导致旅游者在饮食、住宿、交通、娱乐等各方面产生人身安全问题。随着现代科技的发展，越来越多的旅游者选择抛弃传统旅行社业务，通过网络和线上旅游企业进行自助游，宁可承担在旅游过程中产生的各种突发状况和不确定因素，也不愿意去接受导游人员提供的系列服务，因为在游客的出游经验中，从导游提供的服务中没有得到应有的"效益"，导游服务的支出与收入价值比太低。如果旅游者对导游服务的需求越来越少，必然会影响导游职业的存在与发展。

13.2.3.3　对旅行社的影响

从一定角度来讲，我国旅行社长期进行的低价竞争侵害了导游职业的正常发展。各旅行社为争夺客源纷纷以低于成本的价格推出旅游产品，甚至以"零团费"、"负团费"吸引消费者。由于销售价格低于旅游产品的成本价格，旅行社为了保证经营利润，自然会使旅游服务大打折扣，所以会从各个角度降低经营管理成本。旅行社实施导游雇佣体制，虽然在一定程度上降低了旅行社的运营成本，但是导游没有稳定的收入、缺乏必要的社会保障，加之几乎没有晋升可能的职业前景，一方面，旅行社难以吸引到素质相对较高的专业人才；另一方面，旅行社也因难以管理流动性极强的导游人员难以保证整体服务质量。不仅扰乱了旅游行业的正常竞争秩序，而且严重影响了旅游业整体接待质量。导致许多旅游者不再借助于传统旅行社旅游，直接影响传统旅行社的接团量，损害旅行社的形象，影响旅游业的健康发展。

13.2.3.4 对旅游合作企业的影响

导游这一职业的不规范加剧了旅游产品供给企业的恶性竞争。单个旅游企业不可能满足旅游者食、住、行、游、购、娱等多种角度的需求。旅游者旅游活动的顺利完成有赖于不同旅游企业提供的旅游产品在数量、质量、特征等多层次的协调，而导游人员是衔接与协调这些旅游产品与游客需求的核心。由于导游的不规范操作，以追求个人的经济效益为判断标准，这容易导致旅游企业间不协调、不合作，企业间交易费用和交易成本上升。旅游产品供应链各个环节的低效率运作，导致旅游企业效益、游客效益和福利的大量损失。旅游企业要保障自身的效益，对导游的效益让渡必然要从游客效益中获取。因此旅游产品供给企业不得不抬高物价、以次充好，甚至向游客出售假冒伪劣商品，严重扰乱了旅游市场秩序，降低了旅游者的满意度和忠诚度，也使旅行社诚信尽失，无法建立企业品牌，限制了企业的规模和发展。

13.2.3.5 对目的地居民的影响

一个地区随着旅游者的增多，会促进地方经济和旅游收入的发展。导游作为"中间者"的角色其行为会影响旅游者对目的地居民的印象，目的地居民与旅游者之间开放、平等、友好的社会关系会促进旅游业的发展。反之，则会给当地居民的生活带来很大的不利，包括公共资源的侵占，当地民风、文化、价值观的冲突等。导游职业在获取自身经济效益的同时，也会影响当地居民树立正确的旅游发展观，在旅游开发、获取经济利益的同时又能有效保护当地的传统文化和依托的生态环境，使目的地能够在经济、社会、文化和环境等多方面受益，进行全面的可持续发展。

13.2.3.6 对政府与行业管理部门的影响

作为特殊行业的特殊工作人员，导游在带客购物时，返给导游一部分回扣，导游这部分收入在企业账户中没有反映，这其中牵涉的个人所得税没办法核实。导游和旅行社从景区（点）、宾馆、酒店、购物场所及其消费场所按合同约定所取得的佣金这部分收入，在账户上也没有反映，因此不利于旅游行业税收征管工作。

另外，导游职业素养低下也不利于旅游目的地旅游健康形象的维护，造成自然资源和社会资源的巨大浪费，是旅游业健康发展的绊脚石，不利于我国旅游业整体行业的可持续发展。

13.3 导游职业效益事例

一名优秀的导游员一定要具备较高的职业操守，在导游日常的工作中体现其自身的职业道德。全情全力的为游客服务，成为游客旅途中另外一道难忘的风景。

13.3.1　甘玲

甘玲是桂林市导游公司的一名优秀的外语导游。她敬业精神强，对导游业务精益求精，深受外国游客喜爱，年年收到大量表扬信，成为中外良好沟通的使者。她还响应国家号召，克服重重困难，成为首批援藏导游。

13.3.1.1　简介

甘玲，1963 年 4 月出生，壮族，广西壮族自治区宁明人，致公党党员，大学本科毕业。桂林市导游公司导游，中级导游。

1985 年甘玲考上广西大学外语系，毕业后来到广西旅游发达城市桂林，成为桂林中国国际旅行社一名导游，先后在英语部、散客部任导游翻译。为了适应导游职业的自由灵活性，甘玲于 1997 年离开了国旅，接受桂林市导游公司较为松散的管理。在多年历练的导游生涯中，她共接待海外游客 2000 多批，尤其接待来自美国、英国、加拿大、澳大利亚及中国香港地区的外宾和华侨，涉及许多重点团，接待的客人中身份最高的是以色列一位副外长及其夫人。每年接待人数 300~400 人，接待天数 140 天以上，历年的节假日都是在工作中度过。

在专业知识上，甘玲务求语言精通流畅，景点宣传全面、丰富并具乐趣；她为游客提供的服务是一流的服务和标准化服务；2003 年 4~10 月，她自愿报名参加首批导游援藏，克服高原反应的重症，参加抗"非典"疫情宣传活动。甘玲被评为 2000 年广西旅行社最佳导游员、桂林市百优导游员和2002~2003 年度桂林市劳动模范、2005 年被评为自治区劳动模范。①

· 371 ·

13.3.1.2　导游职业效益要点

作为导游，甘玲对工作的认识不仅仅是为客人提供基本的导游服务，她做的很多事情在导游职业中起到了表率作用，在来自世界各地的游客心目中为中国树立了良好的形象。

（1）游客获益。甘玲尊重客人的个性化要求和心意，满足客人的意愿和要求，对贫富不一的游客，均一视同仁。甘玲从不强求客人购物或加点，使客人高兴而来，满意而归，并对桂林留下美好的印象。

同时游客在身体、精神等多方面也受到了很多关照。针对单身或者离婚的旅游者等特殊群体，甘玲在为他们提供服务时，不是光顾自己讲，还注意他们的反应，想办法让他们多说话，让他们能够宣泄自己的郁闷，甘玲还利用自己自学的营养保健知识，经常为旅游在外生病的游客提供无微不至的照顾，为其买药、帮助其减缓疾病的痛苦，受到很多客人尤其是老年客人的好评。

---

① 主要资料来源：《专访全国模范导游员——甘玲》，桂林旅游品质保障网，2007 年 11 月 21 日；《广西首批十佳导游受到表彰》，载《中国旅游报》2005 年 9 月 9 日。

（2）个人获益。①收获友谊。从毕业到现在，甘玲已经做了 21 年导游，接待过 2000 多批海外游客，他们大多来自世界各地的英语国家，甘玲优质的服务深得外宾的喜爱，年年都得到大量的表扬。每次旅游结束评价导游服务，客人在《意见表》上大多数填写的都是"优秀"，优秀率高达 98%。许多导游都已经成为她的个人好友。

②资历增加。在刚刚工作的几年中，甘玲由于突出的业绩表现和娴熟的业务能力，很快就取得了中级翻译和中级导游资格。

③多种荣誉。甘玲被评为 2000 年广西旅行社最佳导游员、桂林市百优导游员和 2002~2003 年度桂林市劳动模范，2004 年被评为广西壮族自治区劳动模范，2005 年被评为广西十佳导游员等。作为援藏导游，在北京集训期间，受到国务院副总理吴仪的亲切接见。

（3）公民获益。2005 年，广西壮族自治区组成劳模和先进工作者先进事迹巡回报告团到全区各市宣讲，更多的人因而认识了这位旅游行业先进代表的成长历程和心路。桂林市和全区人民深深地记住了这位优秀导游，也更加了解了导游职业的丰富内涵，加深了对导游职业的理解，同时从她身上也学习到了优秀的品德。

（4）国家获益。在接待过程中，甘玲对自己要求严谨，在政治思想上严格要求自己，做到热爱祖国，热爱桂林，坚持社会主义的荣辱观。介绍桂林的风景时，不忘记结合宣传党和国家的方针政策，不忘记宣传中国改革开放三十多年来的重大成就，处处维护国家声誉，抵制导游队伍中各种不良的作风和做法。为净化导游队伍，维护祖国荣誉做出了突出的贡献。

2003 年 4 月，甘玲积极响应党中央号召，主动自愿支援西藏的旅游事业，成为国家首批"百名援藏导游"之一。

13.3.1.3　成功因素

在二十多年的导游生涯中，甘玲业务精良，无论在哪一家旅行社工作，都能始终如一地爱岗敬业，不怕苦、不怕累，全心全意地为来桂的外国游客服务。

（1）业务精良。在接待服务方面，甘玲同志耐心细致，提供个性化、超前敏锐的服务意识，服务做到主动性、针对性、灵活性、针对性。

（2）协调能力。她遇到的游客来自不同社会制度的国家，对中国许多事情不容易理解，往往容易因误解而投诉，面对客人的提问，甘玲都能够站在客观的立场一一作答，即维护了国家的声誉，又和游客之间的关系非常融洽。

（3）刻苦学习。甘玲认为导游在接待过程中必须学会探索新知识。除了练就了准确、流利的英语等基本功之外，她还大量学习、吸纳各种知识，全方位提高服务水平。

13.3.2　文花枝

文花枝是原湖南省湘潭市新天地旅行社导游员。2005 年 8 月 28 日，文花枝在带旅游团途中遭遇车祸，她舍身为人，把生的希望优先留给游客，导致自己高位截肢，成为一位令人尊敬的英雄导游。

13.3.2.1　简介

文花枝，汉族，中共党员，出生在湖南省韶山市大坪乡一个普通农民家庭，是湘潭花枝新天地旅行社一名青年导游。2005 年 8 月 28 日，湘潭市新天地旅行社导游员文花枝带着旅游团前往延安参观，在带团途中遭遇车祸，车上人员 6 人伤亡，15 人重伤。她身受重伤，全身多处骨折，数度昏迷。身处险境，当营救人员想先把坐在车门口第一排的文花枝先抢救出来时，她却没有忘记一名导游的神圣职责，高呼"我是导游，后面是我的游客，请你们先救游客"，把生的希望让给别人。由于错过最佳救治时间，她左腿高位截肢。文花枝先进事迹推出后，引起社会各界的广泛关注与赞誉。她曾获"全国五一劳动奖章"、"全国三八红旗手"、"全国模范导游员"、"全国五一巾帼奖"等多项荣誉，当选 2006 年度"全国十大杰出青年"。2009 年获授予"100 位新中国成立以来感动中国人物"等荣誉。2012 年 6 月 2 日，当选为党的十八大代表。①

13.3.2.2　导游职业效益要点

· 373 ·

文花枝靠着无私的大爱，不仅保障了游客的人身财产安全，挽救了游客的损失，也赢得了国家和社会对她的高度认可，使自己的人生受益良多。

（1）游客获益。在文花枝带过的团队中，游客普遍称赞她热情周到，能够细致地为游客解决旅途中遇到的各种大小问题。从来不强迫游客购物，而是给游客留下充裕的时间欣赏美丽的风景，使游客身心受益。更重要的是，在遇到灾难时，游客的生命在关键时刻得到了保障。她将生的希望留给了游客，把死的威胁留给了自己。

（2）个人获益。①身份改变。文花枝的事迹经过媒体报道后，她成了公众眼中的英雄。从导游到英雄，从学生到党代表、人大代表等，这些年文花枝的身份发生了诸多改变，2013 年成为湘潭市旅游局一名科员，负责档案管理和统计工作。档案管理和统计工作是需要沉下心来做的工作，装上假肢的文花枝做起事来不会比一般人差多少，她乐观务实的做事态度反而比部分人做得更出色。

②教育提升。国家旅游局为文花枝安装了最好的假肢，2006 年 8 月 31

① 主要资料来源：《新中国成立以来感动中国人物：文花枝》，新华网，2009 年 9 月 11 日；《青春励志故事》，中国青年网；《文花枝》，凤凰网，2011 年 4 月 2 日。

日，在党和国家领导人的亲切关怀和有关部门的支持帮助下，文花枝进入湘潭大学学习，圆了大学梦，她的人生翻开了新的篇章。

③获得荣誉。国家旅游局在 2006 年 1 月专门做出了在全行业开展向文花枝同志学习活动的决定。新华社多家媒体纷纷对文花枝的事迹进行了专题报道，曾庆红、李长春、王兆国、刘云山、吴仪等中央领导先后作出重要批示，要求弘扬文花枝精神，学习文花枝先进事迹。文花枝先后获得"中国十大杰出青年"、"全国五一劳动奖章"、"全国三八红旗手"、"全国模范导游员"、2007 年第一届"全国道德模范"、"100 位新中国成立以来感动中国人物"等多项荣誉。2008 年年初，文花枝被湖南省推选为第十一届全国人大代表，2012 年，文花枝被中国共产党湖南省代表会议推选成为党的十八大代表。

（3）企业获益。2006 年 3 月，湘潭花枝新天地旅行社总经理文雷已将公司更名为花枝新天地旅行社。全体旅行社同事都决心像文花枝那样，爱岗敬业、尽职尽责，打造一个优秀的"花枝群体"。旅行社被评为全国青年文明号、湖南省旅游教育先进单位、信誉等级 A 级旅行社，湖南省旅行社行业唯一行业荣誉奖等。发展成为国家特许经营中国公民出国境旅游旅行社，国家旅游局、湖南省旅游局重点扶持的旅行社，湖南省重大接待活动指定旅行社。具备了丰富的重大活动和高端接待实力与经验。

（4）当地获益。文花枝已经成为湖南省湘潭市旅游界的明星，也是当地一张知名度很高的名片。由湘潭市旅游局主办、湘潭电视台承办、区招商（商务）旅游局及昭山景区协办的《花枝带你游湘潭——昭山行》于 2013 年 3 月 31 日在昭山景区首拍。这档电视旅游节目以游戏竞赛的方式重点宣传湘潭市景区、景点和各大旅游企业，给当地的旅游业带来了一定的名气和效益。

（5）国家获益。中共中央政治局委员、国务院副总理吴仪接见了文花枝同志并希望全国导游员以文花枝和全国优秀导游员为榜样，热爱生活，热爱工作，讲奉献，能拼搏，当好形象使者、文化使者、友好使者，为构建社会主义和谐社会多做贡献。世界旅游组织秘书长弗朗加利先生了解到文花枝的先进事迹后激动地说，文花枝的事迹让人感动，他愿意以适当方式在全球旅游业界广泛传播文花枝的故事和精神。国家旅游局也以此为契机将改革体制、创新机制，建立和完善导游管理服务体系，最大限度地增加导游队伍的和谐因素，最大限度地减少不和谐因素，发展和谐的劳动关系，构建和谐的发展环境。

13.3.2.3　成功因素

文花枝从一名普普通通的导游，成为全国知名的职业明星，她的成功主要取决于她的真诚朴素的本性、乐观开朗的性格，以及持续不断的学习上进等。

（1）真诚朴素。文花枝的事迹经过媒体报道后，她成了公众眼中的英雄。但在她认为自己只是做了一件很平凡的事情。大学毕业后她从英雄重新回归普通，兢兢业业从事上级分配的工作。

（2）乐观开朗。生活中的花枝是活泼开朗、热情大方、充满激情。她认为只要导游的服务、导游的付出能够得到游客的认同，能给游客带来快乐，那导游就是开心的、快乐的。

（3）持续学习。中专毕业的文花枝在工作期间一直有进入大学学习的强烈渴望。2006 年文花枝进入湘潭大学学习后，目的明确，态度端正，勤奋刻苦，锐意进取，对大学课程充满了浓厚的兴趣。

13.3.3　艾克拜·米拉吾提

新疆生产建设兵团中国青年旅行社导游艾克拜·米拉吾提，热爱本职工作，贴心服务游客，一直致力于让更多的人爱上大美新疆。2015 年，他在由国家旅游局、光明日报社主办的"寻找最美导游"评选活动中，被评为"最美导游"。[①]

13.3.3.1　简介

兵团中国青年旅行社的维吾尔族导游艾克拜·米拉吾提，是一名土生土长的新疆巴郎，长着一头自然卷发和深目高鼻。2003 年毕业于西安交大新闻系。毕业前在旅行社的实习使他接触了新疆的旅游业，他感觉到新疆广袤的土地、丰富的旅游资源、多彩的民族风情给他的新闻专业插上了飞翔的翅膀。他热爱新疆，宣传新疆，希望世界人民了解美好新疆。在新疆兵团，许多导游都是艾克拜的"粉丝"，一方面是因为他工作态度严谨认真，另一方面则是因为他业务过硬，不断创新导游方式，深受游客喜爱。2015 年被评为"最美导游"的艾克拜·米拉吾提说："希望通过我的努力，能够架起新疆与外界交流沟通的桥梁，让更多的人爱上大美新疆。"

13.3.3.2　导游职业效益要点

艾克拜·米拉吾提通过自己的努力，让游客收获了美丽的风景、广博的知识；同时也和游客及其他导游结下了深厚的友谊，为民族团结、国家统一做出了贡献。

（1）游客获益。新疆地域广阔，游客去旅游往往一次只能游览北疆或者南疆的部分风景，为了让游客在旅途中收获更多，客人游览北疆，他就顺带介绍南疆；如果游客在游览南疆，他就会介绍北疆；在境外做领队时，他又不失时机地推出"下午茶"总结所到国的文化。通过这些努力，艾克拜·米拉吾提让游客在欣赏到美景的同时，收获更多知识。

游客在新疆旅游时有时会遇到个别暴力事件，保护游客人身安全成为艾克拜的首要职责。所有旅游团的游客听到消息时都恐惧慌乱，艾克拜处变不惊，

---

① 《"新疆维吾尔族的骄傲"——艾克拜·米拉吾提》，光明网，2015 年 3 月 19 日；《艾克拜·米拉吾提：让更多的人爱上大美新疆》，载《光明日报》2015 年 5 月 6 日。

· 375 ·

勇敢面对，果断处理，安抚游客及游客亲人不断打来的电话。

（2）个人获益。①阅历丰富。十多年来艾克拜·米拉吾提的足迹踏遍了新疆的山山水水，走遍了祖国的名山大川。既收获了旅途的美景，也和游客、司机及其他导游结下了深厚的友谊。

②获得荣誉。由国家旅游局、光明日报社主办，中国旅游报社承办的"寻找最美导游"活动在历时一年的评比中，新疆生产建设兵团导游艾克拜·米拉吾提当选全国十大"最美导游"之一。

（3）国家获益。反对分裂，维护民族团结和祖国统一，是导游义不容辞的责任。作为团队的灵魂、客人的向导，艾克拜让客人真正了解历史的新疆和今天的新疆，客人和导游有了共识。艾克拜经常以自己在新疆的成长经历，把旅游讲解主题穿插进新疆的历史，各族人民的爱国情操，民族的团结主题。

13.3.3.3　成功因素

作为少数民族导游，艾克拜既具备普通导游应有的良好的职业操守，又不断创新导游服务方式，形成了独具特色的少数民族导游风格。同时在新疆这个特殊的地域，又心中时刻关注社会和平，维护祖国统一。

（1）职业操守。艾克拜在工作中爱心无限，用爱心、细心、耐心、热心、专心的职业操守去关爱游客。

（2）创新服务。艾克拜逐步形成了独具特色的导游风格。作为一名新疆生产建设兵团的导游，艾克拜特意在自己的讲解词中加入了更多的兵团元素。让游客感受到不到新疆，不知道祖国之大，到了新疆兵团，才知道祖国边境的尊严。

（3）胸有大局。艾克拜以自己是维吾尔族生活在新疆的经历把讲解的主题穿插转换，新疆的历史，新疆各族人民的爱国情节与国外分裂实力的长期斗争等民族团结主题进行结合。

13.4　讲求提高导游职业效益探索

导游职业效益是职业效益发展的一个重要方面。关注导游职业效益，促进合理从事导游职业活动，科学讲求导游职业效益，意义重大。因此，要对导游职业效益进行合理评价基础上，逐步调整、完善我国导游职业效益，有利于整个行业和社会的发展。

13.4.1　政府要积极发挥对导游职业的引导与鼓励

2015 年 4 月，备受行业和社会瞩目的 10 名"最美导游"名单正式揭晓。[①]

---

① 《全国十大"最美导游"揭晓　导游合法权益保障措施将出台》，人民网，2015 年 4 月 29 日。

这次"寻找最美导游"活动，帮助导游从业者肯定了自身价值，让业内外人士增进了对导游之"美"的深刻认知，为整个旅游行业提升了自信。近些年来，国家旅游局、各省市旅游局对导游行业的发展也非常关注，多次举办与导游行业相关的评选、评优活动，对行业中表现优异的人员给予了肯定和表彰，提高了其职业自豪感和社会关注度。

"弘扬热爱旅游、投身旅游、奉献旅游的时代精神"是当前时代、国家、人民对导游职业的要求。国家要正确引导和积极号召广大导游和旅游从业人员向往和追求讲道德、尊道德、守道德的生活，自觉将"游客为本，服务至诚"的行业核心价值观作为职业行为导向，为实现旅游业两大战略目标做出自己的贡献。

13.4.2　促进旅行社业态改革

旅行社的发展要通过市场机制和法律约束、对现有旅行社的改造、分化、组合等方式使旅行社朝着有利于竞争与发展的方向转变。要因地、因时、因人制宜，在市场中找准自己的位置，号准目标客户的个性化需求脉动，集中可调配的资源，在激烈的竞争中开发出符合国际标准、具有本土特色、能够物超所值的规模化定制产品，跳出低价恶性竞争的圈子。

旅行社本质上是一种轻资产的、以提供居间服务为主业的企业，其中最有价值的资产是核心员工的心智。员工与企业利益捆绑在一起，才能充满激情地为客人用心服务，才能心甘情愿地为包括自己在内的利益相关者创造财富，才能在按劳分配之外按投资分配、按智力分配。因此，改变旅行社对导游职业的认识，把导游的个人经济效益与旅行社和其他相关者的利益紧密联系到一起，防止人才不断流失，企业之间盲目竞争。

13.4.3　建立合理的导游职业化管理机制

目前，我国导游职业化管理机制还有很多需要改进的地方，例如导游职业隶属机制、职业进入退出机制、职业效益评价机制等。

导游职业隶属机制需要灵活多样化。可以是以占多数的在导游服务公司注册为主、占少数的导游以正式员工的身份在旅行社工作为辅，两种形式并存。

目前导游队伍"能进不能出"的问题比较突出，严重影响了导游队伍的整体水平和形象，对不符合要求的导游予以劝退或注销导游证，以提升导游队伍的整体水平。推行见习导游制度。见习期内带团由旅行社及本人向导服中心或相关机构报告情况，见习期满由导游管理机构和旅行社对其带团能力、效果等进行综合评价，合格者换发正式导游证，不合格者劝退。不经过见习，不得申领正式导游证。通过推行 IC 卡计分管理，按照具体、量化的考核指标，由旅行社、游客共同对导游的信誉和带团能力、服务水平评价打分，表现不好的予以扣分，分值扣至一定幅度，注销其导游证；严格年审制度，所有导游必须参加年审。

旅行社企业或导游行业协会一直以来都在努力探索进行导游职业效益合理的评价体系，以往导游的质量管理工作都隶属于旅行社，而旅行社出于节省成本、保持自身口碑和维护自身利益的目的经常忽略客观评价工作。携程旅行网率先推出我国第一个导游领队的在线点评与管理系统，这是一次破解导游领队管理的难题的尝试。根据客人的满意度点评，对导游领队实行评级激励，同时将领队信息在产品预订时就公开披露，接受客人挑选。旅游市场正是需要这样的鲶鱼效应，来促使传统旅行社善待导游，留住人才。[①]

13.4.4　根据职业投入成本改革导游报酬机制

导游的报酬体系改革势在必行。旅行社要给导游提供升职晋升的机会，鼓励高水平高素质的导游稳定化，在企业内形成合理的人才向上流动的机制，强化其对旅游企业的归属感。

导游职业投入要有一个全面客观的认识，不能只依赖于道德约束，一定要利用利益导向。要根据其投入的时间成本、经济成本、脑力成本、体力成本与最终的服务效果等作为导游薪酬收入的基础，旅行社可以高薪养导，尤其是知识型技术型的导游人员，要在薪酬设计中适当拉开距离。根据导游资历、等级与游客回馈等提高旅行社付给导游的基础工资，减少回扣在导游收入中的比例。根据导游的具体贡献定薪定酬，并辅以严格的考核制度，一旦发现导游有违反规定的行为就严惩不贷。

13.4.5　建立持续的导游培训机制

导游的培训学习是决定其素质高低的关键因素，是一项长期性的任务，贯穿导游队伍建设的始终。许多导游在获得导游证后长期没有更新旅游知识，在旅游突发事件中应对性差，无法提供高水平、专业化的导游服务。旅行社要不断推进在职导游人员的继续教育培训，确保导游的知识与技能能够迎合现实的需求，达到与时俱进，培养出多类型、多层次、多面手创新导游人才。应当采取切实有效的措施，加大培训力度，使培训制度化。要拓展培训方式、拓宽培训渠道、完善培训内容。既对导游员进行经营观念、职业道德、服务意识、礼仪社交培训，又进行法律法规、业务知识、专业知识等培训。企业应该为导游制订定期的培训计划，通过开展专题报告、学术讲座、学术讨论与交流等一系列内容丰富、形式多样的培训，调动导游学习积极性，提高他们的学识水平和服务技能，增强他们的服务意识和良好的服务职业道德。

---

① 韩德琼、仇向明：《构筑良性导游职业发展生态链》，载《中国旅游报》2015 年 7 月 31 日。

13.4.6　导游管理部门要管理与服务并重

在维护导游权益方面，要积极发挥行业管理部门与行业协会的作用。一方面，旅游行业协会规范管理旅游企业，变分散管理为统一管理，形成合理的竞争机制，为企业提供相关信息，为导游统一管理档案、代交劳动保险，并与旅行社等部门代签到有合同、保证导游合法权益。另一方面，通过旅游行业协会反映旅游企业的呼声，沟通旅游企业同有关企业和部门的联系，维护旅游企业的合法权益。国家有关管理部门和协会要加强对导游职业的服务意识和人文关怀，为导游职业创造良好的工作氛围。注意引导新闻舆论，也可适当考虑在提升导游职业威望方面进行努力，不断树立行业中的典型形象，让导游职业真正成为一种享有一定社会地位、受公众尊重的职业。这样才能减轻导游职业的工作压力，提高导游的职业认同感，才能创造出最大的职业价值。

13.4.7　加强游客文明修养

文明旅游关乎国家和民族形象，体现公民素质。游客出游要遵纪守法，爱护旅游资源，做文明的旅游者。旅游管理部门和旅游企业要长期做好对文明旅游口号宣传和实际市场秩序的维护工作。引导广大游客把文明旅游内化为自己的价值取向，外化为日常行为准则，真正做到思想情感上认知认同，旅游实践中遵循践行。加强对游客文明行为举止、礼仪礼貌的宣传引导，及时劝阻游客的不文明行为，营造文明旅游的浓郁氛围。分级建立游客旅游不文明档案。制定并实施《游客旅游不文明记录管理办法》，与航空公司、旅行社、旅游饭店等涉旅企业联动，形成游客旅游不文明信息通报机制。

13.4.8　运用现代科技提高导游职业素养与能力

2015 年 5 月 19 日，国家旅游局中高级导游云课堂研修项目正式启动，导游研修"云课堂"计划 2015 年覆盖全国 3 万多中高级导游员，用 3 年时间覆盖全体持证导游员。该项目不仅启动了导游大规模远程在线培训互动，同时为全国各级各类导游培训发挥引领示范作用，积累优质课程资源。国家旅游局出台了相关政策，鼓励和要求全体导游员登录"云课堂"进行学习，并将学习时长作为评选、评优、晋级或年审的条件之一。[①]

当前，社会正在走向市场化、消费化、高科技、生态化和个性化时代。私人订制导游、导游网络信息管理系统、电子导游的兴起等一系列科技创新带来了导游职业的新型变化。普通大众旅游消费者越来越倾向于自助旅游方式。传统的导游职业在受到新兴旅游服务方式的冲击下，必须积极借鉴适应新兴科技

---

① 《国家旅游局中高级导游云课堂研修项目正式启动》，中央政府门户网站，2015 年 5 月 19 日。

在旅游行业中的应用，同时寻求传统导游服务的优势，用人情味、无障碍的面对面服务打动旅游者。针对高端消费者、特殊需求消费者、老年旅游消费者等更适合传统服务的细分市场，必须进行旅游市场细分化，推出有特色化的导游服务，科学的讲求职业效益，发挥导游功能价值最大化。

总之，通过采用一定的制度、方法和措施加强导游职业化水平的发展。主要包括导游的选聘机制、培训机制、考评机制、激励机制等。只有这样才能规范导游队伍，更好地遴选出服务导游职业心态、职业意识、职业素养和职业行为要求的合适人才。

旅游业作为服务业中的战略性支柱产业，不仅可以创造巨大的经济效益，而且对相关产业具有较强的带动性。科学地讲求导游职业效益，可以调整旅游企业经营管理方式，深化旅游业改革，实现旅游业可持续发展，同时也能够在整个社会生活中促进生态效益、经济效益、社会效益、人文效益等多方效益的统一。

第14章 讲求提高环保职业效益

多少年来，我国很多地区经济的高速增长都伴随着严重的环境污染，导致环境问题越来越突出。由于环保职业活动所产生的效益直接关系到环境改善目标的实现，因此，保护环境和改善人民生活质量的关键在就在于环保职业效益的提升。

14.1 环保职业效益知识

环保工作事关国家环境保护、人民健康甚至可持续发展的大局，也会对我国生态文明建设起到重要的助推作用，所以有必要了解环保职业的相关知识。

14.1.1 环境保护与环保职业

环保是一项系统工程，其中的从业者遍及环保企业、环境管理部门以及社会组织。若要明确环保职业的概念，首先要对环境保护这一概念有明确的认识。

14.1.1.1 环境保护

环境保护这一概念所包含的内容较为宽泛，在理解其内涵的基础上，还要明确环境保护的重点，并在此基础上了解环境保护的主要思路。

（1）环境保护概念。纵观人类社会经济的发展进程，环境作为生存基础是一直客观存在的。根据《中华人民共和国环境保护法》的规定，环境保护的内容包括保护自然环境和防治污染及其他公害两个方面，即在更好地利用资源的同时，加深对各类环境污染及其危害的认识，有计划地控制环境污染，预防环境质量恶化，促进人类与环境的协调发展。

（2）环境保护的重点。环境保护的重点主要包括两方面：一是源头预防与末端控制相结合，努力做到尽量减少污染排放或将污染物进行无害化处理再排放，以减少对环境的危害；二是循环经济，它是一种建立在资源回收和循环再利用基础上的经济发展模式[1]。

---

[1] 高慧荣：《发展循环经济的创新作用机制探析》，载《制度建设》2009 年第 19 期，第 71~72 页。

14.1.1.2　环保职业

从现实情况来看，环保职业存在于多个部门之中。由于环保从业者所面临的劳作对象较为特殊，所以环保职业具有一些较为突出的特点。

（1）环保职业。环保职业是在以环境保护为主要目标或责任的部门中所存在的职业，具体来说，就是在环保类企业、个体单位或政府环境管理与服务等部门中所设置的各类岗位，这些岗位的任务和职责是环境工作目标的具体体现。在现实中，很少有哪个职业像环保职业这样与可持续发展和人民生活质量等问题息息相关。

（2）环保职业的特性。环保职业活动会直接影响环境状况甚至是人们的身体健康，具有影响的直接性；在生产、管理与研发等方面，环保职业活动离不开创新，因此创新也是这一职业的重要特征之一；环保职业与我国生态文明建设等目标的实现密切相关，因而它也具备明显的战略性特征。

14.1.1.3　环保职业的分类

根据环保行业所具备的多样性特征，环保职业的分类也可以从不同的角度来进行。其中最常见的是以下三个视角。

（1）根据部门来划分。环保职业主要分布在以下两类部门。一是环保企业或个体单位，一般从事污染控制、减排、废弃物循环利用等活动；二是公共部门，主要有政府环境管理部门和环保事业单位等。此外，公共部门还包括环境保护领域的非政府组织，它们可以在政府和公众之间发挥沟通桥梁作用，以促进环保活动中的公众参与。

（2）根据工作性质来划分。环保职业可以大体分为三类。环保管理类职业在其中处于核心地位，研发类职业活动体现出环保行业的创新性，生产类职业与服务类职业则是环保行业发展的中坚力量。

（3）根据职业活动内容来划分。根据从业者的职业活动内容，可以将环保职业大致分为环保职能与协调类、污染预防与控制类以及废物回收与循环类三种类型。

在图14-1中，"废物回收与循环类"环保职业是以资源高效利用和循环利用为目的，以"减量化、再利用、资源化"为原则，在物质不断循环利用的基础上发展经济，也就是把清洁生产和废弃物的综合利用融为一体，这种发展模式被称为"循环经济"，因此可以将这类职业简称为"循环经济类"。这类行业不仅可以有效地解决垃圾污染问题，还可以创造可观的经济效益，如节约成本、增加就业岗位和收入等，发展前景非常广阔。

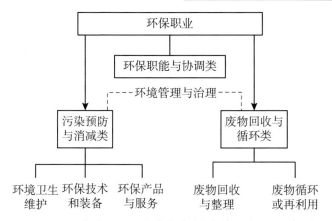

图 14 - 1　根据职业活动内容划分的环保职业类型

　　资料来源：根据《国务院关于印发"十二五"节能环保行业发展规划的通知》内容整理而成，见中华人民共和国中央人民政府网站，2012 年 6 月 29 日。

14.1.2　环保职业效益的含义与体现

　　由于环保职业效益存在一些特殊之处，因此需要先分别理解环保职业收益和环保职业成本的概念，然后才能真正理解环保职业效益的含义。

14.1.2.1　环保职业效益的含义

　　环保职业效益，是指环保从业者用较少的消耗获得较多的职业利益好处，也就是环保从业者职业活动的成果状态。这里我们将"较少的消耗"称为"环保职业成本"，"较多职业利益好处"称为"环保职业利益"，对这两个概念的具体解释如下。

　　（1）环保职业成本。它是指环保从业人员在工作中付出的人力资本、时间资本及物资资本等，它主要包括两类，一是环保从业者自身所拥有的无形资本，特别是人力资本；二是环保从业者在工作中需要耗费的原料、能源和物料等资本，这些资本多数是有形的、客观的。

　　（2）环保职业利益。它主要包括"环保职业经济利益"和"环境保护利益"两部分。前者主要是指环保从业者通过劳动而实际获取的经济方面的好处，后者指环保行为带来的环境改善效果，由于这种改善效果一般不能被个人或组织所直接获取，所以在缺乏外在激励的情况下，很少有人愿意为之付出成本。

　　（3）环保职业效益的计算公式。在明确环保职业成本与利益好处含义的基础上，就可以对环保职业效益的概念进行界定。一般来说，"效益"的本质即为收益与成本之比，而环保职业效益的计算就要综合考虑环保职业收益、环境保护利益与环保职业成本这三个概念，得出公式如下：

　　（环保职业经济利益 + 环境保护利益）/环保职业成本 = 环保职业效益

（14 - 1）

在式（14-1）中，分子中的两项可以统称为"环保职业经济利益"。环保职业效益越大，说明环保职业利益与环保职业成本之间的差距越大，这也是环保从业者所追求的一个合理目标。

14.1.2.2　环保职业效益的体现

由于环保职业包含多种类型，因此需要找出其中最有代表性的类型来分析其职业效益。选择的标准有两个，一是职业效益便于衡量，二是最能体现职业效益自身特点。在图14-1中所示的环保职业类型中，"环境卫生维护"与"废物回收与循环类"这两类职业由于服务范围界定清楚，利益相关者相对容易识别，并且兼顾资源、环境、管理部门、本地居民和相关企业的利益好处，能够很好地体现"效在多方、益在多处"这一特点。因此可以将这两类职业作为环保职业效益评价中的典型代表。

14.1.3　环保职业效益评价的含义与指标

环保职业效益是环保职业所产生的综合效果，与资源环境与可持续发展密切相关，体现出环保职业的价值。因此，明晰教育职业效益评价的含义、利益相关者与评估指标，是大力提高环保职业效益的基本要求。

14.1.3.1　环保职业效益评价的含义

环保职业效益评价，是从环保职业效益的内在关系和外在联系出发，从定量的角度综合衡量企业、用户、资源环境及从业者个人等多方要求，并确定环保职业利益好处与成本的比值。这本身就是在讲求、协调环保职业关系，帮助人们合理正确地讲求环保职业效益，从而减少资源浪费，提高投入效率，对环保事业的发展具有非常重大的意义。

14.1.3.2　环保职业的利益相关者

环保职业的利益相关者主要有五种类型。环保从业者的职业活动可以为自己获取收益；企业主要从事废弃物收集清理或循环利用；公共部门通过环保职业效益提升来得到更多税收和社会效益；由于环保职业活动有利于环境改善和资源循环利用，因此可以将自然环境视为一大受益者。此外，环保还有利于人类子孙后代的生存，这属于"代际利益"。所以，环保职业效益能够充分体现出"效在多方、益在多处"的特点。

14.1.3.3　环保职业效益评价指标体系

由于环保职业效益评价涉及多个利益相关者，因此评价指标体系也要根据这些利益相关者来分类，并且形成一套评价指标体系。

（1）评价指标体系的建立。环保职业效益评价要考虑职业效益实现过程中的各方关系，并选择重要的、有代表性指标，体现"效在多方、益在多处"的具体要点。

（2）对指标体系的说明。表 14-1 中的评价体系中，根据利益相关者设定了一级指标，并且将每种一级指标都分为利益与成本两类，这样就形成了二级指标；并据此选定了 36 个三级指标。其中在"自然环境"部分中，由于资源环境所涵盖的内容较为宽泛，所以有关"环境承载力指数"与"资源承载力指数①"的测算方法有很多种，这些都需要以多个指标取值为基础进行综合计算。

在运用该指标体系进行评价时，数据收集和评价指标权重是关键要点与难点，在调查中，一些财务方面的指标值可以到政府部门或凭借统计数据来收集，而主观评价指标值则需要通过专门调查才能获取；指标权重的确定主要有主观判断与数学方法确定两种思路。到底采用什么方法，应该视具体问题的研究需要来确定。

表 14-1　　　　　　　　　　环保职业效益评价指标体系

目标层	一级指标	二级指标	三级指标
环保职业效益评价指标	本地居民	居民利益	环境满意度
			身心健康改善
			环保素质提升程度
		居民成本	垃圾清运费、环保产品购买支出
			环保活动时间支出
	政府部门	政府利益	环保知识普及率
			环保事务公众参与程度
			环保奖项、荣誉称号
			上级部门环保拨款额
			环境综合考核成绩
		政府成本	环境整治支出、环保活动支出
			环保部门办公、工资与其他支出
	自然环境	环境利益	"三废"综合达标率
			"三废"综合利用率
			自然环境改善
			资源节约
		代际利益	环境承载力指数
			环境可持续能力指数
		环境成本	"三废"排放量
			环境污染指数

· 385 ·

---

① 匡耀求、孙大中：《基于资源承载力的区域可持续发展评价模式初探》，载《热带地理》1998 年第 8 期，第 249~255 页。

目标层	一级指标	二级指标	三级指标
环保职业效益评价指标	环保企业	企业利益	销售收入
			税收返还和补贴
			环保专利数
			奖项、荣誉
		企业成本	固定资产支出
			原材料支出
			工资、福利和奖金
			税费支出
			科研经费与培训支出
			其他消耗
	从业者	个人利益	工资、补贴、福利等收益
			环保奖项、荣誉、社会认可等
			成就感、满足感、自豪感等
			能力提升、素质提高等
		个人成本	工作时间支出
			教育培训支出

14.2　环保职业效益问题分析

环保职业效益讲求和提升，需要在环保市场发展的基础之上，通过政府与社会的多方投入，推动环保行业良性发展。从目前的现实情况来看，环保职业效益讲求虽然有较好的前景，但也存在一些问题。

14.2.1　环保职业效益成效与潜力

在分析环保职业效益发展前景问题时，既要考虑环保行业发展的基本情况，也要考虑环保行业发展的潜力如何。总体上看，我国环保行业已经初具规模，并且发展前景较好。

14.2.1.1　环保行业发展初具规模

随着我国工业化、城市化进程不断推进，环境污染日益严重，国家对环保的重视上升到前所未有的高度。近年来，国家各项支持政策逐渐落实，环保行业的增长开始提速，进入发展的"黄金时期"，出现了良好的前景和势头。

（1）规模扩张。环保行业总体规模逐步扩大，并始终保持着较快的增长速度，"十二五"期间，我国节能环保产业以 15% ~ 20% 的速度增长[①]。产业领域也不断扩展，整体水平不断提高，初步形成了包括环保产品设计、生产、工程、环保服务等门类齐全的产业体系，成为我国国民经济不可或缺的新兴产业。

（2）技术进步。总体上看，环保技术装备水平明显提升。部分环保企业正在向综合环境服务商转型与发展，逐渐具备强大的投融资能力、综合的技术集成能力、良好的企业品牌及相应的规模。

（3）产业升级。产业升级主要表现为环保服务的专业化水平提高。如风险评估、污染损害鉴定、治理修复成本评估等都可以由第三方机构来完成，政府直接购买服务[②]。环保行业正面临规模扩张与转型升级的良好发展势头，也给环保职业效益提升带来了诸多机遇。

14.2.1.2　环保职业效益提高潜力较大

环保职业效益提升的根源在于环境治理需求存在大幅提升空间，这与国家政策密切相关，并且经常表现为投资需求增加。

（1）国家支持态度明确。近年来，国家推进环保行业的健康发展的决心很大。"十二五"期间，政策密集出台，治理领域迅速拓展、需求逐步深化，环保投入力度也在不断加大，预计达 3.4 万亿元。

（2）环保投资需求较大。迄今为止，我国环保行业投资规模远未达到国际平均水平，不仅如此，2013 ~ 2015 年的环保新增投资中，近 50% 都由政府主导资金投入，说明以市场为导向的社会资本尚未充分进入[③]，可见环保领域投资还有很大的发展空间。

14.2.2　环保职业效益的问题

虽然环保行业发展前景乐观，但也存在一些不利于环保职业效益讲求的障碍，其中比较突出的包括投资不足、经营效益不佳等现实问题。

14.2.2.1　环保行业发展公共投入不足

当前影响我国环保职业效益讲求的主要因素之一就是公共投资不足，主要表现为环保公共投资总额不高和占国内生产总值比重较低这两方面。

（1）环保行业公共投资总额不高。近年来，我国环保投资总量不足已经成为一个亟待解决的问题。从公共财政方面来看，环保支出占国家财政支出的比重多年保持在较低水平上，甚至无法保证稳定增长。在国家财政环保领域总支出中，中央占比严重偏低，2009 ~ 2013 年都在 3% 以下[④]。地方政府环保财

---

① 环保部：《节能环保产业年均增速达 15% ~ 20%》，凤凰网财经，2015 年 9 月 9 日。
② 《最大市场有望培育最强企业》，载《中国环境报》2015 年 3 月 31 日。
③ 《振兴环保产业需优化投资结构》，载《经济参考报》2015 年 3 月 17 日。
④ 郭朝先：《中国环保行业投融资问题与机制创新》，第十七届中国科协年会会议论文，2015 年。

政资金投入不足的问题也较为严重。

（2）环保投资占 GDP 比重较低。根据发达国家的经验，环保行业要占 GDP 比重达到 1.5% 才能阻止环境继续恶化，达到 2%～3% 才能改善生态环境。虽然从表 14-2 中可看出，2010 年以来的多数年份达到了这一标准，但由于我国环保投资统计中园林绿化与市容等方面投资占较大比例，因此，这个指标是虚高的，即真实的、切实用于污染治理的环保投资并未达到 1.5% 这个标准。

表 14-2　　　　　　我国近年来环境污染治理投资总额

年份	环境污染治理投资总额（亿元）	占 GDP 比重（%）
2005	2387.23	1.31
2010	6649.68	1.66
2011	6008.81	1.27
2012	8257.46	1.58
2013	9031.25	1.59

资料来源：根据国家统计局官方网站 2005～2013 年统计数据整理。

14.2.2.2　环保职业经营效益不佳

环保职业经营投入效益不佳主要表现为投资结构不合理和效益不理想等，特别是政府部门增加的环保公共投资并没有实现较好的效益。

（1）投资效益不佳。环保投资效益不佳主要表现在污染治理投资并没有使环境效益未得到明显改观，一些地区污染问题没有妥善解决，一些地区的污染反而更加严重。比较突出的有京津冀地区的大气污染、广东等地的土地重金属污染，还有遍布全国的水污染问题等。企业环保设施投资普遍存在"重投资、轻运营"的现象，从而造成了巨大的资金浪费和时间浪费。

（2）从业者收入较低。多项调查显示，一线城市环卫工人工资最高未超过 3000 元，其中较好的也不过 2000 元以上，中小城市的环卫工人月收入一般只有 1000～2000 元，而且环卫工人也普遍缺乏福利性收入和社会保障，这些都是政府部门环保职业效益不高的现实表现[1]。

（3）职业效益讲求出现不良倾向。环保市场的巨大潜力使环保职业效益讲求中出现了一些不良倾向。一些企业为了获取政府补贴急于投资，造成较多隐患。一些地方环保企业甚至利用国家政策来骗取专项资金[2]。严重影响着环

[1] 《环卫工人收入应予以提高》，光明网，2015 年 1 月 23 日。
[2] 《审计署公布十省份节排结果》，中国电力新闻网，2013 年 5 月 17 日。

保职业效益的提高。

14.2.2.3 循环经济类职业发展艰难

循环经济发展的一个重要基础就是做好垃圾进行分类收集和处理工作。但我国在这方面做得还很不够。其中生活垃圾和电子垃圾回收存在的问题最为突出。

（1）生活垃圾处理水平较低。主要表现为三方面。一是垃圾混合回收，这会增加垃圾循环利用的难度；二是垃圾收集设施缺乏维护和保养。降低了垃圾收集与分类的能力；三是垃圾处理方式落后。主要采用填埋、焚烧和堆肥等传统方式，造成垃圾处理效率低下。

（2）电子垃圾粗放式回收。由于目前国内电子废弃物的回收处理技术水平相对落后，在很多"黑作坊"中，多种重金属和剧毒物质未经任何环保处理就被肆意填埋或直接丢弃、排放，造成严重污染；而大量可供回收利用的资源却被浪费[1]。

（3）循环经济投入不足。由于循环经济在发展初期需要大量资金，企业往往因为担心风险而不愿投入，同时政府的公共投入也不足，这是我国循环经济发展举步维艰的一个重要原因。

14.2.3 环保职业效益问题的成因

造成环保职业效益上述问题的成因，从根本上看是我国环保市场发展不成熟，也有环保法规制度、管理机制以及政府重视等多方面的影响。

14.2.3.1 环保市场尚不成熟

与欧、美、日等发达国家相比，我国环保市场尚处于起步期，市场发育不成熟，因而导致我国与发达国家还存在诸多差距。

（1）环保市场规模较小。从基本特征、技术设备进而产品等方面来比较，我国环保市场与发达国家确实存在一定差距。主要问题是环保行业的潜在市场巨大，而现实市场却较小。从供给来看，由于环保市场的准入机制严格，对企业技术、资金标准的要求高，使市场上高技术高水平的环保企业较少；从需求来看，很多企业和个人依然将环境目标排在最后，或者干脆不考虑环境目标，导致对环保产品的需求规模不大。

（2）环保企业实力较弱。环保企业竞争力不强，主要体现在缺乏规模效应与研发能力不足这两方面。我国环保企业中，多数都没有独立的研发能力，产品大多是低水平的重复，而且技术装备落后，专业化水平低[2]，不利于环保

---

① 《电子垃圾回收："正规军"不敌"黑作坊"》，载《中国经济时报》2013年7月4日。
② 张庭、赵晓晓：《我国环保非政府组织政策参与的障碍与发展途径研究》，载《社会学研究》2011年第5期，第190～191页。

职业效益的提升。

14.2.3.2　环保法规存在缺陷

不可否认，我国环境法律为促进环境管理法制化与环境保护起到了重要作用。但现有的环保法律体系也存在一些缺陷或问题，从而不利于环保职业效益的实现和提升。

（1）环境基本法修订不及时。我国《中华人民共和国环境保护法》历经20余年，却长期未能到修订，其内容已与现实脱节，跟不上时代的发展，甚至跟后来制定的单行法相冲突[①]。

（2）环保法规缺乏可执行性。虽然我国环保法规数量较多，但质量却有待改善，特别是一些法规内容的缺陷使其可执行性受到影响，造成企业"守法成本高，违法成本低"。此外还存在环境管理部门对环保收费的自由裁量权过大，部分法规执行主体不明确，一些重要领域仍然空白等问题。在表14-3，最为突出的问题是对超标排污处罚不力，以及循环经济法规缺乏可执行性。

表14-3　　　　　　　　我国环保法规缺陷与后果

领域	法规缺陷	导致后果
排污费	超标排污处罚标准过低，对一些大型污染企业缺乏震慑力	企业宁可偷偷排污或者被罚款，也不愿意主动治理污染
	法律规定排污费属行政事业收费	易受地方保护主义干预，使收取标准不能严格按监测数据进行
	征收的排污费使用监督方面的条款缺乏	可能被地方政府和部门截留、挪用
	机动车船污染超标排放处罚未明确规定执法主体	该条款至今未能执行
排污税	现有税种征收方式偏重于资金筹集和排污行为末端治理	税收手段难以发挥污染预防作用
	只有消费税、资源税和车船税，诸如水污、大气污染和垃圾污染等税种缺失	税收难以发挥遏制主要污染物排放的作用
环境损害责任	法规内容缺失	环境损害赔偿责任难以落实，公众利益受损却很难得到赔偿

---

① 黄锡生、史玉成：《中国环境法律体系的架构与完善》，载《当代法学》2014年第1期，第120~128页。

领域	法规缺陷	导致后果
循环经济	法规内容分散并且操作性不强	循环经济理念落实困难较多，循环产业园建设投资规模较大但效益不佳
生态保护	缺乏对生态利益供给制度、公平分享制度、合理补偿制度的规定	生态利益供给不足、分配不公和补偿不力
公众参与	缺乏公众参与的程序规范，特别是在垃圾分类方面	环保决策和重大环境影响评价过程中公众参与严重不足

资料来源：张立雪：《我国三大主要环保制度存在的问题及对策》，载《现代农业科技》2013 年第 11 期，第 229～231 页；程黎、刘刚：《"十二五"时期环境税成为地方主体税种的可能性分析》，载《宏观经济研究》2013 年第 1 期，第 38～44 页；孙佑海：《健全完善生态环境损害责任追究制度的实现路径》，载《环境保护》2014 年第 4 期，第 10～13 页；张化冰：《环境立法不应以确立理念模式为目的》，载《资源再生》2015 年第 8 期，第 22～27 页。

14.2.3.3 管理机制尚不健全

当前我国环境管理体制中存在着一些问题与不足，不仅影响了环境保护工作的有效开展，还制约了经济社会的可持续发展。具体来说，这些问题主要体现在以下几个方面。

（1）环境管理机构设置存在问题。近年来，我国环境管理机构的设置变动比较频繁，除了常设的环保部门之外，各地的环保"联席会议"、"协同委员会"层出不穷，但由于利益关系复杂，缺乏稳定性，往往难以履行好自己的各项职能；一些环境管理机构重复设置，造成环境管理工作难以形成合力。

（2）环境管理职能配置不当。主要表现为政府在一些领域干预企业的行为，即政府既参与竞争，又担当裁判的角色，这必然影响环保企业经营；还有环保问题的多头管理与地区分割，特别是地方各级环境管理部门，其人事任命、预算等都由本级政府决定。在开展环境管理工作的时候，容易受到人事因素的影响，导致环境管理工作的效率不高，效果不佳。

（3）环保资金公共投入机制尚不健全。环保资金公共投入的主要影响因素是政府预算。而我国环保公共资金缺乏长效投入机制。公共投资不足，直接影响了循环经济发展和污染治理项目的实施，对环保职业效益讲求的负面影响也是不言而喻的。

14.2.3.4 政府缺乏足够重视

政府的重视与支持是环境职业效益提升的重要保障的根基，但在很长一段时间内，由于政府对环保重视不足，环保职业效益讲求面临较多困难。

（1）地方政府对环保利益的忽视。在传统政绩观的影响下，地方政府往往过于重视经济利益，造成很多地区的污染减排都要让位于经济增长目标。即使地方政府认识到了环境效益的重要性，但由于担心增加本地企业的生产成本，削弱企业产品的价格竞争力而不愿实施严格的环保措施。

（2）相关制度不健全。一方面，环保法规制度存在欠缺。例如，在垃圾分类回收与处理方面，由于垃圾分类回收管理体制、责任体制不健全、垃圾市场化处理体系没有形成等原因，导致垃圾分类回收模式至今未得到广泛推行；另一方面，一些制度在制约环保行业发展。如针对循环型企业的退税额度过低，特别是企业销售再生资源产品需要全额上缴17%的增值税等规定，还有一些过于严苛的管理制度，使本来就艰难发展的循环经济面临更多的束缚，因此亟须对相关政策内容进行调整。

14.2.3.5　公民参与条件不足

公民参与条件不足体现在主观和客观方面，既包括公民自身参与能力的限制，也与参与渠道不够充分有较大关系。

（1）公民参与能力不足。公民环保参与能力不足主要表现为专业知识和法律知识的缺乏。环保领域的问题有较强专业性，非专业的个人往往难以掌握相关知识。此外很多环境污染问题由于发展的缓慢性与隐蔽性，导致很多人认为这不是公民个人的责任，因此采取漠视态度。

（2）公民参与渠道较少。非政府组织是公民参与环保活动的重要渠道。但多数环保民间组织面临着资金不足的困难，并且总体人员素质偏低，因而在发动、组织群众参与环保活动时能力不足，也难以得到社会的广泛认同和普遍的社会公信，不能发挥应有的积极作用①。

14.3　环保职业效益事例

在众多环保工作者中，有这样一些杰出人物，他们将大量精力投入环保事业，克服困难，勇敢开拓，使环保研究、企业、组织、公民社会与国家等多方面受益，取得了良好的环保职业效益，他们的环保从业经验具有较大的借鉴意义。

14.3.1　曲格平

曲格平是一位在政府部门从事环保研究与管理的卓越职业人。他既是一名

---

① 张庭、赵晓晓：《我国环保非政府组织政策参与的障碍与发展途径研究》，载《社会学研究》2011年第5期，第190～191页。

政绩斐然的官员，也是一名出色的学者，他勤奋好学，不畏强权，在环保领域提出了很多真知灼见，并且引领我国环保事业走上了正确的道路，取得了巨大的环保职业效益。[①]

14.3.1.1　简介

曲格平，我国著名环境科学专家，1930 年生于山东肥城，曾任我国化学工业部处长，国务院计划起草小组处长。他自 20 世纪 70 年代起投身环保事业，是我国环境保护事业的主要开拓者和奠基人之一，他对环保问题的见解与主张也对我国环保行业的发展起到了决定性的影响。曲格平的贡献得到了国内社会各界与国际社会的广泛赞誉，是当之无愧的"中华环保第一人"与"中国环保之父"。

14.3.1.2　职业效益要点

作为开创我国环保事业的元老级人物，除了个人获益之外，曲格平在其职业生涯所创造的效益还遍及环保科学研究、公民社会与国家利益等领域。

（1）科研工作者获益。①推动环保科学发展。在认真总结国内外经验的基础上，曲格平运用系统科学原理提出了经济建设与环境保护协调发展的理论，并将自己的学术思想进行整理，先后发表数十篇科研论文，并撰写和主编了《中国的环境问题及对策》等十多部书籍，为我国环保科学研究奠定了坚实的基础。

②激发科研工作者的研究热情。从 2004 年起，曲格平从"中华环境保护基金"中拨出一部分专款，在北京大学、山东大学、中国环境管理干部学院等高校设立了"曲格平奖学金"。这一奖项对于高校开展环保研究起到了很大的激励作用，也吸引了更多的学子为我国环保事业的发展而努力奋斗。

（2）个人获益。①担任要职。在政治领域，曲格平先后担任过全国人大环境与资源保护委员会主任委员、中国常驻联合国环境规划署首任代表、城乡建设环境保护部环境保护局局长、国家环境保护局局长等职务，是我国历史上首任环保局局长；在学术领域，曲格平长期不仅担任北京大学、清华大学等院校的兼职教授，也是英国牛津大学客座教授，后又被聘为联合国可持续发展高级咨询委员会委员和全球环境基金高级顾问。

②获得荣誉。1992 年，联合国环境署授予曲格平"国际环境奖"，这是环境领域的最高荣誉；1999 年他又获得了日本旭硝子基金会颁发的"蓝色星球奖"，2007 年还被授予第三届"中国发展百人奖"的"终身成就奖"；在曲格平编纂的著作中，《2000 年中国的环境》获国家科技进步一等奖和国务院经济

---

① 主要资料来源：汪韬：《曲格平：环保四十年》，载《中国中小企业》2014 年第 3 期，第 42～43 页；孙钰：《五十余载风雨兼程中国环保推进变革——访原国家环保局局长、原全国人大环境与资源委员会主任委员曲格平》，载《环境保护》2012 年第 1 期，第 56～59 页；《周总理"逼"出了新中国第一代环保人》，载《经济日报》2015 年 1 月 12 日。

技术中心特等奖，《中国自然保护纲要》获国家科技进步三等奖，《中国的环境管理》获"第四届中国图书奖"。

（3）公民社会获益。曲格平非常重视为提高我国公民的环境意识，为此做了很多的具体工作。他鼓励新闻工作者对违犯环保相关法规的行为做出大胆的曝光，还呼吁全社会都来监督破坏环境的行为，他还对中国非政府环保组织的发展给予了很多支持。

（4）国家获益。"学以致用"是曲格平职业生涯中的一大特色。他成功地运用环境科学的理论和方法明确了我国环保行业发展的大方向；他还参与修订或起草了二十多部环境与资源保护方面的法律。从而为建立和完善具有中国特色的环境保护道路做出了突出的贡献。

14.3.1.3　成功因素

曲格平半生都在从事环保职业，除了外界因素的积极影响之外，他自身所具备的刻苦勤奋、坚持真理以及大胆创新等个人特质，也是他成功的关键因素。

（1）总理支持。周总理是曲格平从事环保事业的领路人。"文化大革命"期间，周总理坚定地排除造反派的干扰，使我国的环境保护事业得以艰难起步。曲格平曾说过，在他制定环境保护方针政策时，有一部分思路就是从周总理的讲话中得到的。

（2）责任担当。在决定从事环保事业之后，曲格平勇敢地担负起责任，从零开始学习相关知识和业务。在恶劣的环境中，他坚持查找资料，请教专家，下基层考察……在经过多年的探索与学习之后，他已经成为我国环保领域数一数二的专家，环保也成了他终生为之奋斗的事业。

（3）坚持真理。在曲格平开始从事环保工作的时候，中国正处在"极左"路线的支配下，谁要说我国有污染、有公害，谁就是给社会主义抹黑。在这样的背景下，曲格平仍然坚持重视环境保护的思想。经过曲格平等人的几番努力，终于唤起了民众，特别是领导对环境保护问题的重视。

（4）大胆创新。当国内对环境保护的认识还仅仅停留在"末端污染"这一层面时，曲格平已经成为循环经济理念的主要传播者与介绍者之一。他提出，必须把发展循环经济确立为我国国民经济和社会发展的基本战略目标，并从政府和企业的角度提出了推进循环经济发展的具体措施。这体现出他不拘于现实、大胆创新和学习的钻研精神。

14.3.2　张茵

张茵是我国环保行业创业者中的一位楷模，也是一位成功的女性环保职业者。她历经改革开放与金融危机的风浪，勇敢开拓，用循环经济与节能减排的理念发展造纸企业，缔造了"绿色财富，循环不息"的业界神话。①

14.3.2.1　简介

张茵，女，1957 年出生于广东省韶关市，我国著名环保女企业家，从 1985 年起投身环保造纸行业，1995 年创立了"玖龙纸业（控股）有限公司"（下文简称"玖龙纸业"），现任公司董事长。经过多年努力，玖龙纸业已经成为世界最大的废纸环保造纸的现代化包装造纸集团。张茵也因为对环保造纸业的突出贡献而获得了很高的社会知名度。

14.3.2.2　职业效益要点

张茵的环保职业效益在业界非常突出。她不仅实现了企业的规模化发展，获得了丰厚的经济利益，也实现了良好的环境效益与社会效益。

（1）企业获益。张茵所创办的"玖龙纸业"年销售额达 200 亿元人民币，员工达 17000 多人，2006 年于中国香港联交所主板上市，市值 300 多亿港币。在"2011 年度中国轻工业百强企业"评选中，"玖龙纸业"名列第九位；同年在"中国轻工业造纸行业十强企业"评选中又蝉联行业第一名，企业在全国各地的生产基地还连续多年被当地环保部门评为"环保诚信企业"与"环境友好企业"等；2013 年，"玖龙纸业"又获得了中国造纸协会授予的"全国造纸行业节能减排达标竞赛优胜企业"荣誉。

（2）个人获益。①财富积累。2010 年的《胡润女富豪榜》，张茵及其家族以财富 380 亿元排名女富豪榜第一，成为"胡润百富榜"上第一位女首富；《2013 胡润低碳富豪榜》中，张茵以财富 245 亿元连续五年蝉联《胡润低碳富豪榜》的首富；2015 年，她又以 265 亿元的财富位居《2015 胡润女富豪榜》第 5 位。

②兼任要职。张茵曾担任广东省侨青会荣誉主任、第十届全国政协委员、美中工商协会名誉主席、中国侨商投资企业协会副会长等职务。她在担任这些职务时敢于仗义执言，提出了一些真知灼见，不仅提高了自身的社会知名度，也为环保行业争取了更多的发言权。

③获得荣誉。张茵所获的奖项很多，其中一部分来自她对社会与环境的贡献。2008 年她被授予 2008 年中华慈善奖"最具爱心慈善捐赠个人"荣誉称号；2010 年，在"第二届中国绿色产业经济论坛"上，张茵被授予了"2009 中国节能减排功勋人物"称号。

① 主要资料来源：吴晓波：《玖龙纸业董事长张茵：把握扩张与稳健之间的平衡》，载《中国纸业》2014 年第 35 卷第 17 期，第 36～37 页；里风：《绿色财富循环不息——记玖龙纸业有限公司董事长张茵》，载《经济视角》2007 年第 3 期，第 5～13 页；《女首富张茵背后的"男内助"》，载《名人传记》2011 年第 12 期，第 68～70 页；邹锡兰、黄振鹏：《张茵：白手起家的全球女首富》，载《人力资源开发》2013 年第 2 期，第 42～43 页；《张茵：用循环经济理念打造现代造纸业》，载《人民政协报》2009 年 9 月 8 日；《玖龙纸业董事长张茵为慈善事业累计投入超亿元》，东莞信息港，2014 年 11 月 6 日。

（3）环境获益。在企业成长过程中，张茵非常重视造纸的环保效益。她领导企业回收大量国内废纸，促进了我国循环经济的发展，她还一直坚持"没有环保，就没有造纸"的理念，引进发达国家先进的固体废物焚烧炉，纸机工业循环用水率平均可达到95.2%以上；企业还对污水处理产生的沼气进行脱硫及燃烧发电改造，每年可节省标煤达16000多吨。

（4）公民社会获益。自从回国之后，张茵就把事业的重心放在了国内。"玖龙纸业"每建立起一个制造基地，都会在当地创造大量的劳动岗位，并带动地方经济发展。同时，随着企业知名度的扩大，"再生纸"、"保护森林"等理念也逐渐深入消费者心中，为促进公民环保意识提升也起到了一定的积极作用。

（5）国家获益。近年来，"玖龙纸业"的产品基本已经实现代替国外进口，知名品牌如可口可乐、耐克、索尼等都采用他们的产品。节省了大量外汇；企业还改变了中国包装纸长期依赖进口的局面，为"中国制造"走向世界提供了支持。

14.3.2.3 成功因素

张茵的成功，除了家庭环境和丈夫支持的支持以外，也要归功于她自身具备的战略眼光、高超的管理能力，以及对自身优势领域的专注等。

（1）家庭环境影响。张茵成长在一个幸福的家庭，虽然父母收入不多，常常要节衣缩食，但一家人依然保持乐观心态，对未来也充满希望。对家人真切的爱让她从小就树立了要成就一番事业的人生目标。在面对困境和挑战时，张茵所表现出来的那种勇于担当和不畏艰险的精神，与童年时期的经历有很大关系。

（2）丈夫全力支持。在创业过程中，最让张茵欣慰的是她身边始终有丈夫的支持，这使她更加有勇气和力量去面对和解决问题。张茵总是把丈夫称为"幕后英雄"。她曾经坦言，没有丈夫的支持和帮助，她就不可能有今天的成就。

（3）重视环境效益。在企业成长过程中，张茵非常重视造纸的环保效益。在她的领导下，玖龙纸业的各项环保指标也都优于国家标准，是当之无愧的节能环保型造纸企业。

（4）高超的管理能力。张茵提倡"个人小家庭，公司大家庭"的人性化管理：既给员工安全感，为人才提供充分发挥才干的空间；她还注重管理制度上的创新，培养和提拔了一批中高层管理人员，通过不断给他们创造发展机会，调动发挥他们的潜能。这些改革都充分体现出她的魄力和勇气。

（5）专注优势领域。与很多企业家频频尝试新的掘金点不同，张茵很执着，她的眼光从不旁移，尽管房地产、股票、烟草等行业一度火热，也有很多人用暴利来游说她投资，但张茵始终不为所动。她坚持认为，做企业一定要专一，如果整天抱着投机心理，想着发大财和一夜暴富，终会一败涂地。

14.3.3　马军

作为环保组织的领导人，马军多年来一直活跃在我国环保事业的第一线，努力实现保护环境，遏制污染等理想和目标，堪称我国环保组织领导人中的佼佼者。[①]

14.3.3.1　简介

马军，1968 年出生于北京市。1999 年完成《中国水危机》一书，逐渐把工作重心转向环保事业；2006 年他创办了民间环保组织"公众与环境研究中心"并担任主任一职，之后陆续发布"中国水污染地图"、"中国空气污染地图"数据库等，并与多个组织合作开展环保活动，在推动我国环保组织发展、环境信息披露与公众参与等方面都做出了巨大贡献。

14.3.3.2　职业效益要点

长期以来，马军领导他的环保组织奋战在环保第一线，促进了环保组织的成长，并且在污染控制与治理方面获得了良好的效益，赢得了公众的广泛赞誉。

（1）组织获益。在马军等人多年的努力下，公众环境研究中心的规模和社会影响力明显增大。到 2015 年，公众环境研究中心已经监控到了全国 9000 多个污染企业，并且能提供全国 380 个城市的空气质量、河流水质信息，同时该组织也获得了大量的社会支持。

· 397 ·

（2）个人获益。2006 年，马军凭借"中国水污染地图"被评为"2006 绿色中国年度人物"，同年他又入选美国《时代周刊》"2006 年全球最具影响的 100 人"；2012 年，马军被授予 2012 年戈德曼环境保护奖，该奖项有"全球环境保护界的诺贝尔奖"之称；2015 年他又成为"斯科尔社会企业家奖"的四位获奖者之一，是历史上第一个获得该奖的中国人。

（3）相关企业获益。在污染信息公开的过程中，一些有远见的企业逐渐认识到"谁污染谁就占便宜"的时代已经一去不返。随着公众环保意识的提高，企业也发现环保行为良好的企业会得到客户的青睐和尊重。到 2015 年下半年为止，已经有近 2000 家企业主动愿意采取环保措施。

（4）环境获益。通过开发"中国水污染地图"和"中国空气污染地图"等数据库，马军切实推动了政府和企业环境信息公开，使环境污染者履行环境

---

① 主要资料来源：《马军和他的空气污染地图》，南都网，2013 年 8 月 22 日；刘书梅：《马军的环保地图》，载《WTO 经济导刊》2015 年第 5 期，第 39 ~ 41 页；郑秀亮：《用信息公开撬动企业治污——访北京公众与环境研究中心主任马军》，载《环境》2014 年第 10 期，第 66 ~ 67 页；环保公益人士马军拿起手机宣战污染，《新京报》2015 年 4 月 22 日；黄梓姗：《马军你为什么能令污染企业低头》，载《环境教育》2014 年第 5 期，第 9 ~ 14 页。

责任；他还发起了有利于公众参与的环保活动，使企业污染行为被置于公众监督之下，这对于环境保护是非常有利的。

（5）公民社会获益。在马军等环保斗士的努力下，社会各界对环保的态度变化很明显。公众环保积极性有较大提升，越来越多的人愿意通过"消费选择"促使企业重视环保，即主动购买环境友好型企业的产品。

（6）国家获益。马军的努力推动了环保部门和公众之间加强沟通与配合，进而形成合作同盟的关系，这有利于地方政府污染预防与治理政策的施行。

14.3.3.3　成功因素

马军之所以能够取得较大的成就，主要源自于他早年的教育经历与从业积累，以及他对环保事业忘我投入的热情，而他灵活创新、不拘一格的工作方式也起到了很大的助推作用。

（1）早年经历的影响。1992 年，马军到《南华早报》驻京站做记者，多次亲眼看见满目疮痍的环境污染现场。1997 年，马军参加了一次对黄河管理官员和工程师的采访，受到很大触动，这成为他后来投身环保事业的一个重要原因。

（2）忘我投入的热情。马军曾经说过，每当想到他的团队所披露的数据会促使污染企业进行整改，他就会重新充满斗志和动力。这种对环保的热情和执着促使马军坚持多年投身于环保信息公开事业。

（3）多种形式的创新。马军创新性地通过发布"中国水污染地图"和"中国空气污染地图"，为民众建立了一个了解、跟踪和举报污染的平台；他还号召发起了"绿色选择联盟"，号召大家不买污染企业的产品。这样的创举使得越来越多的人可以很容易地参与到环保活动之中。

14.3.4　布伦特兰夫人

布伦特兰夫人（Mrs. Bluntland）是一位国际知名的女政治家。她大力主张实施环境保护，支持国际环保合作。布伦特兰夫人大半生的精力都奉献给了全球环保事业，取得了巨大的环保职业效益。[①]

14.3.4.1　简介

布伦特兰夫人的全名是"格罗·哈莱姆·布伦特兰（Gro Harlem Brundt-land）"，1939 年出生于挪威首都奥斯陆市，是挪威杰出的政治家、国际知名的可持续发展问题专家。她多次担任挪威首相，在本国污染预防与治理方面做

---

① 朱凌云：《挪威女首相布伦特兰》，载《世界经济与政治》1995 年第 12 期，第 90～93 页；《布伦特兰夫人二三事》，载《人民日报》2001 年 9 月 14 日；邹晶：《格罗·哈莱姆·布伦特兰》，载《世界环境》2006 年第 1 期，第 92 页；《社会文明程度高环境保护好，挪威蝉联最宜居国家》，中国网，2008 年 5 月 20 日；《布伦特兰夫人荣获台湾"唐奖"首届永续发展奖》，台海网，2014 年 6 月 18 日。

出了杰出贡献；1984 年她被联合国秘书长任命为联合国环境和发展委员会主席，正式投身国际环保事业，因其杰出的贡献被世界各国尊称为"可持续发展的教母"。

14.3.4.2　职业效益要点

在 30 多年的执政生涯里，布伦特兰夫人持续关注环境问题，促进人类社会的永续发展，不仅使其个人获益，也推动了挪威、发展中国家与全球环保事业走上了正确的发展道路。

（1）个人获益。①长期担任要职。1974 年起，布伦特兰进入政界，1981年成为挪威历史上第一位女首相；1984 年起担任联合国环境和发展委员会主席，此后陆续担任"联合国秘书长气候变迁特使"、"联合国秘书长永续发展高层小组"委员；国际"元老集团"副会长等重要职务。

②获得奖项。2004 年英国《金融时报》评选"最近 25 年欧洲名人"时，她被列为第 4 名；2014 年 9 月，她又获得中国台湾"唐奖教育基金会"颁布的第一届"永续发展奖"，此奖项被誉为"东方诺贝尔奖"。

（2）本国获益。在布伦特兰夫人的推动下，挪威率先实施了从末端治理转向污染预防，实施清洁生产等具备远见的环保措施。挪威在净化河流和工业净化系统方面成效显著，其可再生能源产业的发展速度也位于世界前列，当之无愧地成为环保先进国家。

（3）发展中国家获益。布伦特兰夫人曾呼吁工业化国家为持续发展负起责任，这番言论在全球范围内产生了巨大影响，使发展中国家由此获得了许多环境治理资金、技术以及经验。

（4）全球环保事业获益。布伦特兰夫人主持编写了《我们共同的未来》这一工作报告，其中阐明了"可持续发展"概念的内涵，即"既满足当代人的需求，又不损害子孙后代满足其需求能力的发展"。这一科学观点引导各国把环保与发展切实结合，实现了人类文明的重要飞跃。她还多次出访各国，为减少环保问题中的南北分歧做出了巨大贡献。

14.3.4.3　成功因素

布伦特兰夫人之所以能取得这样辉煌的成就，既有家庭因素的积极影响，也与她个性特质密切相关，其中最值得称道的是她出众的能力与素养。

（1）长辈从政影响。布伦特兰夫人的曾祖父、父亲和母亲都曾在政界担任要职。从长辈的从政经历、思想与行事风格都对布伦特兰夫人产生了巨大影响，使她具备了突出的从政能力与丰富的经验。

（2）家人全力支持。作为一名身处要职的政界名人，布伦特兰夫人得到了家人的充分理解和支持。布伦特兰夫人曾经说，从她开始涉足政界，直到拥有后来的地位，这完全有赖于丈夫无限的支持。

（3）个性坚韧勇敢。虽然曾经因为保护环境而得罪了一些大企业家，但她却毫不动摇，坚持自己的立场，最终赢得了民众的赞赏和支持，由此可见布伦特兰夫人不惧困难和挑战，并能够承担巨大压力。

（4）个人素质突出。布伦特兰夫人以才智敏捷和能言善辩著称，她每天工作常在 12 小时以上，并能保持全力投入的状态。一名出色政治家所需要的素质，包括聪明才智、高效率、亲和力、精力充沛、战略眼光等，都在布伦特兰夫人身上有明显体现。

14.4　讲求提高环保职业效益探索

环保职业效益讲求的基础是环保行业的健康发展。除了具备一定的经济基础、环保投资规模和企业生存能力之外，环保行业还需要良好的制度环境以及相关政策的扶持。

14.4.1　推进政府组织建设

在组织建设方面，必须要解决是就是目前我国政府各部门环保职能分散，环保工作缺乏协调，导致"各自为政"的问题。明确部门权责的关键，就是明确环保部门的主导地位，并转变政府职能，提高环境管理工作效率，从而促进环保各项工作的顺利开展。

14.4.1.1　明确环保部门的主导地位

当前一大要务就是扩大各级环保部门的职责权限，并提高其独立性，要避免地方政府出于发展当地经济等原因而干预环境管理工作，影响环境管理工作的效率。环保主管部门对环境问题进行全方位管理和监督，有权力制定相应的法律法规，并采取相应的行政措施来进行环境保护工作。

14.4.1.2　转变地方政府职能

通过改革考核体系来促进地方政府转变职能，真正实现让地方政府为环保责任制。对于跨区域污染问题，可以设立区域联合考核机制，明确污染的主要责任方与成因，作为实施问责的依据。从根本上扭转地方政府以经济增长为主要目标的政绩观。

14.4.2　修订法规政策内容

就法规政策而言，最紧迫的任务包括增强法规之间的协调性，并且通过补充和条款内容更具体化等措施来提高法规的可执行性。

14.4.2.1　增强法规协调性

当前环保法规修订主要任务之一就是确定各单行法之间存在冲突的条款。

立法机关要统筹考虑，按照环境污染防治法、自然资源保护、生态保护法、资源循环利用法、节能减排与能源法、防灾减灾法与环境侵害责任法等这七大门类，梳理整合现有环境法律体系，以增强环保法规之间协调性。

14.4.2.2　提高法规可执行性

影响环保法规可执行性的关键是内容的完整性与可操作性，因此必须及时修订法规内容，才有利于增强法规条款的可执行性。

（1）补充法律规章的缺失部分。对原有计划经济时代制定的法律法规中没有涉及的领域，如排污权交易制度、生态补偿制度等内容，应注意加以补充，并规范其指标的设置，方便政府管理和社会公众的监督。对实践中亟须而理论研究相对成熟的环境法律法规则应尽快完成立法。

（2）增强法律的可操作性。环境立法中为数不少的法律被称为"政策法"，如《清洁生产促进法》、《循环经济促进法》等，其中存在着大量的指导性、建议性、鼓励性条款，需要进一步修订完善，增强其执行力和可操作性，并从国家层面给予污染治理和循环经济以应有的法律地位。

14.4.3　提高利益相关者的环保意识

环保意识是人们对环境保护的认识、体验与行为倾向，它是环保行为得以实现的重要前提。因此，必须重视利益相关者环保意识的培养。

14.4.3.1　改变政府不合理的政绩观

地方政府必须明确自己在环境管理中的主体地位，采取多种方式提高地方政府的环保责任意识和主动意识。政府既要做好"主导"，也要正确发挥"引导"作用，对环保企业要给予适当的支持，同时注意引导投资，防止出现一拥而上、重复建设和资源浪费等现象。

14.4.3.2　鼓励企业积极承担环保责任

企业社会责任，就是企业在追求利润的同时对社会应承担的责任或应尽的义务。当前，社会责任等"软实力"已成为企业提高竞争力的重要因素，因此要鼓励企业做到以下三点。

（1）发挥企业管理者的带头作用。企业管理者要对企业应该履行的环境责任具有明确的认识，强化环保意识并贯彻在自己的经营活动中，并将环境责任纳入企业发展战略，融入企业管理决策，并积极解决企业内部环境管理体系的建设问题。

（2）企业文化中环保意识的塑造。要强化环境责任理念，加大对企业组织成员的宣传教育力度，使其成为企业文化的一部分；通过制定具体的行动规则来细化业务及员工的行为规范，将环境责任落实到生产经营的各个环节，使其与广大员工的环保意识和环保行为紧密相关。

（3）组织和参加环保活动。企业应定期组织环保活动，以培养管理者和员工的节能减排意识，定期开展环保知识竞赛、组织相关活动等，鼓励市民和员工共同参与。要让员工认识到，追求企业效益与环境保护的协调发展才是长久发展之计。

14.4.3.3　提高公民参与环保事务的积极性

环保职业效益的提高离不开公众的广泛参与。环保意识与主动性的培养方式主要有思想传播和组织参与两种。

（1）多渠道开展宣传。在树立公民的环境意识和参与意识过程中，除了学校教育、新闻舆论的监督和导向作用之外，可以借助新媒体、互联网等媒介来开展宣传，使公众了解到现代环保思想的基本理念、社会效益、经济效益和生态效益。

（2）充分利用环保组织的力量。政府可以帮助环保民间组织开展各类环保活动，如自然之友、地球村、绿家园等环保民间组织，使它们可以发动本地居民共同进行清除白色污染、推广垃圾分类、呼吁绿色消费、组织植树造林等，对增进公众的环保意识也具有积极的影响。

14.4.4　完善环保制度与政策

环保制度和政策的制定与实施会直接影响排污者的策略选择，因此应该重点完善的内容主要包括环保激励政策、支持政策、公众参与和信息披露制度等。

14.4.4.1　强化环保行业发展的激励政策

环保行业发展的动力主要来自两方面，一是污染减排的强化，二是政府对环保行业的支持。前者为环保行业扩大了市场需求，后者有利于减少环保企业发展的障碍。

（1）尽快实施环境税。就我国当前的主要污染物来看，环保税的应税污染物主要是大气污染物、水污染物、固体废物和工业噪声四类，环保税和排污量挂钩，会促进企业自觉主动地减少污染。这也将迫使企业尽快适应新的政策环境，提早实现生产经营向节能减排的方向转型。

（2）激励环保企业发展。在支持环保企业发展方面，可以综合利用多种激励政策。对于盈利甚微的环保小企业应给予税收减免和银行贷款的贴息支持，对收益慢的环保项目，可放宽特许期、免征或减征企业所得税，鼓励环保企业进入市场；加强国际环境科技合作，利用环保行业市场及技术进步呈多元化的趋势，引进国内外成熟技术，吸引全球环境科技资源为我国环保行业事业服务。

（3）促进垃圾分类回收。对于循环经济，政府应该支持企业自建回收渠道，提高补贴帮助企业渡过难关，特别是对规模化处理垃圾的正规企业，要给予较大幅度的税收优惠。此外，还要增加对垃圾分类回收过程的管理和补贴，以促进我国垃圾分类回收体系的升级和完善。

14.4.4.2　落实环保行业发展的支持政策

环保行业的发展离不开政府的支持。从信息、融资、技术创新、人才等方面来看，政府服务的完善程度和服务水平，都会在很大程度上影响环保行业的发展。

（1）加强相关信息服务。要通过建立环保行业信息系统和技术咨询服务体系，开展信息咨询、技术推广、宣传培训等，提高信息透明度，通过公众的了解与支持，促进环保行业技术创新意识的普及与生活方式、常用技术改进的全民开展。

（2）拓宽融资渠道。要逐步建立完善的环保行业融资体系。引导社会资金流入，建立多元化的融资渠道，改变主要靠银行融资的现状，鼓励有实力的环保企业通过上市，发行企业环保债券等方式来拓宽融资渠道，形成灵活高效的融资市场，为环保行业规模投资增加提供有力支撑。

（3）增强自主创新能力。设立专项的环保行业应用技术研发基金，并将其作为全面推进国家创新体系建设的突破口。鼓励产学研合作，及时掌握国内外环保行业技术领域的先进动态；对具有前沿性、创新性的技术研究要给予大力扶持，支持一批重大关键技术开发项目和关键设备的研制工作，促进具有自主知识产权的产品研究开发和转化。

（4）注重人才引进和培养。稳定科技队伍，建立和完善有关培养、发现和重用优秀科技创新人才的各类机制。制定人才、专利、技术标准战略，完善科技评价与奖励机制，创造吸引人才的条件，营造有利于创新人才成长的环境，培养造就一批高水平科技带头人和专业人才和精干高效的研发队伍。

14.4.4.3　健全环保问题公众参与制度

让公众广泛地参与，让所有污染行为暴露在光天化日之下，这是我国当前环保职业效益提高的一个重要途径。

（1）完善各类信息平台。通过完善各地环保信息监督和举报平台、环境行为披露与交流平台以及环保知识传播平台等途径，有效提高公众对环保知识和环境信息的认识，充分发挥公众、媒体的监督作用，同时缓解企业、政府与公众在环境问题方面的信息不对称问题。

（2）扶持环保组织的发展。要采取资金、人才和政策支持等方式，促进非政府组织发展，增强其社会影响力，并通过建立政府和非政府组织"共治"监管来有效地强化监管力度。

（3）激励公民参与环保。采取诸如物质奖励、先进个人评选活动等措施，将激励机制引入环境保护中，从而鼓励公众积极参与，增加公众参与的规模，并逐步提高公众参与的质量。

14.4.4.4　贯彻企业环境信息披露制度

由于破坏环境的企业在得到利益的同时也透支了公众和政府的诚信，鉴于环境信息披露对污染税费征收和企业形象等方面的重要影响，应该继续贯彻与强化这一制度。

（1）完善企业污染数据报送制度。政府要以法律、法规的形式要求所有企业对自身污染和减排情况编制报表、定期向政府主管部门和专业检测机构等报送。年报必须经由专业机构鉴定方可有效，相关机构也要对鉴定结果负责。

（2）完善政府环保信息通报机制。政府主管部门要完善上下级之间、政府主管部门与专业机构之间的环保信息通报机制，以保障信息在政府部门之间、政府部门与专业机构之间、政府部门与企业之间等有效传递。

（3）提高企业信息公开程度。企业应积极发布自己的环境数据及各类环境活动的信息，以供政府和社会公众监督。对于公众举报事件应认真对待，严肃处理，限期解决，也可在微博、官网等处公开其环保数据与信息等，增加信息的公开渠道，加大社会监督力度。

第15章 评价及其讲求提高基层公共管理职业效益

公共管理职业活动直接关系社会各项事业的发展和公民生活的改善，这无不反映在公共管理职业效益上，特别是基层公共管理职业效益更直接见之于社会生活实际，探索基层公共管理职业效益评价，有益于认识公共管理状况，改善公共管理，更好地讲求提高公共管理职业效益，促进公民社会和谐发展与公民富裕生活。

15.1 基层公共管理职业效益评价的重要性

公共管理职业，即是国家党政公务人员等从事的公共管理活动的事业，管理内容分为党务与政府的国土、商务、交通、文教、医疗、环境、治安、民政、社保等，管理层次分为中央、省、市、县、乡等，可细分为不同业务与不同层次的公共管理职业。这里所讲的"基层"是指乡镇以及县区，主要探讨乡镇公共管理职业效益的评价，了解基层公共管理职业效益状况，讲求提高乡镇、县区公共管理职业效益，促进更好地做好基层的公共管理工作，推动社会的全面发展进步与全面改善人民生活。

15.1.1 公共管理职业效益及其内含关系

首先应该指出，在我国公共管理领域，多少年来一直重视"绩效"，研究"绩效考核"或"绩效评价"，移植"绩效评价"，而对"效益"和"效益评价"，却很少关注和研究。其实，公共管理更应该关注"效益"和重视"效益评价"，特别是公共管理职业效益问题。

公共管理职业效益是效益的一种细分，如从前面的有关研究所知，其中的"效益"与"绩效"存在较大的差异。简要地说，绩效指人做事的行为和结果，主要是成果本身；效益意在人做事得到的好处，主要是成果带来的利益。

国外对于效益的相关研究也不多，效益的英文单词是 effectiveness，是一个内涵丰富的词，一般包括有效、有效性、效用等多种含义。在公共评价中，诺曼·弗林（Flynn Norman）提出，[1] 除有关目标全面发展情况的指标，或者有关财务目标成就的指标之外，还应该有关于顾客或委托人满意程度或者关于提供服务的速度和质量的指标，指标应该用来测量有效性和质量；应当测量结果，而不是产出，即效益指标。尼古拉斯·亨利（Nicholas Henry）认为，[2] 效益在公共评价中注重实现所预想的结果。E. 内格尔（Ernest Nagel）认为，[3] 效益指多种备选公共政策获得的利益。由此可知，国外从经济原理与管理的视角，指出了效益的基本含义，即"服务结果"或"获得的利益"。

所谓公共管理职业效益，就是从事公共管理职业活动的从业者，通过较少的花费取得较多的使包括自己在内的有关社会成员受益的成果。其中，有关社会成员是公共管理职业活动涉及的相关人员，包括公共管理所属的企业管理职业者、公民社会组织人员、当地居民等；成果是管理花费的增值果实，并惠及所属社会成员，是科学管理运营发展的成效。

需要特别强调指出，公共管理职业与企业管理职业等其他职业有一个很大的不同点，即管理所属的社会主体，都是他们的直接服务对象，尤其是基层公共管理职业人员直接面对具体的所属社会的各个方面成员，是所属区域的所有居民，可分从业人员与非从业人员两大部分，从业人员一般可分从事农业、工业、商业、教育、医疗等职业人员，非从业人员一般可分家务人员、学生、儿童、老人等。公共管理职业效益包括当事人个人的和大家都获得的利益或好处。

其中，公共管理职业者的从业支出主要是人力、管理设施和器具和时间等，利益主要是工资和福利。所属区域居民所获得的利益，主要是公共管理从业者的工作给居民带来的利民便民的好处，内容包括所属区域社会居民的文化教育、就业、收入、生活、治安、环保、交通、保健、娱乐、文明、声誉等，关系居民生活的各个方面，因而早有"百姓的父母官"之说。这些有关人员都有自己的利益所在及其要求，都须兼顾兼有，效在多方、益在多处。

显然，公共管理职业效益，是管理所属区域服务对象全覆盖的受益面最大的职业效益，比企业、学校、医院等事业组织的管理职业效益具有更大的公共性与公益性。

---

① Flynn, Norman (1997), *Public Sector Management*, Third Edition (London: Prentice - Hall Havester, Whestsheaf, pp. 170~185.
② ［美］尼古拉斯·亨利：《公共行政与公共事务》（第八版），中国人民大学出版社 2002 年版，第 284 页。
③ Nagel, Stuart S. (1990), *Conflicting Evaluations of Policy Studies*, in Naomi B. Lynn and Aaron Wildavsky (eds) Public Administration: The State of the Discipline, Chatham, NJ: Chatham House Publishers, P. 429.

15.1.2　公共管理职业效益评价的重要性

中国正在努力全面建成小康社会与实现中国梦，提出了一系列新要求，①始终是以人为本，围绕人民利益，提高发展效益和实现共同利益，全面改善人民生活，提高人民生活水平，实现共同富裕，始终重视强调效益与实现效益，这必然要求做好公共管理职业效益的评价。

公共管理职业效益评价是职业效益评价的一个十分重要的具体方面，与干部的考核有所不同。我国的干部考核是在党管干部的原则下，考察审核干部在职履行职务的情况，考核的主要内容包括德、能、勤、绩、廉的几个方面，对其任职做出判断评价，是干部管理的重要环节内容，其结果为干部选拔任用提供依据，属于国家的政务。

至今，我们对公共管理职业效益评价研究还很少。而在客观上，人们自觉不自觉地对公共管理职业效益的评价一直不断，如居民对公共官员深入基层，了解生产和生活实际，探索更快地解决困难，谋求更好地发展，总是予以好评；而对公共官员办事效率低，互相推诿等，予以负面评价。

同时，也包括公共管理从业者本人的一些人们，从公务员的社会地位、对资源的掌控、待遇与工作环境等有利之处，对公共管理职业效益做出评价，并且作为职业选择或职业变换调整的依据，他们对公共管理职业效益的评价，主要从个人获利的角度，以获利的多少做出评价判断。这样的评价突出了个人的职业利益，很难避免出现讲求公共管理职业效益的偏差。

多年来，公共管理的政绩考核或绩效考核主要重视做了"什么"，而对其给人们带来的益处重视不够，出现了重视 GDP 等面上"东西"的偏差，造成环境污染、资源损失浪费等不良后果。而公共管理职业效益评价则不然，主要评价做的"东西"对人们的好处，也就是做的"东西"给人们带来的益处，因此，应用公共管理职业效益评价取代公共管理的政绩考核或绩效考核，把对公共管理的考核由公共管理的政绩考核或绩效考核转变到"公共管理职业效益"评价十分必要。

显然，公共管理职业效益评价十分重要，更符合社会发展进步要求。一是可以帮助科学认识和评价公共管理职业效益，促进人们形成良好的职业效益观，科学认识职业效益；二是可以帮助矫正公共管理职业活动偏差行为，促进合理讲求提高公共管理职业效益；三是完善对公共管理的评价和监察，促进公共管理合理、合法与规范。总之，有利于科学讲求和提高公共管理职业效益，

---

① 近年来，国家强调提出要维护实现人民利益、发展效益与共享效益的效益思想，《中共中央关于制定国民经济和社会发展第十三个五年规划的建议》又强调指出，以提高发展质量和效益为中心，实现好、维护好、发展好最广大人民根本利益是发展的根本目的，坚持共享发展，增进人民福祉。而最终体现和实现"效益"，必然需要切实体现反应"效益"的考评做出判断，以及做好对公共管理等工作的效益评价。

促进社会和谐进步，走可持续发展的共同富裕生活之路。

15.2　公共管理职业效益评价基本要点

公共管理职业效益评价比较复杂，包括评价谁、谁评价、用什么评价、怎样评价诸多方面内容，涉及公共管理职业者与其从业活动的相关者，以及评价指标与评价方法等基本要点。

15.2.1　评价对象

评价对象即被评价者，首先是公共管理职业的从业者，包括不同层次、不同方面的公共管理职业的从业人，从其承担的行政职务的不同，分为综合性公共管理职业的从业人，负责所属区域社会的全面性的公共管理，如省长、市长、县长、乡长等不同层次的管理人员；其次是专项性公共管理职业的从业者，负责所属区域某项的专门管理，如土地、商务、教育、环境、社保等不同方面的管理人员。

当然，这里仅能就其中某个层面的某种公共管理职业人员作为评价对象进行研究。考虑乡镇公共管理组织属于基层公共管理机构，直接面向家庭、企业、学校及其所属人员等社会组织成员，直接与他们联系，直接反映公共管理实效，因而这里选择乡镇公共管理职业人员作为评价对象进行研究。

15.2.2　评价者

评价者即评价被评价者的人，是与公共管理职业活动相关的人。公共管理职业活动关系诸多方面人员，主要包括公共管理所属区域的居民，细分家务人员、生产经营者、非公共组织人员、资源环境享用者，以及有关公共管理职业活动的合作人员，他们了解公共管理职业活动，明确与自己的关系，能够有切身的感受知晓所得到的益处。

其中，家务人员即在公共辖区中从事家庭劳务的公民，生产经营者就是在公共辖区从事生产经营活动的职业人员，非公共组织人员就是公共辖区中其他社会公共组织的人员，这些都是公共的服务对象，利益直接相关，具有不同的代表性。

资源环境享用者不仅包括当代人，还包括未来人，特别需要强调未来人，他们是人类的子孙后代，是未来的希望，他们享有与当代人同等的利用自然环境资源生活的权利，从这个意义上讲，当代人也代表未来人权利；公共管理职业活动的合作人员，主要包括有关的上级、下级等公务员，他们合作共事，利益攸关。

同时，公共管理职业者本人亦从业为生，要实现自己的职业利益，保障自己的生活，是置身处地的利益当事人，亦是不可缺少的评价人，且要体现一定的权重。

15.2.3 评价指标

评价指标是用以评判公共管理职业效益状态的要素凭据。在现代分工与合作纽带维系的社会体系里，人的从业活动是在与自然和社会的多方面的关系中进行和完成的，职业效益是在多种关系中生成和实现的，职业效益交织包含着错综复杂的利益关系，职业效益要"效"在多方、"益"在多处。① 公共管理职业效益评价，必然需要从其主体活动关系的多方面人员的相关因素作为凭据，确定评价指标。

上述的评价者正是公共管理职业活动关系的多方面人员，包括其本人，是评价指标的当事人，他们是公共管理职业效益"效在多方、益在多处"的体现所在，必然成为主要评价指标，包括公共管理者本人指标、公共所属管理者指标、企业管理职业者指标、第三部门职业者指标、社会所属公民指标与资源环境享用者指标六大类。其中，每种指标下设细化指标，体现在六个方面评价主体从公共职业活动中享受到的益处，构成公共管理职业效益评价指标体系（见图 15－1 所示）。

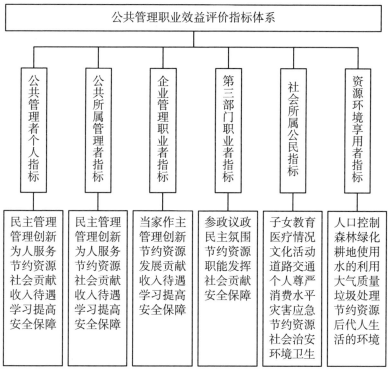

图 15－1 公共管理职业效益评价指标体系

---

① 齐经民等著：《职业效益讲求及评价》，经济科学出版社 2006 年版，第 27～28 页。

公共管理职业者本人和公共所属管理者指标包括：民主管理、管理创新、为人服务、节约资源、社会贡献、收入待遇、学习提高、安全保障等；企业管理职业者指标包括：当家做主、管理创新、节约资源、发展贡献、收入待遇、学习提高、安全保障等；第三部门职业者指标包括：参政议政、民主氛围、节约资源、职能发挥、社会贡献、安全保障等；社会所属公民指标包括：子女教育、医疗情况、文化活动、道路交通、个人尊严、生活水平、灾害应急、节约资源、社会治安、环境卫生等；资源环境享用者指标包括：人口控制、森林绿化、耕地使用、水资源利用、大气质量、垃圾处理、节约资源、后代人生活的环境等。

15.2.4　评价方法

关于公共管理职业效益评价方法的选择，要考虑公共管理职业效益评价的目标，这就是合理评判公共管理职业效益状态，从而促进公务员合理从事管理职业活动，更好地讲求提高公共管理职业效益。

15.2.4.1　评价方法选择

公共管理职业效益评价方法的选择直接决定评价结果的真实可靠性，它不应该仅仅是一种思维模式的泛化，思维模式的泛化往往使操作繁琐，实施过程复杂；也不应该仅仅靠追求技术理性，过分的倚重繁琐的数学推导有可能会掉入"技术化陷阱"，导致公共管理职业效益评价的异化。应该选择一种容易了解掌握、操作简便的能够普及的大众化方法。

·410·

合理评判的关键在于体现当事人的受益感知，要切实的反映各个方面的当事人的受益感受状况，而在这点上，各个方面的当事人最有发言权，他们的感受与看法是最可靠的评价。因此，可以排除专家意见法等非当事人的主观评价方法，以及繁琐的抽象分析的数学方法，直接对当事人进行调查统计分析的加权平均法是比较好的方法。

选择加权算数平均法，作为公共管理职业效益评价的方法较为合理，数据的权重反映该变量在总体中的相对重要性，加权平均本身即是对评价结果的调整和修正，通过对各利益相关主体的调查统计来确定权重与各部分公共管理职业效益得分，计算各方面评分与权重乘积的加和来确定评价对象最终得分，避免效益评价过程中重技术、轻民意、走形式、主观性等弊端，体现各利益主体在公共管理职业评价的实质性参入。

15.2.4.2　评价计算公式

通过以上分析，比较来看，加权平均法是一种比较好的评价方法，因而可以确定公共管理职业效益评价的计算公式为：

$$Y = \sum Z_iQ_i \tag{15-1}$$

式（15-1）中，Y 代表公共管理职业效益评价得分，Q 代表各评价主体的所占权重，Z 代表各评价主体的各自对公共管理职业效益的评分。该评价方法的计算评价分四个步骤：

第 1 步，确定 Q 的比重，通过设计权重问卷调查，见表 15-1，进行数据采集，统计计算权重值。权重分别由评价当事人确定，其中，设权重总量为 100，单项权重取值范围为 1～50，主要考虑资源环境享用者包括当代人与未来人，从可持续发展的理论要求来讲，既满足当代人的需求，又不对后代人满足其需求的能力构成危害的发展，人类要世世代代永续发展，在对资源环境的利用上，未来人与当代人享有同等的权益，应各占 50%，即利益平衡系数[①]，最大亦不得超出 50%，其他评价主体亦是如此。

表 15-1   公共管理职业效益评价权重问卷
调查（单项权重不超过 50%）

填表人	评价主体	评价权重（%）	
		1～50 范围内的数值	总计
	公共管理者本人		
	公共所属管理者		
	企业管理职业者		100
	第三部门职业者		
	社会所属公民		
	资源环境享用者		

第 2 步，计算 Z 的数值，通过设计评价问卷调查表，包括六个方面的评价者的评价表，这里以社会所属公民评价为例，其中，考虑评价人员的充分的自主评价，评价指标增加一个"补充指标"内容，可以填个人认为重要的内容，使评价更全面，见表 15-2，评价者分别填写对应的评价调查表。统计计算各评价者的评价数值，形成值域为 0～100 的原始评价数据。

第 3 步，计算 Y 的分值，根据第 1～2 步确定的 Q 的比重与各评价者的评价数据，按照 $Y = \sum Z_iQ_i$ 公式，计算公共管理职业效益评价得分的结果。

结果评判标准设定分值总量为 100，由高至低分优、良、中、下、差五个等级，其中，$90 \leqslant Y_{优} \leqslant 100$，$80 \leqslant Y_{良} \leqslant 89$，$70 \leqslant Y_{中} \leqslant 79$，$60 \leqslant Y_{下} \leqslant 69$，$Y_{差} \leqslant 59$，通过比较最终得分来评判职业效益状况。

第 4 步，评价结果分析，根据计算公共管理职业效益评价得分，按照优、

[①] 齐经民：《职业经济学》，经济科学出版社 2004 年版，第 207 页。

良、中、下、差的等级标准，确定评价等级结果，并进行分析，探讨存在的不足，分析原因，提出相应建议。

表 15-2　　　　　　　　　公共管理职业效益评分表

评价主体	评价指标	评价标准（满意度）与评价方式（√）									
		10	9	8	7	6	5	4	3	2	1
社会所属公民	子女教育										
	医疗情况										
	文化活动										
	道路交通										
	个人尊严										
	生活水平										
	灾害应急										
	节约资源										
	社会治安										
	环境卫生										
	补充指标										

15.3　基层公共管理职业效益评价实施

公共管理职业效益评价实施，首要的是评价对象选择，考虑中国是个发展中国家，发展还不平衡，乡镇是个基本面，基层公共管理面临着诸多问题，需要格外关注和研究，因而选择了乡镇公共管理职业者作为评价对象，以期做出客观评判分析，从而促进做好乡镇公共管理，更好地为所属公民服务。

15.3.1　样本来源

我们于 2013 年 8 月 10~20 日，选取中国某地区 A、B、C、D 四个乡镇进行调研，其中，调查问卷包括权重调查问卷与评分调查问卷两种，权重调查问卷共发放 120 份，回收 117 份，剔除不符合条件的无效问卷 5 份，最终得到有效问卷 112 份，权重问卷有效回收率为 93.33%；评分问卷共发放 1100 份，回收问卷 1028 份，剔除无效问卷 61 份，共得到有效问卷 967 份，评分问卷的有效回收率为 87.9%。

15.3.2　权重调查问卷数据统计分析

权重调查问卷得到的有效问卷，分别为公共管理者 4 份、所属管理者 22 份、企业管理职业者 22 份、第三部门职业者 16 份、社会所属公民 26 份、资源环境共享者 22 份，合计有效问卷 112 份。对最终结果做加权平均取整计算，得到各利益主体部分的权重，见表 15 - 3 所示。

表 15 - 3　　　　　　　相关主体权重调查结果　　　　　　单位：%

主体	公共管理者本人	公共所属管理者	企业管理职业者	第三部门职业者	社会所属公民	资源环境共享者
权重	16	16	18	12	22	16

从表 15 - 3 中可以看出，公共管理者本人与所属管理者的权重均为 16%，公共内部人员所占比重为 32%，接近总权重的 1/3，各利益主体对于公共公职人员在公共管理活动中的重要性还是比较认可的，公共公职人员是公共管理职业活动的主要执行者，直接影响着公共的行政效率和公共各项事务的良性运作；企业管理职业者与第三部门职业者的权重分别为 18% 和 12%，总和为 30%，接近总权重的 1/3，作为市场活动的主要主体，企业管理职业者发挥的作用是不可替代的，他们直接决定着地方经济的发展，而随着我国公民社会的发展，第三部门职业者发挥的影响越来越大；社会所属公民与资源环境享用者的权重分别为 22% 和 16%，总和为 38%，大体处于总权重的 1/3 范围内，社会所属公民的之所以所占比重超过 20%，这说明被调查者对于公共管理职业活动的根本出发点是比较认可的。显然，公共管理职业效益优劣，不完全由公共管理职业人判定，所属公民等评判占有很大比重，同时，资源环境享用者的利益大体体现了可持续发展的要求，但与利益平衡系数尚有差距。由此可知，各主体权重表达了有关主体的利益诉意愿。

15.3.3　公共管理职业效益评分数据统计分析

公共管理职业效益评分，得到的有效问卷来自公共管理者 4 份、公共所属管理者 221 份、企业管理者 158 份、第三部门职业者 105 份、社会所属公民 234 份、资源环境共享者 245 份，合计有效问卷 967 份，其中 A、B、C、D 四个乡镇各类问卷的发放数大体相同。运用 SPSS 统计软件计算六类相关主体评分的 Cronbach a 系数，见表 15 - 4 所示，可见 Cronbach a 系数均在 0.7 以上，内部一致性信度比较高。

表 15 - 4　　　　公共管理职业效益评分的一致性信度检验

评价主体	所含指标数	Cronbanch a 系数
公共管理者本人	8	0.786
公共所属管理者	8	0.941
企业管理职业者	7	0.922
第三部门职业者	6	0.896
社会所属公民	10	0.944
资源环境共享者	8	0.955

15.3.3.1　公共管理者本人评分

公共管理者本人评分内容，包括民主管理、管理创新、为人服务、节约资源、社会贡献、收入待遇、学习提高、安全保障等十个方面的评价内容。乡镇公共管理者本人对受益内容评分，见表 15 - 5 所示，可知乡镇 A、乡镇 B 的公共管理者本人在节约资源方面的情况有待提高，此外乡镇 A 的公共管理者本人在学习提高方面满意情况一般。

表 15 - 5　　　　　　　乡镇公共管理者本人评分

内容	A	B	C	D
民主管理	8	9	10	9
管理创新	10	9	9	8
为人服务	8	9	9	8
节约资源	7	7	9	8
社会贡献	9	9	9	9
收入待遇	6	8	9	6
学习提高	7	8	9	8
安全保障	8	8	9	9

15.3.3.2　公共所属管理者评分

乡镇公共所属管理者评分内容，同样包括民主管理、管理创新、为人服务、节约资源、社会贡献、收入待遇、学习提高、安全保障等十个方面的评价内容。乡镇公共所属管理者对受益内容评分，见表 15 - 6 所示，可知除乡镇 D 外，其他三个乡镇的公共所属管理者对十项指标的满意情况一般，尤其是乡镇 C 的公共所属管理者在收入待遇方面不是很满意。

表 15 - 6   乡镇公共所属管理者评分

内容	A	B	C	D
民主管理	7.24	7.31	8.63	9.09
管理创新	7.61	7.67	8.24	8.84
为人服务	7.65	7.62	8.56	8.69
节约资源	7.35	7.38	7.86	8.55
社会贡献	7.56	7.58	8.12	8.71
收入待遇	7.06	7.10	6.81	8.51
学习提高	7.33	7.35	7.41	8.24
安全保障	7.67	7.69	7.25	8.40

15.3.3.3　企业管理职业者评分

企业管理者评分内容，包括当家做主、管理创新、节约资源、发展贡献、收入待遇、学习提高、安全保障七个方面的评价内容。乡镇企业职业者对受益内容评分，见表 15 - 7 所示，可知乡镇 D 的企业管理者在各项指标方面整体满意，乡镇 C 的企业管理者在各项指标方面整体不满意，乡镇 A 和乡镇 B 的企业管理者在当家做主和收入待遇方面不是很满意，在其他方面评价一般。

表 15 - 7   乡镇企业管理者评分

内容	A	B	C	D
当家做主	6.84	6.88	6.56	9.27
管理创新	7.14	7.22	6.19	9.00
节约资源	7.08	7.00	6.49	8.98
发展贡献	7.08	7.06	5.77	8.84
收入待遇	6.73	6.59	5.40	8.96
学习提高	7.05	7.03	5.95	8.89
安全保障	7.51	7.44	5.02	8.78

15.3.3.4　第三部门职业者评分

第三部门职业者评分内容，包括参政议政、民主氛围、节约资源、职能发挥、社会贡献、安全保障六个方面的评价内容。乡镇第三部门职业者对受益内容评分，表 15 - 8 所示，可知乡镇 D 的第三部门职业者在各项指标方面整体满意，乡镇 C 的第三部门职业者在安全保障方面不满意，乡镇 A 和乡镇 B 的

第三部门职业者在职能发挥、社会贡献和安全保障方面不是很满意，在其他方面评价一般。

表 15 -8　　　　　　　　　　乡镇第三部门职业者评分

内容	A	B	C	D
参政议政	7.64	7.55	8.60	9.11
民主氛围	7.73	7.75	8.12	9.05
节约资源	7.09	7.05	8.12	8.86
职能发挥	6.59	6.60	7.40	9.05
社会贡献	5.95	5.95	7.12	8.92
安全保障	6.27	6.40	6.28	8.38

15.3.3.5　社会所属公民评分

社会所属公民评分内容，包括子女教育、医疗情况、文化活动、道路交通、个人尊严、消费水平、灾害应急、节约资源、社会治安、环境卫生十个方面的评价内容。各乡镇的社会所属公民对受益内容评分，见表 15 -9 所示，可知乡镇 D 的社会所属公民在各项指标方面整体满意，乡镇 A 的社会所属公民在道路交通、灾害应急、节约资源、社会治安与环境卫生方面不满意，乡镇 B 和乡镇 C 的社会所属公民在道路交通、个人尊严、消费水平、灾害应急、节约资源、社会治安和环境卫生方面不是很满意，在其他方面评价一般。

表 15 -9　　　　　　　　　　乡镇社会所属公民评分

内容	A	B	C	D
子女教育	8.28	8.23	8.14	9.15
医疗情况	7.84	7.82	7.17	8.79
文化活动	7.42	7.41	7.12	8.91
道路交通	6.84	6.80	6.52	8.61
个人尊严	7.05	6.95	6.78	8.78
消费水平	7.04	6.95	6.91	8.64
灾害应急	6.65	6.64	6.66	8.66
节约资源	6.65	6.50	6.32	8.25
社会治安	5.60	5.43	6.37	8.52
环境卫生	5.70	5.32	5.98	8.27

15.3.3.6　资源环境共享者评分

资源环境共享者评分内容，包括人口控制、森林绿化、耕地使用、水的利用、大气质量、垃圾处理、节约资源、后代人生活的处境八个方面的评价内容。乡镇资源环境共享者对受益内容评分，见表 15 - 10 所示，可知乡镇 D 的资源环境共享者在除后代人生活质量的指标外整体满意，乡镇 A 的资源环境共享者整体不满意，乡镇 B 的资源环境共享者在除人口方面一般外整体不满意，乡镇 C 的资源环境共享者在大气质量、垃圾处理、节约资源及后代人生活的处境方面不是很满意，在其他方面评价一般。

表 15 - 10　　　　　　　　乡镇环境资源共享者评分

内容	A	B	C	D
人口控制	6.86	7.33	7.87	8.73
森林绿化	6.75	6.52	7.51	8.64
耕地使用	6.41	6.43	7.47	8.44
水的利用	6.63	6.08	7.05	8.07
大气质量	6.09	5.44	6.81	8.25
垃圾处理	6.13	5.65	6.40	8.44
节约资源	5.98	5.52	6.49	8.31
后代人的生活处境	5.61	5.20	5.89	7.88

四个乡镇各利益主体的平均分归一化统计，得出了公共管理职业效益评价结果，见表 15 - 11 所示。公共管理者本人的评价结果：乡镇 D 为优秀，乡镇 A 与乡镇 B 为良好，乡镇 C 为一般；公共所属管理者的评价结果：乡镇 D 为良好，乡镇 A、乡镇 B、乡镇 C 为一般；企业管理者的评价结果：乡镇 D 为良好，乡镇 A 为一般，乡镇 B 与乡镇 C 为差；第三部门职业者的评价结果：乡

表 15 - 11　　　　　　　　乡镇公共职业效益评价结果

内容	公共管理者本人	公共所属管理者	企业管理职业者	第三部门职业者	社会所属公民	资源环境共享者
A	83.75	74.33	70.62	68.79	69.07	63.05
B	81.25	79.25	57.84	73.65	64.31	60.22
C	78.75	78.60	59.10	76.07	67.98	69.39
D	91.25	86.27	89.59	88.94	86.58	83.45

镇 D 为良好，乡镇 B、乡镇 C 为一般，乡镇 A 为较差；社会所属公民的评价结果：乡镇 D 为良好，乡镇 A、乡镇 B、乡镇 C 为较差，资源环境共享者部分的评价结果：乡镇 D 为良好，乡镇 A、乡镇 B、乡镇 C 为较差。

通过公式 $Y = \sum Z_i Q_i$ 计算求得，乡镇 A 的 $Y = 71.54$、乡镇 B 的 $Y = 68.71$、乡镇 C 的 $Y = 71.00$、乡镇 D 的 $Y = 87.60$，根据评价等级分值标准，乡镇 A 的公共管理职业效益为中，乡镇 B 的公共管理职业效益为下，乡镇 C 的公共管理职业效益为中，乡镇 D 的公共管理职业效益为良。

15.3.4　公共管理职业效益评价结果分析

以上对四个乡镇的公共管理职业效益作了评价探索，可以初步了解基层公共管理职业效益状况，从民情来看，与实际情况大体相当，对存在的问题值得重视分析，对评价方法亦需总结辨析，以利于更好地评价和讲求提高公共管理职业效益。

15.3.4.1　结果状态

从评价结果已知，A、B、C、D 四个乡镇的公共管理职业效益状况，可概括为"一良二中一下"，没有优等，最好的是乡镇 D，也只是良；乡镇 A 与乡镇 C 均为中，为一般；乡镇 B 的则为下，仅为及格。具体在相关评价主体个人的单项的评价中，90 分以上的评价仅有 1 项，见表 15-11 中的乡镇 D 中公共管理者本人的评价；60 分以下的评价有 2 项，见表 15-11 中的乡镇 B、乡镇 C 企业管理者的评价。这表明，四个乡镇的公共管理职业效益状况总体一般，个别较差。

15.3.4.2　结果不佳的原因

四个乡镇的公共管理职业效益不佳状况存在多种原因。从乡镇 D 与乡镇 A、乡镇 B、乡镇 C 相比的差异上分析，有两个主要原因，一是客观差异，从实际考察了解到，乡镇 D 是该县政府驻地所在的镇，与乡镇 A、乡镇 B 与乡镇 C 相比，政治、经济与文化等方面的有优势，而后者条件较差；二是主观差异，乡镇 D 公共管理职业活动比较好地利用有利条件，积极开展工作，而后者尚缺争先进取精神，对潜力挖掘不够，缺少突破性举措。

15.3.4.3　评价权重选择偏差

还需强调指出，在评价权重的选择上，还存在突出的问题，主要表现在关于资源环境享用者的权重只 16%，与公共管理者本人及其所属管理者相同，与最高的社会所属公民的 6 个百分点，与 50% 的利益平衡系数相差很大，表明为后代人的利益考虑得少，可持续发展观念薄弱，这是我国资源损失浪费大、环境污染严重的一个根源。

15.3.5　总结

通过对这四个乡镇公共管理职业者职业效益进行评价，发现乡镇的公共管理职业效益相对较低，影响乡镇的公共管理者效益状况既有客观因素，比如政治、经济与文化方面的优劣势，又有主观因素，比如是否能利用自身有利条件积极开展工作等。

同时，在评价权重选择上存在一定程度的偏差，关于环境享用者的权重不高，表明为后代人的利益考虑得少，应适当提高环境享用者的权重，尚需重视对基层公共管理职业者职业效益评价研究，进一步探索基层公共管理职业者职业效益评价的指标权重等问题。

通过对基层公共管理职业效益进行评价，发现基层公共管理的职业效益还有待进一步提高，应该高度重视基层公共管理的职业效益，做好职业效益的评价工作，进一步研究探讨解决其存在的问题，做好基层公共管理工作，推动全面改善城镇和乡村的面貌，促进全面建成小康社会，全面改善人民生活。

15.4　基层公共管理职业效益事例

基层公共管理职业工作直接面对所属区域公民，关于他们的生产、生活等方方面面，万事具悉，他们最了解公民工作生活状况，以及他们的需求与期盼，许许多多的基层公共管理职业人员忠于职守，努力做好自己的服务工作，取得了显著的职业效益，为公民带来了福祉，值得称道。

15.4.1　谷文昌

谷文昌在新中国成立初期时就任福建东山县人民的"父母官"，在东山工作了 14 个春秋，他严格律己，任劳任怨，无私无畏，艰苦奋斗，率领东山人民改造荒岛，使东山人民摆脱了穷苦的困境，改善了东山人民的生活，令人敬仰。①

15.4.1.1　简介

谷文昌，生于 1915 年，河南省林县人，中共党员，历任林县的区长、区委书记。1950 年，谷文昌随解放军南下至福建省东山岛，他服从组织安排，留在东山工作。曾任东山县委组织部部长、东山县县长、县委书记。以及在福建省福州、龙溪等地任职。他从东山到福州、宁化县、漳州，在东山工作时间较长，达 14 年之久，于 1981 年在漳州病逝，享年 66 岁，遵照他生前嘱咐，

---

① 主要资料来源：《永远活在人民心中的福建东山县委书记——谷文昌》，新华网，2003 年 2 月 20 日；吴焰、赵鹏、孔祥武：《人生一粒种漫山木麻黄——谷文昌的生前事身后名》，人民网—人民日报，2015 年 4 月 7 日；香芸：《谷文昌先进事迹简介》，中华励志网，2015 年 4 月 10 日。

其部分骨灰由其子女撒在东山岛上。他是 100 位新中国成立以来感动中国人物之一。

15.4.1.2　公共管理职业效益要点

谷文昌无论在哪工作，都辛勤努力，为民造福。他在东山岛时间工作较长，担任主要领导，带领东山人民荒山造林，滩地绿化，筑堤修路，发展多种经营，使东山人民走上求富生活之路，利人益人，效益显著。

（1）居民获益。①绿化固本生活好。率领东山人民绿化沙滩和荒山，种植防沙林、水土保持林等，筑起绿色长城，终于治服了"神仙都难治"的风沙，绿色环护着田园村舍，让海岛换了天地，让百姓开始了好日子的新生活。东山人民称赞他是：东山翻身解放的带头人，幸福富裕的奠基人。

②全年有粮谷满仓。"文革"期间他到宁化县农村劳动，在该地区生产队当农民时，他领着技术员日夜试验，守在田里检查虫害，他们夫妻俩一年拾粪积肥上万斤，终于使所在村子成为全乡首个实现了亩产过"纲要"村子，全村人终于全年有粮吃，年头年尾不断顿，百姓赞誉他"谷文昌"为"谷满仓"。

（2）个人获益。①委以重任。在福建省，凡是知道谷文昌的人，无不对他肃然起敬，大加赞扬。1963 年，时任省委书记的叶飞考察东山后，对那里的变化感到吃惊，当即提出让谷文昌在即将召开的全省农村工作会议上介绍经验，并向省委建议重用谷文昌。1964 年，调任福建省林业厅，任副厅长，承担新的重要工作。

②后人敬仰。谷文昌把自己的生命融入了为人民造福的伟大事业，他也在人民群众中获得了永生。许多人到他的碑前缅怀：谷书记，你领导我们战胜贫困，送走穷神，我们不会忘记。1987 年，他魂归东山，当地百姓泣泪相迎，自发捐资建纪念馆、塑雕像，自愿为他守一辈子墓。从 1987 年谷文昌的骨灰迁到东山，"先祭谷公，后祭祖宗"，就在这里相沿成俗。如当时被喻为"乞丐村"的山口村的村民 94 岁的何赛玉说，如果没有谷文昌，我们家当年还在要饭，我们家没有祖坟，谷公就是我们家的"祖"，她带着儿子、孙子、重孙一家十几口人，几十年祭拜谷文昌。

（3）继任者获益。曾长期在谷文昌身边工作的人说，谷公让我们看到，信仰这东西，不抽象，很具体，有时就是说的一句话，干的一件事。谷文昌已去世许多年了，但他的精神财富一直感召后人，成为继任者的宝贵遗产，他的精神在传承，他的事业在发扬光大。如现任县委书记黄水木说，这绝不只是"历史"，什么叫"人民对美好生活的向往，就是我们奋斗的目标"，一个时代有一个时代的历史使命，但永远不变的，是执政为民的理念与情怀，当年老书记的选择，就是最生动的实践。一任接着一任干，历任都有新贡献。

（4）县区获益。经过十多年艰苦奋斗，他带领全县人民成功地治理了风沙灾害，绿化了全县 3 万多亩沙滩与 400 多座荒山，筑起了 30 多公里长的沿海 "绿色长城"，从根本上治理了恶劣的自然环境，改变贫穷落后的面貌，荒岛变绿洲，为海岛的经济建设和社会发展打下了坚实的基础。如今东山已是个富饶美丽的生态海岛，人民富裕起来了，现已是全省第一批农村小康县。东山县先后获得 "全国科技工作先进县"、"全省基层组织建设先进县"、"全省环境最佳县"、"国家级生态示范县" 等荣誉称号。

（5）国家获益。谷文昌用自己的为民、利民、益民的职业实践，为党政公共管理职业人员树立了一个榜样。党政公共管理职业人员与其他行业职业人员比较，既有共同的方面，又有不同的方面，共同的方面都是三百六十行从业人，都要做好为自己服务对象的职业服务，不同的方面就是他们对所属地区从业人的工作生活具有管理的作用，己不正焉能正人，本身就要做出表率，谷文昌不仅是福建省、漳州市、东山县的党政公共管理职业人员的表率，也是全中国基层公共管理职业人员的表率。

15.4.1.3   成功因素

谷文昌自始至终心系百姓，自动自觉地做好为民事业，努力改善人民生活，为人民谋利益，创造了长效性的职业效益，源于他的多方面因素。

（1）忘我为民。他时刻告诫自己，群众需要什么，我们就去做什么，只要对百姓有利的事，哪怕排除万难也要做到。1956 年，谷文昌号召全县人民，苦干几年，将荒岛勾销，把灾难埋葬海底，把东山建设成美丽幸福富裕的海岛。他曾说过，为改变百姓穷苦面貌，愿意拼上我这条老命。直到临终前，自己的命都顾不上了，满脑子还想着老百姓。

（2）责任担当。留到东山工作三年时，当看到身穿破衣、手提空篮，出去乞讨的人，他就自责，我这个县长，对不住群众，不把人民拯救出苦难，共产党来干什么。他以 "不治服风沙，就让风沙把我埋掉" 的决心和气魄，带领东山人民，挖掉东山穷根，绿化荒山海滩，筑坝修路，从根本上改变东山的面貌，人们生活大大改善了。

（3）追求实效。谷文昌经常说，一个人活着要有伟大的理想，要为人民做好事，为人民奋斗终生；喊破嗓子，不如干出样子，好的动机不一定收到好的效果，要把动机和效果统一起来，必须深入群众，吃透情况。每次下乡，谷文昌至少要交三个朋友，一个老贫农、一个队长和一个最困难的农民，全县 60 多个村 400 多名生产队长，他几乎都能叫出名字。群众想什么，盼什么，他就带群众干什么。他努力作为，把民众的意愿和需要变为自己工作的实效，惠民益民。

（4）坚韧品性。改造自然，绿化荒岛，根治穷根，谈何容易。在改变东山的绿化奋战中，不是一帆风顺的，屡遭挫折，如千万人上阵，花了几十万个劳动日，在风口地带筑起了 2 米高、10 米宽的拦沙堤 39 条，长 22000 多米，仅过了一年，就被风沙摧垮；草籽播下，不是随风沙搬家就是被掩埋沙底，勉强出土的幼苗，一经风吹沙打随就奄奄一息；先后种过 10 多个树种，几十万株苗木，一次也没有成功。失败和挫折，没有击垮谷文昌，他迎难而上，认真总结经验教训，重新制定方案，精选适宜树木，最终在荒岛上筑就绿色屏障，建起一座益民的不朽丰碑。

（5）同甘共苦。谷文昌曾说，发号召容易，真正干成一件事却不那么容易，事业要成功，领导是关键，指挥不在第一线，等于空头指挥，关键时刻，干部在不在场效果大不一样。许多人回忆起当年，谷公带头，哪能不听，他一声令下，人人出动，对当时谷文昌带头奋斗的场面，仍然激动不已。植树造林，治理风沙，修建水库，战天斗地的场景里，总有他瘦削的身影。和群众干一样的活，吃一样的饭，受一样的苦，成就的就是益民的事业。

（6）清正廉洁。谷文昌是一位非常高尚的人。他一贯严格要求自己和家属子女，不搞特殊，不以权谋私。许多人称赞他，是一位时刻想着群众，忘记自己的人，是一辈子做好事，一贯地有益于广大群众，一贯地有益于青年，一贯地有益于革命，艰苦奋斗几十年如一日。如一次在湖尾村蹲点时，谷文昌和村民一起劳动，一起喝地瓜汤，原本就有胃病、肺病的他，得了水肿病，痛得躺在床上受不了，警卫员看不下去，溜回县委秘书室开证明，买回一斤饼干给他，谷文昌发火了说，赶快退回去，群众在挨饿，我怎么吃得下；还如一次到外地开会，安排好了住房，他嫌住宿费贵，干脆和通讯员一起，找了家一晚1.2 元的房同住，怕浪费公家的钱；再如他招收别人进单位，偏偏不安排自己的 5 个子女入公职，哪怕是一辆自行车，他也不许他们碰一碰，因为它姓"公"。

15.4.2　吴仁宝

吴仁宝是华西村共富发展的带头人，是创造了辉煌成就的"村官"。特别是在改革开放以后，他带领华西村民利用国家的富民政策等大政方针，坚持以集体经济为主的共同富裕的发展道路，不断探索创新发展，使华西村成为全国首富村，全村人民生活水平共同极大提高，被誉为"天下第一村"。[①]

15.4.2.1　简介

吴仁宝，生于 1928 年，江苏省江阴县人，中共党员，现系江阴市华士镇华西村人，他一心扑在不断发展华西村人民幸福生活的事业上，直至 2013 年去世。

---

① 主要资料来源：孙彬：《吴仁宝："天下第一村"老书记》，人民网，2011 年 5 月 16 日；《群众路线的终身成功实践者——记华西村党委原书记吴仁宝的先进事迹》，人民网，2013 年 10 月 10 日；《吴仁宝的故事》，南通市审计局网站，2014 年 3 月 25 日。

1961 年，吴仁宝任华西大队党支部书记后，带领村民，探索出一条集体经济共同富裕之路。他历任江阴县委书记、华西村党委书记、江苏省政协常委、全国小康村研究会会长、中国扶贫开发协会副会长、华西集团公司副董事长兼副总经理，江苏省江阴县华西村党委、村委、企业集团总办公室主任等职。中国共产党第十次、第十一次、第十七次全国代表大会代表，第六、第七、第八届全国人大代表，是 100 位新中国成立以来感动中国人物之一。

15.4.2.2 公共管理职业效益要点

吴仁宝很早就担任村党支部书记，终生为民，千方百计，带领村民求富发展，全村实现了共同富裕，并帮助周边邻村发展等，取得了突出的职业效益成就，为共同富裕做出了很大贡献。

（1）本村获益。共同富裕，实现了"生活"、"精神"、"人才"的多方面富有。几十年来，他带领华西农民坚持共同富裕，走出了一条具有华西特色的社会主义道路。华西村从负债村到亿元村、10 亿元村、100 亿元村、500 亿元村。从昔日人人穷得没饭吃，到今天家家住别墅、户户有汽车、人均存款超百万，被喻为"天下第一村"。

①生活富裕。从 2001 年开始，华西村通过村企分开，经济统一管理、干部统一使用、劳动力在同等条件统一安排就业、福利统一发放、村建统一规划的"一分五统"，纳入周边 20 个村共同致富。8 年来，华西村投入 8 亿多元，为周边村修路铺桥、发放福利、老年保养等，使 3.5 万人、35 平方公里的大华西，实现了"基本生活包、老残有依靠、优教不忘小、三守促勤劳、生活环境好、小康步步高"。

2006 年年初，吴仁宝又提出了"村帮村户帮户，核心建好党支部，最终实现全国富"的新思路，华西村垫资 1.3 亿元，以"公办民助"的方式，建立了九年制的"华西实验学校"。2007 年，投入数千万元，建设了设施一流、技术领先的"华西健康体检中心"，做到了早发现、早治疗、早康复，该中心还面向华西村周边地区服务。

②精神富有。他坚持以人为本、教育为先、依法治村、以德治村，不断加强村民的思想教育与民主法制建设工作，培养了华西人"艰苦奋斗、团结奋进、服从分配、实绩到位"的"华西精神"，以及"爱党爱国爱华西、爱亲爱友爱自己"的"仁爱精神"。在他的倡导下，华西不仅成立了国外没有、国内唯一的"精神文明开发公司"，他还亲自编写了《十富赞歌》、《十穷戒词》和"华西村歌"，在华西在村文艺宣传队的基础上，又成立了华西特色艺术团，被党和国家领导人称为"中国农村第一团"。有效地提高了村民的综合素质，达到了无上访、无告状、无暗斗的和谐局面，亦实现了精神的"富有"。

③人才富有。华西中心村内，外出就读的大学生回村率是 200%，他们不仅自己回来了，而且还会带自己的男朋友或者女朋友，甚至带同学回来，聚集

人才。一百多人的党委班子当中，47% 为本村村民，53% 来自五湖四海，中层管理人员中更是超过七成为外来人。

（2）个人获益。①经济收入。多年来，他将各级政府批给他个人的奖金1.3 亿元，但他分文不取，全部留给了集体。子女按岗位工作，各自获得比较可观的收入。

②获得荣誉。先后荣获全国劳动模范、全国农业劳动模范、全国十大扶贫状元、中国十大乡镇企业功勋、全国民族团结模范先进个人、全国思想政治工作创新奖特等奖、全国五好文明家庭、全国乡镇企业十大新闻人物、中国农村新闻人物、香港"紫荆花杯"中国杰出企业家成就奖、中国经营大师、中国功勋村官、江苏省优秀共产党员标兵、江苏省 100 名勤政廉政好干部等称号。

（3）公民社会获益。他在带领华西人实现共同富裕的同时，不忘国家、不忘集体、不忘左邻右舍和经济欠发达地区，他说，一村富了不算富，全国富了才算富。渴望着把社会主义幸福生活的种子播撒到更广大的土地，曾先后出省建立了"黑龙江华西村"和"宁夏华西村"，使这两个村的村民收入增长了4 倍。还为中西部 20 多个省、区举办 100 多期培训班，智力扶贫带动 10 万人脱贫致富。从 2006 年开始，他还每年邀请全国 1 万名农村党支部书记举办交流学习班，分期分批，为期 5 年。学习交流的目的，他概括了一句话，村帮村，户帮户，核心建好党支部，最终实现全国富。

（4）管理科学事业获益。吴仁宝被誉为农民思想家、经营大师等，他在几十年的带领华西村民追求共同富裕的生产经营实践中，积累了丰富的管理思想，他出版了《吴仁宝文集》和《吴仁宝箴言》等，在官与民、上与下、个体与集体、产业结构等，均有深入认识的精当观点，诸如：①有福民享、有难官当，我听了老百姓的话、老百姓肯定会听我的话；②既和上级保持一致，也和群众保持一致；③集体重工抓粮，个体修补种养；④无农不稳，无工不富，无商不活；⑤党员和职工的思想教育工作，没有"旺季"和"淡季"；⑥当官没有终身制，为人民服务有终身制等。增加了管理思想，对管理科学事业做出了贡献。

（5）国家获益。党的十一届三中全会后，吴仁宝在华西村，带领村民共同富裕，探索出了一条坚持集体经济的共同富裕道路。他充分利用改革开放的大好时机，彻底改变了华西村贫穷落后的面貌，共同富裕起来，把一个贫困落后的小村庄建设成为享誉海内外的"天下第一村"，提前实现人民富裕生活的梦想，是中国全民富裕的一个乡村典型。

英国影响力较大的《卫报》东亚分社社长华衷先生来华西采访时说，我走过很多国家和地方，也见到一些富裕的村庄，但是从来没有看到有哪一个村庄能像华西村这样达到共同富裕的。获得"美国总统学者奖"的美国学生，来华西开展"修学之旅"活动时评价道，华西村太美丽了，真是难以想象，华西不仅是中国的华西，也将会是世界的华西。

15.4.2.3　成功因素

吴仁宝在一个只有一点土地资源的"小乡村"，做出了国内先富的"天下第一村的大事业"，主要原因在吴仁宝的多元因素。

（1）秉善党贵。吴仁宝秉性善良，更显党性高贵，倾心为民。他说，我是穷过来的，看到有人穷我就心痛，最大的心愿就是让穷人过好日子，这是我的原动力，共产党是要为大多数人民谋幸福的，人民幸福就是社会主义。农民、社会主义、共同富裕，是吴仁宝半个多世纪的牵挂。

（2）百姓富裕。他心系百姓，胸怀天下，把"老百姓过上富裕的生活"作为他工作的宗旨和目标，1985 年 8 月 19 日，赤日炎炎的南京雨花台烈士群雕前，吴仁宝带领全村党员干部庄严宣誓：苍天在上，大地作证，我华西的100 多名党员和村民代表，今天，面对先烈庄严宣誓，我们和华西的老百姓有难同当，有福同享，谁若三心二意，老天不容，百姓不容。吴仁宝把华西村建成了全国首富的"天下第一村"，直到去世时依然关注着华西村的发展，并叮嘱新书记继续带领村民走共同富裕的道路。

（3）群众合意。吴仁宝的主张和要求，总能得到群众赞许，变为他们的行动，主要在于他的"群众观"。①不怕群众不听话，就怕自己说错话，就怕自己不听群众话。②坚持有事同群众商量，如果个别人做事出轨，也要交给群众讨论评议。③群众满意的，要马上办，而且一定要办好；群众暂时不理解的，要加强教育、疏导，等群众思想觉悟了，再去办。

（4）审时度势。吴仁宝善于审时度势，智慧超群，千方百计带领村民探索追求富裕生活。20 世纪 70 年代末，改革开放了，他大胆把握机遇，提出华西村要搞"一村两制"，村民既可以搞集体，也可以从事个体，充分调动了村民的积极性和创造性，走出了一条以集体经济为主体，多种经济成分并存的多元化、混合型经济发展新路子，发展农、工、商、建、旅游等多种经营，集体收入很快达到上亿元，村民们终于都富裕起来了。

（5）办事性格。用吴仁宝自己的话说，对我自己的评价，从性格来说可能和别人有不同之处，一是我的性格，无论什么事情都要以很快的速度去办，如果不办，我睡不着觉；二是我办这个事情，会反复思考利弊关系，不脱离实事求是、依法办事。但是我说，实事求是最难，有时候，为了对付一些情况不能实事求是，最终来实现我自己的实事求是。

15.4.3　王伯祥

王伯祥是新时期县委书记的榜样，他创造性地领导了寿光的蔬菜生产、寿北开发及工业项目的升级改造，始终以造福一方百姓为己任，立足长远，扎实苦干，开拓创新，敬业奉献，实现了共同富裕。[1]

15.4.3.1　简介

王伯祥，生于 1943 年，寿光市化龙镇北柴西村人，1965 年加入中国共产党，1967 年参加工作，1986 年 6 月至 1991 年 8 月任山东省寿光县委书记；1991 年后，先后任潍坊市副市长、市委常委、副市长，市委副书记、市长；2002 年因病辞去时任职务，2008 年 1 月退休。2009 年，中共山东省委授予王伯祥同志"优秀共产党员"称号。

15.4.3.2　公共管理职业效益要点

王伯祥在任寿光县委书记期间，时刻把人民群众的安危冷暖挂在心上，坚持共同发展共同富裕，取得了显著的职业效益成就。

（1）居民获益。在计划经济向市场经济转型时期，王伯祥创造性地领导了寿光的蔬菜生产、寿北开发及工业项目的升级改造，创建了全国闻名、江北最大的蔬菜批发市场，为寿光经济发展奠定了基础。时至今日，寿光的蔬菜大棚已发展到 23 万多个，带来的收益占农民收入的 50%，并把占全县总面积 60% 的不毛之地，硬是变成了全县的"粮仓"和"银山"。寿光人从此鼓起了口袋、挺起了腰板、走向了世界。

（2）个人获益。①获得荣誉，2009 年 5 月，中共山东省委授予王伯祥同志"优秀共产党员"称号。5 月 26 日，中共潍坊市委作出《关于在全市开展向王伯祥同志学习活动的决定》。6 月 29 日，中共寿光市委做出《关于深入开展向王伯祥同志学习活动的决定》。6 月 30 日，在北京召开的全国优秀共产党员代表座谈会上，王伯祥同志作了"牢记党的宗旨　永怀为民之心"的发言。

②获得尊敬爱戴。王伯祥一心为百姓谋利，百姓也牢记着他，感谢他为百姓造福。在他离开县委书记岗位十余年后，他因病住院时，千万百姓前往探视，为他祈福。

（3）公民社会获益。王伯祥在三元朱村动员推广大棚蔬菜，使冬暖大棚在全县得以顺利推广，6000 个大棚拔地而起。也燃起了整个寿光种植冬暖大棚的火种，继而席卷整个中国，掀起了一场名副其实的绿色革命，让全国很多的村落知道了冬暖大棚，使用了冬暖大棚，从而获得了收益。

（4）国家获益。①王伯祥一心为民、艰苦奋斗、无私奉献，是一位深受百姓欢迎的"父母官"，是新时期县委书记的榜样。习近平指出，[2] 王伯祥同志在担任县委书记期间，以富民强县为己任，真抓实干，开拓进取，清正廉洁，艰苦奋斗，为寿光市（县）的发展打下了坚实的物质基础，留下了宝贵

---

[1]　主要资料来源：《王伯祥同志事迹简介》，中国共产党新闻网，2009 年 12 月 10 日；卞民德：《"百姓书记"王伯祥：为民干成三件事，群众念他一辈子》，人民网，2013 年 10 月 24 日。

[2]　《习近平会见王伯祥先进事迹报告团全体成员并讲话》，中央政府网，2009 年 12 月 31 日。

的精神财富，王伯祥同志的先进事迹是加强县委书记队伍建设的生动教材，教育和引导广大党员干部特别是县委书记向王伯祥同志学习，像他那样树立正确的事业观，像他那样树立正确的政绩观，像他那样树立正确的工作观，像他那样树立正确的利益观，严于律己，秉公办事，一身正气、两袖清风。②在王伯祥任职期间，寿光市（县）工业由在潍坊市县市区中列倒数第 3 位到现在全县企业总产值翻 3 番，缴纳给国家税收增长近 10 倍。

15.4.3.3　成功因素

王伯祥一心扑在改变寿光市（县）百姓生活上，千方百计谋求经济共同发展，大家共同富裕，不畏艰难困苦，两袖清风，铸就了寿光的发展大道。

（1）共富发展。王伯祥心里装着全体寿光市（县）人民，追求共同发展，共同富裕，针对不同区域实际情况，不同方式齐头并进。南部土地资源好，大力发展蔬菜批发市场，全力扶持寿光市（县）冬暖式蔬菜大棚试验和推广；北部地区浅海滩涂，就大力组织人力，开发良田，把占全县总面积 60% 的不毛之地，改造成了全县的"粮仓"和"银山"。

（2）有勇有谋。1989 年 5 月，寿光发展冬暖大棚，成本比较高，无法得到村民们的信任，王伯祥给大家承诺，如果搞砸了，一切损失，县里担着，于是三元朱村 17 名党员全部报名搞大棚，并且在土质最好的村北做试验，那里是一片未收割的玉米，为了赶在元旦前让大棚黄瓜上市，王伯祥毅然决定杀青，支持大家做大棚试验，拿不准的事情就先试点，成熟了就推广，最终冬暖大棚取得了很好的效果。

（3）艰苦奋斗。千百年来，寿北 160 万亩土地除了盐碱滩，就是浅海滩涂，当地的群众生活十分艰苦。王伯祥决定组织十几万人搞一场大会战，为了给大家树立好榜样，王伯祥从会战开始前 3 天就搬到了盐碱滩上的一个牛棚里，45 天时间里和民工同吃同工，从未单独开过小灶，中间没回过一次家，带领万民之众改造良田，改变了成千上万人生活和命运。

（4）清正廉洁。担任寿光县委书记的多年中，他始终对自己严格要求，下基层都是在机关食堂吃便饭，从不允许超标准接待。对领导干部与群众一视同仁，对任何人不开后门，带头端正党风，狠刹歪风邪气，廉洁奉公、两袖清风，大力弘扬艰苦奋斗的优良传统，始终自觉维护共产党员的良好形象。

15.5　讲求提高基层公共管理职业效益探索

讲求提高公共管理职业效益，特别是讲求提高县区乡镇和村社的公共管理职业效益，是全面改善和提高人民生活的基本保障，同时也包括提高公共管理职业人的待遇，改善和提高他们的生活。

15.5.1　重视和实施公共管理职业效益评价

多年以来，公共管理考核以"业绩"或"绩效"为考核内容，绩效具有一定的局限性，实践结果不佳，与效益比较有差异，应重视和实施公共管理职业效益评价。

15.5.1.1　用公共管理职业"效益考核"取代公共"绩效考核"

重视和实施公共管理职业效益评价。关于公共管理工作的考评，效益与绩效所强调的重点是不同的，效益不仅仅强调结果，更加突出强调结果所体现的好处，即人做事得到的好处，有利于克服绩效考评的 GDP 等不良现象，应重视和实施公共管理职业效益评价，用公共管理职业"效益考核"取代公共的"绩效考核"可作为公共管理工作的基本考评方式。

15.5.1.2　公共管理职业效益的基本准则与评价方法

公共管理职业效益评价，应以公共管理职业效益"效在多方、益在多处"为基本准则，选择评价者及其评价指标，加权平均法是指标权重确定与评价实施的切实可行方法。其中，指标权重的确定是一个关键的内容，评价者不仅是相关人，还必须有秉持公正的水准，熟悉有关内容与要求，保证评价准确可靠。

15.5.1.3　加强对基层公共管理者职业效益的评价

基层公共管理职业效益直接表现在社会生活实际，更加贴近民生，特别是讲求提高县区、乡镇和村社的公共管理职业效益，是全面改善和提高人民生活的基本保障，但是现在对于基层公共管理职业效益的评价还没有得到相关部门的足够重视。在我们党的组织结构和国家政权结构中，县区、乡镇和村社处在关键的环节上，其中，村社是最基层的社会层面，是发展经济，保障民生、和谐、富强的根基，也是干部干事创业、锻炼成长的基本功训练基地①。应加大对县区、乡镇和村社干部的重视，加强对基层公共管理职业效益的评价，促进其职业效益的提高。

15.5.2　努力讲求提高公共管理职业效益

讲求提高公共管理职业效益，主要在于公共管理人员的努力，同时应关注和解决好公共管理人员的共同富裕问题。

15.5.2.1　公共管理人员应加强和改善公共管理工作

公共管理从业人员应全身心投入自己的公共管理事业中，加强和改善公共管理工作，努力提高公共管理职业效益。特别是落后地区公共管理职业活动，

---

① 《习近平会见全国优秀县委书记　提四点要求》，新华网，2015 年 6 月 30 日。

直接关系本地区的经济社会发展，以及人民生活的改善，惠及民生。一应牢固树立为民服务的职业效益观，谋职为民，以实现居民利益为己任；二应加强学习，努力提高职业素质能力，积极主动工作，不断提高自己的管理水平；三应了解各利益主体在公共管理职业活动中的利益诉求，为他们排忧解难，促进发展，为民造福。

15.5.2.2　解决好公共管理职业人员的增收求富

应正视和解决好公共管理从业人员的增收求富生活问题。改革开放后，实行富民政策，人们收入不断增加，生活有了很大的改善，但公共管理职业人员的收入变动不大，增加较少，这也是"腐败增收"的一个根源。可从两个方面解决公共管理职业人员的收入。

（1）工资待遇的普调。公共管理职业人员同样也是从业为生，也要增收，也要富裕生活，应解决好公共管理从业人员的增收问题。当然，公共管理人员增收的来源一定是参与财富的分配，国家的国民收入再分配的是一个来源，即工资待遇的普调，但这一层面上的增收是统一的，具有"大锅饭"的特点。

（2）突出作为的增收。增收本质是工作出色的经济体现，具有奖励的特点，从这个意义上讲，公共管理从业人员增收应是分享自己突出管理成果的一部分，那就是应该从所属区域社会经济发展增量中提取，按照一定的比例获得，并随经济发展而增加，符合"各尽所能、按劳分配"的原则，这是天经地义的劳动所得，并能促进各地区的公共管理职业人员各尽所能做好自己的公共管理，与民同忧乐，推动社会全面发展进步，追求实现永续发展的人们的美好幸福生活。

从业人的收益增加关系整个社会的人们的生活改善与社会和谐发展，直接与国民收入的初次分配、再分配的多重性分配相关，需做好相关基础工作，一如基于职业岗位差异系数的职业人初次分配的收入等级系列，体现按劳原则；二如基于人民生活全面改善提高的再分配，体现公益原则；三如基于国家强盛与国民经济重点发展的作为突出者的超额收入分配，体现贡献原则。需要多方面统一、协调和配套，从根本上予以解决。

主要参考文献

［1］ 胡寄窗. 中国经济思想史简编 ［M］. 中国社会科学出版社, 1981.

［2］ 童书业. 中国手工业商业发展史 ［M］. 齐鲁书社, 1981.

［3］ 杜石然. 中国科学技术史稿 (上册) ［M］. 科学出版社, 1982.

［4］ 李纯武. 简明世界通史 (上册) ［M］. 人民出版社, 1981.

［5］ 马克思. 资本论 (第一卷) ［M］. 人民出版社, 1975.

［6］ ［英］亚当·斯密 (郭大力, 王亚南译). 国民财富的性质和原因的研究 (上卷) ［M］. 商务印书馆, 1972.

［7］ ［美］雅克托·R. 富克斯著 (许微云译). 服务经济学 ［M］. 商务印书馆, 1987.

［8］ 马克思. 青年在选择职业时的考虑, 马克思恩格斯全集 (第40卷) ［M］. 人民出版社, 1982.

［9］ 齐经民. 建立社会主义职业经济学 ［N］. 中国劳动报 (理论版). 1991.

［10］ 齐经民. 职业经济学 ［M］. 兰州大学出版社, 1992.

［11］ 齐经民. 新课设置——职业经济学介绍 ［J］. 教育与职业, 1994, (2).

［12］ 齐经民. 职业经济学 (第二版) ［M］. 经济科学出版社, 2004.

［13］ 齐经民等. 职业效益讲求及评价 ［M］. 经济科学出版社, 2006.

［14］ 齐经民. 贫困人口求富探讨——论讲求职业经济问题 ［J］. 社科纵横, 1997, (1).

［15］ 齐经民. 中国的求富与可持续发展的矛盾和出路 ［J］. 经济研究资料, 1999, (10).

［16］ 齐经民. 我国的求富与可持续发展的矛盾和解决这一矛盾的建议 ［J］. 未来与发展, 1999, (5).

［17］ 齐经民. 职业人与企业及其管理 ［J］. 西北人口, 2000, (4).

［18］ 齐经民. 公民参入可持续发展的一种基本方式——科学讲求职业经济 ［J］. 未来与发展, 2002, (4).

［19］ 齐经民. 别人的需求就是你的财富 ［N］. 经济日报, 2003.

［20］齐经民，韩伟．以从业人为本转变经济发展方式研究［J］．西北人口，2008，（6）．

［21］齐经民，陈居华．管理新视野与多重管理论［J］．开发研究，2009，（3）．

［22］齐经民，于莎莎，杨小乐．基于学生的自学能力与社会需求的教育创新探讨［J］．西北人口，2009，（5）．

［23］齐经民，徐蕾，闫国兴．自然管理论［J］．长春理工大学学报，2011，（2）．

［24］齐经民，田丹丹．合理讲求职业效益问题——以从业人为本加快经济发展方式根本转变探讨［J］．未来与发展，2011，（11）．

［25］齐经民，佟琦．培养造就高级专门人才的几个教学环节要点［J］．教育教学论坛，2011，（12）．

［26］齐经民，李晓彤．高校教育的双重性及其双重性教育研究［J］．淮海工学院学报，2015，（2）．

［27］齐经民，杜丹丹．多维人性及其利害分析与调空［J］．中国集体经济，2015，（3）．

［28］彼得·德鲁克（齐若兰译）．管理的实践［M］．机械工业出版社，1990．

［29］［德］弗里德利希·李斯特著（阳春学译）．政治经济学的自然体系［M］．商务印书馆，1997．

［30］张迎春．国际标准职业分类的更新及其对中国的启示［J］．中国行政管理，2009，（1）．

［31］关培兰，张爱舞．职业生涯设计与管理［M］．武汉大学出版社，2009．

［32］李达，姜勇，徐淑芳．人机工程学［M］．电子工业出版社，2014．

［33］［美］埃德加·施恩（北森测评网译）．职业锚发现你的真正价值［M］．中国财政经济出版社，2004．

［34］曾丽红，杜选．中国失业保险缴纳与支付的调整研究［J］．理论月刊，2014，（5）．

［35］周慧文．德国工伤保险事故预防机制评介［J］．中国安全科学学报，2005，（5）．

［36］韩俊强，孟颖颖，姚紫薇．完善农民工社会保障体系的对策［J］．经济纵横，2012，（12）．

［37］郝云峰．劳动用工实战案例精选［M］．法律出版社，2015．

［38］李友根．论经济法视野中的经营者——基于不正当竞争案判例的整理与研究［J］．南京大学学报（哲社版），2007，（3）．

［39］贾磊磊. 成龙用动作改变世界［J］. 当代电影，2014，（3）.

［40］鲍健强，楼洁明，苗阳. 苹果品牌创始人乔布斯的科技价值取向和精神遗产［J］. 浙江工业大学学报（社科版），2014，（4）.

［41］张俊山. 职业分层、中产阶级与收入分配［J］. 当代经济研究，2012，（9）.

［42］王小鲁. 什么是灰色收入［J］. 中国房地产业，2014，（4）.

［43］刘翠兰. 蔬菜农药残留原因及预防措施［J］. 现代农业科技，2015，（2）.

［44］陈如溪. 浅谈食品添加剂与食品安全［J］. 中外食品工业，2015，（3）.

［45］陈思，吴昊，路西. 我国公众食品添加剂风险认知现状及影响因素［J］. 中国食品学报，2015，（3）.

［46］汪春华，王强，赵雪. 食品检验检测体系的现状及对策分析［J］. 中国保健营养，2014，（5）.

［47］晓琪，胡嫡，于承禾. 信息不对称条件下食品安全问题的博弈分析［J］. 新经济，2015，（4）.

［48］李永生. 医疗职业人格与语言艺术——医疗职业人格研究之三［J］. 中国医学伦理学，2005，（2）.

［49］高春亮，毛丰付，余晖. 激励机制、财政负担与中国医疗保障制度演变——基于建国后医疗制度相关文件的解读［J］. 管理世界，2009，（4）.

［50］许栋，丁宁，彭义香，王国斌. 推进社会资本办医的思考［J］. 中国医院，2015，（4）.

［51］罗萍，曾志羽，覃红，李小萍，胡振，罗红叶. 医患双方对医患关系及医疗职业认知差异的研究［J］. 学术论坛，2009，（05）.

［52］王全民. 房地产经济学［M］. 东北财经大学出版社，2002.

［53］周运清. 中国城镇居民住房居住质量［M］. 社会科学文献出版社，2008.

［54］王倩. 房地产上市公司社会责任比较分析［J］. 中国房地产（学术版），2012，（2）.

［55］熊建平. 导游业务［M］. 武汉大学出版社，2004.

［56］赵爱华，朱斌，张岩. 导游概论［M］. 中国导游出版社，2009.

［57］高慧荣. 发展循环经济的创新作用机制探析［J］. 制度建设，2009，（19）.

［58］黄锡生，史玉成. 中国环境法律体系的架构与完善［J］. 当代法学，2014，（1）.

［59］李德顺. 什么是文化［N］. 光明日报，2012.

后　　记

　　记得是在 1993 年初，拿到《职业经济学》初版专著不久，就考虑在适当的时候，出版一本面向广大从业人员和后备从业人员的通俗的"大众职业经济学"。当时，我是兰州大学的一名青年教师，没想到在时隔 23 年后的 21 世纪的 2016 年，以《效在多方　益在多处——公民职业经济学》为书名实现了这个愿望，颇有感慨。

　　《效在多方　益在多处——公民职业经济学》不是我个人独立完成的，是我们燕山大学职业经济研究所的团队成员一起努力完成的。职业经济学是一门交叉经济学科，包括三百六十行的各个行业领域的职业，内容多而复杂，特别是针对实际问题的了解和分析，需要较多的工作量，个人精力有限，需要组织团队分工合作研究，经过大家共同努力终于完成了。在此，向所有为该书研究出版做出努力和提供帮助的人，深表谢意。

　　首先是参加研究的老师，按照参研内容的目录排序，分别是郑涛、韩伟、王绍华、佟琦、朱晓霞、娄文龙、宋娜、徐蕾、李世勇。还有参加研究的研究生，分别是杨诗维、陈建伟、曹克波、张园园、王冬青、张春芳、张冰。大家分担内容如下：第 1 章．基本内容，齐经民；第 2 章．了解职业，齐经民；第 3 章．职业资本积累，郑涛；第 4 章．合理职业配置，齐经民、杨诗维；第 5 章．完善职业保障，韩伟、张园园、王冬青；第 6 章．做好职业经营，王绍华；第 7 章．职业收益消费，郑涛；第 8 章．讲求提高企业管理职业效益，齐经民、曹克波、陈建伟；第 9 章．讲求提高教育职业效益，齐经民、陈建伟；第 10 章．讲求提高食品生产职业效益，佟琦、张春芳；第 11 章．讲求提高医疗职业效益，朱晓霞、张冰；第 12 章．讲求提高房地产职业效益，娄文龙；第 13 章．讲求提高导游职业效益，宋娜；第 14 章．讲求提高环保职业效益，徐蕾；第 15 章．评价和讲求提高公共管理职业效益，齐经民、李世勇、闫国兴。其中，我的研究生杨诗维、陈建伟帮助收集了一些相关资料，杨诗维还帮助做了格式调整等工作。

　　其次是经济科学出版社的编辑出版人员。特别是编审刘怡斐女士，比较好地沟通，职业素养好，责任心强，高度负责，高效率工作，并对书稿提出了很好的修改意见。给予了很大的支持和帮助，使这本《效在多方　益在多处——公民职业经济学》专著顺利出版。

还有我的家人。妻子佟琦老师，她积极支持和参入研究，并从所学的自然科学的不同视角提出问题和建议等，给予了极大的帮助。

最后要特别感谢中秦兴龙投资控股有限公司副总裁、中秦兴龙工业集团总经理陈彦广，本书的研究出版得到了他的大力支持，同时感谢郑涛的燕山大学青年教师自主研究计划课题（13SKA001）资助。

《效在多方　益在多处——公民职业经济学》从内容到形式，都是一个新的研究探索，而且有多人参加，考虑内容特点与个人的相关基础选择参研人员，既有统一要求，又保留个人风格，难免存在不足，希望大家多予赐教，使其得到完善和发展，更好地为公民从业生活服务。

齐经民

于燕山大学职业经济研究所

2016 年 1 月 13 日